reinhardt

Markus Will

Bad Banker

Friedrich Reinhardt Verlag

Lektorat: Karin Breyer
Titelbild: h.o. prinxit editorial design, Heike Ossenkop
Druck: Reinhardt Druck Basel
ISBN 978-3-7245-1689-7

www.reinhardt.ch

Für Marielena und Maximilian

Seit 2007 tobt in der realen Welt die Finanzkrise mit ihren absurden Finanzinstrumenten, komplizierten Verschachtelungen, harmlos klingenden Zertifikaten und Derivaten sowie der Gier und auch Arroganz verschiedener Akteure in der Parallelwelt des globalen Kapitalmarkts. Alles das ist wirklich geschehen.
In dieser Realität spielt der Bad Banker, eine fiktionale Story, deren Handlung völlig frei erfunden ist. Alle Figuren, Banken, Szenen und Dialoge sind erfunden. Sollte es Namensgleichheiten geben oder Gegebenheiten ähnlich stattgefunden haben, so ist das Zufall. Nichts ist so geschehen, vieles hätte aber genau so geschehen können.

Prolog

»Don soll nicht umsonst ermordet worden sein«

Freitag, 2. Oktober 2009, St. Lawrence Cemetery in New Haven, Connecticut, gut eine Autostunde nördlich von New York City. Knapp fünf Tage sind seit dem Attentat auf Donald F. Kramer, Chief Executive Officer der Carolina Bank, vergangen. An der Wall Street starren selbst die coolsten Trader gebannt auf die Bildschirme und verfolgen die Trauerfeier live auf CNN worldwide. Auch in der City, Londons Finanzmeile, hängen die Banker fassungslos vor den Fernsehapparaten.

Die endlos scheinende Wagenkolonne kommt nur im Schritttempo auf der Forrest Road voran. Männer in schwarzen Anzügen überprüfen am großen Kreisel in der Friedhofsmitte, unterstützt von der New Haven City Police, jeden einzelnen Wagen. Die zahlreichen Nobelkarossen müssen nach links abdrehen und werden zum westlichen Ende des Friedhofs dirigiert. An dieser Stelle darf aus Sicherheitsgründen nur noch der Leichenwagen mit Don Kramers sterblichen Überresten passieren, die Trauergäste müssen ihre Limousinen verlassen und die letzte Strecke zu Fuß gehen.

Die großen Blätter der Platanen entlang der breiten Allee, auf der die Trauernden dem mächtigen Sarg folgen, haben bereits eine gelbliche Färbung angenommen. Der Wind spielt mit den Blättern, und wenn es leise rauscht, klingt es wie ein Herbstrequiem. Die Sonne steht bereits tief, noch wärmen die Strahlen. Nahezu alle tragen dunkle Brillen, hinter denen verweinte Augen verborgen bleiben. Don Kramer war ein sehr beliebter Mann und ein ganz Großer der Wall Street.

Über zweihundert Personen sind erschienen, darunter sämtliche mächtigen Bosse der Wall Street, der gesamte Vorstand der Carolina Bank, Vertreter der Notenbank Federal Reserve Bank, des Finanzministeriums Treasury, der Börse New York Stock Exchange und der allmächtigen Aufsichtsbehörde Securities & Exchange Commission. Selbst das White

House hat einen hohen Beamten aus dem Stab des neuen Präsidenten geschickt, um den Wall-Street-Tycoon auf seiner letzten Reise zu begleiten; eine handschriftliche Kondolenznote des Präsidenten hat er der Witwe bereits überreicht.

Maud Kramer, verhüllt unter einem schwarzen Schleier, hat sich bei Carl Bensien eingehakt; krampfhaft hält sie eine rote Rose in der Hand und folgt festen Schrittes dem Sarg ihres Mannes in der Limousine vor ihnen. Maud versucht, Haltung zu bewahren. Nur Carl, einer von Dons besten Freunden, mit dem er oft im Yale Golf Club ein paar Löcher gespielt und dabei über diese verdammte Finanzkrise gesprochen hat, merkt, wie sehr die Witwe auf seinen Arm angewiesen ist.

Auch nach Lehmans Auftritt am Jahrestag der Pleite vor knapp drei Wochen hatte niemand wirklich geglaubt, dass aus der Drohung blutiger Ernst werden könne, auch wenn die Sicherheitsvorkehrungen seitdem massiv verstärkt worden waren. Der Mord an »DFK« im einundvierzigsten Stock des World Financial Centers, in seinem eigenen Büro im World Headquarter der Carolina Bank, hatte alle eines Besseren belehrt.

Meter um Meter schiebt sich die Menschenschlange voran. Als die Menge von der großen Allee zu Dons letzter Ruhestätte einbiegt, blickt Carl Bensien besorgt auf die vielen Menschen. Wenn es der Mörder geschafft hat, am helllichten Tag in die Investmentbank einzudringen und den CEO zu erschießen, wie wollte da der Security Service verhindern, dass auch an diesem Ort ein weiterer Mord geschieht? Selbst die dezent aufgestellten Kameras von CNN wirken bedrohlich auf den neuen Mann an der Spitze der Carolina Bank.

Hier könnte er sie alle treffen. Alle, die noch viel gieriger waren, als es Don Kramer jemals gewesen war; wie sehr Bensien diese Leute in seinem Innersten verabscheut. Für Maud Kramer war es jedoch keine Frage, dass der Verwaltungsrat ihm noch vor der Beerdigung die Leitung der Bank anvertrauen würde. »Du musst das machen, Carl«, hatte sie ihn angefleht: »Don soll nicht umsonst ermordet worden sein.« So ließ er sich in die Pflicht nehmen, obwohl er als ehemaliger Chief Risk Officer genau wusste, welches Risiko er eingeht und welchem Risiko die Carolina Bank wegen dieser beschissenen Holiris ausgesetzt ist. Ein Bensien drückt sich nicht, und Don hätte dasselbe für ihn getan.

Als Carl Bensien neben Maud Kramer im Kreise der Angehörigen, für die Stühle aufgestellt wurden, vor dem offenen Grab Platz nimmt, sieht er nur versteinerte Mienen, die auf den mit unzähligen roten Rosen geschmückten Sarg starren. Man hatte dafür gesorgt, dass CNN die Kameras nicht auf die trauernde Familie und die engsten Freunde richtet, sondern hauptsächlich das Grab, den Pfarrer und die große Menge zeigt. Ob diese Herren des Geldes dem Pfarrer lauschen, ist nicht zu erkennen; versteckt hinter ihren dunklen Brillen ist ihnen durchaus bewusst, dass es auch sie hätte erwischen können. Jeder hatte einen Lehman in den eigenen Reihen wirbeln lassen. Und alle haben die giftigen Wertpapiere verkauft, die plötzlich alle fast ohne Wert sind.

Als der Sarg ins Grab hinabgelassen wird, stehen die Banker und Händler in New York an der Wall Street still; für eine Minute stoppt der Handel. Viele falten die Hände, einige beten. CNN zeigt beide Orte gleichzeitig: Im linken Teil des Bildschirms wird die Trauerfeier von St. Lawrence Cemetery übertragen, auf dem rechten werden die Reaktionen der Händler in den verschiedenen Finanzinstituten der Wall Street eingefangen. Carla Bell, die aus Sicherheitsgründen an einem geheimen Ort ausharren muss, schießt bei diesen Fernsehbildern nur eines durch den Kopf: Hätten sie doch nur früher einmal für einen Moment innegehalten. Sie presst ihre Hände zusammen, Carla hat Angst, auch wenn Sam nicht von ihrer Seite weicht.

Wie viele Tote mag es schon gegeben haben und wie viele werden noch folgen, geht es Carl Bensien durch den Kopf; er zieht dabei den Scheitel seines graumelierten Haars mit der Hand nach, während er die an der Witwe vorbeiprozessierende Kondolenzschlange nach vertrauten und vertrauenswürdigen Gesichtern absucht. Seit Beginn der Krise ist nichts mehr, wie es einmal war. Giftige Zertifikate und Derivate haben eine Bank nach der anderen zerstört, nur mit Billionen-Dollar-Spritzen seitens der Regierungen ist der Super-GAU bislang abzuwenden gewesen. Sie sind kaum überstanden, die dunklen Wochen, in denen selbst die abgebrühtesten Banker vor Angst zitterten, dass alles zusammenbrechen würde. Einige, wie Isabella Davis, haben den Druck nicht ausgehalten.

Als die Trauerfeier vorüber ist, gibt sich Bensien einen Ruck und nimmt die zerbrechliche Maud Kramer in die Arme: »Ich werde dafür sorgen, dass Lehman seiner gerechten Strafe nicht entgehen wird.« Dann bittet er Allan Smith, den Finanzvorstand der Carolina Bank und ebenfalls ein enger Freund der Kramers, die Witwe zum anschließenden Empfang zu begleiten. Er verabschiedet sich mit einem kurzen Nicken von den engsten Vertrauten und macht sich auf den Weg. Die Nachricht, die ihn kurz vor der Beerdigung erreichte, duldet keinen Aufschub.

Seinen Fahrer hat Bensien an das andere Ende der Sicherheitsabsperrung beordert, damit er nicht den ganzen Weg zurück und damit an allen Leuten vorbei muss. Bereits hundert Meter von der Trauergemeinde entfernt und seine Limousine im Blickfeld, da hört er hinter sich den Kies knirschen. Weit und breit ist kein Security-Mann zu sehen. Carl Bensien dreht sich um und traut kaum seinen Augen: Lenny Peters, einer der mächtigsten Männer der Wall Street, ist ihm gefolgt:

»Warum so eilig, Charly? Ich wollte noch etwas mit dir besprechen.«

»Leider keine Zeit, Lenny, ich muss mich um ein paar Dinge kümmern. Tut mir leid.«

»Dafür hast du doch jetzt deine Leute, du bist nicht mehr Dr. No Risk, Charly. Du bist jetzt der Boss, einer von uns, Carl. Ein Dr. Big Boy.« Der kleine Lenny Peters erreicht den hoch aufgeschossenen Carl Bensien und blinzelt ihn gegen die Sonne an.

»Einer von euch? Vielleicht. Doch nicht so wie ihr, Lenny.« Carl dreht sich um und geht die letzten Meter zur wartenden Limousine betont langsam. Als sein Fahrer in Richtung Friedhofstor steuert, sieht er Lenny Peters immer noch kopfschüttelnd und wie angewurzelt an der Stelle stehen. Schade, dass CNN das Bild nicht einfangen kann, denkt Carl und wählt von seinem verschlüsselten Telefon aus eine Nummer in der Schweiz.

Rekordjahr 2006

Driving home for Christmas

London

»Ich liebe diesen Song«, seufzt Carla Bell, als Chris Rea *With a Thousand Memories* haucht. »Schade, dass es schon vorbei ist.«

»Mal sehen, Lady, ob ich das Lied auf einem anderen Sender finde. Stimmt ja an keinem Tag so wie heute.«

In das Gelächter schnarrt der Suchlauf auf die zahlreichen Verkehrsmeldungen. Der Blick der jungen Journalistin trifft die Augen des Fahrers im Rückspiegel. Fahrer und Taxi haben sicher zwanzig gemeinsame Dienstjahre auf dem Buckel; die Sitze sind abgewetzt, der Motor dröhnt mit leichten Schlägen, es riecht muffig. Nicht unsympathisch der Mann hinter dem Steuer, die randlose Brille ziert ein rundliches, unrasiertes Gesicht, die zotteligen Haare reichen ihm hinten bis über den Kragen.

Ihr Blick fällt auf die Swatch: Zwölf Uhr, um zwölf Uhr zweiunddreißig fährt ihr Zug, und es geht ausgesprochen langsam voran. Die Melodie von Big Ben erklingt, als sie über die Brücke am House of Parliament vorbeifahren. Sie kurbelt das Fenster runter und nach dem letzten »Dong« schnell wieder hoch. Es ist nasskalt, wie immer um diese Jahreszeit in London.

Das Taxi kämpft sich weiter Richtung Greenpark und Knightsbridge, der Fahrer hatte ihr überzeugend erklärt, diese Route sei zu dieser Tageszeit die beste. Von Southwark Bridge in der Nähe der »Financial Times« geht es auf der East Side der Themse bis zur Westminster Bridge und nun weiter an den Parks und dem Buckingham Palace vorbei in Richtung Paddington Station.

Carla hatte das Taxi auf den letztmöglichen Zeitpunkt bestellt, weil sie ziemlich spät aus dem Bett in ihrem kleinen Apartment in Islington gekrochen war. Am Abend zuvor hatte sie sich noch mit einigen Kollegen, die auch erst am 24. Dezember nach Hause fuhren, auf ein paar Drinks im Hampstead Heath getroffen.

Auf dem Weg zum Bahnhof musste sie noch kurz bei der Redaktion vorbei, um ihre Geschenktaschen einzuladen. Und dann kreuzte auch noch Simon auf, als sie wieder ins Taxi steigen wollte. Chefredakteur Simon Trent war auf dem Weg in die Stadt, um endlich das Weihnachtsgeschenk für seine Frau zu besorgen, wie er es immer erst am Morgen des Heiligen Abends tat. Es wurde ein längerer Schwatz, und Carla genoss jedes Wort aus dem Mund des Bosses über ihre große Story, den traditionellen *View of the Year.*

Am Montag, 8. Januar 2007, erscheint auf der Titelseite des »CityView« der *View of the Year*, ein Ausblick, den die City-Banker am ersten Arbeitstag des neuen Jahres vorfinden würden. Diese Ehre ist ihr zugefallen – ein Ritterschlag von Simon Trent. Erst ein Jahr dabei und schon mit dem *View* betraut. Darauf ist Carla Bell mächtig stolz; gleichzeitig blickt sie besorgt auf den Verkehr. Zwölf Uhr zwei, und der Zeiger bewegt sich unerbittlich weiter. Das Geplauder mit Simon hat zwar Spaß gemacht, aber die Minuten fehlen ihr nun auf dem Weg zur Paddington Station.

Natürlich wäre die Tube schneller gewesen, aber schließlich schleppt sie nicht nur ihren Koffer, sondern auch noch die Geschenke für ihren Vater und ein paar alte Freunde mit sich. Beim Gedanken an die überfüllte U-Bahn und den Mief in den Röhren verzieht sie angewidert ihr Gesicht. Auch wenn Heiligabend diesmal auf den Sonntag fällt, brodelt es in der Stadt. Alle Geschäfte haben geöffnet – Highnoon für Last-Minute-Shopping ist angesagt.

»Mein Zug geht in einer halben Stunde. Schaffen wir das?«, fragt sie ihren Fahrer.

»Lady, Sie wissen gar nicht, wie oft ich ›Schaffen wir das?‹ in den letzten Tagen gehört habe.«

Derweil fördert der Suchlauf ein Sammelsurium an Musik zutage – nur nicht Chris Reas heiser quengelnden Bariton.

Carla ist müde, die letzten Tage hatte sie nicht viel Schlaf bekommen. Journalisten, insbesondere die besten Federn der Finanzpresse, werden stets vor Weihnachten von den Unternehmen hofiert, und Carla hatte sich keine der angesagten Partys entgehen lassen. Trotz ihrer Sorge, den Zug zu verpassen, schließt sie die Augen und lässt sich in die Polster sinken. Augenblicklich taucht die Erinnerung an die Weihnachtsfeier der Carolina Bank vor drei Tagen auf. Dass der junge Banker sie tatsächlich für eine Nutte gehalten hatte, geht ihr nicht aus dem Kopf. »Schätzchen, ich habe auch einen Schuss frei«, hatte der Kerl sie angebaggert. »Vom großen Mitch geschenkt bekommen« hinzugefügt und »wie wärs, bist du gerade frei?« gefragt.

Als der Fahrer in den Rückspiegel schaut, ist die junge Frau in den leichten Taxischlaf gefallen, den er nur zu gut von seinen Gästen kennt. Sie dürfte etwa Mitte zwanzig sein, hat attraktive, etwas herbe Gesichtszüge und schulterlanges, rotblondes Haar. Ihre ramponierte Handtasche wie die Labels der Geschenktüten lassen darauf schließen, dass sie nicht besonders viel verdient. Wahrscheinlich eine Journalistin. »CityView«, wo er – bei laufendem Taxameter selbstverständlich – geschlagene achtzehn Minuten auf sie warten musste, klingt danach. Rund um Southwark Bridge hatte sich seit ein paar Jahren die Medienszene in den alten Fabrikhallen entlang der Themse festgesetzt und dem Quartier zu etwas mehr Glanz verholfen.

Die junge Frau ist ungeschminkt, mittelgroß, trägt Rollkragenpullover, Jeans und schlichte Damenschuhe mit kleinem Absatz. Mantel und Mütze hat sie neben sich drapiert und die Füße auf ihren Koffer in dem geräumigen Londoner Cab hochgelegt. Unter dem dünnen Rollkragenpullover zeichnen sich feste Brüste ab, die sich unter einem dezenten goldenen Amulett im Rhythmus ihres ruhigen Atmens heben und senken.

Schrill und unvermittelt reißt ein Handy Carla Bell aus ihrem Schlummer. Sie ist schlagartig wach und schaut direkt in die Augen des Taxifahrers im Rückspiegel. Der fühlt sich ertappt, konzentriert sich wieder auf die Straße und die stehende Kolonne vor ihnen. Schöne rehbraune Augen hat sie, denkt er. Langsam wird ihm mulmig zumute, ob er rechtzeitig am Bahnhof sein würde.

Beim vierten Klingeln fischt sie endlich das Handy aus ihrer Handtasche. Zwölf Uhr zwanzig zeigt das Display und DAD HOME als den Anrufer, der sie aus dem Schlaf gerissen hat.

»Hi Dad. Bin auf dem Weg«, gähnt sie leise in ihr Handy.

Sie verdreht die Augen, während sie zuhört. »Ich schaffe das schon, habe einen cleveren Taxifahrer erwischt.« Dabei schaut sie den Mann hinter dem Lenkrad beschwörend an.

»Keine Sorge, Dad, zum Early Christmas Drink im Prince of Wales bin ich auf jeden Fall zu Hause. Holst du mich am Bahnhof ab? Ich habe ziemlich viel Gepäck.«

Sie sieht ihn förmlich vor sich: Constable Steven Bell, dem niemand seine vierundfünfzig Jahre geben würde, ist einen ganzen Kopf größer als seine Tochter, die schlanke Figur hat sie von ihm. Sein grauer Schnauzer, den er wie ein Walross zu seinem etwas längeren grauweißen Haar trägt, gibt ihm etwas Gemütliches, was schon manchen Gauner arg getäuscht hatte.

»Ja, meine Story ist fertig. Simon ist zufrieden. Habe ihn eben noch in der Redaktion getroffen. Der geht glatt erst jetzt los, um ein Geschenk für seine Frau zu kaufen.«

Sie hört kurz zu, ehe sie wieder spricht: »Vielleicht muss ich Anfang des Jahres noch ein bisschen daran feilen, aber uns bleibt genügend Zeit. Alles easy, Dad.«

Der Dad am anderen Ende scheint nun länger zu antworten, beobachtet der Fahrer.

»Ich habe die Story ›Business is never usual‹ genannt. Denn eigentlich kann es 2007 nicht so weitergehen. Aber das erkläre ich dir zu Hause in Ruhe. Simon ist jedenfalls auch besorgt. Ich soll dich übrigens herzlich von ihm grüßen.«

Carla Bell weiß, wie froh ihr Vater darüber ist, dass Simon Trent eine Art väterlich-schützende Hand über sie hält, ohne sie zu schonen oder zu bevorzugen. Beide verstanden sich auf Anhieb, als Steven Bell im Frühjahr seine Tochter in der Redaktion besucht hatte.

»Dad, hast du eigentlich schon einmal mit echten Nutten zu tun gehabt?«, wechselt sie zur Überraschung des Fahrers plötzlich das Thema. Der stellt das Radio leiser, ohne dass sein Gast es bemerkt, weil er dabei leicht auf das Gaspedal tippt und der Motor aufheult.

»Ich meine natürlich beruflich. Du hast doch als Polizist schon viel gesehen.«

Was für eine Frage. Der Fahrer starrt angestrengt auf die Straße und versucht, ja nichts zu verpassen.

»Hast du nun oder hast du nicht? Mal ehrlich, Dad: Sehe ich aus wie eine Nutte?«. Carla Bell betrachtet sich dabei in der Trennscheibe, die ihr als Spiegel dient. Sie weiß um ihre Attraktivität und dass die Männer es ihr, wenn sie es darauf anlegt, leicht machen. Nutte! So recht will ihr das immer noch nicht in den Kopf, auch wenn sie schnell durchschaut hatte, wie das passieren konnte.

Anscheinend hat es den Vater am anderen Ende völlig irritiert, denn die junge Frau hält das Handy ein Stück vom Ohr weg. Selbst vorne kann der Fahrer den Vater hören: »Natürlich nicht! Was um Himmels willen treibst du in London?«

»Ich war nur auf einer Weihnachtsfeier.«

»Und da hat man dich für eine Escort gehalten?«

»Oh, du kennst dich aus?«

»Carla, das ist überhaupt nicht witzig.«

»Bitte, Dad, in gut zwei Stunden bin ich zu Hause, dann reden wir«, beschwichtigt sie ihn.

Zwölf Uhr fünfundzwanzig, es wird knapp.

»Bis später. Love you, Dad!«

Carla blickt auf und direkt in die fragenden Augen ihres Fahrers: »Alles mitbekommen?«

»Yeah! Ließ sich nicht vermeiden. Aber keine Sorge: Taxis sind verschwiegene Orte.«

»Und die Fahrer?«

»Ehrensache, junge Dame.«

»Ziemlich blöde Geschichte, die mir da passiert ist.«

»Geht mich nichts an.«

»Sehe ich aus wie eine Nutte? Taxifahrer kennen sich doch damit aus, oder?«

»Nein!«

»Wie bitte?«

»Sie sehen nicht aus wie eine Nutte. Aber dass ihr Dad sich Sorgen macht, ist doch wohl verständlich.«

»Ach, mein Dad, er ist wunderbar. Manchmal etwas zu nervig mit seiner Fürsorglichkeit, aber ansonsten prima. Er hofft inständig, dass ich pünktlich bin, aber das schaffen wir doch, nicht wahr?«

»Ich habe selbst Kinder, die alle an Weihnachten nach Hause kommen. Sie sind meine letzte Tour für heute. Da werde ich noch etwas Gas geben, Lady, damit Sie rechtzeitig zu Ihren Eltern kommen.«

»Ich habe nur noch meinen Dad. Meine Mutter ist gestorben, als ich zehn war.«

Carla wundert sich, dass sie dem Fahrer gegenüber ihre Mutter erwähnt. Normalerweise verdrängt sie gerade vor Weihnachten die Erinnerungen an sie und besonders den Schmerz über ihren Tod. Vielleicht hat ihr Mitteilungsbedürfnis auch damit zu tun, dass gestern Abend dieser Name plötzlich wieder aufgetaucht ist: Stanley Asthon. Der Fahrer unterbricht ihre Gedanken: »Wo müssen Sie denn hin?«

»Nach Hertfordshire. Mein Vater ist Polizist, und wir wohnen etwas außerhalb in einem dieser alten Cottages – sehr ländlich und sehr gemütlich. An Heiligabend gehen wir beide immer in den Prince of Wales, unser altes Dorfpub, wo sich viele Alte und Junge aus dem Dorf zu einem Umtrunk treffen, bevor in den Familien die Bescherung beginnt – es hängt also alles von Ihnen ab!«

Um zwölf Uhr achtundzwanzig biegt das Cab in die Straße vor Paddington Station ein. Der Fahrer zwängt das Taxi in eine schmale Lücke und lässt sich von den ärgerlich hupenden Wagen nicht aus der Ruhe bringen. Knapp, aber es reicht.

Carla zahlt und gönnt sich und ihrem Fahrer ein für ihre Verhältnisse großzügiges Trinkgeld. Als sie aussteigen will, klingt es aus dem Radio:

I'm Driving home for Christmas
I can't wait to see those faces
I'm Driving home for Christmas

»Pech gehabt«, grinst Carla, »aber trotzdem Dankeschön und Ihnen frohe Weihnachten.«

»Ihnen auch! Und grüßen Sie Ihren Vater. Unbekannterweise. Scheint 'ne interessante Tochter zu haben!«

»Ach übrigens: Ich bin Journalistin. Just for the record.«

»Natürlich«, lächelt der Mann und grüßt mit der Hand an der Stirn, während er sich bereits in den Verkehr einfädelt. »Das behaupten viele, Lady«, murmelt er in sich hinein, als er um die Ecke biegt.

Zermatt

»Grüezi, Herr Dr. Bensien. Willkommen daheim.«

»Merci, Max. Schön, Sie zu sehen. Aber ganz sind wir ja noch nicht in Zermatt.«

Max verzieht selbstredend keine Miene darüber, dass der vornehme Dr. Bensien ihn auf der Stelle korrigiert, obwohl man in Täsch doch eigentlich schon in Zermatt ist. Doch so pingelig war er schon immer gewesen, dieser feine Herr aus dem Douvalier-Bensien-Clan.

Carl Bensien ist spät dran. Im dichten Schneetreiben hatte er für die Anreise zum Verladebahnhof Täsch länger gebraucht als geplant.

»Der Zug fährt in zehn Minuten, Dr. Bensien. Ich versorge Ihr Gepäck und parke das Auto. Oben wartet jemand auf Sie.«

Das Skiparadies in den Schweizer Alpen ist autofrei. In großen Hallen an der Talstation lassen die angereisten Gäste aus aller Welt ihre Fahrzeuge stehen und begeben sich mit der Zahnradbahn nach Zermatt. Im Ort selbst verkehren nur Elektrofahrzeuge und Pferdekutschen. Die vielen Fußgänger verleihen Zermatt etwas Gemächliches, selbst wenn der Ort kurz vor Weihnachten mit den vielen Lichtern und Verkaufsständen an jeder Ecke eine hektische Betriebsamkeit entwickelt. Carl Bensien kennt Zermatt noch aus jener Zeit, als es nicht viel mehr als ein kleines Dorf war. Nur noch die Fahrt in der roten Bahn, dann ist er wirklich angekommen. Wie seit zweiundfünfzig Jahren. Außer letztes Jahr.

»Das ist sehr freundlich von Ihnen.« Den älteren Hausdiener kennt Carl noch aus der Zeit, als im Bensien-Clan die Welt noch völlig in Ordnung schien; Max, in seiner schicken Uniform, hat ganz rote Bäckchen vor Kälte, was ihm ein gesundes Aussehen verleiht.

Carl Bensien steigt entspannt in die Zahnradbahn, die ihn in weniger als einer halben Stunde gemütlich nach Zermatt schaukeln wird. Das Glück ist ihm hold: Er hat das Abteil in der ersten Klasse für sich allein, während in den beiden anderen Waggons Stimmen aus aller Herren Ländern ihrer Freude auf weiße Weihnachten und Skifahren lauthals Ausdruck geben.

Driving home for Christmas intoniert gerade das Familienoberhaupt einer vielköpfigen amerikanischen Familie, während er seine Schar mit zügigen Handbewegungen in das Abteil dirigiert. Es sind die letzten Reisenden, der Schaffner winkt mit der Kelle, und ruckelnd setzt sich der Zug in Bewegung.

Seit Wochen dudelt der Song in New York und London aus allen Boxen und Kehlen; eigentlich kann Bensien die Melodie schon lange nicht mehr hören, aber als er nun wirklich heimkommt und die majestätischen weißen Berge immer näher rücken, kann sich auch der verschlossene Bankier einer leisen Sentimentalität nicht mehr verschließen. Sobald er heimischen Boden betritt, wird aus dem internationalen Banker ein Eidgenosse, und ganz automatisch verfällt Carl Bensien dann in das vertraute Schweizerdeutsch.

Er streckt seine lange Beine aus, verschränkt die Arme vor der Brust. Sein Blick schweift durchs Abteil und bleibt an der Werbung an der Wand hinter der Fahrerkabine hängen: »Ricola! Die guten alten Kräuterbonbons. Wer hat's erfunden?« Bensien muss schmunzeln, als er an den Mann aus der Bonbonwerbung denkt, der so treuherzig-hartnäckig »Wer hat's erfunden?« fragen kann.

Das ist wenigstens etwas zum Anfassen. Aber es könnte auch ein Kunstname für ein Zertifikat sein: RIsk COllateral Leveraged Asset oder ähnlich. RICOLA. Wie dieses HOLIRI aus dem Londoner Labor. Klingt süß, obwohl es eines der kompliziertesten Derivate ist, für die beim besten Willen die Verbriefungen von abgeleiteten Wertpapieren nicht erfunden worden sind: HOLIRI – HOlistic Individual RIsk Security – wie verrückt muss man eigentlich sein, um solche Dinger zu entwickeln?

»Ohne Risiko, Carl«, hatte Isabella Davis ihm diese Woche auf seine Rückfrage bezüglich der Risiken energisch am Telefon beschieden.

»Ohne Risiko ist gar nichts im Leben«, hatte er ihr entgegnet, ehe sie sich zum Schluss wenigstens gegenseitig noch »Frohe Weihnachten!« gewünscht hatten.

Während Carl Bensien das Werbeplakat mustert und sich der Zug in eine weitere Kurve auf dem Weg nach oben legt, murmelt er: »Sind ja Super-Senior-Tranchen, die ersten fünf Milliarden, die ich ihr als Weihnachtsgeschenk genehmigt habe. Da kann ja nichts passieren.«

Das Telefonat mit Isabella Davis vor drei Tagen hatte ihn ein paar graue Haare gekostet. Die hochbezahlte Finanzingenieurin hatte sich nur widerwillig mit seinem Zugeständnis von fünf Milliarden Dollar zufrieden gegeben, dann aber eingesehen, dass sie sich an dem Schweizer die Zähne ausbeißen würde, wenn sie auf ihrer Forderung bestehen würde. Seinem Assistenten Tim war bei den Summen, die Isabella von ihm als Anlagekapital verlangt hatte, der Mund offen geblieben.

Der quirlige Rotschopf, seit einem halben Jahr sein neuer Risk Assistent, wird sicher schon in Aspen bei seinen Eltern sein. Bensien war zum Abschied ein bisschen schroff zu ihm gewesen, als sie nach dem Telefonat mit Isabella Davis noch weiter über die Holiris diskutiert hatten. Still für sich gelobt er Besserung und tippt in sein Handy: »Lieber Tim, dir und deiner Familie frohe Weihnachten in Aspen. Bin gerade in Zermatt angekommen. Wir sollten im kommenden Jahr mal zusammen Ski fahren gehen. Mal sehen, ob so ein alter Mann wie ich dich noch im Griff hat. Beste Grüße, Carl Bensien.«

Als er die Sendtaste gedrückt hat, fährt der Zug in den Bahnhof von Zermatt ein. Carl Bensien steht auf, nimmt Mantel und Hut. Noch einmal blickt er auf das Ricola-Plakat. Mir gefallen die Holiris nicht, legt er sich gedanklich fest: Verschiedene Risiken verschiedener Menschen auseinanderzuschneiden und dann neu zusammenzuwürfeln, nein. Und die Risiken sollen alle nichts miteinander zu tun haben? Das kann nicht sein. Aber das prüfe ich im neuen Jahr, beschließt er und verlässt das Abteil.

Gegen Viertel vor drei Uhr dürfte er im »Zermatterhof« sein – bis zum familiären Kirchgang um fünf Uhr bleibt ihm noch ausreichend Zeit für einen Besuch bei Erwin an der Bar, rechnet er beim Umstellen seiner Patek Philippe – ein Erbstück, das bereits sein Großvater getragen hat – auf kontinentaleuropäische Winterzeit.

Seine achtzigjährige Mutter hatte ihn ausdrücklich zu diesem Weihnachtsfest nach Zermatt bestellt. Madame Antoinette Catherine Douvalier Bensien ist die Matriarchin des Clans, seit sein Vater Emil Bensien vor zehn Jahren gestorben war. Sein Kompromiss besteht darin, im Grandhotel »Zermatterhof« zu übernachten und nicht im Familienchalet.

»Eine Tradition bricht man nicht, Carl«, hatte ihn seine Mutter am Telefon vor ein paar Wochen belehrt; die älteste geborene Douvalier führt als gestrenge Hausherrin auch in Zermatt unwidersprochen das Zepter. Die Douvaliers besitzen seit Ewigkeiten ein Familienchalet am Dorfrand von Zermatt, etwas abseits vom Trubel, wie es sich für eine zurückhaltende Genfer Privatbankierfamilie gehört. Von außen wirkt das von hohen Tannen vor neugierigen Zaungästen geschützte Anwesen eher schlicht, ist aber innen sehr geräumig. Aus massivem, Jahrhunderte altem Arvenholz gebaut, bietet das Chalet einen fantastischen Blick auf das Matterhorn.

Carl ist immer gerne dort gewesen. Schon als Knabe bei Opa Douvalier, dann mit Mutter und Vater, später mit Frau und Kindern. Seine Mutter hatte bemängelt, dass ihr Sohn nach der Scheidung im letzten Jahr nicht nach Zermatt gekommen war. Um der Kinder und auch der Familie wegen, wie er sich selbst gegenüber zugeben muss, hatten sich Carl Bensien und seine Exfrau Martina inzwischen arrangiert.

Er musste sich eingestehen, dass die arrangierte Heirat zweier alteingesessener Schweizer Kaufmannsfamilien nicht funktioniert hatte, auch wenn Martina und er in jungen Jahren und mit den Kindern durchaus glückliche Zeiten miteinander verbracht hatten. Über die Jahre waren sie zu einer »Gemeinschaft mit Kindern« geworden – zu wenig, um fern der Heimat auch in London gemeinsam glücklich zu sein. Das wiederum hatte niemand in der Schweiz so richtig mitbekommen; umso mehr hatte die Trennung und spätere Scheidung in der Familie für Ratlosigkeit und Entsetzen gesorgt.

Während seine Söhne Emil und Etienne direkt aus dem Internat und seine Exfrau aus Zürich angereist sind, hat Carl Bensien die Reise aus New York auf sich genommen. Trotz der enormen Distanz fühlt er sich nicht müde; Fliegen ist sein tägliches Brot. Der elegante Bankier zählt zu den Menschen, die im Flug wie ein Baby schlafen können, was ihm in der First Class trotz seinen 1,92 Metern problemlos gelingt.

Oben am Bahnhof wartet der angekündigte Porter am Ausgang. Ohne Namensschild in der Hand, in Zermatt kennt man die Sprösslinge der Douvaliers.

»Dr. Bensien, willkommen. Dort vorne steht ein Schlitten für Sie.« Der Mann hätte ein Zwilling von Max sein können.

»Merci.« Das Schneetreiben hat ein wenig nachgelassen, und Carl atmet die feucht-frostige Luft tief ein. »Seien Sie mir nicht böse, aber ich möchte laufen.«

»Bei diesem Wetter, Dr. Bensien?«

»Ich bin weit gereist, um heute hier zu sein, und warm angezogen. Da kommen mir ein paar Schritte zu Fuß sehr gelegen.«

»Wie Sie wünschen. Ich kümmere mich um das Gepäck.«

»Das ist nett von Ihnen«, Carl winkt dem jungen Porter zu und stapft auf die Bahnhofstraße. Es sind nur wenige hundert Meter bis zu seinem Hotel, und er genießt es, sich in der Menge treiben zu lassen. Auf der Straße wimmelt es von Menschen, geschäftig eilen die meisten von Laden zu Laden. Unübersehbar funkeln die Schaufenster der Bijouterie, in der er damals die Ringe gekauft hatte. Bis sie sich entscheiden konnten, hatten sie den Juwelier an den Rand der Geduld getrieben. Martina wollte ganz moderne, er eher klassische Ringe. Am Ende war die Klassik eher im Metall versteckt, sie wählten Gold statt Platin, dafür bekam Martina die leicht achteckige Form. Zuletzt erwiesen sie sich klug genug für pragmatische Lösungen. Selbst die Scheidung, das gemeinsame Sorgerecht und die Urlaube mit den Kindern stellten einen für beide akzeptablen Kompromiss dar. Nur die Lust auf eine feste Bindung, die hatte Martina ihm gründlich verdorben. Seit der Trennung führte Carl Bensien kaum ein auch nur halbwegs passables Liebesleben, wie er sich eingestehen musste. Ein paar halbherzige Versuche hatte er zwar unternommen, doch dabei war es geblieben, echte Gefühle hatte er dabei nicht empfunden.

Über sich und seine Familie nachdenkend, erreicht der Bankier den »Zermatterhof«: Rechts und links der Zufahrt des

Grandhotels türmt sich der Schnee. Unter dem großen Dach der Eingangshalle klopft sich Carl Bensien den Schnee vom Mantel. Das ganz in Kirschholz gehaltene Entree, dekoriert mit Christsternen und Tannenzapfen, vermittelt sogleich die Behaglichkeit, die er noch aus Kindertagen kennt, wenn er Großvater Douvalier begleiten durfte, der in diesem Haus stets zur gleichen Zeit an jedem Sonntagnachmittag einen Apéritif zu sich nahm.

»Ich gehe an die Bar«, nickt er der Rezeptionistin zu, nachdem er eingecheckt hat.

»Gerne, Herr Dr. Bensien. Ich werde Ihnen Bescheid sagen, sobald Ihr Gepäck im Zimmer ist.«

»Lassen Sie sich Zeit. Ich werde erst um fünf erwartet«, antwortet Carl, bereits auf dem Weg in die Rudenbar.

My feet on holy ground
So I sing for you
Though you can't hear me

»Hier auch«, seufzt Carl leise beim Betreten der Bar. Diese amerikanische Leier passt einfach nicht zum Spross einer Zürcher Industriellenfamilie mit hochkultivierten Wurzeln mütterlicherseits in Genf.

»Dr. Bensien, wie schön, Sie hier zu sehen. Ich habe Sie vermisst im letzten Jahr.« Erwin Blatter, seit über dreißig Jahren im Haus und seit achtzehn Jahren Barchef im »Zermatterhof«, kommt extra hinter der Theke hervor, um dem Gast herzlich die Hand zu schütteln.

»Salü, Erwin. Das Vergnügen ist ganz auf meiner Seite.«

»Calanda?«, fragt der rundliche Barkeeper, den alle nur beim Vornamen nennen. Sein Haupthaar war auch schon voller, stellt Carl Bensien fest. Die Bar hat sich seit seinem letzten Besuch nicht verändert. Die helle Verkleidung des Tresens und die farblich passenden Hocker aus weichem Leder bilden einen angenehmen Kontrast zum Eingangsbereich, zu dem hin sich die Rudenbar öffnet, ähnlich wie in seinem Londoner Club, dem er auch nach seinem Wechsel zur Carolina Bank nach New York treu geblieben ist.

Als Chief Risk Officer hält er sich meist zweimal im Monat für ein paar Tage in der englischen Metropole auf und wohnt dann im Club. Bensien schätzt vertraute Orte; ob Club oder Bar – er ist ein Gewohnheitsmensch. Also hockt er sich mit Schwung auf seinen angestammten Platz an der runden Theke mit Blick in die Empfangshalle, wo er schon als Junge gesessen ist.

»Wie immer, Erwin.« In London und New York verlangte es ihn so manches Mal nach diesem Schweizer Bier. Schneller als gewöhnlich nimmt er einen großen Schluck – bereits nach dem ersten Zug ist das Glas halb leer.

»Sie sehen blass aus, Dr. Bensien, wenn ich mir das erlauben darf.«

Natürlich weiß Erwin, dass er sich diese Vertraulichkeit bei Carl Bensien leisten darf.

»Zu viel Fliegerei, zu viele Meetings, Erwin. Ich habe in den letzten Monaten kaum frische Luft bekommen. Investment Banking ist ein ungesundes Geschäft.«

»Ich denke, Sie sind seit zwei Jahren in New York stationiert?«

»Stimmt, aber man muss diesen Händlern rund um den Erdball immer wieder in die Augen schauen. Sonst machen die, was sie wollen.«

»Wie bei mir, Dr. Bensien. Ich schaue den Leuten an der Bar in die Augen, und ich weiß, ob ich ihnen trauen kann.«

»Vielleicht sollte ich die nächsten zwei Wochen mal bei Ihnen hinter der Bar stehen.« Und in das Gelächter hebt er sein Glas: »Noch ein Bier bitte.«

»Ihrer Figur hat die viele Fliegerei aber nicht geschadet«, ein gewisser Neid in Erwins Stimme ist unüberhörbar.

»Fitnessclub, Erwin. Im Gebäude. Dreimal pro Woche morgens. Wer will schon durch New York oder London rennen, wenn er zuvor in der Schweiz joggen konnte?«

Relativ zügig trinkt Carl Bensien auch sein zweites Bier, ehe die junge Rezeptionistin mit dem Schlüssel zu ihm kommt.

»Frohe Weihnachten, Erwin. Bis morgen. Heute ist en famille.«

»Bitte grüßen Sie Ihre Frau Mutter und, ähm …, Ihre Familie.«

»Schon gut, Erwin. Was meinen Sie, warum ich hier wohne? Hat auch seine Vorteile, denn sonst musste ich immer vom Chalet herunterlaufen.«

Lächelnd verabschiedet er sich und begibt sich in eine Medium Suite, ausgestattet mit Schlafzimmer und einem kleinen Erker im Wohnraum nebst Esstisch – alles in Holz gehalten. Aus beiden Zimmern hat der Bewohner einen atemberaubenden Blick auf das Zermatter Wahrzeichen.

Wenn er schon vierzehn Tage im Hotel wohnen muss, will sich Carl Bensien auch bewegen können. Zudem beabsichtigt er, sich mit seinen Söhnen ungestört von fremden Ohren zu treffen; im Chalet hörte immer jemand mit. Und wenn die drei Bensiens ordentliche Burger essen wollten, mussten sie sich vor seiner Mutter und seiner Exfrau verstecken.

Erwin serviert gerade in der Halle eine Magnumflasche Veuve Clicquot an Russen, als Bensien aus dem Aufzug tritt. Er mustert die Gruppe, und seine leicht hochgezogene Stirn verrät dem Barchef, wie wenig der Bankier deren Gebaren schätzt.

Carl Bensiens langer, schlanker Körper steckt in einem maßgeschneiderten, einreihigen Flanellanzug, darunter trägt er eine Weste mit drei Knöpfen; eine seiner wenigen Lässigkeiten, die er sich gestattet, ist seine in der Hosentasche befindliche linke Hand. Nur der Doppelschlitz am Rücken erlaubt, dass der dunkelgraue Anzug trotzdem perfekt sitzt. Bensien hat ein bräunliches Einstecktuch passend zur Krawatte gewählt, die mit einem grauen Streifen leicht durchwirkt ist und eine dezent modische Note setzt. Das maßgeschneiderte Hemd ist hellblau, ohne Monogramm mit Manschetten – Erbstücke seines Großvaters. Monogramme, so hatte ihm sein Vater beigebracht, gehören sich bei Zürcher Industriellen nicht – werden sie doch zur äußersten Zurückhaltung auf allen Ebenen erzogen. Die Hose ist derart geschnitten, dass sie auch ohne Gürtel passt; sie sitzt leicht auf den Schuhen auf und hat keinen Schlag. Im Winter bevorzugt Bensien Schuhe mit schwarzer Gummisohle, da das Leder bei Nässe und Schnee leicht brüchig werden kann.

Einzig diese Kniestrümpfe, denkt Erwin, als er sie bei einem langen Schritt des Bankiers hervorblitzen sieht. Sein Gast trägt stets Strümpfe, die ein paar Farbstufen heller sind als die jeweilige Hose. Vor einigen Jahren hatte Bensien einmal mit einigen seiner früheren Internatskollegen aus der Westschweiz an der Bar gebechert. Viel lockerer als sonst war Dr. Bensien da, im Kreise seiner Buddies. Nicht so kontrolliert, erinnert sich Erwin. Die Jungs hatten ihm erklärt, dass der hellere Sockenton das Erkennungszeichen ihres Internats sei, das sich über die Jahre erhalten hat.

Als Bensien an Erwin vorbeigeht, fragt der eine Russe gerade: »Können Sie spielen ›Driving home for Christmas‹?«

Bensien hält kurz an: »Na denn, frohe Weihnachten, lieber Erwin« und, mit Stirnrunzeln zu den Russen, »trotz allem.«

»Ihnen auch, Dr. Bensien.« Der Barkeeper schaut Carl noch einen Moment hinterher. Als Bensien die große Eingangstür des »Zermatterhofs« geöffnet wird, rufen die Glocken zum Kirchgang. In Zermatt ist es sechzehn Uhr dreißig.

Carl Bensien trifft eine Viertelstunde später vor der Kirche ein. So richtig wohl fühlt er sich heute nicht in seiner Haut. Martina und die Kinder zu sehen ist das eine, aber an Weihnachten, wenn selbst seine Mutter ein wenig die Contenance der Romantik und dem Likör opfert, wird ihm das Ganze sentimentale Auf und Ab vielleicht doch zu viel. Noch eine Viertelstunde bis zur Weihnachtsmesse.

»Hallo, Dad«, klingt es synchron von beiden Söhnen und gleichzeitig reserviert, als sie ihren Vater entdecken. Seit ihrer Zeit in London nennen die Jungs ihn am liebsten ›Dad‹. Carl Bensien schlägt die Kühle der Buben auf den Magen; er weiß, wie sehr es ihm die beiden verübeln, dass er nicht mit Martina in die Schweiz zurückgekehrt ist. Die Jungs umarmen ihren Vater dennoch herzlich, weil sie froh sind, dass er in diesem Jahr wieder mit in Zermatt ist. Der Größere, Emil, obwohl erst fünfzehn Jahre alt, ragt schon fast an den Vater heran. Etienne ist einen Kopf kleiner, aber auch jünger als sein Bruder. Anfang Januar wird Etienne dreizehn Jahre alt. So lange will ihr Vater in Zermatt bleiben. Die altmodischen Namen haben sie von ihm, Dr. Carl Emil Etienne Bensien, der sie wiederum von seinem Vater und Großvater mütterlicherseits geerbt hat.

»Hallo, Carl.«

»Hallo, Martina«, begrüßt Carl Bensien seine Exfrau mit drei Küssen à la Suisse. Martina Bensien trägt Nerz mit passender Fellmütze. Ihre 1,80 Meter verleihen dem Pelz noch mehr Eleganz, ihr filigraner Körper braucht im Winter viel Wärme. Sie trägt elegante Winterstiefel zur Hose – ein Zugeständnis an die klirrende Kälte. Das Schneetreiben hat inzwischen aufgehört.

Nachdem er sich schnell aus ihrer Umarmung gelöst hat, begrüßt Carl Bensien reihum die Familie. Onkel Theodore mit Frau Claudine und den Kindern Fabienne und Dominik, seiner Cousine und seinem Cousin. Carls und Dominiks Hände streifen sich kaum.

»Hallo, Dom.«

»Hallo, Ceeb.«

Dominik und er waren im selben Internat gewesen, allerdings nicht in derselben Klasse, da Carl zwei Jahre älter ist als sein Cousin. Niemand nannte ihn im Internat Carl, sondern alle Ceeb – die Anfangsbuchstaben seiner Vornamen. In der Familie ist Dominik der Einzige, der ihn Ceeb nennt. Seit Carl vor zehn Jahren allerdings den Kopf für Dominiks Fehler hinhalten musste, ist ihre Freundschaft dahin.

Dom war schon immer ein Draufgänger gewesen und hatte zu viel riskiert. Nur dass Carl dummerweise für die Währungsgeschäfte verantwortlich war, weil er eben älter war, etwas schneller studiert und dann auch erfolgreicher bei Douvalier & Cie. gearbeitet hatte. Dominik hatte sich Zeit gelassen und war erst mit fünfunddreißig Jahren in die Bank der Familie eingetreten, die sein Vater Theodore, Carls Onkel, leitete.

Zu jener Zeit war Carl schon sieben Jahre dabei; nach Studium und Promotion war er mit dreißig Jahren als Trainee bei Douvalier & Cie. eingetreten. Während Carls älterer Bruder Claus von ihrem Vater auf die Übernahme der Industrieholding, der Bensien-Gruppe, vorbereitet wurde, sollte Carl die Interessen des mütterlichen Douvalier-Vermögens bei der Bank vertreten. Mutter war neben ihrem jüngeren Bruder Theodore eine der großen Anteilseignerinnen von Douvalier & Cie. Privatbankies in Genf.

Vor zehn Jahren, mit zweiundvierzig, stand Carl Bensien kurz davor, Gesellschafter der Bank zu werden und entgegen der Tradition als ein Namensfremder seinem Onkel Theodore Douvalier als Sprecher zu folgen. Doch Dominik Douvalier, der zu diesem Zeitpunkt fünf Jahre mehr oder weniger in der Bank gefaulenzt hatte, ohne sich richtig in das Geschäft hineinzuknien, hatte sich mit Währungsrisiken verzockt. Und Cousin Carl trug die Verantwortung.

Theodore Douvalier hatte die Chance genutzt, seinen Neffen aus der Privatbank zu drängen, da er ansonsten kaum hätte durchsetzen können, dass sein Sohn eines Tages die Leitung der Bank übernehmen könnte. Sein Schwager war kurz zuvor völlig unerwartet verstorben, und die Bensiens standen zu sehr unter Schock, um sich zu wehren.

Carl Bensien verließ die Bank und ging nach London, da er der Schweiz beruflich den Rücken kehren wollte. In der City arbeitete er für eine der Mitte der Neunzigerjahre noch existierenden Privatbanken. Dominik Douvalier wurde Anfang 2001 Sprecher der persönlich haftenden Gesellschafter von Douvalier & Cie. Privatbankiers in Genf. Seit dieser Zeit waren die Zürcher Douvalier Bensiens – wie der Familienzweig von Carls Mutter genannt wurde – nicht mehr in der Geschäftsführung der Bank in Genf vertreten. Das Verwaltungsratsmandat übernahm Carls älterer Bruder Claus, der jedoch rein gar nichts von Banking verstand.

Verstohlen mustert Carl Bensien seinen Cousin, der – zumal er ihm nicht in die Augen schauen konnte – sich verlegen mit Martina unterhält. Dicklich, zu wenig Bewegung, ungesund – wenigstens bekommt ihm das Ganze nicht auch noch, denkt Bensien. Noch mehr erstaunt ihn jedoch, dass ihm die Begegnung überhaupt nicht zusetzt, und das stimmt ihn an diesem Tag zum ersten Mal ausgesprochen heiter.

Er grüßt weiter in die Runde der zahlreichen Nichten und Neffen, die er kaum mehr auseinanderhalten kann, ehe am Ende seine Mutter Antoinette auf ihn wartet. Mutter hat volles Ornat angelegt. Der ganze Familienschmuck wird heute ausgeführt, alles von erlesener Eleganz. Madame Douvalier Bensien, im Kostüm von Chanel, trägt das Haar silbergrau mit Wasserwelle. Sie würde selbst bei minus zwanzig Grad Celsius keinen Hosenanzug tragen. Handschuhe, Fellmütze und -mantel sowie Stiefel mit leichtem Absatz vervollständigen ihre eindrucksvolle Erscheinung.

»Bonsoir, mon cher«, sagt sie und küsst Carl auf die Wange, der sich respektvoll zu ihr hinunterbeugt. »Ich schätze es sehr, dass du hier bist.«

»Ich freue mich auch, Mutter. Du siehst blendend aus.«

»Merci, mein Sohn.«

»Wo ist Claus?«, fragt Carl und blickt nach seinem älteren Bruder suchend um sich.

»Er kommt erst morgen«, antwortet seine Mutter schneidend. »Keiner hält mehr etwas auf die Tradition, mein Sohn.«

»Mutter, es gibt Dinge, die man nicht ändern kann. Lass uns nicht davon anfangen. Es ist Weihnachten.«

Das Einsetzen der Kirchenglocken beendet den aufkeimenden Zwist. Carl hakt seine Mutter galant unter, seine Söhne nehmen Martina in die Mitte. Auf den Stufen zur Kirche schaut ihn die Matriarchin noch einmal von der Seite an: »Man kann alles ändern, Carl, wenn man nur will. Auch du.«

Perth

»Let's go, Jim«, mit müder Stimme und einem Fingerzeig auf ihre Lange Eins bedeutet Isabella Davis ihrem Mann, dass es Zeit ist, die Feier zu verlassen. Die große Herrenuhr macht sich gut an ihrem kräftigen rechten Handgelenk. In Perth ist es wenige Minuten nach Mitternacht. Während für den Douvalier-Bensien-Clan in der Dorfkirche von Zermatt der Heilige Abend beginnt, ist er für Familie Davis bereits so gut wie vorbei. Isa, Jim und die fünf Kinder Pete, Rich, Charlie, Claudia und Melissa sind müde, Jetlag und die sommerlichen Temperaturen im Westen von Australien leisten ihren Teil.

Isabella Davis trägt ein blaues, kniefreies Kleid mit weißen Punkten und Spaghettiträgern. Bei über zwanzig Grad im Dezember genau das richtige Outfit. Die blauen Ballerinas mit der weißen Hacke seien witzig, meinte wenigstens ihre Älteste, als sie sich vor Stunden auf den Weg zu den Großeltern Davis gemacht hatten.

»Okay, let's go, Davis family«, wiederholt Jim mit seinem dröhnenden Bass die Anordnung seiner Frau. Da alle satt und müde sind, gibt es keine Widerworte. Bei diesem Blick weiß Jim, dass es keinen Sinn hat, seine Frau überreden zu wollen, doch noch einen Moment zu verweilen. Ohnehin war es schwierig genug für ihn gewesen, Isabella davon zu überzeugen, nach so langer Zeit die Weihnachtstage wieder einmal bei seinen Eltern in Perth zu verbringen.

»Schön war es, Mama.« Isabella küsst ihre Schwiegermutter beim Abschied auf die Wange. Das Heucheln fällt ihr für ein paar Tage nicht schwer.

Der Tannenbaum in der großen Halle des Golfklubs ist an manchen Stellen mit weißer Farbe besprüht worden, um Schnee zu evozieren. Solange man nur auf den bunten Baum mit den roten Kugeln und dem glitzernden Lametta schaut, funktioniert das wie eine Fata Morgana ... Doch ein Blick aus dem Fenster genügt, um zu realisieren, dass draußen kein

Schnee liegt und die Sonne nur Nachtruhe hält. Auch der Speisesaal ist weihnachtlich dekoriert. Man merkt den Australiern halt doch ihre europäische Herkunft an, stellt Isabella einmal mehr bei sich fest, wenn sie sich in »down under« aufhält.

»Legst du mir die Stola um, Jim?«

Isabella hält den Kopf meist leicht schräg nach links vorne geneigt. Ihr blondes Haar fällt vom Scheitel dann nach vorne und bedeckt ihre linke Gesichtshälfte. Mrs Davis, wie sie Jim manchmal scherzhaft vor anderen nennt, hat diese Haltung seit Jahrzehnten einstudiert, sie ist ihr zur zweiten Natur geworden. Nur wenn sie den Kopf ganz hoch nimmt, sieht man beide blauen Augen und die Narben. Dieser unglaubliche Blick, denkt Jim.

Vor dreizehn Jahren hatte sie James Davis auf einer Happy Hour in New York kennen gelernt; seitdem setzt sich meistens Isabella durch. Jim spielt in dieser Beziehung eindeutig die untergeordnete Rolle, schließlich ist es seine Frau, die in ihrer Familie das Geld nach Hause bringt. Nicht, dass er als Anwalt schlecht verdient, aber Isabellas Gehalt als Managing Director bei der Carolina Bank in London konnte er nicht im Ansatz erreichen. Als Physikerin mit Spezialgebiet »Rocket Science« berechnet und strukturiert Isabella Davis alles, was die Carolina Bank an Derivaten und Zertifikaten auf den Markt bringt. Sie ist, wie sie fast immer in der Bank genannt wird, die »Rakete« des Kapitalmarktbereichs.

Schnell verabschiedet sich der Londoner Davis-Zweig bei den australischen Familienmitgliedern, die alle zusammen im Chidley Point Golf Club am Swan River getafelt haben. In Perth ist es auch nach Mitternacht noch angenehm warm, selbst wenn vom nahen Indischen Ozean ein laues Lüftchen weht. Eine Viertelstunde später sind die sieben Davis in ihrer Suite im »Ozean Beach Hotel« angekommen, ein Hotel, das seine beste Zeit hinter sich hat.

Als Isabella die Suite betritt, rümpft sie ein wenig ihre Nase; aber es ist ja nur für ein paar Tage, ehe sich die ganze

Familie zum Skilaufen in die französischen Alpen aufmacht. Da liegt dann richtiger Schnee, was die Kinder und Jim kaum erwarten können, für Isabella jedoch eine große Überwindung bedeutet, da ihre Narben extrem kälteempfindlich sind. Wenigstens muss sie dann die lärmige Sippschaft ihres Gatten nicht mehr ertragen, und während sechs Mitglieder ihrer Familie auf den Brettern die Pisten hinunterwedeln, freut sich Isabella auf ruhige Stunden im Hotel und kleine Spaziergänge im Schnee.

Die Kinder ziehen sich schnell mit ihren Geschenken in ihren Bereich der geräumigen Suite zurück, während Isabella sich auszieht und ins Bad begibt. Sie muss sich das Bad mit Jim teilen, weil die beiden Mädchen sich nicht mit den drei Jungs im gleichen Badezimmer aufhalten wollten. Selbst eine Drei-Zimmer-Suite mit »nur« drei Bädern kann ziemlich klein sein, wenn sich fünf Kinder darin breitmachen.

Jim beobachtet seine Frau, die bereits in ihr seidenes Nachthemd geschlüpft ist, durch die geöffnete Badezimmertür. Die schwere Perlenkette legt sie immer erst am Nachttisch ab, ebenso die Uhr. Beide nicht von ihm. Beide Sonderboni. Ringe und Ohrstecker behält sie auch nachts an. Ein kleiner Trost für ihn, dass er sie ihr geschenkt hat.

Isa ist mit 1,74 Meter für eine Frau recht groß und als ehemalige Leistungssportlerin immer noch durchtrainiert und schlank. Seit dreiundvierzig Jahren vergeht kaum ein Tag, an dem sie keinen Sport macht; jeden Morgen verbringt sie eine halbe Stunde im Keller an den Geräten. Etwas maskulin ist sie, was ihr in der Männerwelt der Trading Floors das Leben leichter macht. Als sie merkt, dass Jim sie beobachtet, schließt Isabella die Türe.

»Du Spanner«, dringt es durch die geschlossene Türe, mit einem Lächeln in der Stimme, glaubt Jim jedenfalls herauszuhören. Der Spiegel auf der Außenseite der Badezimmertür zeigt ihm einen Neunundvierzigjährigen mit schütterem Haar und Doppelkinn, gekrönt von abstehenden Ohren in Shorts und T-Shirt, mit neunzig Kilo deutlich übergewichtig.

Gott sei Dank, gesteht er sich selbst ein, haben die Kinder mehr von Isabellas Schönheit als von seinem Äußeren geerbt. Aber Jim weiß, warum sich Isabella für ihn entschieden hat. Er ist nicht zu anspruchsvoll und in jeder Hinsicht hilfsbereit.

»It is a deal, Jim«, antwortet sie stets, wenn er sich – was selten genug geschieht – beklagt. Beide führen das, was man eine zufriedene durchschnittliche Funktionsehe nennt. Isabella fühlt sich wohl in Jims Gegenwart, sie vertraut ihm mehr als jedem anderen. Sie ist stolz auf das, was sie aufgebaut haben, wie sie oft genug betont, aber geknistert hat es eigentlich nie zwischen ihnen, geht es ihm durch den Kopf. Andererseits haben beide das, was sie wollten: eine Familie und ansonsten viel Freiraum. Sie für ihre Arbeit, er für seine Arbeit, beide auch für die Kinder, aber Jim ist in Familienangelegenheiten wesentlich engagierter als seine Frau. Das Öffnen der Badezimmertür reißt Jim aus den Gedanken, die ihn immer wieder einholen.

»Frei für dich, mein Schatz.«

»Dankeschön«, freut sich Jim, den langsam die Müdigkeit übermannt.

Ihre Wege kreuzen sich und Isabella nimmt Jim in den Arm, küsst ihn und murmelt: »Es war gar nicht so schlimm bei deinen Eltern.«

Jim, plötzlich wieder hellwach, nutzt die seltene Gelegenheit und versucht seine Frau zu liebkosen. Zu seiner Überraschung lässt sie sich sogar darauf ein, was er dem guten australischen Rotwein und den sommerlichen Temperaturen zuspricht.

Sie küssen sich, werden jedoch durch ein Brummen gestört. Isas Handy vibriert auf dem Nachttisch. Sie löst sich aus der Umarmung ihres Mannes und nimmt ihr Handy zur Hand.

»Oh, den muss ich nehmen«, sie lächelt und schaut kurz zu Jim hinüber. Der weiß bei diesem Lächeln ohnehin, wer am anderen Ende der Leitung ist, und verzieht sich ins Bad.

»Okay«, hört er sie noch sagen, ehe Isabella anfängt zu singen:

But I will be there
To sing this song
To pass the time away
Driving in my car
Christmas
Gonna take some time

Jim kann weder das Lied noch den Kerl am anderen Ende der Leitung ausstehen, weiß aber, dass er gegen ihn nicht ankommt. Was Frauen an Mitch Lehman so anziehend finden, ist ihm ein Rätsel. Er stopft sich zwei Wattebäusche in die Ohren und erledigt seine Nachttoilette. Nach dem Zähneputzen nimmt er sie noch einmal heraus, um den Stand der Gesangsstunde zu testen:

Get my feet on holy ground
So I sing for you
Though you can't hear me
When I get through
And feel you near me

Zum Glück ist der Kerl weit weg, denkt Jim und stopft sich die Ohren wieder zu. Er entscheidet, etwas länger im Bad zu bleiben und auf dem Klo zu lesen, bis der Spuk vorbei und seine Wut vielleicht verraucht sind. Als er das Bad schließlich verlässt, zeigt die Uhr auf Isabellas Nachttisch halb zwei Uhr morgens am 25. Dezember 2006. Isabella schläft.

»Was das nun wieder sollte«, murmelt er. Seine Wut hat sich immer noch nicht verzogen. Jim geht dicht auf seine Frau zu, beugt sich über sie und holt aus. Mit voller Wucht zielt seine rechte Hand in Richtung ihrer linken Wange. Die Narben sind klar zu erkennen – eine schwere Verbrennung aus ihrer Kindheit. Die ganze linke Seite, vor allem die Partie hinter ihrem Auge bis über das Ohr hinaus und den oberen Teil des Halses, waren schwer verbrannt, als sie als zehnjähriges Mädchen mit dem Gaskocher hantierte. Vorne auf der Wange waren fast alle Narben wegoperiert worden, und man musste schon ganz nahe an sie herankommen, um etwas zu erkennen, aber das ließ Isa ohnehin nicht zu. Von der Schläfe an und um das Ohr herum konnten die Schönheitschirurgen nichts mehr ausrichten. Besonders wenn sie ungeschminkt ist und ihre Haare den schlimmeren Teil unter dem Ohr nicht verdecken, sind die Narben deutlich zu erkennen. Isabellas Gesicht wirkt dann auf einmal geradezu hässlich.

Kurz vor der Wange hält Jim inne und streichelt sie ganz zart. »Ich könnte dich an die Wand klatschen, wenn du mit diesem Kerl redest«, sagt er leise. Isabella hört ihn nicht, sie schläft seelenruhig den Schlaf der Gerechten.

Für Jim ist unerklärlich, dass eine Frau mit ihrer Verantwortung so ruhig schlafen kann. In seine Musterung schiebt sich die Erinnerung an ein Telefonat zwischen Isa und Mitch Lehman, ihr Boss und Gesangsadressat. Völlig untypisch hatten sich Mitch und Isabella gestritten – über irgendwelche Holiris. Als Jim nach dem Telefonat gefragt hatte, worum es denn gegangen sei, hatte sie noch ganz in Rage gezischt: »Das verstehen nur Finanzingenieure.«

»Aber das ist Mitch doch auch nicht«, hatte Jim eingeworfen.

»Genau das ist das Problem, mein Lieber«, hatte sie erwidert und sich Jims Zärtlichkeiten hingegeben. Isabella konnte den Schalter umlegen wie ein binäres System.

Ihr großer Brustkorb hebt und senkt sich rhythmisch, die Brillantohrringe glitzern im Schein des Lichts aus dem Bad. Während Jim seine Frau ansieht, kommt ihm in den Sinn, dass die Partner in seiner Anwaltskanzlei letzthin sorgenvoll über die Risikopositionen der Banken gesprochen haben.

Muss ich Isa gelegentlich drauf ansprechen, nimmt er sich vor, ehe er das Licht im Bad löscht und schwer vor Müdigkeit ins Bett sinkt. Isa liegt nun auf ihrer rechten Seite, mit dem Gesicht zu ihm, sodass er die ganzen Narben sieht. Eine Frau mit zwei Gesichtshälften: links hässlich und vernarbt, rechts schön und eben. Jim hat oft versucht, ihr Bild im Kopf zu »mischen«, aber es funktioniert nicht, man kann nur jeweils eine Seite von Isabella betrachten, beide zusammen irritiert sein Gehirn. Selbst wenn die Haare die linke Seite verdecken, liefert ihm sein Gehirn die Narben darunter.

New York

»Na dann, frohe Weihnachten. Ich kann es schon jetzt kaum erwarten, dich in zwei Wochen wiederzusehen«, schmeichelt Mitch seiner »Bonus-Lady«, die seit Jahren wesentlich dazu beiträgt, dass seine Geldmaschine auf Hochtouren läuft.

»Montag, 8. Januar, acht Uhr morgens, mon Général«, hat sich Isabella noch auf der anderen Seite der Welt verabschiedet und sich nach Ende der globalen Gesangsstunde schlafen gelegt. Zwischen den beiden liegt die halbe Welt: Isabella ist in Perth, Australien, »General« Mitch Pieter Lehman in New York City, USA, dreizehn Zeitzonen trennen die beiden Banker.

Mitch Lehman sitzt um halb eins mittags, 24. Dezember, in einer New-Yorker Flughafen-Lounge. Er wartet auf das Auftanken seines Flugzeugs und auf seine Schwiegereltern. Das Ziel lautet Hawaii, wo er eine Insel gekauft hat, die er seiner Familie nun als seine neueste Trophäe vorführen will.

Als Lehman vor einer halben Stunde die weihnachtlich dekorierte Lounge der Privatjetkunden betreten hat, hörte er dieses *Driving home for Christmas* aus den Lautsprechern. Bei diesem Song denkt er stets an Isabella Davis – und das seit über zwanzig Jahren. An einer Weihnachtsparty an der Universität in Austin waren sie zusammengekommen. Beide hatten zu viel getrunken: Isa warf ihre Hemmungen wegen ihrer Narben über Bord, Mitch wollte sich einfach vergnügen. Zu den Klängen von *Driving home for Christmas* aus dem Partykeller waren sie unbemerkt in seine Studentenbude im ersten Stock geschlichen.

Mitch war die sportlich herbe schöne Frau schon vorher aufgefallen, die sich immer zur Seite drehte und sich halb zu verstecken schien, sobald man einander ins Gesicht schauen musste. Gesellschaftliche Anlässe in Texas waren fast noch schlimmer als anderswo für Isabella, weil gerade im Lone Star State alles immer besser, schneller, schöner oder größer war als im Rest der USA. Ihre Eltern versuchten alles, ihr das Leben am Stadtrand von Dallas so behütet wie möglich zu gestalten. Aber Isabella wollte nach der Verbrennung nie mehr mit den anderen Mädchen spielen, wie es sich für einen Haushalt mittleren Einkommens in Texas gehörte, Ballett tanzen oder im Chor singen. Sie zog es vor, mit den Jungs draußen rumzutoben. Erst als die Spielkameraden die Mädchen als Frauen zu entdecken begannen, begann Isabellas Leidenszeit. Ihre Unsicherheit wurde schlimmer, je älter sie wurde.

Isabella war es nicht entgangen, dass dieser junge Student aus Kalifornien sie irgendwie anders, unbekümmerter betrachtete als die anderen. Mitch hatte niemandem erzählt, dass er in einem Armenviertel von Los Angeles ohne Vater und bei einer Mutter, die in einer Bar arbeitete, aufgewachsen war. Er hatte alles gesehen, was das Leben am untersten Ende der Kaufkraftklasse für jemanden bereithielt: zerschlagene Gesichter, misshandelte Frauen, Drogensüchtige, gewalttätige Männer, Verbrennungen, Schnittwunden, Schüsse und Blut und nicht zuletzt schnellen, miesen Sex in Besenkammern und in Treppenhäusern.

Mitch kapierte schnell, dass man in diesem Viertel nur überleben würde, wenn man sich geschickt aus allem heraushielt. Und er lernte, wen man für sich einspannen und ausnutzen konnte. Er suchte sich gezielt und äußerst raffiniert seine Partner und nahm sich stets das beste Stück vom Kuchen. Dem katholischen Pfarrer Melander gaukelte er den geborenen Messdiener vor und ließ sich von diesem, ohne mit der Wimper zu zucken, das College bezahlen. Für den Gebrauchtwagenhändler schaffte Mitch die besten Unfallwagen ran, auch wenn er manchmal nachhelfen musste. Die einsame Dame aus dem Kirchenchor beglückte er mit seiner Männlichkeit und nahm von ihr das Startgeld für die Uni.

Als es an der Zeit war, ging er nach Texas, um Los Angeles endgültig hinter sich zu lassen.

Mitch Lehman war nicht besonders intelligent, sondern nur gerissen. Er nahm sich, was er brauchte, das hatte er auf der Straße gelernt. Isabella, das hatte er begriffen, war eine sehr gute Studentin, sie würde ihn durch die Prüfungen bringen, wenn er ihr nur genügend den Hof machen würde. Und Charme hatte er. Schließlich musste er neben der Uni arbeiten, um sein Studium zu finanzieren, zum Lernen blieb nicht viel Zeit.

Im Dunkel der vierten Adventsnacht hatten sie sich damals ihrer Leidenschaft hingegeben. Für Isa war es eine Erlösung, dass es einen Mann gab, der nicht am nächsten Morgen erschreckt davonlief, wenn er ihr vernarbtes Gesicht bei unbarmherzigem Tageslicht sah. Von diesem Morgen an erkor sie Mitch Lehman zu ihrem heimlichen Traumprinzen.

Als sie ihn Monate später einmal fragte, warum ihn ihre Narben nicht zu stören schienen, bekam sie die verblüffende Antwort: »Die sehe ich nicht, Isa. Ich sehe durch die Narben hindurch.« Dass er Leid und Abgründe bereits zur Genüge gesehen hatte, damals in Los Angeles, erzählte er auch ihr nicht.

Für Mitch blieb diese erste sexuelle Begegnung mit Isa unvergesslich. Und er dachte immer an die Adventsnacht mit ihr, sobald die ersten Takte von *Driving home* gespielt wurden, kurz darauf erfolgte ganz automatisch der Griff zum Handy. So auch heute in der New-Yorker Flughafen-Lounge.

Charlotte hat bislang Gott sei Dank nichts davon mitbekommen.

Die ausnehmend hübsche Texanerin hatte sich Mitch an der Uni gezielt ausgesucht. Als sich sein Studium dem Ende näherte, war es Zeit für Mitch, wieder auf ein Pferd zu setzen, das ihn seinen Zielen näherbrachte, obwohl sich zwischen ihm und Isabella eine Vertrautheit entwickelt hatte, die er sonst bei niemandem zuließ.

Nach ausführlichen Recherchen über die Generalstochter und ihre gesellschaftliche Mitgift entschied sich Mitch für Charlotte. Wie der Pfarrer, der Autohändler, die ältere Dame und die junge Isabella betrachtete er auch Charlotte nur als einen weiteren Stein, der seinen Erfolgsweg pflastern würde. Nach der »Physikkanone« Isa jetzt »Miss University« Charlotte, die ansonsten kaum durch Leistungen an der Uni auffiel.

Isabella hatte den Tag kommen sehen; ihr war immer klar gewesen, dass ihre gemeinsame Zeit noch im Biotop des Campus enden würde. Niemand würde eine Frau mit solch entstellenden Narben an seiner Seite haben wollen, wenn es darum ging, seinen Platz im richtigen Leben zu erobern. Sie war nicht vorzeigbar, das wusste Isabella, deshalb musste sie mit außergewöhnlichen Erfolgen diesen Makel wettmachen, und zwar dauerhaft. Folglich würde sie sich jemanden suchen müssen, dem nicht gerade die große Auswahl zu Füßen lag. So war Isabella ein paar Jahre später bei Jim Davis gelandet.

Charlotte war nicht der Grund, sondern nur der Auslöser für das Ende ihrer abgeklärten Beziehung mit ein paar emotionalen Splittern. Und ihre Wege trennten sich ohne großen Streit und Tränen, sie wussten beide, wann es an der Zeit war, Adieu zu sagen.

Schnell und ohne emotionales Geplänkel fanden sie wieder zusammen, als Mitch in der Carolina Bank jemanden brauchte, der komplexe Probleme und Strukturen genau durchrechnen konnte. Und das war Isa.

Seit dieser Zeit hängen sie wieder wie die Kletten aneinander, ohne jedoch ihren alten Beziehungsstatus zu erneuern. Sie telefonieren täglich miteinander, wenn der andere auf Reisen ist, und leisten sich sogar ein paar Gefühle rund um die Erinnerungen an die studentische Weihnachtsnacht.

Charlotte wiederum hatte Mitch gewählt, weil dieser Mann den Ehrgeiz in sich hatte, den an dieser Universität kaum jemand schlagen konnte, wie Charlottes Vater erkannte, als ihm Mitch Lehman das erste Mal vorgestellt wurde.

Der General war keineswegs begeistert, aber er wusste auch, dass er seiner Tochter diesen Mann kaum ausreden konnte. Mitch sah in seinem künftigen Schwiegervater General Peters den Mann, der ihm die Türen zum Establishment öffnen würde.

Für den General und seine Gattin schmückte Mitch die Story vom Waisenjungen, dessen Eltern in Israel ums Leben gekommen waren, noch ein bisschen mehr aus als sonst. Seit Mitch sich an der Universität in Texas eingeschrieben hatte, hatte er seine wahre Identität abgelegt und seine Familie verleugnet. Israel war ihm quasi in den Schoß gefallen: Es passte zu seinem Namen, dass auf einer Behörde in der Geburtsurkunde das zweite »n« von Lehmann verloren gegangen war, und er sah keinerlei Veranlassung, diesen Schnitzer zu korrigieren. Die ganzen Jahre beließ er es bei vagen Andeutungen, dass seine Eltern und Verwandten bei einem dramatischen Ereignis ums Leben gekommen wären. Fragte jemand nach, rettete er sich damit, dass er nicht darüber reden könne – zu schmerzhaft und bedeckte die Augen theatralisch mit einer Hand.

Nur dem General erzählte er ein bisschen mehr, dass es ein Unfall, kein Attentat gewesen sei und dass er darüber seinen Glauben verloren hätte. Bei dieser Variante musste Mitch nicht viel recherchieren und konnte sich getrost auf seine Gabe verlassen, Geschichten so zu erzählen, dass man sie ihm jederzeit abkaufte. Mitch kannte keinerlei Skrupel: Auch nicht, als er einer katholischen Hochzeit zustimmte. Für Charlotte tue ich alles, hatte er der diskret vom General vorgetragenen Bitte entsprochen.

Seit Beginn basiert die Beziehung zwischen Mitch Pieter Lehman und seiner Frau Charlotte Amanda Lehman, geborene Peters, auf Berechnung. Selbstverständlich wusste Charlotte schon damals, dass Isabella mit den besten Sex unter den Mädchen an der Uni geboten hatte. Und dass Mitch wohl weiter viel Sex haben würde, den sie kaum alleine befriedigen konnte, war ihr ebenfalls von allem Anfang an klar.

Auch das kannte sie bereits von ihren Eltern – eine Soldatenehe ist schwierig.

Charlotte Lehman strickt sich von Anbeginn ihr eigenes Leben, was bereits seit zwanzig Jahren gut funktioniert. Mitch ist ohnehin nie zu Hause – außer während der Schulferien und an Feiertagen wie Weihnachten. Wie seinerzeit ihr Vater. Zwei Kinder im Teenageralter geben ihr die Liebe, die sie braucht, und Sex kann die nach wie vor gut aussehende Mittvierzigerin, die an gewissen Stellen ein wenig Hilfe von einem Chirurgen nur zu gern akzeptiert, ebenfalls genug haben.

Schwarzer Pagenkopf, mittelgroß und amerikanisch edel gekleidet – federnd kommt Charlotte ihm auf dem Gang zur Lounge entgegen. Mitch mustert seine Angetraute: die teuren Jeans an den schlanken Beinen, die eleganten Tods, ihre weiße Bluse, deren Kragen aus dem Cashmere-Pullover herausragt. Über die Schultern hat Charlotte einen ihrer wattiertern Burberrys gelegt; draußen ist es richtig kalt.

Charlotte hat ihre Eltern untergehakt. Die Kinder Pieter und Isa zotteln gelangweilt hinterher. Lehman hat alle nach New York einfliegen lassen; dass es im Privatjet weiter nach Hawaii gehen würde, wird er als Überraschung nach dem Dessert auftischen.

Als Letzter begrüßt ihn sein Schwiegervater: »Hallo, Mitch. Wie ist die Lage an der Front?«

»Bestens, General.«

»Na dann, alle Mann – oh, und Frauen – an Bord.«

Retired General George A. Peters lacht meckernd; selbst im normalen Anzug mit Krawatte sieht man ihm sofort den Soldaten an – nur die Rangabzeichen fehlen auf dem dunklen Stoff. Als hoch dekorierter Offizier und Vietnamveteran ist der hagere Mann mit den kurz geschorenen Haaren und den stets blank gewienerten schwarzen Schuhen Mitchs Feindbild par excellence, was dieser sich jedoch nie anmerken lassen würde. Seit der Armeearzt vor über fünfundzwanzig Jahren Mitch als untauglich eingestuft hatte und er seine Westpoint-

Ambitionen wegen seiner Rückenprobleme aufgeben musste, trauert er einer Militärkarriere nach. Sein ganzes Gehabe – der schneidige Befehlston und sein Verlangen nach bedingungslosem Gehorsam, blinder Loyalität und Disziplin – haben in dieser Niederlage ihren Ursprung. Mitch Lehman ist Chef des gesamten Kapitalmarktbereichs der Carolina Bank und hat sich im Unternehmen eine eigene Armee nachgebaut. Seine Kapitalmarktsöldner auf dem Trading Floor behandelt er wie Soldaten, die von seinen Obristen geführt werden.

Der von vielen bewunderte Mitch Lehman ist aber vor allem eines: ein Trader, der am liebsten handelt. Das Geld im Opferstock hatte er sich schon als Jugendlicher zwischendurch »ausgeliehen«, um Autos auf- und teurer weiterzuverkaufen. Zweifelsohne wäre Lehman mit seinem Ehrgeiz auch General geworden, doch wenn man beobachtete, wie er mit seinen Obristen umging, konnte man sich an schlechte Schleifer auf den Exerzierplätzen erinnert fühlen. Lehman hatte sicher genügend Ausdauer, Energie und skrupellose Beharrlichkeit für eine Militärkarriere, aber zur wahren Führungspersönlichkeit fehlte ihm schlichtweg die Statur. Und das lässt ihn der echte General in der Familie immer wieder spüren.

Nachdem die Großfamilie im Flugzeug die Plätze eingenommen hat, übernimmt Schwiegervater Peters das Kommando.

»Wann gibt es denn etwas zu trinken und zu essen, Mitch?«

»Sobald wir in der Luft sind, General«, lautet die spitze Antwort; Mitch ist es nicht gewohnt, von anderen herumkommandiert zu werden.

»Und wie laufen die Geschäfte?« Peters zeigt sich stets interessiert am Erfolg seines Schwiegersohns; er saß nach seiner Pensionierung ein paar Jahre im Board der Investmentbank, bei der er Mitch den ersten Job nach dem Universitätsabschluss verschafft hatte. Die beiden stehen an der Bar, die in der Mitte des Jets eingebaut worden ist. Sie trennt den Ess- und Sitzbereich von den Schlaf- und Toilettenräumen. Wenn man es nicht wüsste, glaubte man sich in der modern gehaltenen Bar in einem schicken Loft. Nur die festen Halterungen für die Flaschen und die für Flugzeuge typischen Fenster erinnern daran, dass die beiden Herren zehntausend Meter über der Erde ihren Bourbon schlürfen.

»Alles bestens, George. Wir machen Geld wie Heu, die Märkte laufen wie von selbst. Mein Handelsbereich wird für Carolina alleine fünf Milliarden Dollar Gewinn einfahren. Nach Bonus. Einunddreißig Prozent Rendite aufs Eigenkapital, General. Zufrieden?«

»Sicher.« Der General zögert einen Moment. »Aber wo kommt das alles her, Mitch? So viel hat man doch früher nicht verdient.«

»Ganz einfach: Wir machen Geld mit Geld. Und Geld war viele Jahre billig zu haben, Greenspan sei Dank. Wir unterlegen schon lange nicht mehr nur die Industrie mit Kapital. Das wirft viel zu wenig ab, es muss viel zu viel mit eigenem Kapital unterlegt werden und bringt zu viel Ärger, wenn da mal wieder einer pleitegeht. Nein, George, wir machen das untereinander. Das bringt es wirklich.«

»Und das funktioniert?«, fragt der General skeptisch und nimmt einen ordentlichen Schluck von seinem Whiskey.

Mitch hasst ihn alleine für die Frage. Woher nahm der Alte das Recht, ihn zu kritisieren?

»Du brauchst nur gute Finanzingenieure, die die Modelle basteln.«

»Mitch, ich bin zwar schon ein paar Jahre nicht mehr im Board, aber ich weiß nicht …«

»Du brauchst nur die richtigen Fachleute, George, die die Modelle im Griff haben. Wir haben die besten von allen. Eine wahre Geldmaschine.«

»Kriege gewinnt man auch nicht im Kartenraum, Mitch.«

»Keine Sorge, George. Wir haben uns gegen alles abgesichert. Wir können die Realität wirklich abbilden. Es gibt keine Lage, die wir nicht modellieren könnten. Es ist ganz einfach so: Wir können nicht verlieren.« Direkt in die Augen sehen kann er seinem Schwiegervater fast nie, auch jetzt redet Mitch quasi an Peters linkem Ohr vorbei.

»Als Kommandierender musst du aber alles selbst unter Kontrolle haben, nicht nur deine Finanzingenieure. Weißt du eigentlich, was genau die da abziehen?«

Der General mustert seinen Schwiegersohn, den er eigentlich nur wegen des Geldes für voll nimmt. Sicher ist Mitch alert und fit – bei seinem Konsum an Alkohol und gutem Essen muss er täglich auf die Foltergeräte –, er verfügt sogar über einen Fitnessraum in der Bank. Aber für sein Gewicht von neunzig Kilo ist er mit 1,80 Meter einfach nicht groß genug, um als schlank und wirklich durchtrainiert zu gelten.

Über Mitchs Hose spannt sich der Gürtel. Das sieht jeder, weil man dauernd auf sein unübersehbares rotes Monogramm »MPL« auf dem Hemd starren muss. Er wählt jeweils Hemden in der Farbe passend zu diesen albernen Gummistöpseln, die er seit jeher als Manschettenknöpfe trägt.

Bei dem kann man so viel nach Maß schneidern, wie man will, denkt Peters, während er auf Mitchs Antwort wartet, er sieht immer ein bisschen unpassend aus. Vom Gelschopf bis zu den Schuhen, selbst die Breitling Daytona passt nicht ganz zu ihm, und erst die polierten Fingernägel; Peters verzieht das Gesicht. Auch die Haare sind nicht nach des Generals Gusto; für ihn gilt nur der kurze Messerschnitt als korrekt und nicht der gegelte, nach hinten gekämmte rotblonde Schopf mit der freien Stirn.

Wenn er Mitch ärgern wollte, nannte der General seinen Schwiegersohn »Dandy« und schickte ein verächtliches Grinsen hinterher, wofür ihn Mitch töten könnte. Stattdessen begnügte er sich mit einem vielsagenden Blick aus seinen stechend blauen Augen, der selbst den wahren General verunsichern konnte, wenn sich die Blicke der beiden doch einmal trafen.

»Das tue ich.« Mitch schenkt dem musternden General ein strahlendes Lächeln. »Seit über zehn Jahren arbeite ich mit denselben Leuten. Die wissen, was sie tun.«

Natürlich ahnt General George A. Peters nicht, dass Mitch von seiner Kapitalmarktsöldnertruppe rund um den Globus ehrfürchtig »General« genannt wird. Mitch hat sich mit seinem Handelssaal in London sein eigenes West Point gebaut: ein General, mehrere Obristen, zahlreiche Leutnants und schließlich das Fußvolk in den riesigen Handelssälen. Hinzu kommen eine Handvoll Spezialisten, seine »Fachoffiziere«, allen voran Isabella Davis, wenn es um die Einschätzung und Bewertung der Risiken geht. Mein bester Mann, denkt Mitch stets, wenn er Isabella als einzige Frau in der Runde der Obristen sieht. Mitch gilt bei seiner Truppe als diszipliniert und hart gegen sich selbst und andere; er regiert mit eiserner Faust, riskiert alles und hat bisher stets gewonnen. Deshalb glaubt er auch, sich auf seinen Stab verlassen zu können. Denn alle wollen teilhaben am großen Spiel. Und wer hintergeht schon den besten Spieler von allen?

»Und fünfzig Millionen Dollar bekomme ich auch noch dafür!« Mitch nippt mit unverhohlener Selbstzufriedenheit an seinem Drink.

Der General pfeift durch die Zähne: »Das ist ein sehr überzeugendes Argument.«

Sie stoßen an – auf die fünfzig Millionen, auf die Bank, auf die Familie und auf Weihnachten.

»Schau dich ruhig mal ein wenig um.« Mitch spielt einen seiner Trümpfe aus, er weiß, wie neidisch sein Schwiegervater den ganzen Luxus betrachtet.

Die Boeing 737 gehört Mitch zwar nicht, aber er nimmt sie für diverse Anlässe in Anspruch, meist geschäftlicher Natur. Zwei Schlafzimmer mit Wasser gelagerten Betten, eine geräumige Sitzecke, alles aus hellem Alcantaraleder, beiges Interieur, mit Chrom abgesetzt, auch an den Fenstern. Die Kinder sind vor allem vom Heimkino mit der dreimal zwei Meter großen Leinwand begeistert.

Im vorderen Bereich gibt es Besprechungsräume, in denen auf diesem Flug das erste Festessen an Weihnachten eingedeckt ist. Kristall, Damast, Wedgewood-Geschirr, selbst echte Kerzen fehlen nicht und verbreiten eine festliche Stimmung. Nicht, dass Mitch Wert darauf legte, aber das konnte man alles bestellen – Jet mit Weihnachten komplett. Sogar ein kleiner geschmückter Baum steht neben dem Tisch.

Seine beiden Edelprostituierten Camilla und Diana hatte er auch in diesem Flieger schon oft dabei gehabt, denkt er leicht wehmütig beim Betrachten des großen Besprechungstischs. Zum letzten Mal sah er sie an der Weihnachtsfeier … War 'ne schöne Feier, erinnert sich Lehman, auch wenn ihn die Sache mit den blauen Bändchen am Ende ein paar Nerven gekostet hatte. Die Jungs haben es ihm auf alle Fälle gedankt. Ein Geschenk, das man sich selbst nicht kauft. Und Pearson hatte die Sache mit der Maus vom »CityView« schließlich doch gelöst.

Lehman reicht einen weiteren Whiskey an seinen Schwiegervater, während die Damen edlen Champagner genießen und den herrlich eingedeckten Tisch loben.

»Willkommen zum ersten globalen Dinner am Heiligen Abend 2006«, ruft Mitch und bittet zu Tisch. Sie speisen Hummer und Jacobsmuscheln als ersten Gang, dazu ein Sancerre, danach gibt es Bisonsteaks mit Pommes Duchesse und einen exzellenten Bordeaux. Die Stimmung ist locker, mit zunehmendem Weinkonsum sogar ausgelassen. Charlotte und ihre Eltern plaudern angeregt, selbst die Kinder maulen nicht, als Mitch ihre elektronischen Spielzeuge vom Tisch verbannt. Lediglich Mitch bleibt angespannt. Ununterbrochen wippt er mit dem Fuß, oft klackert er mit den langen Fingernägeln auf den Tisch.

Als die Stewardess den Tisch abgeräumt hat, steht Mitch auf, lässt die Leinwand herabfahren, die oben in der Decke des Besprechungsraums eingelassen ist. Ohne weitere Ankündigung verdunkelt sich der Raum und auf der Leinwand erscheint eine Insel. Auf einer Klippe thront ein blendend weißes Haus wie ein Leuchtturm inmitten eines Ensembles kleinerer Häuser. Die Kamera zeigt zudem einen riesigen, menschenleeren Strand, einen kleinen Hafen und eine Landebahn. In die letzten Sekunden des Films stellt sich Mitch in die Projektion, bis es hell im Raum wird. Während die Familie sich noch an das Licht gewöhnen muss, verkündet Mitch: »Unser Ziel. Meine Insel, direkt vor Hawaii. Und spätestens in einem Jahr sieht alles so aus, wie ihr es gerade gesehen habt.«

Während die Kinder begeistert jubeln und Charlotte als Einzige das »meine neue Insel« registriert hat, erhebt General Peters sein Glas. »Anerkennung, Mitch.« Für seinen Schwiegervater ist dies das äußerst mögliche Zeichen positiver Wahrnehmung.

Nach dem Essen begeben sich alle zur Ruhe, für die Londoner ist es inzwischen Nacht und für die Eltern Zeit für den gewohnten Mittagsschlaf. So bekommt Mitch endlich die Chance, sich mit seiner Stewardess zu befassen. Zwei Wochen nur mit Charlotte – nichts für ihn. Also hat ihm Diana etwas für die Ferien besorgt.

Die beiden ziehen sich in eine kleine Kammer direkt hinter dem Cockpit zurück, die früher als Navigationsraum diente … Solche Quickies lernten die Trader schon in jungen Jahren in New York. Dort gab es direkt neben den Investmentbanken verschwiegene Etablissements mit kleinen Räumen so schmal wie Besenkammern, in denen die Damen warteten – fünfzig Dollar für fünf Minuten. Seit dem Aufkommen von Aids, konnten die Jungs der Investmentbanken sogar Kondome mit dem Logo ihres Arbeitgebers benutzen.

Danach wirft auch Mitch sich auf einen Ledersessel, fährt die Lehne zurück und die Fußstütze aus. Ein letzter Schluck Bourbon, dann drückt er den Knopf. Es wird dunkel. Mitch zuckt noch einen Moment mit dem Bein, dann fällt auch er in einen tiefen Schlaf. Seit dem Start in London um zehn Uhr morgens und dem zwischenzeitlichen Stopp in New York sind ganze vierzehn Stunden vergangen. Noch haben die Lehmans ein paar Stunden Reise vor sich: *Driving home for Christmas.*

Und in London schlägt Big Ben gerade wieder Mitternacht in der Heiligen Nacht.

Drei Tage zuvor

Grosvernor House

»Schätzchen, ich habe auch einen Schuss frei. Vom großen Mitch geschenkt bekommen! Wie wärs?«, flüstert der junge Typ Carla Bell ins Ohr, der plötzlich aus dem Nichts auf sie zukommt. Dabei hat sie sich extra etwas abseits in der Nähe der Aufzüge gestellt, um mit einem Glas Champagner in der Hand erst einmal das bunte Treiben auf der Weihnachtsfeier der Carolina Bank zu beobachten. Der Great Ball Room im ehrwürdigen »Grosvernor House« füllt sich schnell mit gut gelaunten Menschen, doch die Journalistin mag es nicht, alleine inmitten der Menge zu stehen.

»Wie bitte?! Fuck you«, stößt sie laut hervor, ist aber so perplex, dass sie dem gut aussehenden Bürschchen, sicher ein junger Associate Director der Bank, keine scheuert, sondern ihn entgeistert mit offenem Mund anstarrt.

»Ich wusste gar nicht, dass ihr Escorts so zickig seid. Mitch zahlt doch gut, oder?«, klagt der bereits leicht Angetrunkene mit loser Krawatte und zerzaustem Haar. Er zeigt auf ihr blaues Bändchen und klingt konsterniert, bleibt jedoch weiterhin fordernd vor ihr stehen.

Was geht hier bloß ab? Bei Carla Bell beginnen die Alarmglocken laut zu klingeln.

»Ich weiß nicht, wer du bist und was du meinst. Ich bin jedenfalls Reporterin des ›CityView‹ und hier zur Weihnachtsfeier eingeladen.« Carla Bell versucht seitlich auszuweichen, wobei sie etwas Champagner auf ihr schwarzes Kleid verschüttet.

Die Verwirrung steht dem jungen Mann deutlich ins Gesicht geschrieben: »Entschuldigung, das ist ein Missverständnis. Sorry, sorry. Ich habe wohl schon zu viel getrunken.« Entschuldigend hebt er beide Arme, dreht sich auf dem

Absatz um und ruft ihr noch nach: »Nehmen Sie besser das blaue Bändchen ab.«

Was soll das, fragt sich Carla irritiert und starrt auf das Bändchen am rechten Handgelenk, das sie noch von der Party des Vorabends trägt. Aus blauen Plastikfäden gewirkt und aufgedreht, ähnelt das blaue zentimeterdicke Armband künstlichem Schmuck, der gestern an der Einlasskontrolle als Erkennungszeichen ausgegeben wurde und ihr so gut gefallen hat …

Instinktiv zieht sie sich einen Meter zurück und steht nun im Halbdunkel hinter zwei Zierbäumchen. Dort bringt sie sich erst einmal wieder unter Kontrolle, atmet tief durch, trinkt ihren Rest Champagner in einem Zug aus.

Irgendetwas stimmt hier nicht. Carla Bell beginnt, die Menschen hier genauer in Augenschein zu nehmen. Die Männer sehen alle gleich aus: Anzüge, in der Regel dunkle Farben, Hemden mit Manschetten, Krawatten, die einige schon gelockert haben. Alle halten ein Glas in der Hand, die ausladenden Gänge und Säle sind erfüllt von lautem Lachen; unter den selbstbewusst auftretenden Bankern herrscht eine ausgelassene Stimmung. Wie Pfauen stolzieren einige umher, manche zeigen ihre Frauen wie Trophäen herum, wenn sie nicht gerade nur als Männergruppe zusammenstehen, wie Carla Bell aus ihrer Ecke heraus registriert.

Bei den Frauen verhält es sich anders: Da schwirren zunächst einmal sehr viele junge Frauen herum, die eigentlich kaum voneinander zu unterscheiden sind – die Partyuniform der Londoner City schreibt für Sekretärinnen und Assistentinnen das kleine Schwarze mit High Heels für den Abend vor. Dieses Outfit gilt nicht für die hier an einer Hand abzuzählenden Bankerinnen, die sich in ihren strengen Businesskostümen klar von den unteren Chargen absetzen. Solche Frauen gibt es unter den Investmentbankern jedoch nur wenige in der City; noch immer ist Investmentbanking überwiegend Männersache. Die dritte Gruppe besteht aus den Ehefrauen der Banker, die zu solchen Anlässen stets aufgetakelt antreten, weil sie endlich mal wieder aus ihren Vorstadthäusern heraus dürfen.

Die wenigen Bankerinnen sind teuer, aber eher praktisch in Windsor oder Akris gekleidet, zumal sie meist direkt aus dem Büro kommen. Die Ehefrauen stehen sich in Chanel, Hermes oder andern Couturies die Beine in den Bauch und reden über Schule oder Golf. Das hat Carla Bell bereits auf anderen Weihnachtspartys mitbekommen und sich dann eher mit den Bankern unterhalten, bis diese so angetrunken waren, dass jede weitere Unterhaltung zwecklos wurde. Warum sollte sie sich mit vierzigjährigen Frauen über Schule oder Golf unterhalten? Sie hat weder Kinder, noch spielt sie das Spiel der alten Männer.

Dass sie allerdings so aussieht wie die jungen Frauen, die sich ansonsten um Reisekosten, Buchungen oder Schreibarbeiten kümmern, ist ihr bislang gar nicht aufgefallen. Carla Bell, selbst gerade erst fünfundzwanzig Jahre alt, hat ebenso ein kleines Schwarzes an, trägt Schuhe mit hohen Absätzen, so wie die meisten Mädchen hier, alle in den Zwanzigern, die rund um Liverpool Street Station in der alten City oder Canary Wharf draußen in den Docklands für die Banker arbeiten. Sie haben wenige Gelegenheiten, einmal in die teuren Hotels zu kommen, in die sie sonst ihre Chefs einbuchen müssen. Die Weihnachtsfeier der Carolina Bank ist einer dieser seltenen Anlässe, an dem alle drei Frauentypen zusammentreffen. Da sie sich jedoch fest an ihre Gruppe halten, besteht eigentlich keine Gefahr der Durchmischung.

Die Party ist *big* – so wie alles in diesem Jahr. Der Saal ist inzwischen richtig voll, eine Band spielt weihnachtlichen Jazz. In jeder Ecke befindet sich eine Bar, in der Mitte des Festsaals hat man ein riesiges Buffet aufgebaut, auf dem keine Spezialität fehlt. In kleineren anliegenden Sälen werden wahlweise Karaoke oder andere Spiele für große Kinder geboten. Weihnachtlich sehen eigentlich nur der riesige, bunt geschmückte Baum in der Nähe der Bühne aus und die Kellner mit ihren roten Mützen.

Mitch Pieter Lehman und seine Kollegen haben allen Grund zu feiern, 2006 ist ein Bombenjahr gewesen: Die Kurse explodierten, die Deals flogen so einfach wie nie, die Händler waren dabei, ein immer größer werdendes Rad zu drehen. Selten war es so einfach gewesen, Geld zu verdienen. Den Banken wurde alles abgekauft, ihre Handelsabteilungen kreierten die wildesten Wertpapiere und hatten sich von der eigentlichen Dienstleistung für die »normale« Wirtschaft längst völlig losgelöst. Angst vor einer neuen Blase hatte hier keiner. Das erste Buch Moses, dass es nach sieben fetten wieder sieben magere Jahre geben würde, gehört nicht zur bevorzugten Lektüre dieser Kaste. Jeder dachte nur an seinen Bonus.

Der Gastgeber, Mitch Lehman, würde für das Jahr einen Bonuspool bekommen, der alles bisher Dagewesene in den Schatten stellte. Und keiner würde ihm reinreden, wie viel er an wen seiner Leute verteilte. Dank den Gewinnen, die er eingefahren hat, ist Mitch Lehman unantastbar. Eine stolze Zahl seiner Jungs würde wieder Millionen Dollar, Euro oder Pfund bekommen. Boni sind der Treibstoff, mit dem der Motor der gierigen Geldmaschinen betrieben wird.

Carla Bell hatte bereits einige Kommentare über erste Schätzungen der Boni geschrieben: Milliarden von Dollar würden wieder unter eine kleine Anzahl von ein paar Tausend Leuten gebracht, und mehr als Hundert Topbanker würden wieder zweistellige Millionenbeträge kassieren.

Und so ist auch die Party, denkt Carla, immer mehr und immer schneller. Als Journalistin eines wichtigen Finanz-Newsletters wird sie zwar stark umworben, doch sie weiß genau, dass sie nicht dazugehört. Banker sind ihr seit Kindesbeinen verhasst. Dass ein Banker ihre Mutter vor fünfzehn Jahren in den Tod getrieben haben sollte, hat sich wie Gift in ihr festgesetzt. Und nun schreibt sie ausgerechnet über Banker und deren Welt, was zu ihrer eigenen Überraschung großes Interesse in ihr auslöst. Vielleicht hat es auch damit zu tun, dass ihr Vater ihre Fragen nach den wahren Umständen des Todes ihrer Mutter vehement abgewehrt hat – das Thema ist tabu und doch stets präsent, geht es Carla durch den Kopf. Mit der Zeit hat sie gelernt, ihren Kummer zu unterdrücken, doch in Momenten wie diesen, wenn die ganze Welt verrückt zu spielen scheint und sie die kitschig-romantischen Weihnachtsinszenierungen zu ersticken drohen, holt sie der Schmerz mit voller Wucht wieder ein.

Finanzjournalismus war ursprünglich nicht ihr Ziel gewesen, sie war da eher zufällig reingerutscht. Carla Bell hatte zwar für die Universitätszeitung geschrieben, wollte aber Lehrerin für Mathematik und Physik werden. Als sie Simon Trent, Gründer und kreativer Kopf des »CityView«, anlässlich eines Vortrags an der Uni kennen lernte und ihr nach einer heftigen Diskussion über Ethik und Finanzen, Geld und Geist spontan mit den Worten »dann zeigen Sie doch mal, was Sie drauf haben« den Job als Reporterin angeboten hatte, hatte sie schon eine Anstellung in der Tasche, noch ehe sie ihr Studium zu Ende gebracht hatte.

Bereits nach einem halben Jahr bot ihr Simon Trent die überraschend frei gewordene Stelle im Bankenressort an, und Carla Bell griff beherzt zu. Ihr Ehrgeiz war geweckt, und sie wollte wissen, wie Banken, Banker und deren System funktionieren. Noch hatte sie in diesem ersten Jahr als Reporterin beim »CityView« – einem der renommiertesten Newsletter in der Londoner City – wenig Anlass gehabt, ihre schlechte Meinung zu überdenken.

Die Feier der Carolina Bank zählt seit jeher zu den absoluten Highlights des Partykalenders am Ende des Jahres in der City. Der Champagner fließt in Strömen und es werden edelste Fischeier kiloweise aufgetischt. Im Prinzip gehört das Hotel an diesem Abend der Bank, eine große Anzahl der Gäste übernachtet gleich dort. »Grosvernor House« ist eines der älteren Nobelhotels mitten in Mayfair, nahe zu Museen und den Theatern des West Ends gelegen.

Mitch Lehman hat sich für eine Stehparty entschieden. So können sich die Leute besser verteilen und unterhalten – und es fällt auch nicht auf, wenn er zwischendurch verschwindet, weil er es nie lange an einem Platz aushält. Auch an Partys bevorzugt er eine schnelle Gangart, wechselt von Gruppe zu Gruppe, gibt hier eine Anekdote zum Besten, klopft dort den jungen Nachwuchsstars anerkennend auf die Schulter, präsentiert sich als strahlenden Sieger, dem – einmal mehr – alles gelingt. Tische gibt es nur im kleineren Ball Room und in anderen Nebenräumen, und natürlich sind auch die Red Bar und einige Suiten drum herum für die Caroliner reserviert.

Als Carla Bell sich wieder gefangen hat, hält sie Ausschau nach dem Associate, der sie so geschmacklos angemacht hat. Er tummelt sich bereits wieder in dieser Ecke des Great Rooms. Und hier sammeln sich, wenn man genau beobachtet, in der Nähe der Aufzüge ein paar auffallend junge Frauen im kleinen Schwarzen, die alle blaue Bändchen am rechten Handgelenk tragen. Kaum zu bemerken, aber für jeden sichtbar, der es wissen sollte. Wenn man es weiß, geht ihr durch den Kopf, dann ist es ein unmissverständliches Erkennungszeichen.

Carla Bell sieht an sich herab. Den Carolina-Gästen wurde am Eingang ein kleiner roter Button von einer netten Dame ans Revers geheftet – ein hübscher Kontrastpunkt zum kleinen Schwarzen. Roter Button, schwarzes Kleid, blaues Bändchen. Zwei Farbtupfer. Sieht eigentlich klasse aus. Sicher ist sie nicht ganz so aufreizend geschminkt und ihr Kleid ist nicht ganz so knapp, aber mit dem blauen Bändchen kann jeder Eingeweihte sie für eines der bewussten Mädchen halten.

Sogleich will sie das Ding abreißen und wegschmeißen, um keinesfalls noch einmal verwechselt zu werden, doch dann stoppt sie inmitten der Bewegung, ihre Neugier ist angestachelt. Sie beschließt, das blaue Bändchen am Handgelenk zu belassen, auch wenn sie es nun mit der anderen Hand versteckt.

Als ein Kellner recht nahe an ihrem Versteck vorbeikommt, springt sie leicht vor, stellt ihr leeres Champagnerglas ab und nimmt dem erschrockenen älteren Herrn mit der völlig unpassenden roten Mütze einen Martini mit Olive vom Tablett. Mit einem Lächeln und einem Danke hüpft sie wieder einen Schritt zurück.

Sie streicht sich ihr langes rotblondes Haar nach hinten über die Schultern und kaut die Olive sehr langsam. Der Geschmack vermischt sich angenehm im Mund mit dem Martini. Leise schlürfend, beobachtet sie die Szenerie: Sie zählt nie mehr als eine Handvoll von den »Blaubändern«. Alle haben eine klasse Figur, besser als ihre, taxiert sie neidisch, obwohl sie sich keineswegs verstecken muss. Ab und zu verschwindet eine der Frauen mit einem oder manchmal auch mehreren der jungen Burschen aus Mitch Lehmans Truppe. »Ping« macht es jedes Mal, wenn sich eine der alten schweren Aufzugstüren öffnet. Ihr »persönlicher« Associate scheint inzwischen auch Erfolg zu haben, denn er macht sich mit einem breiten Lächeln und einer jungen Dame mit blauem Bändchen auf den Weg nach oben.

Manche Gesichter unter den Bankern kommen Carla Bell bekannt vor, sie hat sie in den letzten Monaten bei diversen Unternehmenspräsentationen, an Capital Market Days und an einer zweitägigen Konferenz über Investment Opportunities in Europa getroffen, die die Carolina Bank im Sommer in Spanien veranstaltet hatte.

Damals hatte sie gerade ihren neuen Job im Bankingteam des »CityView« angetreten und war auf Einladung der Carolina Bank auf ihre erste größere Dienstreise nach Spanien gegangen. Der Trip hatte sie sehr beeindruckt, zumal der finanziell immer schwachbrüstige »CityView« diese Reise bezahlte. Auch wenn sie Distanz hielt, das teure Hotel, das gute Essen und das ganze edle Drumherum verfehlten ihre Wirkung nicht. Wer wie sie vom Dorf kam, den beeindruckte ein Fünf-Sterne-Hotel mit all seinen Annehmlichkeiten. Die Wellnessoase hatte es ihr besonders angetan, mit schlechtem Gewissen verbrachte sie einige Zeit ihrer Dienstreise bei Hot-Stone-Massagen oder im Jaccuzzi.

Ihre Einladung nach Spanien wie auch heute Abend zur Carolina-Party verdankt sie Robert Pearson, dem PR-Guru der City, der vor allem für Mitch Lehman arbeitet. Der Berater hatte Carla in den letzten Monaten als neues Talent am Journalistenhimmel entdeckt, wie er ihr schmeichelte. Mitch hatte ihm die junge Reporterin empfohlen, weil sie noch so leicht formbar sei. Lehman konnte zwar jeden Kurs bewegen, wenn es sein musste, aber leider nicht jede Zeitungsspalte füllen. Für ihn waren Journalisten Schmierfinken, die es eben zu schmieren galt. Mit Charme oder auch anders.

Carla Bell pfeift leise durch die Zähne, als sich mit einem »Ping« die Aufzugstüre erneut öffnet. Denn genau dieser Robert Pearson entsteigt dem Lift mit einer Rothaarigen, die, als sich die Türe öffnet, offensichtlich noch eine schnelle Streicheleinheit verteilt. Nutten! Auf die Idee muss erst einmal jemand kommen, geht es Carla Bell durch den Kopf: Nutten auf der Weihnachtsfeier.

Fehlt nur noch die absolut hieb- und stichfeste Gewissheit. Ihr leeres Martini-Glas steckt sie in den Topf des Zierbäumchens und entscheidet sich, nicht Robert zu folgen, sondern seiner rothaarigen großen Begleiterin, von der er sich gerade mit einem Klaps auf den Po verabschiedet. Ihre »Kollegin« geht offensichtlich zur Damentoilette, die in einem kleinen Nebengang des Great Ball Room liegt.

Niemand außer den beiden scheint an diesem stillen Örtchen zu sein, denn alle Türen stehen offen. Carla starrt der Rothaarigen hinterher, die in der letzten Toilettenkabine hinten an der Wand verschwindet. Sie nimmt die Toilette daneben und verhält sich ruhig. Zwei Minuten, drei Minuten, dann rauscht die Spülung. Viermal klackern die Absätze, dann hört sie das Zippen des Seifenspenders. Die Rothaarige muss nun am Waschbecken stehen, schätzt Carla. Viel Zeit bleibt ihr nicht; sie atmet einmal tief durch, betätigt ebenfalls die Spülung, öffnet die Tür und geht auf das nächste Waschbecken zu. Zum Glück ist niemand zum »Nasepudern« in den eleganten Toiletteraum gekommen. Der Waschraum ist sogar mit zwei Sesseln dekoriert, in denen es sich die Damen für Smalltalk bequem machen konnten. Aber Carla Bell ist alles andere als zum Plaudern zumute.

Die Rothaarige sieht gar nicht »nuttig« aus, sie ist ziemlich hübsch, das hat Carla schon bei der Verfolgung gemerkt. Ihre Nachbarin ist gerade tief über das Becken gebeugt und lässt Wasser in die wohlgeformten Hände laufen, um sich die Stirn zu benetzen. Wenn sie ihre Schminke neu auflegen und in den Spiegel schauen würde, ist die Chance verpasst.

Carla nimmt das Becken links von ihr, sodass die junge Frau direkt auf ihr blaues Bändchen am rechten Handgelenk gucken kann. Auch Carla beugt sich vor, das Wasser läuft, ihr Haar fällt herunter und verdeckt ihr Gesicht.

»Und«, fragt Carla mit nervöser Stimme, »wie läuft es so?«

Die junge Frau blickt leicht nach links, sieht Carlas blaues Erkennungszeichen und seufzt, ohne wirklich aufzuschauen: »Oh Gott! Mitch hat wohl seine jungen Hengste von der Weide geholt, ich hatte schon vier ... Ich brauch 'ne Pause. Und du?«

»Der Nächste wartet schon. Ich muss mich beeilen. See you later«, greift Carla einmal schnell ins Handtuch und flüchtet aus der Toilette.

»Hoppla.« Der Kellner kann sich nur mit einem eleganten Sidestep vor einem Zusammenstoß retten, als Carla aus der Toilette schießt. Sie nimmt ein Glas vom Tablett und gießt den Martini direkt in sich hinein. Der ältere Mann im weißen Livree und roter Weihnachtsmütze kommt gerade aus dem Servicebereich, der auf der anderen Seite des Nebengangs liegt. Nun steht bereits ein leeres Glas auf seinem Tablett, ehe er den großen Saal von »Grosvernor« House erreicht hat.

»Danke, das war bitter nötig«, stöhnt Carla und stibitzt sich im Gehen noch ein Glas.

»Bitte, Lady, aber immer schön langsam. Sie wissen, wie so etwas hier sonst endet«, ermahnt der Kellner sie; die rote Mütze ist ihm sichtlich unangenehm. »Gegen Mitternacht sind die meisten sturzbetrunken. Passen Sie also auf sich auf.«

»Danke. Ich weiß.« Carla rekapituliert kurz, dass dies der dritte oder vierte Martini sein muss. Und zuvor hat sie noch ein Glas Champagner getrunken.

»Sagen Sie, sorry, ich, ich…«, hält Carla den Mann am Unterarm zurück.

»Ja bitte. Kann ich etwas für Sie tun?«

»Ja«, sagt Carla und zieht ihn nahe zu sich heran. »Sagen Sie, sehe ich aus wie eine Nutte?«

»Wie bitte?« Der Kellner rückt etwas von ihr ab und nimmt Carla kritisch in Augenschein.

»Wissen Sie, junge Frau, ich arbeite schon lange hier, aber das hat mich noch keine gefragt.«

»Ich will es aber wissen«, bittet Carla und schaut dem Kellner direkt in die Augen.

»Nein.« Er atmet heftig aus.

»Nein?« Carlas Stimme schwankt zwischen Zweifel und Erleichterung.

»Nutten haben kalte Augen, Ihre sind lebhaft und warm.« Dabei steht er stocksteif wie ein Butler vor ihr, mit dem Tablett in der rechten Hand und blickt in ihre rehbraunen Augen.

»Danke Ihnen und schöne Weihnachten.«

»Ihnen auch. Und wie gesagt: Passen Sie auf sich auf.«

Carla Bell schlängelt sich auf die Suche nach Robert Pearson an einigen recht betrunkenen Typen, Männern wie Frauen, vorbei. Pearson steht in der Ecke der Aufzüge und unterhält sich offensichtlich blendend mit einigen Gästen. Lehmans PR-Berater ist ein langer Schlacks, der vorwiegend aus Beinen und Armen zu bestehen scheint, er würde immer noch als Universitätsassistent durchgehen, obwohl er mindestens fünfzig Jahre zählt. Pearson gilt als lebende Legende unter den Public-Relations-Beratern in der City: Er kann Storys schieben, drehen oder auch töten. Der Oxford-Absolvent belegt unangefochten Platz eins unter den Spin Doctors der City, wobei ihm gerade sein jugendlicher Charme viele Türen öffnet.

Gerade als Carla Bell sich zum dritten Mal fragt, hingehen oder warten, Konfrontation oder Schmusekurs, gesellt sich der Gastgeber zur Gruppe um Pearson. Mitch Lehmans Auftritt im Kreise einiger Jungbanker, die ihm bewundernd lauschen, nimmt ihr die Entscheidung ab; Glück für Pearson, zumindest für den Augenblick.

Als sie sich abwenden will, bemerkt Robert seine neue Entdeckung am Journalistenhimmel und eilt mit ausgebreiteten Armen auf sie zu.

»Carla, schön Sie zu sehen. Ich freue mich, dass Sie gekommen sind. Darf ich Ihnen Mitch Lehman vorstellen, unseren Gastgeber heute Abend?«

Ohne ihr Widerstreben zu beachten, greift Pearsons feuchte Rechte nach Carla Bell und zieht sie hinter sich her zu seinem Boss. Er schiebt sie regelrecht neben Mitch, der sich ihr freudig zudreht. Schönen Frauen schenkt Mitch Lehman mit größtem Vergnügen sein Augenmerk.

»Lehman, Mitch Lehman«, er reicht ihr die Hand.

»Carla Bell vom ›CityView‹«, antwortet sie und lässt sich Zeit für eine Kopf-bis-Fuß-Musterung des nur unwesentlich größeren Starbankers. Ein paar Kilo zu viel auf den Hüften, taxiert Carla. Lehman wollte sie immer schon einmal persönlich kennen lernen, den Mann, der »über Wasser laufen konnte«, wie es in einem Porträt bei der Konkurrenz über ihn geheißen hatte, das sinnigerweise auch mit »Walking over water« überschrieben war.

Für den Moment ist die Nuttengeschichte auf Eis gelegt. Robert Pearson könnte sie sich jederzeit vorknöpfen, an Mitch Lehman kommt sie wohl so schnell nicht wieder derart greifbar nah heran.

»Freut mich. Robert hat Sie mir wärmstens ans Herz gelegt.« Mitch knipst sein betörendes Lächeln an. »Einen Drink?«

»Gerne. Einen Martini.« Carla schaut sich nach einem Kellner um, entdeckt aber keinen. Einen Drink kann ich noch vertragen, wägt sie die Ermahnung des älteren Kellners ab, obwohl sie praktisch noch gar nichts gegessen hat. Carla Bell kann das Essen manchmal einen ganzen Tag vergessen, wundert sich dann spätabends, warum ihr Magen knurrt; erst recht ärgert sie sich, wenn sie wieder in einen leeren Kühlschrank blickt.

»Robert, kannst du das organisieren?«

»Sicher.« Pearson macht sich erleichtert auf die Suche nach einem Kellner. Sobald es um ein weibliches Wesen geht, kann Mitch Lehman jedem Mann im Umkreis von zehn Metern ein Gefühl der Überflüssigkeit vermitteln.

Die befehlende Bitte an Pearson spricht Lehman halb über die Schulter, ohne Carla dabei aus den Augen zu lassen, die das amüsiert zur Kenntnis nimmt.

»Wann geht es bei Ihnen in die Ferien, Mr. Lehman?«, versucht sie sich in Smalltalk und verschränkt die Arme so vor der Brust, dass man das Bändchen nicht sehen konnte.

»Erst am 24. In die USA. Und Sie?«

»Auch am 24. Aber nur nach Hertfordshire«, lacht Carla.

»Nette Gegend, mein ehemaliger Chef hat dort vor vielen Jahren mit den Behörden verhandelt, weil er einen passenden Ort für ein Ausweichzentrum für den Handel suchte. Sie wissen, dass alle Banken über zweite geheime Handelssäle verfügen, falls der Hauptsaal von Terroristen in die Luft gesprengt wird? Wir haben uns die Gegend ein paar Mal zusammen angeguckt. Sehr schön dort.« Mitch freut sich, dass er so einfach ein unverfängliches Thema gefunden hat, um mit der hübschen Journalistin ins Gespräch zu kommen.

»Das dürften Sie mir doch gar nicht erzählen, wenn es geheim ist, Mr. Lehman.« Carla möchte Mitch ein bisschen ärgern, eine Masche, mit der sie sich den Big Boys der City gerne nähert, weil die meistens nicht so recht mit ihr umzugehen wissen. Weibliche Reize und ein freches Mundwerk lösen so manche Bankerzunge und bringen mitunter interessante Informationen zutage.

»Wurde ja leider nichts draus, sonst wären wir uns vielleicht schon früher begegnet. Eigentlich schade, dass sich

Ashton am Ende für Irland entschieden hat.« Mitch läuft zur Hochform auf, die Kleine gefällt ihm auf Anhieb.

Für den Bruchteil einer Sekunde glaubt Carla, sich verhört zu haben, doch bevor sie nachhaken kann, wieselt Pearson mit einem Tablett voller Martinis heran.

»Bitte, Carla.« Robert reicht ihr den Martini, Mitch lehnt ab – und bringt ihn so in die peinliche Situation, mit zwei vollen Gläsern balancieren zu müssen.

Abwesend starrt Carla in ihr Glas, die Gedanken rotieren, und wenn sie sich nicht täuscht, hat Lehman soeben »Ashton« gesagt, ein Name, der sie erschreckt, ihr heiße Schauer über den Rücken jagt.

Sofort ist das grauenhafte Bild wieder präsent: Ihre Mutter liegt tot in der Badewanne, mit aufgeschlitzten Pulsadern. Und Ashton, Stanley Ashton, so heißt der letzte Mann, der ihre Mutter lebend gesehen hat. Ashton, Ashton, bei Carla beginnt sich alles zu drehen. Er muss es sein, denn wie viele Ashtons kann es geben, die zugleich als Banker und noch dazu in einer hohen Position tätig sind, geht es ihr durch den Kopf. Sie muss sich Gewissheit verschaffen, auf der Stelle. Carla reißt sich zusammen, krampft sich am Glas fest und versucht ganz ruhig zu bleiben.

»Wie heißt der Mann, der Sie in unsere kleine Stadt geschickt hat?«, bringt sie sich wieder ins Gespräch.

»Ashton, Stanley Ashton«, wundert sich Mitch. Die Konversation nimmt eine Wendung, die ihn irritiert.

»Ach so«, gibt sich Carla desinteressiert, »ich hatte eine Schulfreundin, deren Vater Morgan Ashton hieß.«

Kein Zweifel, er ist es. Und nun läuft sie jemandem über den Weg, der ihn nicht nur kennt, sondern der auch noch mit diesem gewissenlosen Mann zusammengearbeitet hat. Nichts anderes ist Stanley Ashton für sie. Ein Mensch, der den Tod in Kauf nimmt, auch wenn Mutter sich selbst getötet hat. So weit hat sie sich das ganze Drama vor fünfzehn Jahren zusammengereimt, denn ihr Vater will bis heute nicht wirklich darüber sprechen.

Carla Bell nimmt einen großen Schluck aus ihrem Glas – und plötzlich wird es ihr schwarz vor den Augen. Mit einem leichten Seufzer versucht sie, sich am Ärmel von Robert Pearson festzuhalten, der erschrocken einen Schritt zur Seite tritt.

Das Zersplittern des Glases geht im allgemeinen Gelächter und Gesumme der Gäste unter, und Mitch Lehman springt geistesgegenwärtig genug nach vorn, um Carla gerade noch auffangen zu können. Im nächsten Moment hätte er sie beinahe auf den Boden fallen lassen, als er das blaue Band an ihrem Handgelenk entdeckt.

Verstört zischt er Pearson an: »Was wird hier gespielt, Pearson?« Dabei deutet er auf das Band, sodass es nun auch Robert sieht. Sein Gesicht verliert jede Farbe, doch erst einmal müssen sie sich um die junge Frau kümmern, die langsam wieder zu sich kommt.

Wenn Mitch Lehman Robert Pearson mit seinem Nachnamen anspricht, bedeutet das dicke Luft. Der PR-Berater schaut verstört von Lehman zu Carla und wieder zurück.

»Das Band, du Idiot«, presst Lehman leise zwischen den Zähnen hervor, während er die benommene Journalistin in Richtung eines Sessels bugsiert. Wie gelähmt starrt Robert auf die groteske Situation.

»Entschuldigung«, stammelt Carla Bell, wieder zu sich gekommen. Verwirrt schaut sie auf Mitch Lehman, der neben ihrem Sessel steht. Sie versucht aufzustehen, doch ein erneuter Schwindel zwingt sie zurück in die Polster.

»Alles in Ordnung, Mrs Bell?«

»Ja, danke. Danke fürs Auffangen, Mr Lehman«, haucht sie leise.

»Gern geschehen. Da habe ich mal etwas gut bei Ihnen. Tut mir leid, aber ich werde gebraucht, doch Robert kümmert sich um Sie. Wir sehen uns, Mrs Bell«, verabschiedet sich Mitch Lehman freundlich, aber deutlich kühler als zuvor.

»Sicher«, antwortet sie immer noch benommen.

Dass Lehman und Pearson das blaue Band an ihrem Handgelenk entdeckt und ärgerlich-besorgte Blicke getauscht haben, bemerkt sie nicht. Lehman verschwindet in Richtung der Aufzüge, Pearson hockt sich auf die Lehne ihres Sessels. In einer anderen Situation hätte sie schleunigst das Weite gesucht, doch jetzt ist ihr das alles egal. Hauptsache, sie sitzt und kann nicht wieder umfallen.

»Besorgen Sie mir etwas Wasser?«, bittet Carla Pearson; sie muss für einen Moment ihre Gedanken ordnen. Mitch Lehman hat also mit Stanley Ashton gearbeitet, diesem Schwein. Der dafür verantwortlich ist, dass er eine kleine zufriedene Familie in eine Katastrophe gestürzt hat. Nur schwer kann sie die Tränen zurückhalten; Carla Bell muss ihren ganzen Willen aufbieten, um nicht laut zu schreien.

Stattdessen beißt sie sich in die Unterlippe, bis sie Blut schmeckt. Blut, rotes Blut, so rot wie das Badewasser ihrer Mutter. Lange ist es ihr gelungen, das Bild und die ganze Zeit von damals zu verdrängen. Mit dem Namen Stanley Ashton ist jedoch eine Türe aufgesprungen, die sie seit einigen Jahren erfolgreich abgeschlossen und den Schlüssel dazu weit weggeworfen hat. Unbändige Wut macht sich in ihr breit und verleiht ihr die Energie, sich wieder aufzurichten. Pearson will sie sich noch vorknöpfen, koste es, was es wolle.

»Nicht gleich wieder verschütten.« Robert kehrt mit einem Martini für sich und einem großen Glas Wasser für Carla zurück. Sein Lächeln wirkt verkrampft.

»Auch bei den Nutten gewesen, Robert, als Sie vorhin aus dem Aufzug kamen?« Bevor Pearson sie mit Anzüglichkeiten wegen ihrer Ohnmacht lächerlich machen würde, wirft sie ihm blitzschnell den Knochen vor die Füße, ehe sie sich auf den Heimweg aufmachen würde.

Pearson entgleisen die Gesichtszüge, obwohl ihn nach zwanzig Jahren PR in der City nichts so leicht überraschen konnte. Keine Sekunde später hat er sich jedoch gefangen:

»Wie bitte? Ich war mich nur kurz erfrischen, da ich hier übernachte. Sie wissen vielleicht, dass ich in Oxfordshire lebe, es ist einfacher für die Kinder, die dort in die Boarding

Schools gehen. Wenn ich in der Stadt übernachte, schlafe ich immer hier im ›Grosvernor House‹.«

Robert hofft, mit dieser Familiengeschichte vom Thema abgelenkt zu haben, doch Carla bleibt dran.

»Robert, was sollen die blauen Bändchen? Das sind doch Nutten.« Dumm nur, dass Carla zu Robert aufschauen muss, der vor ihrem Sessel steht.

»Sorry?«, mimt er den Erstaunten.

»Ich bin verwechselt worden, Robert. Einer der jungen Typen hat mich ziemlich dreist aufgefordert, mit ihm in diesem Aufzug nach oben zu gehen und eine Nummer zu schieben. Er hielt mich für genauso eine, wie die, mit der Sie rausgekommen sind. Eine schöne Geschichte, nicht wahr?«

Carla hält ihm ihr rechtes Handgelenk entgegen und starrt ihn an.

Verdammt, flucht Pearson, das Problem scheint noch viel größer, als er in seinem ersten Schrecken angenommen hat.

»War wohl alles ein bisschen zu viel heute? Carla, wir schauen jetzt erst einmal, dass Sie gut nach Hause kommen.«

»Lassen Sie den Unfug, Robert. Ich bin nicht auf den Kopf gefallen.« Nur mit größter Mühe kann Carla ihren Ärger unterdrücken. Sie steht auf, um Robert auf Augenhöhe zu begegnen. Doch der ist mit seinen 1,90 Meter immer noch ein Stück größer als sie. Der Schwächeanfall scheint vorüber, sie kann bereits wieder stehen.

»Hören Sie, Carla, ich kann Ihnen das erklären. Schreiben Sie nichts, ehe wir das nicht in Ruhe besprochen haben, ja. Ich lasse Sie jetzt von unserem Fahrerservice nach Hause bringen und dann reden wir morgen in aller Ruhe darüber. Einverstanden?«

Carla steht zwar wieder auf ihren Beinen, doch so richtig wohl fühlt sie sich nicht, eher unbehaglich über die verwirrende Situation.

»Wieso sollte ich das nicht schreiben?« Sie nimmt einen Schluck Wasser und Robert ins Visier.

»Weil ich Ihnen ein Geschäft anbieten werde.«

»Für Geschäfte bin ich nicht zu haben. Ich bin nicht käuflich, Robert.«

»Natürlich nicht, Carla. Aber das besprechen wir morgen. Ich komme um zwölf Uhr mittags zu Ihnen in die Redaktion. Okay?«

»Okay. Aber schreiben werde ich das auf jeden Fall. Ich bin schließlich Journalistin!« Sie schwankt leicht, eine Melange aus Martini, Ashton, Lehman und blauen Bändern schwirrt durch ihren Kopf. Es ist dringend Zeit, kontrolliert von dieser Feier zu verschwinden.

»Ich weiß«, antwortet Robert, der diesen Spruch nur zu genau kennt. Pearson weiß, dass er etwas Zeit gewonnen hat; der »CityView« erscheint nur montags, mittwochs und freitags.

Mit einem matten »bis morgen« lässt Carla Bell den verdatterten Pearson einfach stehen und stakst zur Garderobe. Die Weihnachtsfeier entwickelte sich genau so, wie der nette Kellner es ihr prophezeit hatte: Einige Gäste torkeln schon mächtig hin und her. Müde schleicht Carla vorsichtig die große Eingangstreppe hinunter und stößt auf Isabella Davis, Lehmans Chefin für strukturierte Produkte.

»Hallo, Mrs Bell, auch genug?«

»So ist es, Mrs Davis. Schön, Sie noch zu sehen.«

»Kann ich Sie im neuen Jahr mal anrufen?« Carla Bell schafft es noch, die Finanzingenieurin nach einem Termin zu fragen. »Ich möchte mich über strukturierte Produkte, Zertifikate, Derivate und so weiter mit Ihnen unterhalten. Vor allem alles, was mit Immobilien besichert ist. Sie machen doch auch so etwas, oder?«

»Ja, ja, sicher, sicher«, stutzt Isa, »aber wo ist das Problem?«

»Nirgendwo. Ich will nur genauer verstehen, wie das funktioniert. Ist doch ein großes Geschäft?«

»Sehr sogar und sehr profitabel. Aber jetzt ist erst einmal Weihnachten«, entgegnet Isabella Davis, als wie auf Bestellung ihr Blackberry klingelt.

»Man hat nie Ruhe, Mrs Bell.« Isabella reicht ihr die rechte Hand, während sie bereits mit der linken auf die Empfangstaste drückt. »Na denn, frohe Weihnachten!«

»Ihnen auch, Mrs Davis. Ich melde mich im neuen Jahr.«

Sie nicken einander kurz zu.

Davis hängt nun am Telefon – kurz vor Mitternacht und drei Tage vor Weihnachten.

Carla Bell lässt sich in einen der Sitze im Fond fallen und nennt dem Fahrer ihre Adresse in Islington im Londoner Norden. Bloß nach Hause, denkt sie und betrachtet das blaue Bändchen, das sie immer noch trägt. Als sie es abreißen will, stoppt sie und murmelt vor sich hin: »Das halte ich Robert Pearson morgen noch einmal unter die Nase.«

»Wie bitte?«, fragt der Fahrer.

»Nichts, nichts für Sie. Bitte fahren Sie.«

World Financial Center

Aus dem Augenwinkel sieht Carla bei der Abfahrt, wie Isabella Davis mit dem Arm kreisende Handbewegungen vollführt. Ganz offensichtlich versucht sie, irgendjemand am anderen Ende der Leitung etwas zu erklären, obwohl der das gar nicht sehen kann. An diesem anderen Ende der Leitung ist Carl Bensien, ebenfalls wild mit dem freien rechten Arm rudernd. Auch er will etwas durchsetzen, doch bei Isabella muss man schon sehr gute Argumente auffahren, um ihr Paroli bieten zu können.

Der Chief Risk Officer und die Global Head of Structured Products liefern sich seit zwei Jahren einen ständigen Kampf, wenn es um das richtige Maß an Risiko für die Carolina Bank geht. Wenn Carl mit Isabella telefoniert, geht es jeweils hoch her. Tim MacGovern, seit einem halben Jahr Bensiens neuer Risk Assistent, staunt jedes Mal darüber, wie sein ansonsten nicht aus der Ruhe zu bringender Chef bei Debatten mit der »Rakete« seine Stimme hebt und laut wird.

Es gehört zur Tradition des Hauses, dass ein smarter junger Kopf dem Chief Risk Officer rund zwei Jahre als persönlicher Assistent zur Hand gehen und alles über Global Risk Management lernen kann. Danach gehen die Assistenten zumeist in eine Region, um dort im Regional Risk Management zu arbeiten. Carl hatte Tims Vorgänger nach Singapur versetzt – eine Aussicht, für die sich die harte Arbeit als Bensiens Assistent lohnt.

Bensien stellt an seine persönlichen Assistenten allerdings die Bedingung, stets aufmerksam zuzuhören und zuzusehen – so wie jetzt gerade.

Umgekehrt wie bei den drei Affen, hatte er es bei der Einstellung formuliert. »Und was ist mit dem Reden«, hatte Tim nachgehakt und die drei Affen imitiert.

»Gerne auch, aber nur unter vier Augen«, hatte die unmissverständliche Antwort gelautet, auch wenn Carl über die Parodie geschmunzelt hatte. Genau das hatte Tim vor ein paar Tagen getan. »Wir müssen reden, Chef.« Tims Gesichtsausdruck war ernst. »Es geht um diese Holiris.« Über diese Konstrukte streitet Carl Bensien jetzt mit Isabella Davis, während Tim über eine zweite Ohrmuschel die Diskussion mitverfolgt.

»Nein, Isabella, diese Informationen reichen mir nicht aus.«

Carl blickt dabei auf seine Wanduhren, die in das Glas der Trennwand seines Büros eingelassen sind. New York, sieben Uhr abends, London gerade Mitternacht. Die Freiheitsstatue strahlt erhaben von Liberty Island herüber – ein Anblick, der Carl auch nach zwei Jahren in Big Apple immer noch den Atem raubt und für einen Moment alles andere vergessen lässt. Diese überwältigende Sicht aus seinem Büro im vierzigsten Stock des World Financial Centers auf den sich öffnenden Hudson River, der sich bei den drei Inseln Liberty, Ellis und Governors Island mit dem East River vereint, ist für den Schweizer, der die Berge mehr vermisst, als er je gestehen würde, ein leiser Trost.

»Ich will morgen eine deutlichere Dokumentation dieser Holiris haben, sonst gebe ich sie dir nicht frei.« Carl konzentriert sich wieder auf das Telefonat.

»Carl, wir haben da eine Supersache strukturiert, die gerade das Risiko der Immobilien senkt. Damit fahren wir doch viel besser. Das musst doch gerade du unterstützen, wenn du unser Risiko managen willst«, argumentiert Isabella in der weihnachtlich geschmückten Eingangshalle des »Grosvernor House«. Auch sie möchte fertig werden und am nächsten Tag nur noch ihren Schreibtisch vor dem Urlaub in Australien aufräumen. Auf lange Diskussionen hat sie keine Lust.

»Kann ja sein, aber wir haben das Ding noch nicht richtig unter die Lupe nehmen können. Geschweige denn gestresst«, gibt Bensien zu bedenken, der in seiner Verantwortung das ganze Projekt auf der Stelle stoppen konnte. Isabella Davis hatte mehrfach erlebt, dass der Schweizer keine Angst vor General Lehman zeigte, denn den traf er schließlich, wenn er ihre Handlungsfähigkeit einschränkte.

Zwischen Lehman und Bensien herrscht ein regelrechter Krieg: Hier ein Trader mit Tellerwäscherkarriere, dort ein Bankier aus dem Zürcher Wirtschaftsadel. Und sie steht zwischen den Fronten, aber für jeden erkenntlich auf Mitchs Seite, denn der zahlt ihren Bonus, Millionen und Millionen jedes Jahr.

»Charly, wir fliegen morgen bereits nach Perth. Können wir das nicht aufs neue Jahr verschieben? Lass uns ein paar Tage Pause machen!«

Carl Bensien kann es überhaupt nicht leiden, wenn ihn jemand Charly nennt. Bei Isabella macht er eine Ausnahme; im Grunde mag er die Rakete ja. Sie ist eine der besten Rocket Scientists der City, das ist Bensien durchaus bewusst, und ihr Financial Engineering hat bislang immer funktioniert. Unter anderen Umständen wären sie vermutlich ein super Team:

Geschwister im Geiste, denn sie kann rechnen wie er, was er enorm schätzt. Aber sie arbeitet eben für Mitch Lehman, und genau dem traut Bensien keinen Millimeter über den Weg, selbst wenn er in der Zentrale quasi als unantastbar gilt.

Der Vorstandsvorsitzende Don Kramer lässt Carl meist stillschweigend gewähren. Besser sein »Swiss Knife«, wie er ihn im trauten Kreis manchmal nennt, setzt sich dem Ärger mit Lehman aus – falls nötig, konnte Kramer immer noch eingreifen. Der joviale »DFK« beherrscht das Spiel des Ausgleichs ausgezeichnet, nicht umsonst steht er seit drei Jahren an der Spitze dieser Bank und wird von den Medien schon jetzt als einer der ganz großen Bosse der Wall Street gefeiert.

Vermitteln, die Wogen glätten, Zuckerbrot verteilen und ab und zu die Peitsche knallen lassen, das ist sein Job, jedoch nicht der von Carl. Wenn es um Zahlen und Fakten, vor allem aber um Präzision und Korrektheit geht, ist Bensien stur wie ein Esel, und für Mitch Lehman ein rotes Tuch. Was sich, sehr zum Missfallen von Mitch Lehman, bis in die untersten Chargen des weitverzweigten Händlernetzes der Carolina Bank herumgesprochen hat.

Bensien scheint Bewegung zu brauchen, beobachtet Tim. Sein Chef tigert, soweit das Kabel reicht, vor der großen Glasfront auf und ab, während er stirnrunzelnd die Erläuterungen von Isabella Davis entgegennimmt.

Tim MacGovern stammt aus Aspen, Colorado, und fährt Ski, seit er laufen kann. Er ist über 1,80 Meter groß und drahtig. Seine roten Haare leuchten schon von Weitem wie ein Fanal, unterstützt von den im ganzen Gesicht verteilten Sommersprossen. Tim kann nie still sitzen; nur wenn er sich in mathematische Probleme vertieft, hält es ihn versunken an einem Ort. Eigentlich passt das Gesicht von Tim mehr zu einem derben Holzfällerhemd als zu einem feinen Anzug mit Krawatte, hatte Carl bei der Einstellung gedacht. Doch bereits in den ersten Tagen entpuppte sich der junge Mann als ausgesprochen smart, was Zahlen anging. Allerdings hatte Carl ihn auch genommen, weil er so euphorisch und mit leuchtenden Augen vom Skifahren erzählt hatte. Als er vor gut sechs Monaten zum Bewerbungsgespräch vor ihm saß, hatte er nur einen Wunsch geäußert: Urlaub über Weihnachten und Silvester, weil er nach Aspen zu den Eltern und zum Skifahren wollte. Kaum jemand konnte das so gut nachvollziehen wie Carl, der seit frühester Kindheit auf Skiern stand.

»Präzisiere noch einmal, was ihr mit den Dingern vorhabt«, befiehlt Carl Isa und schaut dabei auf den mithörenden Tim. Bensien fuchtelt mit der Hand und gibt Tim das Zeichen, sich Notizen zu machen.

»Also, Carl, es ist ganz einfach: Wir sichern die Wertpapiere nicht mehr nur mit einem Vermögenstyp in unterschiedlichen Risikoklassen ab, sondern gleich mit mehreren Typen mit unterschiedlichen Risiken. Wir streuen das Risiko also breiter.«

»Schon«, entgegnet Carl, der plötzlich ganz ruhig hinter seinem Schreibtisch steht, »aber du bringst auch mehr Risiken rein.«

»Richtig, aber statt eines mit Immobilien besicherten Wertpapiers verkaufen wir dann ein sauber strukturiertes Papier, das mit einem ganzheitlichen Vermögen besichert ist. Insofern sind auch die Vermögenswerte breiter aufgestellt.«

»Statt nur Immobilien also Leasing, Kontokorrent, Kreditkarte und so weiter?«

»Genau so ist es, Carl. Deshalb auch Holistic Individual Risk Security oder kurz: Holiri – das neueste Produkt aus meiner Derivateküche.«

»Was für ein Name!«

»Reines Marketing, Herr Kollege. Hört sich doch süß an.«

»Und was ist mit Interdependenzen? Wie machst du das? Wenn jemand kein Geld mehr für die Hypothek hat, dann spielt er vielleicht auch zu viel mit seinen Kreditkartenlimiten?«

Auf die süße Tour braucht Isabella dem pedantischen Risikomanager gar nicht erst zu kommen … Tim kann sich ein Lächeln nicht verkneifen, das auch Carl bemerkt. Carl fixiert Tim und signalisiert mit einem süffisanten Lächeln »Jetzt habe ich sie«; er weiß, dass er mit dem Hinweis auf die gegenseitigen Abhängigkeiten zwischen allen Kreditarten einen Schwachpunkt in Isas Plan entdeckt hat.

»Das stimmt nur, wenn es sich um ein und dieselbe Person handelt, aber wir schneiden die Schuld einzelner Kreditеure ja auseinander und setzen alles anders zusammen. Den Hypokredit des einen, das Leasing des nächsten und vielleicht die goldene Kreditkarte des anderen, Carl. Da ist nix groß mit Interdependenzen«, hält Isabella dagegen, indem sie ihre Stimme deutlich anhebt.

»Aber in deinem Papier hast du neben einzelnen doch auch ein gesamtes Risiko, Isabella?«

»Wir nehmen das leicht zu berechnende Einzelrisiko und legen eine normalverteilte Zusatzkomponente für das Gesamtrisiko obendrauf.« Isabella legt ihre ganze Überzeugungskraft in ihre Antwort und hofft, damit durchzukommen.

»Und das soll funktionieren?« Carl blickt fragend auf Tim. Der junge Mathematiker wundert sich, wie unmenschlich dieses Geschäft doch manches Mal ist: Menschen auseinanderschneiden und wieder zusammensetzen? Wenn ich so etwas meinen Eltern erzählen würde, denkt Tim und lauscht mit zunehmendem Unbehagen.

»Meiner Ansicht nach auf jeden Fall. Ich habe es gerechnet, Carl.«

Bensien schweigt eine Weile, dann zuckt er mit den Schultern.

»Okay, Isabella«, seufzt er. »Ich gebe dir zunächst einmal fünf Milliarden Dollar in einer ersten Tranche frei. Aber nur Super Senior mit Triple-A-Rating, damit das klar ist. Und nur, weil Weihnachten vor der Tür steht. Die kannst du platzieren. Aber ich schaue mir die Sache nach den Feiertagen noch einmal ganz genau an. Wenn du Pech hast, reduziere ich dir selbst die noch einmal.«

Auch Carl möchte sein Büro am nächsten Tag aufräumen, am Nachmittag einen kleinen Umtrunk für sein Team anbieten und dann in Urlaub fahren. Die Luft ist raus, er braucht Abstand.

»Einverstanden, Carl, damit kann ich leben. Lass uns nach dem 8. Januar reden, dann bin ich wieder da. Und frohe Weihnachten.« Isabella atmet tief aus. Geschafft! Denn im Prinzip haben Mitchs Vertriebsleute bereits mit dem Marketing für die Holiris begonnen.

»Frohe Weihnachten, Isabella«, grüßt Carl versöhnlich zum Schluss, legt auf und schaut noch einmal nachdenklich in Richtung Statue of Liberty. Manches Mal überkommt ihn eine Spur von Wehmut, dass er nicht mehr in Zürich lebt und von seinem Haus an der sonnigen Goldküstenseite auf den See und die dahinter liegenden Schweizer Berge blicken oder zum Mittagessen von der Bank über den Paradeplatz spazieren kann.

Aber er hat ja seine »Grafiken«, wie er die als Kursverläufe stilisierten Bergsilhouetten von Pilatus, Säntis, Matterhorn und Dom bezeichnet, die die rechte Wand seines geräumigen Büros zieren. An der linken Seite einer großen Glasscheibe sind die Uhren eingelassen. Eine Seite mit globalem Zeitsystem auf Glas, die andere Seite mit stilisierten Berg-Kurs-Verläufen auf einer hellen Holzwand – ein Gegensatz, über den Tim schon mehrfach nachgedacht hat.

Zumal hinter der Glaswand der War Room der Bank zu sehen ist. Nächstes Jahr werden dort einige globale Kapitalmarktmanöver durchgeführt, wie sie die Welt noch nicht gesehen hat. Tim ist mächtig stolz darauf, Teil dieser Mannschaft zu sein, die seit Monaten an den Stresstest-Simulationen arbeitet.

Natürlich gab es Stresstests in allen Banken und auch bei der Carolina Bank, aber was sie jetzt im Geheimen entwickelt hatten, würde eine ganz neue Art von Risikoanalyse bedeuten. »Bei Dopingtests muss man sich ja auch immer etwas Neues einfallen lassen, um den Sündern auf die Spur zu kommen«, hatte Carl Tim den Grund für das neue Verfahren und die strikte Geheimhaltung erklärt.

Die Grafiken und die Glaswand, vorne der Blick auf Lily, wie Tim die Freiheitsstatue gerne nennt, und die Bildschirme auf seinem Schreibtisch leisten ein Übriges, um Carls Büro als das bevorzugte Ambiente eines kultivierten harten Arbeiters zu geben. Nur hinter seinem Schreibtisch stapeln sich Bücher und Zeitschriften. Zudem ein paar wenige private Bilder, die offensichtlich die Familie zeigen, über die Carl allerdings noch nie ein Wort verloren hatte.

Tim weiß nur, dass Dr. Bensien Mathematik an der ETH in Zürich studiert und mit einer Arbeit über ökonometrische Modelle promoviert hatte. Auch Tim ist Ökonometriker. Sein Professor an der Uni hatte das Unternehmen »econometrics« gegründet, das Banken sehr erfolgreich bei der Modellberechnung beriet. Und über diese Firma war Tim zu Bensien gestoßen, als Carl econometrics als Berater ins Haus holte, um das Risk Management der Carolina Bank auf Vordermann zu bringen.

Im Sommer 2004 hatte ihn sein alter Freund Don Kramer, der wenige Monate zuvor Chef der Carolina Bank geworden war, in London getroffen und Carl Bensien flugs als Chief Risk Officer für die Carolina Bank an Bord geholt. Bensien ahnte, dass Martina beim Stand ihrer ehelichen Nichtbeziehung kaum mehr mit ihm von London nach New York kommen würde, und hatte – ganz entgegen seiner Gewohnheit, alles ausführlich zu bedenken – quasi auf der Stelle zugesagt. Der Schweizer sollte das Risk Management der Bank verfeinern – eine Herausforderung, die er nur zu gern annahm.

Seine Zusage hatte ihrer Ehe den Rest gegeben. Martina ging zurück nach Zürich, die Jungs waren ohnehin im Internat in der Westschweiz und Carl wechselte nach New York. Seit knapp zwei Jahren im Vorstand der Carolina Bank, lag er von Anfang an quer im ExCom, wie der Vorstand abgekürzt wurde, mit Mitch Lehman und dessen Truppe. Und seit einem Jahr war Bensien geschieden, das hatte Tim irgendwann mitbekommen. Das Familienfoto musste also aus besseren Tagen stammen.

»Tim, was hältst du von diesen Holiris?«

Carl geht um seinen Tisch herum und bittet Tim in die Sitzecke mit Blick auf die grafischen Berge. MacGovern nimmt seine Aufzeichnungen mit und schnippt mit dem Finger durch den vollgekritzelten Zettelblock.

»Nun, Chef, wenn ich Mrs Davis richtig verstanden habe, will sie eine neue Derivate-Familie aufsetzen, die Risiken aus Hypothekenkrediten, Kreditkartenverbindlichkeiten, klassischen Konsumkrediten, dem Leasing für das Auto vor der Tür und der Einkommenshöhe eines Menschen so auseinander- und wieder zusammensetzt, dass ein völlig anderer Risikomensch dabei herauskommt. Eigentlich doch einleuchtend, dass dieses Modell besser ist als nur eine Risikoart, wenn auch in unterschiedlichen Klassen.«

»So weit, so gut, Tim«, Carl lehnt sich entspannt auf der kleinen Sitzcouch zurück, »aber wie willst du die Volatilität am Markt berechnen?«

Daran hat er nicht gedacht, Tim zuckt verlegen mit den Schultern.

»Lass uns mal für einen Moment auf die Basics zurückgehen. Das ist immer gut, wenn jemand etwas Neues auflegen will.« Carl beugt sich nach vorne. »Es bleibt doch dabei, dass auch diese neue Holiri-Familie Derivate sind, deren Bewertung sich vornehmlich aus den Preisschwankungen von dahinterliegenden Basisinstrumenten ableiten, oder?« Selbst im Englischen zieht Carl das Ende des Fragesatzes immer ein bisschen in der Stimmlage nach oben, so wie Schweizer das machen.

»Ja, und wo liegt das Problem?« Tim versteht immer noch nicht, worauf sein Chef hinaus will.

»Unsere Mrs Davis lässt in ihrem neuen Derivat das Risiko immer hin und her springen, ohne es vollends auftreten zu lassen, Tim. Mal ist es mehr bei den Hypotheken, mal bei den Kreditkarten.« Carl dreht beide Hände in der Luft hin und her, als wollte er Glühbirnen einschrauben. »So bastelt sie sich meiner Ansicht nach unterschiedliche reale Zusammenhänge surreal zusammen, und zwar immer so, dass für sie dabei eine gute Risikoeinschätzung herauskommt. Da können mehr Triple-A-Produkte herauskommen, als unterlegtes Triple-A-Vermögen da ist.«

»Das stört Sie daran?« Tim kaut nachdenklich auf seinem Kugelschreiber und versucht den Gedanken seines Chefs zu folgen.

»Ja. Man könnte böswillig sagen, sie packt es immer dahin, wo es ihr am wenigsten wehtut.«

»Wieso sollte sie das tun?«

»Tim, wofür habe ich ein smartes Kerlchen wie dich als Assistenten? Da kann ich ja gleich einen Trader nehmen«, knurrt Carl etwas unwirsch; er verliert rasch die Geduld, wenn jemand seinen Gedanken nicht schnell genug folgen kann. »Lassen wir das Wieso erst einmal beiseite und fragen nach dem Wie. Bei einer Risikoart spielst du Drei-Band-Billard auf dem Tisch. Wenn man jetzt mehrere Arten und Klassen hat, ist das so, als spieltest du Drei-Band-Billard nicht auf der Fläche des Tischs, sondern im Raum mit drei Dimensionen.«

»Kapiert, sie hat eine Ebene mehr drin, nicht wahr?«

»Genau. Wie Vektoren im Raum, und da weiß ich nicht, wie sie das Marktrisiko berechnen will.«

»Man kann ja auch nicht Billard im Raum spielen«, antwortet Tim.

»Richtig«, lacht Carl.

»Das müsste mathematisch jedenfalls ein ziemlich komplexes Gleichungssystem sein«, wirft Tim ein.

»Ich habe nichts gegen Holiris. Hört sich unmenschlich an, aber das ist eine andere Frage. Ich will nur wissen, ob ihre Berechnungen stimmen. Denn sonst schätzt sie das Marktrisiko falsch ein.« Carl steht bei seinen letzten Sätzen auf, ärgert sich, dass er wieder mal zu ungeduldig mit seinem Assistenten ist, und geht an ihm vorbei, um ihm väterlich auf die Schulter zu klopfen: »Entscheidend ist aber nicht nur das Berechnungssystem, sondern vor allem auch, welche Risikoverteilung sie annimmt. Dass das alles normalverteilt sein soll, kann ich nicht so recht nachvollziehen. Aber das schauen wir uns im Januar an. Mache dir bitte eine Notiz, dass sie nur fünf Milliarden ausgeben darf, die alle erstklassig in Super-Senior-Tranchen geratet sein müssen.«

»Was ist mit dem Wieso, Chef?«

»Weil sie schlau ist und erkennt, dass Immobilien alleine nicht mehr laufen. Und Trader brauchen andere Quellen, mit denen sie ihre Handelsströme in Bewegung halten können. Das ist ihr Job bei Lehman. Sie musste sich etwas einfallen lassen. Unser Job ist es, auf die Gesamtbank aufzupassen.«

Als Tim auch aufsteht, wechselt Carl das Thema: »Wann geht es nach Hause, Tim?«

»Morgen, Chef. Und dann auf die Ski. Kurz vor Weihnachten sind die Hänge noch so schön leer. Was ist mit Ihnen, Chef?«

Als Carl länger schweigend aus dem Fenster blickt, beide Hände tief in die Taschen der Anzughose bohrt, realisiert Tim, dass er die falsche Frage gestellt hat. Entsprechend knapp fällt die Antwort aus.

»Zermatt. Tim, lass uns Schluss für heute machen. Ich muss noch zum Umtrunk des Vorstands in die Zweiundvierzigste. Wir sehen uns morgen noch kurz.«

Carl verabschiedet sich, nimmt die Treppe in die Zweiundvierzigste; das Vorstandscasino liegt nur zwei Etagen über seinem Büro. Auf dem Weg nach oben ärgert er sich, und zwar über sich selbst. Tim meinte es doch nur gut mit der Frage, denkt er beim Öffnen der Feuertüre zum obersten Stockwerk des World Headquarter der Carolina Bank.

»Bonsoir, Carl.« Don Kramer kommt mit einem Glühwein in der Hand auf ihn zu.

»Salü, Donald.« Beide schmunzeln, als sie sich die Hand reichen. Wenn Don ihn auf Französisch mit eindeutig Westschweizer Akzent anspricht, ärgert Carl ihn immer mit

Schweizerdeutsch. Don hatte das in der Schweiz fast in den Wahnsinn getrieben, da er in der Schule Hochdeutsch gelernt hatte.

Kramer und Bensien kannten sich, seit sie während zwei Jahren gemeinsam das Traineebüro bei Douvalier & Cie. in Genf geteilt hatten. Über zwanzig Jahre war das inzwischen her: An einem kleinen Schreibtisch in der Minikammer saß der Neffe des Privatbankiers Theodore Douvalier, am anderen der Sohn amerikanischer Industrieller, der bei den Geschäftspartnern in Genf das Bankgeschäft erlernen durfte. Danach machte Carl schnell Karriere in der Bank, die mit seinem abrupten Abgang vor zehn Jahren endete. Natürlich hatten alle Beteiligten Stillschweigen vereinbart, und auch Carl hatte nur vage Andeutungen gemacht. Nichtsdestotrotz waren seinem alten Freund Don die Umstände der Familientragödie bekannt.

Kramer selbst war nach der Traineezeit und ein paar industriellen Lehr- und Wanderjahren in die Carolina Bank eingetreten; er hatte dort das Geschäft mit Unternehmensfinanzierungen vorangetrieben und war vor gut zwei Jahren an die Spitze berufen worden.

»Alter Freund, wie geht es dir?« Kramer greift Bensien um die Schulter. Mit seinen 1,90 Meter ist er fast genauso groß wie Carl, wiegt aber sicher hundertfünfzehn Kilo. Kramer ist vom Scheitel bis zur Sohle ein Genussmensch mit Bauch, Glatze, Doppelkinn und kleinen flinken Augen, denen nichts entgeht.

»Habe mich gerade wieder über Isabella geärgert.«

»Du meinst über Mitch«, korrigiert Don, der ihn zur Bar steuert und dabei das rechte Augenlid zusammenkneift.

»Genau. Wir müssen besser prüfen, was die machen.« Carl bleibt direkt vor Don stehen.

»Kann es sein, dass du zu viel Angst vor dem Risiko hast, Carl?« Lehman und Davis haben sich beide schon vor Tagen bei Kramer beschwert, dass Bensien die Freigabe der Holiris blockiert.

»Ich habe einmal zu wenig Angst davor gehabt, und du weißt das.«

Kramer zieht Bensien in eine Ecke: »Ich weiß, Carl. Und deshalb habe ich dich geholt. Aber du musst auch mich und Lehman verstehen. Der Mann ist eine Geldmaschine. Ohne ihn fielen wir gegen die anderen Banken mit unserer Rendite total ab.«

Bensien lehnt sich an einen Pfeiler in der Ecke, starrt ein paar Sekunden auf Ellis Island: »Das weiß ich auch, Don. Aber ich will das ganze System auf Herz und Nieren prüfen. Ich habe ihr erst einmal fünf Milliarden Dollar mit erstklassiger Besicherung freigegeben. Okay?«

»Einverstanden, und jetzt ist erst mal Break angesagt, genieße Zermatt, spann zwei Wochen aus. Danach sehen wir weiter, wenn dein Stresstest gelaufen ist, okay?«

Kramer ist ein erstklassiger Vorstandsvorsitzender, weil er Amerikaner ist und gleichzeitig die Europäer versteht, schließlich hatte er viel Zeit in Europa verbracht, die Sitten und Gebräuche kennen gelernt und in den dort geltenden Strukturen gearbeitet. Zudem kennt er sowohl die Bedürfnisse der Industriekunden als auch das klassische Kreditgeschäft.

Nicht ausreichend sattelfest hingegen fühlt er sich im Kapitalmarktbereich, die Welt des Mitch Lehman. Deshalb hat Don seinen Traineekollegen Carl in den Vorstand der Bank geholt. Don weiß, wie gewissenhaft Carl ist, und dass er sich auf seinen alten Freund verlassen kann.

Die Carolina Bank spielt eine Sonderrolle unter den großen Namen an der Wall Street, da sie im Prinzip zwei Banktypen unter einem Dach vereint. Die klassische Commercialbank, die das Kredit-, Vermögensverwaltungs-, Firmen- und Privatkundengeschäft betreibt, sowie eine hochmoderne Investmentbank mit Unternehmensfinanzierungen und vor allem Kapitalmarkthandelsgeschäft. Während die Commercialbank in New York ihr Domizil hat, ist London Sitz der Investmentbank.

Die Chefs der Teilbereiche sitzen gemeinsam mit Kramer als Chief Executive Officer, Carl als Chief Risk Officer und zwei weiteren Verantwortlichen für Finanzen und Strategie im Vorstand der Dachgesellschaft, die von New York aus gesteuert wird. Kramer muss zwischen den Fürsten ausgleichen, Carl unter ihnen das Gesamtrisiko der Bank aufteilen. Da Lehman seit Jahren das meiste Geld für die Bank verdient, gilt er als die große, unantastbare Nummer im Vorstand.

Die Carolina Bank ist so etwas wie eine Deutsche Bank, eine UBS oder Credit Suisse, die alle neben der Commercialbank ein starkes Investmentbanking aufgebaut haben. Die Namen dieser Banken werden inzwischen in einem Atemzug mit den großen Bulge Brackets genannt: Goldman Sachs, Merrill Lynch, Morgan Stanley, Lehman Brothers oder auch Bear Stearns, die jedoch reine Investmentbanken geblieben sind. Und alle liefern sich ein Rennen um die besten Leute und die höchste Rendite.

Intern konnte Kramer die unterschiedlichsten Typen zusammenhalten und zum Wohle der Bank arbeiten lassen. Wie er gerade scherzend mit einigen Spitzenbankern auf das vergangene Geschäftsjahr anstößt, Lob ausspricht und sich bedankt – das war Don at his best. Carl Bensien beobachtet seinen Freund mit alter Zuneigung und neuer Beunruhigung. Er hat bei Kramer Veränderungen bemerkt, die ihm nicht gefallen. Don ist in letzter Zeit gierig geworden. Er lässt Leute wie Mitch Lehman immer ungehinderter gewähren.

»Home Suite«

Während Kramer und Bensien in New York den Abend mit Händeschütteln und Weihnachtswünschen verbringen, macht sich Robert Pearson in London nächtens auf die Suche nach Mitch Lehman. Da der General nie viel schläft, konnte er auch weit nach Mitternacht noch nach ihm suchen. Bei der

Carolina Bank arbeitet Pearson in erster Linie für Lehman persönlich. Mitch als sein Auftraggeber sollte es um alles in der Welt auch noch möglichst lange bleiben.

Natürlich könnte, ja müsste der General mit ihm zufrieden sein, wenn er rational über die Arbeit seines Beraters nachdenkt. Robert Pearson hilft, Deals zu schieben oder zu bremsen, er kennt alle relevanten Personen und sämtliche Tricks in der Branche. Er kann Leute anschwärzen, die Lehman im Wege stehen, oder Themen in Zeitungen heben, die diesem dienlich sind.

Doch Lehman reagiert häufig impulsiv, rastet völlig aus, wenn etwas gegen seine Linie läuft. Der General hat, wie Pearson schon oft erfahren musste, eine sehr einfache Art, das Leben zu betrachten: Erst kommt Lehman und sein big Ego mit seinen big Balls, dann kommt Lehman und sein big Bonus und dann kommt Lehman und seine big Girls, wie er seine Gespielinnen nennt. Small kommt in Lehmans Welt nicht vor.

Erst danach sind die anderen an der Reihe, und Robert Pearson steht recht weit unten auf Mitch Lehmans Skala. Geht etwas schief, sind stets die anderen schuld. Und die Blauen-Bändchen-Nutten würde Robert ausbaden müssen, auch wenn er nur ausführendes Organ gewesen ist. Um zu verhindern, dass Lehman völlig ausrastet, geht Pearson lieber in die Offensive und sucht seinen wichtigsten Kunden. Denn das Geschäft will er unter keinen Umständen aufs Spiel setzen – enttarnte Nutten mit blauen Bändchen hin oder her.

Nachdem er Carla Bell zumindest für den Moment ruhiggestellt hat, macht er sich auf einen schweren Gang, wie ihm schwant. Es nützt ja nichts, dass das Ganze die Idee seines Auftraggebers gewesen ist. Pearson selbst hat die Nutten organisiert und rechnet sie unauffällig ab. Der General wollte seinen Jungs mal wieder etwas Besonderes bieten.

Nachdem er Lehman nicht bei seinen Obristen findet, ist eigentlich klar, wo dieser steckt: in seiner luxuriösen »Home Suite«; sie gehört natürlich nicht zu den zwanzig kleineren

Suiten, die von Robert für die Dienste der Escorts angemietet wurden.

Roberts Agentur heißt Pearson Advisors, er hat die beiden Buchstaben »PA« in Anführungszeichen als Logo gewählt, um auch seine Rolle als Personal Advisor, als persönlicher Berater seiner Herren unter Beweis zu stellen. Dass man auch Sekretärinnen, die Personal Assistants, in ihrer Kurzform »my PA« nennt, stört ihn nicht – im Gegenteil: Er hat sich zu einer dienstbaren Größe hochgearbeitet, die seinen Auftraggebern eine Menge abnimmt, worum sie sich nicht kümmern wollen. Wenn Lehman eine Notiz an ihn weiterleitet, schreibt er immer PA daran, ohne Gänsefüßchen, um Robert zu ärgern und auf eine Stufe mit seiner Hauptsekretärin zu stellen.

Seine eigene Firma hat Pearson vor über fünfzehn Jahren eröffnet, für Lehman arbeitet er seit gut fünf Jahren. Mitch Lehman mag zwar keine PR-Fuzzis, aber die skrupellose Vorgehensweise von Robert Pearson weiß er immer für sich auszunutzen. Erst vor ein paar Wochen hat Lehman den Vertrag um weitere fünf Jahre verlängert, ausgestattet mit einem dicken siebenstelligen Jahreshonorar.

Robert Pearson schlurft mit hängenden Schultern über den Gang zur »Home Suite« und klopft an der Tür.

»Hallo, Robert«, linst eine Frau mit verwuselten Haaren, aber wachem Blick hinter der Türe hervor, ehe sie ihm öffnet. Pearson zählt zu den Leuten mit nahezu unbeschränktem Zugang zu Lehman. Diana hat wohl schon gearbeitet, sonst trüge sie keinen Bademantel ohne etwas darunter, wie Pearsons Kennerblick feststellt.

Lehman hat ein Faible für die vierzigjährige gertenschlanke Brünette; eigentlich ist sie für eine Highend-Escorte, die fünfzehntausend Dollar pro Nacht kostet, zu alt. Der General bedient sich ihrer Leistungen schon sehr lange, und sie weiß, wie sie mit ihm umzugehen hat.

Und Diana hält sich fit: viel Sport, gesundes Essen, nur wenig Alkohol. Robert Pearson hatte sie schon mehrfach heimlich den Champagner ausschütten sehen, wenn sie sich unbeobachtet fühlte. In diesem Gewerbe konnte man nur erfolgreich überleben, wenn man sich ständig unter Kontrolle hatte.

Diana flätzt sich auf das Sofa vor dem lodernden Kamin in dem großen Wohnzimmer, von dem die anderen Räume abgehen: Schlafzimmer, Bad, ein Arbeitszimmer und der kleine Vorraum in Richtung Eingangstür. Im Ganzen misst die Suite sicher hundertfünfzig Quadratmeter.

»Du musst warten«, grinst sie und zeigt mit dem Daumen nach hinten auf die geschlossene Schlafzimmertüre, aus der unmissverständliche Geräusche dringen.

»Kann wohl nicht mehr lange dauern?«

»Camilla ist zäh, Robert«, antwortet sie trocken.

»Mitch auch«, gibt Robert zu bedenken.

»Die langen Nummern schiebt immer sie, wenn wir es drehen können. Sie kriegt ihn eher müde als ich. Setze dich lieber.«

»Solange kann er doch noch gar nicht hier sein. Ich habe ihn noch vor einer halben Stunde unten gesehen.«

Diana lächelt nur vielsagend. Robert nimmt ihr gegenüber Platz. Er und Diana kennen sich fast solange, wie er für Mitch arbeitet. Sie war damals schon in seinen Diensten, während die junge Camilla erst vor zwei, drei Jahren dazukam. Diana hatte sie Mitch bei einem Dreier vorgestellt, als sie merkte, dass er etwas Abwechslung gebrauchen konnte. – Sie wusste, dass er gleich anbeißen würde. Nun kassiert sie von Camilla zwanzig Prozent Provision, muss selbst aber im Schnitt nur noch zur Hälfte ran. Ökonomisch betrachtet eine saubere Nummer für sie.

Seit dieser Zeit haben die Gespräche zwischen Diana und Robert einen vertraulichen Charakter, weil sie manches Mal gemeinsam auf Mitch und Camilla warten müssen. Mitch amüsiert sich immer nur mit seinen beiden big Girls, die ausschließlich ihm zu Diensten stehen. Teilen ist ihm verhasst, es erinnert ihn stets an die Zeit, in der er noch arm war und in L. A. mit Opferstöcken, Autos und Damen dealen musste.

Es macht ihm auch nichts aus, für sein Vergnügen zu zahlen, diese wenigen Hunderttausend Dollar, die er dafür im Jahr braucht, fallen bei seinem Gehalt kaum ins Gewicht.

Pearson weiß, dass nahezu alle Obristen ein Doppel- bis Mehrfachleben führen. Die meisten Ehefrauen ahnen es, halten jedoch still und geben das Geld der Männer mit vollen Händen aus. Allerdings verhält sich niemand so dreist wie Lehman. Manches Mal darf sogar einer seiner höheren Offiziere eine Nacht mit Diana verbringen. Das betrachtet Lehman nicht als teilen, sondern als zuteilen. Ein feiner Unterschied für das big Ego des Generals.

Das gilt allerdings nicht für Pearson – schließlich ist er nur ein PA. Robert delektiert sich auch an käuflichen Damen, doch hält er Abstand zu allen, die seinem Boss gefallen könnten. Er ist viel zu gewieft, um die Dinge zu vermischen. Und auf diese Art und Weise haben Diana und er eine gemeinsame Agenda: Mitch zufriedenzustellen.

Die Jüngere ist Mitchs ganz persönliches »Eigentum«: Wer es wagt, das blonde Gift Camilla zu genau anzugucken, läuft Gefahr, von ihm exekutiert zu werden. Und wen Mitch verstößt, der sollte sich in seinem Machtbereich nicht mehr blicken lassen.

Lehman benutzt immer diese Suite, seine »Home Suite«, wenn er im »Grosvernor« seine Entspannung sucht. Er lacht selbst am meisten über sein Wortspiel: Home Suite home. Hier steht sein trautes Heim, sein Glück allein, sein Zuhause. Ein Kapitalmarktsöldner wie er besitzt kein Heim, sondern nur viele Häuser. Man findet sich überall und jederzeit zurecht, Luxussuiten sehen alle gleich aus: Kamin, Sitzecke, Esstisch, an den Wänden Reproduktionen berühmter Gemälde, großer TV hinter einer Holzwand, abgetrennte Schlafräume. Für Lehman werden stets Bloomberg-Terminals mit den Kursentwicklungen und der Nachrichtenlage am Kapitalmarkt in die Zimmer gestellt. Selbst ins Schlafzimmer.

Als Mitch aus dem Schlafzimmer kommt, springt Robert auf. Der General blickt mürrisch auf seinen Parasiten: »Wurde auch langsam Zeit, ich habe schon auf dich gewartet. Die kleine Bell trägt ein blaues Bändchen, Robert. Was zieht die hier für eine Nummer ab?«

»Ich musste sie erst beruhigen. Die Idee mit den Escorts ist aufgeflogen.«

»Was soll das heißen?«, fragt Lehman überrascht, der sich mit einem Glas Champagner zu Diana auf die Couch legt. Sein rotblonder Schopf, sonst immer glatt nach hinten gegelt, ist mächtig aus der Form geraten, die Haare stehen seitlich ab.

»Sie trug dummerweise selbst so ein blaues Band, hatte ein ähnliches Kleid an und stand in der ausgemachten Ecke. Und einer deiner Banker hat sie angebaggert. Eine ziemlich dämliche Summe von Zufällen!«

Mitch betrachtet Robert grimmig und zischt: »Na, das war ja eine tolle Empfehlung! Und was rätst du jetzt?«

»Wie gesagt, ich habe sie erst mal beruhigt und mich für morgen mit ihr im Büro des ›CityView‹ verabredet. Ich werde gutes Infofutter einsetzen, um sie ruhig zu halten.«

Robert steht wie ein Schuljunge vor ihm, während Mitch breitbeinig und stirnrunzelnd auf dem Sofa sitzt.

»Wer hatte auch die blöde Idee mit den Nutten?« Mitch starrt Robert mit seinen stechenden blauen Augen an.

»Es hilft uns nichts. Wir haben ein Problem. Aber ich kriege das schon hin«, gibt Pearson lieber vorsichtig zu bedenken, als sich auf diese Frage einzulassen.

»Können wir sie bestechen, mein lieber PR-Berater?«, fragt Mitch. Wenn er ›mein lieber PR-Berater‹ sagt, ist höchste Alarmstufe angesagt. Lehman ist der Meinung, dass man Journalisten mit ihren mickrigen Gehältern mit ein paar Dollar bestechen kann. Das jedoch hat ihm Pearson über die Jahre ausgeredet.

»Du behauptest doch immer, dass wir ihnen nur ein paar Infos rüberschieben müssen, damit sie dafür andere Geschichten fallen lassen. Also, dann mach mal.« Mitch richtet seinen Blick fordernd auf Robert. »Wenn du das Problem nicht löst, gibt es Ärger«, droht Mitch unverhohlen. »Lass dir was einfallen, aber auf keinen Fall will ich diese Geschichte irgendwo lesen. Habe ich mich klar genug ausgedrückt?« Lehman tippt mit seinem Zeigefinger wie mit einer Pistole auf Roberts Brust, um seiner Aussage Nachdruck zu verleihen. Robert kennt das, Mitch setzt solche Zeichen der Unterdrückung auch bei seinen Obristen immer wieder ein.

Pearson nickt, und als sich Lehman wieder in Richtung Schlafzimmer aufmacht, weiß er, dass seine Audienz vorbei ist.

»Bring das in Ordnung«, befiehlt der General noch über die Schulter, »sonst lass ich dich filetieren.«

Sogleich verzieht sich Pearson nach unten an die Red Bar; inzwischen ist es weit nach Mitternacht und er genehmigt sich noch einige Drinks, ehe er sich in sein kleines Zimmer im »Grosvernor House« ziemlich betrunken ins Bett begibt. Die Angelegenheit liegt ihm schwer im Magen. Lehman handelt immer eigenständig, er lässt sich auch in keiner Weise in den Verhaltenskodex der Bank einbinden, wie Pearson mehrfach bemerkt hat. Wer »unter ihm« Vorstandschef ist, interessiert Lehman nicht im Geringsten. Einzig vor Don Kramer zeigt Lehman ein wenig Respekt, das hat Pearson in den drei Jahren des Öfteren bemerkt. »DFK« hinterlässt alleine durch seine Statur Eindruck auf Mitch Pieter Lehman.

Typen wie Lehman lassen sich nur schwer zähmen. Seine Handelsabteilung ist so etwas wie der Staat im Staate der Carolina Bank. Doch selbst Mitch Lehman anerkennt, dass es ein paar Grenzen gibt, die er besser nicht überschreiten sollte. Zwar kann er sich in der Carolina Bank fast alles erlauben, weil er Milliarden Dollar für die Bank verdient, aber Nutten auf der offiziellen Weihnachtsfeier und auf Firmenkosten würden auch ihn in arge Erklärungsnot bringen. So etwas hasst der General.

Pearson ist klar, dass Lehman mit der Bestellung der Nutten ein hohes Risiko eingegangen ist. Und es ist wie im richtigen Leben: Das Risiko bleibt bestehen, nur trägt es jemand anderes. – Jeder in der Branche weiß, dass Robert Mitchs »PA« ist.

»CityView«

Gut gelaunt und für ihre Verhältnisse ausnehmend ausgeschlafen kommt Carla Bell in die Redaktion. Einer der großen Vorteile des Journalismus besteht aus ihrer Sicht in der Tatsache, dass man morgens nicht ganz so früh anfangen muss. Carla ist alles andere als ein early Bird, sie trudelt, wie fast jeden Morgen, um kurz nach neun Uhr – andere würden sagen: kurz vor halb zehn – in der etwas heruntergekommenen, aber gemütlichen Redaktion ein. Simon hat es aufgegeben, Carla Pünktlichkeit nahezulegen, denn sie ist diejenige, die immer mit am Längsten in der Redaktion bleibt und ausgezeichnete Arbeit liefert.

»Guten Morgen, Annabelle«, trällert sie in Richtung Sekretariat, wo »die Chefin«, wie sie von allen genannt wird, im Eingangsbereich thront. Ein Eindruck, der sich durchaus auch wegen ihres rundlichen Körpers ergibt, der in einem extra großen, alten Schreibtischstuhl Platz findet.

»Oh, so gut gelaunt heute Morgen, junge Dame.« Annabelle ist »die Mutter der Kompanie«, und gerade in dieser Rolle gibt sie die strenge Mutter für die Redakteure und eine fürsorgliche Mama für die Mädchen in der Redaktion. Da Carla derzeit jedoch die einzige junge Frau im Team ist, hat Annabelle somit viel Zeit, ihr Augenmerk auf die Kleine zu richten, die so schnell Karriere macht. Dass sie Simon geschickt um den Finger wickeln kann, ist Annabelle nicht entgangen.

Carlas gute Laune hat vor allem mit der Vorfreude zu tun, dass sie eine echt gute Story an der Hand hat – aber das kann Annabelle ja nicht wissen. Robert Pearson würde heute Morgen die Story bestätigen müssen, was Simon garantiert mit einem seiner seltenen »Großartig« kommentieren würde; der Chefredakteur zählt eindeutig nicht zu den Freunden der Carolina-Banker. Seiner Ansicht nach fehlt den Carolinern der britische Stil noch mehr als anderen modernen Investmentbanken.

Nichts war übriggeblieben von den alten Merchant Banks, die das Leben in der City noch in den Achtzigerjahren geprägt hatten, die Zeit, in der Simon Trent als Journalist angefangen hatte.

Die Carolina Bank, besonders ihre Spitzenkräfte im Londoner Handel, sind für Simons Geschmack viel zu aufgeblasen, zu amerikanisch. Nicht selten lässt er das die jungen Leute wissen. Simon Trent ist ein echter »Oxbridge-Bürger« – einer aus der Kaste, die in Eton und den Universitäten von Oxford oder Cambridge ihre Ausbildung genossen haben. Dort lernt man nicht nur ein Fach, sondern erhält Haltung für das ganze Leben – eine grundnatürliche Arroganz, die etwas näselnde Stimme eingeschlossen. Diesen Tonfall konnte man gar nicht hervorbringen, wenn man wie Carla Bell in Hertfordshire aufgewachsen und in staatliche Schulen und Universitäten gegangen war.

Anders als viele andere Oxbridge-Boys hat Simon Trent keinen Dünkel und kommt gut mit Leuten unterschiedlichster Couleur und Schichten zurecht. Im Journalismus bleibt ihm auch gar nichts anderes übrig, wollte man gute junge, hungrige Leute finden. An Carla Bell hat er von Anbeginn einen Narren gefressen, wohl auch, weil sie so eine auffallend kritische Haltung gegenüber Bankern an den Tag legt. Er weiß zwar nicht warum, aber das schafft die Distanz, die Trent als Grundlage für seriöse journalistische Arbeit betrachtet. »Bleibt dran«, feuert er seine Leute des Öfteren an, »aber lasst euch nicht vereinnahmen!« – auf diesen Zusatz kann man fast wetten.

Der Chefredakteur steht am Kaffeeautomaten des »City-View« im geräumigen Eingangsbereich der Redaktion und begrüßt sie: »Guten Morgen, Carla. Ich schätze, du hattest einen amüsanten Abend?«

»Morgen, Chef. Geht so, aber ich habe da eine Sache gehört, über die wir unbedingt reden müssen.«

»Schön, ich muss erst noch telefonieren, sehe dich später. Übrigens: Du siehst müde aus, Mädchen«, dröhnt er und lässt sie stehen. Dabei fühlt sich Carla heute ausgesprochen fit; es sind wohl die ganzen letzten Wochen, die man einfach morgens nicht aus dem Gesicht geschminkt bekommt.

Trent nimmt kein Blatt vor den Mund, schon äußerlich ein echter Bulle, der den schmalen Gang beinahe von Wand zu Wand ausfüllt und mit dem man keinen Ärger haben will; er kann schnaufen und brüllen, wenn ihm eine Geschichte nicht gefällt. Dann streicht er sich mit den Händen durchs Haar und zerzaust seine zurückgekämmte Frisur, die ansonsten durch seine Lesebrille gebändigt wird. Ohne seine klassischen englischen Anzüge, die immer etwas abgewetzt sind, würde er glatt als Möbelpacker durchgehen. Seine Sprache verrät jedoch den englischen Bourgeois, allerdings zählt seine Familie nicht zu den Begüterten der englischen Oberklasse.

Simon Trent und sein »CityView« passen auch äußerlich gesehen perfekt zusammen. Das ganze Mobiliar ist abgenutzt und gebraucht. Alles deutet darauf hin, dass es sich hier nicht um eine gut verdienende Agentur, Sozietät, Bank oder gar große Zeitung handelt. An diesem Orte pflegt man jedoch die alte englische Journalistenkunst, die sich auf der East Side der Themse kaum mehr finden lässt. Hart, aber fair, bissig, wenn es sein muss, jedoch nie persönlich verletzend, vor allem aber sauber recherchiert – so lautet das journalistische Credo des Chefs, das er wie ein Mantra allen Neuen und ab und zu auch den alteingesessenen Redakteuren vorbetet.

Der »CityView« beschäftigt neben Herausgeber, Chefredakteur und Geschäftsführer – Simon Trent in Personalunion – neun fest angestellte Redakteure und arbeitet ansonsten mit einem großen Pulk an Freelancern. Trent besitzt ein Auge für die richtigen Leute, sodass der »CityView« journalistisch recht erfolgreich ist. Letztendlich fehlt es jedoch an genügend Abonnenten- und Anzeigenkunden, um einen zuverlässigen Gewinn abzuwerfen. Doch in guten Jahren wie 2006 fällt auch für den Newsletter etwas vom großen Kuchen ab, der in der City verteilt wird.

Denn die Banker mögen solche Newsletter. Sie sind für den News Flow in der City von großer Bedeutung, zumal die alles überragende »Financial Times« und die nationalen Tageszeitungen wie die »Times« oder der »Telegraph« das Raunen in den Handelshäusern gar nicht abdecken können. Mit dieser Eitelkeit spielt Trent, obwohl er die neuen, die amerikanisierten Banker nicht leiden kann. Der »CityView« ist keineswegs ein Klatschblättchen. Trent verfolgt einen hohen Anspruch und ist immer wieder gut für eine exklusive Geschichte. Ihm gelangen bereits einige Scoops, die ihm von einer seiner gut geschützten Quellen zugesteckt worden waren.

»Simon, eines noch. Robert Pearson kommt um zwölf Uhr«, ruft Carla ihm hinterher, als er schon fast in Richtung seines Büros verschwunden ist. Trent dreht sich noch einmal um, wenn Pearson persönlich erscheint, muss es sich tatsächlich um eine wichtige Angelegenheit handeln.

»Was will der denn hier?«

»Das erzähle ich später«, entgegnet Carla, die ihre »Verwechslung« nicht gerade auf dem Flur zum Besten geben will und ihr Gesicht wie ein kleines ertapptes Mädchen verzieht.

Simon Trent und Robert Pearson kennen sich seit den Achtzigerjahren. Viele Jahre lagen sie im journalistischen Schützengraben – der eine bei Reuters, der andere bei Bloomberg – und beackerten häufig genau dasselbe Thema für ihre jeweiligen Brötchengeber. Damals konnten Konkurrenten noch Kollegen sein, nach getaner Arbeit sogar zusammen einen heben. Das hatten beide zur Genüge getan. Auch wenn sie vom Naturell her sehr unterschiedlich waren, hatte sich über die Jahre so etwas wie Freundschaft zwischen Pearson und Trent entwickelt, zumal sie auch noch an derselben Universität studiert hatten. Oxford, of course!, so hieß ihre Alumni-Vereinigung. Immer wenn einer der Alumnis einen Schritt auf der Karriereleiter in der City nach oben machte, gab das eine schöne kleine Personalnachricht im »CityView«.

Simon Trent ist immer Journalist geblieben und lebt aus tiefster innerer Überzeugung die Aufgabe der vierten

Gewalt der Medien im Staate. Vor einigen Jahren hat er sich mit seinem »CityView« selbständig gemacht und sich einen Kindheitstraum erfüllt. Der Newsletter, wenn auch finanziell notorisch schwach auf der Brust, genießt hohen Respekt.

Robert Pearson dagegen hatte vor zwanzig Jahren die Seiten des Schreibtischs gewechselt und bei einer PR-Agentur angeheuert. Nach fünf Jahren gründete er seine Agentur »PA«. Robert hatte anständig angefangen, aber er lernte schnell – heute ist er skrupellos. Während Simon stets an das Gute glaubt, so glaubt Robert inzwischen nur noch ans Geld.

»Okay, Carla«, zieht er das Okay fragend in die Länge. »Das muss ja wirklich etwas Besonderes sein, wenn sich Robert persönlich hierher bemüht. Hast du einen Fisch ans Land gezogen?«

»Ja, ist aber nichts für den Flur«, beendet sie das Thema und verzieht dabei erneut das Gesicht, was Simon mit einem anerkennenden Lächeln quittiert.

Carla ist ein Ass in komplizierten Kapitalmarktthemen – vor allem in jenen, die sich mit strukturierten Finanzierungen beschäftigen. Mit ihrem Background in Mathematik und Physik sind ihr diese komplexen Systeme vertraut. Das hilft, wenn man mit den »Strukkis« reden muss. In den Abteilungen für strukturierte Produkte arbeiten keine Banker, sondern hauptsächlich Physiker oder Mathematiker, die zwar rechnen, aber keine Kredite vergeben können.

»Bis gleich. Gute Geschichte, die du gestern noch geschrieben hast«, ruft er und verschwindet dann endgültig in seinem Büro. Carla hat Simon die Hintergrundstory über einen solchen »Strukki« geliefert, der jüngst eine der spektakulärsten Transaktionen durchgezogen hat.

Die Rubrik »The Man behind the Deal« ist so etwas wie die Klatschkolumne im »CityView«. Banker sehen sich nur zu gern dort porträtiert, auch wenn dies keiner zugibt. Solche Storys heben das Image, vor allem laufen die anderen Banker diesen Stars hinterher. Setzt einer der Stars auf eine bestimmte Markttendenz, folgen häufig die anderen wie die

Lemminge. Trader leben von ihrem Starkult. Sie tun gerne so, als könnten sie in die Zukunft schauen und wüssten besser als andere, wie der Markt sich entwickelt. Und Carla konnte persönliche Dinge und Fakten gut miteinander verweben.

Um Punkt zwölf Uhr steht der lange Schlacks an der Türe, grüßt die »Chefin« ausnehmend freundlich, was Annabelle schmeichelt. Man sieht Pearson allerdings an, dass er nur wenig und wohl schlecht geschlafen hat. Mit Schwung reißt Simon Trent seine Türe auf, legt Annabelle ein Manuskript auf den Tisch und empfängt Robert mit einer umständlichen ironischen Verbeugung.

»Carla hat mir bereits berichtet, dass Mr Robert Pearson heute Morgen persönlich auftauchen würde«, begrüßt Simon seinen alten Buddy und stapft mit ihm weiter in Richtung Kaffeemaschine.

»Guten Morgen, großer Chefredakteur.« Robert schaut verblüfft, Simon hat er an diesem Morgen definitiv nicht in der Redaktion erwartet, weil sich die Chefredakteure aller Zeitungen in der City am letzten Arbeitstag vor Weihnachten immer in einem Pub an der Liverpool Street Station treffen.

»Noch nicht beim Editors Drink, Simon?«, fragt Robert, denn die Chefredakteure treffen sich eigentlich immer gleich um zwölf Uhr mittags, wenn die Pubs öffnen.

»Doch, doch. Ich gehe nur etwas später, sonst trinke ich wieder zu viel. Und wenn du schon mal hier bist, sollte ich mich als Chefredakteur vielleicht mit euch zusammensetzen, oder? Carla kann man doch noch nicht auf so einen wie dich alleine loslassen«, grinst Simon. »Worum geht es denn? Für 'ne kleine Sache kommst du doch nicht selbst.«

In diesem Moment weiß Robert, dass dieser Tag ziemlich beschissen verlaufen würde. Wenn er nun auch noch Simon davon überzeugen muss, die Nuttengeschichte zu tilgen, stehen seine Chancen ziemlich mies.

»Was macht Cecilia?«

»Danke der Nachfrage«, antwortet Simon. »Der Familie geht es insgesamt gut und Cecilia ebenso.« Simon reicht

Robert mit einem »den kannst du gebrauchen« einen Kaffee im Plastikbecher; der nächste Kaffee läuft bereits aus der Maschine. Als einer der jüngeren Redakteure zu ihm kommt, um ihn etwas zu fragen, ist er abgelenkt. Robert nutzt die Gelegenheit sofort für ein schnelles Telefonat. Er dreht sich um und geht noch einmal in Richtung Eingangstür. Gut, dass Annabelle gerade nicht auf ihrem Platz thront, sondern im hinteren Teil in irgendwelchen Schränken kramt.

Pearson weiß in extremen Situationen rasch zu handeln. Simon würde niemals davon zu überzeugen sein, die Nuttengeschichte fallen zu lassen, zumal es sich um die Carolina Bank handelt, die ihm schon seit Jahren ein Dorn im Auge ist. Simon Trent ist durch und durch ein überzeugter Vertreter der alten englischen Schule, korrekt bis auf die Knochen – ein typischer Etonian, was Robert zu seinem großen Bedauern nicht ist. Man kann die Etonians sehr gut daran erkennen, dass sie in jeden dritten Satz lateinische Wörter einbauen. »Prima facie« ist Simons Lieblingslateiner, »bis auf Widerruf«. Selbstredend hatte sich Robert das antrainiert.

Robert wählt hastig die Nummer von Sir Peter Cane, dem Kommunikationsdirektor der Bank of England, auch ein Kommilitone. Cane kann es sich im extrem teuren London leisten, »nur« bei der Bank of England für ein Beamtengehalt zu arbeiten. Sir Peter zählt zu den Spezies Sohn alter Aristokratenfamilien, die »never even started to work for money«. Flugs wird er durchgestellt.

»Peter, tue mir bitte einen Gefallen und rufe jetzt sofort Simon Trent an und verwickle ihn für ein paar Minuten in ein Gespräch. Du hast einen gut bei mir, wenn dir das gelingt, aber ich kann Simon jetzt gerade nicht gebrauchen.«

»Na, du hast es aber eilig«, murrt der überrumpelte Sir.

»Peter, wie oft brauchst du mich mal eben schnell?«, gibt Robert zu bedenken.

»Okay, Robert«, antwortet Cane. Da sich die beiden schon mehrfach die Bälle zugespielt haben, fragt Sir Peter nicht weiter nach.

Indessen ist Carla Bell aus ihrem kleinen Kabuff hervorgekommen und grüßt Robert Pearson vergleichsweise herzlich.

»Guten Morgen, Robert. Danke noch einmal, dass Sie und Mr Lehman mich aufgefangen und mir nicht noch mehr Alkohol eingeflößt haben. Das würde meine Arbeitskraft heute sicherlich schmälern. Und wir produzieren schließlich für die Ausgabe zwischen den Jahren.« Sie fängt jede Unterhaltung stets mit freundlichem Smalltalk an, wenn sie weiß, dass die folgenden Themen unangenehmer würden.

Carla führt Robert in Richtung Besprechungsraum: »Simon möchte sich zu uns gesellen, damit wir die Geschichte von gestern besprechen können.«

»Weiß er, worum es geht?«, versucht Robert die Ausgangslage zu klären.

»Ich habe ihm noch nichts erzählt.«

Gott sei Dank, denkt Robert, als Simon auf dem Weg ist zum kleinen stickigen Besprechungsraum ohne Fenster und funzeligem Neonlicht. Robert, innerlich nervös zitternd, ist äußerlich ganz Prinz Charming. Erst als Simon bereits die Klinke der Türe drückt, hört er die rettende Stimme von Annabelle.

»Simon, kannst du noch schnell Sir Peter nehmen«, trällert sie über den ganzen Flur.

Der verzieht das Gesicht, doch da er später zum Editors Drink will, ist es wohl besser, noch schnell zu telefonieren.

»Fangt schon mal ohne mich an, Cane will wohl über die letzte Notenbanksitzung mit mir plaudern.«

Glück gehabt, seufzt Robert. So ein Mist, denkt Carla; ihr ist Simons Verschwinden alles andere als recht, aber sie kann nichts daran ändern. Robert gehört nicht zu denjenigen, die man warten lassen sollte, außerdem hat sie alle Karten in der Hand. Sie nehmen Platz, und da für Robert die Zeit drängt, kommt er lieber gleich zur Sache: »Das mit den Nutten ist eine Privatangelegenheit der jungen Leute gewesen und nichts, was Sie erstens beweisen können und zweitens schreiben sollten. Lassen Sie das!«

»Kein Smalltalk?« Carla weiß natürlich, dass Robert Recht hat, sie kann die Sache mit der Rothaarigen auf der Toilette oder mit dem jungen anbaggernden Banker nicht mit harten Fakten untermauern.

»Ich würde das gerne schnell klären, Carla. Die Sache ist mir und meinem Mandanten sehr unangenehm, aber eben eine Privatsache.« Er schaut sie mit vor sich auf dem Tisch gefalteten Händen an. Imagemodul »gütiger Pfarrer«, wie es sich Robert auf der Herfahrt vorgenommen hat. Im Laufe der Jahre hat er sich eine ganze Reihe solcher Imagemodule gebastelt und kann sie nach Belieben und Notwendigkeit aus dem Hut zaubern: harter Hund, einfühlsamer Journalistenversteher und noch ein paar Rollen mehr.

»Eine der Prostituierten hat mir ihre Nummer gegeben. Ich kann sie jederzeit anrufen und mit ›sources close to the situation‹ zitieren. Robert, das geht zu weit! Wo kommen wir denn hin, wenn zu Weihnachtsfeiern die leichten Damen neben dem schweren Nikolaus stehen. Das ist doch keine Privatsache!«

Carla blufft, wie sie es bei Simon gelernt hat. Aber Robert vermag nicht genau einzuschätzen, ob sie tatsächlich nur blufft. Er realisiert, dass sie nicht so leicht klein beigeben würde. Die Lady scheint deutlich raffinierter zu sein, als ihr noch junges Aussehen vermuten lässt. Aber er wäre nicht »PA«, könnte er nicht zulegen. Die beiden schauen sich im fensterlosen Besprechungszimmer in die Augen:

»Nutten geben Frauen keine Telefonnummern. Ich kenne mich da aus. Das glaube ich Ihnen nicht, junge Dame«, lächelt er.

»Vergessen Sie nicht, Robert: Ich war für die zum Verwechseln ähnlich, quasi eine von ihnen«, antwortet sie und legt den Kopf mit ihrem »Carla-Bell-Ich-will-was-von-dir-Lächeln« zur Seite. Zur Bestätigung zieht sie den Pullover am rechten Arm etwas hoch und hält Robert das blaue Bändchen hin.

»Okay. Let's cut a deal«, knickt Pearson unter Zeitdruck ein. »Damit diese Geschichte nicht erscheint. Sie hat nichts mit dem Geschäft der Bank zu tun, aber sie wäre für alle Beteiligten sehr peinlich, nicht wahr? Auch für Sie Carla, denn Sie wollen doch sicherlich nicht in einer anderen Zeitung lesen, mit einer Nutte verwechselt worden zu sein.«

Carla fällt etwas in ihrem Stuhl zurück und schnappt nach Luft. Daran hat sie nicht gedacht. Robert würde die Sache im Falle eines Falles natürlich streuen. Und einer würde es sicher veröffentlichen; dafür hat Robert zu viele Eine-Hand-wäscht-die-andere-Nummern parat.

Nun ist auch Carla klar, dass Robert nicht klein beigeben würde. Gleichzeitig riecht sie ihre Chance, sie wollte schon lange auf seiner »preferred list« von Kontakten ganz nach oben klettern. Wollte sie wirklich tief in das System der Banker eindringen, so brauchte sie den großen PR-Guru noch, wie sie es sich heute Nacht auf dem Nachhauseweg bereits überlegt hat. Mit der Veröffentlichung der Nuttengeschichte würde sie diese Chance wohl verspielen.

»Wie lautet Ihr Angebot, Robert?«

»Sie bekommen von mir demnächst einige dicke Fische. Exklusiv«, sein Blick bohrt sich in ihre Augen. »Damit werden Sie bekannt, Simon ist zufrieden und in ein paar Monaten können Sie sich aus diesem Drecksloch in Richtung einer besseren Zeitung verabschieden.«

»Nicht schlecht«, antwortet Carla ruhig, obwohl sie überrascht ist, wie abfällig er über den »CityView« spricht. Sie wägt kurz ab: »Aber eines noch, Robert. Ich will Lehman. Exklusiv. Im Januar.«

»Wieso gerade Lehman selbst?«, fragt Robert beunruhigt.

»Nur so. Wir hatten gestern wenig Zeit. Und Sie wollen doch einen Deal, oder?«

»Okay. Mache ich, Carla.«

»Done«, ruft Carla, als Simon Trent gerade den Besprechungsraum betritt.

»Sorry, aber Sir Peter plaudert halt doch meistens länger.«

Robert seufzt unhörbar in sich hinein und reißt das Gespräch an sich: »Du kommst gerade rechtzeitig. Wir haben bislang nur über gestern Abend gesprochen, Simon. Schade, dass du nicht zur Carolina kamst. Da gab es interessante Gespräche und Geschichten. Mrs Bell hat einem Banker eine aus den Rippen geschnitten.«

Robert setzt an und erzählt Simon eine ziemlich vertrauliche Geschichte über einen anstehenden Vorstandswechsel in der Hanson Bank, und zwar so, als wüsste Carla das alles schon. Er hat immer ein paar Exklusivstorys im Kopf parat, die er wie ein Info-Trader handelt. Sein Gewerbe bietet ihm exakt den Informationsvorsprung, den Journalisten heute kaum mehr durch eigenes Recherchieren erarbeiten können.

»Wieso willst du nicht, dass wir das schreiben, Robert?«, setzt Simon ahnungslos nach.

»Ganz einfach: Der Wechsel findet nur statt, weil der Platz frei wird. Und der Vorgänger kommt zur Carolina Bank. Das ist mein Kunde, und die Sache ist noch nicht ganz in trockenen Tüchern. Ich weiß, dass du die Carolina Bank nicht magst, aber ich bitte nur um ein wenig Aufschub. Das machen wir doch nicht zum ersten Mal, Simon!«

»Aber wenn wir warten«, steigt Carla gekonnt in die gespielte Diskussion ein, »dann schreibt jemand anders die Geschichte, Robert.«

»Genauso sehe ich es auch«, fügt Simon mit Blick auf Robert an, der den beiden gegenüber sitzt. Carla analysiert blitzschnell ihre Lage. Mit dieser Information bekommt der »CityView« eine richtig gute Geschichte gesteckt, dagegen fallen die Nutten eindeutig ab, redet sie sich ein. Ist also sogar die bessere Story, versucht sie sich selbst zu überzeugen.

»Okay, aus reiner Freundschaft«, wie er noch mehrfach betont, entscheidet Simon nach kurzer Überlegung, die Sache nicht in der Ausgabe zwischen den Jahren zu bringen, da fast alle Leser während der Feiertage die City verlassen würden.

»In der ersten Ausgabe des neuen Jahres, am 8. Januar. Aber wenn ein anderer die Story vorher bringt, Pearson, dann reiß ich dir die Eier ab.«

Die Ausdrucksweise der Sprachhandwerker untereinander ist manchmal alles andere als filigran, wie Carla hat lernen müssen. Alle drei stehen auf, Carla und Robert schütteln sich die Hand, was unausgesprochen die Zusage für ihren Deal ist. Simon und Carla begleiten Robert zur Tür, der seinen Fahrer mit dem Jaguar um die Ecke warten lässt. Journalisten müssen ja nicht unbedingt sehen, wofür er das viele Geld ausgibt.

»Also, wenn du vorher noch etwas hörst, ruf uns an; denn wir haben einen Notdienst, der die fertige Geschichte von Carla ins Internet stellen kann.«

Robert verspricht, sich im Falle des Falles zu melden, und verabschiedet sich von einer zufrieden wirkenden Carla; sie würde zu einem Scoop kommen, den sie gar nicht recherchiert hat. Als Robert in den Fond seines Autos sinkt, murmelt er vor sich hin: »Noch so eine Info-Nutte!«

Der PR-Mann unterscheidet zwischen Huren und Info-Nutten. Die einen lassen sich mit Geld, die anderen mit Informationen bezahlen. Alles ist nur eine Frage des Preises. Carla Bells Preis ist hoch: Sie will sicher ein paar wirklich dicke Storys haben.

Pearson handelt nach der Maxime seines alten Professors in Oxford, der den Studenten einmal den Preismechanismus nach einer Anekdote von George Bernhard Shaw erklärt hat:

Shaw hatte eine junge Dame gefragt, ob sie mit ihm schliefe, wenn er ihr eine Million Pfund dafür zahlen würde. Die junge Dame sagte sofort zu. Als Shaw sie fragte, ob sie auch mit ihm für nur ein Pfund schlafen würde, hatte die junge Dame ihn voller Empörung angefunkelt, wofür Shaw sie eigentlich hielte. Der Dichter antwortete daraufhin: »Das haben wir schon geklärt. Wir verhandeln nur noch über den Preis, meine Liebe!« So ist es nun auch bei Carla Bell, eine mehr auf Roberts Liste.

Über die Shaw-Geschichte kann Robert noch heute lachen. Die erste Zahlung hat er soeben geleistet: Zulasten einer anderen Bank hat er eine Indiskretion begangen, um seinen besten Kunden Mitch Lehman zu retten. Ohne Skrupel.

Zufrieden mit sich und mit der Welt wählt Robert die Nummer von Mitchs Büro und wird nach längerem Warten mit ihm verbunden.

»Problem gelöst, keine Nutten in der Zeitung, dafür eine Info-Nutte mehr.«

»Gut so«, tönt es aus dem Handy, ehe es knackt und ohne »Auf Wiedersehen« tutet.

Robert will noch »Frohe Weihnachten« sagen, doch offenbar hat Lehman dafür keine Zeit.

Krisenjahr 2007

Stress im Januar

Im Handelssaal

Wie nervöse Schulbuben vor einer Prüfung sitzen die Chefobristen um den ovalen Besprechungstisch: Peter Sanders, Aktiensegment, Scott Miller, Anleihebereich, dazu deren direkte Untergebene für Handel und Neuemissionsgeschäft mit Aktien und Anleihen. Dave Wagner, Währungsbereich, und Bill Selevsky, Leiter des Rohstoffsegments, blättern in ihren Unterlagen. Mit am Tisch sitzt auch Ron Stevenson, Chef Research für den Kapitalmarktbereich. Und Isabella Davis, zuständig für den Bereich strukturierte Produkte. Jim Klein, der neue Leiter des gesamten Derivatehandels, ist zum ersten Mal dabei; er hatte bereits eine Audienz bei Mitch, von der er sich noch immer nicht ganz erholt hat.

Jim hatte sich ein paar einführende Floskeln für sein Gespräch mit dem General zurechtgelegt: »Gutes neues Jahr«, »Wie waren die Ferien?«, und dass sich sein kleiner Sohn beim Skifahren das Bein gebrochen hatte. Doch Lehman würgte jede Unterhaltung ab, fragte nur nach seiner Markteinschätzung, gab ihm seine Performanceziele gleich mit auf den Weg und interessierte sich keine Sekunde für Kleins Bedürfnis nach Austausch.

»Let's talk about money and markets«, klingt es Klein noch immer in den Ohren.

Als Mitch den smarten Jim Klein im November von der Konkurrenz zu sich holen wollte, hatte er ihn charmant umgarnt, weil er den Händler – nachweislich einer der besten Derivative-Guys – überzeugen musste, seinen gut dotierten Job aufzugeben und zu den Carolinern zu wechseln. Doch nun, einmal in seinem Team, musste er gefälligst spuren wie die anderen.

Erst als der »Stab von General Lehman« vollständig versammelt ist, geht Cindy in Mitchs Büro. Die Jalousie hat sie schon früh herabgelassen, damit Mitch vor Blicken durch die Glaswand aus dem Besprechungsraum geschützt ist. Bereits seit sieben Uhr sitzt Lehman an seinem Schreibtisch, liest wichtige Unterlagen und sichtet Zeitungen, die Cindy vorsortiert hat; Mitch hasst Ausschnittdienste, er will sich nicht von Außenstehenden vorschreiben lassen, was er zu lesen hat.

Lehmans Büro ist ein großer Glaskasten in der Ecke des riesigen Handelssaals der Carolina Bank mit einem fantastischen Blick auf die Kathedrale von St. Paul's. Auf der einen Seite seines Büros liegt sein persönlicher Besprechungsraum, in dem nun die Obristen warten, auf der anderen Seite sein persönliches Fitnessstudio. Obwohl Büroflächen zu den teuersten Gütern in der City zählen, würde es niemand wagen, Mitchs Gehabe zu kritisieren.

»Mitch, acht Uhr. Alle sind da«, Cindy legt ihm die Tagesmappe für Montag, 8. Januar 2007, auf den Schreibtisch.

»Noch einen Moment«, tönt es hinter zwei aufgeklappten Din-A4-Blättern hervor.

Die Frage ist, ob die Investmentbanken auch 2007 smart genug sind, um das Risiko eines Rückschlags an den Märkten richtig zu managen und ein weiteres Rekordjahr hinzulegen, schließt der *View of the Year* von Carla Bell im »CityView«, in den Mitch gerade noch vertieft ist. Im Aufstehen markiert er auch diese Stelle.

Wie kommt diese Frau nur auf so eine Frage, denkt er und blickt auf St. Paul's. Irgendeiner der alten Merchantbanker der City, dessen Namen ihm längst entfallen ist, hat ihm einmal erzählt, dass man es in der Square Mile geschafft habe, sobald man in einem Büro mit freier Sicht auf St. Paul's residiere. Dass Mitch in einem Büro mit Blick auf das ehrwürdige Gebäude residiert, verdankt er seinem kometenhaften Aufstieg und eiskaltem Kalkül.

Seine Vorstellungen hatten dem Architekten zunächst gar nicht behagt; moderne Handelssäle werden eher in die Breite als in die Höhe angelegt, weil man für die riesigen Handelsabteilungen genügend Fläche braucht. Deshalb logieren die Händler meistens in den unteren Etagen, da dort die Gebäude großflächiger sind als in den oberen. Mitch musste kurz laut werden, bis das ganze Gebäude nach seinen Wünschen ausgerichtet wurde.

Bei der Carolina Bank in London läuft alles nach seinem Willen. Erst kurz vor Weihnachten hatte Cindy beobachten können, wie der neue Drogenbeauftragte dies zu hören bekam.

»Willst du mich etwa feuern«, hatte Cindy Mitch durch die offene Türe grinsend sagen hören, als der junge Mann aus der Verwaltung, der gar nicht so recht wusste, wer da vor ihm stand, es wagte, Mitch darauf anzusprechen, dass im Gebäude Rauchverbot herrsche. L'état, c'est moi!, hätte er auch sagen können, dachte Cindy, als Mitch sich genüsslich eine Zigarette ansteckte und den jungen Kerl aus seinem Büro jagte.

In Mitch Lehmans Büro hängt immer der Geruch von kaltem Rauch, und es vermittelt einen kühlen, unbewohnten Eindruck. Weder Bilder noch Fotos zieren Wände oder Schreibtisch; Stapel von Studien über Marktanalysen türmen sich in einer Ecke, Auszeichnungen über erfolgreiche Deals belegen Regale und alle freien Flächen. In diesem Büro gibt es keine teure Sitzgruppe, wie sie sonst in Büros von Managern seiner Kategorie üblich ist; lediglich an der Wand rechts des Eingangs steht ein kleiner Tisch mit vier unbequemen Stühlen. Da man wegen der Klimaanlage kein Fenster öffnen kann, greift Cindy, die dort Ordnung hält, sobald Mitch das Büro verlassen hat, zum altbewährten Raumspray.

»Hast du alles für die Sitzung?«, fragt Cindy, als sich Mitch an ihr vorbei auf den Weg in den Besprechungsraum macht.

»Nicht nötig, Babe. Ich will die Jungs nur ordentlich heiß machen für das neue Jahr, nachdem sie die letzten zwei Wochen auf der faulen Haut gelegen sind.«

Mitch Lehman und Cindy Fitzpatrick funktionieren seit über zwanzig Jahren wie ein altes Ehepaar. Mitch hat

Cindy an jeden neuen Arbeitsplatz mitgenommen, seit er sie als seine erste Personalassistentin zugeteilt bekommen hatte. Wer zum General will, muss erst einmal an der »Prima Donna«, wie Mitch seine PA nennt, vorbei. Jeder im Handelssaal spricht die Fünfzigjährige mit dem Fransenschnitt und der getigerten Lesebrille respektvoll mit »Chefin« an. Wer ihr Missfallen erregt, lernt den eisigen Blick über den Rand ihrer Brille fürchten. Cindys irische Herkunft verrät der Zungenschlag und die roten Haare, zum Hosenanzug trägt sie flache Schuhe, damit sie Mitch nicht überragt.

Alleine schon wegen Cindys strenger Musterung schaut jeder lieber auf den Boden, wenn er an »the Master's Corner« vorbei muss. Mitch hat sich die ganze Ecke, in der sein Büro, sein Fitnessraum, ein eigener Besprechungsraum und der Vorzimmerbereich mit Cindy untergebracht sind, wie ein Quadrat anordnen lassen. Zudem ist sein Eckbüro um etwa einen Meter durch einen zweiten Boden erhöht – ein Feldherrnhügel mit bester Aussicht. Das bietet dem General die Möglichkeit, jederzeit von seinem Kommandostand aus den gesamten Handel überblicken zu können, da alle Räume verglast sind. Lehman kann an der Körperspannung seiner Leute erkennen, wie der Handel läuft oder ob ein Händler statt zu arbeiten einfach vor sich hin träumt.

Der Handelssaal der Carolina Bank umfasst die Fläche von beinahe drei Fussballfeldern. Nur wenige Stützpfeiler stören Lehmans freie Sicht auf jeden Händler im Saal. In seinem Büro hat er an der großen Glasscheibe ein Teleskop aufstellen lassen, dessen Linse Cindy täglich mit einem Spezialgerät entstauben muss. Das Teleskop erinnert in seiner Messing- und Holzkonstruktion an die Zeit der Seefahrer. Nur das Äußere ist auf alt getrimmt, im Inneren befindet sich modernste optometrische Technik.

Cindy weiß, dass der Boss mit dem Ding seine Leute tatsächlich beobachtet. Bemerkt er einen, der relaxed in seinem Stuhl hängt, ruft er ihn sofort an: »Ich sehe dich«, sagt er nur und lacht, wenn der Angerufene blitzschnell Haltung annimmt. Keine Haltung, die etwas mit Würde zu tun hätte; vielmehr ist es eine Verbiegung, die ein Händler beherrschen muss, um tagein, tagaus in diesen Legebatterien der Kapitalmärkte zu überleben, zu schuften und Umsätze zu generieren.

Nachdem es im Handelssaal während der letzten beiden Wochen fast totenstill gewesen ist, geht es an diesem Tag wieder richtig los. Nur eine Notbesetzung hat seit Weihnachten die Stellung gehalten – die einzigen zwei Wochen, in denen selbst der globale Kapitalmarkt so etwas wie eine Pause einlegt. Ab heute sollen die Ströme wieder fließen und ein weiteres Jahr mit Rekordgewinnen abwerfen. Trading Floors ähneln großen Turbinen in Wasserkraftwerken. Solange genügend Wasser zugeführt wird, produzieren sie unaufhörlich Ströme von Umsätzen. Und Mitch Lehmans Truppe weiß besser als viele andere Kollegen, wie man das Wasser kanalisiert, damit es zu ihnen fließt.

»Arrangier ein Gespräch mit Pearson, Isa soll auch dabei sein«, ordert er in Richtung Cindy, ehe er in den Besprechungsraum hinübereilt. Wie meist springt er die vier Stufen mit einem Satz hinunter, um den einen Meter in die Welt der anderen hinabzusteigen.

»Robert soll diesen *View of the Year* von der Bell lesen«, ruft er noch über die Schulter. Cindy greift nach dem Blatt, das ihr Boss im Vorbeigehen auf den Tisch geworfen hat. »Business is never usual«, lautet die Überschrift, ihr Daumen verdeckt das Foto, mit dem der Artikel gezeichnet ist. Sie zieht den Daumen weg und trifft auf das Bild einer herben jungen Frau mit langem Haar und murmelte »wenn das mal nicht andere Gründe hat« in sich hinein.

Ihr Blick fällt auf die von Lehman markierten Stellen:

Seit 2003 zeigen Börsenkurse, Kapitalisierungen und Produktinnovationen nur in eine Richtung: gen Norden steil nach oben. Nahezu alle Indizien weisen daraufhin, dass die Märkte bald die alten Höchststände von vor der Internetblase wieder erreichen. Die entscheidenden Fragen lauten: Wann ist der Zy-

klus zu Ende? Geht die Luft langsam aus oder platzt erneut eine Blase? Schließlich ist und bleibt eines sicher: Nach sieben fetten kommen sieben magere Jahre. Es sind nicht immer sieben, aber es bleibt jedenfalls nicht dauerhaft bei fetten Jahren beziehungsweise Gewinnen.

Cindy stutzt ein wenig und verzieht das Gesicht, als sie den biblischen Vergleich liest. Am meisten wundert sie sich darüber, dass Mitch diese Stelle markiert hat. Seit einer Stunde läuft Lehmans Execution Capacity wieder auf Hochtouren. Der General vibriert vor Energie und kann es kaum erwarten, seinen Obristen die Order für 2007 zu erteilen. Ihm genügt ein Blick zur Seite, bevor er in den Besprechungsraum tritt, um mit Genugtuung zu sehen, dass seine Truppen bereits wieder an der Arbeit sind.

Cindy liest die zweite markierte Stelle: *Die Investmentbanken verdienen Milliarden im Handelsgeschäft. Allerdings hat sich der Gewinnpool in den letzten Jahren verlagert: Nicht mehr die kunstvollen Deals im Fusions- und Übernahmegeschäft speisen die Erträge, sondern vor allem die nicht minder kunstvollen strukturierten Produkte, insbesondere im außerbörslichen Handel unter Banken. Hier wird es zunehmend unübersichtlich, und kaum jemand weiß, wer mit wem wie viel Geschäfte macht.*

Cindy blickt nach dieser Stelle auf und schaut in den Handelssaal, den Mitch designed hat. Er ist der größte seiner Art auf der Welt – ein Umstand, auf den ihr Boss ausgesprochen stolz ist. Lehman hatte sich beim Neubau intensiv in die Bauphase eingemischt, um einen möglichst effizienten Handelsraum entstehen zu lassen. Er weiß besser als jeder Architekt, worauf es ankommt, um den Workflow so effizient wie möglich zu gestalten.

Für das geübte Auge ist der Handelssaal in einzelne Sequenzen unterteilt. Es reihen sich lange Tische aneinander, und auf jedem Arbeitsplatz finden zwischen drei bis zehn Bildschirme Platz. Ein Bereich handelt Aktien, ein anderer Anleihen. In einer Ecke sitzen die Rohstoffleute, in einem weiteren Bereich sind die FX-Spezialisten für das Währungsgeschäft platziert, daneben sitzen die Derivativehändler. Zudem sind spezielle Ecken für die Researcher, für die Analysten und die Länderbeobachter eingerichtet worden. In einem etwas abseits liegenden Segment sind die Strukkis untergebracht; bei den Researchern und den Strukkis, die die Analysen und Einschätzungen, auf deren Basis gehandelt wird, vornehmen, geht es ruhiger zu als an den Handelstischen.

Die Prima Donna richtet ihr Augenmerk auf die letzte markierte Stelle: *Die Frage ist nur, ob die Finanzingenieure ausreichend gewappnet sind, um das Risiko eines Rückschlags richtig zu managen. Denn: Business is never usual.*

Davor heißt es, allerdings nicht von Mitch markiert: *Bislang sieht alles so aus, als würde auch 2007 ein Jahr des Business as usual mit steigenden Kursen und Märkten.*

Cindy wählt Pearsons Nummer und betrachtet die Händler: Hier herrscht jedenfalls Business as usual, denkt sie. Der Handelssaal ist an einer der langen Fronten verglast, die viel Tageslicht einlässt, weil spezielle Spiegel an den Decken für eine Weiterleitung der Sonnenstrahlen sorgen. An den beiden Kopfenden und der anderen Längsseite befinden sich ebenfalls große Fensterfronten; diese Büros belegen die Obristen.

In den vier Ecken des riesigen Saals sitzen die absoluten Spitzenleute des Handelsbereichs der Bank. Auf Mitchs Seite in der gegenüberliegenden Ecke hat Isabella Davis ihr Zentrum, wodurch sie sich von allen anderen Obristen hervorhebt. Gegenüber, am anderen Kopfende des Handelssaals residieren die Chefs für den Aktien- und Anleihebereich, Peter Sanders und Scott Miller. Statussymbole in Form von Sitzplätzen, vom obersten Chef persönlich zugeteilt, konnte man sich nicht kaufen, sondern nur durch außergewöhnliche Leistungen verdienen.

Cindy erinnert sich, dass Mitch erst vor ein paar Monaten einem Spitzenanalysten, den er mit seinem ureigenen Charme von der Konkurrenz abgeworben hatte, ein elektrisches Keyboard neben seinen Tisch mit den Bildschirmen hat stellen lassen. Das beeindruckte den jungen Analysten mehr als das viele Geld, das Lehman ihm angeboten hatte. Der eine ein Keyboard, der andere einen Porsche als Dienstwagen, Mitch macht es möglich – er verfügt über ein todsicheres Gespür, womit er Menschen ködern und gefügig machen kann.

Natürlich spielt der Analyst, wenn er sich während der Handelszeit einmal entspannen will, mit Kopfhörern. Es ist allerdings auch schon vorgekommen, dass er, wie vor ein paar Wochen in der Adventszeit, am Abend richtig aufgedreht, gespielt und dazu gesungen hat. Die ganze Nacht feierte der Handelssaal, Rauch- und Trinkverbot wurden missachtet und unter den Tischen verbotene Spielchen getrieben.

»Guten Morgen, meine Herren«, ruft Mitch den Obristen zu, als er stampfend an das Kopfende geht und in seinen Sitz fällt. Ihm gegenüber, am anderen Ende des ovalen Tisches, hat Isabella Davis Platz genommen, die auf das »Guten Morgen, meine Herren« die rechte Augenbraue hebt. Als einzige Frau unter den Obristen kennt sie das Spiel – genauso wie das Gehabe der Händler. Auch wenn in den Sälen inzwischen alles mit modernster Technik ausgerüstet ist, bleibt der Ton im Handel männlich-rau. Was dazu führt, dass immer wieder Broschüren verteilt werden müssen, die erläutern, wie man sich Frauen gegenüber zu verhalten hat.

Erst vor einigen Wochen hatten sich die Chefobristen zusammen mit Mitch lustig darüber gemacht, dass die Personalabteilung der Carolina Bank eine Anti-Sexismus-Broschüre erstellt hatte, die in den Handelssälen rund um den Erdball zu großem Gelächter geführt hatte. Denn neben Handlungsanweisungen über den richtigen Umgang miteinander enthielt der politisch korrekte Text auch Beispiele, was denn frauenverachtende Sprüche seien. So mahnten die Texter an, die Händler sollten Kolleginnen nicht als »Baby« oder »Doll« titulieren; sie sollten auch keine sexistischen Bildschirmschoner auf ihren vielen Terminals nutzen, und sie sollten vor allen Dingen ihre dummen Sprüche unterlassen.

Das genaue Gegenteil trat nach der Verteilung der Broschüre ein. Der momentane Lieblingsspruch von Mitchs Händlern, aus eben jenem Text übernommen, lautet: »Baby, you really know how to fill the sweater!« Da viele Sekretärinnen von außerhalb kommen, tragen sie des Öfteren am Morgen noch einen Pullover über ihrem Businessoutfit. Nachdem auch die Frauen mitbekommen hatten, was in der Anti-Sexismus-Broschüre steht, wurde keine mehr in einem Sweater gesichtet.

Isabella Davis hatte für dieses männliche Gebaren nur ein müdes Lächeln übrig, wie sie ohnehin nach außen gelassener scheint als alle anderen Obristen. Die sitzen nun in gespannter Erwartung am Tisch, nachdem der General Platz genommen hat. Nur Isa lässt einen Arm locker über die Lehne baumeln, alle anderen erwarten den Big Boss kerzengrade. Besonders gerade sitzt Jim Klein, der Neue.

Der gesamte Generalstab ist erpicht auf die Anweisungen für das kommende Jahr. Die Obristen führen die verschiedenen Untereinheiten selbständig, in denen wiederum Fußtruppen für bestimmte Handelstypen agieren: Spezialisten für Aktien, Anleihen, Währungen, Zinsen, Rohstoffe, Gold und eben strukturierte Produkte wie die Holiris. Gerade dieses Geschäft mit Derivaten, mit den abgeleiteten Börsengeschäften aus Aktien, Anleihen und anderen echten Werten, erweist sich seit Jahren als Renner. So auch die Zertifikate, die man inzwischen nicht mehr nur an große Funds verkauft, sondern auch an den kleinen Sparer, der sein Geld einer lokalen Filiale anvertraut hat. Daher auch die verführerischen Namen, nur wissen die kleinen Leute meist nicht, was man ihnen andreht.

Wer es in Mitchs Truppe mit gut dreißig Jahren nicht zu zehn Millionen Dollar Vermögen gebracht hat, ist in seinen Augen ein Loser. Und wer von seinen Obristen als Vierzigjähriger nicht hundert Millionen Dollar Privatvermögen auf dem Konto hat, fliegt schnell aus seiner Truppe. Mit fünfzig arbeitet von diesen Händlern in der Regel kaum jemand mehr. Um den Tisch sitzt nur einer, der diese Altersgrenze gerade erreicht hat: Peter Sanders, der Aktienchef, ist vor wenigen Tagen fünfzig Jahre alt geworden.

Die Obristen der Investmentbanken erweisen sich als eine verschworene Gemeinschaft, die auch privat meist in denselben Gegenden anzutreffen sind. In London bewohnen sie die feinen Stadtteile von Chelsea, Notting Hill und Kensington mit Wochenenddomizilen in Oxfordshire; in New York begegnet man sich in den exklusiven Stadtteilen rund um den Central Park oder in Greenwich Village, von wo aus sie in die Wochenenden mit ihren Familien in den Hamptons auf Long Island aufbrechen.

Auch gefeiert wird häufig gemeinsam. Allerdings sind sowohl Mitch Lehman als auch Isabella Davis nicht oft dabei; beide gelten als Einzelgänger, wenn es sich nicht um die Arbeit handelt. Die anderen Obristen haben es inzwischen aufgegeben, ihren General zu ihren Christmas- oder Beachpartys einzuladen. Im Juni, wenn Mitch und Charlotte Lehman jedoch ihr Sommerfest auf Long Island geben, müssen alle Obristen antanzen. Selbst Isa kann sich diesem Fest nicht entziehen.

Banker haben in den letzten Jahrzehnten mit ihren Millionenboni alles aufgekauft, was zu kaufen war: Bis nach Montauk ganz an der Spitze von Long Island erstrecken sich ihre Villen. Zum akzeptierten Umfeld gehören Anwälte, PR-Agenturen und einige Berater. Und nicht zuletzt die Profiteure am anderen Ende der Konsumkette: die Innendekorateure, Autohändler, Juweliere, Boots- und Flugzeugverkäufer. Sie alle leben gut von Leuten wie Mitch Lehman und seinen Obristen. Relocation Agents, die den Umzug eines Truppenkommandeurs von London und New York arrangieren, müssen oft neben Parkgaragen auch Hangarplätze auf den umliegenden Flughäfen für die Privatjets finden. Zu haben ist alles, was das Herz begehrt.

»Ich will dieses Jahr eine Sechs vorne sehen«, eröffnet Mitch die Sitzung ohne weitere Vorwarnung. Selbst die erfahrensten

Obristen können ihre Überraschung kaum verbergen; nach fünf Milliarden Dollar Vorsteuerergebnis für 2006 bedeutet dies satte zwanzig Prozent mehr, und zwar nach einem absoluten Rekordjahr. Lehmans Blick schweift einmal rund um den Tisch, er will die Reaktionen der Männer erfassen. Nach der »Sechs« haben alle noch mehr Haltung angenommen und sitzen noch angespannter in ihren Sesseln. Bei Isa stockt sein Auge unmerklich; sie lehnt nach wie vor entspannt und unbeeindruckt im Sessel.

»Das ist eine Menge Holz, Mitch«, ergreift sogleich Peter Sanders, der kleine dicke Engländer, nach Isa der am höchsten gestellte Offizier in der ungeschriebenen Hierarchie, das Wort. Noch ein, zwei Jahre will er machen und dann aufhören, ehe Mitch ihn irgendwann aussortieren würde.

»Ja und?«, gibt Mitch spitz zurück.

»Wenn die Märkte weiter steigen, können wir das schaffen. Aber werden sie das, Mitch?«, fragt Sanders.

»Was meinst du, Isa? Ach, hast du eigentlich den *View of the Year* gelesen?«, fragt Mitch seinen einzigen »echten Mann«, die daraufhin leicht mit dem Kopf nickt. »Müssen wir nachher noch drüber reden, über den *View*, Isa«, er pocht mit dem Finger auf den Tisch und geht dann mit allen Fingern in ein Klackern mit den Nägeln über.

»Deine Frage ist uninteressant, Peter«, antwortet die Finanzingenieurin Sanders direkt mit unverhohlener Arroganz, ihrem schützenden Panzer gegen die Männertruppe.

»Warum das, Isa?« Peter Sanders ist irritiert, was man ihm deutlich anhört.

»Wir müssen nur das richtige Hedging machen. Welche Meinungen haben wir zu welchen Märkten, welchen Währungen und welchen Risiken? Dazu brauchen wir unsere Researcher.« Sie schaut auf Ron Stevenson und fährt fort: »Alles andere modellieren wir. Schließlich sind wir Finanzingenieure und keine Journalisten.«

»Wir sind doch kein Hedgefund, Isa, der nur den ganzen Tag wettet«, entgegnet Sanders.

Isa lehnt sich zurück: »Sind wir nicht, aber wir arbeiten so. Wir hedgen auch, Peter.«

»Was willst du damit sagen?«

»Peter, das erzähle ich euch seit Jahren. Ob Märkte steigen oder fallen, ist egal. Wir müssen nur richtig hedgen und unser Risiko weitergeben. Dann verlieren vielleicht andere, aber auf jeden Fall nicht wir. Du hängst nach wie vor zu sehr in der Tradition der alten Händler, die keine modernen Absicherungsstrategien fahren.«

Sanders übergeht die Spitze lieber, sonst mischt sich Mitch am Ende noch ein, den in der Regel nur seine Zahlen interessieren. Auch Sanders will nicht unangenehm auffallen.

»Also, was denkst du, Isa? Ist die Sechs auch bei fallenden Märkten zu schaffen?«, will Mitch wissen. Für langes Geschwafel hat er keine Zeit. Er zuckt schon wieder ganz nervös, erkennt Isa, ihn zieht es zurück zu seinen Börsenterminals, da findet für Lehman das »richtige Leben« statt.

»Die Fundamentaldaten sind alle okay. Wir werden eine Abschwächung bekommen. Vor allem in den USA. Vielleicht erst nächstes Jahr, aber einige Märkte werden bald drehen. Beispielsweise die Immobilienmärkte, Leute. Und darauf können wir uns vorbereiten.«

Isa steht auf und geht an das Flipchart. »Ein Beispiel, was wir machen werden«, sagt sie und schreibt dick und fett HOLIRI auf das Blatt. »Das ist ein neues Produkt für den drehenden Markt, das wir noch kurz vor Jahresende entwickelt haben. Ihr gebt mir eure alten Marktrisiken und wir strukturieren sie um. Wir mischen sie zudem noch mit Kreditrisiken aus der Commercial Bank. Und dann verkaufen wir diese neuen Marktrisiken ›over the counter‹ an die Institutionellen. Später vielleicht auch über Funds an Private.«

Also doch ein Hedgefund, denkt Sanders. Isabella will gerade ansetzen und weitererklären, als Cindy den Raum ohne Anklopfen betritt. Sie geht mit gesenktem Kopf zu Mitch und reicht ihm einen Zettel: »Sofortiger Rückruf bei Bensien.«

Mitch schaut verdutzt; normalerweise bittet man ihn um Rückruf.

»Ich rufe später zurück«, murmelt er Cindy über die Schulter zu.

»Bensien wartet am Apparat«, flüstert Cindy ihm ins Ohr, weil sie weiß, dass es für den General unerträglich ist, vor seinem Team als Befehlsempfänger von Carl Bensien dazustehen. Betont langsam erhebt sich Mitch und trällert: »Entschuldigt mich einen Moment, Gentlemen. Ich will Bensien nicht gleich am ersten Arbeitstag vergraulen. Wieso ist der eigentlich schon auf?«, fragt er laut in die Runde, ehe er in sein Büro stampft.

Der Gegenspieler

»Hey, Charly, ein frohes neues Jahr noch«, grüßt Mitch eine Spur zu freundlich in den Telefonhörer. »Bist du aus dem Bett gefallen? In New York ist es doch erst kurz nach drei Uhr morgens.« Er weiß von Isa, dass sich Carl Bensien über das kumpelhafte Charly ärgert.

»Nein, ich bin in Genf und fliege dann über London zurück nach New York. Mein jüngerer Sohn hatte gestern Geburtstag, da wollte ich noch dabei sein«, tönt es über eine Freisprechanlage.

»Die Bank am ersten Tag ohne Chief Risk Officer? Ô, là, là!«, will Mitch Carl ärgern, lenkt aber rasch ein. »Was gibts denn so Dringendes?«, gibt er sich konziliant, legt die Füße auf den Tisch und zündet sich eine Zigarette an.

»Na ja, ich will den ersten Tag nutzen, Mitch. Ich habe in London ein paar Stunden Zeit und würde mich gern mit dir und Isa zusammensetzen und über diese Holiris sprechen. Wir könnten im neuen Jahr neu anfangen und zusammenarbeiten!« Carl würde gerne sehen, wie Mitch auf sein Angebot reagiert, denn der ist darauf garantiert nicht vorbereitet.

»Ziemlich plötzlich, Charly.« Die Füße hat Lehman wieder vom Tisch genommen und lehnt mit beiden Ellbogen auf seinem Schreibtisch.

»Ich weiß, aber wenn Isa und du mir das neue Produkt persönlich erklärt, kann ich es vielleicht schneller endgültig genehmigen.« Carl kann Mitch förmlich abwägen sehen.

»Okay. Vielleicht keine schlechte Idee. Wann bist du hier?«

»Ich lande zehn Uhr Ortszeit in City Airport. Sagen wir um elf Uhr? Dann haben wir knapp zwei Stunden Zeit. Das dürfte reichen, oder?«

»Wenn es der Sache dient«, seufzt Mitch und gibt sich geschlagen. »Okay, ich sage Isa Bescheid.«

Mitch ist irritiert. Diese Holiris scheinen Bensien ausgesprochen wichtig zu sein, denkt er beim Auflegen. Als hätte er gewusst, dass Isa gerade über die neuen Dinger gesprochen hat.

»Cindy, bring mir Isa. Und zwar sofort«, brüllt er durch die geschlossene Tür seines Büros. Sekunden später steht Isa in seinem Büro.

»Was ist denn passiert?«

»Dieser Idiot von Bensien kommt um elf Uhr vorbei und will mit dir und mir über die Holiris sprechen. Was soll das, Isa?« Mitch vibriert regelrecht.

»Ich nehme an, dass einige Vorstände im Headquarter nervös werden.«

»Und?« Mitch schaut aus seinem Stuhl zu ihr auf, wie sie breitbeinig vor ihm steht, als bräuchte sie einen sicheren Stand. »Alles okay?«, setzt er nach, als sie nicht gleich antwortet.

»Nun, da steckt eine Menge Risikopotenzial dahinter und Bensien ist kein Dummkopf.«

»Soll heißen?«

»Mach dir keine Sorgen, Mitch. Gerade weil sich das Risiko verändert, habe ich die Holiris aufgelegt. Ich habe die Risiken hübsch auseinandergenommen und wieder anders zusammengeschachtelt. Uns kann nichts passieren! Es ist nur so, dass die Holiris etwas Neues sind, und da macht sich das Risk Management natürlich Gedanken über den Markt und sein entsprechendes Risiko für die Gesamtbank. Ist eigentlich ganz logisch.«

Mitch nimmt wahr, dass Isa äußerst zufrieden über ihre neue Erfindung ist, hinter der, wie sie ihm noch vor Weihnachten erklärte, ein Datensatz steht, der jeder Berechnung der Mondmission zu Ehren gereicht.

»Na, dann setze dich mal hin und erkläre mir, was unser Dr. No Risk für ein Problem mit deinen Holiris hat.« Er kann es nicht leiden, wenn er zu jemandem aufblicken muss.

Mitch winkt Cindy herein. Isa genießt Sonderrechte, sie bekommt sogar Kaffee von Mitchs PA gereicht.

»Stelle dir einen einfachen Wicht vor, der Haus, Auto, Kreditkarte, Universität für die Kinder und den Konsum der Frau finanzieren will. So etwas bieten wir bei unserer Bank alles an. Da kann ich eine gesamthafte Bonitätseinstufung vornehmen.« Isabella nimmt einen Stift und ein Blatt, die auf Mitchs Schreibtisch liegen, malt ein stilisiertes Männchen, zieht mehrere Striche quer durch das Männchen und schreibt die Kreditkategorien daneben.

»Wenn wir diese einzelnen Kreditarten und ihre Ausfallrisiken auseinandernehmen, dann habe ich für jede Kreditart ein eigenes Kreditrisiko und eine entsprechende Eintrittswahrscheinlichkeit für den Ausfall. Ich zerschneide den Menschen«, sagt sie fast triumphierend, weil sie sich immer noch über ihre geniale Idee freuen kann, und zieht die Striche noch ein paar Mal dicker nach, sodass das Männchen wirklich zerschnitten aussieht.

Mitch schaut interessiert zu, während Isa weiterredet: »Wenn ich nun diese einzelnen Risiken und ihre Ausfallwahrscheinlichkeit vom einzelnen Individuum wegnehme, dann kann ich das neu zusammenbasteln.«

»Du bastelst dir einen Menschen?«

»Einen künstlichen Menschen, Mitch: einen *Risikonsch.*«

»Was?«

»Ja, ja«, lächelt sie ihn direkt an, sodass er wieder einmal an ihre Narben erinnert wird. »So nenne ich das synthetische Ergebnis. Du willst vielleicht dreißig Prozent Immobilien mit nahezu null Ausfallrisiko, dazu zwanzig Prozent Leasing mit hoher Ausfallwahrscheinlichkeit und fünfzig Prozent Kreditkarten mit mittlerer Ausfallwahrscheinlichkeit. Und auf alles darauf packen wir die Wahrscheinlichkeit eines sicheren Arbeitsplatzes, aber vielleicht einer höheren Krebserwartung bei allerdings guter Lebensversicherung.«

»Wie kommst du bloß auf solche Ideen, Isa?«

»Ich überlege mir, wie die Welt aussieht, was wir davon gebrauchen können, wie das mit Marktlagen zusammenpasst und vor allem, wie du damit Geld verdienst.« Die Antwort erhellt Mitchs Gesichtszüge, denn nur das will er hören, Details interessieren ihn nicht.

»Und was machst du mit dem Rest der Risiken? Es bleiben ja noch welche übrig, wenn ich richtig mitrechne.«

»Die guten Risiken ins Töpfchen, die schlechten ins Kröpfchen. Die guten packen wir gleich in Collateralized Debt Obligations und hinter die schlechten packen wir noch zusätzlich Credit Default Swaps, damit wir sie auch bei schlechterer Bonität trotz allem verkauft bekommen. Und was wir gar nicht mehr gebrauchen können, kommt in die Tonne. Das verkaufen wir als Ramschpapiere oder mischen es unauffällig bei.«

»Wer will das denn kaufen?«, fragt Mitch fröstelnd und gleichzeitig entzückt über die geniale Kaltblütigkeit seiner Spezialistin, die ihm viel Geld in die Kassen spülen soll.

»Wer will all die anderen Dinger kaufen, die wir gebaut haben? Der Renditehunger ist unersättlich, Mitch. In erster Linie unsere Freunde von den Cayman Islands.«

Dort sind die Funds lediglich registriert; die meisten Hedgefund-Manager arbeiten in London oder New York. Auch wenn sie unterschiedliche Hedging-Strategien haben, ist die Grundidee bei allen gleich: Sie suchen die Chance auf sehr hohe Rendite, die aber auch ein entsprechend hohes Risiko in sich bergen.

»Wieso wollen die denn nicht mehr die bisherigen strukturierten Produkte kaufen?«, fragt Mitch.

»Sie wollen ihr Risiko anders absichern, die Junkies wissen stets sehr genau, wo der beste Stoff zu kriegen ist.«

Im Markt der Kapitalmarktsüchtigen sind die Hedgefunds so etwas wie die Grossisten mit hohem Eigenkonsum – und das auch noch auf Pump gespritzt. Hedgefunds kaufen nicht nur diese risikoreicheren Produkte mit höheren Renditen, sie lassen sich einen Großteil davon auch noch mit Krediten finanzieren. Das ist ein bisschen so, hat Isa ihm einmal vor einiger Zeit einleuchtend erklärt, als würde ein Heroinabhängiger einen Konsumentenkredit für seinen Bedarf bekommen.

Isa lehnt sich vor und schaut ihn mit ihren stahlblauen Augen direkt an. In Perth und beim anschließenden Skifahren in den Alpen hat sie sich eine leichte Bräune zugelegt, die ihre außergewöhnlichen Augen noch stärker zur Geltung bringen.

»Es gibt erste Ausfälle auf dem Subprime-Immobilienmarkt. Das ist nicht weiter gefährlich, Mitch. Aber im Markt für einkommensschwache Hypothekennehmer hat es erste Zwangsversteigerungen gegeben. Das kommt jetzt langsam zum Tragen, und das riechen unsere Hedgejunkies. Deshalb will ich ummodellieren und eben nicht einfach nur zurückfahren. Das müssen wir Bensien erklären.«

»Schlau, verdammt gerissen«, Mitch pfeift anerkennend und lehnt sich wieder in seinem Schreibtischstuhl zurück. Die Hemdknöpfe spannen leicht über dem Bauch. Hat wohl über Weihnachten zwei, drei Kilo zugelegt, taxiert Isabella den Mann, dessen Körper sie noch heute blind ertasten könnte. Aber daran hat sie kein Interesse mehr. Sie will mit ihm nur Geschäftsideen entwickeln können, die sie bei anderen Bankern niemals ausprobieren könnte. Und Mitch lässt sie gewähren.

»Danke! Und die Hedgefunds kaufen mir das Ding nach der Einführung ab wie die letzten Erdbeeren. Klassisches

Funds-of-Funds-System. Denn Subprime alleine fliegt nicht mehr. Warte es ab!«

»Eins noch: Warum Holiri?«

»Weil wir Risiken von verschiedenen Individuen neu zusammensetzen. Holistic Individual Risk Securities oder Certificate.«

»Aber das ist doch gar nicht nur ein Individuum und auch nicht wirklich ein ganzheitlicher Ansatz. Du bastelst doch nur Dinge kollektiv zusammen.«

»Mitch, wie klänge denn Hocori für Holistic Collective Risk? Holiri klingt süßer.«

»Ist aber falsch.«

»Nein, das ist Marketing für eine neue Struktur, mein Lieber«, antwortet Isa, »denn wir betrachten doch individuelle Risiken gesamthaft.«

»Und was ist nun Bensiens Problem?«, er nippt an seiner ersten Cola des Tages.

»Holiris haben noch keinen Markt, und insofern macht er sich Sorgen um das Marktrisiko des Wertpapiers, hinter dem nun viele kleine Kreditrisiken stehen. Bensien traut der Sache einfach nicht.«

»Klingt aber doch alles einleuchtend.«

»Ist es auch. Deshalb werden wir es auch machen. Bensien hin oder her, Mitch. Du kannst mir vertrauen.«

»Weiß ich doch.«

»Genau gesagt, seit zehn Jahren.«

»Weiß ich auch«, entgegnet er gereizt. Isa merkt, dass es Zeit ist, den General allein zu lassen. Außerdem hat sie noch etwas vor.

»Ich bin noch mal kurz weg. Um halb zehn habe ich einen Termin, bin aber rechtzeitig zurück.« Sie trinkt den Rest ihres Kaffees in einem Zug aus und will gerade gehen, als er noch Mal auf den »CityView« zu sprechen kommt.

»Können wir heute Nachmittag noch mit Pearson über diesen *View of the Year* sprechen?«

»Klar.«

Als Isa das Büro verlässt, wundert er sich, dass die Obristen noch immer wartend im Besprechungsraum sitzen.

»An die Arbeit«, ruft er ihnen laut zu. Erst jetzt erheben sie sich von ihren Plätzen. Wer für Mitch arbeitet, verkauft sich ihm mit Leib und Seele, his Masters Voice bestimmt den Tagesablauf und man gibt seine eigene Meinung an der Garderobe ab.

»Cindy«, ruft er seine Prima Donna ins Büro: »Elf Uhr Bensien; danach Telefonat mit Pearson. Beides mit Isa. Heute Abend will ich Camilla. Alleine.«

Ohne zu danken, wendet er sich seinen Terminals zu. Zu lange hat er schon nicht mehr auf die Marktentwicklung geschaut. Das nächste Rekordjahr beginnt gut, denkt Mitch und leert die erste Cola. Mit einem gezielten Wurf trifft er den Abfalleimer an der Türe. Ein Spaß, den er sich seit Jahren erlaubt. Mit den durchschnittlich zehn geleerten Dosen Diet oder Zero Coke am Tag trifft er rund sechs Mal den Eimer. Die anderen vier muss Cindy aufheben, wenn sie an einer herumliegenden Dose vorbeikommt. Auch sie bekommt ihre tägliche Portion Erniedrigung von Mitch.

Lange hält es Mitch nicht an seinen Terminals, nach zwei Minuten hat er die wichtigsten Bewegungen an den Märkten erfasst und springt wieder auf. In Lehman pulsiert es im Takt der Börsenübermittlungen, ein rascher Kontrollblick durch die Glaswand auf »seine« Armee lässt ihn zufrieden grinsen; die einzelnen Bataillone, Kompanien und Züge von Händlern für die verschiedensten Handelsbereiche gestikulieren, rufen sich Zahlen zu, sind über Ausdrucke gebeugt, telefonieren, handeln, dealen. Nur in der Nähe des Eingangsbereichs stehen ein paar junge Fußsoldaten zusammen und unterhalten sich.

Der General tritt an sein Teleskop und nimmt die vier ins Visier. Ohne die Gruppe aus den Augen zu verlieren, greift er zum Hörer und will den Jungs gewaltig Feuer machen, als sich etwas Schwarzes ins Bild schiebt. Lehman sieht den Mann nur von hinten, als einer der faulen Fußsoldaten direkt auf Mitch deutet, der vom Okular zurückzuckt.

»Fuck«, entwischt es Lehman entsetzt und so laut, dass Cindy überrascht aufschaut.

Mitch starrt über seine Konstruktion in den Saal, wo sich vom Eingangsbereich aus ein älterer Pfarrer in schwarzer Soutane auf den Weg in seine Richtung macht.

»Pfarrer Melander«, dröhnt Mitch Lehman, greift nach seinem Jackett und rennt in Richtung Ausgang. »Bin kurz weg«, ruft er der verblüfften Cindy noch zu, während er im Laufen das Jackett überzieht.

»Ein Pfarrer bei uns«, wundert sich die Katholikin Cindy, stellt sich ans Teleskop und nimmt den Mann in Augenschein, der ganz offensichtlich erfreut ihren Boss in die breit geöffneten Arme schließen will.

Alle Blicke im Saal sind auf den General gerichtet, als dieser den Pfarrer erreicht und sich notgedrungen kurz umarmen lässt. Dann nimmt er seinen Gast am Arm und zieht den sich leicht sträubenden alten Mann dem Ausgang entgegen.

Der General hat den Pfarrer ohne weitere Erklärungen aus dem Gebäude gezerrt. Links vom Eingang der Carolina Bank zweigt eine kleine Straße mit Arkaden ab; abends warten dort zwanzig, dreißig vorbestellte und von der Bank bezahlte Taxis, welche die Banker nach Hause bringen. Am Morgen ist hier kaum etwas los, und die Stelle kann auch nicht vom Handelssaal aus eingesehen werden.

»Was wollen Sie hier, Pfarrer«, stößt Lehman endlich hervor, als sie eine ruhige Ecke gefunden haben.

»Du scheinst dich nicht zu freuen, mich zu sehen, mein Sohn.« Der Geistliche steht Mitch mit gefalteten Händen gegenüber, er muss leicht zu ihm aufblicken und tut dies mit zur Seite geneigtem Kopf, während Lehman sichtlich nervös auf und ab wippt.

»Ehrlich gesagt, nein«, entfährt es Mitch, was den Pfarrer erschrocken einen Schritt zurücktreten lässt. Sein ehemaliger Messdiener tigert hin und her, mit den manikürten Händen rauft er sich die Haare.

»Warum tauchen Sie hier einfach unangemeldet auf?«, herrscht Mitch den rundlichen Herrn an, dessen Miene einen traurigen Ausdruck annimmt.

Fünfundzwanzig Jahre müssen es her sein, dass er Pfarrer Melander das letzte Mal gesehen hat; der muss inzwischen weit über siebzig sein, rechnet Lehman. Er dirigiert ihn noch tiefer in den Schatten der Arkaden hinein.

»Was wollen Sie von mir? Habe ich nicht regelmäßig Geld geschickt? Ist es nicht genug?«

»Geld ersetzt nicht alles, Mitch!«

»Geld ist aber mein Business, Pfarrer. Und darin bin ich gut! Sehr gut sogar.«

Er muss Zeit gewinnen und lenkt ein: »Wie haben Sie mich gefunden?«

Seit Mitch den Mann in Schwarz aus dem Blickfeld seiner Leute gezogen hat, ist er ruhiger. Und der alte Gottesmann scheint die unhöfliche Eskorte aus der Bank bereits vergessen zu haben.

»Ich habe dich nie wirklich aus den Augen verloren, mein Sohn. Und seitdem du so häufig in der Presse erscheinst, findet man dich leicht.« Horacio Melander zieht einen Artikel aus seiner Manteltasche und hält ihn Mitch hin: »Walking over water« lautet der Titel über einem halbseitigen Foto von Mitch Lehman, das in seinem Büro aufgenommen wurde. Es war eines der Porträts, die Robert Pearson Ende des letzten Jahres initiiert hatte.

»Das lag in der Sakristei, als ich vor ein paar Tagen hier eintraf.«

»Gefällt es Ihnen?« Ganz kann es der General nicht lassen, zu empfänglich ist er für Schmeicheleien.

»Etwas blasphemisch, nicht wahr?«

»Leisten wir nicht alle Gottes Werk? Der eine direkt wie Sie, der andere indirekt wie ich. Ohne uns gäbe es die ganze Kirche nicht. Von der Kirchensteuer bis zur Spende für ein neues Gotteshaus. Ich muss mir nichts vorwerfen, Pfarrer Melander.« Mitch Lehman schaut den Mann nachdenklich an, der seine Schulausbildung finanziert hatte. Ohne ihn wäre ich nichts, schießt es ihm durch den Kopf. Was ihm aber trotzdem nicht das Recht gibt, hier einfach unangemeldet reinzuschneien.

»Gottes Werk ist getragen von Nächstenliebe, nicht vom nächsten Geschäft, Mitch. Ich hatte große Hoffnungen in dich gesetzt, dass aus dir einmal etwas Besonderes wird. Du hast dich damals enorm angestrengt. Aber offensichtlich nur, um rauszukommen.«

»Richtig. Aus dem Drecksloch.«

»Das Drecksloch ist immer noch da, größer als je zuvor. Und nun bin ich zu alt, um dort noch etwas bewirken zu können. Aber du …«, er lässt den Satz in der Luft hängen, was Mitch unbehaglich zur Kenntnis nimmt.

Melander mustert Lehman eindringlich, dann fährt er fort: »Du bist gegangen und nie zurückgekommen. Selbst nicht zur Beerdigung deiner Mutter, Mitch. Du verleugnest deine Familie, Mitch.«

»Ich hatte nie eine Familie. Ich habe mit L. A. abgeschlossen. Und deshalb will ich auch Sie nicht hier sehen, bitte.« Die beiden Männer stehen sich gegenüber, und Mitch ist selbst überrascht, dass er »bitte« sagen konnte.

»Ich verbringe hier meine alten Tage. In St. Francis in Holland Park, einer katholischen Gemeinde. Ganz in deiner Nähe, mein Sohn.«

»Oh Gott!«

»Mitch, du sollst den Namen des Herrn nicht missbrauchen« – Pfarrer Melanders Stimme nimmt den strengen Ton von früher an.

»Meine Gebote bestehen aus Angebot und Nachfrage. Das sind andere als Ihre. Lassen Sie mich in Ruhe. Aber ich kann Ihnen Geld geben, wenn es das ist, was Sie wollen.« Lehman greift in die Innentasche seines Blazers, doch Pfarrer Melander hält ihn zurück: »Nein, Mitch, darum geht es nicht.«

»Worum dann?«, Mitch reagiert zunehmend gereizter.

»Ich wollte dir nur sagen, dass ich in deiner Nähe bin. Das

ist alles. Vielleicht willst du beten oder beichten, mein Sohn«, lächelt Melander.

Auch wenn es ihm unter den Nägeln brennt, spürt er, dass es nicht der passende Moment ist, um seinen ehemaligen Schüler mit der Wahrheit zu konfrontieren. In seinen vielen Jahren als Hirte bedürftiger Schafe hatte er gelernt, auf den richtigen Zeitpunkt zu warten.

»Weder bete noch beichte ich, dafür spende ich. Damit tue ich genug für die Kirche und für die Gemeinschaft«, drängt sich Mitch in seine Gedanken.

»Nein, Mitch, damit beruhigst du nur dein Gewissen, du versuchst, dich damit freizukaufen, aber das funktioniert so nicht«, gibt der Pfarrer zurück. »Du weißt ja nun, wo du mich findest.« Er streckt Mitch die Rechte entgegen, die der General nicht ausschlagen kann.

»Ich werde nicht kommen. Und Sie, kommen Sie auch nicht wieder!«

»Du solltest kommen, Mitch. Und vergiss nicht: Ich bin da, wann immer du mich brauchst.« Horacio Melander bohrt seine Augen beschwörend in die seines einstigen Schützlings, dreht sich um und verschwindet in der kleinen Straße.

Mitch wartet, bis die schwarz gewandte Gestalt außer Sicht ist. »Wieder auferstanden von den Toten«, murmelt er vor sich hin. Und sein Gefühl sagt ihm, dass die Geschichte damit nicht ausgestanden ist, dazu kennt er den hartnäckigen Horacio Melander zu gut.

»Aber nicht mit mir, mein Lieber«, flüstert er. Ein Mitch Lehman lässt nicht zu, dass ihn jemand aus der Bahn drängt. Selbst wenn dieser Jemand einmal alles verkörperte, was auch in seinem Leben eine andere Richtung hätte geben können. In seinem Magen breitet sich ein mulmiges Gefühl aus, er fühlt sich unbehaglich; energisch stampft der General auf den Boden, doch ganz kann er die Geister der Vergangenheit nicht abschütteln.

Isas wahres Gesicht

Als Erstes fällt Isa der bläuliche Ton auf, der in der ganzen Praxis verbreitet ist. Gesichter sehen bei dieser Einstrahlung weicher aus, erkennt sie in einem Spiegel, von dem es allein schon im Eingangsbereich mehrere gibt. Ihre Narben erscheinen ihr weniger hart in diesem Licht. Auch die weißen Kittel der Sprechstundenhilfen wirken nicht so abweisend kühl. Sie ist gespannt auf Dr. Julian Luir, einen Mann, der »Wunder« vollbringen soll, wie sie gehört hat. Dr. Luir springt hinter seinem Schreibtisch auf und geht mit ausgestreckter Hand auf Isabella zu, als sie von der Assistentin in sein Besprechungszimmer geführt wird.

Am beeindruckendsten sind seine schlanken Hände mit den langen Fingern und den gepflegten Nägeln. Er hat einen großen, schlanken Körper, der Jugendlichkeit ausstrahlt; herzlich lacht er über das ebene Gesicht.

»Julian Luir«, grüßt der Arzt und nimmt seine goldene Lesebrille hoch, die er ins schwarze Haar schiebt, in dem erste graue Strähnen durchschimmern. Isa schätzt den Mann auf Ende dreißig. Vor ein paar Monaten ließ er sich in London als Spezialist für plastische Gesichtschirurgie nieder und führte am nahe liegenden Krankenhaus einige spektakuläre Operationen durch. Als Isa darüber in der Wochenendausgabe der »Times« gelesen hatte, hatte sie ihn angerufen und den Termin vereinbart. Selbst gröbste Narben soll Dr. Luir verschwinden lassen können, wie es in der »Times on Sunday« hieß.

»Davis, Isabella Davis«, antwortet sie. Ehe sie weitersprechen kann, hebt der Arzt seine rechte Hand und schiebt, ohne zu fragen, die Haare der linken Gesichtshälfte hinter ihr Ohr; er nimmt seine Brille mit der anderen Hand wieder vor die Augen. Isa erstarrt. Für ihr Empfinden betrachtet er ihre Verbrennungsnarben sehr lange, zu lange, auch wenn es nur Sekunden sind. Das ist sie nicht gewöhnt. Niemand, selbst Mitch nicht, hat je so genau auf ihre Narben geschaut. Sie nimmt ihren Kopf zurück, als sie den Schreck überwunden hat, und die Haare fallen zurück über die Narben.

»Eine schöne Frisur.«

Damit hat Isa nun gar nicht gerechnet.

»Ich bin es nicht gewohnt, dass man mich gleich anfassen will, schon gar nicht an dieser Stelle.«

»Wenn Sie mich das genauer betrachten lassen, kann ich Ihnen sagen, wann Sie einen frechen Kurzhaarschnitt tragen und Ihr wahres Gesicht zeigen können, Mrs Davis. Lassen Sie uns nach nebenan in mein Untersuchungszimmer gehen. Ich will mir das genau anschauen. Dann kann ich Ihnen mehr sagen, aber ich habe schlimmere Verbrennungen behandelt, vor allem bei Kindern. Es gibt inzwischen Methoden, die es zu Ihrer Zeit noch nicht gab.«

»Können Sie damit die Narben wirklich wegmachen?«

»Nach der Untersuchung kann ich genauer sagen, wie ich vorgehen möchte. Ich schätze, dass die Narben mindestens fünfundzwanzig Jahre alt sind.«

»Genau dreiunddreißig, ich war damals zehn. Heißes Öl auf dem Gaskocher.«

»Gehen Sie in den Nebenraum zu meiner Assistentin. Ich komme in wenigen Augenblicken zu Ihnen.« Julian ruft eine junge Dame zu sich, die Isabella den Weg durch die Nebentüre weist.

Der Raum ist ganz in Weiß gehalten, hat weder Bilder noch Fenster. In der Mitte steht ein Stuhl, darüber hängt etwas, das wie ein überdimensionales Vergrößerungsglas aussieht. Die Assistentin bittet Isa, den Halsschmuck abzulegen und den Rollkragenpullover auszuziehen. Danach setzt sie sich in den Stuhl; nur mit BH bekleidet, fröstelt ihr ein wenig, obwohl es angenehm warm ist.

»Das Blau hilft uns bei der Arbeit«, setzt sich der Doktor ohne Umschweife auf einen Hocker neben dem Behandlungsstuhl, als er flugs in den Raum tritt. »Es vermittelt allen ein beruhigendes Gefühl, Mrs Davis«, lächelt er sie mit einem zahnpastaweißen Lächeln an, das glatt aus der Werbung stammen könnte.

»Stimmt«, bemerkt Isabella, die nun in dem Stuhl in die Horizontale gefahren wird. Dr. Luir drückt Isas Gesicht nach rechts, sodass die ganze Narbenvielfalt zu sehen ist.

»So, nun will ich mir das einmal genau anschauen.«

Er nimmt ihre Haare streng zurück und lässt sich einen dicken Clip von seiner Assistentin reichen. Danach zieht er das große Glas herunter und betrachtet jede einzelne Narbe lange und ausführlich. Er drückt mit zwei Fingern an der einen, er kratzt vorsichtig an anderen mit einer Art Löffel. Immer wieder drückt er auf einen Knopf am Rand des Okulars. Es macht »Klick« wie beim Fotografieren.

Nach einer halben Stunde präziser Untersuchung sagt er: »Das bekommen wir hin. Ich weiß schon heute, wie Sie aussehen werden.«

»Das weiß doch niemand«, entfährt es Isabella, die langsam wieder mit der Lehne hochgefahren wird. Luir blickt auf seine Assistentin und nickt ihr kurz zu. Er ist bei dem, was er nun vorhat, gerne allein mit seinen Patienten. Als sich die Türe hinter der Assistentin schließt, drückt er auf einen Kopf an der Steuerung des Stuhls.

»In eineinhalb Jahren werden Sie sehen, dass ich Recht habe. Schauen Sie einmal«, sagt er und plötzlich erscheinen zwei Bilder vor ihr an der weißen Wand. Sie zeigen Isa ohne Narben, von vorne und von der Seite. Isabella stößt einen erstickten Schrei aus.

»Das sind Sie, wenn wir fertig sind. Wollen Sie das?« Dr. Luir schaut sie ernst an.

»Pff, ja, äh, ja. Wie haben Sie das gemacht?« Isa bekommt kaum Luft, so aufgewühlt ist sie.

»Das Okular kann die Narben in Breite und Tiefe genau messen und danach die Größe der verbrannten Grundfläche. Wir können berechnen, wie viel Gewebe wir ganz vorsichtig Nanometer für Nanometer mit dem Laser abtragen müssen, wann sich darüber die neue Haut selbst bildet und wo wir mit Kunsthaut nachhelfen müssen.«

Isa starrt immer wieder auf die beiden Bilder an der Wand; sie steht auf und geht auf ihr Gesicht zu, oben herum nur bekleidet mit einem schicken Spitzen-BH. Im Schatten ihrer selbst, vom Beamerlicht geworfen, steht sie neben sich.

»Ich kann das nicht glauben«, flüstert sie und blickt Dr. Luir in die Augen, der sich zu ihr stellt.

»Ich schockiere die Patienten immer sofort mit dem neuen Bild; sie müssen wissen, worauf sie sich einlassen. Es dauert lange. Teilweise schmerzt die Behandlung. Manches Mal müssen Sie gegen die Sonne eine Art Schador tragen. Wollen Sie das alles auf sich nehmen, Mrs Davis?«

»Ist das mein wahres Gesicht, Dr. Luir?« Isabella schaut abwechselnd auf sich und auf den Arzt.

»Ja, so hätten Sie ohne Narben ausgesehen. Der Computer kann das aus den Aufnahmen berechnen. Und so werden Sie aller Voraussicht nach in eineinhalb Jahren aussehen.«

»Wie machen Sie das?«

»Ist mein Handwerk.«

»Unglaublich, dass es so etwas gibt.«

»Was machen Sie eigentlich?«, fragt Luir, während er zurück an den Behandlungsstuhl geht und den Stuhl mit ein paar Knopfdrücken wieder in die Ausgangsposition bringt.

»Ich bin Investmentbankerin.«

»Ah, Händlerin!«

»Nein. Spezialistin für strukturierte Finanzierungen.«

»Oh je, klingt ja sehr kompliziert.«

»Ist es nicht. Ich modelliere nur die Realität der Märkte.«

»Und ich die Haut auf Ihrem Gesicht.«

»Dann sind wir uns ja einig. Wann fangen wir an?« Isabella strahlt.

»Sie wollen also?«

»Sicher. Wann geht es los?«

»Noch diese Woche, wenn das möglich ist.«

»Können wir wöchentliche Termine um halb sieben morgens machen?« Isabella zückt ihren Blackberry aus der Tasche.

»Oh, eine early Bird. Können wir. Ziehen Sie sich doch bitte wieder an und lassen Sie sich die ersten Termine geben.«

»Danke.«

»Ich habe auch ein paar Fragen an Sie«, spricht Julian Luir sie an, während sie den Rollkragenpulli überstreift. Sportlich und durchtrainiert ist seine Patientin, wie er registriert; die dunkelblaue Hose sitzt hauteng, wird erst nach unten breiter, wo die Hosenbeine Schuhe mit mittelgroßen Absätzen bedecken. Ihr Gesicht ist wirklich ihr einziger Makel, und dafür ist sie bei mir richtig, beschließt Julian seine Beobachtungen.

»Um was geht es?«, antwortet Isabella, als ihr Kopf wieder aus dem Kragen auftaucht.

»Ich habe Derivate und Zertifikate gekauft. Das sind doch strukturierte Produkte, oder?«

»Ja, das stimmt. Sie sind der erste Mensch, den ich kennen lerne, der sie wirklich kauft. Ich habe sonst nur mit den Banken und Funds zu tun.« Sie schaut ihn an, während sie die dicke Perlenkette wieder anlegt.

»Oh. War das ein Fehler?«

»Ich mache jedenfalls keine Fehler bei unseren Strukturierungen.«

»Und die anderen?«

Isa schaut ihn fragend an: »Was haben Sie denn gekauft?«

»Knock-outs, Baskets, Turbos. Alles, was mein Banker mir angeboten hat.«

»Welche Adresse?«

»Vor allem Lehman.«

»Guter Name. Kann eigentlich nichts schiefgehen.«

»Bestens. Also dann, wir sehen uns nächste Woche«, reicht Julian ihr die Hand.

»Eine Frage habe ich noch«, nimmt Isa ihren Mut zusammen.

»Bitte.«

»Darf ich so ein Bild haben?«

»Nein, aber Sie sehen es jedes Mal, wenn Sie zur Behandlung hier sind. Im Juni nächsten Jahres können Sie es haben. Dann sind wir fertig und wir brauchen die Computersimulation nicht mehr.«

»Schade, aber da ist wohl nichts zu machen?«

»Sie lassen sich doch auch nicht in die Karten gucken, oder?« Er löst seine Hand und führt sie zum Empfang, wo Isabella schnell die ersten Termine vereinbart.

Du bist der Boss

Isa muss an diesen letzten Satz von Luir denken, als sie wieder im Taxi sitzt. Um diese Zeit, wenn alle im Büro sind, geht es einigermaßen flott durch die Straßen. Recht hat er, selbstverständlich lasse ich mir nicht in die Karten schauen, und von Bensien schon gar nicht. Schließlich bin ich Isabella Davis, die Beste meiner Zunft, nickt sie sich selbst im Spiegel der Trennscheibe zum Fahrer zu.

Isabella Davis ist eine lebende Legende in der City. Kaum jemand arbeitet so hart wie sie. Gerüchte kursieren, sie hätte ihre Nanny mit den jeweils neugeborenen Babys im Taxi vor der Bank vorfahren lassen, um ihre Kinder in den geräumigen englischen Cabs zu stillen. Als Mitch ihr einen Fahrer mit Limousine für die Stillzeit anbot, hatte sie dankend abgelehnt. Die Taxis wären praktischer, da passte ein ganzer Kinderwagen in den Fond hinein.

Sie ist die einzige Frau, die Mitch Lehman wirklich respektiert. Und sie ist der unangefochtene Star dieser Raketeningenieure, die in den Neunzigerjahren in die Investmentbanken strömten und über mathematische Modelle die kompliziertesten Derivatekonstruktionen, Hedgingstrategien oder Value-at-Risk-Modelle entwarfen.

Isabella Davis hat mit dem alltäglichen Bankgeschäft nichts zu tun. Die einzigen Kunden, mit denen sie in Kontakt kommt, sind institutionelle Investoren, die ein bestimmtes Risiko weggehedged haben möchten. Das beherrscht Isabella besser als jeder andere. Hedgefunds sind ihr zudem die liebsten Kunden, weil sie dort quasi Carte blanche erhält: Es gibt – und genau das liebt Isa im Gegensatz zu normalen Investmentfunds – kaum Anlageregeln, denn Hedgefunds unterliegen weder einer behördlichen noch einer institutionellen Regulierung und können deshalb kaufen und bestellen, was sie wollen: Aktien, Anleihen, Währungen, Rohstoffe. Sogar Stimmungen, politische Entwicklung bis hin zu Wetteraussichten – wenn einem der Sinn danach steht. Für diese Investoren hat sie die Holiris kreiert. Und Bensien soll und darf ihr unter keinen Umständen dazwischenfunken.

Der sitzt, braungebrannt und entspannt, bereits in Mitchs Besprechungsraum und blättert in einige Unterlagen, als Isa in den Handelssaal zurückkehrt. Noch immer ist sie in Aufruhr bei der Vorstellung, ein neues Gesicht zu erhalten. Doch jetzt muss sie sich zusammenreißen, denn Carl Bensien ist nicht irgendwer.

Als Lehman Isabella sieht, schießt er aus seinem Büro und geht direkt mit ihr zu Bensien. Allein ist ihm der Chief Risk Officer nicht ganz geheuer.

»Hallo, Carl«, grüßt Isa freundlich und immer noch ganz beschwingt.

»Hallo, Isabella, ein gutes neues Jahr«, antwortet Bensien und hilft ihr galant aus dem Mantel. »Schönen Urlaub gehabt?«

»Danke, es war großartig, die Kinder –«

»Wollen wir jetzt über Ferien reden«, unterbricht Mitch, der zwar keinen Streit vom Zaum brechen, aber Bensien so schnell wie möglich loswerden will. Außerdem muss er sich wohl oder übel noch in das Russlanddossier einlesen; am nächsten Tag wird Anatoli Breschnew erwartet, jüngster Sohn des früheren KPDSU-Chefs der UdSSR und einer der hoffnungsvollsten jüngeren Ölоligarchen, mit dem der General und seine Obristen über ein Rundum-sorglos-Paket verhandeln wollen.

»Also gut, Mitch«, beginnt Carl und schaut lieber gleich in Isas Richtung: »Ich habe mir im Urlaub das Konzept der Holiris noch einmal durch den Kopf gehen lassen. Natürlich ist es gut, Isa. Aber ich kann beim besten Willen nicht erkennen, wie du den Value at Risk berechnen willst.«

»Du kommst aber wirklich gleich voll zur Sache.« Isabella setzt ihr Pokerface auf, während Cindy Kaffee und Wasser anbietet.

»Wie habt ihr euch das konkret vorgestellt und wie groß soll das Volumen sein?«, fragt Bensien die Finanzingenieurin.

»Danke, Mrs Fitzpatrick«, nickt Carl Cindy zu. So etwas hört sie selten hier; Cindy lächelt Carl an und verlässt den Raum, während Isabella mit ihrer Erklärung beginnt.

»Wir haben unser Subprime-Engagement komplett über Ratio Driver ausgelagert. Volumen fünfzehn Milliarden Dollar. Richtig, Carl?«

»Stimmt.« Carl beobachtet die Liquiditätszusagen und Garantien für die eigene Zweckgesellschaft sehr genau, deshalb hat er die Zahlen ständig parat. Über den Ratio Driver will die Bank ihre Rendite hochtreiben, um gegen die anderen Investmentbanken gut performen zu können. Das ist jedenfalls Dons Wunsch.

»Ich würde das Volumen gerne verdoppeln und die zweite Hälfte durch andere Kreditarten aus der Bilanz beimischen, so veredeln wir die einfachen Subprimes. Aus meiner Sicht ist das ein richtig schönes Ersatzgeschäft, das wir dann an die Hedgefunds verkaufen können, um unser Marktrisiko in Ratio Driver insgesamt zurückzufahren. So einfach ist die Idee meiner süßen Holiris.«

Als Carl für ihren Geschmack einen Moment zu lange schweigt, setzt sie noch einmal nach: »Ich habe meinen Risikonsch – so nenne ich den künstlichen Zusammenschnitt des Risikomenschen – derart modelliert, dass er, wenn beispielsweise eine Hypothek fällig wird, die notwendigen Tilgungsmittel aus einer Kreditverbindlichkeit bezieht, die später wiederum über sein entsprechendes Einkommen abgedeckt wird. Dadurch senkt sich das eigentliche Ausfallrisiko der Hypothek, und genau das kann man entsprechend einpreisen.«

»Aber das ist doch zunächst einmal so etwas wie potenzierter Pump«, entgegnet Bensien endlich. »Du kannst doch gar kein entsprechendes Modell gestalten, da dir die Basis für deinen Risikonsch fehlt.« Mitch ist überrascht, wie emotionslos Carl dieser Kunstbegriff über die Lippen geht. Selbst ihm wurde ja etwas unwohl, als er sich den Gedanken des Menschenzerschneidens real vorgestellt hatte.

»Du kannst keinerlei Schwankung berechnen, wenn du keinen echten Menschen nimmst. Wenn deine Basis solch ein kompliziertes Derivat ist, dann wird es schwierig. Und Schwankungen sind nun einmal die Grundlage für das Renditeversprechen, Isa.«

Mitch rutscht im Stuhl hin und her. Wie immer bei Detaildiskussionen wird ihm langweilig. Ihm genügt, wenn er die Grundstruktur kapiert. Den Rest überlässt er Isabella, die weiter auf Carl einredet.

»Okay, Carl. Wenn ich bei einer Kreditart die Preisschwankung kenne, ist es einfach, die Vola zu berechnen.« Isa spricht immer von Vola, wenn es schnell gehen soll und sie eigentlich Volatilität und damit die Schwankungsbreite meint. »Aber da ich die verschiedenen Kreditarten ja alle über eine lange Zeitspanne kenne, kann ich aus den historischen Daten eine implizite Schwankung berechnen. Ist ein komplexes mathematisches Modell, da gebe ich dir durchaus Recht, aber es funktioniert.«

Zur Bestätigung ihrer Position rückt sie im Stuhl etwas vor und stützt sich auf den Armlehnen ab.

»Bei den Holiris werden die Risiken so zusammengestellt«, erklärt sie und schaut zur Abwechslung in Richtung Mitch, »dass sie ganz verschieden auf Menschen verteilt sind. Das Haus des einen, die Karten des anderen, das Einkommen von einer dritten Person und das geleaste Auto mit hoher Endfälligkeit von einer weiteren realen Person. Dann ist es nur noch ein fiktiver potenzierter Pump«, hebt sie leicht ihre Stimme und konzentriert sich wieder auf Carl, »dessen Ausfall schlicht und ergreifend auf Wahrscheinlichkeiten beruht«.

»Langsam, Isa. Du und ich wissen, dass es nicht so einfach ist«, grenzt Carl Mitch aus dem Gespräch aus. »Wenn man einen solchen Holiri strukturiert, muss man den Hypothekenmarkt, die Zinsentwicklung für Konsumentenkredite, das Obligo für Kreditkarten wie die Möglichkeit des Arbeitsplatzverlustes und die Kündigungsfrist miteinbeziehen. Wenn man dann auch noch ein Währungsrisiko berücksichtigen muss, wird die Sache zu kompliziert, um sie in einem Modell zu strukturieren. Isa, du kannst 'ne Menge strukturieren, das weiß ich, aber das erscheint mir alles zu wenig plausibel, um zu funktionieren.«

Carl steht auf und läuft um den Tisch in Richtung Flipchart, auf dem von der Morgensitzung noch dick HOLIRI steht.

»Du scheinst ja schon beim internen Marketing zu sein«, sagt Carl.

Verdammt, denkt Isabella, lächelt aber weiterhin charmant.

»In summe, Isa, konstruierst du ein Derivat, das das Zinsrisiko am kurzen Ende für die Kreditrisiken sowie am langen Ende für die Hypothekarzinsen unter Berücksichtigung einer bestimmten Einkommenshöhe bei möglichem Verlust des Arbeitsplatzes in Abhängigkeit einer Kündigungsfrist so gestaltet, dass zudem ein Investor aus dem Euroraum das zusätzliche Währungsrisiko gegen den Dollar auch noch abgesichert hat.«

»Richtig, Carl, besser hätte ich das nicht erklären können«, lächelt sie ihn weiter an.

»Und welche Wahrscheinlichkeitsverteilung nimmst du an?« Carl mustert nun auch Mitch, der seinem Blick ausweicht, denn hier kann er nicht mehr richtig folgen.

»Normalverteilung, weil am Ende alles normalverteilt ist, Carl. Alles schwankt gleichmäßig um einen Mittelwert.«

»Wenn das mal stimmt, Isa, denn ein Ausfall könnte eine Kettenreaktion auslösen. Und dann wäre es alles andere als normal verteilt.«

»Das sichere ich ja durch Default Swaps ab. Zumindest bei allen Junior-Tranchen ohne Rating.« Nun setzt sie ein süffisantes Lächeln auf.

Carl stutzt erneut; das war eine plausible Absicherung.

»Bei wem?«

»Dem Größten im Bunde.«

»Okay. Nun Mitch, wie viel wollt ihr denn begeben?« Carl dreht sich zum Kapitalmarktchef um.

»Dreißig Milliarden Dollar. Sagte Isa ja bereits. Einfach durch Beimischung verdoppeln! Und natürlich nur über Ratio Driver. Da bleibt alles transparent für dich, Carl. Und wir machen einen Haufen Geld für die Bank und damit auch für die Boni.«

Transparenz, das hatte Mitch gelernt, ist ein Zauberwort für Risk Manager. Und wie beim Weiterverscherbeln der gebrauchten Autos wusste er mit traumwandlerischer Sicherheit, wann er eines dieser Buzzwords ins Spiel bringen musste.

Der Hinweis auf den Bonus lockt Carl nur ein müdes Lächeln hervor, damit kann man ihn nicht ködern. Aber über das Volumen ist er entsetzt: »Das ist mir definitiv zu viel, auch wenn es nicht in der Bilanz der Carolina steht. Ich will runter von unserem Subprime-Engagement.«

»Aber die Margen sind erstklassig«, beharrt Mitch.

»Sicher, weil das Risiko vergleichsweise hoch ist«, auch Carl wird lauter.

»Was machen wir jetzt?«, fragt Mitch in die Runde der drei.

»Ich hätte gerne eine vollständige Dokumentation, Isa. Ich will das nachrechnen können. Und ich will das ganze Ding durch einen Stresstest laufen lassen, dessen Parameter ich bestimme. Danach sehen wir weiter. Bislang kannst du mit den fünf Milliarden arbeiten, die ich euch vor Weihnachten genehmigt habe. Hälfte Subprime, Hälfte andere Kredite. Nicht fünf plus fünf, Isa.«

»Okay«, gibt diese klein bei. Für heute hatte jede weitere Diskussion keinen Sinn mehr.

»Wann willst du stressen?«, fragt Mitch in Richtung Carl.

»Überraschung – sonst ist es ja kein Stress. Apropos Stress, ich will stressfrei nach Heathrow und verabschiede mich.«

Carl nimmt seinen Mantel, drückt beiden kurz die Hand und geht, nicht ohne auch Cindy Fitzpatrick die Hand zu reichen.

»Kommen wir damit klar, Isa?«, fragt Mitch, als er mit Isa nun alleine in seinem Besprechungsraum sitzt.

»Sicher, lass mich mal machen. Ich stelle ihm zusammen, was er wissen muss.«

»Er will alles.«

»Er bekommt, was er braucht, Mitch, aber er muss nicht jede Verschachtelung kennen. Das ist mein Betriebsgeheimnis.«

»Ich verlasse mich auf dich.«

»Das kannst du. Seit zehn Jahren«, antwortet sie schnippisch. Hin und wieder kann sie nicht anders und muss ihn an die alte Geschichte erinnern, obwohl Isabella genau weiß, dass Mitch das gar nicht behagt.

Damals hatte Lehman als junger Managing-Direktor in New York Mist gebaut, seine verfehlte Strategie hätte Carolina ein paar Hundert Millionen Dollar gekostet, doch das konnte Isa in letzter Sekunde verhindern. Nachts, als er nicht mehr weiter wusste, hatte er Isa aus dem Bett geklingelt. Obwohl sie sich Ewigkeiten nicht gesehen hatten, war sie sofort gekommen, mit Jeans und Pullover – wie in alten Zeiten. Seine ehemalige Geliebte zerlegte die ganze Nacht Mitchs riskante Trades, nahm sie auseinander und setzte sie wieder zusammen, bis man das eigentlich zu hohe und auf der Bilanz lastende Risiko hübsch portioniert wieder in den

Markt geben konnte. »You saved my ass«, hatte Mitch sich mit einer teuren dicken Perlenkette bedankt.

Als Mitchs Hilferuf sie erreichte, stand Isabella Davis noch im Sold einer anderen Bank, doch nachdem sie seine faulen Trades umgeschichtet und das Problem gelöst hatte, machte Mitch ihr sofort ein Angebot. Stanley Ashton, Mitchs damaliger Chef und Förderer, war schnell überzeugt. Seit Mitch zuvor ein paar Jahre mit und für ihn in London als sein Stabschef gearbeitet hatte, war Stanley ein großer Fan von Mitchs Fähigkeiten, und wenn der jemanden empfahl, wie diese verschlossene Finanzspezialistin, dann stimmte Ashton gern zu.

Isabella verließ ihren alten Schreibtisch mit fliegenden Fahnen und arbeitete fortan für Mitch Lehman. Mit ihm war sie vor gut fünf Jahren auch nach London übersiedelt, nachdem Mitch die Leitung des ganzen Handelsbereichs von Stanley Ashton übernommen hatte. Jim Davis und damals drei Kinder mussten mit, genauso wie Charlotte Lehman und ihre beiden Kinder.

Dabei war Isas Karriere nach der Trennung von Mitch zielstrebig nach oben gegangen; nach fünf Jahren Praxis bei einer Bank wechselte sie zunächst zurück an die Uni, um einen Master in Physik und Mathematik anzuhängen. Mit dieser Ausbildung gehörte sie an der Wall Street der Neunzigerjahre zu den am höchsten gehandelten Topshots. Isa lernte schnell, dass Bistros keine Gaststätten waren, sondern dass »Bistro« für eines der ersten und berühmtesten strukturierten Zertifikate stand: Broad Index Secured Trust Offering. Und sie lernte, solche Konstrukte zu bauen, zu verbriefen und weiter zu verbriefen, zu verschachteln und mit hübschen Namen zu belegen: Bistro oder Holiri, Hauptsache ein paar weiche Vokale.

Mitch geht die Erinnerung an die alten Zeiten mit zunehmender Wiederholung auf die Nerven; schnell wechselt er das Thema. »Lass uns noch kurz mit Pearson über diesen View of the Year reden, Isa.«

»Kein Problem. Ich habe dieser Bell an der Weihnachtsfeier ohnehin versprochen, sie demnächst einmal zu treffen.«

»Gute Idee. Machen wir es doch anders: Pearson soll für nächste Woche einen Termin mit dir und ihr machen. Ich komme dann dazu«, entgegnet Mitch.

»Was hast denn du für ein Interesse an ihr?«, fragt sie den General, nun doch neugierig geworden; eigentlich hält er doch nichts von Journalisten.

»Ich will die mal kennen lernen. Kann uns auf Dauer ja vielleicht nützlich sein.« Ihm hatte Pearsons neuste Errungenschaft gefallen, als er sie an der Weihnachtsfeier auffangen musste. Ihr Bild im »CityView« hatte ihn erst dazu gebracht, den *View* zu lesen.

»Wenn du meinst. Du bist der Boss.«

»Rufst du Robert an? Irgendwann in der kommenden Woche, am besten gegen Abend.«

»Mache ich. Und jetzt kümmere ich mich um die Unterlagen für Bensien. Ich will schließlich keinen Stress beim Stresstest«, fügt sie im Rausgehen an.

»Bist du morgen bei diesem Breschnew dabei?«, ruft er ihr noch hinterher.

»Yes, Sir«, winkt Isa, ohne sich umzudrehen.

Cindy kommt gerade durch die offene Türe in sein Büro und reicht ihm eine rote Mappe: Informationen zu Anatoli Breschnew, CEO der RUSSOIL Corp.

Breschnew kommt

Zwanzig Schritte braucht Mitch Lehman für die Strecke; mehrmals marschiert der General auf und ab. Nur als Test, wie er betont, doch Isabella erkennt an seiner ganzen Haltung, wie sehr er diesen Auftritt genießt: den Gang über den roten Teppich! Um neun Uhr dreißig hat er seinen kompletten Stab vor dem Eingang der Bank versammelt, um das

Arrangement persönlich zu kontrollieren und abzunehmen. Bei solchen Sachen ist er total detailversessen.

Wie eine rote Zunge erstreckt sich der Läufer aus der großen Eingangstüre der Londoner Carolina Bank über den Asphalt bis an den Rand des Bordsteins. Drei Meter breit und rund fünfzehn Meter lang ist das gute Stück, das Lehman von einem der Kinos am Leicester Square hat ausborgen lassen. Im Normalfall schreiten die Stars der Filmbranche über diesen Laufsteg. Von James Bond bis Harry Potter sollen schon alle über diesen Teppich gelaufen sein, hat man Mitch erzählt. Eine schöne Geschichte, die er sich merken und in das Gespräch heute Mittag einfließen lassen wird, wenn es passt.

Rechts und links vom Teppich hat Mitch Absperrungen mit roten Bändern und messingfarbenen Ständern aufstellen lassen. Und sollte es am Mittag doch noch anfangen zu regnen, stehen sechs helfende Hände mit großen Schirmen bereit. Darauf prangt: Carolina Bank. Certified by Customers Success. Die Idee ist einfach klasse, das müssen auch die Obristen zugeben, die mit Mitch draußen proben. Wer steht wo, wer grüßt wann – der General überlässt nichts dem Zufall. Der erste Eindruck zählt – you never get a second chance to make a first impression –, so jedenfalls sieht es Mitch Lehman und damit alle seine angetretenen Topshots.

»Okay, Mike«, ruft er dem Hausmeister zu. »Alles wegpacken. Um elf Uhr fünfzig rollt ihr wieder aus«, er geht in Richtung Türe, die ihm bereits aufgehalten wird. Seine Obristen setzen sich gerade in Bewegung, als er mitten im Schritt haltmacht. Alle stoppen. Mit seinem langen Wintermantel und dem hochgeschlagenen Kragen einem Feldherren ähnlicher denn je, geht Lehman auf den zierlichen Hausmeister zu, schaut ihn von oben herab zwingend in die Augen, zieht betont langsam eine Hand hervor und tippt ihm mit dem rechten Zeigefinger auf die Brust: »Und du bist mir persönlich verantwortlich, dass niemand über den Teppich läuft, falls wir hier warten müssen. Klar?«

Ohne die Antwort des verdatterten Mannes abzuwarten, kehrt er wieder um und stapft ins Gebäude; Isabella ist erleichtert, die zierlichen Pumps schützen ihre Füße nicht vor Kälte. Doch das ganze Tamtam ist es auch ihr wert, denn in Kürze steht Big Money vor der Tür. Und dafür muss man etwas bieten, was andere nicht auf Lager haben.

Bei jeder Investmentbank wird man dem Gast erzählen, dass man die besten Rohstoffexperten hat, dass man jedes Bridge Financing stemmen kann, wenn mal ein paar Monate überbrückt werden müssen, oder dass man über die besten Trader mit der höchsten Execution Capacity verfügt. Anatoli Breschnew wird das von jedem der Topbanker hören, die er in diesen Tagen aufsuchen wird, doch nur bei der Carolina Bank wird der jüngste Sohn des ehemaligen kommunistischen Staatschefs behandelt wie ein Staatsgast.

Wenn es ums Geld geht, macht Mitch Lehman nahezu alles. Kurzentschlossen hat er die Floskel des Red-Carpet-Treatment einfach wörtlich genommen. Verblüfft stellt Isabella fest, wie kreativ Mitch sein kann, wenn es ums Geschäft geht. Genauso überrascht ist sie immer wieder, dass er kaum eine Zeile der Unterlagen liest, die seine Experten für solche Meetings zusammentragen. Sie wird ihn jetzt also noch persönlich instruieren müssen, damit er einigermaßen vorbereitet ist, wenn Breschnew und sein Gefolge in gut zwei Stunden auftauchen werden, um mit ihnen über Core Banking zu reden.

Im Mantel folgt Isabella ihrem Boss direkt in sein Büro, Kaffee für sie und Diet Coke für ihn stehen bereit. Auf dem Besprechungstisch liegt die rote Mappe, unberührt wie Isa erkennt, da noch alle Blätter ganz glatt in den Klarsichthüllen liegen. Während Mitch raucht, gibt Isabella ihm alle Informationen, die Lehman wissen muss, um Breschnew zu überzeugen, dass die Carolina Bank die einzig wahre Adresse für RUSSOIL ist.

Kurz vor der Ankunft des hohen Gastes kommen die beiden wieder aus Lehmans Büro, nachdem Cindy die entsprechende Information der Fahrzeugkolonne erhalten hat. Der General hatte Breschnew drei schwere Limousinen an den City Airport geschickt, zwei Bentleys und einen Rolls Royce. Mit einem Blick erkennt er, dass alles passt: Seine sechs wichtigsten Obristen stehen aufgereiht wie Kabinettsmitglieder vor der Absperrung in der Mitte.

Isabella, noch Mitchs »just Business« im Ohr, folgt ihm an die Straße und ärgert sich immer noch darüber, dass Mitch sich aber auch gar nichts über die politische Dimension von RUSSOIL in Russland und über Breschnews Verbindungen zur parlamentarischen Opposition erklären lassen wollte. Nicht, dass es sie inhaltlich interessierte, doch Isa wusste, dass es wichtig für Breschnew ist. Und damit ist es das auch für sie. Sie behält ihren General fest im Blick, steht – wie befohlen – gut einen Meter hinter ihm, als der Gast ankommt. Hoffentlich geht das alles gut, seufzt sie, als der Rolls mit Mitchs Fahrer genau vor dem roten Teppich hält, ein Bentley stoppt vorne, einer dahinter.

Zunächst öffnet sich die Beifahrertür, aus der ein Bodyguard aussteigt; mit geübtem Blick sondiert er die Umgebung, dann erst öffnet er den hinteren Verschlag. Breschnew steigt ziemlich rasch aus dem Auto. Ganz das Gegenteil eines russischen Bären, beobachtet Isa von hinten und seitlich an Mitchs Schulter vorbei, die modernen Oligarchen sehen aus, als hätten sie in Oxford oder Harvard studiert. Feines italienisches Tuch trägt der hohe Gast, dazu braune Schuhe. Ein Unding in der City, aber der Kunde ist schließlich König, denkt Isa.

Die kantigen Züge des Vaters sind auch im Gesicht des Chefs von RUSSOIL zu sehen, aber insgesamt ist er viel schlanker, durchtrainierter als der seinerzeitige Generalsekretär der KPdSU. Isabella schätzt den marktwirtschaftlich orientierten Breschnew auf gut vierzig Jahre.

»Willkommen bei der Carolina Bank, Gospodin Breschnew.« Mitch setzt sein strahlendstes Lächeln auf, geht den fehlenden Schritt auf Breschnew zu und reicht ihm die Hand.

»Danke, Mr Lehman«, grüßt der Russe zurück. »Was für ein Empfang«, zeigt sich Breschnew beeindruckt, als er den roten Teppich sieht.

»Zuletzt hat James Bond darauf gestanden.« Mitch setzt gleich die schöne Geschichte ein, seine Idee hat die gewünschte Wirkung bei seinem Gast gezeigt. Isa merkt am leichten Zucken seines Beins, wie sehr sich Lehman darüber freut.

»Na, hoffentlich hat 007 nicht wieder ein paar Russen gejagt«, kommt es schlagfertig in bestem Englisch von Breschnew zurück, während sich eine zweite Person neben ihn gesellt, die nach ihm aus dem großen Fond des Rolls ausgestiegen ist.

»Sicher nicht, Mr Breschnew, die Zeiten sind doch vorbei.«

»Notfalls hätte ich auch einen erprobten Kampfgefährten dabei. Darf ich vorstellen«, Breschnew zeigt auf die kleine Gestalt neben sich. »Wladimir Godunow, meine rechte Hand und ehemaliger Oberst der russischen Armee.«

»Erfreut, willkommen Oberst Godunow«, Mitch reicht Godunow die Hand und dreht sich dabei leicht zur Seite, dass sich der Blick zu Isabella Davis öffnet. »Und das ist meine rechte Hand: Isabella Davis, die beste Finanzingenieurin, die Sie auf diesem Planeten finden können.«

Während Isa freundlich auf Breschnew zugeht, um ihn und Godunow zu begrüßen, verziehen einige Obristen die Miene über Isas Sonderbehandlung. Nur selten lobt Mitch sie in der Öffentlichkeit, doch hier passte es ihm offensichtlich gut in die Gesprächstaktik.

»Waren Sie nicht selbst sogar General, Mr Breschnew?«

»Stimmt, Mrs Davis, aber das war in den alten Zeiten. Es freut mich, Sie kennen zu lernen«, fühlt sich Breschnew geschmeichelt.

Mitch führt Breschnew zu den wartenden Obristen, mit Isabella und Godunow im Schlepptau. Nachdem alle vorgestellt sind, zieht das Gefolge ins Gebäude, die Türen zum Eingang werden ihnen weit offen gehalten. Der erste Aufzug steht parat – für Mitch, Breschnew, Isa, Godunow und die Bodyguards des Oligarchen reserviert.

»Wollen Sie einen Blick in den Handelssaal werfen?«, fragt Mitch, der auch dafür seine Regieanweisungen gegeben hat: Emsig soll es sein, geordnete Hektik vermitteln.

»Nein, danke«, antwortet Breschnew zu Mitchs Überraschung. »Wir kennen das alles, wir kennen Ihre Bank, Ihre Leute und Ihre Stärken.«

»Dann wissen Sie, dass wir die Besten sind. Den Rest können wir beim Essen besprechen.«

»Genau, Mr Lehman. Das, was wir nicht wissen.«

»Wie darf ich Sie verstehen?«

»Nun, mich interessiert, was Sie über Russland denken. Und besonders das, was Sie und Ihre Spezialisten tun können, damit wir eine Wirtschaftsnation mit einer freiheitlichen Demokratie werden.« Bingo, schießt es Isabella durch den Kopf. Sie wünscht sich nichts mehr, als jetzt an einem anderen Ort zu sein. Breschnew hat den Finger genau dort hingelegt, wovon Mitch keinerlei Ahnung hat. Die Schuld daran wird er auf sie und die anderen Obristen schieben, außer, sie kann seinen und damit auch ihren Kopf aus der Schlinge ziehen.

Die Tischordnung im besten Speisesaal der Bank sieht vor, dass Mitch und Isa Breschnew zwischen sich haben, auf der anderen Seite von Isabella sitzt Godunow, daneben Sanders. Das bietet ihr die Möglichkeit, während des Mittagessens immer wieder das Gespräch an sich zu ziehen – meist bis zur Selbstverleugnung eingeleitet mit einem »Wie Mr Lehman mir erklärt hat« – und zwischen Breschnew und Godunow hin und her zu parlieren. Godunow gefällt es, merkt Isabella, dass er gut eingebunden ist und Breschnew, der mit flinken Augen alles genau beobachtet, scheint ihm zu vertrauen.

Auch Sanders und Klein liefern interessante Beiträge. Aktienchef Peter Sanders hatte Geschichte studiert und war gut über das alte Russland im Bilde. Und zum Glück, was niemand wusste, hatte der neue Derivatechef Jim Klein ein paar

Semester Russisch in der Schule gehabt. Jim hieß ursprünglich Hans und stammte aus Ostdeutschland. Da er jedoch erst gestern hier angefangen hatte, hatte er noch keine Gelegenheit gehabt, seinen neuen Kollegen etwas von seiner Vergangenheit zu erzählen.

Mitch hat Fleisch auffahren lassen, bestes Bison. Denn Fisch ist sicher nichts für Leute, die mit Kaviar groß geworden sind, hat er die Küche über Cindy angewiesen. Die Russen greifen interessanterweise nicht zum Wein, einem Mouton Rothschild 1983, sondern bleiben beim Wasser. Es scheint ihnen alles geschmeckt zu haben, stellt Isabella fest. Tomatenconsommé, klassischer gemischter Salat, das Bison mit leichtem Kartoffel-Lauch-Gratin – alle haben zugegriffen. Je länger das Gespräch dauert, desto sicherer ist sich Isabella, dass Breschnew und vor allem Godunow Vertrauen zu ihnen fassen.

»Sagen Sie, Mr Lehman«, ergreift Wladimir Godunow beim Kaffee noch einmal das Wort: »Sind Sie eigentlich schon einmal in Russland gewesen?«

»Nein«, Mitch stellt überrascht seine Tasse ab, »warum fragen Sie?«

Isabella und die anderen werden merklich unruhig, weil sie den leicht gereizten Ton in seiner Stimme kennen.

»Nun, Sie wollen doch mit uns ins Geschäft kommen.«

»Dafür muss ich doch nicht das Land kennen. Das machen meine Leute, Mr Godunow.«

»Warum waren Sie eigentlich noch nie da«, steigt Breschnew ein, der – wie Isa sofort begreift – Fragen des Öfteren mit Godunow zusammen stellt.

»Ich habe bisher noch kein Business in Russland gemacht, aber das wollen wir ja gerade ändern.«

»Fahren Sie nur dahin, wo Sie Business machen, Mr Lehman?« Godunow beugt sich vor, um an Isa und Breschnew vorbei Mitch direkt anzuschauen.

»Ich mache nichts anderes als Business. Jeden Tag, sieben mal vierundzwanzig Stunden lang«, versucht Mitch es lächelnd mit einem Scherz.

»Dann sollten wir uns das nächste Mal vielleicht in Moskau treffen«, erhebt sich Anatoli Breschnew. »Aber bringen Sie bitte Ihre Leute mit, vor allem Mrs Davis.«

Mitchs Lachen gefriert.

Die beiden Russen haben alles gehört, was sie hören wollten. Isabella und Mitch lassen ihre Mäntel liegen, da auch die Gäste ohne wärmende Kleidung aus dem Auto gestiegen waren, und begleiten sie nach unten und über den roten Teppich wieder zum Rolls.

»Sie hören von uns«, wendet sich Breschnew, der sich genauso wie Godunow keine Notizen gemacht hat, als Letztes an Mitch, nachdem Godunow und er sich freundlich von Isabella verabschiedet haben.

»Wir müssen«, drängt Godunow zur Eile und reicht Mitch ebenfalls dankend die Hand.

Als die Wagenkolonne um die Ecke biegt und aus dem Blickfeld verschwunden ist, tritt Mitch beim Zurücklaufen ins Gebäude wutentbrannt gegen einen der Messingständer, die zur Absperrung dienen.

»Was will denn dieser Idiot?«, giftet er Isabella an, die neben ihm wieder in Richtung Aufzug trippelt.

»Er will einen Partner, Mitch, nicht einfach nur eine Bank.«

»Ja und? Was soll denn der Quatsch! Seit wann machen wir einen auf Partnerschaft, Isa? Damit ist doch kein Geld zu verdienen.«

»Meinst du!«

»Was?« Fast rennt Mitch einen jungen Trader um, der seinen Weg kreuzt.

»Ich bastele ihm das, was er will, und wenn er was mit Verantwortung will, dann bekommt er das auch, wir wollen doch den Deal, nicht wahr?« Sie bleibt mitten im Gang stehen und grinst den verdutzten General triumphierend an.

»Ich strukturiere ihm als Eintrittsgeschenk ein Derivat, das an jedes verkaufte Barrel Öl einen Bildungsdollar hängt, Mitch«, sie strahlt über ihre geniale Idee. »Das ist dein roter Teppich.«

»Und wie soll das gehen?«

»Very simpel: Ich ziehe beispielsweise Verlage, Universitäten und Unternehmen so in eine Wette, dass sie jeden Bildungs-Öldollar matchen und daraus zwei werden. Dafür bekommen sie eine Option auf das Verlegen von Schulbüchern, den Bau von Universitäten und auf öffentliche Ausschreibungen.«

»DAS ist genial.«

»Breschnew gibt einen Dollar aus seiner RUSSOIL-Marge, der Westen den anderen. Damit ist das Volumen verdoppelt. Und Breschnew hat nur fünfzig Cent bezahlt.«

»Und was ist die Wette?«

»Je mehr Öl Breschnew verkauft, desto mehr Geld fließt in die Bildung. Läuft am Ende die Wirtschaft besser, wird mehr investiert und im Westen mehr verdient.«

»Und wenn es nicht funktioniert?«

»Ist die Wette verloren.« Isabella zuckt die Schultern. »Aber wir haben Breschnew gezeigt, dass wir gesellschaftliche Verantwortung als Bank strukturieren können. Und er ist der große Wohltäter im russischen Volk.«

»Aber die Wohltätersache ist doch Unsinn«, sagt Mitch leise.

»Sicher.«

»Hast du einen Namen dafür?«, begeistert sich Mitch langsam.

»Mhn. Vielleicht ›Öl für die Bildung‹?«

»Super. Wie lange brauchst du?«

»Zwei Tage. Ich muss ja auch noch die Holiri-Dokumentation für Bensien machen.«

»Großartig.« Schlagartig ist Mitchs Laune wieder besser, er stupst Isa kumpelhaft in den Arm und geht in sein Büro, während Isa in die andere Richtung steuert.

»Sag mir, wann ich Breschnew anrufen kann«, ruft er ihr noch hinterher.

Der War Room

»Tim, was hältst du davon, wenn wir die Dokumente am Wochenende einmal gemeinsam durchgehen?« Carl Bensien und sein Assistent befinden sich auf dem Weg in den War Room, den sie durch eine Verbindungstüre von seinem Büro aus bequem erreichen können.

»Einverstanden«, antwortet Tim nach kurzem Zögern. »Ich wollte zwar noch mal zum Skifahren, aber ich konnte mich ja über Weihnachten genügend austoben.«

Carl stutzt, vage erinnert er sich an die Mail, die er an Heiligabend aus Zermatt an Tim geschrieben hatte, und dreht sich zu ihm: »Ich habe noch eine bessere Idee: Wir fliegen nach Vermont, laufen ein paar Stunden Ski und nehmen alles mit: Laptop, die OTC-Analyse und Isabellas Zahlen über die Holiris, das wird dann unser Après-Ski-Programm.«

»Na, das nenne ich wirklich ein Triple A, Chef.«

»Du bist selbstverständlich eingeladen. Ich lasse uns zwei Zimmer in einer Lodge reservieren. Wir nehmen einen Heli und starten, sobald die Holiri-Unterlagen aus London eingetroffen sind.«

Die Trennscheibe ist ausnahmsweise eingefärbt, wie Tim im Vorbeigehen bemerkt hat. Wenn die Einsicht aus dem War Room verhindert werden soll, kann Carl Bensien in seinem Büro auf Knopfdruck die Temperatur in der Scheibe reduzieren oder erhöhen, die Kristalle verändern ihre Konsistenz und das Glas verfärbt sich anthrazitgrau.

Das macht der Chief Risk Officer nur, wenn er wichtige Dinge zu besprechen hat, bei denen er nicht nur nicht gehört, sondern auch nicht gesehen werden will. So ein Telefonat musste Carl eben wohl geführt haben. Familie, hatte Denise erklärt, als sie Tim im Sekretariat warten ließ. Zeit für den Assistenten, fünf Minuten Luft zu holen; denn seit der Rückkehr des Chefs laufen die letzten Vorbereitungen für den großen Stresstest mit dem neuen System auf Hochtouren. Außerdem steht Tim gerne ein paar Minuten zum Plaudern bei Carls gleichaltrigen Sekretärin – ein Bild von einem blonden All-American-Girl, die ihn bisher jedes Mal abblitzen ließ, wollte er mit ihr ins Gespräch kommen.

Ein Blick genügt Carl auf dem Weg zu seinem Platz im War Room, um eine freudige Anspannung bei seiner Mannschaft zu erkennen. Wie ein Schatten folgt Tim seinem Chef an den erhöhten halbrunden Kommandostand mit unzähligen Terminals, von dem aus Bensien jeden seiner fünfzig Topspezialisten sehen kann. Carl hielt diese Erhöhung zunächst für unnötigen Firlefanz, aber die Designer hatten ihn überzeugt, dass er ansonsten bei jedem Manöverschritt aufstehen müsste, wenn er die einzelnen Bereiche genauer beobachten wollte.

Vor dem Kommandostand gruppieren sich die Tische mit den einzelnen Einheiten seiner Leute, die die jeweiligen Regionen betrachten: Asien, Europa, The Americas, die Emerging Markets und Middle East, die jeweils eigene Risk Cluster repräsentieren. Quer durch die Reihen zieht sich im Halbrund ein ebenfalls halbrunder lang gezogener Tisch, an dem die Integratoren sitzen. Sie registrieren einzelne Veränderungen in den Regionen und auf den verschiedenen Basis- oder Derivatmärkten und analysieren, welche Auswirkungen bestimmte Produkte auf andere Regionen haben können.

Carl muss gerade daran denken, dass Tim das gesamte Ensemble als eine überdimensionale Fischgräte bezeichnet hat, als er um den Kommandostand herumkommt und sich mitten hineinstellt, da er noch einmal die Parameter für den neuen Stresstest durchgehen will.

Nur die von Bensien persönlich ausgesuchten und zum Schweigen verpflichteten fünfzig Topleute kennen das neue Simulationsmodell. Wann er mit dem globalen Stressmanöver losschlagen wird, wissen nur die Mitglieder des Risikoausschusses der Bank, der gestern Abend hinter verschlossenen Türen getagt und den Plan nach heftigen Diskussionen abgesegnet hatte.

Unter Carls linkem Arm klemmt der geheime Schlachtplan: DICTA-Tor steht in dicken, handgeschriebenen Buchstaben auf der roten Mappe. Hinter diesem Code verbirgt sich ein Simulationsprogramm, mit dem er und sein Team das gesamte Risk Exposure der Bank bis an die Belastungsgrenzen und darüber hinaus schieben wollen: D*ollar down,* I*nterest Rates up,* C*ommodities jumping high* – aus den Anfangsbuchstaben D, I und C dieser drei einzelnen Marktsimulationen hat Carl den ersten Teil des Codes gebildet. Der zweite steht für einen so noch nie da gewesenen Angriff auf das weltweite Finanzsystem: TA – Terror Attack.

Ein letztes Mal wirft er einen prüfenden Blick in seine Mappe, dann schließt er die Augen und geht noch einmal wie ein Skifahrer in den letzten Sekunden vor dem Start die Strecke durch. In dem brillant ausgetüftelten Simulationsmodell entspricht jede Minute einer Stunde in Echtzeit. Carl und seine Mannschaft können in vierundzwanzig Minuten einen globalen Kapitalmarkttag komplett durchspielen, für eine ganze Arbeitswoche genügen hundertzwanzig Testminuten.

»Ein volles Quartal simulieren wir in vierundzwanzig Stunden, Tim, das ist wirklich klasse«, brummt Bensien zufrieden in sich hinein. Fehlt nur noch ein letzter Check der Parameter mit seinem Assistenten, nachdem er an allen Tischen vorbeigegangen ist und sich das jeweilige »bereit« geholt hat. In solchen Momenten kann Carl Bensien die erstklassige Offiziersschule, die in der Schweiz nach wie vor ein Großteil der Elite des Landes seiner Jahrgänge durchlaufen hat, nicht verleugnen: präzise der Ton, ernst die Mimik, knapp die Gestik, ganz der verantwortungsbewusste Hauptmann, der seine Truppe auf die vor ihr liegende Aufgabe einschwört.

Als Risk Assistent hatte Tim in der Vorbereitungsphase viele Details mit vorsichtigem Taktieren herausfinden und klären müssen. Zwar wissen die verantwortlichen Chefhändler rund um den Erdball, dass immer wieder unangekündigte Stresstests durchgeführt werden, aber keiner kennt das neue

Modell. Selbst Mitch Lehmans Mannschaft wird in der kommenden Woche nichts anderes übrig bleiben, als an der Übung teilzunehmen. Einer Anordnung des Risikoausschusses kann sich selbst der General nicht entziehen.

»Auch wenn es eine ernste Sache ist, Tim: Das wird ein Vergnügen, wenn wir die Dynamik der Simulation starten«, Bensien blinzelt über seine Lesebrille seinen Assistenten an.

An diesem System hat er monatelang getüftelt, jetzt ist es perfekt. Das hat am gestrigen Abend auch der Risikoausschuss anerkennend gelobt, auch wenn ihnen die Stressdauer sehr ambitioniert vorkommt, was Kramer noch einmal darin bestätigt hat, dass Carl der richtige Mann an der richtigen Stelle ist, selbst wenn er sich dafür jeweils Ärger mit Lehman einhandelt.

Aufmerksam blickt Bensien von seinem Kommandostand in die Runde seiner Mannschaft, Tim steht seitlich hinter ihm, wie ein Adjutant.

»Alle mal zu mir, bitte«, ruft Carl, und fünfzig Köpfe schauen gleichzeitig auf, als Bensien sie heranwinkt. Sie gruppieren sich um seinen halbrunden Tisch.

»Wir haben ein halbes Jahr an diesem System gearbeitet. Keiner weiß von den kleinen Knacknüssen, die wir eingebaut haben, alle rechnen mit einem normalen Stresstest. Wir können und werden also auch den Überraschungseffekt nutzen, Leute. Wir müssen für die ganze Bank denken«, prägt Carl seiner Truppe ein. »Und Dictator fordert die Teilnehmer zu umgehenden Reaktionen auf, schließlich werden Fehler von Menschen vor allem unter Stress gemacht. Beim Design der Produkte genauso wie bei Entscheidungen im Marktgeschehen.«

Es sind nicht nur die Holiris von Isabella Davis, die dem Chief Risk Officer Sorgen bereiten, sondern eine ganze Vielzahl von Derivaten. Es kann durchaus sein, dass ein Derivat selbst bei einem massiven Währungsverlust von Euro gegen den Dollar nicht faul wird. Aber: Die Bank kann Derivate im Portfolio haben, bei denen genau in dieser Situation ein hoher Verlust entsteht. Deshalb legt das Risikomanagement in der New-Yorker Zentrale fest, wie viel man in Dollar, in bestimmten Märkten oder in bestimmten Anlageklassen halten darf. Das sind Grundentscheidungen des Vorstands, die alle akzeptieren müssen. Gerade deshalb setzt Carl stark auf seine Integratoren. Welche Parameter lässt das Risiko in welche Richtung laufen? Denn auch die Gesamtbank muss ihren Stresstest insgesamt bestehen können, sodass im größt anzunehmenden Unfall kein zu großer Verlust entstehen kann, der der Carolina Bank einen existenziellen Schaden zufügen würde.

»Unsere Bank hat nun das beste Risikomanagement der Branche«, spricht Bensien selbstsicher zu seiner Truppe. Er schaut jedem Einzelnen fest in die Augen.

»Aber wir müssen aufpassen, dass schon bei der Risikoanalyse präzise nachgefragt wird, denn nur dann kann die Bewertung auch richtig funktionieren. Der Value at Risk muss alle Rahmenbedingungen berücksichtigen, die für die Gesamtbank gelten. Ich habe von Don Kramer ein hohes Budget bekommen, damit wir unser Baby entwickeln konnten. Nun müssen wir zeigen, was wir können.«

Tim kann sehen, wie wichtig Bensien diese Ansprache ist, sein Chef betont jedes Wort mit Nachdruck: »Ich habe gestern Abend unseren Plan, den wir in den letzten Tagen noch einmal durchgegangen sind, im Risikoausschuss vorgestellt. Sie haben alles genehmigt, auch unseren kleinen Terroranschlag.« Carl blickt in süffisant lächelnde Gesichter.

»Kommenden Donnerstag schlagen wir los, die Händler sollen schon etwas müde von der Arbeitswoche sein – morgens um acht Uhr. Das ist topsecret.« Carl sieht das Strahlen im Gesicht seiner Mannschaft, mit der er seit einem halben Jahr an dem streng geheimen Projekt gearbeitet hat.

»Tut mir den Gefallen und räumt noch auf«, er deutet auf die vielen leeren Kaffeebecher, Pizzaschachteln und Coladosen der letzten beiden Nächte, die das Team noch einmal durchgearbeitet hat.

»Geht heute früh ins Wochenende; die kommende Woche wird uns alles abverlangen, und es kann bis Samstagmorgen dauern, bis wir alle Stufen gezündet haben. Meine Herren: Es kommen stressige Zeiten auf uns zu.«

Als er mit Tim zurück in seinem Büro ist, finden die beiden die Holiri-Unterlagen aus London in Carls Mail-Eingang.

»Da hat Mrs Davis ja flott gearbeitet. Ausdrucken, Tim. Dann ab nach Hause und packen. Ich lasse dich um fünfzehn Uhr abholen. Los jetzt, junger Mann, wir haben viel zu tun.«

Disput auf der M4

Sonntag gegen Abend herrscht auf der M4 fast genauso viel Verkehr wie in der allmorgendlichen Rushhour, viele Londoner kehren von ihren Wochenend-Cottages zurück in die Stadt. Steven Bell hat sich das Gespräch mit seiner Tochter über diesen Zwischenfall an der Weihnachtsfeier für die Fahrt aufgespart. Auf der M4 nach Central London bleibt genug Zeit dafür, denkt er. Carla war am Wochenende nach Hause gekommen, um seinen fünfundfünfzigsten Geburtstag mit ihm zu feiern. Zeit zum Reden blieb leider kaum – Constable Steven Bell ist beliebt im Ort und im Präsidium, sodass das Haus von gratulierenden Freunden nur so wimmelte.

Carla hatte zwar viel vom Lob für ihren ersten *View of the Year* erzählt, aber nichts mehr von der Nuttengeschichte. So erklärt Steven kurzerhand, dass er sie am Sonntag mit dem Auto nach London zurückbringen würde. Natürlich ist Carla klar, was er will, aber das Angebot ist verlockend genug; bequem mit dem Auto gefahren zu werden, statt sich in den miefenden Zug zu zwängen und dann auch noch von Paddington aus die Tube zu nehmen, das kann sie nicht abschlagen.

Kurz vor London setzt Steven zum Verhör an, ohne die Augen vom Verkehr zu lassen: »Was machst du eigentlich mit der Geschichte, von der du mir am Heiligen Abend erzählt hast?«

»Nun ja, ich habe mich entschieden, sie nicht zu bringen.« Carla blickt auch lieber auf die Straße.

»Wieso schreibst du das nicht?« Ihr Vater sieht sie entgeistert von der Seite an.

»Achtung!«, ruft Carla und Steven bremst, da sich vor ihnen der Verkehr zu stauen beginnt. Je näher sie auf London zukommen, desto mehr Lichter fallen von allen Seiten ein, er muss höllisch aufpassen.

»Weil es eigentlich keine Geschichte ist, die irgendetwas mit der Bank zu tun hat. Und weil sich jeder seine Nutten ins Haus holen kann, wann und wo er will, nicht wahr?« Carla merkt, dass sich ihre Bauchgegend verkrampft, wie immer, wenn es auf einen Konflikt mit ihrem Vater hinausläuft. Sie zieht das rechte Bein hoch auf den Sitz, nicht ohne vorher den Schuh mit dem linken Fuß abgestreift zu haben.

»Habe ich dir gar nichts beigebracht?«, fragt Steven und mustert seine Tochter ernst. »Du kannst doch nicht ernsthaft unterstützen, dass auf der Weihnachtsfeier einer Bank Prostituierte rumlaufen«, setzt er nach. Dad blickt sie ziemlich ungehalten aus dem Augenwinkel an, seine Schnauzenden zittern stark, der kantige Kiefer ist angespannt, ein Zeichen, dass der Constable ausgesprochen ärgerlich ist.

»Habe ich ja auch gar nicht. Ich habe nur nicht darüber geschrieben. Dafür bekomme ich eine Reihe von Informationen, mit denen ich in nächster Zeit meinen Ruf als bestens informierte Journalistin über den Bankensektor festigen kann. Das ist mein Ziel, ich will wissen, wie Banken und Banker funktionieren.«

»Dazu musst du nicht solche Deals eingehen! Eine wirklich gute Journalistin würde die Geschichte veröffentlichen und eine Debatte lostreten, wie weit diese Typen noch gehen müssen, bis jemand einschreitet. Du hast dich kaufen lassen!«

Der ansonsten so gutmütige Steven Bell konnte durchaus schneidend sein.

»Du weißt doch gar nicht, wie das Informationsgeschäft läuft, Dad. Das ist ein Geben und Nehmen. Und die Nuttengeschichte ist mir nicht so wichtig, als dass ich sie nicht für wirklich gute Informationen tauschen würde. Prostitution ist so alt wie die katholische Kirche. Ich bin Journalistin und kein Moralapostel.«

»Für mich sind Journalisten immer auch eine moralische Instanz, Carla«, gibt Steven zurück und übergeht Carlas Spitze. »Weiß Simon von deiner Absprache?«

Steven schaut sie jetzt für einen Moment genau an, muss aber einem Auto ausweichen, das vor ihm die Fahrbahn wechselt.

»Ja«, lügt Carla. »Außerdem habe ich keine stichhaltigen Beweise, die ich vorlegen kann, Dad. So könnten wir das gar nicht bringen.«

»Ist Simon damit einverstanden?« Steven grummelt vor sich hin, denn die ungenügende Beweislage ist für ihn als Polizist ein stichhaltiges Argument. Dass man weiter recherchieren könnte, sagt er lieber nicht, denn er will keinen Streit mit seiner Tochter.

»Ja, Dad.« Carla ist froh, dass er gerade jetzt seine Aufmerksamkeit auf den Verkehr richten muss.

»Na dann.« Sie weiß, wie sehr ihr Vater Simon schätzt.

»Sieh mal, Dad«, will Carla ihm ihr Verhalten erklären. »Kommende Woche treffe ich Mitch Lehman und Isabella Davis, seine rechte Hand bei der Carolina Bank, persönlich. Glaubst du, der PR-Mann hätte das vermittelt, wenn ich die Sache hätte auffliegen lassen? Können wir jetzt bitte Frieden schließen? Ich habe es dir immerhin erzählt, nicht wahr?«

»Sicher. Und was wollen diese Banker von dir?«

»Sie haben meinen *View of the Year* gelesen und wollen darüber mit mir reden. Und zwar, weil ich so kritisch nachfrage. Das, lieber Vater, ist guter Journalismus.«

»Und du, was willst du eigentlich von denen, Carla? Warum interessieren dich diese Leute plötzlich so sehr?«

»Ich will wissen, wie sie ticken, Dad.« Sie blickt ihn aus ihren rehbraunen Augen an, die noch schöner sind als die ihrer Mutter. Da sie die M4 inzwischen verlassen haben und immer wieder vor Ampeln stoppen müssen, können sie einander länger anschauen.

»Lehman hat übrigens mit Stanley Ashton zusammengearbeitet.«

Steven bremst unweigerlich, hinter ihnen hupt der nachfolgende Verkehr; in letzter Sekunde kann er einen Auffahrunfall verhindern.

»Hat das mit den Bankern, mit diesem Lehman, auch etwas mit deiner Mutter zu tun, Carla?«

Carla schweigt und blickt auf die Straße.

»Hat es etwas damit zu tun, dass deine Mutter mich mit einem Banker, dessen Kumpel du jetzt kennen gelernt hast, betrogen hatte, Carla?«

Viele Jahre war es Carla recht erfolgreich gelungen, die Sache mit ihrer Mutter tief in sich zu begraben. Doch seit der Name Ashton aufgetaucht ist, kommen ihr immer wieder die schrecklichen Bilder in den Sinn.

»Wieso fragst du?«, antwortet sie nach längerem Schweigen. »Du hast doch sonst auch nicht darüber gesprochen, Dad. Und du hast sie auch betrogen.«

»Carla, ich habe meinen Frieden damit geschlossen. Wir haben alle große Fehler gemacht. Ich, deine Mutter und auch dieser Banker. Aber nichts holt Fiona zurück.« Steven spricht leise.

»Wir haben nie richtig darüber gesprochen, Dad. Am Ende war es einfacher, es zu verdrängen. Aber irgendwie schaffe ich das momentan nicht. Ich kann Mama nicht vergessen. Ich habe immer das letzte Bild von ihr vor Augen, als ich an diesem Morgen zur Schule gegangen bin und sie zu mir sagte: ›Pass auf dich auf, großes Mädchen.‹ Das war das erste Mal, dass sie mich ›großes Mädchen‹ nannte.«

»Deine Mutter hat sich nicht wegen eines Bankers umgebracht. Und auch nicht wegen meiner Fehltritte«, sagt Steven nach einer kurzen Pause.

Carla hatte sich das Puzzle später selbst zusammengesetzt, als sie erwachsen wurde: Vater hat Mutter betrogen, Mutter hat Vater betrogen. Aber Mutter war eben auch manisch-depressiv, wie sich erst nach ihrem Tod herausstellte, als man ihr Tagebuch gefunden hatte. Die Depressionen hatte die Ehe ihrer Eltern kaputt gemacht und sie schließlich in den Tod getrieben, aber der Banker, da ist sich Carla noch heute sicher, hatte ihr den Rest gegeben.

»Lass die Dinge ruhen, Tochter. Ich sehe so einen bestimmten Blick in deinen Augen, wenn du über Banker redest.«

»Ich werde es versuchen, Dad. Ich weiß, dass du sie geliebt hast. Und ich weiß, dass sie mich geliebt hat. Und umgekehrt. Aber ich bin heute alt genug, um auf mich selbst aufzupassen. Ich falle schon nicht auf einen Banker herein«, murmelt Carla leise und zieht das zweite Bein am Körper hoch. Für Steven ist das ein untrügliches Zeichen, dass sie sich in ihr Schneckenhaus zurückzieht.

»Ich konnte leider nichts für sie tun, Carla. Das ist meine Schuld.«

»Ist schon okay, Dad.«

»Pass auf, Dad!«, erschrickt Carla über ein vor ihnen die Spur wechselndes Auto.

»Schon gut, Kleine. Ich passe ja auf dich auf, Carla«, bremst Steven lässig, »egal, ob du Mitte zwanzig oder fünfzig bist.«

»Apropos aufpassen. Ich habe auch aufgepasst: Wer ist eigentlich die Dame mit dem hochgesteckten roten Haar gewesen, die an der Geburtstagsfeier war? Ich habe sie vorher noch nie mit dir gesehen.«

»Eine Bekannte, Carla. Aus dem Präsidium. Nichts Besonderes. Nichts, was du wissen musst, Tochter.« Auch Steven konnte lügen.

Den Rest der Fahrt schweigen beide, es ist ein angenehmes

Schweigen. Als sie endlich vor Carlas Wohnung ankommen, ist es kurz vor Mitternacht.

»Kommst du noch mit rauf, Dad?« Carla schlüpft wieder in ihre beiden Halbschuhe.

»Ist mir zu spät, Tochter!«

»Danke, Dad. Auch für deine Sorge um mich. Und vergiss nicht: Ich bin kein kleines Mädchen mehr!«

»Lass dich bald wieder in Hertfordshire sehen, Kleines.«

»Mache ich. Spätestens im Februar. Und grüße Frau ›Nichts Besonderes‹«, lächelt sie ihn an, ehe sie aus dem Auto steigt.

Dass ihr Vater nicht doch noch mit hochgekommen ist, bereut Carla keine zwei Minuten später. Vor ihrer Wohnungstüre sitzt ein junger Mann und wartet auf sie.

»Was willst du hier, Fernando?«, herrscht Carla den schwarzhaarigen Latino-Wuschelkopf an. Wie um ihn zu verscheuchen, hebt sie ihre kleine Tasche, in der ihre Sachen vom Wochenende verstaut sind.

»Mit dir reden«, der hübsche Kerl erhebt sich von den Stufen.

»Das hatten wir doch schon«, Carla wird lauter, als sie hört, wie eine Etage über ihr eine Wohnungstüre aufgeht und Schritte im Treppenhaus zu hören sind.

»Bitte«, fleht Fernando, »ich warte schon drei Stunden.«

»Wenn du nichts Besseres zu tun hast«, sie schiebt ihr Exdate zur Seite, um ihre Wohnungstüre aufzuschließen.

»Guten Abend, Carla«, grüßt eine ältere Dame im Mantel, die sich mit ihrem Hund an den beiden jungen Leuten vorbeidrängelt.

»Guten Abend, Mrs Jones, hi Chicky.« Carla grinst den kleinen Mops auf dem Arm der Nachbarin an. Mrs Jones grüßt Fernando mit einem Kopfnicken und geht vorbei. Schon länger hat sie den gut aussehenden Portugiesen nicht mehr gesehen.

Carla hat die Tür inzwischen geöffnet.

»Nein, Fernando«, sie hält ihm die Hand wie ein Stoppzeichen vor die Nase. Die Geschichte mit ihm war ein Fehler, doch sie fühlte sich an jenem Abend, nachdem sie von zwei jungen Anwälten beim Dinner so plump angebaggert worden war, so anhänglich, so allein. Vor lauter Frust war sie noch ins Pub in der Nähe ihrer Wohnung gegangen und dort Fernando Gomez in die Arme gelaufen. Das sollte ihr nie wieder passieren, hatte sie sich geschworen, als sie nach wenigen Wochen realisierte, dass dieser sympathische Latin Lover niemand war, mit dem sich ein geregeltes Leben führen ließ. Doch er ließ sich nicht abwimmeln, tauchte einfach unangemeldet in der Redaktion auf – wie peinlich, lief ihr bei Terminen hinterher. Ein süßer Kerl, doch nichts für mich, nichts auf Dauer.

»Fernando, es ist aus. Wir hatten ein paar schöne Wochen, mehr ist nicht.«

»Ich weiß«, lächelt er sie an, doch das wirkt nicht mehr bei Carla.

»Es ist aus, aus, aus«, sie zeigt dabei mit den Fingern eins, zwei, drei. So oft, ohne den heutigen Abend gerechnet, hatte er nämlich schon vor ihrer Wohnung Wache gehalten.

Mrs Jones würde aller Erfahrung nach in fünf Minuten wieder mit Chicky auftauchen. Spätestens dann würde sie ihn aus dem Haus weisen. Und Mr Jones war ein kräftiger Mann vom Bau.

»Warum?«

»Weil ich andere Vorstellungen vom Leben habe, als mit dir den ganzen Tag im Bett zu liegen und Liebe zu machen. Das können auch andere.«

»Nicht so gut, Carlita.«

»Ich will etwas erreichen, Fernando.«

»Kannst du auch mit mir«, er geht einen Schritt auf sie zu, doch Carla hebt die Tasche.

»Ich will meinen Job machen, und zwar sehr gut«, entgegnet Carla, die jemanden braucht, der sie mitzieht. Augenblicklich wird sie leiser, als sie hört, dass unten die Haustüre aufgeschlossen wird.

Fernando merkt, dass auch dieser Versuch fehlschlagen wird. Dabei hatte er doch einen festen Job als Dispositeur bei einem internationalen Umzugsunternehmen, das Filialen in Spanien, Portugal und Südamerika unterhielt. Voller Stolz hatte er Carla davon berichtet, dass er dieses Frühjahr auf Geschäftsreise nach Brasilien gehen sollte, um dort Partner zu suchen.

Inzwischen ist Mrs Jones schnaubend in ihrer Etage angelangt.

»Bitte gehe jetzt, sonst hole ich Mr Jones«, sagt Carla leise.

»Das sollten Sie tun, junger Mann. Meiner ist ziemlich kräftig«, schaut die wackere Rentnerin an dem mittelgroßen, aber schmächtigen Portugiesen herab.

»Auf Wiedersehen, Carlita. Ich wollte dich auch nur noch einmal sehen. Weil ich nämlich übermorgen nach Brasilien gehe.«

»Danke, aber das sagtest du ja bereits.«

»Nur, dass ich für mindestens ein Jahr dort bin, um das Geschäft voranzutreiben, weißt du nicht«, er kehrt ohne weitere Anstalten um und geht die Treppe hinunter.

»Überrascht?«, fragt Mrs Jones.

»Es ist besser so. Danke für Ihre Unterstützung«, grüßt sie noch einmal mit einem gequälten Lächeln und drückt ihre Wohnungstüre auf. Das Ein-Zimmer-Studio mit Miniküche und noch kleinerem Bad, das Carla vor einem Jahr bezogen hat, als sie in London beim »CityView« angefangen hatte, ist ausgesprochen günstig. Hundert Pfund pro Woche – was für ein Glücksfall, freut sie sich immer wieder, wenn sie das Jammern ihrer Kollegen hört.

Nach zwei Quadratmeter »Flur«, von dem Bad und Küche rechts und links abgehen, steht man direkt im einzigen Zimmer. Carla hat die knapp fünfundzwanzig Quadratmeter mit wenigen Möbeln gemütlich eingerichtet. Ein Bett, groß genug für zwei, dominiert den Raum; tagsüber bedeckt sie es mit einer flauschigen Tagesdecke und ein paar Kissen. An der

Wand unter dem Fenster steht ein kleiner Scherentisch zum Arbeiten, daneben ein kleines Regal aus altem Holz. Passend dazu ein Holzschrank, eine kleine Kommode sowie ein großer Spiegel, an dem rechts und links Schmuck hängt. Als Krönung und Blickfang dient ein alter Ledersessel.

Die Wände schmücken echte Bells, abstrakte Aquarelle, die Carla in ihrer Freizeit mit Begeisterung anfertigt. »Durcheinander« hatte Fernando die Bilder genannt, als er eine der ersten Nächte bei ihr verbracht hatte.

Carla schmeißt die Tasche in die Ecke, wirft den Mantel aufs Bett und sinkt in den Sessel. Sekunden später kommen ihr die Tränen: Fernando Gomez, dieser charmante Latino. Er will, ich nicht. »Er will sie nicht«, schluchzt sie beim Gedanken an das Wortspiel, das Simon immer nutzt, um den jungen Redakteuren die Bedeutung des Kommas beizubringen. Das ist ein Unterschied, ob *er* oder *sie* nicht will, hat sie Simon mit erhobenem Zeigefinger vor sich.

So ist es immer bei mir, denkt Carla in ihrem Sessel: Wenn einer etwas ernsthaft von mir will, kriege ich Angst; sie klammert sich an die Lehne. Wie oft hat sie bei ihrer Mutter auf dieser Lehne gesessen. Wäre sie doch nur da, sie heult nun hemmungslos. Ihre Mutter würde sie verstehen, würde ihr erklären können, warum sie sich selbst nicht versteht.

»Traummänner gibt es nur im Traum«, murmelt sie und wischt ihre Tränen weg. »Doch träumen ist so schön.«

Carla hat keine beste Freundin – und will sie auch keine mehr, seit ihre Mutter tot ist. Keine, die irgendwann auch weg ist. Mit Annabelle unterhält sie sich oft, sicher auch gleich morgen wieder, aber Annabelle ist eben Annabelle.

»Männer, die mich nicht ganz wollen, sind die Besten«, sie ballt die Faust und schluchzt wieder vor sich hin, bis sie einschläft – in Mamas Sessel, den Kopf auf die Lehne gekauert. Als das Telefon klingelt, muss sie sich zuerst besinnen, wo sie eigentlich ist.

»Carla Bell«, meldet sie sich verschlafen.

»Dad hier. Wollte nur sagen, dass ich wieder zu Hause bin.«

»Ah.«

»Alles okay, Tochter?«, hört sie ihren Vater.

»Alles bestens, Dad. War nur schon eingeschlafen.«

»Dann ist ja gut. Melde dich, Kleine.«

»Mache ich, Dad.«

Carla legt auf, geht ins Bad und dann gleich ins Bett. In dieser Nacht träumt sie nur von Männern, die zusammen in einer Gruppe stehen: Fernando, Mr Jones, Dad, Simon, sogar von Mitch Lehman mit Stanley Ashton. Sie reden über sie, Carla Bell. Als Carla schweißgebadet aufwacht und das Licht anknipst, atmet sie heftig. Auf dem Nachttisch steht ein Bild ihrer Mutter. Lange betrachtet sie das alte Foto, bis sie sich beruhigt hat und wieder einschläft.

Fernando hatte sie einmal gefragt, warum sie nur ein Bild ihrer Mutter in der Wohnung hat. »Weil ich meinen Vater immer noch sehen kann. Fotos sind für die Toten reserviert«, hatte sie ihm geantwortet.

Go, Dictator, go!

In London startet die zweite Arbeitswoche früh, weil neben dem normalen Geschäft die »Letter Days« beginnen. Mitch bestellt seine Obristen einzeln ins Büro. Cindy hat die Briefe mit den voraussichtlichen Boni getippt und kennt die aktuelle Hierarchie, aber sie könnte es auch an Mitchs Verhalten ablesen. Wer sich setzen darf, liegt oberhalb von zehn Millionen Dollar, wer Kaffee bekommt, über zwanzig Millionen.

Um Summen unter zehn Millionen Dollar kümmert sich Mitch nicht selbst, das wäre unter seiner Würde. In dieser Preisklasse verhandeln die Obristen mit den Unteroffizieren und Fußtruppen. Selbst Cindy ist überrascht, wie viel Kaffee sie in diesem Januar 2007 zu organisieren hat.

Mitch hatte auch für sie eine schöne Überraschung parat:

Zweihundertfünfzigtausend Pfund Bonus für eine Sekretärin. Cindy hat sich enorm gefreut, musste aber gleich an Mitchs sagenhaften Bonus und an die täglichen Erniedrigungen denken. Aus dieser Perspektive betrachtet, sind zweihundertfünfzigtausend ein angemessenes Schmerzensgeld für die Zusammenarbeit mit »Mitch Egoman«, wie sie ihn inzwischen immer öfter im Geheimen tituliert.

Nun stehen die Ergebnisse des Jahres 2007 fest: Mitchs Truppe hatte für 2006 sagenhafte fünf Milliarden Ergebnis vor Zinsen und Steuern geliefert. Mit diesem Erfolg im Rücken kann der General darangehen, den opulenten Bonuspool zu verteilen. Bei den anderen großen Investmentbanken sind es zwischen fünfzehn und zwanzig Milliarden Dollar, die als Boni an die Mitarbeiter gehen, und in diesem Goldgräberjahr spielt auch die Carolina Bank in dieser Liga ganz oben mit, wie Mitch mit kaum verhohlener Genugtuung nicht müde wird zu betonen. Einen Großteil des Pools kann er an seine Leute verteilen, ohne dass ihm jemand hineinredet, auch wenn die Schreiben formal als zweite Unterschrift die des Personalchefs tragen.

Bei der Bemessung einzelner Boni geht alles von einer Zahl aus – von Mitchs Bonus; er könnte es nicht ertragen, jemand in seinem Bereich mehr zugestehen zu müssen. In der gesamten Bank dürfte nur Don Kramer in New York mehr bekommen als Mitch Superstar. Natürlich legt nicht er seinen eigenen Bonus fest, sondern der Kompensationsausschuss des Aufsichtsrats, aber mit dem sagenhaften Ergebnis und seinen vertraglichen Zielvorgaben ist das im Prinzip nur noch ein einfacher Dreisatz.

Cindy konnte letzte Woche beobachten, wie Mitch mehrfach auf einem weißen Blatt herumkritzelte und Summen aufschrieb, durchstrich, erhöhte oder kürzte. Da er die Zettel einfach in den Papierkorb warf, wusste die Prima Donna, wer wie hoch im Laufe der Woche taxiert wurde, sobald sie die geknüllten Blätter studierte.

Mitch brach in diesem Jahr alle Rekorde. Die Mail von Kramer aus New York hatte sie gelesen, obwohl sie auf Mitchs privaten Mailaccount geschickt wurde: mitch@mlehman.com. Das kleine »m« machte den Unterschied zur Bank aus, die seinen Namen trug, mit der Mitch aber rein gar nichts zu tun hatte, obwohl er immer wieder darauf angesprochen wurde. Cindy kannte zwar das Passwort nicht, wusste aber, dass er den Account in der Regel auf seinem PC den ganzen Tag offen ließ.

Als er mal wieder im Handelssaal unterwegs war, schaute sie schnell nach: Fünfzig Millionen Dollar wurden Mitch Lehman für 2006 zugesprochen: zehn Millionen in Cash, zwanzig Millionen in Aktien der Carolina Bank mit Haltefrist von drei Jahren und noch einmal zwanzig Millionen in Optionen auf Carolina-Aktien. »Jesus«, presste die irische Katholikin durch die Zähne und schloss die Mail wieder.

Nachdem das Geschäft schon einige Jahre so gut läuft, hat Lehman jedes Jahr zwischen dreißig und vierzig Millionen Dollar zur Verfügung, weil die Haltefristen auslaufen und die Optionen bei der guten Kursentwicklung immer ins Geld gehen. Seit die Banken ihre Spitzenverdiener im Geschäftsbericht ausweisen müssen, können sich die großen Jungs alle miteinander vergleichen. Cindy führt dazu extra eine Liste für Mitch, der jederzeit wissen will, wo er in der Tabelle der Banker-Champions-League steht. Bisher rangierte er stets unter den ersten zehn, in diesem Jahr liegt Mitch nur noch ganz knapp hinter dem Spitzenverdiener der Branche, der für 2006 die Rekordsumme von vierundfünfzig Millionen Dollar Gesamtkompensation erreicht. Davon sind sechshunderttausend Dollar fixes Gehalt, weitere siebenundzwanzig Millionen Dollar in bar, zusätzliche knapp sechzehn Millionen in Aktien des eigenen Unternehmens sowie Optionen im Wert von noch einmal zehn Millionen Dollar.

Das System läuft bei allen Investmentbanken gleich ab, Cindy könnte inzwischen locker Seminare über Kompensationsstrukturen bei Investmentbanken halten, da fast jedes Jahr an dem System Veränderungen im Sinne der Banker vorgenommen werden. Das Fixgehalt ist für die Investmentbanker eine vernachlässigbare Größe – ohne Bonus kommen sie nicht einmal auf eine Million Dollar Gehalt. Der Bonus hat drei Teile: eine bare Größe, mit der jeder Empfänger machen kann, was er will; eigene Aktien, die man in der Regel einige Jahre halten muss und in dieser Zeit nicht verkaufen darf, auch wenn der Wert der Aktie sinkt; sowie Anrechte auf Aktien des eigenen Unternehmens, die man nur erhält, wenn bestimmte Erfolgsschranken überschritten werden. Deshalb gilt es auch, koste es was es wolle, die Performance nach oben zu treiben. Gerade in den Anrechten, den so genannten Optionen, liegt der wahre Turbo. So hatte es Cindy gerade an Weihnachten zu Hause ihrem Neffen erklärt, der auch Investmentbanker werden wollte.

Von so viel Geld kann man sich fast alles kaufen. Cindy kennt die Shoppinglisten der meisten Obristen, die sich wie kleine Jungen benehmen und von »meiner Villa«, »meinem Boot«, »meiner Insel« und so weiter träumen. Mitch besitzt bereits all diese Spielzeuge und manche sogar mehrfach, mit Ausnahme einer eigenen Insel. Eine solche Preziose ist selbst unter den großen Stars der Szene ein seltenes Spielzeug. Deshalb hatte er sich die Insel vor Hawaii gekauft und lässt nun, wie Cindy aus den Plänen weiß, dort ein leuchtturmartiges Haus mit mehreren Gästehäusern errichten, einen Hafen für Rennboote und eine Landebahn für seinen Jet.

Im Laufe der Jahre hatte Cindy auch viele anständige Investmentbanker gesehen, die ihr Geld in Stiftungen einbrachten. Aber es gab eben auch die Spezies, die sich überhaupt nichts dabei dachten, etwa zur Weihnachtsfeier nebst Ehefrauen, Journalisten und guten Freunden eine Busladung voller Nutten zu bestellen. Für eine Kundenveranstaltung ließ Mitch im letzten Sommer vor dem Wimbledon-Finalwochenende die berühmten Food Halls bei Harrods reservieren. Dort verköstigte er nach einem Einkaufsbummel seine Kunden.

Mitch und seine Obristen gehören für Cindy zu den Kapitalmarktsöldnern, die sich von der realen Welt längst verabschiedet haben und deshalb auch nicht merken, was draußen eigentlich vor sich geht. Auch wenn sie gerne in dieser Parallelwelt arbeitet, so ist Cindy jeden Abend froh, wenn sie zurück ins normale Leben nach Hause gehen kann. Die Einzelgängerin lebt allein, ihre Nachbarschaft in Hackney ist weit genug weg von der Glitzerwelt der City.

Als Carl Bensien am Mittwoch mitteilen lässt, dass innerhalb der nächsten vierundzwanzig Stunden mit dem Start des Stresstests zu rechnen ist, steigt die Nervosität. Cindy beobachtet, wie Isabella, die noch Anfang der Woche ausführlich und bei viel Kaffee in Mitchs Büro ihren Bonusbrief in Empfang nahm – wie immer die höchste Summe nach Mitch –, seither unablässig zwischen ihrem Tisch und dem Büro des Generals hin und her pendelt.

Der genaue Zeitpunkt, an dem der Test beginnt, soll eine Überraschung sein. Mitch hasst das, weil für diese Zeit die echten Bereiche des Handels quasi brachliegen und kein reales Geld scheffeln können. Alle Beteiligten müssen die Grunddaten für den Test in ihre Programme einspeichern, die sie aus New York erhalten haben. Isabella hat Mitch erklärt, dass das Modell für den Sommer 2007 von einem weiter prosperierenden globalen Kapitalmarkt ausgeht, obwohl die USA sich deutlich schwächer entwickeln würden als Europa. In Asien und vor allen Dingen in den Emerging Markets wären herausragende Wachstumsraten zu erwarten. Für den Moment prophezeit das Modell, dass die Krisenherde im Irak und Afghanistan weiter die geopolitische Lage bestimmen, dass aber gleichzeitig eine freundliche Stimmung zwischen den hegemonialen Kräften in den USA, Russland und China bestehen würden. Insgesamt wäre nichts von einer Rezession in der Ausgangslage zu spüren.

»Stimmt doch alles so«, antwortet Mitch.

»Ja, aber das wird er in der Simulation ändern, Mitch«, entgegnet Isabella.

Und genau diese Änderung der ökonomischen Realität

befiehlt Carl Bensien am Donnerstagmorgen New-Yorker Ortszeit. Er steht in der Mitte seines Kommandostands. Noch ist er ganz der Schweizer Bankier. Das elegante Jackett sitzt perfekt, das Einstecktuch blitzt diskret hervor, an diesem Morgen alles in Blautönen mit einem weißen Hemd, dazu goldene Manschettenknöpfe: Auch wenn Carl in einer amerikanischen Investmentbank arbeitet, setzt er sich mit seinem Äußeren deutlich von den legeren Amerikanern ab. Im Laufe des Tages mutiert er jedoch immer mehr zu einem von ihnen. Er legt das Jackett ab, lockert die Krawatte und krempelt die Ärmel auf.

Am letzten Wochenende hatte Tim zum ersten Mal den anderen Carl Bensien kennen gelernt. Carl hatte sie in einer exklusiven Lodge eingebucht, in der er gelegentlich ein Wochenende verbrachte, wenn er mal raus aus New York musste. Alles war in Holz gehalten, jedes Zimmer besaß einen offenen Kamin. Die Lodge wurde von einem ausgewanderten Österreicher geführt. Dort saß der sonst so steif wirkende Banker im Freizeithemd mit Jeans und Timberlands mit seinem Assistenten am Feuer im Kaminzimmer seiner Suite, als sie sich über die Unterlagen beugten.

Carl war ein exzellenter Skifahrer; selbst Tim, durchtrainiert und gut fünfundzwanzig Jahre jünger, konnte kaum mithalten. Sie waren den ganzen Tag im Gelände unterwegs und nahmen nur selten die Lifte. Beide kannten sich im Schnee extrem gut aus und wussten, wann man wo in den Tiefschnee gehen konnte. Am Abend, als sie erschöpft, aber gelöst und zufrieden bei einem Glas Wein vor dem Kamin saßen, hatte Tim Carl einen Überblick über Markttransparenz gegeben. Carl war beeindruckt, wie gut sich Tim vorbereitet hatte. Und wie sehr selbst er, Carl, manche Entwicklung der letzten Monate doch nur ungenau verfolgt hatte. Beim zweiten Glas Wein war Carl plötzlich klar, welches Systemrisiko darin bestand, dass keine internationale Aufsichtsstelle auch nur halbwegs wusste, was zwischen den institutionellen Anlegern »über den Tresen«, also over the Counter, verkauft wurde. – Da viele strukturierte Produkte quasi handgemacht sind und außerhalb der Börsen gehandelt werden, unterliegen sie keiner Börsenaufsicht, weil sich keiner zuständig fühlt.

Genau in diesem Markt wollte Isa ihre Holiris platzieren, was Carl und Tim aus ihrer Sicht nachvollziehen konnten. Denn: Außerbörslich braucht man kaum Standards – und Isa ist schließlich kein Mensch für normale Situationen. Ihre Fähigkeiten wären an Börsen gar nicht ausgeschöpft, sie bastelt lieber OTC-Produkte für große Anleger, die ganz andere Absicherungswünsche haben. Und mit der Abschwächung des amerikanischen Immobilienmarktes hatten sich die Absicherungswünsche der Anleger geändert.

Isabella merkte offensichtlich, dass man zu dieser Zeit zu viele Subprime-Produkte über die Zweckgesellschaften der Carolina Bank abgesichert hatte. Die Finanzingenieurin wollte andere Absicherungswünsche bedienen, ohne das Volumen wirklich zu reduzieren, um die Carolina Bank auch weiter an dem Kuchen teilhaben zu lassen. Ob das im Interesse der Gesamtbank war, würde sich nun über den Stresstest herausstellen. Bensien wurde jedenfalls klar, was die Davis mit dieser neuen Beimischung vorhatte. Für sich genommen eine geniale Idee, hatte er Tim erklärt, aber das heißt noch lange nicht, dass sie das auch für die Bank oder die Kunden ist.

Der War Room ist an diesem Morgen blitzsauber. Gestern Abend hat Carl unter Aufsicht von Tim eine kleine Putztruppe reingelassen, nachdem die Jungs nur unzureichend aufgeräumt hatten. Die Fischgräte glänzt regelrecht, das helle Holz ist von allen Fettflecken befreit.

»Go Dictator, Go. Go. Go!«

Um acht Uhr melden alle Einheiten, dass sie bereit sind. Exakt um acht Uhr eins New Yorker-Zeit am Donnerstag, 18. Januar 2007, drückt Carl Bensien die Sprechtaste seines Mikrofons und lässt die rote Lampe aufleuchten. Er spricht betont langsam in das Mikrofon, mit dem alle weltweit für die Bank tätigen Simulatoren verbunden sind: »Guten Morgen aus New York. Hier spricht Carl Bensien. Der angekündigte Stresstest beginnt jetzt.«

Nach einer Kunstpause gibt er den ersten Befehl: »Dollar fällt von eins Komma fünfundvierzig auf eins Komma fünfundzwanzig gegen den Euro innerhalb von zehn Tagen, weil es massive Sorgen um die Robustheit der amerikanischen Wirtschaft gibt. Die Fed unternimmt im Moment nichts, ist aber über die Situation besorgt. Die weltweiten Analysten rechnen mit einer baldigen Zinsanhebung der Fed.«

Rund um den Erdball wird nach den Simulatoren gesucht, die nicht an ihren Plätzen sitzen. Andere beginnen sofort mit der Arbeit. Innerhalb von zwei Minuten scheinen alle informiert zu sein, keine drei Minuten später sind alle im Test drin, die meisten an ihren Plätzen, andere über ihre Blackberrys. Carl ist zufrieden mit der ersten Reaktionsgeschwindigkeit. Erst dann schaltet er auf Simulationszeit um, bei der jede Minute eine Stunde abbildet.

Ein Sturz des Dollars um zwanzig Cent gegenüber dem Euro in den nächsten zehn Simulationstagen ist massiv, insbesondere, wenn es bislang keine Reaktion der Fed gibt. Was soll man tun? Was wird die Fed tun? Carl hat zunächst einmal die kommenden zehn Tage des Simulationsmodells im Blick. Das sind vier Stunden bis New-Yorker Mittagszeit. Die Simulation arbeitet mit den Hintergrunddaten normal weiter, außer, dass sich nun sämtliche am Dollar hängenden Entscheidungen und Parameter ändern werden.

Bensien hat keinen linearen Fall des Dollars über die nächsten zehn Tage in den Computer eingespeist, sondern einen tiefen Fall am zweiten Simulationstag zur Eröffnungszeit des New-Yorker Handels um acht Prozent. Danach schwankt sein Simulationsdollar auf und ab, um sich mit einem weiteren Sturz am siebten Tag dann langsam auf die eins Komma fünfundzwanzig Dollar gegen den Euro am zehnten Tag der Simulation einzupendeln.

Er wird zudem am sechsten Tag eine Sondersitzung des

Boards der Federal Reserve Bank, der Notenbank der USA, vorgeben. Schleichend simuliert er, dass durch die Erwartung einer Zinserhöhung der Fed die Zinsen nicht nur am kurzen Ende, sondern auch am langen Ende steigen. Das ist so in der Regel nicht normal, weil dies ansonsten mit einer Zeitverzögerung eintritt. Es ergibt sich folglich eine Parallelverschiebung der Zinskurve mit all ihren Auswirkungen auf die verschiedensten Kreditarten, auf die die Simulatoren nun reagieren müssen. Das alles steht im geheimen Manöverbuch, der roten Mappe, die Tim von nun an nicht mehr aus den Augen lässt und ständig für Carl griffbereit halten muss.

Eine Zins- und Währungslandschaft ist ziemlich schwer einzuschätzen. Doch Bensien hat es rund um den Erdball mit echten Profis zu tun, die sich von einer solchen Dollar- und Zinsentwicklung allein nicht irritieren lassen. Er will insbesondere die Reaktionen auf dem amerikanischen Hypothekenmarkt testen, der ihm seit Monaten Kopfzerbrechen bereitet. Genau diese Sorgen sieht er durch Tims Erläuterungen vom Wochenende noch mehr bestätigt.

Am dritten Simulationstag schickt er eine zweite Armee los – unabhängig von der ersten Offensive rund um den Dollar und die Zinsen. Bensien gibt massiv steigende Rohstoffpreise vor, deren Ursache er mit einer Beunruhigung der politischen Situation im Nahen Osten erklärt. Gleichzeitig kämpfen alle noch mit der Dollarschwäche. Dadurch entstehen interessante Verwebungen, auf die Carls Integratoren achten, da die meisten Rohstoffpreise in Dollar berechnet werden, der sich nunmehr aber gegen den Euro stark verbilligt. Die Frage lautet: Bleiben die Rohstoffpreise damit für den Nachfrager im Euroraum letztlich unverändert?

Carl verlässt seinen Kommandostand und geht hinüber in sein Büro. Mal sehen, was die Jungs aus dieser Melange von Zinsen, Währungen und Rohstoffen machen, überlegt er mit Blick auf »seine« Freiheitsstatue, die er immer direkt vor Augen hat, wenn er durch die Tür kommt. Während Carl in seinem Büro vom Schreibtisch aus durch die Trennscheibe und die offene Türe das Treiben seines Risk-Management-Teams beobachtet, sitzt Isabella bleistiftkauend vor ihrem Terminal und knurrt: »Son of a Bitch!«, als die Rohstoffarmee zum Angriff übergeht. Mitch schaut kurz in ihrem Büro vorbei. Ohne ihn anzusehen, nuschelt sie: »Alles okay, General, ich muss gerade einen Entlastungsangriff fahren.«

»Dann weiter viel Spaß, Commander«, scherzt er, »halte mich auf dem Laufenden.«

»Ist ja nur eine simulierte Krise«, murmelt Isabella mehr zu sich als zu Mitch. Sie will sich damit auch selbst beruhigen, denn die Parameter der Simulation machen ihr tatsächlich Bauchschmerzen. Zunächst will sie sich mit der Dollarthematik auseinandersetzen und die Rohstoffe erst einmal laufen lassen – zumal sie auf die Schnelle nicht einschätzen kann, welche Auswirkungen diese gegenläufige Entwicklung von steigenden Rohstoffpreisen und niedrigerem Dollar auf ihre Rohstoffderivate haben, die in Euro bewertet werden.

Eine Stunde später schaut Isa entspannt auf ihre Terminals. Der fallende Dollar bereitet keine Probleme, da sie zwar viele Produkte hat, die an der amerikanischen Währung hängen, aber diese hat sie alle über Währungstermingeschäfte bis ein Dollar zwanzig gegen den Euro abgesichert. Viel problematischer ist die Situation hingegen für alle Produkte, die an der amerikanischen Realwirtschaft hängen – also auch die Immobilienkredite. Hier würde nach Isas Einschätzung so lange nichts passieren, bis es eine Zinsentscheidung der Fed gibt. Vorsichtshalber macht sie sich eine Notiz »FED?« auf dem Blatt, das neben ihrem PC liegt.

Am Tag sechs der Simulation lässt Carl Bensien genau diese Fed-Bombe platzen. Kurz vor halb elf morgens New-Yorker Zeit steht er wieder in seinem Kommandostand und befiehlt in das Mikrofon: »Sondersitzung der Fed – Zinsanhebung um fünfzig Basispunkte!«

Das sitzt, Isas Abend zu Hause ist gelaufen, schließlich ist es in London zu dieser Zeit bereits Nachmittag. Die Drähte glühen und die Rechner knirschen fast menschlich vor sich hin. Alle verlieren dabei die Rohstoffe aus den Augen, die immer weitersteigen und inzwischen utopische Preise annehmen. Selbst bei fallendem Dollar bringt dies massive Inflationsgefahren mit sich, die die Realwirtschaft auch in Europa abwürgen und damit insgesamt zu einem Economic Slow Down führen können.

Jetzt zeigt sich, warum Risikomanagement ein verdammt schwieriges Geschäft ist. Selbst vielschichtige Modellrechnungen brauchen ihre Zeit, um die veränderten Parameter durchzurechnen. Schwacher Dollar, höhere Zinsen, Inflationsgefahren, schlechtere Konjunktur – was bedeutet all das?

Isa spricht mit sich und ihrem Computer: »So etwas kann ja nicht wirklich in dieser Form passieren.« Selten hat sich Isabella Davis in den letzten Jahren so gestresst gefühlt wie heute.

In New York blickt Carl Bensien in die beginnende Mittagssonne auf den Hudson River in Richtung Liberty Island. Er kann gleich in Ruhe essen – völlig stressfrei nach vier echten Stunden, seit die Simulation angelaufen ist. Mit diesen tektonischen Verschiebungen haben die Teams rund um den Erdball genug zu tun. Im Stresstest läuft bereits der zehnte Tag. Allmählich beginnen die Söldner rund um die Erde wirklich gestresst zu wirken.

Seine Truppe hat in den Wochen zuvor die Nächte durchgearbeitet, nun sind die anderen dran – seine Crew muss nur beobachten und kann sich das delikate Fingerfood vom Cateringservice der Bank zu Gemüte führen. Carl legt sich ein paar Stücke auf einen Teller und zieht sich wieder in sein Büro neben dem War Room zurück. Kaum hat er sich in die »Neue Zürcher Zeitung« vertieft, klingelt sein Telefon. »DFK« zeigt sein Display.

»Don, du störst mich beim Lesen der »NZZ«. Du solltest wissen, was das bedeutet.«

»Wollte nur hören, Diktator, wie es läuft.«

»Bis jetzt sieht alles gut aus. Allerdings ist das ja auch erst der Anfang, Don.«

»Mach aber nur so lange, wie du wirklich brauchst. Rund um den Globus beschweren sich die Chefs schon jetzt bei mir, dass sie nur auf Autopilot handeln dürfen. Da geht uns einiges durch die Lappen.«

»Du willst doch nicht, dass uns etwas Substanzielles durch die Lappen geht, Donald, um in deinem Bild zu bleiben.«

»Natürlich nicht, sonst hätten wir diesen Stresstest nicht genehmigt.«

»Falls uns etwas durch die Lappen geht, wird es nämlich richtig teuer. Ein paar Trades weniger heute und morgen sind vertretbare Einbußen.«

»Carl, ich weiß, aber bring mir Risiko und Rendite in ein gewinnbringendes Verhältnis.«

»So einfach ist das nicht. Aber genau dafür hast du mich ja geholt.«

»Richtig, aber bitte nicht übertreiben«, verabschiedet sich Don. Da war sie wieder, denkt Carl, diese schleichende Gier bei Kramer, die er früher nicht bei ihm bemerkt hatte. Er nimmt sich ein Sashimi vom Teller und greift nach seiner Zeitung.

Erst kurz vor sechzehn Uhr kehrt Carl in die Kommandozentrale zurück. Inzwischen endet der erste Monat des Stresstests; fast acht Stunden oder vierhundertachtzig Minuten sind vergangen. Das macht vierhundertachtzig Stunden oder zwanzig Tage simulierte Marktentwicklungen.

Zurück an seinem Kommando-Schreibtisch, lässt er sich von Tim die ersten Ausdrucke über die Veränderung der Risikopositionen geben. Bis anhin haben sich offensichtlich alle gut und richtig verhalten, denn keines der einzelnen Wertpapiere hat die vom Gesamtrisikomanagement der Bank gesetzten Grenzen überschritten. Auch das Spezialteam der Integratoren, die die gegenseitigen Auswirkungen innerhalb der Gesamtbank beurteilt, gibt grünes Licht. Keine Region zieht eine andere derart weit nach unten, dass dortige Produkte in Mitleidenschaft gezogen werden; kein Produkt reißt so weit aus, dass auch an anderen Märkten Stop-Loss-Orders losgetreten worden sind. Carl ist mit sich und seiner Simulation zufrieden.

Tim hat auf den Listen allerdings um einen Block einen roten Kreis gezogen. Diese Produkte liegen zwar nicht außerhalb der Risikobegrenzungslinien, sind aber relativ dicht herangekommen. Es handelt sich um die aktuelle Holiri-Familie, die über den Ratio Driver besichert ist. Die Zweckgesellschaft steht zwar nicht in der Bilanz, gehört aber der Carolina Bank. Deshalb lässt Carl den Ratio Driver in der Simulation natürlich mitlaufen.

Die fünf Milliarden Dollar Holiris, die er Isabella Davis genehmigt hat, stecken mitten im Dauerstress, und dies, obwohl sie bester Triple-A-Kategorie sind. Fallender Dollar, geänderte Zinsen, Inflationsgefahren wegen sehr hoher Ölpreise und ein Konjunkturdämpfer sind für die neuen Wertpapiere, die mit verschiedensten Kreditarten unterlegt sind, offenbar zu viel auf einmal.

Die Holiris sind zwar ein mathematischer Hammer, wie Bensien anerkennen muss, aber Isabella Davis muss aus seiner Sicht zu viele Parameter berücksichtigen, die sich nicht so leicht in so genannte Varianz-Kovarianz-Matrizen abbilden lassen. So eine Matrix sieht aus wie ein überdimensionales Sudoku, bei dem jedes Kästchen mit allen anderen zusammenhängt.

Carl lässt sich die Holiri-Familie auf einen gesonderten Bildschirm holen. Er stresst nur diese Gruppe außerhalb des Simulationsprozesses noch einmal weiter und nimmt dabei das von Lehman und Davis geplante Volumen von dreißig Milliarden Dollar an. Bensien zieht die Zinsen der Fed noch einmal an und lässt die US-Wirtschaft weiter stagnieren. Jetzt kann er im Zeitablauf genau beobachten, dass diese Familie die Risikoschwellen der Gesamtbank bei Weitem überschreitet. Wie bei einem Atomunfall käme die Bank dem GAU immer näher.

Carl macht sich eine Notiz, weil er darüber nach Abschluss

des Simulationsprozesses mit Isabella Davis reden muss. Eine Holiri-Familie ist mit dreißig Milliarden viel zu groß, denn die Bank ist und bleibt der Garantiegeber für die Zweckgesellschaft Ratio Driver.

»Alle mal herhören«, ruft er in den War Room. Inzwischen ist es kurz nach achtzehn Uhr in New York, und seit zehn Stunden läuft die größte Simulation in der Geschichte der Carolina Bank.

»Das sieht bisher sehr gut aus. Wir lassen die jetzt alle den Rest des Tages und die Nacht weiterlaufen. Und ja kein Ton, falls sich einer meldet, dass es morgen früh gar nicht vorbei ist.«

DICTA-tor diktiert den Simulatoren weltweit auch über Nacht das Geschehen. Der schlechte Dollarkurs macht die USA billig, weiteres Kapital spült auf der Suche nach guten Renditen in die USA und das Leistungsbilanzdefizit wird immer schlechter. Die steigenden Zinsen sollen den Dollar allerdings wieder attraktiver machen und so eine gegenläufige Reaktion bieten. In Europa wird interessant zu beobachten sein, wie sich die gegenläufigen Entwicklungen der gestiegenen Rohstoffpreise bei einem schlechten Dollarkurs auf die Volkswirtschaften in der Eurozone auswirken.

Nachdem er einen finalen Checkup für den ersten Monat der Simulation vorgenommen hat, verabschiedet sich Carl aus dem Büro. Nur zwei Leute bleiben über Nacht als Wache in der Kommandozentrale, um ihn bei außergewöhnlichen Reaktionen in den verschiedenen Märkten durch die verschiedenen Händler zu informieren. Er bestellt die Truppe für morgen früh um sechs Uhr New-Yorker Zeit ins Büro; dann wird er zum großen Finale ausholen.

»Das ganze Programm ist keine Schikane für die Leute«, sagt er im Aufzug zu Tim, der mit ihm die Bank verlässt. »Wir wissen, dass Modelle die Realität nur im Rahmen der gesetzten Bedingungen abbilden. Was passiert aber, Tim, wenn eine ohnehin schon angespannte Weltwirtschaft von einem Strukturbruch so getroffen wird, dass das Modell eigentlich nicht mehr passt?«

»Sie suchen schwache Signale, Chef.«

»Genau, Tim. Das Problem bei solchen Analysen ist immer, schwache Signale aufzunehmen und die richtigen Konsequenzen zu ziehen. Sicher, dieser Hypothekenfinanzierer, der da letztlich in arge Schwierigkeiten gekommen ist, hat sich stark im Ramschsegment engagiert, aber kann das auch die guten Immobilienlagen treffen?«

»Keine Ahnung«, zuckt Tim.

»Ich weiß es auch nicht, und ich will es in der Realität auch nicht erleben müssen, aber zumindest einmal simulieren!«

In diesem Moment ist der Aufzug unten angekommen.

»Bis morgen, Tim. Und früh ins Bett heute, junger Mann.«

Überraschende Attacke

Kurz nach sechs Uhr am Freitagmorgen stehen achtundvierzig Risk-Manager aufgeweckt und euphorisch um das Halbrund von Bensiens Kommandostand. Die beiden Risk-Manager, die über Nacht das Geschehen beobachtet haben, hat Carl für ein paar Stunden nach Hause geschickt. Alle wissen, dass nun der wirklich große Moment der Simulation bevorsteht.

Carl drückt den roten Knopf des Mikrofons, über das er mit der gesamten globalen Simulationsgemeinde verbunden ist: »Guten Morgen, hier spricht Carl Bensien aus New York. Ich bin nach erster Sicht der Dinge sehr zufrieden, wie die aktuelle Simulation verlaufen ist. Wir haben fast drei echte Monate hinter uns, und die Bank steht immer noch, auch in der Simulation. Gratulation unsererseits«, versucht Carl die Stimmung aufzulockern.

Isabella ist aus dem Taxi zugeschaltet, da sie sich noch auf dem Weg ins Büro befindet, und rollt bei Carls Lob genervt die Augen. Schließlich war es gestern Abend doch sehr spät geworden, sodass sie erste Arbeiten heute Morgen von zu Hause aus erledigt hat.

Bensien setzt erneut an: »Wir haben hier in New York für diese Simulation den Codenamen ›DICTA-tor‹ vergeben. Dabei steht ›D‹ für den Dollar, ›I‹ für die Interest Rates und ›C‹ für die Commodities. Die massiven Parameterverschiebungen haben Sie alle zu meiner Zufriedenheit im Griff gehalten.« Die gestressten Holiris erwähnt Carl nicht.

»Wofür steht denn dann ›TATOR‹«, meldet sich eine Stimme aus dem Global Village.

»Danke der Nachfrage«, antwortet Bensien auf diese schöne Vorlage und fährt fort: »Wir verlängern diesen globalen Stresstest um weitere vierundzwanzig Stunden oder umgerechnet drei weitere echte Monate bis in den Sommer 2007 hinein.«

»Carl, was soll das denn?«, empört sich Isa sofort in die globale Konferenzrunde. »Wir haben doch alles simuliert, was du wolltest. Was soll denn noch passieren?«

»Das kann ich dir sagen, Isabella. Es ist jetzt sechs Uhr fünfzehn New-Yorker Zeit, und genau in diesem Moment explodiert im größten arabischen Ölverladehafen eine Bombe. Der Hafen wird für die kommenden drei Monate nicht zu benutzen sein. Der Ölpreis springt in den nächsten zwei echten Minuten um dreißig Dollar, für euch also in wenigen Sekunden. Alle amerikanischen Truppen rund um den Erdball werden in die erste Stufe der Alarmbereitschaft versetzt.«

Keiner wagt ein Wort. In das Schweigen hinein spricht der Chief Risk Officer: »›TA‹ steht für Terror Attack. Wir simulieren 9/11. Leider muss man heutzutage auch auf so eine Sache vorbereitet sein.«

»Und was soll das?«, tönt Isabella.

»Ich will sehen, was ihr daraus macht. Und ich kann euch sagen: Es passiert noch mehr in den nächsten Simulationsstunden. Auf gehts, Ladies and Gentlemen. Keine Ausrede, Dictator läuft weiter.«

Carl drückt auf den roten Knopf und beendet die Verbindung; das Letzte, was er jetzt will, ist eine unnötige Diskussion. In den nächsten Stunden feuert er aus allen Rohren. Er lässt weitere Anschläge verüben, die das weltweite Kommunikationsnetz zum Teil lahmlegen. Zwar werden deswegen nicht die Börsen geschlossen, wie es am 11. September 2001 beim Anschlag auf das World Trade Center der Fall war, aber zeitweise kann auch in der Simulation keinerlei Handel stattfinden.

Besonders kritisch ist, dass für gewisse Momente die Kommunikationskanäle zwischen den Banken nicht funktionieren und somit der wichtige Interbankenhandel massiv gestört ist. Die eigenen Netze sind überlastet, die fixen und mobilen Telefonleitungen ständig besetzt. Die Spreads zwischen Angebot und Nachfrage springen in die Höhe, das gegenseitige Ausleihen wird immer teurer und unsicherer.

Bensiens Mannschaft simuliert eine absolute Liquiditäts- und Vertrauenskrise. Die weltweiten Notenbanken greifen zu konzertierten Aktionen und stellen über kurzfristige Liquiditätszufuhr den Geldkreislauf wieder her. Der hochschießende Ölpreis würgt binnen kürzester Zeit die weltwirtschaftliche Entwicklung ab, und insbesondere die USA schlittern tief in eine Rezession.

Selbstverständlich senkt die Fed in der Folge massiv ihre Zinsen, aber die Auswirkungen auf die Kreditmärkte und ihre Auswirkungen auf die Realwirtschaft sind unübersehbar. Der Carolina Bank geht es bei ihrer Simulation zwar schlecht, aber sie überlebt, sofern man bestimmte Risiken zurückfährt. Genau das ist auch der Sinn der Sache. Welche Risiken sind in einer solchen Situation, wenn sie wirklich einträte, zu hoch? Carl beobachtet die Terminals ohne Unterbrechung, er will keine Einzelheit verpassen.

»Wir simulieren das, was Atomkraftbefürworter immer ausschließen«, sagt er zu Tim, der die ganze Zeit neben ihm steht.

»Das ist jetzt der größte anzunehmende Unfall, ein GAU

in einem Atomkraftwerk. Wir testen, wann der Finanz-GAU eintreten würde.«

»Aber wir simulieren nur unsere Bank, Chef. Was ist mit den anderen Banken in einer solchen Simulation?«

»Das können wir nicht, uns fehlen die Daten der anderen. Du hast mir das mit der Undurchsichtigkeit der OTC-Märkte ja am Wochenende noch einmal vor Augen geführt. Wir können darüber nur Vermutungen anstellen, Tim.«

»Welche Folgen ein solcher Meltdown für das Bankensystem hätte, falls es wirklich einmal eine Investmentbank erwischen sollte?«

»Genau. Das kann auch unser Modell nicht. Wir können nur berechnen, was wir tun müssen, damit es nicht dazu kommt.«

Carl lässt den Simulationsteams zunächst einmal Zeit, um im Verlauf der nächsten Stunden Positionen zu bereinigen, Liquidität zu sichern, ihre Kreditvergabe zu ordnen und um vor allen Dingen mit den massiv fallenden Kursen am Aktienmarkt zurechtzukommen. Es ist ihm gelungen, die Truppe mit einem Szenario zu beschäftigen, das ihnen bis zum Bersten Kopfschmerzen bereitet. Zwei geopolitische Krisenherde bei zunächst schwachem Dollar und steigenden Zinsen in den USA – da würden die Systeme rechnen müssen. Nun müssen die Simulatoren ihre Entscheidungen treffen, welche Marktentwicklung sie erwarten.

Am meisten interessiert Carl, wie sich diese Veränderungen auf den Basismärkten an den Börsen im indirekten Geschäft mit den Derivatemärkten auswirken. Was passiert mit Derivaten auf Aktien, wenn die Aktien selbst abschmieren? Und dies im großen Stil!

»Das Problem mit Derivaten ähnelt einem Billardspiel.« Dieses Beispiel nutzt er häufig – Tim kennt es, seit Carl ihm damit Isabellas Konstruktion der Holiris erklärt hat. Billard im Raum statt auf der Fläche. Heute Morgen geht alles über alle Bande, was zu überraschenden Ergebnissen führen kann. Auf seinen Bildschirmen erscheinen nun immer mehr rote

Punkte, Kreise, Kurven und Warnsignale, die Probleme rund um den Erdball anzeigen.

»Das ist nun wirklich ein Stresstest«, sagt er zu Tim.

In New York vergeht die tatsächliche Zeit bis Mittag wie im Fluge. Alle Risk-Manager starren auf ihre Bildschirme, die Kapitalmarktsöldner sitzen fluchend an ihren Terminals und setzen sich mit aller Kraft gegen die Angriffe zur Wehr. Um zwölf Uhr geht in New York der globale Stresstest der Carolina Bank auf dreißig Stunden oder umgerechnet fünfzehn echte Wochen zu. Somit befindet sich die Simulation mitten im April 2007.

Auch wenn Bensiens Leute nur beobachten müssen, merkt man ihnen langsam an, wie kräftezehrend die Simulation ist.

»Lass uns ein paar Minuten frische Luft tanken«, bittet Carl seinen Assistenten und geht zur Türe. Oberhalb des zweiundvierzigsten Stocks des Vorstandscasinos befindet sich eine Dachterrasse. Trotz der Januarkälte wärmt die Sonne die Gesichter der beiden Männer. Tim kann diesen Bereich nur betreten, wenn er Bensien begleitet.

»Was meinst du, Tim, wie sieht es bisher aus?«, fragt Carl.

»Ich glaube, wir haben alles, was wir brauchen, Chef. Aber eigentlich müssten Sie das mit allen anderen großen Investmentbanken abgleichen.«

»Das stimmt, aber dahinter stecken natürlich zu viele Betriebsgeheimnisse.«

Gerade will Tim antworten, als er eine bekannte Stimme hört.

»Carl, hier bist du«, ruft Kramer, als er auf die Terrasse tritt. »Ich habe dich gesucht.«

»Wir schnappen nur schnell etwas Luft. Hat Lehman sich schon beschwert?«

Don Kramer schaut auf Tim, der den Wink versteht: »Ich gehe schon mal zurück, Chef. Guten Tag, Mr Kramer.«

»Danke, Tim«, entgegnet der Big Boss.

»Die Leute draußen sind am Ende, Carl. Du quälst Sie seit

fast dreißig Stunden mit der Simulation. Ich kann dir gerne einmal ein paar Mails weiterleiten, die ich bekommen habe.« Beide stehen am Geländer, die Arme auf die Stange gebeugt.

»Die Wimps sollen sich nicht so anstellen. Du zahlst ihnen Millionen Dollar Boni«, antwortet Carl verärgert.

»Ganz abgesehen davon, dass wir seit zwei Tagen mit Autopilot handeln. Wir verdienen kaum. Muss das alles sein?«

»Wenn wir den Ernstfall testen wollen, dann muss das sein – ja!«

Carl wartet einen Moment, ehe er es endlich einmal ausspricht: »Und Gier ist kein guter Ratgeber, Don.«

»Das will ich selbst von dir nicht hören, mein Freund.« Dabei dreht sich Kramer zur Seite, damit er Carl direkt anschauen kann. Carl hält ihm Stand; er hat keine Angst vor Kramer.

»Gibt es ein Problem, Donald Kramer?«

»Die Märkte geben doch für deine Annahmen gar keinen Anlass, Carl! So detailliert hast du es dem Ausschuss gar nicht vorgestellt.«

Carl dreht sich leicht, sodass Don nun in die Sonne guckt: »Die Märkte werden es uns nicht sagen, wann sie sich ändern werden, Donald.«

»Wie meinst du das?«

»Weißt du noch, warum damals in Genf das Loch entstanden ist, für das Theodore Douvalier mich verantwortlich gemacht hat?«

»Sicher.«

»Dominik hatte falsch abgesichert, weil er amerikanische Realmärkte und Währungen nicht zusammenkriegte. Und das waren nur zwei, drei Parameter, die die Bank am Ende zweihundert Millionen Schweizer Franken gekostet haben.«

»Ich weiß.«

»Damals haben wir die gegenseitigen Verflechtungen unterschätzt, und ich habe Dominik nicht genug auf den Zahn gefühlt. Willst du, dass so etwas hier passiert? Auch du sähst dann ziemlich alt aus, Don. Deshalb diese Details, von denen du sprichst.«

Kramer schweigt, die vehemente Reaktion seines Freundes setzt ihm sichtbar zu. Und Bensien ist noch nicht am Ende.

»Du hast mich eingestellt, damit wir genau so etwas verhindern. Hier reden wir aber nicht nur über ein paar Hundert Millionen Schweizer Franken, sondern über ein paar Milliarden Dollar. Dafür kann ich die Söldner auch mal richtig stressen.« Beide stehen nun wieder nebeneinander mit dem Rücken zu Lily.

»Wie lange willst du noch weitermachen?«, fragt Don, der Carl gegen die gleißende Mittagssonne anblinzelt.

»Wir haben Pulver bis Samstagmorgen um acht Uhr. New-Yorker Zeit«, fügt Carl hinzu.

Kramer schaut Bensien seitlich über den aufgeschlagenen Mantelkragen an: »Sieh zu, dass es kürzer geht, Carl. Ich brauche die Leute noch. Und zwar ausgeschlafen am kommenden Montag.«

»Ja, aber du willst auch die Bank nachhaltig sichern, über die nächsten Montage hinaus. Und dazu brauche ich die Daten, Chef«, entgegnete Carl.

»Die Bank kann nur bestehen, wenn es gute Renditen gibt, Carl.«

»Die Bank bleibt aber nur bestehen, wenn die Renditen nicht zu risikoreich sind.«

»Manches Mal siehst du wirklich hinter jedem Trade ein Risiko, Carl.«

»Ja, denn jeder Trade hat ein Risiko. Ich muss es kennen und nötigenfalls begrenzen können. Zumindest muss ich dem Risikoausschuss und damit dir sagen, wie risikoreich wir fahren. Wenn es dir nicht passt, dann feuere mich. Aber lasse mich meine Arbeit machen.« Carls Blick ist unnachgiebig.

»Okay, Carl. Ich muss nur an alle denken.«

»Stimmt, an alle – auch an Pensionäre und Aktionäre. Guten Tag, Don.«

Als er geht, sieht er, wie unruhig Kramer ist. Weil ich Recht habe oder weil alle zu gierig werden?, fragt sich Carl.

Zurück im Büro merkt Bensien, dass er mit der Planung eines zweiten Stresstages richtig liegt. Während am ersten Tag die von der Gesamtbank vorgegebenen Parameter nur bis zum Bersten strapaziert worden sind, explodieren die Risikobeschränkungen jetzt an allen Ecken und Enden. Zwar wird das Geld wieder billig und der Dollar steigt wegen der Unsicherheit, aber die weltweiten Börsenkurse rutschen dramatisch in den Keller. Die Carolina Bank wäre pleite, wenn diese Simulation der Realität entspräche. Schon jetzt, gegen dreizehn Uhr oder im simulierten April 2007. Insbesondere die Hedgefunds machen Carl inzwischen große Sorge, da Funds und Banken sich gegenseitig nach unten ziehen. Die Kreditvergabe der Banken muss wegen der niedrigen Eigenkapitalpositionen zurückgefahren werden. Der Hebel der Funds funktioniert nicht mehr und damit wird dem Geschäftsmodell die Grundlage entzogen. Die Fundanleger ziehen wegen der schlechteren Rendite ihre Mittel bei den Hedgefunds ab, die wiederum ihre strukturierten Papiere abgeben müssen. Das drückt auf die Zweckgesellschaften, hinter denen die Banken stehen. Das wäre der Beginn des Teufelskreises, erkennt Carl, und macht sich eine weitere Notiz auf seinem Blatt.

Carl hat im Prinzip genug gesehen, er weiß nun, wie schnell es geschehen kann, dass das System zu wanken beginnt. Und ihm ist klar, dass ganz schnell Entscheidungen getroffen werden müssen, damit seine Bank in einer solchen Situation überlebt. Er richtet sich auf und drückt wieder den roten Knopf an seinem Kommandostand:

»Hier ist Carl Bensien aus New York. Ich habe genügend Datenmaterial für diesen zweiten Schritt sammeln können, den Sie alle gut gemeistert haben.«

Tim, der mit der roten Mappe unter dem Arm neben ihm steht, erkennt augenblicklich, dass sein Chef an dieser Stelle die Wahrheit etwas strapaziert.

»Wir können also an dieser Stelle abbrechen. Die Systeme

laufen noch bis vierzehn Uhr New-Yorker Zeit. Dann haben wir rund vier echte Monate, die wir simuliert haben. Sie können von vierzehn Uhr an wieder zurück ins reale Leben. Besten Dank allerseits.«

Rund um den Erdball lassen die Simulatoren hörbar die Luft ab. Vor allem die Asiaten sind völlig ausgelaugt, bei denen es bereits tiefe Nacht ist. In London ist es früher Abend, Isabella Davis wird wenigstens noch ein normales Wochenende mit ihrer Familie verbringen können. Sie schlüpft in ihre Ballerinas, die seit heute Morgen unter ihrem PC liegen, und beginnt sofort, ihre Sachen zusammenzuräumen.

Die Mannschaft im War Room steht rund um den Kommandostand und reagiert irritiert auf den vorzeitigen Abbruch. Carl Bensien drückt die Mutetaste, sodass ihn die Söldner rund um den Erdball nicht hören: »Leute, wir haben genug gesehen und können jederzeit neu ansetzen. Es reicht, mehr brauchen wir nicht.«

Erneut drückt er die Taste, sodass alle wieder zugeschaltet sind: »Danke noch einmal an alle. Ich werde Sie über das Ergebnis informieren, sobald wir die Datenmengen hier in New York komplett ausgewertet haben.«

Bereits am Freitagnachmittag studiert Carl Bensien die ersten Zusammenfassungen, die sein Team ihm vorlegt. Er braucht sich gar nicht lange über die Tabellen und Grafiken zu beugen, um das größte Problem der Carolina Bank zu erkennen. Es ist die geplante Holiri-Familie von Isabella Davis. Wenn dieser Typus ein Volumen von dreißig Milliarden Dollar bekäme, würde das jeglichen Rahmen sprengen. Die Holiris sind eine Wertpapierfamilie, die alle nach dem gleichen Muster gestrickt sind und viele Risiken miteinander kombinieren. Diese Risiken können sich gegenseitig infizieren und mutieren. Das streut dann wie eine Pandemie, analysiert Carl, was unter keinen Umständen passieren darf.

»Und nun, Tim?« Sein Risk-Assistent sitzt ihm gegenüber und ist ebenfalls über eine Kopie der Daten vertieft.

»Houston, wir haben ein Problem.«

»Wie bitte?« Carl ist nach wie vor nicht zum Scherzen aufgelegt, kann Tim an der Reaktion erkennen.

»Als Apollo 13 ihr Problem auf dem Weg zum Mond erkannt hatte, haben sie diesen Spruch an die Bodenstation übermittelt.«

»Wie ist es ausgegangen?«

Tim kann kaum glauben, dass Carl das nicht weiß. »Sie haben alles geändert und sind sicher zurückgekommen.«

»So will ich es auch, Tim.«

»Aber Apollo 13 ist nie auf dem Mond gewesen.«

»Das müssen wir auch nicht. Hauptsache, wir machen es auf der Erde richtig.«

»Bitte veranlasse, dass am Montag gegen Mittag eine Telefonkonferenz mit dem Risikoausschuss angesetzt wird. Bis dahin brauche ich alles auf Charts. Das Wochenende wird ziemlich arbeitsreich, junger Mann.«

»Soll ich Ihnen die Sachen nach Hause bringen, Chef?«

»Nein danke, Tim. Ich will mir das in Ruhe anschauen. Wenn ich die Auswertungen bis Sonntagmittag per Mail habe, mache ich mich am Nachmittag daran.«

Tim schweigt, denn Denise steht bereits an der Türe. Carl hat Denise von Don Kramer übernommen. Dort war sie Zweitsekrektärin in seinem Vorzimmer, sodass sie die ganze Struktur der Bank bestens kannte, als Bensien vor zwei Jahren als Chief Risk Officer zum Team stieß. Und Carl schätzt Denise von Anbeginn, weil sie viel mehr drauf hat, als der All-American-Girl-Eindruck vermuten lässt. Eine junge Frau mit Understatement – so etwas mag Bensien.

»Mr Bensien, ich habe die Hausdame Ihrer Mutter an der Leitung. Sie möchte Sie dringend mit Madame verbinden, wie sie sagt.«

Carl rollt die Augen; das hat ihm am Ende dieser Woche gerade noch gefehlt.

»Raus mit euch zwei und rein mit Fräulein Rey.« Seine Mutter beschäftigt tatsächlich eine Westschweizer Hausdame, die sich auf Deutsch als »Fräulein« ansprechen lässt.

Verdutzt blickt Carl auf die kleine Uhr der Schweizerischen Bundesbahnen auf seinem Schreibtisch, die immer die europäische Zeit angibt. Einundzwanzig Uhr!

»Bonsoir, Mademoiselle Rey.« Carl bevorzugt das Französische mit ihr; das klingt deutlich angenehmer als Fräulein. »Sie rufen spät an. Ist etwas nicht in Ordnung?«

»Bonsoir, Dr. Bensien. Ich denke, das wird Ihnen Ihre Frau Mutter sagen wollen. Darf ich den Hörer weiterreichen?«

Carl sieht seine Mutter vor sich, wie sie in ihrem Sessel im Erkerzimmer der Bensienschen Villa mit Blick auf den Zürichsee das Gespräch mit ihm führt. Für Carl war es in diesem stattlichen Patrizierhaus mit großem Umschwung immer zu eng, obwohl an Platz kein Mangel herrschte. Es war mehr die Enge des streng geregelten Tagesablaufs, die ihm zu schaffen machte.

»Danke, sehr gerne.« Es vergeht einen Moment, bis seine Mutter den Hörer in der Hand hält. Derweil schaut Carl auf die Freiheitsstatue und beschließt, auf dem Heimweg noch einen Halt bei Veronique einzulegen.

»Guten Abend, Carl.«

»Guten Abend, Mutter. Wie geht es dir?«

»Danke der Nachfrage. Mit mir ist alles in bester Ordnung.«

»Das freut mich, Mutter.«

»Claus ist heute zusammengebrochen.«

Carl richtet sich in seinem Stuhl auf. Umgehend hat er seinen älteren Bruder vor Augen, der an Weihnachten so fahrig wirkte, als er zum Familientreffen hinzugekommen war. Die Brüder waren sich fremd. Claus, fünf Jahre älter als er, wollte seinem Vater nacheifern, die Firma leiten und der Patron sein. Früh hatte der Vater gegen Carl, den eigentlich geeigneteren Bensien, entschieden und Claus als Firmenchef aufgebaut und noch bis zu seinem Tod bei bester geistiger Verfassung dem Junior über die Schulter geschaut. Seit Vaters Tod vor zehn Jahren war Claus allein für alles verantwortlich, und dies setzte ihm über die Jahre mehr und mehr zu. Claus war keine Führungspersönlichkeit, die eine renommierte Unternehmensgruppe leiten konnte, sein Bruder war nicht konsequent genug.

»Es muss ihm alles zu viel geworden sein, Carl. Es sind, wie unser Hausarzt sagt, die Nerven.«

Unausgesprochen weiß Carl, dass seine Mutter hofft, er würde bald kommen.

»Ich werde am nächsten Wochenende zu Hause sein«, entscheidet Carl innerhalb von Sekunden. »Früher geht es nicht. Ich habe Verantwortung hier.«

»Du hast auch Verantwortung für die Familie, mein Sohn.«

»Ich weiß, aber die Familie hat zweimal gegen mich entschieden.«

»Nicht ich, Carl.«

»So ist es, Mutter. Aber lassen wir das. Ich komme am Freitag über London.

»Ich schätze es sehr, dass du kommst.«

»Gute Nacht, Mutter.« Als Carl den Hörer auflegt, muss er lächeln. Er hatte sich mit allen angelegt, die sagten: »Das haben wir immer so gemacht, das machen wir auch weiter so.« Sie hätten aber auch auf ihn hören können – vor allem Onkel Theodore.

Wird Kramer auf mich hören, grübelt er, als er aufsteht und um seinen Tisch herumgeht. In seinem Büro sieht es aus, als hätte es jemand als Papierablage benutzt. Unendlich viele Ausdrucke mit Datenkolonnen der Zwischenergebnisse stapeln sich. Nahezu stündlich hatte Tim in den letzten beiden Tagen Berge von Datensätzen auf Papier in seinem Büro abgeliefert. In den kommenden Stunden sortiert und ordnet Carl Bensien die aktuellsten Daten. Als er kurz nach zwanzig Uhr das World Financial Center verlässt, ist sein Büro wieder aufgeräumt. Draußen ist es längst dunkel an diesem 19. Januar 2007 in Manhattan. Der rechte Moment für einen Stopp bei Veronique, denkt Carl.

»Setzen Sie mich bei Veronique ab, Pete.« Sein Fahrer, ein

pensionierter New York City Cop, fährt los. Er weiß, wo er hin muss.

Zickige Infonutte

Für siebzehn Uhr an diesem Freitagnachmittag hat Pearson auf Wunsch von Mitch den Termin mit Carla Bell in der Carolina Bank arrangiert. Aus seiner Sicht eine gute Zeit für ein heikles Gespräch – das Freitagsgeschäft ist erledigt, die meisten Angestellten befinden sich auf dem Weg ins wohlverdiente Wochenende und der »CityView« für Montag ist bereits vorproduziert. Nur mit Bensien hat Pearson nicht gerechnet; der hat diesen Stresstest ausgerechnet an diesem Tag verlängert. Damit hängt Isabella Davis an ihrem Schreibtisch fest.

Pearson überlegt kurz, den Termin zu verschieben, doch Mitch besteht darauf, die Frau zu sehen, die einen derart fragenden Ausblick auf das gerade begonnene Jahr geschrieben hatte.

»Mit der Kleinen werde ich auch ohne Isa fertig«, erklärt er Pearson am Telefon.

Robert dämmert sofort, dass Lehman an der Frau Interesse hat. Schließlich kümmert sich Lehman sonst nie so intensiv um Journalisten. Sogar das Exemplar des »CityView« mit ihrem *View of the Year* hatte er sich noch einmal besorgen lassen. Kein Online-Print, sondern die Druckausgabe vom 8. Januar, hatte Mitch ihn angewiesen.

Pearson kennt Lehman: Der General geht immer aufs Ganze! Er will nun wissen, wie weit er die Kleine in der Hand hat, schließlich ist sie mit Informationen »gekauft«.

»Jeder hat seinen Preis«, lautet seine Devise. Pearson wittert seine Chance, er würde liefern, denn genau das ist Teil seines Jobs. Mit den richtigen Mitteln kann man viel erreichen, vor allem einer wie er, der seine Haltung an der Garderobe der

Gier abgegeben hat. Robert giert nach Geld; Mitch, das weiß er zu nutzen, ist gierig und geil. Eine hübsche Kombination, denkt Pearson und setzt sein Spin-Doctor-Lächeln auf, als er auf Carla Bell zusteuert, die im Empfangsbereich der Bank wartet.

»Hallo, Carla«, ruft er ihr schon aus zwei Meter Entfernung zu und streckt seine Hand aus. Carla erinnert sich seiner feuchten Handfläche, als er vor Weihnachten in die Redaktion gekommen war, und versucht, dem Händedruck zu entgehen. Sie steht auf und greift ihre Tasche und Mantel. Es ist das erste Treffen seit ihrem Deal im »CityView«, doch Pearson ist Profi genug, das zu überspielen.

»Mr Lehman gewährt nicht viele Termine dieser Art, Carla. Aber für Sie macht er eine Ausnahme. Übrigens kann Mrs Davis, die Sie herzlich grüßen lässt, nicht teilnehmen. Sie muss einen anderen Termin wahrnehmen.«

»Danke, Robert. Ich weiß das zu schätzen.«

Ätzend, dieser Typ, verzieht Carla ihr Gesicht, als Robert vorausgeht. Auf dem Weg zu Lehmans Büro sieht Carla, dass Isabella Davis in ihrem Büro vor ihrem Terminal sitzt, über Lautsprecher redet und wild gestikuliert. Merkwürdig, hat er nicht gerade – doch sie stehen bereits vor Cindy.

»Bitte führe Mrs Bell in den Besprechungsraum«, bittet die Sekretärin Robert, während sie Carla die Hand zum Gruß reicht. »Es dauert noch ein paar Minuten.«

Carla, die Mitch Lehman noch nie im kleinen Kreis getroffen hat, sieht ihn durch die Glasscheibe in seinem Büro; Mitch dreht ihr den Rücken zu und telefoniert gerade.

Sie nutzt die Wartezeit, um ihre Notizen hervorzuholen, Robert tippt in seinen Blackberry. Als Cindy die Tür zu seinem Büro öffnet, um die Gäste zu avisieren, hört Carla Mitch sagen: »Dann versuche auf Bensien einzuwirken, Don.«

Lehman legt auf und wendet sich schwungvoll den Gästen zu. Während er Carla gewinnend lächelnd entgegengeht, bleiben ihr ein paar Sekunden, um ihren Eindruck von der Weihnachtsfeier aufzufrischen: smart, um nicht zu sagen gut aussehend, nur ein paar Kilo zu viel, kommt sie zum Schluss.

»Schön, dass Sie Zeit haben, Mrs Bell.« Der Aufenthalt in Hawaii hat Lehman eine samtige Bräune im Gesicht verschafft. Die rotblonden Haare sind von der Sonne ausgebleicht; dynamisch und voller Energie baut er sich vor ihr auf.

»Freut mich auch, Mr Lehman«, antwortet Carla und erwidert seinen Händedruck. Sie ist mit Absätzen fast genauso groß wie er; Carla blickt ihm direkt in die stahlblauen Augen.

»Ich hoffe, es wird Ihnen heute in meiner Nähe wieder schwindelig«, kokettiert Mitch in Anspielung auf die Weihnachtsparty.

»Ich denke, ich habe mich heute besser im Griff, Mr Lehman.«

Mitch beachtet Robert überhaupt nicht, der sich dazugestellt hat und die beiden um fast einen Kopf überragt.

»Hallo, Mitch«, versucht sich der Berater in die Runde einzubringen. Als Mitch sich ihm kurz zuwendet und »Hi, Rob« sagt, erkennt Pearson, dass Mitch zugenommen hat; die beiden sehen sich heute zum ersten Mal in diesem Jahr.

»Ich habe schon viel von Ihnen gehört und gelesen«, spricht Mitch leise und zeigt auf das Exemplar des »CityView«.

Carla Bell dauert der Händedruck etwas zu lange und Lehmans Blick ist ihr zu forsch. Solche Typen kennt sie von zu Hause. Auf dem Land sind die Sitten rau und die Anmache direkt, in London kommt noch das Ego der großen Stars hinzu.

Dass Lehman so ein big Ego ist, hätte ich mir gleich denken können, überlegt sie, als der Druck nachlässt, die Hand sich löst und alle drei sich setzen. Zwar hat sie mit Bankern inzwischen ein Jahr Erfahrung, seit sie beim »CityView« ist; allerdings spielt Lehman in der ersten Liga und ist ein anderes Kaliber. »Big Star amongst the Stars«, hatte ein Kollege vor Weihnachten über Mitch Pieter Lehman geschrieben.

Mitch nimmt am Kopfende Platz, Carla und Robert auf beiden Seiten gegenüber.

»Sie haben einen recht kritischen Ausblick für das Jahr

geschrieben. Wieso sind Sie so pessimistisch?«, kommt Mitch direkt zur Sache, während er sich zu Carla dreht und sich in seinem Stuhl zurücklehnt.

Selbst die zugeknöpften Spezialisten nehmen sich etwas Zeit für Smalltalk, nicht so Lehman, bemerkt Carla. Das Bein übergeschlagen, wippt er mit dem Fuß. Die Haare liegen auch am Abend noch akkurat; scheint ein starkes Gel zu sein, schätzt Carla, die sich im Sitz etwas aufrichtet.

Sie lässt sich absichtlich ein paar Sekunden Zeit mit der Antwort und mustert Lehman weiter. Ein Mann unter Strom, kraftvoll, arrogant. Nichts ist normal an ihm, selbst die Nägel nicht, mit denen der General auf dem Tisch leise zu klackern beginnt. Lehman erwidert die Musterung herausfordernd.

»Ging das zu schnell, Mrs Bell?«

»Nein, aber ich denke, bevor ich rede.«

Treffer, grinst Pearson, dem der Auftakt gefällt. Er könnte sich eine solche Bemerkung nie erlauben, und für eine Sekunde bedauert er das.

Lehman richtet sich nun ebenfalls im Stuhl auf und beugt sich vor. »Und, was denken Sie?«

»Ich denke zunächst einmal, dass ein Tee oder zumindest ein Wasser vielleicht nicht schlecht wäre, oder? Nicht, dass mir doch noch schwindelig wird. Man soll viel trinken, Mr Lehman«, Carla lächelt fein.

Zweiter Treffer! Lehman fällt zurück in die Stuhllehne. Pearson kann sich sein Schmunzeln nun doch nicht mehr verkneifen. Im nächsten Moment erstarrt der PR-Guru, denn Mitch dreht sich zu ihm um: »Das wäre dann wohl deine Abteilung. Könntest du dich um die Gesundheit unseres Gastes kümmern?«

Pearson steht wie von einer unsichtbaren Hand am Kragen hochgezogen auf und geht hinaus, um bei Cindy Tee, Wasser und Gebäck zu bestellen. Als er sich wieder zurück an seinen Platz begeben will, feuert die Journalistin völlig uneingeschüchtert den dritten Treffer ab. Sie hat im Laufe des letzten Jahres gemerkt, dass ihre Coolness einen angenehmen Schutzpanzer gegenüber den forsch auftretenden Bankern bietet.

»Was ist hier eigentlich los? Mrs Davis gestikuliert wild und rauft sich die Haare, statt an diesem Gespräch teilzunehmen. Und Sie wollen irgendjemanden auf irgendeinen anderen einwirken lassen.«

»Gut gelauscht«, kontert Lehman, der nun erst einmal eine Sekunde überlegt, was er Carla antwortet. »Wir führen zur Zeit einen routinemäßigen Stresstest durch. Und der dauert mir schlicht zu lange, sodass ich Druck mache, damit bald Schluss ist und wir uns dem widmen können, wofür wir da sind.«

»Druck erzeugt Gegendruck, Mr Lehman.«

»Man muss nur fest genug dagegenhalten, Mrs Bell. Dann kann kein Gegendruck mehr aufkommen«, faltet er seine Hände und drückt dabei die linke mit der rechten Hand weg.

»Physikalisch leider unmöglich, Mr Lehman.«

»Physik interessiert mich nicht, nur die Märkte und ihr Risiko zählen.«

»Könnte ziemlich riskant sein, Mr Lehman.«

»Wir wissen, was wir tun, meine Leute sind die besten im Markt.«

Keiner senkt den Blick, Carla zuckt nicht einmal, wie Robert erstaunt beobachtet.

»Ich bin nicht pessimistisch.«

»Wie bitte?«

»Na, Ihre Frage.«

»Oh«, antwortet Mitch, leicht aus dem Konzept gebracht von dieser widerspenstigen jungen Dame.

Carla hat Blut geleckt. Selten war sie einem der Starbanker so nahe gekommen wie in diesem Moment Mitch Lehman. Das wollte sie auskosten: »Ich denke nur, dass sich der Zyklus dreht und dass man im Handel dann weniger verdient. Außer, man erhöht das Risiko.«

»Stimmt nicht. Man muss das Risiko nur besser managen

und verteilen. Dann geht das auch bei drehenden Märkten. Genau das macht Mrs Davis für mich.«

»Deshalb hätte ich ja auch gern mit ihr gesprochen«, lächelt sie Mitch an. Das sitzt, doch Pearson verzieht aus Sicherheitsgründen keine Miene mehr. Bloß kein unnötiges Risiko eingehen. Mitch bleibt gelassen.

»Robert, geh doch mal rüber zu Isas Sekretärin und vereinbare einen Termin für unseren Gast«, sagt Mitch, ohne den Blick von Carla zu nehmen. Er mustert sie von oben nach unten und wieder zurück, bis er bei ihren Brüsten hängenbleibt. Das passiert Carla nicht zum ersten Mal, aber so dreist ist selten jemand. Sie verschränkt die Arme, Mitch schaut ihr wieder in die Augen. Ob Ashton auch so ein Typ ist, schießt es Carla plötzlich durch den Kopf. Da ist er wieder, dieser Name aus der Vergangenheit. Der Gedanke bringt das Gespräch mit ihrem Vater zurück. »Lass die Dinge ruhen«, hatte ihr Vater geraten.

»Ich brauche dich dann nicht mehr, Robert. Ich kümmere mich um Mrs Bell.«

Die Ansage ist klar, Widerspruch wäre fatal. Carla kann die Schadenfreude darüber, wie Lehman mit Pearson umspringt, nur mit großer Anstrengung unterdrücken.

»Auf Wiedersehen, Robert. Mailen Sie mir den Termin?« Carla winkt Robert zu, ohne ihn dabei anzuschauen, damit er nicht auf die Idee kommt, ihr die feuchte Hand zu geben.

Carla wendet sich wieder zu Lehman: »Momentan läuft alles gut an, aber schon 2001, beim Zerplatzen der Internetblase, wurden doch alle kalt erwischt.«

»Stimmt, aber wir haben heute bessere Systeme. Außerdem sind wir auf alle Situationen vorbereitet. Das ist bei uns eben Business as usual, Mrs Bell.«

»Bis zum Beweis des Gegenteils, Mr Lehman.«

»Sie sind schwer zu überzeugen.« Mitch steht auf und geht um den Besprechungstisch herum auf sie zu.

»Ich habe so meine Meinung über Banker.«

»Vielleicht können wir das einmal ausführlicher bei einem

Abendessen besprechen?«

»Meine Meinung über Banker, Mr Lehman?«

»Das auch«, grinst Mitch.

»Und was ist mit Mrs Davis?«

»Die brauchen wir dazu nicht.« Mitch steht nun direkt vor ihren übergeschlagenen Beinen. Charmantes Lächeln, insgesamt sportlich, taxiert Carla ihn und schaut mit Absicht etwas länger auf seinen Hosenschlitz. Cool bleiben, denkt sie.

»Warum sollte ich mit Ihnen essen gehen?« Noch ehe die Sache unheimlich werden kann, wendet sich Lehman ab und geht in Richtung Glaswand.

»Ich mache Ihnen einen Vorschlag: Sie bekommen über Pearson alle notwendigen Kontakte zu unserem Risk-Management in New York und zu Isas Team hier.«

»Hört sich gut an.«

»Und ich bekomme im Gegenzug ein Abendessen mit Ihnen«, spricht er gegen die Glaswand, in der sich Carla wegen der Lichteinstrahlung leicht spiegelt.

»Vergessen Sies, ich stehe nicht auf solche Spiele.« Sie steht auf und packt ihre Sachen zusammen.

»Das ganze Leben ist ein Spiel, Mrs Bell.«

»Ich spiele gerne, Mr Lehman, aber nur intelligente Spiele.«

»Schade eigentlich«, dreht sich Lehman zu ihr um und drückt auf den Knopf in der Trennleiste, die zwei Scheiben voneinander trennt.

Carla erschrickt im Halbdunkel der geschlossenen Jalousien, doch sie ist schon fast an der Türe angelangt.

»Wie von mir geschrieben, Mr Lehman. Business is never usual«, stößt sie schnell hervor und dreht sich noch einmal zu Lehman um, um ihn ihre volle Größe spüren zu lassen.

»Wir sehen uns wieder, Carla.« Schon lange hat er nicht mehr so viel riskiert, um eine Frau anzumachen, Carlas verbale Attacken genießt er ausgesprochen.

»Hoffentlich nicht so bald, Mr Lehman. Danke«, sagt sie,

und ohne dass Lehman überhaupt Anstalten macht, sie zu begleiten: »Ich finde alleine hinaus.«

Lehman geht hinüber in sein Büro und schaut Carla mit dem Fernrohr nach. Er zoomt auf ihren Hintern, bis sie aus seinem Blickfeld verschwunden ist. Anschließend dreht er das Rohr und schaut in Isas Büro hinüber. Die fährt sich gerade mit den Händen durch die Haare und scheint aufzuatmen, ihr Gesicht wirkt erschöpft, sie lässt den Kopf nach unten sinken.

»Cindy, gib mir Pearson«, ruft Mitch durch die offene Türe.

Als sie den PR-Berater in der Leitung hat, hört Cindy ihren Boss: »Robert, gib der kleinen Bell das volle Programm. New York, Davis, exklusive Sachen und so weiter. Die Kleine zickt noch.«

Inzwischen muss sich Isabella nicht mehr wehren: »Stresstest vorbei. Alles okay. Rest am Montag. Komme etwas später«, schreibt sie in einer Mail an Lehman, bevor sie dem Handelssaal für das Wochenende den Rücken kehrt.

Das Komplott der Holiris

Am folgenden Montag lässt sich Bensien zur frühen Mittagszeit in einer Telefonkonferenz mit den Mitgliedern des Risikoausschusses verbinden. Don Kramer und er sitzen sich in einem eleganten Besprechungsraum der Carolina Bank im World Financial Center gegenüber – als einzig Anwesende aus der obersten Etage. Finanzvorstand Allen Smith wird in wenigen Augenblicken aus San Francisco zugeschaltet, wo er an einem Investorentreffen teilnimmt. Alle anderen sind externe Mitglieder des Aufsichtsrats, die auf die Schnelle aus ihren Büros zugeschaltet worden sind.

Die Diskussion dauert nicht lange, Carl hat alles vorbereitet und die Charts bereits am Morgen den Mitgliedern elektronisch übermitteln lassen. Nach einer kurzen Erläuterung stimmt der Ausschuss seinem Vorschlag zu, den er unmittelbar umsetzen will: nur fünfzig Prozent des geplanten Volumens für die Holiris freizugeben – fünfzehn Milliarden Dollar. Gemischt aus sieben Komma fünf Milliarden Immobilienverbriefungen und sieben Komma fünf Milliarden Dollar anderer Kreditarten, die die Bank ohnehin als Ersatzgeschäfte in eine Zweckgesellschaft weiter ausbuchen will, um das Eigenkapital zu schonen. Die dann noch vorhandenen sieben Komma fünf Milliarden Dollar Immobilienverbriefungen soll Isabella Davis verkaufen.

»Danke und auf Wiedersehen«, beendet Kramer als Vorsitzender die Sitzung. Mürrisch fragt er seinen CRO, nachdem sich die anderen verabschiedet haben: »Muss das wirklich sein, Carl?«

»Unbedingt, Don. Wir halbieren damit unser Subprime-Engagement und mischen noch die reinen Immobilienverbriefungen neu.«

»Und das geht nicht mit dreißig?«

»Nein, unmöglich. Meiner Ansicht wären fünf Milliarden genug. Denk an die Garantien der Bank für die Zweckgesellschaft.«

»Okay. Mit fünfzehn ist hoffentlich allen gedient, Carl. Ein bisschen mehr Rendite tut uns allen gut, um gegen die anderen bestehen zu können.«

»Vergiss nicht, dass ich nur fünf wollte, wenn es schief geht, Don.«

»Ich lasse dich nicht hängen, Carl.«

»Hat Dominik damals auch gesagt.«

»Ich heiße Don, nicht Dom.«

»Vergiss es nicht, Don.«

Bereits im Gehen sagt er: »Ich rufe gleich Isabella an.«

»Dann werde ich wohl fünf Minuten später Lehman am Telefon haben.« Don Kramer steht auf, nimmt sein Jackett und zieht es über seinen fülligen Oberkörper.

»Da ist mir Davis deutlich lieber, Don. Aber du bist ja auch unser großer Häuptling.«

Isabella Davis wartet schon den ganzen Tag auf Carls Anruf, wegen der Zeitverschiebung ist es bereits Abend in London. Selbstverständlich ist auch ihr aufgefallen, dass ihre Holiris schon am ersten Tag in der normalen Stressrunde an die Grenzen gestoßen sind, die ihr die Gesamtbank erlaubt. Unter den Bedingungen der globalen Attacke häuften die Holiris riesige Wertverluste an. Ganz offensichtlich hatte sie bei der Konstruktion doch zu aggressiv kalkuliert, ein solches Ereignis würde ihr Baby in der Realität nicht überleben. Der Value at Risk der noch jungen Holiri-Familie ist besorgniserregend hoch.

»Die Matrizen mit den vielen Variablen kannst du nicht im Griff halten«, will Carl das Gespräch beschließen. Für ihn ist die Diskussion damit beendet. »Fünfzehn Milliarden Dollar sind die absolute Obergrenze. Damit halbieren wir unser Volumen und nehmen noch andere Kredite aus der Bilanz. Das ist so beschlossen.«

»Da wird sich Mitch aber freuen, Carl.«

»Wenn es nach mir gegangen wäre, hättet ihr nur die bereits genehmigten fünf Milliarden erhalten. Einen schönen Abend, Isabella.« Carl legt auf, heute würden sie ohnehin keine Freundlichkeiten mehr austauschen.

Isabella will es gleich hinter sich bringen und begibt sich zu Mitchs Büro. Der General ist außer sich; schon von Weitem hört sie ihn toben, da Kramer ihn bereits angerufen hat. Als sie sein Büro erreicht, knallt Mitch gerade den Hörer auf die Gabel.

»Verflucht«, er stampft auf den Boden.

»Und jetzt?«, faucht er wütend. Schließlich will er 2007 sechs Milliarden Dollar machen, die ohne die Holiris im geplanten Volumen kaum erreichbar sind. Und ohne eine Sechs als erste Renditeziffer steigen die Boni auch nicht weiter. Das ist Mitchs eigentliches Problem.

»Ich werde die Holiris nur auf fünfzig Prozent im Ratio

Driver auslegen, so wie offiziell gewünscht. Den Rest packe ich in eine neue Zweckgesellschaft, Mitch.«

»Und wie soll das gehen, wenn die den Hahn zudrehen? Woher soll die Beimischung denn kommen, meine Liebe?«, blafft der General zurück.

»Höre doch erst mal zu. Mit der Vorgabe bleibe ich in dem von Bensien gesteckten Rahmen, da er Ratio Driver kennt und im Prinzip absichern müsste. Deshalb will er uns auch nur fünf Milliarden genehmigen. Also lassen wir es bei den fünfzehn Milliarden. Den Rest nehmen wir einfach in eine neue Gesellschaft, von der niemand etwas weiß.«

»Wie, Isa?«

»Ich gründe sie einfach. Das ist gar kein Problem auf den Cayman Islands. Wir heben die zweite Hälfte der Immobilienverbriefungen von sieben Komma fünf Milliarden Dollar einfach rüber, statt sie zu verkaufen. Die anderen Kreditarten, die wir zum Mischen brauchen, sammeln wir bei unserer Truppe zusammen oder kaufen den Rest dazu.«

»Und womit sollen wir das bezahlen?«

»Du wirst doch wohl noch eine Zwischenfinanzierung hinbekommen?« Mitch kann es überhaupt nicht leiden, wenn jemand an seinen Fähigkeiten zweifelt. Seit seinen Auto-Opferstock-Swap-Deals weiß Mitch immer, wie man sich Geld leihen kann, ohne dass es jemand merkt.

»Zudem werde ich die schlechteren Risiken in den Holiris in die neue Zweckgesellschaft rübernehmen, die dafür allerdings höhere Rendite bringen. So können wir diese Holiris für die Hedgefunds attraktiver machen und profitieren noch mehr davon, weil die Margen besser sind. Und ich gehe wirklich nicht davon aus, dass wir eine Bensiensche globale Politkrise bekommen, die mir meine Knock-out-Schwellen kaputt machen.« Isabella senkt ihre Stimme und betont jedes Wort so, dass Mitch ihr das auch wirklich abnimmt.

»Am ersten Tag des globalen Stresstests bin ich nämlich noch mit dem Gesamtgebilde innerhalb der Risikoparameter geblieben, Mitch. Du musst dir keine Sorgen machen. Es wird alles funktionieren. Wie immer«, lächelt sie ihn an und legt ihm zwei Überweisungsträger vor.

»Unterschreibe hier, dann kann ich die sieben Komma fünf übertragen. Das merkt kein Mensch, weil wir beide Generalvollmacht haben. Und wenn wir über das aus Ratio Driver ›ausgeliehene‹ Kapital für die Übertragung cash wieder einfahren, haben wir ein schönes, nur uns beiden bekanntes Polster von sieben Komma fünf Milliarden Dollar in der neuen Zweckgesellschaft«, strahlt Isabella ihn an.

»Aber wir müssen auch Zweckgesellschaften, Absicherungen und Ausfallversicherungen melden, oder?« Mitch nimmt einen Stift zur Hand, zögert aber mit der Unterschrift. Bislang hat er seine Tricks immer ohne Zeugen durchgezogen.

»Ja, aber –«

»Was meinst du mit aber?«

»Ich lasse mir für die Besicherungen noch etwas einfallen.«

»Und das geht, Isa?«

»Ja; denn das ist Financial Engineering, Mitch. Ich mache mich gleich an die Arbeit.«

Mit einer schnellen krakeligen Unterschrift bringt Mitch es hinter sich. Der Gedanke an eine Sechs vor dem Komma lässt ihn unvorsichtig sein. Außerdem hat sich Isabella tatsächlich noch nie verzockt.

Im Dunkel des Januarabends schlendert Isabella zufrieden zurück in ihr Büro. Sie wirft die Türe hinter sich zu, dimmt das Deckenlicht und setzt sich an ihren Schreibtisch. Aus der Schublade zieht sie ein paar weiße Zettel und nimmt ihren Faber-Castell-Bleistift hervor. Sie spitzt ihn lange, dann zieht sie die Schreibtischlampe über die weißen Blätter, stützt den Kopf auf die linke Hand und beginnt zu zeichnen.

Noch immer wundert sie sich, wie sehr die Holiris gestresst worden sind. Bensien ist schon ein schlauer Fuchs, denkt sie anerkennend, während sie die ersten Striche zieht. Oben eine Querlinie, darunter in der Mitte eine senkrechte Linie – wie ein großes »T«.

Er hat für den Test eine durchaus glaubwürdige, wenn

auch obskure Mischung aus ökonomischen Parametern zusammengestellt, sinniert Isa. Insofern ist sie zum Handeln gezwungen. Ohne Umstrukturierung hat die Bank zu viel Subprime im Immobiliengeschäft unterlegt, mit Umstrukturierung will Bensien ihr nicht das benötigte Volumen erlauben. Auch nicht durch eine neue Mischung, die ihm offensichtlich zu explosiv ist.

Als Physikerin denkt Isabella eine Sache immer ganz von Beginn an durch, am liebsten mit handschriftlichen Notizen. Das erste »T« ist für die Bilanz der offiziellen Zweckgesellschaft Ratio Driver reserviert, in der momentan noch fünfzehn Milliarden Dollar Subprime-Verbriefungen auf der Aktiv- und ein entsprechend gleich hohes Volumen an Finanzierung auf der Passivseite stehen, für die die Bank die Garantie übernommen hat. Als Nächstes zieht sie einen langen Pfeil von der linken Aktivseite des »T« nach unten, malt ans Ende ein zweites »T« und schreibt TYL für Ten Years Later oben drüber, alles in Rot. In die linke Seite dieses TYL-»T« setzt sie 7,5 Milliarden Dollar Subprime ein. Isa legt den Bleistift zur Seite, nimmt wieder den roten Filzer zur Hand, ergänzt die 7,5 mit einem kleinen Kreuz und schreibt »Unterschrift von Mitch und Isa« daneben.

Als sie wieder den Bleistift zur Hand nimmt, holt sie sich zunächst ein Wasser von ihrem Besprechungstisch. Mit der linken Hand am Kinn malt sie ein weiteres »T« rechts neben das erste und schreibt Ratio Driver NEU daneben. Sie notiert ebenfalls 7,5 Milliarden Dollar auf die linke Aktivseite und streicht mit einem erleichterten Seufzer die ursprünglichen 15 Milliarden beim ersten T-Konto durch. Unter die 7,5 im Ratio Driver NEU kommt eine zweite 7,5 auf die linke Aktivseite und auf der rechten Passivseite hält sie »15, Finanzierung unverändert mit Garantie der Bank« fest, dann macht sie mit Schwung einen Haken daran.

»Soweit das offizielle Umbuchen«, spricht sie mit sich selbst. Als sie aufschaut, sieht sie Mitch, der gerade das Büro verlässt; nun wird sie niemand stören. Ohnehin würde es außer Mitch keiner wagen, einfach bei Isa reinzuplatzen, wenn die Türe geschlossen ist und sie konzentriert am Schreibtisch strukturiert. Schnell macht sie sich noch unter Ratio Driver NEU die Notiz: »Verkauf an Funds ohne Ausfallgarantie, da nur Senior-Tranchen. Cash-Eingang 15, Rücknahmegarantie ersetzt Liquiditätsgarantie.«

»Das ist der gesamte offizielle Teil«, redet sie wieder und schaut durch die Glasscheibe auf ihre Sekretärin.

»Agnes«, ruft Isabella sie herein, »du kannst ruhig nach Hause gehen. Ich brauche dich heute nicht mehr.«

Agnes Thomas gehört zu den wenigen Frauen, die sich weder mit Make-up noch mit Kleidung aufdonnern. Vom Alter her sogar etwas jünger und attraktiver als Mitchs Cindy, setzt sie ihre grauen Haare als Abwehrstrategie gegen die Männer ein.

»Okay, Isabella«, schaut sie ihre Chefin an. »Alles okay?«

»Sicher. Wieso? Ich muss nur noch etwas umstrukturieren. Dann gehe ich auch nach Hause.«

»Sicher?«

»Wieso fragst du?«, blickt Isabella überrascht hoch.

»Nur so. Solche Sachen machst du doch sonst am großen Flipchart, Isa«, antwortet Agnes und zeigt auf die großen weißen Bögen auf der Stafette.

»Nein, alles bestens. Ich habe es nur im Rücken«, lügt Isa und fasst sich an die Nieren. »Nur ein paar strukturelle Probleme. Alles im Lot, Agnes. Schönen Abend«, Isa beugt sich bereits wieder über ihre Zettel.

Agnes weiß, dass sie nun besser gehen sollte, weil Isa sonst ungehalten werden kann. Sie fragt nicht weiter nach und schließt die Türe. Als sie wenige Minuten später das Vorzimmer verlässt, hat Isa beide Hände unter das Kinn gestützt und betrachtet ihre Zettel mit den T-Konten.

Auf dem weißen Zettel ist es inzwischen deutlich roter und unübersichtlicher geworden, sodass wohl nur noch Isabella selbst das alles nachvollziehen kann. Ein Pfeil zeigt vom Ratio Driver NEU zur TYL, wo eine rote 15 steht, an den sie dick CASH SWAP in großen roten Buchstaben schreibt. Das Kapital zur vertuschten Finanzierung leiht sie sich einfach zwischendurch über ein Austauschgeschäft vom Ratio Driver NEU. Und auf der linken Aktivseite des TYL-»T« steht noch mal eine 7,5 und »einsammeln« drunter, alles in Rot.

Ganz unten, ebenfalls in Rot unter einem Querstrich: »Später 15 Milliarden Holiris Junior verkaufen und Garantie der Bank.« Dann kann sie den CASH SWAP wieder zurückgeben.

»Keiner merkts«, flüstert sie und fügt mit einem zweiten Sternchen an TYL hinzu: »Unterschrift Mitch und Isa, selbes Verfahren wie bei Ratio Driver NEU, nur hier Verkauf an risikoreiche Hedgefunds, Cash zurückswapen und Rücknahmegarantie der Bank.« Als Isas Blick durch ihr Büro schweift, bleibt sie an der Karaffe im Regal hängen, steht auf und gießt sich einen kleinen Sherry ein. »Kann ich gebrauchen«, seufzt sie.

Als sie sich wieder in ihren Schreibtischstuhl fallen lässt, nimmt sie den grünen Filzer zur Hand. Unter das TYL-»T« malt sie noch ein CayCon-»T« und schreibt CDS auf die rechte Seite, versehen mit einem dritten Sternchen: »Gefälschte Unterschrift von Mitch plus meine.« Von den CDS zieht sie einen Pfeil zu den 15 Holiris Junior auf der linken Seite von TYL, da sie diese schlechten Papiere gegen Ausfall absichern muss. Das kann und will sie Mitch nicht sagen.

»Wo bekomme ich nur das Vermögen für die Ausfallversicherungen her?« Sie steht auf und holt sich einen zweiten Sherry. Als sie wieder vor ihrem Schreibtisch steht und von oben auf die T-Konten schaut, lacht sie, zieht mit Nachdruck einen dicken Strich vom Cash aus TYL zur linken Aktivseite von CayCon: Wenn das vertuschte Holiri-Volumen bei TYL drin ist, leiht sie es einfach wieder weiter.

»Irgendetwas zwischen Teufelskreis und Schneeball, aber es müsste funktionieren, ein Doppel-Cash-Swap«, hebt sie ihr Glas und schreibt das an den zweiten grünen Pfeil. »Well done, Isa«, prostet sie sich mit dem zweiten Sherry zu. »Bleistift ist Bensien. Rot sind Mitch und ich, grün kenne nur ich«, setzt sie sich wieder und betrachtet mit beruhigtem Blick ihr Werk, ehe sie zum Hörer greift; sie ist eine der wenigen, die Lehmans Handynummer kennt: »Ich habs, Mitch.«

»Was«, hört sie ihn sagen. Ihr ist klar, dass sie ihn stört, und bei was, kann sie sich denken.

»Nur kurz: Wir machen das Ganze über einen Cash Swaps, sodass keiner merkt, dass wir eine zweite Zweckgesellschaft aufgelegt haben.«

»Sonst nichts?«, hört sie ihn ungeduldig fragen.

»Sonst nichts, mehr musst du nicht tun. Den Rest übernehme ich«, antwortet sie und malt dicke Buchstaben an ihre persönliche Zweckgesellschaft CayCon, während sie abwartet, ob Mitch noch etwas sagt.

»Na dann bis Morgen, Isa.«

Als Isa aufgelegt hat, ergeben die Buchstaben ein Wort, ganz dick in Grün: SECRET.

Isa lehnt sich in ihrem Stuhl zurück und schaut noch einmal auf die neue Struktur. »Könnte klappen, solange die Zinsen mich nicht k.o. schlagen«, murmelt sie vor sich hin. Der Blick auf die Lange Eins zeigt zweiundzwanzig Uhr. Sie steht auf und lockert ihren steifen Rücken mit einigen Bewegungen wie eine Schattenboxerin.

Mitten in der Bewegung erinnert sie der Ton ihres Blackberrys an ihre morgigen Termine. »Halb sieben. Luir« blinkt der erste auf ihrem Display. Morgen wird die erste Schicht abgetragen, um ihr wahres Gesicht zum Vorschein zu bringen.

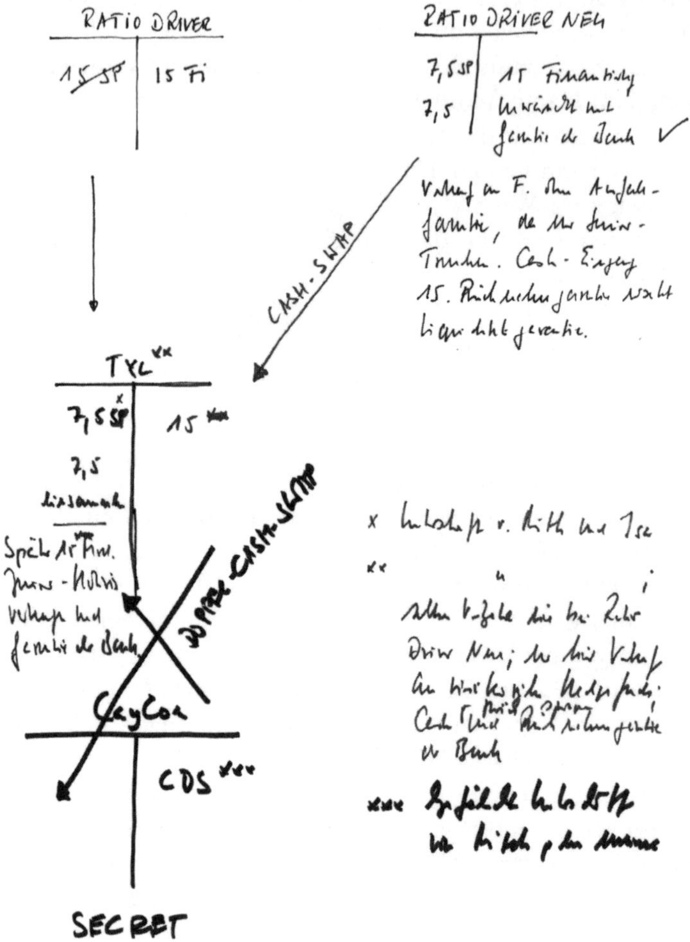

Das Komplott der Holiris

Hot Summer in the City

Downgrade unter dem Nanolaser

Agnes Thomas und Cindy Fitzpatrick belauern sich schon den ganzen schwülen Sommertag. Seit Wochen heizen die Temperaturen den Asphalt in der City auf. Kaum ein Pflänzchen spendet kühlenden Schatten, die Bürotürme aus Stahl, Glas und Beton werfen die Sonnenstrahlen gnadenlos zurück auf die stöhnenden Passanten. Wer es sich leisten kann, flüchtet, wann immer es geht, aufs Land oder versucht, die klimatisierten Räume so selten wie möglich zu verlassen.

Auch wenn im Handelssaal der Carolina Bank die Klimaanlage auf Hochtouren läuft, dringt die feuchte Hitze, die das Londoner Finanzzentrum eingekesselt hat, durch alle Ritzen. Besonders an diesem 15. Juni 2007.

Agnes, Isas PA, gilt im Handelssaal als eine Art Second Lady. Sie herrscht über den Kalender ihrer Chefin, so wie Prima Donna Cindy über Mitch Lehmans Termine bestimmt. Die letzten Wochen hat Isabella viel Zeit bei Hedgefund-Managern rund um die Welt verbracht und längere Reisen nach New York, San Francisco, Tokio, Schanghai, Singapur und sogar nach Australien unternommen.

»Mitch braucht Isa.« Da Cindy grundsätzlich den Hörer zur Hand nimmt, statt die fünfzig Meter, die sie vom Platz ihrer Konkurrentin trennen, zu laufen, kann Agnes an ruhigen Tagen Original und Übertragung hören. An diesem Freitagnachmittag ist es still. Doch Agnes ahnt seit geraumer Zeit, dass irgendetwas passieren wird; die unterschwellige Nervosität, die seit Tagen durch die Gänge wabert, und Isabellas gereizte Stimme sind untrügliche Zeichen dafür, dass etwas in der Luft liegt.

»Nicht da«, antwortet Agnes auf Cindys Frage und wirft ihr weißes Haar mit einer betont lässigen Geste in den Nacken, weil sie weiß, dass Cindy sie beobachtet. Mit ihrer Handbewegung unterstreicht Agnes die Unaufgeregtheit, die ihr und Isa eigen ist und die Cindy und dem zuckenden Mitch hingegen völlig abgeht. Bloß nicht zeigen, dass ihre Chefin besorgt sein könnte; Agnes gibt sich geradezu stoisch gelassen.

»Es ist dringend. Hol Sie ans Handy«, wird Cindy nun bestimmend und schickt einen auffordernden Blick quer durch den Saal Richtung Isas Vorzimmer.

»Geht nicht. Incommunicable.« Allein wegen solcher Vokablen schätzt Isa ihre PA.

»Die Ratings fallen plötzlich und dramatisch. Keine Spiele jetzt, Agnes. Mitch tobt und New York spielt verrückt. Und keiner weiß, was los ist. Mitch braucht Isa. Agnes, bitte.«

Agnes hebt erstaunt den Kopf, Cindy hat seit Jahren nicht mehr bitte zu ihr gesagt.

»Okay«, ruft sie über den Flur und wählt die Zahlen, die nur sie kennt. 0171-363-LUIR. Die Nummer hat sie inzwischen gespeichert, weil Isa seit Januar bereits sechs Sitzungen bei dem Arzt absolviert hat. Jeden Monat eine, normalerweise früh am Morgen, aber da sie in den letzten Wochen so viel unterwegs war, hat sie den Termin an diesen Freitagnachmittag in den Kalender reingezwängt.

»Guten Tag, hier spricht Agnes Thomas von der Carolina Bank. Ich muss dringend Mrs Davis sprechen. Sie ist momentan bei Dr. Luir.«

»Das geht leider nicht. Ich darf bei den Behandlungen nicht stören«, antwortet eine piepsige Stimme am anderen Ende der Leitung routiniert und desinteressiert.

»Hören Sie«, erhebt Agnes ihre Stimme leicht, »dies ist ein Notfall. Ich weiß, dass man nicht stören darf.«

»Das behauptet jeder«, gibt die Stimme unbeeindruckt zurück.

»Ich bin nicht zum Scherzen aufgelegt, Miss. Entweder Sie holen mir Mrs Davis sofort ans Telefon oder ich komme auf der Stelle zu Ihnen.« Agnes hat sich aus ihrem Stuhl erhoben und fuchtelt mit der freien Hand in der Luft.

»Einen Moment bitte. Ich frage nach«, antwortet eine nun hörbar eingeschüchterte Person am anderen Ende.

»Was ist los?«, fragt Isa, die keine Zeit für Formalitäten hat, als Agnes endlich ihre Stimme hört. Sie klingt gequält.

»Ich soll dir sagen, dass die Ratings fallen und Mitch dich dringend sprechen muss.«

»Oh, Gott.« Danach schweigt Isabella.

»Kann ich dich verbinden?« Am anderen Ende hört Agnes undeutliches Tuscheln.

»Ich bin hier in einen Schraubstock eingespannt und kann nicht raus. Man hält mir den Hörer ans Ohr. Dr. Luir kann die Behandlung frühestens in zehn Minuten beenden. Er ist mitten in einem Schleifvorgang. Ich melde mich.« Knack, und Agnes hört nur das Freizeichen. Umgehend drückt sie Cindys Kurzwahl: »Zehn Minuten.«

»Hoffentlich kann ich ihn solange ruhig halten!«

»Wo ist er überhaupt?«

»Beim Cricketspiel. Lord's. Der hat vielleicht Nerven.«

»Passt ja wirklich glänzend heute Nachmittag, Cindy.«

»Und ohne uns wären sie alle jetzt schon am Ende«, ruft die Prima Donna der Second Lady wie eine Verbündete zu.

»Ist was passiert?«, fragt Dr. Luir, während er eine Narbe behandelt. Der Nanolaser projiziert einen roten Punkt auf die Narbe, die Dr. Luir gerade bearbeitet.

»Die Ratings fallen«, nuschelt Isa. Das Einzige, was sie bewegen kann und darf, sind ihre Lippen.

»Ja und?« Zwischen dem Arzt und der Finanzspezialistin hat sich im Laufe der Sitzungen eine Art Seminar für Anlagemanagement ergeben. Doktor Luir hat sich als leidenschaftlicher Zocker am Kapitalmarkt entpuppt, hat aber nach Isas Einschätzung keine Ahnung. Ganz wenig lockert er die Verschraubung rund um das Kinn, damit Isabella besser sprechen kann.

»Das Rating gibt die Güteklasse der Wertpapiere vor – wie bei Eiern in einer Box.«

»Auch bei Zertifikaten?« Isa weiß, dass Julian Luir viele Zertifikate gekauft hat.

»Nicht direkt. Zertifikate sind reine Wetten, ohne Unterlegung mit Werten. Was jetzt in Bewegung kommt, sind Papiere, die mit Immobilien besichert sind. Aber der Einfachheit halber, meinetwegen: Zertifikate.« Sie spricht trotz allem mit geschlossenen Zähnen und presst die einzelnen Wörter heraus.

Isabella Davis hat großes Zutrauen zu Julian Luir gewonnen, obwohl sie nach wie vor Angst verspürt, wenn sie so festgeschnallt in ihrem Behandlungsstuhl liegt. Luir könnte alles mit ihr machen, sie hat keine Chance zur Gegenwehr. Gerade deshalb sucht sie das Gespräch mit ihm. Und Luir plaudert über dies und das, damit seine Patienten die Angst vor dem Nanolaser verlieren.

»Werden die Zertifikate nun schlecht?«, fragt Luir nach, der gerade einen Moment mit der Lupe sein Werk betrachtet. Immer wieder zieht er nach einem Arbeitsvorgang das große Okular herunter und betrachtet die bearbeitete Narbe. Hin und wieder dokumentiert er die Arbeitsschritte mit Fotos.

»Wird übrigens gut heute«, sagt er, als es wieder Klick macht.

»Was?«, fragt Isa, die in Gedanken bei ihren Konstruktionen ist, vor allem bei ihren Holiris. Das sind zwar keine reinen Zertifikate, aber der Markt scheint insgesamt in Bewegung zu kommen. Und sie muss hier völlig unbeweglich sitzen. Noch mindestens fünf, sechs oder gar sieben Minuten.

»Nun, ihr Gesicht.«

»Sorry, bin gerade ganz woanders.«

»Wir sind gleich fertig.« Luir setzt zum letzten Schleifvorgang an diesem Nachmittag an. Der Schönheitschirurg spricht immer von »schleifen« statt »lasern«, da die Narben Schicht für Schicht abgetragen werden.

»Schlecht werden sie jetzt erst einmal nicht«, setzt Isa zur eigenen Beruhigung ihr Gespräch mit dem Doktor fort.

»Aber die Güteklasse ist schlechter und damit eigentlich auch der Preis. Die Box ist quasi mit schlechteren Eiern gefüllt, Julian.«

»Kann man die nicht rausnehmen?«

»Nicht wirklich, weil alles schon gemischt ist. Rührei in einer Eierbox verpackt, sozusagen. Wir kaufen Hypothekenkredite auf, darunter auch schlechtere Subprimes. Viele bündeln wir dann in verschiedenen Mischungen, das ergibt ein gemischtes Ausfallrisiko, und das Rezept nutzen wir als Wertsicherung für ein neues Wertpapier. Aber wir können sie nicht mehr auseinandernehmen.«

Der Arzt schleift eine letzte Schicht für diese Sitzung.

»Schon einmal von ABS oder MBS gehört?«

»Nur beim Auto. Deshalb verlasse ich mich auf meinen Banker.«

»Dann sind Sie verlassen, Julian.« Schließlich weiß Isa, was man so alles basteln und verstecken kann. Das Sprechen strengt sie allmählich an, gleichzeitig rotiert es in ihrem Kopf, und sie muss die aufsteigende Panik bekämpfen.

»Also ABS sind Asset Backed Securities und MBS sind Mortgage Backed Securities. Beim ersten Konstrukt sind es irgendwelche Forderungen, also Assets, beim zweiten sind die Forderungen halt ausgegebene Immobilienkredite.«

»Und wie erstellen Sie das Rezept? Ein falsches Risiko kann Ihnen doch das ganze Rührei versalzen«, Julian zieht das Okular erneut tief an ihre Schläfe. Isabella sieht durch das Okular sein ebenes Gesicht und seine großen braunen Augen.

»Kann ich berechnen. Aber die Ratingagenturen bewerten die Mischung meiner Rezeptur und geben ihr dann ein Gütesiegel. Beispielsweise AAA, AA oder A. Dieses Siegel ist wichtig für den Käufer. Wie bei den Eiern.«

»Dann ist doch alles okay.«

»Na, ja. Die Ratingagenturen wissen eigentlich nicht, was ich zusammengemischt habe, sondern müssen meiner Dokumentation glauben.« Isa wundert sich manchmal, wie viel sie

Julian von ihrer Arbeit preisgibt, aber was soll der Doktor mit diesen Informationen schon anfangen?

»Die Zertifikate sind mit Gütesiegel versehen, die Sie im Prinzip vorgeben?«

»Genau. Wir begeben die MBS oder Credit Loan Securities, die eine Rendite versprechen, die über die Hypothekenzinsen und Tilgungen bedient werden. Und diese Rendite ist umso höher, je mehr schlechte Kredite, eben diese Subprimes, wir beimischen.«

»Was sind denn nun Credit L …?«

»Sorry, Julian. Unser Fachchinesisch. Credit Loans Securities sind größere Pakete von MBS-Päckchen. Quasi ein Karton mit Zehnerpackungen Eier.«

»Oder wie die Großpackung einer Backmischung. Richtig?«

»Bravo«, will Isa lachen.

»Nicht lachen, das verzerrt das Gesicht. Einen Moment brauche ich noch.« Julian Luir überprüft die Halterung.

»Wieso steigt die Rendite, wenn die Kredite schlechter sind?«

»Weil schlechte Schuldner höhere Zinsen zahlen müssen. Und aus den Zinsen zahlen wir die Rendite. Durch die Mischung erhalten wir ein ziemlich gutes Rating und eine hohe Rendite. Einzelne schlechtere Eier werden zu guten Packungen.«

»Ist das nicht viel zu riskant?«

»Nicht, wenn man richtig rechnet.«

»Aber was ist denn nun passiert«, richtet sich Luir auf und löst endlich die Halterungen des Schraubstocks, in dem Isas Kopf festgehalten wurde.

»Es werden zu viele Subprimes faul, weil der amerikanische Immobilienmarkt überhitzt ist und offensichtlich dreht. Vor ein paar Wochen sind ein paar regionale Banken pleitegegangen, die Subprimes und Ninjas begeben haben.«

»Ninjas?«

»No income, no job, no assets. Kurzform, Julian. Wir machen alles so schnell, dass wir nur noch in Kürzeln reden.«

»Sie wollen allen Ernstes behaupten, dass Sie Kredite an Leute ohne Einkommen, ohne Job und ohne Vermögen vergeben?«

»Ja. Das geht, wenn man richtig berechnet. Leider können nicht alle richtig rechnen. Wenn man sauber kalkuliert, kann nichts passieren.«

»Bei meiner Arbeit kann ebenfalls etwas passieren, auch wenn ich den Schleifvorgang richtig berechnet habe.« Er löst die Halterungen der Arme, damit sie nicht auf die Idee käme, sich während der Behandlung zu kratzen und auf der Stelle das Resultat stundenlanger Millimeterarbeit zu vernichten.

»Wieso?« Endlich steht Isabella wieder befreit auf.

»Man kann zwar unter die Haut gucken, aber nicht in die Seele. Und die Befindlichkeit eines Menschen ändert auch die Straffheit seiner Haut.« Julian nimmt noch einmal ihren Kopf in beide Hände, als sie vor ihm steht, so, als möchte er seinen Worten Nachdruck verleihen.

»Bei mir ist das anders«, entgegnet Isabella, während sie nach ihrer Bluse greift.

»Im Moment stimmt die Mischung in der Eierbox nicht mehr ganz«, spricht Isa schnell weiter, steckt die Bluse in den Rock und legt den Schmuck wieder an. »Manche Bündel werden abgewertet, also von den Ratingagenturen downgegraded. Die kriegen kalte Füße. Aber nur wenige wissen, welches Ei faul ist, weil die Güteklasse für ganze Boxen vergeben wird.«

»Schlimm für Ihre Bank?«

»Nein. Wir sind abgesichert, weil wir die CLS nicht in der Bilanz halten, sondern in Zweckgesellschaften ausgliedern und von da verkaufen.«

»CLS?«

»Na, die Credit Loans Securities.« Isabella greift nach ihrem Blazer und der Handtasche.

»Und was ist mit mir als Investor, Isabella?«, fragt Luir und hilft ihr galant.

»Solange der Bank nichts passiert, kann Ihnen eigentlich auch nichts passieren. Die Bank ist schon entscheidend, Julian. Aber das ist nur ein theoretischer Fall.«

Julian schaut von vorne auf Isabella und sein Tageswerk in ihrem Gesicht: »Sie kaufen Kredite an, bündeln sie, nutzen sie als Quelle für ein Wertpapier und seine Rendite, dessen Güte die Ratingagenturen klassifizieren, aber Sie haben das alles nicht in der Bilanz?«

»Genau.«

»Kaum zu glauben!«

»Aber wahr!«

»Danke. Ich muss los und telefonieren.«

»Passen Sie auf die Pflaster auf! Wir sehen uns nächsten Monat.«

»Ja«, antwortet Isa, die bereits auf dem Weg hinaus ist, ihr Handy anstellt und Mitchs Nummer wählt, während Julian seinen grünen OP-Kittel auszieht und zur Seite legt. Die letzten toten Hautkrümel von Isas Narben fallen auf den Boden. Julian Luir tänzelt darum herum, er achtet stets darauf, nicht auf alte abgeschliffene Hautfetzen zu treten, wenn er den Behandlungsraum verlässt.

Traum über den Wolken

Eigentlich musste so ein 15. Juni kommen. Seit dem Frühjahr 2007 stellt Isa fest, dass erste besorgniserregende Probleme mit Wertpapieren auftauchen, die mit Immobilienkrediten unterlegt sind:

Im April war der erste US-amerikanische Hypothekenfinanzierer, die New Century Financial, pleitegegangen, weil man im schlechten Immobiliensegment investiert hatte. Bear Stearns, die kleinste der fünf großen Investmentbanken, musste zwei nahezu wertlos gewordene Hedgefunds schließen, weil diese nur noch schlechte Hypothekenkredite in den Büchern aufwiesen.

Nur gut, dass ich umstrukturiert habe, ging es ihr in diesen Wochen immer wieder durch den Kopf, zumal sich ihre »geheimen« Holiris ausgezeichnet entwickelten und ihr wegen der hohen Rendite von den Hedgefunds aus der Hand gerissen worden waren. Der Cash-Rückfluss funktionierte somit prächtig, sodass sie den Swap mit Ratio Driver lange wieder glattstellen konnte. Und ob der Cash nun im TYL oder CayCon steckte, war für die offizielle Rechnung ohnehin egal, weil das schließlich vor der Bank und vor Bensien bislang gekonnt vertuscht wurde.

Die Rendite speisten sie einfach in die normale Gewinn- und Verlustrechnung ein, sodass General Lehman trotz drehenden Marktes auf dem Weg war, ein Spitzenjahr hinzulegen. Nur die doppelte Besicherung mit den Credit Default Swaps auf eigene Rechnung blieb ein echtes Risiko, was bisher nur Isa wusste. Just diese Konstruktion hatte die schlechteren Junior-Holiris für die Hedgefunds richtig attraktiv gemacht, da sie eine hohe Rendite fast ohne Risiko bekommen hatten. Isas toxische Bombe kombinierte zwei Sprengkapseln von je fünfzehn Milliarden Dollar Risiko.

Nachdem Isa die Praxis verlassen und Mitch am Telefon beruhigt hat, macht sie sich umgehend an die Analyse, was nun nach den Downgrades zu unternehmen sei: Die Ratingagentur Moody's hatte über hundert mit Subprime-Hypothekenkrediten unterlegte MBS- und CLS-Bündel von einem auf den anderen Tag herabgestuft und weitere zweihundertfünfzig unter Beobachtung zur Abstufung gestellt. Alle Papiere waren bislang sehr gut gerated und nun von einem Tag auf den anderen eben nicht mehr. Der ganze Markt aus Subprime-Krediten, die Grundlage für die besicherten Wertpapiere, geriet ins Rutschen. Da die Güteklasse schlechter wurde, brachen die Werte der Bündel zusammen. – Die faulen Eier offenbaren langsam ihren Gestank, Isabella kommt es so vor, als hätte jemand die Regeln während des Spiels geändert.

Auch im New-Yorker Headquarter der Carolina Bank reagiert Carl Bensien blitzschnell und beruft eine Sondersitzung des Risikoausschusses für Dienstag, 19. Juni 2007, neun Uhr in New York ein. Isa ist sich sicher, dass sie mit der neuen Doppelkonstruktion zweier Zweckgesellschaften über die Runden kommt. Carl Bensien kennt nur die eine, den Ratio Driver. Aber auch Mitch weiß nur von TYL, die Isas »inoffizielle Reservegesellschaft« ist. Wüsste Mitch, was in CayCon, der »doppelt inoffiziellen Zweckgesellschaft«, steckt, ließe er sich von Isa nicht so leicht beruhigen – dieser Ritt ist ganz heiß, ein derart hohes Risiko ginge selbst Mitch nicht ein. Aber anders kann sie die Holiris nicht im Markt halten.

Mitch und Isa machen sich am Montagabend, 18. Juni, auf den Weg nach New York und nehmen dazu des Generals Privatflugzeug.

Ein wirklich schicker Jet ist das, denkt Isa jedes Mal, wenn sie mit Mitch an Bord geht. Die Finanzingenieurin ist einiges an Luxus gewohnt, doch Mitch verblüfft selbst sie immer wieder aufs Neue. Das ganze Interieur ist aus hellem Leder und umfasst ein Schlafzimmer für zwei Personen, acht bequeme Sitze, die zu weiteren vier Betten ausgefahren werden können, zwei Badezimmer, Küche, Riesenbildschirm, kleine Bar. Isa weiß, dass er die Maschine fertig gekauft hat. »Einer dieser Loser konnte die bestellte Maschine nicht mehr bezahlen, ein Schnäppchen.« Und Mitch wollte das schöne Spielzeug schnell haben.

Dennoch trauert Mitch in diesen Momenten seiner geliebten Concorde nach. In drei Stunden flog der imposante Vogel von London nach New York. »Morgens hin und abends zurück. Neun Uhr Abflug und sieben Uhr landen. Business den ganzen Tag. Und am späten Nachmittag um vier Uhr wieder zurück – Landung um Mitternacht. Alles an einem Tag. Das waren Zeiten«, erklärt er Isa einmal mehr, als sie gerade abheben.

Sie streckt ihm die volle Hand mit allen Fingern entgehen – »fünf Mal«, was sie seit Studientagen nutzen, um sich gegenseitig darauf aufmerksam zu machen, dass sich der andere zu oft wiederholt. Mit der anderen Hand krallt sie sich in die Lehne des Ledersessels fest. Auch nach Jahrzehnten Vielfliegerei macht sich immer noch dieses ungute Gefühl, sich in die Obhut eines ihr völlig Unbekannten begeben zu müssen, beim Starten und Landen bemerkbar.

Isa und Mitch mussten ihre Sachen schnell zusammenpacken, sodass für eine ausführliche Analyse und gemeinsame Abstimmung, was sie dem Vorstand in New York erzählen wollen, keine Zeit blieb.

Als sie ihre Reiseflughöhe erreicht haben, lässt sich Lehman mit seinen Obristen über eine weltweite Schaltung verbinden. Sein Jet verfügt über eine hochmoderne Touchscreen-Videokonferenzanlage. Isa hat den gesamten Generalstab zusammengetrommelt: aus Tokio, Singapur, London, New York und San Francisco sind alle regionalen Fürsten und Produktverantwortlichen des Handelsbereichs zugeschaltet. Die meisten hatte Isa in den letzten Wochen gesehen, als sie mit den Regionalobristen die Hedgefund-Manager besucht hatte.

Nach einer knappen Begrüßung durch Mitch obliegt nun ihr die Leitung des Gesprächs. Isabella führt souverän durch eine kurze Präsentation, bei der sie wie bei einem modernen i-Pod mit dem Finger auf der großen Leinwand weiterblättern kann, während auf der anderen Hälfte des großen Bildschirms alle Obristen zu sehen sind.

Sie prüft zunächst, ob die aufaddierten ausstehenden Volumina in den einzelnen Regionen korrekt sind, in denen die Holiris verkauft worden sind: drei, sechs, noch mal neun aus Europa, dann sieben, neun und vier aus Asien und zu guter Letzt drei und vier aus The Americas. Macht zusammen fünfundvierzig Milliarden Dollar aus der erweiterten Holiri-Familie. Isabella zuckt unmerklich beim Zusammenrechnen, denn die Jungs haben noch mehr Holiris verkauft als die offiziellen fünfzehn und ihre inoffiziellen fünfzehn Milliarden Dollar – sie lässt sich aber beim Blick auf Mitch, der mit Whiskey bewaffnet und wippendem Bein der Diskussion nur zuhört, nichts anmerken. Alleine für die Carolina Bank besteht ein Holiri-Engagement von fünfundvierzig Milliarden Dollar und damit fünfzehn Milliarden mehr, als bislang angenommen. Und dreißig Milliarden Dollar mehr, als Carl Bensien glaubt. Isabella muss sich konzentrieren, damit sie nicht zu zittern beginnt. Noch weitere fünfzehn Milliarden! Der Riesenschneeball schlechter Junior-Tranchen ohne gutes Rating wird immer größer und rollt ins Tal wie eine unaufhaltsame Lawine, direkt auf die Carolina Bank zu.

Einige der Obristen haben die von ihr initiierten besicherten Weiterverbriefungen der Holiri-Familie im Prinzip mehrfach weiterverbrieft, ohne sie darüber zu informieren. Sie haben einfach noch mehr Immobilienkredite billig am Markt dazugekauft, andere Kreditarten nach Isas Rezept beigemischt und unter die Hedgefunds gebracht. Natürlich mit exzellenter Marge.

Das ist unter Mitchs Regie nicht verboten, weil ja kein neues Produkt aufgelegt, sondern »nur« ein bestehendes weitergestückelt wird. Doch diesmal haben die Jungs den Bogen überspannt, und das bringt selbst Isa ins Schwitzen, denn diesmal haben sie sogar das interne Reporting von Mitchs eigenem Bereich unwissend ausgetrickst. Ihre Hände werden feucht. Während des Flugs und der zwei Stunden dauernden Konferenz martert sie unablässig ihr Gehirn, was sie nun mit den anderen fünfzehn Milliarden machen soll, von denen auch sie bis zur Zusammenstellung nichts gewusst hat.

Ihr wird immer klarer, dass sie das begonnene Spiel weiterspielen muss. Abbrechen würde alles offenlegen. Isa muss diese zusätzlichen fünfzehn Milliarden auch in TYL packen und beten, dass der Markt hält. Die Ausfallversicherung, überlegt sie, während Mitch gerade mit den Obristen in ein globales Blabla übergeht, ist weniger problematisch, da sie niemals die kompletten hundert Prozent hinterlegen muss.

Das kann also mit ihrer geheimen Zweckgesellschaft CayCon auch weiter so funktionieren. Im Kopf hat sie sich schnell zurechtgelegt, wie sie das Mitch verkaufen kann.

Nach Ende der Konferenz setzen sich Mitch und Isabella gemeinsam an den gedeckten Tisch und lassen sich ein schnelles Businessdinner servieren. Isa schwitzt immer noch, sie sitzt Mitch in einer dünnen Bluse gegenüber. Sie haben London gegen achtzehn Uhr dreißig Ortszeit verlassen und sind nun gut zwei Stunden in der Luft. Isa entscheidet sich, Mitch so viel reinen Wein einzuschenken, wie er für morgen wissen muss, als sie am Kristallglas nippt.

»Mitch, wir müssen aufpassen, dass Carl uns nicht auf die Schliche kommt. Nur gut, dass das zentrale Reporting nicht bis ins Detail funktioniert. Die Jungs in der Fläche haben mich und dich – zwar gut gemeint – letztlich ausgetrickst. Sie haben meine synthetischen Schuldverbriefungen schlichtweg weiterverbrieft.«

»Aber die Dinger sind doch von dir ausführlich gestresst worden und passen in den Rahmen des Systems, oder?« Mitch spricht mit halb vollem Mund, was bei Fisch nicht ganz so unverständlich klingt. Seine Manieren waren noch nie besonders gut, geht es Isa durch den Kopf. Er hat etwas, was Frauen mögen. Ob es seine wilde Art ist? Für manche Frauen sicher auch sein Geld, überlegt sie und hat Charlotte vor Augen.

Für sie ist und bleibt er der Mann, der sie unbekümmert betrachtet, auch wenn er schon lange nicht mehr der Traumprinz der ersten Nacht ist. Mitch ist der Mann, der sie machen lässt, der sie in Ruhe arbeiten lässt, der nicht groß nachfragt und der ihr vertraut. Solange das Ergebnis stimmt. Das hat es bislang immer; Isa hat sich noch nie verrechnet.

»Na ja, als Bensien uns nach dem globalen Stresstest DICTA-tor, wie du dich erinnerst, befohlen hat«, konzentriert sie sich nach diesem kurzen gedanklichen Ausflug, »die Holiri-Familie nur zu fünfzig Prozent unseres geplanten Volumens hochzufahren, hat das natürlich einen Grund gehabt. In seiner Extremsituation haben sie ein zu hohes Value at Risk«.

»Wie hoch denn?« Nun legt er die Gabel zur Seite und betrachtet Isa genauer. Sie muss aufpassen.

»Die Familie hat ja im übertragenen Sinne mehrere Kinder: Die Seniors sind völlig unproblematisch, die gemischten Mezzanine-Tranchen im Prinzip auch, aber die Junioren ohne Rating machen mir doch Sorgen. Und davon haben wir ein paar Milliarden zu viel.«

»Wie viel zu viel?«, fragt Mitch hart.

»Im offiziellen Teil sind nur fünfzehn Milliarden Seniors ohne größere Probleme. Im TYL habe ich über eine Mezzanine-Mischung bei der Hälfte auch kein Problem, aber bei der zweiten Hälfte, die reine Junior-Tranchen sind.«

»Sieben Komma fünf von dreißig als Juniors. Ist doch okay«, rechnet Mitch richtig mit.

»Ja, aber die Jungs haben fünfzehn Milliarden mehr begeben, die sie selbst weiterverbrieft haben.«

»Und?«

»Alles Juniors, wie es aussieht. Also alles ziemlich risikoreich, und dies in diesen Zeiten, in denen die Ratings für die guten Papiere krachen. Mitch: Wir haben einen riesigen Block schlechtere Holiris.«

»Aber die Struktur, Isa? Die Struktur ist doch gleich, oder?«

»Schon«, rückt sie im Ledersessel hin und her, »aber das Risiko ist viel höher. Uns bleibt jedoch nichts anderes übrig, als das auch alles über unsere inoffizielle Zweckgesellschaft TYL laufen zu lassen, Mitch.« Isa wartet, wie er reagieren würde.

»Fünfzehn plus sieben Komma fünf ist gleich zweiundzwanzig Komma fünf?« Mitch schaut mit zusammengekniffenen Augen zu ihr herüber.

»Genau. Wir haben fünfzig Prozent Juniors ohne Rating, insgesamt zweiundzwanzig Komma fünf Milliarden Dollar.«

Mitch wird bei diesen Beträgen sichtlich unruhig und zuckt noch viel stärker als sonst mit seinem übergeschlagenen Bein. »Heißt das, wir haben über zwanzig Milliarden Dollar hochrisikobehaftete Wertpapiere im Portfolio?«

»Ja und unser Freund Bensien weiß im Moment nur von fünfzehn Milliarden Gesamtexposure ohne größeres Ausfallrisiko.« Isa nimmt einen Schluck Wein, weiter will sie Mitch nicht einweihen. Er muss jetzt nicht auch noch wissen, dass sie die ganze Sache zusätzlich noch einmal gegen Ausfall abgesichert hat. Außerdem hat sie dafür seine Unterschrift gefälscht. Im Moment bleibt ihr nur die Hoffnung, dass der Markt nicht weiter abschmiert.

»Und was machen wir jetzt?«

»Solange es keinen kompletten Zusammenbruch der Märkte gibt, kann uns nichts passieren. Es ist wie ein Perpetuum mobile: Wir finanzieren uns über die Marge der hohen Renditeversprechen und des billigen Einkaufs der Kredite. Wir brauchen nur den Cash Swap mit Ratio Driver, wie auch schon beim letzten Mal. Es wird wieder funktionieren, Mitch«, schaut sie ihn über ihr Weinglas hinaus an, »dann wirst du möglicherweise sogar eine Sieben vor dem Komma haben; die Renditen sind überirdisch.«

»Sieben Milliarden Vorsteuerergebnis? Wow«, pfeift Mitch anerkennend durch die Zähne. »Das wird ein Bonus, Isa.«

»Bingo, Mitch«, antwortet sie, denn jetzt hat sie ihn. Gepackt über die Gier nach mehr. Mitch ist so einfach gestrickt, beruhigt sich Isa.

Mitch schaut lange auf Isabellas Gesicht, die ihn direkt und ohne Schutz der Haare betrachtet. Nur nicht zucken, denkt sie und blickt ihm fest in die Augen.

»Bestens«, sagt Mitch nur.

»Lass uns zu Ende essen, dann briefe ich dich«, antwortet Isa.

»Sag mal, Isa. Was ist eigentlich mit deinem Gesicht passiert?«

»Wieso?«

»Etwas sieht anders aus. Und ist das nicht ein Pflaster?«, fragt Lehman und zeigt mit dem Messer auf ihre vernarbte Seite.

»Darüber rede ich nicht gerne.«

»Warum das Versteckspiel. Ich kenne das doch alles.«

»Das ist lange her, Mitch, da waren wir noch jung.«

»Aber das vergisst man nicht, Isa.«

»Ich habe es vergessen«, sie denkt vor allem an die Demütigung, als er sie wegen Charlotte aufgegeben hat. Auch wenn sie immer damit gerechnet hatte.

»Jim spricht mich jedenfalls nicht auf mein Gesicht an.«

»Jim kennt dich nicht so wie ich, Isa«, schmatzt er vor sich hin.

»Es kennt dich auch niemand so wie ich, Mitch«, fügt sie leise an.

»Wie meinst du das?«

»Das weißt du doch.«

»Niemand in der Bank kennt unsere Vergangenheit, Isa.«

»Ist auch besser so, Mitch.«

»Was ist jetzt mit dem Gesicht, Basi?«

»Lass das, Mitch. Ich habe eine leichte Hautflechte, wenn es dich interessiert. An den Narben kommt sie stärker durch. Das muss ich behandeln lassen«, lügt sie und Mitch frisst die Story.

Isa brieft Mitch nach dem Essen im Detail; die Präsentation vor dem Risikoausschuss muss er als Chef des Handelsbereichs halten, sie wird morgen nur dabei sein, um allfällige Details zu erläutern. Am Ende des Flugs fühlt sich Mitch gut und der Sache gewachsen. Als er mit dem Essen fertig ist, blickt Mitch Isa noch einmal scharf ins Gesicht: »Haben wir uns verzockt?«

»Genauso viel oder wenig wie vor zehn Jahren. Und genau wie damals werde ich dich dort wieder rausboxen!«

»Aber diesmal hast du den Mist gebaut, Isa!«

»Ja, aber wir tragen für alles die letzte Verantwortung. Und du wolltest eine Sechs!«

Mitch spürt, dass er Isa, wenn das alles vorbei ist, besser loswerden sollte. Dann versucht er, vor der Landung in New York noch zwei Stunden Schlaf zu bekommen.

Isa sinkt in einen der großen Sessel, drückt den Knopf, der sie in die Ruhestellung bringt, und denkt bereits an den morgigen Tag. Und wie sie Bensien noch einmal überlisten kann. Die Hoffnung stirbt zuletzt, denkt sie, bevor sie die Augen schließt und sich in die Sitzung hineinträumt.

Im Risikoausschuss des Aufsichtsrats der Carolina Bank sitzen sechs externe Mitglieder, von denen jedoch nur zwei ehemalige Banker sind und die zumindest noch von früher wissen sollten, wie eine Bank grundsätzlich funktioniert. Zwei weitere Mitglieder sind Industrielle aus befreundeten Unternehmen, die aufgrund ihrer herausgehobenen Funktionen im Verwaltungsrat auch in diesem wichtigen Ausschuss der Bank sitzen. Bei den beiden letzten Mitgliedern handelt es sich zum einen um einen Wissenschaftler, eine Spezies, die man auch gern in Aufsichtsräte nimmt. Der sechste ist ein junger aktiver Finanzvorstand und der Einzige, der neben Carl Bensien genau weiß, wie ein modernes Risikomanagement aussehen muss.

Auf ihn muss Isa achten; sie weiß, wie sehr Carl den Vierzigjährigen schätzt. Der hagere Typ kann alle Zahlen, die man ihm vorliegt, interpretieren und bewerten. Carl und er kannten sich von einigen Seminaren über modernes Finanzmanagement. Und er hatte John Alsborn empfohlen, als ein neues Mitglied gesucht werden musste, das den strengen Regeln über Financial Literacy der SEC gerecht würde. Neben den sechs gehören noch Bensien, Kramer und Finanzvorstand Allan als interne Mitglieder dem Risikoausschuss an.

Weder Mitch noch Isabella sind Mitglieder des Risikoausschusses; Carl Bensien hatte sie zur Sitzung hinzugebeten, man konnte es auch hinzubefohlen nennen. Die Ausschusssitzung dürfte nach Isas Einschätzung schon früher beginnen und Bensien würde dem Gremium einen Überblick über die sich verschlechternde Lage insbesondere am amerikanischen

Immobilienmarkt geben. Da gerade Bensien weiß, wie wenig die einzelnen Mitglieder des Ausschusses von der Thematik verstehen, wird er neben Grafiken und Zahlenkolonnen auch diverse Zitate aus den großen internationalen Finanzzeitungen und von Analysten mitgebracht haben. Wahrscheinlich sogar dasjenige von Warren Buffet, der seinen Aktionären schon 2003 in einem Brief geschrieben hatte: »Unserer Ansicht nach sind Derivate finanzielle Massenvernichtungswaffen, und sie bergen Gefahren, die im Augenblick zwar verborgen, potenziell jedoch todbringend sind.«

Dann werden sie wohl hineingebeten. Mitch wird vor die Mitglieder des Risikoausschusses treten müssen, die in einer U-Form vor ihm sitzen; durch das Fenster sieht er die atemberaubende Skyline von Midtown. Der General wird stehen, seinen Laptop vor sich am Kopfende mit dem Rücken zur Wand. Wenn er sagt, was sie ihm aufgetragen hat, dann kann nichts schiefgehen, denkt Isa und hört, wie Mitch wohl sprechen wird.

»Meine Herren, die Grundstruktur ist einfach: Wir haben Hypothekenkredite am amerikanischen Immobilienmarkt über die letzten Jahre aufgekauft und in ihrem Rating und in ihrer Bonität klassifiziert. Das haben wir für jeden einzelnen Kredit und sodann für jedes Kreditbündel gemacht. So wie die ganze Finanzindustrie, aber besser«, wird Mitch ausführen und fortfahren: »Wir haben schon vor längerer Zeit erkannt, dass die Bonanza der Immobilienmärkte zu Ende geht und deshalb unsere Immobilienverbriefungen mit anderen Kreditarten neu gemischt. Dadurch haben wir eine ganz neue und noch bessere Qualität erhalten: Cluster, die mit Triple A bis hinunter zu Triple B gerated wurden. Ein Teil, die Junior-Tranchen, kein Rating. Die führen wir aber nicht. Zur Umsetzung des Poolens, Clusterns, Tranchierens und Neubewertens nutzen wir eigens dafür gegründete Zweckgesellschaften, vor allem Ratio Driver, damit wir die wie auch immer gearteten Risiken teilweise aus der Bankbilanz herausnehmen können. Auch das ist State-of-the-Art. Und es bringt uns schöne Extragewinne. Das ist eigentlich schon alles, meine Herren!«

Wahrscheinlich, überlegt Isa, wird sich der junge externe Finanzvorstand »teilweise« aufschreiben, aber Mitch nicht unterbrechen. Der General wird nach den Ausführungen stehen bleiben und auf Fragen warten. Sicher wird sich einer der älteren Exbanker zu Wort melden: »Und warum machen Sie das so, denn eigentlich gehört ein Kredit doch in die Bilanz?«

Mitch wird ruhig antworten: »Das ist richtig, aber heutzutage kann man Finanzinstrumente konstruieren, die genau auf den Risikoappetit verschiedener Anlegergruppen zugeschnitten sind und trotzdem unsere Bilanz und vor allem unser Eigenkapital schonen. Mit Hilfe unserer Anleihen lassen sich Risiken nämlich nicht nur transferieren, sondern auch in ihrer Qualität transformieren. Wir bündeln die verschiedenen Kategorien schließlich anders zusammen.« Der alte Banker wird nicht weiter nachfragen.

Mitch wird dann noch einmal erklären, dass die Bank gerade mit den Holiris ganz besonders erfolgreich gewesen ist, »weil wir sämtliche Arten von Krediten und Risiken auseinandernehmen können. Die Holiris sind nur zum Teil mit Immobilienkreditforderungen unterlegt. Das ist der Vorteil«, wird er hoffentlich anfügen.

Bleibt der junge Finanzvorstand Alsborn: »Das ist alles schön und gut, aber wie viele von diesen Risiken bleiben denn bei Ihnen, weil Sie doch eben von ›teilweise‹ sprachen?«

Jetzt dürfte Mitch unter keinen Umständen zusammenzucken, wie ihm Isa im Briefing klargemacht hat. »Die fünfzehn Milliarden Dollar haben praktisch kein Ausfallrisiko«, muss er sagen. Falls er es bis dahin durchsteht, erfolgt wahrscheinlich und hoffentlich nur noch die Anschlussfrage: »Mit welcher Qualität?«

»Alle hundert Prozent in Ratio Driver sind mit Rating behaftet.« Das wäre nicht einmal gelogen; in Ratio Driver ist schließlich alles in bester Ordnung.

Natürlich wird Bensien die Gelegenheit nutzen, um Mitch zu blamieren: »Wir haben nach einem letzten globalen Stresstest entschieden, das gesamte Holiri-Volumen um fünfzig Prozent zu reduzieren. Insofern liegen wir mit fünfzehn Milliarden momentan recht gut im Markt, auch wenn ich mir diese Positionen alle im Einzelnen noch einmal genau anschauen werde.«

Da wird der junge Finanzvorstand sicher zustimmen; bleibt für Chairman Kramer das Schlusswort: »Das halte ich für eine sehr gute Idee. Und wir sollten schnell über das Ergebnis informiert werden.« Good old Don, immer bemüht, eine gute Stimmung zu schaffen.

Mitch wird Isabella in diesem Augenblick aus dem Augenwinkel anschauen. Ich werde nicken; für den Moment ist es dann erst einmal überstanden. Isa seufzt mit geschlossenen Augen. Zeit, ihre Traumvorstellung im Fluge zu beenden und tatsächlich einen Moment zu schlafen.

»Isa.«

»Isa.« Mitch schüttelt sie leicht am Unterarm.

»Isa«, ruft er lauter.

»Ja«, kommt es völlig verschlafen zurück, als sie die Augen öffnet.

»Du bist ja ganz verschwitzt.«

»Ich habe geträumt und doch noch geschlafen.«

»Dann bist du ja für die Sitzung morgen früh fit.«

»Absolut fit. Du auch?«

»Habe doch ein gutes Briefing«, gibt Mitch spitz zurück.

»Wird alles prima laufen, Mitch.«

»Das erwarte ich auch von dir.«

»Oui, mon Général!« Isas Schmunzeln wirkt gepresst, was Mitch entgeht.

»Wann landen wir?«

»In zehn Minuten.«

Zehn Minuten, zehn Jahre, denkt Isa mit Blick aus dem Fenster. Wird schon alles werden. Trotz TYL und CayCon, ABS, CLS usw.

Und genauso geschieht es am Tag darauf, als hätte es Isabella wirklich vorhergesehen.

»Woher wusstest du, was sie mich fragen würden?«, spricht Mitch Isabella im Aufzug auf dem Weg nach unten anerkennend an, nachdem sie den Sitzungsraum verlassen haben.

»Reine Berechnung, Mitch. Das kann man wie ein Modell kalkulieren. Außer Bensien und Alsborn hat von denen niemand genügend Ahnung davon, was kreatives Financial Engineering wirklich bedeutet«, lächelt sie und denkt sich – ohne es zu sagen –, dass auch Mitch dazugehört.

»Das war jedenfalls eine Spitzenleistung«, blinzelt er ihr vertraulich zu. »Man kann sich auf dich verlassen, Isa.«

»Sag ich doch immer, Mitch, aber …« Noch ehe sie weitersprechen kann, erreicht der Aufzug das Erdgeschoss.

»Ich muss los. Wir sehen uns am Wochenende?«

»Sicher, ich kann es mir nicht entgehen lassen, eeendlich mal wieder Charlotte zu treffen«, bemerkt Isabella und verzieht das Gesicht.

»Lassen wir das doch lieber, Isabella. Das bringt nichts, oder?«

Das volle Programm für Carla

Robert Pearson hatte seinen Auftrag wohl verstanden – Carla Bell bekam seit Januar das volle Programm: Treffen mit diversen Bankern, ein paar Scoops hier und da, eine Reihe interessanter vertraulicher Unterlagen, die sie nutzen konnte. Geschickt hatte Pearson in den zurückliegenden Monaten die Storys verteilt – die guten Geschichten mit Protagonisten der Carolina Bank, die schlechteren mit den Wettbewerbern. So hatte die ganze Sache sogar noch den angenehmen Nebeneffekt, dass die Carolina Bank besser dastand als andere Investmentbanken. Und Robert Pearson ließ sich nicht lumpen: Er hatte bei »PA« extra einen seiner Seniorconsultants angestellt, der sich nahezu ausschließlich um Carla Bell kümmerte.

Carla nahm dankend an; leichter Hand verfasste sie eine gute Story nach der anderen und galt als gefragte Größe in der Szene. Der Name Carla Bell wurde zu einem Begriff in der City. Bat sie um ein Interview, auch bei den anderen Banken, schaufelten die Sekretärinnen umgehend die Terminkalender ihrer Bosse frei. Carlas Leben entwickelte sich langsam in die richtige Richtung, der Weg raus aus der kleinen Ein-Zimmer-Bude in Islington schien nur noch eine Frage der Zeit.

Ihrem Chefredakteur war das mehr recht als schlecht; die guten Storys beflügelten den Ruf des »CityView«, die Auflage und nicht zuletzt das Anzeigenvolumen. Auch dahinter steckte im wesentlichen Robert Pearson, der seine Kunden mit einem kleinen Wink darauf aufmerksam machte, auch den »CityView« im Medienplan zu berücksichtigen. Normalerweise fiel das Blatt bei solchen Plänen durch.

Selbstverständlich achtete der alte Fuchs Simon Trent darauf, dass sein Newsletter ausgewogen berichtete, denn einem wie ihm entging nicht, dass die meisten Informationen aus dem Hause Pearson Advisors stammten. Doch Simon beobachtete auch, bei allen guten Storys von Carla, wie unangenehm berührt sie auf Robert selbst reagierte. Trotz der guten geschäftlichen Beziehung hielt sie ihn deutlich auf Distanz.

Carla nutzte ihre zunehmende Bekanntheit auch dafür, Kontakte bei anderen Banken zu knüpfen, um ihr Netzwerk auf eine breitere Basis zu stellen. Pearson war für sie ein exzellenter Steigbügelhalter, allerdings stand die Carolina Bank auch recht gut da im Vergleich zu anderen Investmentbanken. In kurzer Zeit gelang es der jungen Journalistin, sich in das System hineinzudenken, zu verstehen, wie die Banker arbeiteten, was für Typen sie waren.

Selbst die kleinen Fische hatten ein big Ego, bis der jeweils Höhergestellte dazukam. Wie immer im Leben, das musste sie zugeben, gab es auch hier solche und solche. Es wimmelte zum Glück nicht nur von Idioten und Machos, sie traf auch nachdenkliche Menschen mit kulturellem und sozialem

Engagement. Allerdings waren diese netten Banker eindeutig in der Minderheit.

Insgesamt hatte Carla von der unterdrückten Nuttengeschichte sehr profitiert, wie sie im Sommer wieder einmal feststellen konnte, als sie ihren Kontakt zu Robert Pearson ohne Skrupel nutzte. Sie wollte sich über das Risikomanagement der verschiedenen Banken in New York ein eigenes Bild machen, denn das wurde immer wieder als der Schlüssel zum langfristigen und nachhaltigen Erfolg genannt. Und anders als die ehrwürdige »Financial Times« oder der »Economist« konnte sich der »CityView« keine eigenfinanzierte Reise an die Wall Street leisten. Also musste Pearson ran.

Robert lädt Carla über eine Stiftung nach New York ein, in der er rein zufällig als Vorsitzender des Stiftungsrats fungiert, was ihr ermöglicht, an einem Austausch junger Journalisten mit Spitzenmanagern zwischen New York und London teilzunehmen. Zwischen den verschiedenen Sessions und Talks in kleineren Gruppen mit anderen Journalisten gelingt es Carla, Einzeltermine zum Thema Risikomanagement zu vereinbaren.

Als sie ausgerechnet Bensien auf ihre Interview-Wunschliste schreibt, wird Robert doch etwas mulmig zumute. »Warum ausgerechnet den?«, fragt der Berater extra am Telefon nach, obwohl er weiß, dass Carl Bensien einer der besten Chief Risk Officer der Welt sein dürfte.

»Sein Name fällt immer, Robert, wenn es um gutes Risikomanagement geht«, antwortet sie. »Das werden Sie doch hinbekommen«, fügt Carla leicht ironisch hinzu.

»Ich werde sehen, was sich machen lässt«, beendet Robert das Telefonat und bittet sofort bei Cindy um ein Gespräch mit Mitch. Als der einige Stunden später zurückruft und von der Anfrage hört, lacht er so laut in die Muschel, dass Robert den Hörer weit vom Ohr nehmen muss.

»Unter einer Bedingung, Robert«, lacht Mitch immer noch in seine Antwort hinein.

»Welche?«, bemüht sich sein PA, schnell den Hörer wieder

ans Ohr zu bekommen.

»Schlepp sie auf mein Sommerfest.«

»Wie soll ich das denn machen? Sie will dich doch gar nicht sehen.« Robert ist selbst überrascht, dass er so etwas wie Kritik an Mitch wagt.

»Lass dir etwas einfallen, Robert! Ich zahle doch gut, oder?« Seit Januar wartet Mitch auf seine zweite Chance, inzwischen müsste die Kleine doch reif sein.

»Execution, my friend«, legt Mitch auf, ohne eine weitere Reaktion abzuwarten.

Pearson exekutiert zunächst einmal den ersten Teil und überzeugt Carl Bensien, dass dieser Termin gute PR für die Bank bedeutet, »denn gerade das Risikomanagement ist ein riesiges Asset, Carl« – so macht er ihm das Treffen mit der Journalistin schmackhaft. Carl Bensien, Bankier alter Schule, mag die Presse im Prinzip nicht, ist jedoch auch nicht so borniert, als dass er nicht die Vorteile guter Reputation zu würdigen wüsste. Also sagt er zu, die Reporterin ein paar Tage später zum Mittagessen im World Financial Center zu treffen.

Auf dem Weg zum Treffen in der Hudson-Bar, einem der klassischen Steak & Fish-Restaurants mit Aussicht auf den Hudson River, blickt Carl auf »101«, das allein stehende Hochhaus auf der anderen Seite des Flusses in New Jersey mit der Hausnummer 101, das ihn immer an einen ausgestreckten Finger erinnert. Ob an den Zeige- oder den Mittelfinger – das entscheidet Carl von Fall zu Fall. Je nachdem, ob er gerade von einem dieser Händler irgendwo auf der Welt geärgert worden ist oder nicht. Für einen Risikomanager wie ihn ist »101 Hudson« wie ein Mahnmal. Er lässt seine Augen noch einen Moment auf dem Hochhaus verweilen, ehe er die Frau neben Robert Pearson ins Auge fasst. Ausnehmend gut aussehend, denkt Bensien. Außerdem Journalistin, also ist doppelte Vorsicht geboten.

»Carl Bensien. Freut mich, Sie kennen zu lernen, Mrs Bell. Entschuldigen Sie bitte, dass ich mich ein wenig verspätet habe. Hallo, Robert, wie gehts«, begrüßt er die beiden höflich.

Carla und Robert sitzen bereits in der Bar Lounge des Restaurants. An diesem Donnerstag, dem 21. Juni, ist es hier ruhiger als an anderen Tagen. Einige mögen schon in den Hamptons sein, mutmaßt Robert. Noch zwei Tage, und Robert hat immer noch keinen Weg gefunden, Carla auf Mitchs Sommerfest zu lotsen.

»Ich freue mich sehr, dass Sie in diesen Zeiten für mich Zeit haben, Dr. Bensien«, erwidert Carla.

»Wieso in diesen Zeiten?«

»Nun, das Risiko steigt doch markant! Anders kann man das Downgrade von Moody's kaum bewerten.«

Uh, fühlt sich Carl gleich in seiner Meinung über Journalisten bestätigt. Immer auf Konfrontationskurs, diese Zeitungsleute. Doch Bensien ist vorbereitet und zieht eine Kopie des »CityView«-Artikels aus seiner Sakkoinnentasche.

»Ich habe Ihren *View* gelesen, den Sie nach den Downgrades geschrieben haben, Mrs Bell.« Carl hält ihr ihren eigenen Beitrag vor die Nase.

»Und wie lautet Ihre Meinung dazu?«, blinzelt sie um die Kopie ihres eigenen Artikels herum auf den Chief Risk Officer der Carolina Bank.

»Nun«, sagt Carl, setzt seine Lesebrille auf und zitiert: »Seit Beginn dieser Woche ist klar, dass der unendliche Boom der amerikanischen Immobilienmärkte seit 2000 wohl doch endlich ist. Moody's hat reihenweise Wertpapiere abgewertet, die mit amerikanischen Hypothekenkrediten besichert sind. Vor einigen Wochen ist ein US-Hypothekenfinanzierer gestrauchelt und hat einen dicken Verlust ausweisen müssen. Mit rund vierhunderfünfzig Millionen Dollar ist die kalifornische New Century Financial schließlich doch pleitegegangen. Die Bank war massiv im schlecht besicherten Sektor der Immobilienfinanzierung engagiert, dem so genannten Subprime-Sektor. Noch beschwichtigen alle und behaupten, dass es zwar ein paar Kreditprobleme gibt, aber alles begrenzt sei. Alles Weitergeben und Absichern über besicherte Wertpapiere, Fundsbündelung sowie Ausfallversicherungen auf faul gewordene Kredite hat zumindest dieser Bank in Kalifornien nichts genützt. Man wird sehen, wie es nach den Downgrades weitergehen wird«, schließt Bensien und schaut Carla über seine Lesebrille an.

»Ich kenne den Text«, lächelt Carla und setzt mit ihrer angenehmen, für eine Frau vergleichsweise tiefen Stimme nach: »Um herauszufinden, wie es weitergehen wird, spreche ich ja mit Experten wie Ihnen, Dr. Bensien.«

»Das kommt darauf an, welche Risikopositionen die Banken haben. Ich denke, wir sind da bei der Carolina Bank ziemlich gut aufgestellt. Wie es in der Branche aussieht, können wir natürlich nur eingeschränkt beurteilen, weil wir nicht in die Bücher der anderen Banken schauen können«, Carl formuliert präzise und bedächtig. »Risiko ist schließlich immer da, Mrs Bell, es ist nur die Frage, wann und mit welcher Wahrscheinlichkeit ein Risiko auftreten kann und welchen Verlust es dann produziert.« Carl steckt seine Lesebrille in die obere Sakkotasche.

»Darüber würde ich gerne Genaueres wissen, Dr. Bensien. Bei meinen Recherchen in London fiel immer wieder Ihr Name als der Guru unter den Risk-Managern. Robert war so freundlich, uns miteinander in Verbindung zu bringen.«

»Guru ist keine Kategorie, in der ich denke, Mrs Bell. Ich bin ein einfacher Risikomanager auf dem großen Spielfeld unserer Bank. Und dieses Spielfeld ist mit dem Aufkommen der strukturierten Produkte sehr viel komplexer geworden.«

»Da habe ich anderes über Sie gehört.« Wieder dieses Lächeln. Wohldosierter Charme, Carl ist dagegen nicht unempfindlich.

»Dann hat Robert ja ganze Arbeit geleistet«, zeigt er auf den PR-Berater und setzt zu seiner Standardeinleitung an, da die meisten Journalisten nichts von Risikomanagement verstehen. Leicht zurückgelehnt in seinen Stuhl, beginnt er zu dozieren: »Sehen Sie, Mrs Bell. Wir Risk-Manager sind die Spielverderber, weil wir die Spiele der Händler teilweise unterbinden müssen. Lassen Sie mich Ihnen das an einem plastischen Beispiel erklären: Strukturierte Produkte werden dort eingesetzt, wo jemand das normale Rendite-Risiko-Profil eines klassischen Termingeschäfts verändern möchte.«

Oh Gott, denkt Carla, lässt Carl mit seinen ausholenden Armbewegungen aber gewähren. Sie wird ihre Fragen schon stellen.

»Stellen Sie sich einen Obst- und Gemüsemarkt vor. Ihr ganz persönlicher Geschmack für exotische Früchte ist eine Mischung aus Papayas und Mangos. So etwas können Sie einzeln kaufen und im Mixer zusammenrühren. Und nun überlegen Sie Folgendes: Ein Händler könnte eine Frucht so züchten oder in unserer Sprache ausgedrückt so strukturieren, dass diese genau Ihren Geschmack bezüglich Mischungsverhältnis von Papayas und Mangos trifft, beispielsweise fünfundsechzig Prozent Papaya- und fünfunddreißig Prozent Mangogeschmack.«

»Das ist zwar utopisch, aber immer noch kein Problem, Dr. Bensien«, interveniert Carla.

»Richtig, aber wenn Sie eine solche speziell für Sie strukturierte Frucht auch noch auf Termin kaufen, dann befindet man sich im übertragenen Sinne in folgender Situation auf dem Obst- und Gemüsemarkt: Ein Händler strukturiert Ihnen per heute auf einen fixierten zukünftigen Termin eine eigens kreierte Frucht, die aus fünfundsechzig Prozent Papaya und fünfunddreißig Prozent Mango besteht, einen festgelegten Preis zwischen Ihnen und dem Händler hat und unbedingt geliefert werden muss. Sofern Sie sich darauf aber nur ein Wahlrecht einräumen lassen wollen, würden Sie eine Option auf diese strukturierte Papaya-Mango-Mischung auf Termin zu einem festgelegten Preis kaufen!«

»Apropos kaufen. Wollen wir nicht erst einmal bestellen?«, mischt sich Pearson mit Blick auf den Kellner ein.

»Oh, Verzeihung. Ja, bitte. Mrs Bell«, antwortet Carl,

der nun doch peinlich berührt ist; diese Unaufmerksamkeit hätte ihm nicht unterlaufen dürfen.

Als alle bestellt haben, nimmt Carla den Faden wieder auf: »Dann muss ja nur der Preis stimmen, nicht wahr?«

»Korrekt«, wundert sich Carl, den schon die ganze Zeit das Gefühl beschleicht, dass diese junge Dame vielleicht doch mehr über sein Metier weiß als all die anderen, die Robert ihm bislang vorgestellt hat. Frech, aber klug?

»Es ist aber so, dass solche Mischungen nur auf einem begrenzten Markt verkauft werden können. Denn wenn Sie sich gegen Ihr Wahlrecht entscheiden, wird die strukturierte Frucht wertlos, sofern sich kein anderer Käufer findet. So ein Markt braucht immer einen Käufer, sonst gibt es keinen Preis und die Bank hat ein echtes Bewertungsproblem.«

Nun reicht es Carla. Sie beugt sich vor, das Lächeln ist weg: »Dr. Bensien. Das ist ja alles schön und gut, aber die eigentliche Dynamik solcher Zertifikate hängt doch von der Volatilität ab, und die können Sie bei solchen Papieren nur schwer berechnen, weil Ihnen die Basis fehlt. Wie machen Sie das denn, wenn Sie schon immer einen Preis brauchen, damit Ihr Markt-to-Market-Modell funktioniert?«

»Okay, Mrs Bell. Sie mögen wohl kein Obst oder Gemüse.« Carla irritiert ihn mit ihrer direkten, konfrontativen Art, obwohl er beeindruckt ist.

»Doch, aber nur wenn sie mich weiterbringen.«

»Und wie würden Sie die Volatilität der Mischung berechnen?«, nimmt Carl den Fehdehandschuh auf.

»Man muss die Schwankungsbreite implizit berechnen. Man muss eine Vorstellung entwickeln, wie ein solches strukturiertes Produkt schwanken könnte, um dann dem Käufer ein Zertifikat anbieten zu können, das ein bestimmtes Renditeversprechen und möglicherweise eine Knock-out-Schwelle oder einen Turbo oder gar beides beinhaltet. Ziemlich komplizierte mathematische Rechnungen«, erklärt Carla in schnellen Worten und setzt noch eins drauf: »Ich habe Mathematik und ein bisschen Physik studiert, Dr. Bensien, mit Schwerpunkt Wahrscheinlichkeitstheorie.«

Kurz nippt sie an ihrem Wasser und fährt fort. »Guten Appetit, übrigens«, und beginnt ihre kalte Gazpacho zu löffeln. »Mit Tomaten. Ein Gemüse, nicht wahr, Dr. Bensien«, was bei allen Gelächter auslöst.

»Na, das ist ja mal etwas«, Carl Bensien entspannt sich, wie Carla bemerkt. »Dass du heute eine Spezialistin mitbringst, hättest du mir auch vorher erzählen können, Robert, dann hätte ich mich ganz anders vorbereitet. Und dann hätten wir uns auch nicht für ein Mittagessen getroffen, sondern in meinem Büro, in dem ich Ihnen einige Simulationen hätte zeigen können.«

»Wir können das weitere Essen gerne ausfallen lassen«, meint Carla, die bemerkt, wie ihr Ansehen bei Carl Bensien in Sekunden gestiegen ist.

»Das hingegen wäre doch schade, Mrs Bell. Außerdem ist ein gutes Mittagessen in meiner Heimat ein echtes Kulturgut. Wie viele Tage sind Sie in der Stadt?« Bensien mustert die junge Reporterin wohlwollend.

»Noch bis Ende der kommenden Woche.«

»Gut, wir machen noch einen Termin. Ist das okay für Sie?«

»Selbstverständlich«, antwortet Carla: »At your disposal!«

Die drei vertiefen sich in ihr Mittagessen und wandern zwischen fachlichen Themen, Gerüchten in der City oder an der Wall Street hin und her.

Beim Espresso richtet sich Carla noch einmal an Carl Bensien: »Nur mal interessehalber: Welche Wahrscheinlichkeitsverteilung unterlegen Sie denn bei Ihren Risikomanagementmodellen?«

»Normalverteilung, Mrs Bell. Die Welt passt risikotechnisch gesehen unter die Gaußsche Glockenkurve«, antwortet Carl.

»Was ist schon normal im Leben, Dr. Bensien?«

»Sehr philosophisch, Mrs Bell. Werden wir praktisch: Wann wollen wir uns treffen?«

Robert sieht plötzlich seine Chance gekommen: »Wir

können das schnell ausmachen. Aber sag doch, Carl, du gehst doch sicher auch am Samstag auf das große Sommerfest von Mitch Lehman auf Long Island. Ich könnte Carla mitbringen.«

»Eigentlich wollte ich dort nicht erscheinen, Robert.«

»Wäre aber eine Gelegenheit«, schiebt Pearson nach und blickt abwechselnd von Carl zu Carla.

Als Carla gerade absagen will, antwortet Carl: »Wenn Sie kommen, Mrs Bell, dann komme ich auch.« Die Frau mit dem bestimmenden Lächeln hat es ihm angetan.

Carla blickt Carl nachdenklich an und richtet ihre Zusage an ihn: »Okay.«

»Na dann«, sagt Robert und triumphiert innerlich. »Ich organisiere das.«

Blau ist nicht meine Farbe

»PA« hatte vor zwei Jahren ein Büro in New York eröffnet, was Robert Pearson erlaubt, überwiegend auf Kosten der Carolina Bank in einem der New-Yorker Luxushotels zu wohnen. Auch Mitch Lehman verbringt den Frühsommer lieber in seinem New-Yorker Zweitbüro als in London, weil er dies sehr gut mit Wochenenden in seinem Feriendomizil in den Hamptons auf Long Island verbinden kann.

Da Mitch unter der Woche immer im »Peninsula« residiert, steigt Robert lieber im »The Mark« ab, zu viel Nähe zu Mitch bekommt ihm nicht. Einige Blocks Distanz zwischen ihnen, das eine zudem auf der Westside, das andere auf der Eastside von Manhattan gelegen, hält er für einen ausreichenden Sicherheitsabstand, um Lehman nicht plötzlich über den Weg zu laufen.

Das Zentrum des Investmentbankings liegt an den Wochenenden auf Long Island. Fast jeder Banker, der etwas auf sich hält und im Bereich eines Millionengehalts rangiert, besitzt oder mietet ein Haus vor den Toren von Big Apple, wo die Luft nicht so stickig und heiß ist, weil über das Meer ständig eine kühlende Brise vom Atlantik auf die Insel weht. Den ganzen Sommer fliegen die Helikopter der begüterten Banker von Manhattan auf die Insel; wer will schon zwei, drei Stunden im Auto sitzen müssen, um dieses Kleinod zu erreichen, wenn es auch bequemer und schneller geht, lautet Mitchs Devise.

Robert Pearson nutzt die Zeit in New York, um seine Kontakte zu den großen amerikanischen Wirtschaftszeitungen zu pflegen. Des Weiteren spielt er in diesen Wochen mit seinem »Baby«, junge Nachwuchskräfte von der Wall Street mit Journalisten zusammenzubringen, zu denen auch Carla Bell gehört. Hin und wieder pendelt er nach Washington, wo die Securities and Exchange Commission, die berühmte SEC, ihren Sitz hat. Der Arm der amerikanischen Wertpapieraufsicht ist lang und kann bis nach Europa reichen, weshalb Pearson stets darauf achtet, dass seine guten Drähte zu dieser Behörde nie erkalten.

Jedes Jahr im Juni geben Mitch und Charlotte Lehman auf ihrem Landsitz ein Sommerfest für seine Truppe und Geschäftsfreunde. Robert Pearson steht als Guru der Spin Doctors auf allen wichtigen Einladungslisten, und das Sommerfest von Mitch und Charlotte Lehman ist ein gesellschaftliches Highlight, selbst wenn er dort immer auch arbeiten muss. Und Mitch zeigt sich erfreut, dass Robert seinen Auftrag erfüllen kann und die junge Journalistin mitbringt.

Pearson lässt Carla mit einer Stretchlimousine abholen und gesellt sich dazu. Der Champagner im Wagen wird eisgekühlt serviert, die leichten Canapés sind appetitlich auf einem Silbertablett angerichtet. Unter anderen Umständen hätte er sich an sie rangewagt, aber in Mitchs Revier zu wildern – kein Gedanke daran. Zudem ist ihm aufgefallen, wie abschätzig Carla ihn behandelt, und das ist nun gar nicht nach Pearsons Geschmack. Ohne Mitchs Interesse an Carla hätte er sie vermutlich bei Trent angeschwärzt. Und den

Trumpf der Nuttengeschichte behält er nach wie vor in der Hinterhand – Robert Pearson vergisst nichts, Robert Pearson vergibt nichts.

Mit einer Mischung aus Argwohn und gekränkter Eitelkeit fühlt sich Pearson Carla eindeutig überlegen, während er ihr in der Stretchlimo dabei zusieht, wie sie nach einem Canapé greift. Solche kleinen Journalistinnen hat er schon zuhauf kommen und gehen sehen. Sie hat jedoch etwas; mit ihrem abweisenden, arroganten Auftreten ihm gegenüber ist sie fast eine ebenbürtige Mitspielerin, wie Robert anerkennen muss. Sie bleibt distanziert und ist nicht im Geringsten dankbar, dass er ihr jede Türe ohne Probleme öffnet. Andere Journalisten müssten dafür tagelang antichambrieren. Sehr nutzenmaximierend, dieses Miststück, denkt er, kurz bevor sie vor Lehmans Anwesen vorfahren.

Als sie die große Empfangshalle durchquert haben und im Garten stehen, bietet sich Carla eine überwältigende Pracht. Mitchs Grundstück liegt am Meer und besitzt einen eigenen Strandzugang, der nach hundert Metern sattgrünem Rasen beginnt. Die großen Tafeln mit den weißen Tischdecken reichen über das ganze Gelände. Viele Gäste nutzen den Nachmittag, um im typischen lässigen Outfit der Hamptons ohne Schuhe am Strand entlangzulaufen. Die strahlende Sonne taucht die ganze Szenerie in eine nahezu surreale, gleißende Helligkeit, auch das große weiße Haus mit den riesigen Fenstern zum Meer, das man erst vom Strand aus in voller Größe erkennen kann.

Carla schätzt die Gästeschar auf mindestens zweihundert Personen, darunter Gesichter aus der New-Yorker Künstlerszene, einige Größen aus der Industrie und die unvermeidlichen Darlings der Schickeria, die sie alle nur aus den Magazinen kennt. Carl Bensien entdeckt sie relativ schnell. Umgeben von zwei älteren Damen der Gesellschaft, ragt der elegante Bankier allein schon von der Größe heraus. Und in seinem hellen Leinenanzug mit farblich abgestimmtem Einstecktuch und Strohhut als Sonnenschutz erinnert er an einen britischen Kolonialherren aus längst vergangener Zeit.

Eine perfekte Gelegenheit, sich schnell von Pearson abzusondern, der mit Grüßen in alle Richtungen beschäftigt ist. Dass ihn die beiden Damen für sich beanspruchen, hält Carla nicht davon ab, mit der Tür ins Haus zu fallen.

»Mir erscheint, dass das Risiko steigt, Dr. Bensien«, sprudelt sie gleich los und begrüßt ihn wie ein kleines Mädchen mit einem leichten Knicks, was die trotz Sommerhitze mit zu viel Schmuck ausstaffierten Ladys leicht konsterniert zur Kenntnis nehmen.

Bevor Carl Bensien den neuen Gast vorstellen kann, haben sich die beiden Vogelscheuchen mit deutlicher Entrüstung abgewendet und stolzieren davon. Ein Blick hat ihnen wohl genügt, dass sie gegen die junge, hübsche Frau in dem schmalen weißen Cocktailkleid keine Chance haben.

»Das nennt man vermutlich Risikominimierung«, prustet Carla los, als sie den beiden Hamptonians hinterherschaut, was Carl mit stummer, gespielter Hilflosigkeit kommentiert.

»Das kommt drauf an, welches Risiko Sie meinen«, hebt Carl seinen Hut zur Begrüßung. Dem vorbeikommenden Kellner entnimmt Carl erst einmal zwei Gläser Champagner, reicht eines an Carla und prostet ihr zu.

»Reden Sie eigentlich immer nur über das Geschäft, Mrs Bell?«

»Da läuft man nicht Gefahr, zu viel Privates auszuplaudern, Dr. Bensien«, lächelt sie ihn an.

»Da haben Sie allerdings Recht, Mrs Bell. Eine kluge und vorsichtige Haltung. Ohne Risiko sozusagen«, müssen beide lachen.

»Und ein bisschen mehr davon, wäre gar nicht schlecht«, seufzt Carla. Sie hat sich zu einem verbissenen Kapitalmarktjunkie entwickelt, der seit Monaten bis tief in die Nacht nur an Arbeit, Arbeit, Arbeit denkt. Eigentlich gar nicht ihre Art, sich so in eine Sache zu vertiefen. Doch die Irrungen und Wirrungen der Märkte fesseln sie mehr und mehr, ihre Wohnung sieht sie für Stippvisiten und ein paar Stunden Schlaf, geschweige denn ihren Vater und diese »Mrs Nichts Besonderes«, die Steven Bell immer häufiger in ihre knappen Telefonate einfließen lässt. Für sie selbst überraschend, entwickelt Carla so etwas wie Ehrgeiz.

Auf Dauer, das weiß sie, würde sie das nicht durchhalten, dafür ist sie nicht hart genug gegen sich selbst, aber wenn sie ihr Ziel erreichen will, dann muss sie auf die Zähne beißen und sich bis in die feinsten Verästelungen hineinarbeiten. Und Bensien scheint einer zu sein, der sie auf dem Weg ein wichtiges Stück weiterbringen kann. Sie mag seine Art, und er ist ihr als Gesprächspartner von vielen empfohlen worden. Als Mann kein Risiko, geht es Carla für einen Moment durch den Kopf, als sie seine Gestalt betrachtet.

»Wollen wir ein paar Meter gehen?«, fragt Carl und deutet in Richtung Strand.

»Gute Idee. Da können wir die Arbeit wenigstens mit ein bisschen Vergnügen verbinden«, Carla zieht ihre Sandalen aus und genießt den feinen Sand unter den Sohlen. Vereinzelt dringt fröhliches Gelächter aus dem Park, kleine Gruppen machen es sich in den ausladenden Liegen rund um den Pool, der olympische Ausmaße besitzt, gemütlich; unter einem großen Sonnensegel hat eine dreiköpfige Jazzformation Aufstellung genommen und unterhält die Gäste mit einem Medley von Cole Porter bis Frank Sinatra. Es fällt niemandem auf, dass sich die beiden langsam vom Zentrum des Geschehens entfernen. »Please don't talk«, singt Carl leise mit und murmelt »Dean Martin, andere Generation«, als er Carlas verständnisloses Gesicht betrachtet.

»Also, wenn Sie selbst diese Aussicht nicht von der Arbeit abhalten kann, was möchten Sie hören, Mrs Bell?«

»Insbesondere interessieren mich die Risiken in besicherte Wertpapiere, vor allem die mit Immobilien. New Century Financial ist pleite. Was bedeutet das Ihrer Meinung nach?«

»Dass alles komplizierter ist, als manche annehmen.«

»Wenn das alles so kompliziert ist, Dr. Bensien, warum

unterlegen Sie Ihr Modell dann mit einer Gauß'schen Normalverteilung?« Carla bleibt stehen, nimmt einen Stock und malt die Mutter aller Wahrscheinlichkeitsverteilungen in den Sand: Eine Glocke, mit der man mathematisch aus einer Unmenge von Zufällen ein Modell konstruieren kann, mit welcher Häufigkeit bestimmte Ereignisse eintreten – also auch die der Risiken.

»Wenn es so normal läuft, gibt es bei wenigen Kreditausfällen nur geringe Risiken für das ganze Risikoportfolio einer Bank und damit für das Bankensystem. Kann das tatsächlich stimmen?«, fragt Carla, zeigt auf die auslaufenden Enden der Glocke, blinzelt ihr Gegenüber gegen die Sonne an und stößt wie zur Unterstützung ihrer Zweifel mit ihrem Kristallglas gegen seines.

»Wir arbeiten mit so großen Datenmengen, dass am Ende des Tages die Normalverteilung die richtige Abbildung ist, Mrs Bell. Und wir halten die absoluten Summen niedriger als manche unserer Wettbewerber.«

»Aber würde nicht gerade beim ersten Auftreten eines Risikos das Vertrauen massiv sinken und zu weitaus höheren Ausfällen führen? Das ist doch alles andere als normal, was da gerade passiert.«

»Sie meinen, dass das Risiko nicht normal, sondern F-verteilt ist oder wir Fat tails haben und das Risiko viel früher oder ungleichmäßiger steigt?«

»Genau. Vor allem, weil jede Bank ja nur ihr Risiko kennt, nicht aber das der anderen.«

Carl kniet nieder und zieht über die Glocke eine weitere, nach links verschobene schiefe Glocke.

»Etwa so«, antwortet Carla und bückt sich neben ihn.

»Das stimmt aber nur, wenn alle Risiken voneinander abhängig wären und alles sehr früh und auf einmal passieren würde«, zeigt er mit dem Stock auf den linken schiefen Teil. »Dem ist aber nicht so, Mrs Bell. Klar gibt es Risikocluster, so wie die von Ihnen angesprochenen Immobilienmärkte. Aber es gibt auch eine ganze Reihe von Risiken, die damit gar nichts zu tun haben. Wenn man dann die schiere Datenmenge hinzunimmt, nähern wir uns wieder der Normalverteilung. Man muss aus meiner Sicht vor allem auf die Volumina aufpassen, die in bestimmten Risiken stecken. Eine so schiefe F-Verteilung können wir eigentlich für diese Märkte gar nicht berechnen. Allerdings nehme ich an, dass Sie das wissen.«

Weder Carl noch Carla bemerken, wie sich Mitch Lehman den beiden nähert. Sie sind noch immer in der Hocke und malen neue Grafiken von F- und anderen Verteilungen in den Sandstrand vor Long Island und diskutieren die allgemeine Risikolage in der Finanzindustrie.

»Lassen Sie sich nichts von Bensien aufschwatzen. Der hindert mich nur mit seinen Risikobegrenzungen am maximalen Erfolg für die Bank«, tritt der General mehr oder weniger ungalant vor die beiden.

Als sie sich erheben und Platz zwischen den beiden entsteht, tritt Mitch einen Schritt vor und dabei auf ihre schöne Grafik mit der Gauß-Glockenkurve. Der letzte Mensch, den Mitch nach der Sitzung des Risikoausschusses jetzt sehen will, ist Carl Bensien, aber der steht nun einmal schon längere Zeit neben Carla Bell.

Mitch trägt ein helles Polohemd und eine cremefarbene Hose ohne Schuhe. In diesem Outfit sieht er definitiv besser aus als im Büro und sogar durchaus attraktiv, jünger als Bensien jedenfalls.

»Das ist zwar nicht die feine Art, aber als Gastgeber dürfen Sie das wohl«, Carla zeigt auf die zerstörte Grafik und legt ihren »Mrs-Cool-Panzer« an.

»Er hat einfach kein Interesse an Risk-Management«, wirft Carl mit deutlich zynischem Unterton ein.

»Na, Sie beide scheinen sich ja richtig zu mögen«, schaut sie abwechselnd auf die beiden.

»Sie haben in den letzten Monaten viel geschrieben, Carla.« Mitch spricht sie ungeniert mit Vornamen an, bemerkt Carl nicht ohne leichtes Unbehagen. Hier will er nicht länger bleiben.

»Ich gehe mal weiter, Mrs Bell. Falls Sie Fragen haben, rufen Sie mich jederzeit an«, reicht er ihr seine Hand. »Mitch«, Carl tippt mit Finger zum Gruß an die Hutkrempe, ehe er in Richtung Haus verschwindet.

Mitch und Carla schauen Bensien für einen Moment hinterher, der auf das riesige Strandhaus zugeht, dessen Fassade in der Sonne glänzt.

»Sie mögen sich nicht?«

»Nein, ich kann solche Dr. No Risks nicht ausstehen.«

»Sie werden gebraucht, Mr Lehman.«

»Mitch, bitte, Carla, ich heiße Mitch.«

Carla schaut ihn für einen langen Moment an: »Okay, Mitch.«

»Danke, Carla«, lächelt er mit seinen stahlblauen Augen.

»Ein tolles Haus.«

»Habe ich vor Jahren meinem alten Chef und Freund Stan abgekauft, der sich zur Ruhe gesetzt hat und seitdem die meiste Zeit auf Hawaii verbringt. Ist wirklich toll«, Mitch macht eine ausladende Handbewegung.

Ashton. Da ist er wieder, Stanley Ashton. Sofort versucht Carla die aufkommenden Bilder in ihrem Hirn wegzudrücken. Auf keinen Fall will sie jetzt an diesen Typen erinnert werden. Und an das Bild ihrer Mutter in der Badewanne.

»Wir Journalisten können uns so was überhaupt nicht leisten«, redet sie einfach los, um ein Gespräch zu beginnen, das sie auf andere Gedanken bringt.

»Wissen Sie, Carla, Geld bedeutet mir nicht besonders viel. Ich habe nämlich zu viel davon und zudem eine ganze Reihe von Häusern. Wichtig ist mir nur, dass wir jedes Jahr viel Geld machen. Rendite bringt einem Händler die Reputation, von der er lebt. Geld haben wir nach den Anfangsjahren so oder so genug.«

»Na, wenn das nicht die Untertreibung des Jahrhunderts ist«, ist Carla ganz bei der Sache: »Nicht Geld zu haben, bedeutet Ihnen etwas, sondern Geld zu machen. Mein Vater kann so Leute wie Sie gar nicht leiden; er ist der Ansicht, dass ehrliche Leute ihr Geld mit Arbeit und nicht Geld mit Geld verdienen sollten. Was meinen Sie? Hat er Recht?«

Carla verschränkt die Arme vor der Brust.

»Auf jeden Fall regiert Geld die Welt, aber heute sollten wir es einmal dabei belassen. Mit Geld kann man alles machen. Der Rest ergibt sich dann, wie dieses Haus.«

»Ich weiß nicht, Mitch«, betrachtet Carla weiter den Prachtbau.

»Machen Sie sich doch selbst ein Bild. Kommen Sie, ich zeige Ihnen das Haus.«

Carla ist zu neugierig, um dieses Angebot auszuschlagen. Leichter bekommt sie so einen Kasten so schnell sicher nicht wieder zu sehen. Nur Kontrolle bewahren, denkt sie. Schließlich ist Mitch Lehman der Mann mit den blauen Bändchen. Doch Carla ist nicht zimperlich und hat genügend Erfahrung. Männer sind Gebrauchsgegenstände, hat sie gerade letzthin Annabelle erklärt, als sie abends noch alleine in der Redaktion waren und sich über ihr Liebesleben »post Fernando« austauschten.

Sie hat dieselbe herbe Art wie Isa, spürt Mitch, als er ausgerechnet Isabella und Jim weit hinter Carlas Kopf auftauchen sieht. Das reizt ihn noch mehr. Ein Frauen-Swap auf der Zeitschiene; Carla ist nur unwesentlich älter als Isa damals war.

Ehe Isabella und Jim auf sie zusteuern können, führt Mitch Carla ins Haus, in dem es alles gibt, was man ansonsten nur aus den teuersten Magazinen kennt: eine riesige Küche mit frei stehendem, auf alt getrimmtem Herd in der Mitte. Ein Esstisch aus einem längs geschnittenen Stück Holz für zwanzig Leute mit traumhaftem Blick auf das Meer. Im Wohnzimmer steht ein drei Mal zwei Meter großer Bildschirm für Fernsehen und Heimkino. Als dominierendes Material hat der Innenarchitekt Leder und Chrom gewählt, die Bilder an der Wand zeigen alles an zeitgenössischer Kunst, was auf den angesagten Auktionen zu haben ist. Nebst all dem Luxus fällt auf, dass in nahezu jedem Zimmer ein Bloomberg-Terminal steht, über den der Hausherr zu jeder Zeit auf alle Marktdaten dieser Welt zugreifen kann. Mitch Lehman zeigt sich während der Führung von seiner charmantesten Seite, plaudert über die Vorteile der Hamptons und lässt mit der Freude eines kleinen Jungen einfließen, dass er sich eine eigene Insel vor Hawaii gekauft hat.

Carla ahnt jedoch irgendwann, wo die Führung enden könnte, als sie hinauf in das obere Stockwerk gehen: im Master Bedroom, wie das größte Schlafzimmer in solchen Villen heißt. Umkehren? Abbrechen? Während sie Mitch zuhört, merkt sie sich wenigstens den Fluchtweg. Carla hat nichts gegen One-Night-Stands einzuwenden, als Single hält sie diese unverbindlichen Begegnungen für eine akzeptable Möglichkeit, hin und wieder auf ihre Kosten zu kommen. Und in London ist ihr bislang noch keiner über den Weg gelaufen, mit dem sie eine ernsthaftere Beziehung ins Auge fassen würde.

Das Sommerfest läuft auf vollen Touren. Die Musik ist bis in den letzten Winkel des riesigen Hauses zu hören. Da wird auch ein Mitch Lehman nicht wagen, zudringlich zu werden, schließlich sind zweihundert Gäste auf dem Gelände, viele flanieren unten auch durchs Haus, und die Frau des Gastgebers ist ebenso anwesend. Mitch geht einen breiten, ungefähr zehn Meter langen Gang entlang, auf dessen Holzdielen jeder Schritt zu hören ist. Das Ende markiert eine verschlossene Türe. Als er sie öffnet, stehen sie im Master Bedroom. Den Gang entlang, dann die Treppe in das mittlere Geschoss, wieder ein Gang in die andere Richtung und dann die große ausladende Treppe in die Empfangshalle, geht Carla den Fluchtweg noch einmal durch. Und nun cool bleiben, sie holt tief Luft, ehe sie die große Fensterfront erreicht. Außerdem bleibt die Türe weit offen.

»Die Scheiben sind so konstruiert, dass man von innen alles sehen kann, was draußen vor sich geht, aber nicht von draußen nach drinnen.« Mitch stellt sich neben sie und lehnt mit dem Rücken an die Scheibe, fast wieder so wie vor Monaten in seinem Büro, denkt Carla. Nur dieses Mal mit Meerblick. Und in leichter, durchaus attraktiver Sommerkleidung, das Hemd drei Knöpfe geöffnet.

»Intelligentes System, Mr Lehman. Von Ihnen?«

»Mitch, bitte. Das hatten wir doch schon. Von mir natürlich. Ich habe alles renovieren lassen, als ich das Haus gekauft habe. Neueste Technik, Carla.«

»Beeindruckend«, entgegnet sie mit wieder verschränkten Armen vor den Brüsten, bemerkt Mitch, der Carla lüstern betrachtet.

»Intelligent.«

»So kann man es auch nennen«, nimmt Carla die Arme noch ein bisschen höher, »doch wofür das Ganze? Da unten läuft sonst kaum jemand lang, oder?« Carla rutscht unmerklich tiefer in das Tête-à-tête mit einem der mächtigsten Banker in London.

»Die Frage zeugt nicht gerade von Intelligenz, Carla.« Sie spannt sich noch stärker an, als Mitch den letzten Meter, der sie trennt, auf sie zugeht und versucht, sie an sich ziehen. Er wagt es. Unglaublich, denkt Carla und merkt, wie gut er riecht und wie kräftig er ist. Fast automatisch stößt sie ihn zurück: »Ich trage doch kein blaues Bändchen, Mitch!« Sie öffnet ihre Deckung vor der Brust und hält ihm ihr freies linkes Handgelenk hin.

»Rechts, Carla.«

»Wie bitte?«

»Am rechten Handgelenk. Das blaue Bändchen.«

»Oh, kleiner Fehler. Abzug in der B-Note, Mitch. Aber ich bin ja auch kein Profi in dieser Disziplin«, schaut sie ihn provozierend an, blickt aus dem Augenwinkel auf die offene Schlafzimmertüre, lässt den linken Arm fallen und hebt den rechten. Das Spiel reizt sie: Wie weit geht der Mann, der für Geld alles haben kann?

»Nein, aber dann müsste ich mich ja auch nicht bemühen,

oder?«

»Und wie komme ich jetzt hier raus?«, wechselt Carla das Thema, als sie die Arme wieder zur Abwehr vor die Brust nimmt.

»Durch die Türe, allerdings sieht uns niemand aus dieser Ecke. Aber falls du gerne mal wieder in mein Master Bedroom kommen willst, lass es mich wissen!«

»Blau ist aber nicht meine Farbe«, antwortet Carla und will das Schlafzimmer verlassen. Sie betrachtet ihn noch einmal von oben bis unten. Er rührt sich nicht vom Fleck. Am Ende ist ihr das doch ein bisschen zu billig, zumindest verhält sich Mitch anständig und bedrängt sie nicht weiter. Das ist, so wundert sich Carla, das eigentlich Überraschende an der Situation.

»Ich spiele gerne an dieser Fensterfront mit Blick auf Garten, Strand und Meer, ohne beobachtet zu werden.« Mitch stellt sich ihr nicht in den Weg, zeigt aber auf das riesige Fenster, bevor Carla sich umdreht und auf die Türe zugeht.

»Es ist so ausgerichtet, dass es immer ein vermeintliches Livebild aus früheren Tagen mit gleichem Lichteinfluss per Kamera auf die Scheibe projiziert, sodass niemand merkt, wer an der Scheibe steht und was gespielt wird. Ziemlich intelligent, nicht wahr?«

Sex am Fenster. Warum eigentlich nicht? Auf seine Art scheint dieser Mitch Lehman sich sogar um sie zu bemühen. Sie spürt den Reiz des Risikos und das Prickeln in ihr aufsteigen.

Schwungvoll, sodass sie es sich nicht noch einmal anders überlegt, dreht Carla sich um, stößt die Tür mit dem Fuß von innen zu und geht schnellen Schrittes wieder auf Mitch zu.

»Ich habe es lieber, wenn die Türen zu sind. Keine Angst, erwischt zu werden?«

Mitch ist überrascht, wie leicht sie es ihm macht. Sie packt ihn im Nacken und zieht ihn heran, obwohl er glaubt, dass viele Frauen auch immer nur das eine wollen und nicht nur die Männer.

»No risk, no fun, Carla.«

»Let's have fun, Mitch.«

Leise stöhnt sie, ihr Atem befeuchtet das Fenster, als er sie gegen die Scheibe drückt. Mitch ist schnell und gut bei der Sache. Spaß und Risiko, kontrollierter Sex. Selbst ein Kondom hat er aus der Hosentasche gezogen.

Carla blickt die ganze Zeit aus dem Fenster. Charlotte Lehman steht mit Carl Bensien zusammen und scheint sich blendend zu unterhalten. Ihr kurzer Pagenkopf wird durch ein weißes Stirnband gebändigt, sie lächelt nach allen Seiten, hakt den Schweizer schließlich unter und zieht ihn zu einer Gruppe am Pool. Carla hofft, dass die Geschichte mit der Livekamera stimmt.

Sicherheitshalber lässt sie Charlotte und Carl nicht aus den Augen. Als Charlotte mit der Hand auf das Haus zeigt und Carl ihr direkt in die Augen zu schauen scheint, erschrickt sie doch und schreit auf.

»In der Tat, ein intelligentes System«, sagt sie zu Mitch und zieht ihn noch einmal an sich heran. »Ihr Männer seid doch alle gleich«, blinzelt sie ihn an und verlässt das Lehmansche Schlafzimmer, während Mitch noch seine Kleider ordnet. In der langen Holzdiele hängt ein großer Spiegel, sie wirft kurz einen Blick auf sich; ihr Haar ist etwas durcheinander, sie bringt es mit den Händen wieder in Form. Hinter sich hört sie die Dielen knarren, auch Mitch Lehman scheint sich wieder arrangiert zu haben.

Lunte gerochen

»Simon, Sir Peter ist am Apparat«, ruft Annabelle quer durch die ganze Redaktion, damit der Chefredakteur sie hört. Manchmal, wenn sie gar zu laut wird, hält sich Simon die Ohren zu, was Annabelle jedes Mal zum Lachen bringt.

In diesen heißen Julitagen reißt sie morgens in dem nicht klimatisierten Parterre die Fenster weit auf, damit wenigstens ein bisschen kühle Luft in die Gänge strömt. Dann ist zwar die Temperatur für kurze Zeit erträglicher, aber Annabelle muss ob des Verkehrs ihre Stimme mit Nachdruck erheben, um sich Gehör zu verschaffen. Auch wenn die Straße vor dem Haus selbst nicht viel befahren wird, dringt das Rauschen aus den Nachbarstraßen bis hierher in die Redaktion.

Simon steht neben Carla an der Kaffeemaschine und tauscht sich mit ihr, wie so oft in den letzten Wochen und Monaten, über die jüngsten Gerüchte in der City aus. Seit Tagen kursieren viele vage Informationen aus den Banken, gestreut von Spin Doctors, aber auch von Mitarbeitern der Regierung, wie es selbst der alte Haudegen Simon Trent nur selten erlebt hat. Simon liebt Gossip, allerdings muss jedes Gerücht mit Fakten unterlegt sein; genau das macht den »CityView« so einzigartig.

»Komme sofort, Bella«, ruft er in Richtung seines Büros und wendet sich noch einmal seinem kleinen Superstar zu.

»Carla, das kann nicht normal sein. Fast in jedem Land ist eine Bank von diesen Subprimes betroffen. Jetzt gibt es schon wieder reihenweise Downgrades der Ratings. Das hat doch etwas zu bedeuten. Häng dich an deine Kontakte.«

Ein Klaps mit den Zeitungen in seiner Hand auf Carlas Schulter beendet das kurze Gespräch und Simon verschwindet in sein Büro. Simon besitzt eines der besten Kontaktnetze in der City, und Sir Peter Cane, der Kommunikationsdirektor der Bank von England, ist einer der wichtigsten Knotenpunkte in diesem Netzwerk. Regelmäßig tauschen sich die beiden aus, denn Sir Peter ist besser informiert als alle anderen in der City. Und falls Sir Peter Cane etwas platzieren will, muss oder soll, ruft er meist Simon Trent an; beide fahren gut damit.

In den Banktürmen und Handelssälen der City gilt: Wenn der »CityView« ein Thema auf die erste Seite hievt, kann man todsicher davon ausgehen, dass an dem Gerücht etwas dran ist. Selbstverständlich ist Trent nicht entgangen, dass viele Scoops aus Carlas Feder letztlich auf Anrufen von Pearson Advisors beruhen. Doch so läuft nun einmal das Spiel zwischen Public Relations und den Medien, und solange die jeweiligen Geschichten stimmen, zögert Simon nicht, sie zu publizieren. Außerdem hat er ein System von Checks & Balance eingeführt: Wenn ihm eine Adresse zu oft und zu gut wegkommt, setzt er einen anderen Redakteur darauf an. Doch seit Wochen herrscht eine Sondersituation, denn das Thema »Risiko« beginnt die Berichterstattung zu dominieren. Insbesondere die Beiträge, die Carla im Anschluss an ihre Reise nach New York im Juni über Risikomanagement von Banken geschrieben hat, sorgen für ein heftiges Raunen in der City.

»Ist Peter denn nicht in den Sommerferien? Normalerweise ist der Ende Juli immer weg«, fragt er, als er auf Annabelle zukommt, die nur unwissend mit den Schultern zuckt.

»Klingt eilig, Simon. Er ist schon selbst in der Leitung.« Sie hält die Ohrmuschel zu, sodass Sir Peter nicht mithören kann.

»Bin ja schon da, Annabelle«, sagt Simon.

Annabelle sitzt an einem alten Tisch mit PC und Telefon mitten im Raum, der als »Vorzimmer« für das Büro des Chefredakteurs Simon Trent dient. Im Vorbeigehen bittet er sie, Sir Peter durchzustellen. Er schließt die Tür, fläzt sich in den großen alten Lederstuhl und legt die Füße auf den Tisch.

»Hallo, Peter, wie geht es dir?«

»Danke gut, Simon. Hast du morgen Zeit für einen Lunch?«

»Na, das ist aber eilig. Lunch ist bei mir doch immer ausgebucht, Peter. Wieso bist du eigentlich nicht in deinem Landhaus?«

»Kann ich dir erklären, wenn wir uns treffen. Würdest du bitte für morgen absagen, was immer es ist, und mich im Athaneum treffen?«

»Wenn du so fragst, dann sicher«, kratzt sich Simon am

Kopf. »Gib mir wenigstens ein Stichwort.«

»Risikoportfolios.«

»Der Banken?«

»Yes, Sir!«

»Du, kann ich da nicht die Bell mitbringen. Sie ist meine Spezialistin, Peter.«

»Gutes Mädchen, scharfe Feder, aber sorry, komm bitte alleine. Top secret.«

»Na gut.« Simon wollte Carla einen Gefallen tun und die Gelegenheit nutzen, sie Sir Peter persönlich vorzustellen. Das musste offenbar warten.

»Ich habe einen separaten Raum für uns beide bestellt. Wir treffen uns im Nelson Room, reserviert auf unsere Alumni-Gesellschaft, ohne Namen. Nicht die Bank, klar, Simon!«

»Wenn du meinst, Peter.«

Simon Trent ist alarmiert. Peter Cane hat für ihre Treffen noch nie einen separaten Raum bestellt. Zwar essen sie meist nur zu zweit, doch wenn Simon einen Redakteur mitbringen wollte, war das nie ein Problem. Das einzige Normale an Peters Anfrage ist, dass man sich – wie immer bei ihm – zu einem guten Mittagessen trifft. Simon bittet Annabelle, sein Mittagessen mit einem hochrangigen Oppositionspolitiker im House of Commons abzusagen, den er ebenfalls aus alten Studientagen kennt und der sich mal wieder mit ihm über Trends und Entwicklungen in der City austauschen will.

Am kommenden Mittag sitzt Sir Peter bereits im Nelson Room und genehmigt sich eine Bloody Mary, als Simon auftaucht. Der Admiral steht an der Wand gegenüber dem großen Fenster mit den schweren Vorhängen. Mit seinem klassischen Dreiteiler, bei dem die Weste den Bauch zu halten scheint, den geschnürten Schuhen und den schütteren Haaren, bietet Sir Peter das Bild eines typischen Engländers.

»Danke, Simon, dass du kommen konntest.«

»Ehrensache, alter Freund. Scheint ja extrem wichtig zu

sein. Bloody oder virgin?«, fragt Simon mit Blick auf das Glas, das Cane fest in der linken Hand hält und an der der Oxford-Siegelring am kleinen Finger blitzt.

»Bloody, aber nur mit wenig Wodka, Simon.«

Simon hat sich Zeit genommen – er erwartet eine wirklich interessante Geschichte; er entscheidet sich für einen trockenen Martini.

Entgegen allen Gepflogenheiten aristokratischer Ruhe und Gelassenheit kommt Sir Peter Cane direkt zur Sache, kaum hat sich der Kellner nach Reichen der Apéritifs gemächlichen Schrittes aus dem Raum entfernt hat. Peter, ansonsten sehr bedächtig nach Worten suchend, orientiert Simon kurz und knapp, dass in der Notenbank gehörige Sorgen über die Risikopositionen verschiedenster Banken laut werden. Moody's wie auch Standard & Poor's hatten erst vor wenigen Tagen weitere Milliardenvolumina an MBS und CDO und CDS herabgestuft, Bear Stearns gar zwei eigene Hedgefunds endgültig schließen müssen.

»War nichts mehr zu retten. Alles sehr beunruhigend, Simon«, er blickt aus dem Fenster und stößt dann erneut mit seinem Freund an. »Alles ist so furchtbar intransparent, Simon. Wir suchen uns die Zahlen und Fakten wie Forensiker zusammen. Komm, wir setzen uns«, bittet Sir Peter zu Tisch und fügt gleich an: »Man sorgt sich in Europa inzwischen, dass die amerikanische Immobilienkrise überschwappen könnte.«

Wenn er »man« sagt, weiß Simon, dass die Information von ganz oben kommt und er nicht weiter nachfragen sollte, um wen es sich handelt. Das, was Peter mit ihm erörtern will, kann die Notenbank so weder öffentlich sagen noch kommentieren; der Kommunikationsdirektor der Old Lady of Threadneedle Street, wie die Bank von England in der City heißt, hätte jedoch nichts dagegen, von den Besorgnissen der Aufsichtsbehörden etwas zu lesen. Sir Peter Cane will die Information punktgenau streuen, wofür der »CityView« in seinen Augen das beste Medium und Simon Trent der geeignete Journalist ist.

»Kein Mandat von deinem Governor, Peter?«

»Natürlich nicht, Simon, offiziell nicht! Es ist doch nur ein Mittagessen zweier Vorstandsmitglieder der Alumni-Vereinigung unseres Colleges in Oxford.« Sir Peter schaut ganz scheinheilig.

Die Liste der Alumnis ist *die* Adresskartei für Simon Trent, wenn es um gut recherchierte Hintergrundberichte geht. Die Old Oxford Boys sitzen in jeder wichtigen Kanzlei, in jedem wichtigen Ministerium und in jeder wichtigen Bank. Simon gibt Peter zu Bedenken, dass er für etwaige Geschichten »meat to the bone« brauche, Zahlen, Daten und Fakten.

»Sonst entbehrt das jeder Grundlage.«

Cane schiebt ihm ein weißes Blatt, das bislang unter der Brotschale klemmt, ohne jeden erkennbaren Absender mit vielen Zahlen und ein paar Namen, über den Tisch. Wie ein Croupier im Spielcasino, der die Bank hält, schiebt Sir Peter ihm das zweimal gefaltete Blatt unter sein Brottellerchen. Simon wartet einen Augenblick, greift dann nach dem Blatt, entfaltet es und pfeift leise durch die Zähne, die Sprengkraft erkennt er schon ohne Brille. Das ist der Grund für das Mittagessen, überfliegt Simon die ersten der fein säuberlich notierten Zahlenkolonnen, in denen das den Aufsichtsbehörden bekannte Risk Exposure der großen Investmentbanken steht.

Viel interessanter sind aber die nächsten beiden Kolonnen: Die erste schätzt das Volumen an strukturierten Produkten, Zertifikaten und sonstigen Over-The-Counter-Geschäften mit Derivaten, das nicht eigenkapitalunterlegt ist, weil es in Zweckgesellschaften organisiert ist.

Simon greift in seine Brusttasche und zieht seine Lesebrille hervor, um die Kolonnen genauer zu studieren. Er kann kaum glauben, was er hier liest. Die zweite zusätzliche Kolonne schätzt demnach den eigentlichen Value at Risk der einzelnen Adressen. Die Positionen sind riesig.

»Investmentbanken können mit dem Volumen ihr Risiko

in Zweckgesellschaften ausbuchen; aber diese Gesellschaften können das Ausfallrisiko gar nicht bedienen. Zudem haben manche Banken teilweise selbst in Hedgefunds investiert, Simon. Man liest ja von den Problemen bei Bear Sterns. In beiden Fällen kann das Risiko jederzeit auf die Banken zurückfallen, wenn Liquiditätszusagen fließen müssen oder wenn Funds schrumpfen, mein Lieber.«

Peter tupft sich mit dem Taschentuch ein paar Schweißperlen von der Stirn. Im Sommer bewegen sich die aristokratischen Engländer besonders langsam, Schwitzen gilt als gewöhnlich und unschick, und in diesem Juli ist es heiß in London. Doch der arme Peter Cane muss sich heute offensichtlich über seine gewohnten Verhältnisse beeilen. Dem Genießer, der seine Arbeit eher als Repräsentanz versteht, ist das sichtlich unangenehm.

Statt einen ruhigen Juli mit Besuchen in Wimbledon, Glyndebourne oder zumindest langen Wochenenden in Henley on Thames zu verbringen, ist diesen Sommer viel Arbeit an der Tagesordnung. Selbst einem sturmerprobten Kommunikationschef, der schon viele Spekulationsschlachten rund um das englische Pfund Sterling mitgemacht hat, geht das jetzt alles zu schnell, vor allem aber ist auch Sir Peter diese Subprime-Krise, die aus den USA rüberzuschwappen droht, äußerst suspekt.

»Das löst einen Flächenbrand aus, Peter.« Simon schaut verblüfft abwechselnd auf seinen Freund und auf den Zettel, auf den er ihn natürlich nie direkt ansprechen würde. Aber es ist klar, warum Peter Cane ausgerechnet ihm diese Information zuspielt und warum er alleine kommen musste. Simon Trent gilt als besonnen, wenn es um die Veröffentlichung sensibelster Informationen geht. Eine falsche Story mit nicht bestätigten Zahlen – und die Märkte rauschen in den Keller.

»Du musst sehr vorsichtig sein«, ermahnt ihn Sir Peter dennoch, obwohl er weiß, dass Trent nicht zu den jungen Heißspornen gehört, die alles so schnell wie möglich veröffentlichen wollen, ohne es wirklich gründlich zu prüfen. Simon

Trent ist immer noch *der* Journalist der City. Sein Ruf bei der Notenbank und im Finanzministerium ist immer noch legendär. Und Peter Cane kann sich darauf verlassen, dass innerhalb der nächsten Woche etwas im »CityView« stehen wird.

Während des Essens dreht sich das Gespräch um Erinnerungen aus der guten alten Zeit, in denen die City noch nicht von Amerikanern dominiert wurde. Als sie den Nelson Room nach mehr als zwei Stunden verlassen, haben beide genug Alkohol intus, um für diesen Tag den lieben Gott einen guten Mann sein zu lassen, wie Simon Trent solche Nachmittage umschreibt. Da sie nicht zusammen gesehen werden wollen, verzichten sie auf den Digestif mit Zigarre in der Bibliothek des Clubs und verlassen den Club im Abstand von fünf Minuten.

Auf dem Rückweg ins Büro betrachtet Simon Trent die Zahlenkolonnen noch einmal in Ruhe. Das Taxi braucht im dichten Verkehr seine Zeit, da der Club in der Nähe des Buckingham Palace im Regierungsviertel liegt und der »CityView« am Rande der City.

Simon weiß, dass der Kapitalmarkt in Bewegung gekommen ist. Schon im Januar haben hohe Notenbanker auf dem Weltwirtschaftsforum in Davos, wohin er regelmäßig fährt, von einer drohenden Neubewertung von Vermögenswerten gesprochen. Aber keiner hat so richtig hingehört, das Thema war noch nicht heiß. Manche Investmentbanken haben in den letzten Monaten heimlich angefangen, ihre Portfolios umzuschichten. Andere Adressen betonen, dass sie sich auf die schlechte Entwicklung aus den USA vorbereitet haben. Wieder andere müssen erste Hedgefunds abwickeln, weil diese in Not geraten sind oder müssen gar erste größere Verluste einstecken, die sich aus dem Engagement im US-Immobilienmarkt ergeben haben. Gleichzeitig behaupten alle, so überlegt er beim Blick auf die East Side des Flusses, dass es sich um erstklassig besicherte und geratete Anlagen handelt. Eine Menge von diesen Papieren sind jetzt downgegraded worden. Und die Ratingagenturen haben am Ende die Lage schon mehrfach falsch eingeschätzt, erinnert sich Simon entlang der Themse am Embankment.

Er wird Carla auf das Thema ansetzen, ohne ihr jedoch von den Zahlen und dem Gespräch mit Sir Peter Cane zu berichten. Da jeder in der Redaktion mitbekommen hat, dass er sich mit dem Notenbanker zum Mittagessen verabredet hat, wird er sie erst am kommenden Montag instruieren. Seine Hinweise am Montagmorgen sind in der Redaktion des »CityView« so bekannt wie sein Ruf als Mann mit einem guten Riecher in der City.

Noch einmal studiert Simon den Caneschen Zettel: Eine der auf dem Zettel gelisteten Banken ist die Carolina Bank. Simon weiß, dass Carla gute Beziehungen in dieses Haus hat und auf Robert Pearson zurückgreifen kann. Ein Grund mehr, noch bis Montag zu warten. Dann wird er sie bitten, bis kommenden Freitag eine Geschichte zu verfassen, in der diese Gerüchte mit Zahlen unterlegt stehen sollen. Simon riecht die Lunte der Story förmlich, die Sir Peter ausgelegt hat.

Unbequeme Fragen

»Wir müssen noch etwas besprechen«, bittet Simon Carla nach der montäglichen Redaktionskonferenz noch zu bleiben und bietet ihr einen Platz auf der Couch an. Er selbst setzt sich ihr gegenüber mit Blick zur Türe. Nachdem alle anderen verschwunden sind, legt er ohne Umschweife los.

»Ich erhielt am Wochenende einen Anruf.«

»Kommt bei dir ja häufiger vor.« Carla hat beide Fußspitzen auf die Kante des kleinen Tischs gestellt, sodass Simon direkt über ihren Knien die rotblonde Mähne sehen kann. Etwas durcheinander sieht sie heute Morgen wieder aus, bemerkt Simon. Wahrscheinlich kam sie wieder auf den letzten Drücker vor der Konferenz in die Redaktion reingeschneit.

»Man hat mir gesagt, dass die meisten Investmentbanken über irgendwelche Zweckgesellschaften viel höhere Risikopositionen haben, als bekannt ist. Alles ziemlich intransparent.« Er beugt sich vor, um seiner Aussage etwas Nachdruck zu verleihen.

»Habe ich auch gehört, aber wir kriegen keine Zahlen, Simon. Das ist das Problem.« Carla greift nach ihrer Tasse auf dem Tisch, nimmt dabei die Füße runter und beugt sich ebenfalls vor.

»Ich möchte, dass du der Sache nachgehst. Stehen uns auch Fälle wie Bear Stearns, pleitegehende Hedgefunds usw. bevor – die ganze Palette.«

»Was hat dir der Informant denn sonst noch so erzählt, Chef?«

»Leider nichts. Deshalb: Klink dich ein. Du bist von allem anderen befreit«, beschließt Simon im Aufstehen.

»Da werden sich die Kollegen aber freuen.« Sie erhebt sich. »Okay, ich mache mich an die Arbeit.«

»Tasse nicht vergessen«, deutet Simon auf den Kaffee. »Das mit den anderen regele ich schon.«

»Danke.«

»Sonst wird der Kaffee doch kalt.«

»Ich meine: Danke für das Vertrauen.«

»Liefere mir 'ne gute Story, Carla, die wir am Freitag bringen können. Stelle die unbequemen Fragen. Geh hin, wo es weh tut.« Simon verschränkt die Arme hinter dem Kopf und denkt daran, dass auch die Carolina Bank auf der Nelson-Room-Liste steht.

Carla hängt sich gleich ans Telefon. Die meisten Kontaktversuche in London scheitern nach dem Motto: »Guten Tag, ich bin von/bis in den Ferien. Bitte rufen Sie in dringenden Fällen Herrn/Frau Sowieso an.« Beim zehnten Telefonat mit einem Anrufbeantworter knallt Carla laut den Hörer auf den Apparat. Das Gros der Banker ist im Juli ausgeflogen.

»So ein Mist«, flucht sie.

»Nicht doch«, beruhigt Simon, der gerade nachfragen will,

wie sie vorankommt.

»Recherchieren ist ein mühsames Business«, sie schaut gequält auf ihren Boss.

»Mir musst du das nicht erzählen. Nicht entmutigen lassen.« So schnell wie er kam, ist er auch schon wieder weg.

Carla überlegt: In den USA herrschen doch andere Feriensitten und ruft Carl Bensiens Büro in New York an. Zeitlich passt es inzwischen auch, rechnet sie mit einem Blick auf ihre Uhr.

»Büro von Carl Bensien. Denise Richards am Apparat«, meldet sich eine angenehme Stimme.

»Guten Tag, Carla Bell vom »CityView« in London. Ist Dr. Bensien zu sprechen?«

»Nein, der ist in Urlaub. Tut mir leid«, antwortet die junge Stimme.

»Mhm. Kann ich ihn über sein Handy erreichen? Er hat mir gesagt, dass ich ihn jederzeit anrufen kann, wenn ich etwas zu Risk-Management wissen will.«

»Sind Sie die Journalistin, die im Juni hier war und ihn auch in seinem Büro getroffen hat?«

»Genau die bin ich. Carla Bell.«

»Einen Moment bitte.« Nur wenige Sekunden später diktiert Denise ihr Carls Handynummer.

»Wie darf ich das verstehen?«, fragt Carla etwas verdutzt.

»Sie stehen auf seiner bevorzugten Kontaktliste. Dann darf ich die Handynummer herausgeben, Mrs Bell.«

»Oh. Und danke noch einmal, Miss Richards.«

»Gern geschehen. Er ist in der Schweiz, ist also ihre Zeitzone.«

Carla legt auf und wählt sogleich die Handynummer. Ganz schön aufmerksam, denkt sie, während sie die letzte Ziffer drückt.

Nach dem dritten Klingeln meldet sich der Chief Risk Officer der Carolina Bank mit einem knappen »Hallo?«.

»Hier ist Ihre Risikojournalistin. Carla Bell. Hallo, Dr.

Bensien.«

»Oh, hallo, Mrs Bell«, antwortet Carl und fügt an, dass sie ihn im Hotel »Victoria Jungfrau« erwischt. Nie gehört, sie schreibt sich trotzdem ein »Jungfrau« auf. Was das wohl ist?

»Haben Sie einen Moment, um mit mir über Risiko zu sprechen?«

»Sicher, wenn es nur einen Moment ist. Wir sind hier gerade im Aufbruch. Aber ich habe Ihnen das ja versprochen, Mrs Bell. Um welche Verteilung soll es heute gehen?«, hört sie, wie er ganz offensichtlich lächelt.

»Das muss sich noch rausstellen. Konkret: Gibt es aus Ihrer Sicht Anzeichen dafür, dass die Risikopositionen der großen Investmentbanken größer und vor allen Dingen risikobehafteter sind als offiziell verlautet?«

Carl ist von der Frage nicht überrascht, wohl aber irritiert ihn der Zeitpunkt des Anrufs. Nach der Korrektur einer Reihe von besicherten Wertpapieren durch die Ratingagenturen im Juni ist es aus seiner Sicht bis jetzt relativ ruhig verlaufen. Ansonsten wäre der pflichtbewusste Schweizer gar nicht in Urlaub gefahren. Carl hatte zudem seinen Assistenten auf die Cayman Islands geschickt, um sich vor Ort ein Bild über die Hedgefund-Industrie zu machen. »You need to see the white in the eyes of your business partners«, hatte er Tim als Grund für die Reise angegeben und dass er Klarheit darüber haben wollte, wie und wer die Funds registriert.

»Ich komme diese Woche zur Halbjahrespressekonferenz nach London. Da können wir uns treffen, Mrs Bell«, bietet er ihr an. Carl hat an diesem Tag bereits einige Telefonate geführt und verschiedenste E-Mails bearbeitet. Nun will er endlich mit seinen Jungs wandern gehen, auch wenn die lieber weiter Playstation spielen würden.

»Geht es nicht früher oder am Telefon?«, hakt Carla nach.

»Wie gesagt: Jetzt geht es nur für einen kurzen Moment. Was meinen Sie mit höheren Risk Exposures als bekannt?« Seine Stimme klingt interessiert, meint Carla herauszuhören.

»Es gibt Gerüchte, dass fast alle Investmentbanken deutlich höhere Engagements haben. Überwiegend OTC und damit kaum transparent.«

»Mhm, Mrs Bell. Ich kann das nicht bestätigen, dürfte ich im Übrigen auch gar nicht. Ich kann mit Ihnen nur über Strukturen reden«, will Carl dieses Gespräch kurz halten.

»Ich brauche jemanden, der mir jetzt nähere Erläuterungen gibt und vor allem Klartext spricht, was an der Sache dran ist.«

Seit Carla im Juni in New York war, hat sie zwei Mal mit ihm über Systemfragen gesprochen, aber nie direkt über Zahlen einzelner Häuser, auch nicht der Carolina Bank.

»Nein, das kann ich jetzt beim besten Willen nicht, Mrs Bell. Ich weiß nichts von solchen Gerüchten. Lassen Sie uns die Diskussion auf kommende Woche vertagen.«

»Früher geht es wirklich nicht?«, fragt Carla noch einmal nach, obwohl sie hört, dass Bensien merklich kühler wird.

Viele Banken gehen Anfang August mit den Zahlen an die Öffentlichkeit, Zeit wird zum wesentlichen Faktor. Wenn sie ihre Geschichte termingerecht abliefern will, muss sie an verlässliche Quellen kommen. Leider ist es Ende Juli und die Kapitalmarktwelt weilt in den Ferien – mit ihren Blackberrys, dem wichtigsten Handwerkszeug der Kapitalmarktnomaden, liegen die meisten Banker irgendwo am Strand, rund um den Globus verteilt.

»Nein, früher geht es leider nicht«, bleibt Carl unnachgiebig; so sehr er die Risikojournalistin schätzt, Journalisten sind und bleiben auch ein Risiko.

Carla telefoniert sich den ganzen Tag über weiter durch ihre Liste und hinterlässt bei allen die dringende Bitte um Rückruf – doch kein Einziger will in diesen Tagen direkt mit der Reporterin sprechen.

»Die Risk-Manager scheuen das Risiko wie der Teufel das Weihwasser«, spricht sie mit sich selbst und starrt etwas ratlos gegen die Decke. Mitch ist auch nicht im Lande, er macht Urlaub mit der Familie auf Hawaii. Seit dem ersten Risikoquickie haben sie eine Affäre. Reingeschlittert ist sie da, Avancen macht er ihr andauernd, gutes Essen, schöne Hotels und ziemlich guten Sex. So etwas wie ein zufriedener Seufzer kommt aus ihrem Inneren bei dem Gedanken an Mitch, während sie sich die Finger wund wählt.

Carla stützt sich auf der Tischplatte ab. Warum probiere ich es nicht bei den Strukkis, wenn die Risikomanager nicht reden, vielleicht tun es ja die, die das Exposure produzieren? Carla sucht nach der Handynummer von Isabella Davis.

Mit der kann ich ganz gut, überlegt Carla. Sie hatte sich mit ihr auf der Sommerparty angeregt unterhalten, als sie nach der Begegnung mit Mitch wieder in den Garten hinuntergekommen war. Einen Versuch ist es auf jeden Fall wert.

Es klingelt in einer kleinen Bar an der französischen Mittelmeerküste. Die Davissche Entourage verlegt über die langen englischen Sommerferien den kompletten Lebensmittelpunkt jeweils in die Provence. Kindermädchen, Haushälterin und Fahrer ziehen alle mit ihren Familien in das große Anwesen in den Hügeln oberhalb von Gassin, das die Eheleute Davis von ihrem gemeinsamen Millioneneinkommen der letzten Jahre gekauft haben.

Das Haupthaus öffnet sich gegen ein Tal mit wunderbarem Blick. Kleine Gäste- und Angestelltenhäuser gruppieren sich zu einer imposanten Anlage mit Pool, Bar und Stallungen für die Tiere. Der Fahrer bringt die Ponys der Kinder und Isabellas Stute einige Tage vor Ferienbeginn mit dem Pferdetransporter von London in die Provence und richtet alles für die Ankunft her.

Nachdem Isabella am Morgen ihre Telefonate erledigt hat, sitzt sie in der heißen Nachmittagssonne mit Jim im kleinen Dörfchen unterhalb ihres Anwesens, um in der pittoresken, schattigen Bar einen Weißwein zu trinken. Fast sieht es so aus, als habe Jim eine Muslimin zur Frau; Isabella muss in diesen Wochen in der Sonne eine Art Schador tragen, zum Schutz der empfindlichen Haut an den ersten völlig von Narben bereinigten Stellen im Gesicht.

»Du bist nervös, Isabella«, spricht Jim in ihre Richtung, kurz bevor British Telecom Isabellas Handy geortet hat, während er das Glas auf den Tisch neben seiner Liege absetzt und den Rauch seiner Zigarre in die Luft bläst.

»Nicht nervöser als sonst, wenn es auf die Halbjahreszahlen zugeht. Kommende Woche muss ich für zwei Tage nach London. Mitch wird sogar die ganze Woche dort sein.«

»Seit du aus New York zurück bist, hast du dich verändert.«

»Stimmt doch gar nicht.« Isabella ist verärgert über ihren Gatten, als das Handy mitten in die Sommerhitze hinein das erste Mal klingelt.

»Genau das sagst du immer, wenn etwas an der Sache dran ist.« Jim bedauert, dass er ihre Gesichtszüge nicht studieren kann. Für einen guten Anwalt ist die Mimik seines Gegenübers ein untrügliches Zeichen dafür, inwieweit sein Mandant versucht, ihn zu belügen. Während sie durch die Mundöffnung des Tuchs an ihrem Weißwein nippt und noch überlegt, was sie antworten soll, klingelt ihr Handy das zweite Mal. Schon drückt sie die grüne Taste.

»Davis«, sie hält sich das Handy unter den Schleier ans Ohr.

»Hallo, Mrs Davis. Hier ist Carla Bell vom ›CityView‹ aus London. Sie erinnern sich vielleicht, wir kennen uns von der Portugal-Konferenz aus dem letzten Jahr und haben uns auf dem Sommerfest bei Mitch Lehman auf Long Island wieder getroffen. Darf ich Sie einen kurzen Moment stören?«, beginnt Carla das Gespräch.

»Nun ja, Sie treffen mich hier im Urlaub an.«

»Sorry, das ist bei den meisten Bankern in diesen Tagen so. Darf ich Sie trotzdem um ein paar Minuten bitten – es ist wichtig.«

»Ja, sicher. Woher haben Sie eigentlich meine Nummer?« Carla will selbstverständlich nicht sagen, dass sie vor einiger Zeit bei Mitch eine alte Telefonliste, verzeichnet mit den Kontaktdaten aller Obristen der Carolina Bank, gefunden und ganz automatisch eingesteckt hatte. Cindy hatte ihm eine aktualisierte Liste für die Ferien mitgegeben, da einige neue Namen aufzunehmen waren, denn Mitch wollte seine Leute jederzeit erreichen, sprich kontrollieren können.

»Ach, die haben Sie mir doch im letzten Jahr bei der Konferenz in Portugal gegeben«, schwindelt sie.

Da sich Isa nicht so genau erinnern kann und der Weißwein sie träge macht, gibt sie sich mit der Antwort zufrieden. »Wenn Sie es kurz machen könnten?«

»Es gibt zunehmende Gerüchte in der City, dass die ausgewiesenen Risikopositionen verschiedenster Banken nicht im Einklang mit dem tatsächlichen Risiko stehen. Man hört, dass manche Banken in Hedgefunds oder im Eigenhandel in Subprime-Papiere, in Zertifikate und anderes investiert haben und vor allem, dass sie Liquiditätszusagen für die Zweckgesellschaften und Rücknahmegarantien für die Papiere gegeben haben. Können Sie bestätigen, dass die Banken ganz andere Risikopositionen haben als bekannt?«

Isa ist binnen einer Nanosekunde vollkommen ausgenüchtert; Carla Bell spielt mit dem Streichholz an ihren Zeitbomben. Gut, dass Jim ihr erschrockenes Gesicht nicht sehen kann.

»Nein, das ist mir so nicht näher bekannt«, lügt sie. Jim erkennt das allerdings an der Stimme und denkt: Jetzt wird sie hektisch und fängt gleich an zu dozieren, und schon hört er Isa sagen: »Selbstverständlich verkaufen alle Investmentbanken und auch wir unsere strukturierten Papiere über Börsen an private Anleger als Zertifikate oder in regulierte Investmentfunds, zudem auch an Hedgefunds. Wir haben auch eigene Zweckgesellschaften. Unsere Positionen weisen wir regelmäßig in den Quartalsberichten aus. Es gibt aus meiner Sicht kein Problem, wenn man ein gutes Risikomanagement hat. Sie kennen doch Carl Bensien, der das bei uns ganz hervorragend macht, oder sind Sie da anderer Ansicht?«

Sie kann reden, ohne Luft zu holen, fühlt sich Jim wieder einmal bestätigt.

Und der Schachzug funktioniert; Isa bringt ausgerechnet Bensien ins Spiel, den Carla schätzt.

»Schon seltsam, niemand will etwas davon wissen.«

»Dann wird wohl nichts an den Gerüchten dran sein, Mrs Bell.«

»Was macht Sie so sicher, Mrs Davis?«

»Ich kenne meine Arbeit und meine Positionen.«

»Irgendetwas bei den anderen?«

»Kann ich nicht sagen, aber wenn Sie wollen, können wir das nächste Woche ausführlicher besprechen. Da bin ich für zwei Tage in London. Wir geben die Halbjahreszahlen bekannt.«

»Das ist eine gute Idee«, entgegnet Carla, der ein Treffen in der kommenden Woche immer noch lieber ist als gar nichts.

Isa quetscht Carla für den kommenden Dienstag um sechzehn Uhr in ihren Terminkalender; sie muss in Erfahrung bringen, was die Journalistin weiß und was sie im Schilde führt. Möglicherweise wird sie Robert Pearson darauf ansetzen.

Außer zwei Terminen in der kommenden Woche hat das ganze Telefonieren heute nahezu nichts gebracht. Carla ist enttäuscht, sie lehnt sich in ihrem kleinen Büro zurück, streckt sich kurz und denkt angestrengt nach. Sie will Carl Bensien auf jeden Fall vor Isa und am besten auch vor Mitch sehen. Also wählt sie noch einmal Bensien in dieser »Junkfrauh« an. Der ist zwar zu höflich, um direkt genervt zu sein, will aber das Gespräch kurz halten. Deshalb willigt er ein, Carla gleich am Montagnachmittag zu treffen. Sie verabreden sich auf fünfzehn Uhr in einem der Pubs in den alten Arkaden in der Nähe von Bishopsgate.

»Auf eine halbe Stunde, Mrs Bell«, sagt Carl bestimmt, ehe er das Gespräch beendet.

Carlas Termine sind gemacht, »aber eine Geschichte wird das irgendwie nicht. Schon gar nicht für Freitag«, seufzt sie in sich hinein und packt frustriert ihre Sachen.

Nachdem sich Isa vom Schock, den Carlas Anruf bei ihr auslöste, erholt hat, wendet sie sich wieder ihrem Mann zu, lässt jedoch die Finger vom Wein.

»Wenn ich dir helfen kann, sag es, Isa.«

»Danke, Jim. Wirklich, das wird nicht nötig sein.«

»Willst du gehen?«, fragt Jim, der ihre Unruhe erkennt.

»Wenn es dir nichts ausmacht, ja. Ich will noch ein paar Dinge nachgucken. Da scheint einiges auf die Banken zuzukommen. Außerdem kann ich im Haus diesen Schleier abnehmen.« Sie deutet auf ihre Kopfbedeckung, lacht dabei und bestellt noch einen doppelten Espresso. Danach fahren sie zurück.

Während die Köchin in der Außenküche auf der Terrasse bereits ein mediterranes Abendessen vorbereitet und sich ihr Mann und die Kinder im Pool vergnügen, zieht es Isabella direkt ins Haus. Sie setzt sich an ihren Schreibtisch im ersten Stock mit Blick auf Mann und Kinder.

Für einen Moment kann sie nicht genug bekommen von dem, was sie draußen sieht: ihre Familie und das herrliche Anwesen mit dem Blick ins karge, aber schöne und noch sehr sonnige Tal. Auch damals, vor drei Jahren, spielten die Kinder draußen, als sie das Haus mit dem Makler besichtigten. Der Blick gen Süden, aufgefächert durch die beiden leicht auseinandergehenden Seitenhäuser, mit der Sonne, die sich im Wasser spiegelte: Das war etwas, wofür es sich zu arbeiten lohnte. Auf der Stelle hatte sie den Scheck über zwei Komma fünf Millionen Euro ausgestellt, die von ihrem Bonus in jenem Jahr stammten. Der Makler, völlig überrascht, stammelte sogar noch ein »Wollen Sie gar nicht handeln?«, als wäre er enttäuscht darüber, dass Isa das übliche Spiel nicht spielen wollte. »Privat handle und rechne ich nie. Das muss ich das ganze Jahr im Büro machen.« Sie gab ihm den Scheck, und damit war für sie die Sache erledigt.

Jetzt bin ich möglicherweise auch erledigt, überlegt sie leicht panisch. Sie zieht ein paar Blätter aus der Schublade, nimmt ihren Bleistift, spitzt ihn zur Beruhigung und betrachtet dabei das weiße Papier, das jungfräulich und unschuldig vor ihr liegt. Immer wenn es eng wird, wägt sie auf diese altmodische Art ihre Optionen ab.

Die Holiris – ihr synthetisches Designerprodukt aus ihrer Finanzboutique – sind bei den Investoren noch nicht als so problematisch erkannt worden, weil sie nicht als reine Immobilienkredite gelten. Sie sind und bleiben die Antwort auf faule Ninjas und Subprimes. Das habe ich gut gemacht, ordnet sie lächelnd ihre Gedanken, dass ich in diesem strukturierten Produkt alles vermengt habe. Mit Schwung macht sie einen ersten Haken hinter: Produkt als solches.

Außerdem habe ich darauf geachtet, dass gerade der Teil, der mit Immobilien besichert ist, nicht aus dem Ninja-, sondern nur aus dem Subprime-Segment stammt. Dafür habe ich leider teilweise sehr schlechte andere Kreditarten beigemischt. Erst wenn die besseren Junior-Tranchen faul werden, gehen auch meine Holiris den Bach runter. Einen zweiten Haken macht sie hinter: Grundstruktur okay.

Ich habe diese Holiris entwickelt, um das reine Subprime-Risiko abzumildern, was jedoch nur zum Teil zu funktionieren scheint. Denn eigentlich sind die Holiris mindestens genauso komplex wie reine Subprimes. Ein Fragezeichen macht sie hinter: Komplexität.

Für einen Moment lehnt sich Isabella zurück, schaut auf das Tal. Mit zwei dicken Strichen, einem senk- und einem waagerechten, teilt sich Isa ein zweites weißes Blatt in vier Rubriken ein und schreibt darüber: Mitchs Version, Bensiens Version, meine Version. Die vierte Rubrik bleibt leer.

Als sie nach einer Stunde alles durchdacht hat, sind drei Rubriken mit kleinster Schrift vollgeschrieben. Außer ihr kann das keiner lesen, doch nun kennt sie ihr Problem ganz genau. In die vierte notiert sie ihr Fazit:

Carl verbringt seinen Urlaub im Glauben eines kaum erhöhten Value at Risk auf das offizielle Holiri-Volumen von fünfzehn Milliarden Dollar für die Carolina Bank. Praktisch kein »Urlaubsrisiko«, schreibt sie.

Mitch kennt das maximale Junior-Ausfallrisiko von fünfzig Prozent auf das Gesamtvolumen der fünfundvierzig Milliarden Dollar der Holiris. Sein »Urlaubsrisiko« beträgt exakt zweiundzwanzig Komma fünf Milliarden Dollar, notiert Isabella in aller Ruhe. Dann trägt sie ihr eigenes »Urlaubsrisiko« ein: Bei ihr türmen sich zunächst diese zweiundzwanzig Komma fünf Milliarden Dollar von Mitch. Zudem hat sie das komplette Ausfallrisiko bei den Hedgefunds übernommen, und zwar auf die gesamten dreißig Milliarden Dollar in TYL, die da inzwischen drinstecken, weil sie ja auch die zusätzlichen Papiere der Obristen verstecken musste, die sich im Juni erst im Flugzeug in der Videokonferenz ergeben haben. Macht zusammen über fünfzig Milliarden Value at Risk, kritzelt Isa, nicht mehr ganz so cool. Und dabei hat sie noch nicht einmal berücksichtigt, dass auch die guten Holiri-Tranchen im Ratio Driver einschließlich der Rücknahmegarantien mit in den Abgrund gezogen werden könnten. Dann käme sie locker auf achtzig Milliarden Dollar.

Hinter »Isa Urlaubsrisiko« schreibt sie eine achtzig in völlig krakeliger Schrift und überschreibt die Zahl mehrfach, sodass sie fett und ausgesprochen hässlich auf dem Blatt prangt. Danach fällt sie erschöpft in die Stuhllehne zurück.

»Das kann aber gar nicht passieren, weil das dem Super-GAU gleichkäme. Zwanzig, fünfzig oder achtzig Milliarden können doch gar nicht sein«, spricht sie mit sich selbst und gießt sich einen Schluck Weißwein ein.

»Oh«, sagt sie überrascht und blickt gegen die Abendsonne durch die leere Flasche.

»Was sagst du?« Isa erschrickt, sie hat Jim nicht kommen hören.

»Hast du nicht Zahlen in Milliardenhöhe gefaselt. Achtzig oder so?« Bevor er neben ihr steht, schiebt sie ein leeres Blatt über die fette Achtzig.

»Nein, ich sagte achtzig Tranchen.«

»Was meinst du damit?«

»Ich muss nächste Woche achtzig Tranchen abbauen.«

»Versteh ich nicht.«

»Macht nichts, Schatz«, lächelt sie, »reine Finanzmathematik; gib mir noch zwei Minuten, dann bin ich zum Essen unten.« Jim macht kehrt und nimmt die leere Flasche mit, beim Hinausgehen schüttelt er besorgt den Kopf. Zwecklos, seine Frau beeinflussen zu wollen.

Langsam räumt Isabella ihre Sachen zusammen. Sie hat die Holiris tranchiert und gebündelt, ihre Assets werden immer schwächer – je mehr die gesamte Konjunktur in den Sog der Krise gerät. Das kann die ganze Bank erfassen, wenn der Ausfall vergütet werden müsste.

»Jetzt weiß ich, warum Bensien das Volumen begrenzen wollte. Ich brauche Luft und muss mit einem Teilausfall von der Fährte ablenken«, murmelt sie und entscheidet sich für die Flucht nach vorn.

Sie wählt die Nummer des Transaction Banking der Carolina Bank in New York an und tippt Mitchs Geheimcode ein, den er ihr einmal unvorsichtigerweise gegeben hat, danach ihren eigenen Geheimcode. Man braucht immer zwei Codes, ebenso wie zwei Unterschriften, um per Anweisung eine Transaktion in Auftrag zu geben.

Dann gibt sie dem Abwicklungsbüro in New York den Befehl: fünf Milliarden äußerst schlechte Juniors in Ratio Driver rein, fünf Milliarden gute Seniors raus. Über mehrere Konten landen so die guten Tranchen in TYL, während Carl ohne sein Wissen nun fünf Milliarden schlechte Holiris im Portfolio hat. Jetzt hat Carl unbemerkt das bekommen, was er nie haben wollte. Ein Ausfallrisiko von fünf Milliarden Dollar in der offiziellen Zweckgesellschaft Ratio Driver.

»Wenn das mal gut geht.« Sie erinnert sich in diesem Augenblick an Dr. Luir, dem sie genau das erklärt hatte: Alles kein Problem, solange die Bank nicht pleitegeht. In großen Lettern malt sie auf das Papier, mit dem sie die dicke, hässliche Achtzig abgedeckt hat: P L E I T E ?

Isabella begibt sich zum Abendessen auf die Terrasse. Es ist ein warmer provenzalischer Abend, ein leichtes Lüftchen vom Meer sorgt für angenehme Temperaturen.

Bringen wir die Geschichte

Mehrmals täglich steckt Simon Trent in dieser Woche seinen Kopf in die kleine eckige Kammer, in der Carla Bells Schreibtisch steht, um nach Neuigkeiten zu fragen. Dass er am Fortgang einer Story interessiert ist, ist nicht ungewöhnlich. Doch dass er sich so oft bei ihr blicken lässt, macht sie nur noch unleidiger. Carla ist es weder gewohnt, so unter Aufsicht zu stehen, noch so hart an einer Sache dranbleiben zu müssen. Und dies ohne sichtbaren Erfolg. Gerüchte hier, Hinweise da, fasst sie ihre Recherche der Woche zusammen, aber keine Story.

Obwohl die junge Journalistin seit Tagen pausenlos telefoniert, erhärten sich Trents nebulöse Vermutungen nicht. Keiner will bestätigen, alle mauern oder rufen schlicht nicht zurück. Selbst Pearson, der sonst alles möglich macht, kann nicht helfen.

»Nichts Neues«, entgegnet sie, als Simon am Donnerstag das x-te Mal bei ihr reinschaut, wo es auf dem Boden nur so von Zetteln wimmelt.

Simon reagiert jedoch für Carla überraschend aufgekratzt, er kennt dieses Mauern zur Genüge und stellt zudem mit einer gewissen Genugtuung fest, dass sein kleiner Superstar auch nicht alles auf Anhieb hinbekommt. »Genau dieses Blockieren macht mich sicher, dass wir richtig liegen. Die Sache ist heiß. Komm doch nachher zu mir, Carla. Wir gehen das noch einmal in Ruhe durch«, bittet Simon gegen Abend, als klar ist, dass es am Freitag keine Story geben wird. Simon ist zu vorsichtig, um sich allein auf Cane in dieser Sache zu verlassen. Der hat inzwischen – getarnt durch eine Ausrede – bei Simon nachgehakt.

»Nur herein!«, ruft Simon, als Carla nach Abschluss der Deadline für die Freitagausgabe an der offenen Tür zu Simons Büro klopft. Sie marschiert geradewegs auf die Ecke mit der Couch zu, lässt sich müde in die Kissen fallen und streckt ihre langen Beine unter dem Tisch aus: »Sorry, Simon, ich komme nicht weiter.«

»So ist das, Carla. Das wird keine einfache Sache in den nächsten Monaten.«

Simon kommt um seinen Schreibtisch herum und setzt sich übers Eck zu ihr. Die anstrengende Woche ist Carla anzusehen: wenig frische Luft, kaum Bewegung und kein Erfolgserlebnis.

»Ich habe auch ein paar Telefonate geführt: Bei der Carolina Bank stehen rund fünfzehn Milliarden Dollar an ganz speziellen strukturierten Verbriefungen in den Büchern, die sich im Marketing Holiris oder so nennen. Angeblich soll das Volumen dieser Kategorie aber noch weitere, vielleicht bis zu dreißig Milliarden Dollar betragen und ein viel höheres Ausfallrisiko als bislang angenommen haben.«

»Woher hast du das, Simon?«, setzt sie sich gerade auf. »Das wären um die fünfundvierzig Milliarden. Faktor drei! Das kann doch nicht sein.« Sie schüttelt den Kopf.

»Informantenschutz, meine Liebe. Das kann ich selbst dir nicht sagen!« Simon bleibt ruhig sitzen.

»Und was mache ich mit der Information?« Sie blitzt ihn verärgert an.

»Stelle doch einfach ganz unbedarft die Zahl bei unserem Freund Robert in den Raum. Schmeiß einen Stein ins Wasser und achte darauf, welche Wellen er schlägt«, er grinst sie verschmitzt über seine Lesebrille an. »Aber sage ihm nicht, dass die Info von mir kommt. Und erst morgen Nachmittag, damit die Maschinerie in der Bank übers Wochenende laufen kann. Robert soll keine Chance haben, uns auszutricksen.«

»Robert Pearson versteht doch gar nichts davon.«

»Sicher, aber er wird nachfragen, und wenn du noch am Wochenende einen Rückruf bekommst, dann, liebe Carla, ist an diesen Zahlen verdammt noch mal was dran. Ich kenne Robert Pearson sehr genau. Mir kann der nichts vormachen. Fünfundvierzig Milliarden machen auch ihn nervös«, schlägt sich Simon aufgeräumt auf beide Oberschenkel.

»Okay. Sonst noch etwas, Chef?« Carla muss plötzlich an ihren Deal denken. Im Verdrängen ist sie ja Spezialistin, doch die Carolina-Melange aus Pearson-Deal und Lehman-Affäre kombiniert mit diesen fünfundvierzig Milliarden liegt ihr schwer im Magen. Hoffentlich hat Simon das nicht gemerkt, oder etwa doch, fragt sie sich für einen Moment.

»Nein, Carla, aber wir sollten zusehen, dass wir das in den nächsten Tagen ins Blatt bekommen. Ich rieche die Story.«

Carla verlässt Trents Büro. Unschlüssig hockt sie auf ihrem Stuhl, bis sie Mitch, gegen alle zwischen ihr und ihm getroffenen Absprachen, auf seinem Handy anruft. Es dauert eine Weile, bis British Telecom ihn auf Hawaii ortet, wo es noch sehr früh am Morgen ist.

»Lehman. Please leave a message«, hört sie seine Stimme mit dieser äußerst knappen Ansage, ehe der Piepston die Aufnahmebereitschaft signalisiert. Carla zögert ganz kurz, dann spricht sie in einem sehr geschäftigen Ton, falls doch jemand anderes die Box abhören sollte.

»Hallo, Mr Lehman, hier ist Carla Bell vom ›CityView‹. Ich wäre Ihnen für einen Rückruf dankbar. Es geht darum, dass Ihre Bank angeblich ein wesentlich größeres Risk Exposure in strukturierten Produkten hat, als bislang bekannt. Es soll sich um Positionen von rund fünfundvierzig statt fünfzehn Milliarden Dollar handeln. Sie können mich jederzeit auf meinem Handy zurückrufen.«

Carla hinterlässt ganz offiziell sogar ihre Handynummer.

Doch Mitch ist zum Hochseefischen außerhalb jeder Netzreichweite. Als er die Nachricht am Donnerstagabend hawaiianischer Zeit bei einem Drink auf seiner Terrasse am eigenen Strand abhört, liegt der gejagte Hai mit aufgerissenem Maul als Trophäe vor ihm und den Fischern.

Fast fällt er vom Stuhl, als er Carlas Stimme »fünfundvierzig statt fünfzehn« hören sagt. In Europa ist es bereits Freitagmorgen. Lehman überlegt kurz, steht auf, entfernt sich von den feiernden Fischern und ruft Robert Pearson an.

»Robert, wir haben da ein Problem«, kommt er ohne Umschweife zum Punkt.

»Was ist los?«, fragt ein hörbar aus dem Schlaf gerissener Pearson, was Mitch nicht im Geringsten interessiert.

»Carla Bell hat mich angerufen und gefragt, ob wir ein Risk Exposure hätten, das nicht fünfzehn, sondern fünfundvierzig Milliarden Dollar hoch ist.«

Nach dem offensichtlichen Interesse, das Mitch an Carla in den letzten Monaten gezeigt hat, ahnt der gewiefte PR-Berater etwas, aber er fragt lieber erst gar nicht nach, warum ihn denn ausgerechnet diese Carla Bell direkt angerufen hat.

»Wow. Stimmt das denn?« Inzwischen ist er aufgestanden und sitzt auf seinem kleinen Sofa in Oxfordshire. Er ist allein, weil auch seine Familie bereits in den Ferien weilt.

»Nein, so natürlich nicht, aber ich will das gar nicht lesen, Robert. Das ist schlecht in diesen Tagen. Sieh zu, dass du das regelst«, lügt Mitch.

»Ich kümmere mich darum«, macht sich Pearson eine Notiz.

»Execute it. Und schicke mir 'ne SMS«, beschließt Mitch das Gespräch und legt auf, ohne sich zu verabschieden. Robert schaut entgeistert auf sein Handy, als wäre ihm gerade der heilige Geist erschienen.

»Was soll das denn?«, spricht er laut und begibt sich direkt ins Bad. Heute wartet viel Arbeit auf ihn, da lohnt es sich nicht mehr, noch einmal ins Bett zu gehen, auch wenn es erst sechs Uhr am Morgen ist. Außerdem wird er doch noch einmal nach London fahren müssen.

Mitch wartet noch gut zwei Stunden und wählt erst dann Carlas Handynummer, Pearson soll ein bisschen

Vorlauf erhalten. Doch Carla steckt zu diesem Zeitpunkt gerade in der Tube auf dem Weg zur Arbeit und verpasst den Anruf. Ausgerechnet an diesem Freitag ist sie ein wenig früher dran, weil sie für das Wochenende nach Herfortshire fahren will. Als sie aus dem stickigen Röhrensystem der Londoner U-Bahn wieder an die warme Morgenluft nach draußen tritt, erkennt sie Mitchs Nummer und liest »Sie haben eine neue Nachricht«. Enttäuscht, dass sie ihn nicht persönlich sprechen konnte, versucht sie einen Rückruf, doch der General geht nicht dran. Er sitzt neben dem Hai und lässt sich von den Fischern mit dem Ungeheuer fotografieren. Charlotte beobachtet die Szene vom Balkon des Haupthauses aus, die Kinder hängen vor dem Fernseher.

Carla bleibt nichts anderes übrig, als die Voicebox abzuhören: Mitch hat ihr das Versprechen hinterlassen, sich um das Thema zu kümmern, wenn er in der kommenden Woche zurück sei. Sie könne aber beruhigt sein. An der Sache sei garantiert nichts dran. Dann entschuldigt er sich noch, dass er es wegen der Zeitverschiebung nicht mehr schaffen werde, noch einmal anzurufen – wegen der Familie und so. Aber er freue sich schon auf Montagabend, sülzt er, und dass er eine Überraschung für sie habe.

»So, so, eine Überraschung«, spricht Carla mit sich, nachdem die Nachricht zu Ende ist. »Na ja, dann warten wir mal ab.«

Als gegen Mittag ihr Handy klingelt, hofft Carla doch noch auf Mitch, aber das Display zeigt PEARSON MOB. Den wollte Carla erst in ein, zwei Stunden anrufen, so wie Simon es ihr geraten hatte. Aber annehmen kann ich ihn ja, überlegt sie kurz, ehe sie die grüne Taste drückt.

»Hallo, Robert.« Sie legt sich einen Stift und ein Blatt zurecht, denn meistens hat er irgendetwas für sie, das sich zu notieren lohnt.

Pearson bemüht zunächst eine Weile seinen berühmt-berüchtigten Small Talk, bis er Carla von sich aus auf die

Gerüchteküche in der City anspricht.

»Hören Sie auch davon, dass es hohe Risiken in den Banken gibt, Carla?«

»Ein bisschen, aber alles sehr diffus. Was hören Sie denn?«

Robert weicht jedoch aus: »Ich wollte Sie nur wissen lassen, dass es keine Schieflage bei der Carolina Bank gibt.«

Bingo, denkt Carla, allerdings wird sie dabei leicht nervös.

»Woher wissen Sie das?« Ihre Stimme wird lauter.

»Nun, ich höre, dass Sie die ganze Woche schon telefonieren, Carla. Außerdem haben Sie mit Isabella Davis gesprochen. Und Mrs Davis ist doch irritiert, da sie kaum mit Journalisten zu tun hat. Kurz: Mein Kunde ist sauber, Carla. Ich habe das extra noch einmal bei Mitch Lehman nachgeprüft.«

»Ehrlich gesagt, mich irritiert es ebenfalls, dass mich nach Mrs Davis nun auch Sie so dringend davon überzeugen wollen, dass es bei der Carolina keine Probleme gibt«, startet Carla einen Versuch, ohne auf den Hinweis zu Mitch einzugehen. »Wenn alles so blendend ist, wie erklären Sie sich dann die Gerüchte, dass das Risk Exposure bei der Carolina Bank dreimal so hoch sein soll wie bekannt?«

»Wie gesagt, wir haben alles gecheckt. Bei uns gibt es kein Problem. Vielleicht bei anderen. Lassen Sie mich Ihnen helfen und auch noch ein wenig rumtelefonieren. Aber das werde ich nicht mehr heute vor Redaktionsschluss schaffen«, plaudert Robert.

Carla erhöht den Druck: »Robert, wir können die Story auch am Sonntag aktualisieren, die wir auf jeden Fall bringen. Ich kriege sie auch ohne Sie rund.«

Jetzt klingen alle Alarmglocken bei Robert. Ist vielleicht doch nichts zwischen ihr und Lehman? Würde die kleine Infonutte womöglich doch die Carolina Bank in den Abgrund schreiben. Schließlich hat Mitch ihm die Todesanordnung gegeben. »Execute it« lautete sein eindeutiger Befehl an ihn. Oder doch »Execute her«?

»Ich melde mich. Auf jeden Fall. Und Sie können immer anrufen, Carla.«

»Okay«, legt sie auf. Carla nutzt den Rest des Freitagnachmittags, um ihre Geschichte kalt vorzubereiten und titelt »Hot Summer in the City?«.

Das stimmt im Übrigen auch meteorologisch – der Sommer 2007 in der City ist außergewöhnlich heiß. Abgearbeitet und müde liest sie noch einmal ihren Text. So schlecht ist das Ergebnis am Ende doch nicht, auch wenn es besser sein könnte, schätzt sie, ehe sie damit zu Simon geht. Danach will sie sich ins Wochenende verabschieden, das sie bei ihrem Vater verbringen wird. Frische Luft wird mir gut tun, hofft sie, als sie das Chefbüro erreicht, um Simon über den letzten Stand der Dinge zu informieren. Sie hat alle Gesprächsfetzen aus der zurückliegenden Woche in der Story verarbeitet. Allerdings fehlen immer noch die Zahlen – auch die der Carolina Bank.

»Dazu bräuchten wir eindeutige Bestätigungen, Simon.« Sie liegt halb auf der Couch in der Besprechungsecke.

»Ich weiß, Carla. Die mauern alle, auch die Carolina.«

»Mehr liegt im Moment nicht drin«, ärgert sich Carla und besteht darauf, den Artikel auf ihrem Laptop zu speichern und mit nach Hertfordshire zu nehmen. Trent zieht sich eine Kopie, auch er will am Wochenende vorbereitet sein, falls sich etwas tut.

»Das wird vielleicht ein heißes Wochenende, Carla«, meint Simon nachdenklich.

»In jeder Hinsicht, Simon«, antwortet Carla und winkt ihm von der Tür aus zu. Auf dem Rücken ihres luftigen hellen Trägerkleidchens verteilt sich ihre lange Mähne. Sieht verdammt gut aus, das Mädchen, denkt er zerstreut und beginnt, seine Sachen zusammenzupacken.

Carla fährt nach langer Zeit wieder zu ihrem Dad. Nachdem sie am Freitagabend mit ihren alten Freunden aus dem Dorf im Pub gebechert hat, verbringen Vater und Tochter den Samstag daheim im Garten. Carla genießt die Wärme, vor allem aber die frische Luft.

Am Morgen hat sie nach längerer Zeit wieder einen ausgiebigen Waldlauf gemacht. Zwar joggt sie gerne, doch sie muss immer erst den inneren Schweinehund überwinden. Und heute Morgen kam noch die Müdigkeit hinzu, denn sie hatten im Pub natürlich bis zur »Last order, please« ausgehalten.

Alles ist ein bisschen wild in Steven Bells Naturparadies. Für einen gepflegten Rosengarten hat er keine Muße. Sein Garten ist bunt, der Rasen englisch kurz geschoren und sattgrün. Randsteine, Rosenbögen oder Beete sind kaum noch erkennbar.

»Er ist einer der großen Starbanker in der City und ich habe ihn vor einigen Wochen auf einer Party in New York getroffen. Durch ihn lerne ich eine Menge Leute kennen«, beginnt Carla ihre Erklärungen zu Mitch, von dem sie ihrem Dad bei der Gartenarbeit erzählen will.

Männer sind ein schwieriges Thema zwischen Vater und Tochter. Wissen sollte ihr Vater von Mitch, hat Carla schon auf der Zugfahrt beschlossen, obwohl sie sich der Sache mit ihm alles andere als sicher ist.

»Starbanker. Party. New York. Das sind alles recht ungewöhnliche Begriffe für unsereins, Tochter. Und was hat eine Beziehung mit ›Leute kennen lernen zu tun‹?«

»Ich arbeite nun einmal nicht hier in Hertfordshire, sondern in der City. Da trifft man halt andere Männer.«

»Das müssen aber nicht die besseren sein!« Recht unverblümt macht Steven sein Unbehagen deutlich.

»Weißt du, ich könnte es auch lassen, Dad. Ich dachte nur, dich interessiert es vielleicht, auch wenn es ganz neu ist. Ich weiß auch nicht, ob das etwas für länger ist. Schließlich ist er verheiratet«, fügt Carla verärgert und dennoch kleinlaut bei.

»Wie bitte, verheiratet?«, schaut ihr Dad auf. »Wolltest du, dass dein Mann später einmal mit einer Jüngeren etwas anfängt?«

Beide stehen sich zwischen den wild wachsenden Rosen gegenüber, die längst einen Schnitt bräuchten.

»Nein, aber seine Ehe funktioniert schon lange nicht mehr richtig.«

»Die älteste Ausrede der Welt, und meine kluge Tochter fällt darauf herein.«

»Das sagt der Richtige«, kontert Carla.

»Lass das, Carla«, murmelt er verärgert.

»Warum?«

»Ich habe dich jedenfalls nicht so erzogen, dass du der Auslöser für einen Ehebruch bist, aber du bist alt genug. Und du musst mich nicht an deine Mutter und unsere Ehe erinnern. Das steht dir nicht zu. Wenn du mir jedoch etwas erzählst, werde ich dir nach wie vor meine Meinung dazu sagen.«

»Ist ja okay«, gibt sie klein bei, sie schneidet die Rosen und gibt ihrem Vater die Schere zurück.

Die Störung kommt am Abend. Völlig unverhofft klingelt das Handy, als Steven und Carla Bell am Abend gemeinsam vor dem offenen Feuer im Garten sitzen.

»Carla Bell.«

»Isabella Davis hier. Kann ich Sie jetzt einen Moment stören?«

»Äh. Sicher«, antwortet Carla verblüfft über den völlig unerwarteten Anruf.

»Wir treffen uns doch am Dienstag, Mrs Davis, Sie sind doch noch in Frankreich? Ist irgendetwas passiert?«

»Nein. Nicht wirklich. Nur: Robert erzählte mir, dass Sie eine Geschichte für die Montagausgabe vorbereiten, und ich bin nicht sicher, ob ich mich klar genug ausgedrückt habe, was unsere Position betrifft. Das möchte ich gern nachholen. Falsche Gerüchte, auch falsch verstandene, sind Gift in der derzeitigen Marktlage.«

»Bitte.« Carla steht auf und sucht dabei ihre Handtasche.

»Nun, alle scheinen enorm nervös, und ich möchte nicht, dass Sie etwas Unkorrektes schreiben, nur weil wir Spezialisten nicht gewohnt sind, uns verständlich auszudrücken.«

»Es war alles okay, Mrs Davis. Aber können Sie mir jetzt die Zahlen, die kursieren, denn bestätigen?«

»Nein, kann ich nicht, sie stimmen nämlich nicht. Zumindest nicht für unser Haus, Mrs Bell. Die Bank hat keine Holiris außer über Ratio Driver«, biegt Isabella die Wahrheit; die anderen Zweckgesellschaften gehören formal ja ihr und nicht der Bank.

»Aha.« Steven stupst sie von hinten an, hält Block und Stift parat. Mit einem Lächeln gibt Carla ihm einen leisen Kuss auf die Wange, während sie Isabella zuhört und sich mit Block und Stift in Richtung Gartentisch bewegt.

»Aber es gibt in der Tat Indizien, dass in den nächsten Tagen eine oder sogar zwei Banken Schwierigkeiten melden werden. Ich habe ein bisschen telefoniert, weil Sie auch mich durchaus etwas nervös gemacht haben, ob da im Markt – nicht bei uns, wohlgemerkt – etwas brodelt.«

Carla saust zum Tisch.

»Haben Sie Namen?«

»Achten Sie auf die Southern Hill Bank. Auch auf dem Kontinent kann in Frankreich oder Deutschland etwas passieren. IFB möglicherweise. Falls Sie mehr in Erfahrung bringen oder Unterstützung benötigen, rufen Sie mich einfach wieder an. Sie haben ja meine Blackberry-Nummer.«

»Danke. Das werde ich tun.« Carla bleibt kaum Zeit, sich über den merkwürdigen Anruf der normalerweise so verschlossenen Finanzexpertin zu wundern, zu sehr brennen ihr die gerade gehörten Informationen unter den Nägeln. Sie schnalzt mit der Zunge, tippt ein paar Mal mit dem Stift an die Zähne und ruft Simon an.

»Simon. Sorry, dass ich Samstagabend störe«, ruft sie laut ins Handy, ohne überhaupt abzuwarten, wer sich gemeldet hat.

»Oh, sorry, Mrs Trent. Hier ist Carla Bell. Kann ich dringend Ihren Mann sprechen?«, entschuldigt sie sich, während ihr Vater mit dem Kopf schüttelt.

»Hallo, Carla«, Simons Stimme dröhnt so laut, dass Steven alles mithören kann.

»Simon, wir kommen der Sache näher«, sprudelt Carla, »es ist die Southern Hill und auch in Frankreich und Deutschland scheinen Banken zu explodieren.«

»Woher hast du das?«, hört Steven Simon fragen.

»Davis. Die Strukkichefin der Carolina. Ich teile meine Informanten ja mit dir«, verzieht sie ihr Gesicht zu einem Lächeln und kaut auf ihrem Stift.

»Aha. Und die Carolina?«

»Alles sauber.«

»Sagt Mrs Davis von der Carolina Bank!«

»Was heißt das?«, ärgert sich Carla und springt auf.

»Dass wir den Pyromanen nicht nach der Feuerversicherung fragen sollten!«

»Wir kriegen aber nicht mehr raus im Moment«, antwortet Carla murrend.

»Okay. Carla. Nur dass wir damit nichts über die Carolina wissen. Egal. Saubere Arbeit, was die anderen Adressen angeht. Ich recherchiere hier noch weiter. Wir müssen uns morgen Mittag im Büro treffen. Und grüße deinen Vater.«

»Grüße von Simon«, ruft Carla ihrem Vater zu.

»Zurück«, antwortet der erstaunte Steven.

»Zurück«, spricht Carla ins Handy, die immer noch ganz angespannt im Stuhl sitzt.

»Bis morgen dann, Carla.«

»Okay«, drückt Carla auf die Taste, die ihr Gespräch beendet, und wirft ihr Handy auf den Tisch.

»Wochenende vorbei«, schlägt sie ihre Hände zusammen.

»Sieht ja so aus, als freutest du dich«, gibt Dad zurück, ohne seine Enttäuschung zu verbergen.

»Nein, sorry, Dad. Das ist übrigens nur möglich, weil ich Mitch Lehman kenne.«

»Wenn du meinst, Carla.« Steven schenkt beiden noch einmal Weißwein nach. Schade, dass seine Tochter schon direkt nach dem Frühstück am kommenden Morgen abreisen wird, zu gerne hätte er ihr die Dame aus dem Präsidium vorgestellt. War sowieso nicht seine Idee, sondern die von Samantha. Es erstaunt ihn, dass seine Tochter dieses Mal gar nicht nach »Mrs Nichts Besonderes«, wie sie sie nennt, fragt. Scheint sehr mit sich beschäftigt zu sein, fühlt sich Steven auch noch einmal durch das Telefonat mit Simon bestätigt.

Schon morgens ist es drückend warm, als Steven seine Tochter zum Bahnhof fährt. Der 29. Juli ist der letzte Sonntag des Monats. Erneut steigt das Thermometer über die erträglichen Grenzen hinaus. Es braut sich etwas zusammen, und das gleich in mehrfacher Hinsicht. In den nächsten Tagen werden die Banken ihre Halbjahreszahlen bekannt geben. Allein deshalb knistert es im Markt.

Allen schwant, dass der schier endlose Boom vorbei sein könnte. In fast jedem großen Land steckt mindestens eine Bank in Schwierigkeiten, die im amerikanischen Immobilienmarkt investiert hatte. Simon hatte am Telefon erwähnt, dass er zuverlässige Hinweise dafür hätte, dass sogar eine deutsche Mittelstandsbank schwer havariert sei. Carla denkt die ganze Fahrt über die Geschichte nach. Die grünen Wiesen und Hecken der typischen englischen Landschaft, die sie sonst so gerne betrachtet, fliegen unbeachtet an ihr an diesem Sonntag vorbei.

Eine deutsche Mittelstandsbank im amerikanischen Immobilienmarkt? Was passiert hier?, fragt sie sich im Zug nach London. Noch während der Rückfahrt überschlagen sich die Meldungen. Simon hat herausgefunden, dass am Wochenende in London, Frankfurt und Paris Teams der jeweiligen Notenbanken mit den Bankenaufsichten, den Finanzministerien und anderen großen Banken an Rettungspaketen für in Schwierigkeiten geratene Banken arbeiten.

Es ist plötzlich von Investmentvehikeln mit den seltsamsten Namen die Rede, die von ihren Sponsoren, wie man die arrangierenden Banken hinter den Zweckgesellschaften nennt, Liquiditätszusagen abrufen. Investmentbanken entlassen zu Hunderten Mitarbeiter, die im Subprime-Geschäft tätig sind. Alarmierend ist vor allem, dass die Zinsen für Tagesgeld im Interbankenmarkt quasi stündlich nach oben springen. Das ist der liquideste aller Geldmärkte. Beginnt er zu stocken, schwindet das Vertrauen unter den Banken, weil keiner vom anderen weiß, was er in den Büchern hat.

Der »CityView« verfügt zwar über das Material von Sir Peter Cane, allerdings handelt es sich bei den offenbar zu rettenden Banken um kleinere Adressen, die nicht auf Sir Peters Liste stehen. Simon ist klar, dass sie morgen eine Geschichte bringen werden, aber wie weit er sich aus dem Fenster wagen wird, muss er erst mit Carla durchsprechen.

Simon und Carla sind allein in der Redaktion. Carla tippt sich die Finger auf ihrer Telefontastatur wund, um die Gerüchteküche in den Griff zu bekommen. Immer wieder spricht sie sich mit Simon ab, der zur Hochform aufläuft. Während die junge Journalistin hektisch wird und rennt, bleibt Simon ganz ruhig, fragt nach und redigiert gelassen die Informationen, die sie ihm liefert.

Die Southern Hill steckt tatsächlich in argen Schwierigkeiten, wie Simon nachgeprüft hat. Teams der Bank von England bemühen sich nach Kräften um Rettungsmaßnahmen. Damit hat sich Isabella Davis in seinen Augen als glaubwürdige Quelle präsentiert, obwohl ihm klar ist, dass die Finanzingenieurin Carla auf eine andere Fährte gesetzt hat, um von der Carolina Bank abzulenken.

Immer wenn Carla triumphierend aus ihrem Kabuff angerannt kommt, hört Simon die Schritte schon von Weitem. Gut, dass ich auch da bin, denkt Simon, so einer big Story ist die Kleine doch nicht alleine gewachsen. Die Story wird mit jeder Stunde besser, erkennt der erfahrene Altmeister.

Carla steckt wieder den Kopf ins Büro: »Pearson, er lässt sich nicht abwimmeln. Er will nur mit dir sprechen, Simon«, hält sie die Hand vor die Muschel des drahtlosen Telefons. Simon winkt, dass Carla ihm den Hörer geben soll.

Pearson macht gegenüber ihm noch einmal deutlich, dass gerade sein Kunde, die Carolina Bank, sehr sauber dasteht. Simon konfrontiert auch Robert mit den Zahlen, die er ursprünglich von Sir Peter hat.

»Da ist nichts dran«, insistiert Robert. »Simon, ich bitte dich, dies nicht zu schreiben. Ich lege meine Hand dafür ins Feuer!«

Nach kurzem Zögern entschließt sich Trent, die Zahlen von Sir Peter nicht zu verwenden. Auch wenn sie stimmen – und bei seinem Freund Cane ist er ziemlich sicher –, aber er kann sich damit die Finger verbrennen. Die Erfahrung lehrt ihn, dass man manches Mal auch etwas zurückhalten muss. Und Cane wird sie keinem anderen gegeben haben.

Als Carla die fertige Story zum Gegenlesen abliefert, liest er langsam. Carla, die ihm gegenüber am Schreibtisch sitzt, wird schon ganz unruhig. Simon liest am Bildschirm und bewegt sich nur, wenn er auf der Tastatur weiterblättert.

»Carla, bringen wir die Geschichte. Sie ist auch ohne konkrete Zahlen und Zuordnungen supergut! Der Rest kommt nächste Woche. Aber damit haben wir die Konkurrenz um Längen abgehängt«, freut sich Simon, der von Sir Peter erfahren hat, wie weit die anderen Zeitungen mit ihrer Recherche sind.

»Gib sie in den Satz«, schaut er auf die Uhr. »In fünf Minuten ist Deadline.«

»Oh, da kann ich ja noch in Ruhe einen Kaffee trinken«, lacht Carla und geht flugs zu ihrem Platz.

Am Montagmorgen ist Carlas »Hot Summer In The City?« *die* Lektüre der Banker auf dem Weg in ihre Büros, sei es in der Tube, in der Limousine oder im Jet. So auch für Carl Bensien, Isabella Davis und Mitch Lehman, die auf dem Weg in das Londoner Büro sind.

Auf beiden Seiten

Als Isabella an diesem Montagmorgen bereits kurz nach acht auf dem Londoner City Airport landet, schnappt sie sich am Kiosk noch die wichtigsten Zeitungen des Tages, darunter auch den »CityView«. Mit dem Stapel unter dem Arm läuft sie quer durch die Flughafenhalle in Richtung ihres Fahrers.

»Hot Summer in the City« springt ihr sofort ins Auge, als sie im Fond des S-Klasse-Mercedes die Story überfliegt.

Sie ist heilfroh, dass die Carolina Bank und ihre Holiri-Familie nicht vorkommen, als sie alles noch einmal in Ruhe liest.

»Oh, Gott«, murmelt sie, als ihr beim Lesen bewusst wird, wie ernst die Lage insgesamt zu sein scheint. Zwei mittelgroße Banken, die Southern Hill und die deutsche Industriekreditbank, die es erwischt hat, sind nicht einfach nur irgendwelche Banken, sondern solide Adressen. Doch haben sie jeweils ein für deren Bankbilanz enorm hohes Volumen in den Zweckgesellschaften stecken, die sie jetzt nicht mehr bedienen können. Isa schwant Böses. Damit hatte sie nicht gerechnet, nicht mit den Volumina. Verstört blickt sie aus dem Fenster, während es an Canary Wharf vorbei in Richtung City geht. Wegen der Ferienzeit ist der Verkehr an diesem Morgen nicht ganz so dicht wie sonst.

Nur durch große Rettungsaktionen der Ministerien, Notenbanken und der privaten Banken, bestätigt der Artikel, konnten die Schließungen verhindert werden. Sobald der Markt öffnet, werden die Kurse in den Keller rauschen. Das wird zum Problem für die schlechtesten ihrer Holiri-Babys, die sie gerade erst letzte Woche umgebucht hat. Während sie sich auf dem Rücksitz der Limousine nochmals in den Artikel vertieft, ruft Cindy an und richtet aus, dass Carl Bensien für zehn Uhr alle in seinem Büro zu sehen wünscht. Isa weiß zwar, dass er in London ist, aber dass er gleich eine »Krisensitzung« einberuft, macht ihr Angst.

Der Fahrer schaut nach hinten, weil Isa immer wieder seufzt, Gott anruft oder hektisch die Zeitungen durchblättert. Je länger die Fahrt dauert, desto klarer wird ihr, dass sie Mitch doch so gut wie alles beichten muss; ohne ihn kommt sie nicht durch das Gespräch mit Bensien.

Ihre Stoßgebete in der letzten Woche scheinen nicht genutzt zu haben. Zwar ist die Carolina Bank in den Medien noch einmal mit einem blauen Auge davongekommen, aber das dürfte sich in dem Moment ändern, wenn das schwächste Holiri-Baby seine Knock-out-Schwelle erreicht und die Wette verloren geht. Wenn ihr Polster von fünf Milliarden nicht ausreicht, ist sie erledigt. Je näher sie ihrer Wirkungsstätte kommt, desto verzweifelter wird sie. Erst kurz vor dem riesigen Gebäude hat sie sich wieder im Griff.

Isabella durchmisst den Handelssaal mit schnellem Schritt kurz vor neun Uhr und wirft ihre Tasche auf den Schreibtisch von Agnes in der einen Ecke des großen Handelssaals, dann marschiert sie direkt in die Ecke des Chefs.

»Guten Morgen, Isa«, ruft Agnes ihr noch hinterher.

»Kein guter Morgen«, hört sie Isa sagen.

Das kann ja heiter werden, denkt Agnes, die Isa nur selten so angespannt gesehen hat.

Der General sitzt braungebrannt und hypernervös in seinem Büro. Seine Begrüßung besteht aus einem abwesenden, wortlosen Nicken, mit der rechten Hand trommelt er auf seinem Schreibtisch.

Wow, scheint ja eine miserable Laune zu haben, denkt Isabella und bereut einen Augenblick ihr impulsives Vorpreschen, aber sie hat keine andere Wahl. Doch Mitch Lehmans Stimmung hat nichts mit der Panik der Branche bzw. den Börsen zu tun – die bereiten ihm lediglich Sorgen. Was Isa als miese Laune interpretiert, entspricht vielmehr einer Mischung aus Ärger, Empörung und Angst.

Um sieben Uhr, als noch kaum jemand im Handelssaal war, stand plötzlich Horacio Melander vor ihm. Anders als im Januar hatte es zum Glück niemand mitbekommen. Cindy war noch nicht da und der Saal begann sich erst zu füllen. Pfarrer Melander kam einfach in Mitchs Büro, ohne zu klopfen oder zu fragen.

»Du bist nicht zu mir gekommen, also muss ich zu dir kommen«, begann der Mann in der schwarzen Soutane.

»Wie sind Sie überhaupt hereingekommen?«, fragte Mitch halb überrascht, halb entsetzt.

»Einen Gottesmann lässt man überall vor, Mitch. Außerdem habe ich kurz mit den Damen am Empfang gebetet. Das hilft immer, Mitch.«

»Hören Sie, Pfarrer Melander, die Börsen brechen zusammen. Ich habe keine Zeit für Gebete, nicht für Sie und für was immer Sie wollen. Ich habe es Ihnen schon im Januar gesagt: Lassen Sie mich in Ruhe.«

Mitch stand auf und stellte sich demonstrativ vor den alten Mann, der – wie Mitch bemerkte – gebrechlich geworden ist. Hinter Melander kamen die ersten Trader in den Saal, noch war es ruhig. Fünf bis zehn Minuten konnte Mitch das Ganze noch hinauszögern.

»Es wird Zeit, dass wir reden«, Horacio Melander ließ sich von der ruppigen Art nicht einschüchtern.

»Worüber?«

»Über Dinge, die dein ganzes Leben betreffen, mein Sohn, aber dafür brauchen wir Zeit. Zeit, die du dir nehmen musst. Ich habe vielleicht nicht mehr viel Zeit, mein Sohn.«

»Kommt nicht in Frage. Und nennen Sie mich nicht ›mein Sohn‹, Herr Pfarrer.«

»Mitch, es ist wichtig. Mach es uns nicht unnötig schwer. Und wenn du nicht kommst, muss ich wieder bei dir erscheinen.«

Melanders Augen bohrten sich in die seines ehemaligen Schützlings, und Mitch lief es kalt den Rücken runter.

»In Ordnung, sobald sich die Lage hier wieder beruhigt hat, werde ich Sie aufsuchen«, sagte er zu und schob Melander zum Ausgang. Eine Notlüge, von der Mitch hoffte, sie möge funktionieren.

»Warte nicht zu lange«, antwortete der Pfarrer und verschwand so schnell und unauffällig, wie er gekommen war...

Trotz den turbulenten Märkten, die in Asien an diesem Morgen verrückt spielen, geht der »schwarze Mann« Mitch nicht aus dem Sinn. Erst als Isabella in sein Büro tritt, gelingt es Mitch, sich wieder auf die anstehenden Probleme zu konzentrieren. Diese unterschwellige Angst vor dem Mann aus seiner Vergangenheit kann er jedoch nicht verdrängen. Melanders Erscheinen bereitet ihm Sorge, dass man ihm, dem coolen Trader, diese Angst vor der eigenen Vergangenheit am Gesicht ablesen könnte. Denn letztlich, so muss er sich eingestehen, war seine Flucht aus L.A. auch das Ergebnis der Enttäuschung, die er in den Augen seiner Mutter gelesen hatte, als sie realisierte, dass aus ihrem Sohn nicht der Mann werden würde, den sie sich sehnlichst wünschte. Die hohen Erwartungen seiner Mutter und die des Pfarrers konnte er nicht erfüllen – und er wollte sie nicht erfüllen. Deshalb war er damals ohne ein Wort des Abschieds verschwunden. Und Isas Erscheinen in seinem Büro vor einigen Jahren erinnerte ihn daran, dass er ohne sie ein zweites Mal alles aufs Spiel gesetzt hätte, ein zweites Mal versagt hätte. Und heute, so schwant dem General, geht es zum dritten Mal ums Ganze.

Isabella Davis steht an derselben Stelle wie knapp zwei Stunden zuvor der Pfarrer, und sie trägt zu allem Übel auch noch ein schwarzes Kostüm.

»Kannst du mir das erklären?«

Mitch wedelt mit dem »CityView« vor ihrer Nase herum, mit der freien Hand deutet er auf verstreut herumliegende Wirtschaftsmeldungen der wichtigsten Presseorgane. »Was passiert da, Isa?«

»Guten Morgen, schön dich zu sehen, Mitch.«

»Mir ist nicht nach Schönwetterszenario zumute, lass das also und sag mir, was hier abgeht«, blafft er die erschrocken zurückweichende Finanzspezialistin an.

Isa holt tief Luft, sie muss Farbe bekennen: »Ich glaube, Mitch, wir haben uns verzockt!«

»Was?«

»Verzockt, verwettet, Mitch.« Isabella steht mit gesenktem Kopf vor ihm und reißt sich zusammen, um nicht zu heulen.

»Wie meinst du das? Sind wir nicht genug abgesichert?«

»Nein!«

»Wieso?« Mitch Lehman fasst sich an den Kopf.

»Weil der Markt das Modell austrickst.«

»Wie soll ich das verstehen?« Mitch springt auf und steht bedrohlich nahe vor ihr. Isabella weicht einen großen Schritt zurück.

»Uns brechen die Preise in einem Maße weg, der nicht zu modellieren war. Wer hätte in diesem Ausmaß mit Nachschusspflichten rechnen können? Alles wegen dieser beschissenen Schrottimmobilien.« Zur Sicherheit verschränkt sie die Arme vor ihrem Körper.

»Und jetzt?«

»Weiter wetten und zusätzlich beten. Und umbuchen.«

»Was für eine Kombination! Wetten und beten.« Dabei muss Mitch wieder an Horacio Melander denken, und er spürt, wie es ihm den Hals zuschnürt.

»Wenn der Markt weiter abrutscht, dann fallen die ersten Junior-Tranchen der Holiris nacheinander wie Dominosteine um, Mitch.«

»Das gesamte Volumen von zweiundzwanzig Komma irgendwieviel Milliarden Dollar?«

»Ja! Aber das ist leider noch nicht alles.« Auch Isabella muss sich setzen, sodass sich beide wie Pokerspieler gegenübersitzen.

»Was denn sonst noch?«, schreit er sie an. »Wenn ich das gegenüber Bensien vertreten muss, vierteilt der mich.«

»Um in deinem Bild zu bleiben: Zweiteilung reicht aus. Wir brauchen vielleicht zweimal zweiundzwanzig Komma fünf Milliarden.«

»Was?« Cindy blickt erstaunt durch die Scheibe ob des Schreiens von Mitch.

»Wie bitte?« Mitch schaut jetzt noch entsetzter als vor zehn Jahren.

»Ich habe den Hedgefunds von Beginn an das Ausfallrisiko über Credit Default Swaps abgesichert, die kompletten dreißig Milliarden in unserer inoffiziellen Zweckgesellschaft TYL. Wenn aber jetzt die Knock-out-Schwellen erreicht werden sollten, dann müssen wir nicht nur die komplette Finanzierungsseite abdecken, sondern auch den Hedgefunds den Verlust ersetzen. Die ganzen Assets auf der Aktivseite.«

Mitch sinkt zurück in seinen Sessel. Nach einer Pause flüstert Isabella: »Sorry, Mitch!«

»Du willst mir sagen, dass die Hedgefunds risikofrei sind und wir im Prinzip zweimal in der Scheiße stecken? Auf beiden Seiten der Bilanz?«, er spricht so leise, wie er es immer tut, wenn er kurz davor ist, jemanden zu exekutieren.

»Genau das, Mitch. Ich habe das System umgedreht. Normalerweise sichern wir uns mit dem Volumen, das wir in der Bilanz haben, gegen den Ausfall mit diesen CDS ab. Aber ich habe unseren Investoren das Risiko gegen zusätzliche Gebühren abgenommen, weil ich mir nicht vorstellen konnte, dass der Markt derart abrutscht.«

»Um Gottes willen. Wie hast du das gemacht?« Lehman fällt in die Stuhllehne seines Schreibtischstuhls zurück und reißt die Augen auf. Isa sitzt ihm mit gefalteten Händen ruhig gegenüber; sie hat alles gebeichtet und sie hat nichts mehr zu verlieren.

»Wie, tut nichts zur Sache. Aber das passiert nur, wenn dieser verdammte Markt weiter abrutscht«, fügt sie an.

»Über fünfzig Milliarden Dollar, von denen Bensien nichts weiß«, pfeift Mitch durch die Zähne und schaut aus dem Fenster. Ob es Zufall ist, dass auch seine Hände plötzlich wie zum Gebet gefaltet sind, fragt sich Isa.

»Wieso hast du das gemacht, Isabella Davis?«

»Weil ich einen zusätzlichen Haufen Geld für die Bank verdienen wollte und nie damit gerechnet habe, dass so ein Immobilienmarkt den ganzen Markt ins Rutschen bringen und unsere Modelle kaputt machen kann. Es war nicht vorhersehbar, Mitch. Meine Modelle haben immer funktioniert.«

»Das alles ist allein deine Schuld«, blitzt Mitch sie an.

»Schon, aber du trägst die Verantwortung mit. Zwei Unterschriften, wie du weißt«, wobei sie ihm nach wie vor verschweigt, dass sie einmal Mitchs Unterschrift gefälscht hat, um die Konstruktion mit den Default Swaps überhaupt aufsetzen zu können. Gott sei Dank interessieren ihn solche Details ja nicht.

»Was heißt das denn?«, starrt er sie verblüfft an, als sie aufsteht.

Isabella Davis antwortet nicht mehr und dreht sich auf dem Absatz um. In ihrem Glaskasten wirft sie die Tür hinter sich zu, drückt den Knopf für die Jalousien in den doppelt verglasten Fenstern, dann zieht sie ihr Diktiergerät aus ihrer Blazertasche.

Isabella spult zurück und hört sich die Aufzeichnung ihres Gesprächs mit Mitch Lehman noch einmal an. »Wenn ich untergehe, dann gehst du mit, Lehman.« Schnell startet sie ihren Computer und mailt die digitale Datei an ihre private Mailadresse und löscht den Nachweis der Sendung aus ihrem Bank-E-Mail-Account. In diesem Moment stürmt Mitch Lehman ungefragt und ohne anzuklopfen in ihr Büro.

Geistesgegenwärtig schiebt sie den Aufnahmeknopf für das Diktiergerät noch einmal auf On:

»Wir müssen reden, Isa.«

»Setz dich Mitch, ich habe einen Plan«, ist das letzte, was Agnes hört, ehe die Tür zufliegt….

Carl Bensien bekommt von der Aufregung nichts mit. Lehman hat ihn in einer der anderen Ecken des Handelssaals einquartiert, weil dieser Obrist noch im Urlaub weilt.

Seit zehn Uhr sitzen sie zusammen, die Stimmung ist geladen, seit Mitch und Isa den Besprechungsraum betreten haben, wo Bensien und ein ihnen unbekannter Herr in Unterlagen blättern. Ein falsches Wort und alles explodiert. Mitch und Isa sitzen auf der einen Seite, Carl und der ältere Mann auf der anderen Seite des Tischs.

»Das ist Thomas Svenson aus der Rechtsabteilung in New York.« Carl deutet auf den Mann mit der randlosen Brille und dem nichtssagenden Gesicht. »Lasst uns nicht lange drumherum reden«, ungewöhnlich direkt beginnt Carl Bensien das Gespräch.

»Ich frage nur einmal, weil wir alles überprüfen: Wie risikoreich sind unsere Positionen. Klartext, meine Dame und mein Herr, ehe wir den Halbjahresbericht veröffentlichen«, er blickt abwechselnd Isa und Mitch an.

Isa hatte Mitch noch beschworen, dass sie nunmehr bei ihrer Linie bleiben müssen, entweder es hält oder sie gehen unter.

»Okay, Carl. Fünf von fünfzehn sind gefährdet.«

»Fünf?« Carl schaut gar nicht so entsetzt.

»Wie kann das sein, Mitch?«, er dreht sich zum General, der sich wie im Beichtstuhl von Melander vorkommt.

»Mach kein großes Ding daraus. Das verdiene ich sonst für die Bank in einem Jahr«, versucht Mitch überlegen zu erscheinen.

»Fünf Milliarden? Seid ihr verrückt? Das ist ein Drittel dieser verdammten Holiris. Was wäre denn gewesen, ihr hättet euer ganzes Volumen von dreißig Milliarden genehmigt erhalten?« Carl wirft den Stift auf den Tisch, mit dem er die Zahl fünf notiert hat.

»Hätten wir dann jetzt zehn Milliarden at Risk?«, fixiert er Isa.

Wenn du wüsstest, auf welcher Welle ich hier reite. Isabella weicht Carls Blick nicht aus. Für den Moment ist sie gerettet; denn genau die fünf Milliarden hat sie Bensien als faules Ei unbemerkt am Wochenende in den Ratio Driver eingebucht und gute Stücke dafür herausgenommen. Jetzt zahlt sich aus, dass Mitch seinen Bereich völlig intransparent führt und Bensien von vielen Dingen einfach nichts wissen kann.

Ihr Trick kann momentan nicht auffallen, weil es ja nur um die Rücknahmegarantien geht und die Papiere selbst gar nicht mehr in der Zweckgesellschaft stehen. Deshalb braucht sie auch keine Ausfallversicherung begleichen. Nur wenn Carls Leute die Mischung genauer unter die Lupe nehmen könnten, würden sie darauf stoßen.

Mitch, der sonst bei jeder Kleinigkeit aufbraust, bleibt ruhig neben ihr sitzen. Nur die fest zusammengepressten Hände zeigen Isabella, wie angespannt er ist. Isa betet, dass sie mit diesen fünf Milliarden Dollar auskommt. Sobald auch nur ein Dollar über die fünf Milliarden hinausgeht, sind sie geliefert. Denn Bensien würde keine Erklärung haben, warum es mehr als die gemeldeten Fünf Milliarden wären. Nachdem sich Carl beruhigt hat, nimmt er den Faden wieder auf.

»Ich werde das in den Risikobericht aufnehmen müssen.«

»Sicher, Carl«, spielt Isa weiter die Unbesorgte, »das ist sehr vernünftig. Und wenn der Markt nicht weiter abschmiert, wird das alles kein Problem«, lächelt sie leicht. Isabella hofft auf Zeit, Zeit und noch mal Zeit.

Carl beendet die Sitzung in der Gewissheit, dem Risikoausschuss einen potenziellen Verlust von fünf Milliarden Dollar erklären zu müssen, und greift direkt zum Hörer, nachdem er die beiden hinauskomplimentiert hat.

Mitch weiß inzwischen fast alles, und ich kann es gegebenenfalls beweisen – mein letzter Hedge, taxiert Isa ihre eigene Absicherung, als sie das Sitzungszimmer verlassen haben. Doch Mitch denkt nur daran, wann und wie er Isabella loswerden kann. So wie alle Frauen, die für ihn wertlos geworden waren.

Carl ruft Kramer an, der ganz still am anderen Ende der Leitung bleibt.

»Ich habe es dir gleich gesagt, Don. Ich will nicht rechthaberisch sein, aber diese Holiris klingen so süß und sind doch sauer.«

»Ich weiß, Carl«, seufzt Don in New York. »Nur gut, dass du das Volumen begrenzt hast, Carl.«

»Lass uns ehrlich gegenüber unseren Aktionären, Mitarbeitern und Kunden sein«, antwortet Carl.

»Danke, Carl. Schreibe alles in den Risikobericht. Ich rede mit unseren Presseleuten und Investor Relations«, hört er Don sagen und schaut leicht verblüfft auf den Hörer.

»Ist nur mein Job, Don. Ich muss jetzt weitermachen. Es ist noch viel zu tun. Bis dann«, beendet Carl das kurze Gespräch.

Er entscheidet, diese Zahl im Risikobericht klar und ohne weitere Erläuterungen zu erwähnen, sie als potenzielles Verlustrisiko aus bestimmten Tranchen der Holiri-Papiere mit eigentlich ganz gutem Rating darzustellen.

Den ganzen Vormittag herrscht summende Betriebsamkeit. Kurz vor Berichtsterminen ist es immer hektisch, trotz allen Informationssystemen müssen am Ende Menschen entscheiden. Am frühen Nachmittag klopft Tim an Bensiens Türe. Der Chief Risk Officer hat seinen Assistenten über die beunruhigenden Neuigkeiten des Morgens und die sich anschließende Krisensitzung glatt vergessen.

Tim schließt die Tür und setzt sich vor den Schreibtisch.

»Sorry, Tim«, grüßt Carl.

»Soll ich von den Caymans berichten oder wollen wir das später machen?«

»Gib mir einen kurzen Überblick. Den Rest machen wir nach den Halbjahreszahlen. Ich muss auch noch mal weg.« Carl lehnt sich entspannt im Stuhl zurück. Er glaubt, das Risiko der Bank wieder in Griff zu bekommen. Doch ein gewisses Unbehagen bleibt. Deshalb hat er Tim ja auch auf die Caymans geschickt.

»Die uns bekannten Zweckgesellschaften habe ich untersucht. Sie sind okay und mit den der Bank bekannten minimalen Eigenkapitalquoten versehen. Alle bekannten Eigenengagements der Bank in solchen Zweckgesellschaften stimmen. Auch bei Ratio Driver, in dem die Holiris stecken. Es scheint alles in Ordnung, Chef.«

Bensien ist zufrieden, auch wenn Tim ihm nur das berichtet, was er bereits weiß.

»Ist dir irgendetwas aufgefallen, was im Risikomanagement der Carolina eben nicht bekannt ist?«

Tim verneint dies zuerst mit einem Kopfschütteln, dann runzelt er die Stirn und murmelt: »Aber …«

»Was heißt hier ›Aber‹? Ich habe nicht viel Zeit heute«, wird Bensien ungeduldig.

»Am Abend saß ich in einer Bar und habe einen ansässigen Rechtsanwalt und Notar getroffen. Ein junger Kerl, so in meinem Alter, Chef, der gerade erst seine Zulassung auf den Caymans bekommen hat und in eine dortige Kanzlei eingestiegen ist.«

»Und weiter, Junge«, fragt Carl nach und macht eine rollende Handbewegung.

»Ich habe ihm erzählt, dass ich von einer Bank dorthin geschickt worden bin, um Recherchen über Zweckgesellschaften anzustellen. Selbstverständlich habe ich nicht gesagt, dass ich für die Carolina Bank arbeite, damit nicht von dieser Seite aus Informationen in falsche Hände geraten.«

»Weiter, Tim.«

»Nun ja, dieser Notar hat mir erklärt, dass es auch eine Reihe von Zweckgesellschaften gibt, die von einzelnen Privatpersonen gegründet werden. Das bisschen Eigenkapital habe schließlich jeder parat.«

»Tim, lass dir nicht alles aus der Nase ziehen!«

»Diese Namen werden aber nicht veröffentlicht, ist eine Art Bankgeheimnis. Es gibt aber offensichtlich Wege, wie man doch an diese Namensliste herankommen kann.«

»Und wie?«

»Das hat er mir nicht erzählt.«

Bensien fällt enttäuscht in seinen Stuhl zurück.

»Tim, ich muss jetzt los«, er steht bereits auf und greift nach seinem Jackett. »Setz dich mit diesem Typen noch einmal in Verbindung und versuche herauszukriegen, wie man an diese Namen herankommen kann. Ich werde das Gefühl nicht los, dass da Zweckgesellschaften existieren, die uns noch Ärger machen können.«

»Wie kommen Sie darauf?«, schaut Tim überrascht.

»Nur so ein Gefühl. Bleib dran. Gute Arbeit, Tim«, sagt Carl, der sieht, wie sich der Rotschopf über das Lob freut. Und schon hat er sein Büro verlassen, während er auf dem Weg zum Aufzug versucht, den zweiten Arm in die Anzugjacke zu bekommen.

»Mach ich, Chef«, sagt Tim, aber das hört Carl Bensien schon nicht mehr. So ein Einstecktuch werde ich nie tragen, schwört sich der Assistent. Ist was für alte Leute, als er dem davoneilenden Bensien hinterherschaut.

Carl muss sich beeilen, um noch rechtzeitig zum Treffen mit Carla im Pub in den alten Marktarkaden in der Nähe von Bishopsgate zu kommen. Die Zeit drängt; er muss noch sein finales Go für den Risikobericht geben; aber er will Carla unbedingt sehen. Bloß keine Vermutungen über Carolina in den Medien, das könnte vernichtend sein.

Carla hat nach ihrem gestrigen Artikel »Hot Summer in the City?« einige Anrufe bekommen, die ihr bestätigen, dass sie richtig liegt. Allerdings fehlen nach wie vor harte Fakten. Auch sie hat wenig Zeit und kommt relativ schnell zur Sache, als sie sich draußen mit einem Kaffee hinsetzen.

»Es gibt viele Gerüchte, die durch die City wabern, Dr. Bensien.«

»Haben Sie ja geschrieben, Mrs Bell: Hot Summer in the City.«

»Aber mit Fragezeichen«, freut sie sich, dass auch der Risikoguru ihren Artikel gelesen hat.

Beide nippen an ihren Kaffees.

»Stimmt«, macht Carl eine zustimmende Bewegung.

»Aber was ist mit den dreißig Milliarden, die bei Ihnen zusätzlich vorhanden sein sollen?«

»Wer sagt das?«, fragt Carl besorgt nach.

»Kann ich nicht sagen«, antwortet sie knapp.

»Carla, ich kann Ihnen das beim besten Willen nicht bestätigen, weil ich diese Zahlen nicht kenne. Ich dürfte das so oder so nicht sagen, aber ich vertraue Ihnen, ein bisschen mehr zumindest als anderen Journalisten«, lächelt Carl, was Carla gefällt. Der steife Kauz wird ihr immer sympathischer.

»Wir führen im Risk-Management eine Größe von etwa fünfzehn Milliarden Euro im so genannten Holiri-Familiensegment. Richtig ist aber, dass wir ursprünglich einmal ein Volumen von dreißig Milliarden geplant hatten; das habe ich im Frühsommer halbieren lassen. Vielleicht verwechselt da jemand die Zahlen, kann ja nicht jeder so damit umgehen wie Sie«, schmeichelt er ihr.

»Das wäre eine Erklärung«, antwortet Carla, die sich über die Anerkennung freut.

»Ich bitte Sie allerdings, diese Information absolut vertraulich zu behandeln, Mrs Bell.«

»Wieso haben Sie denn die Halbierung angeordnet?«

»Mir war die Summe zu hoch. Und ich bin heute sehr froh, dass wir das gemacht haben.«

»Ziemlich weitsichtig.«

»Trotzdem wird uns auch die Hälfte im Halbjahr in der Gewinn- und Verlustrechnung eine tiefe Furche hinterlassen. Aber die Carolina Bank wird noch Geld verdienen, wie Sie morgen sehen werden.«

»Können Sie eigentlich überprüfen, dass Ihre Anordnung tatsächlich ausgeführt worden ist?«

Carl stutzt: »Mrs Bell, ich bin es gewohnt, dass meine Anordnungen befolgt werden«, gibt sich Carl wieder zugeknöpfter. Gleichzeitig beunruhigt ihn die Bemerkung, doch Carl ist viel zu sehr verschwiegener Schweizer Bankier, um seinen aufkeimenden Verdacht mit einer Journalistin zu teilen. Für weiteren Smalltalk haben beide keine Zeit, nach ein paar höflichen Bemerkungen trennen sich ihre Wege.

Am späten Nachmittag sind alle Zahlen, Daten und Fakten für den Halbjahresbericht fertig und zusammengestellt, einschließlich der fünf Milliarden Dollar hochriskanter Holiri-Wertpapiere, die ausdrücklich im Bericht aufgeführt sind. In einer Videokonferenz des gesamten Vorstands und des Verwaltungsrats der Carolina Bank wird der Bericht am Abend Londoner Zeit genehmigt. So sehen es die Regeln der Bank vor.

Mitch Lehman und Carl Bensien müssen deshalb noch einmal gemeinsam in einen Raum, um von London aus an dieser Sitzung teilzunehmen. Als »DFK« Mitch vor versammelter Mannschaft wegen der fünf Milliarden Dollar zur Rede stellt, ist Carl die Genugtuung am Gesicht abzulesen.

»Das hätte ich nicht von dir gedacht, Mitch«, beendet der Boss dieses Konferenzthema. Lehman verlässt ohne Gruß das Zimmer. Er benimmt sich, als ginge ihn das alles gar nichts an, beobachtet Carl. Mitch blendet das Problem einfach aus. Was soll er auch tun? Er kann nur hoffen, dass Isabellas genialen Strukturierungen ein letztes Mal funktionieren. Und dann würden sie mit der faulen Sache auch noch einen Haufen Geld verdienen.

Dieser perfide Gedanke beflügelt den General am Ende geradezu. Derart angestachelt, lässt er sich am Abend zum »Dorchester«-Hotel chauffieren. Mit seiner Überraschung für Carla in der Tasche. Doch die Journalistin kommt spät, später als ihm lieb ist. Völlig erledigt von den letzten Tagen, steht sie an der Türe zur Suite. Der »Hot Summer in the City« hat nicht nur dem Trader Mitch, sondern auch der Journalistin Carla zugesetzt.

Gut daran ist nur, dass Carla an diesem Abend keine Lust mehr hat, über irgendwelche giftigen Portfolios und Zahlen in Bankenbilanzen zu reden. Kurze Nummern sind Mitch ohnehin am liebsten, und dann schläft Carla erst einmal ein. Bis Mitch sie wieder weckt, um ihr seine Überraschung zu präsentieren.

Rauswurf im Advent

Kurskorrektur

Isabella hat sich bereits am Morgen für das elegante schwarze Kostüm entschieden, sodass sie am Abend, ohne sich Umziehen zu müssen, auf die Weihnachtsfeier gehen konnte. Ein buntes Hermestuch zur weißen Bluse, etwas höhere Schuhe als sonst, dezenter Schmuck. Seit Wochen hat sie nicht mehr die schwere Perlenkette getragen, die sie von Mitch geschenkt bekommen hatte. Und auch die Lange Eins ist einer dezenteren Cartier gewichen.

»Du sieht klasse aus, Isa.«

»Danke, Agnes«, antwortet Isabella verwundert und schaut an sich herab. Agnes reicht ihr gerade einen Tee.

»Du machst mir doch sonst keine Komplimente«, schmunzelt Isabella, während sie die Teetasse zum Mund führt, die Untertasse in der anderen Hand haltend. Beide schauen auf die Straße, wo die Banker schnellen Schrittes in ihre Büros hasten. Draußen ist es nass und kalt, wie immer um die Weihnachtszeit.

Nach der hohen Luftfeuchtigkeit des Sommers ging es fast nahtlos in die neblige Feuchtigkeit des Herbstes und dann in die Nässe des beginnenden Winters über. Als Isabella das trübe Wetter aus dem Fenster betrachtet, ist sie heilfroh, dass sie ihre freie Zeit in der trockenen Wärme Südfrankreichs verbringen kann.

»Du siehst viel besser aus als im Sommer. Entspannter, jugendlicher und so. Wollte ich dir nur mal sagen, Isa.«

»Und so?« Isabella setzt die Tasse wieder ab und dreht die rechte Hand leicht fordernd in Richtung ihrer Personal Assistant.

»Ich habe mir im Sommer Sorgen um dich gemacht. Du warst so nervös und gar nicht mehr die Isabella, die ich kenne.«

Eigentlich seit Juni, rechnet Agnes dabei nach, als sie Isabella bei Dr. Luir im Schraubstock anrufen musste.

»Hatte mit der ganzen Hautsache im Gesicht zu tun, Agnes, die noch auf den ganzen Stress obendrauf kam. Aber jetzt passt alles wieder.«

»Wirklich?«

»Kannst dich drauf verlassen, meine Liebe«, nimmt Isabella einen erneuten Schluck.

»Tut gut bei der Kälte, Agnes. Danke für den Tee und für das Kompliment.« Isabella geht an ihren Schreibtisch, denn sie will die letzten Monate heute Morgen nicht noch einmal rekapitulieren. Isabella setzt sich und lächelt Agnes kurz an: »Danke, Agnes.«

Die versteht den Wink und verlässt mit der leeren Teetasse Isabellas Büro.

Morgen ist es wieder so weit, freut sich Isabella innerlich, während sie ihre Unterlagen hervorholt. Heute Abend noch die Weihnachtsfeier und dann raus aus London. Dieses 2007 will sie möglichst schnell vergessen. Gleich nach Schulschluss der Kinder fliegt Familie Davis in die Ferien – in ihr Haus nach Südfrankreich und Gott sei Dank nicht wieder nach Perth, denkt sie mit Blick in Richtung des Büros von Mitch. Zu dem will sie, wenn sie alles überprüft hat. Anders als in den letzten Monaten denkt sie erstmals wieder mit einem guten Gefühl an ein bevorstehendes Gespräch mit dem General.

Noch herrscht Hektik an allen Tischen, letzte Trades werden gemacht, letzte Abstimmungen für das Jahresendgeschäft besprochen, dann ist Schluss.

Von der Hektik im Handelssaal bekommt Isabella allerdings nur wenig mit. Sie sitzt den ganzen letzten Arbeitstag über in ihrem Büro und lehnt sich immer wieder zufrieden in ihrem Schreibtischstuhl zurück. Ihre Wette ist aufgegangen, wieder einmal.

Viele Telefonate mit Fund-Managern hatte sie geführt, ihren und der Bank guten Namen in die Waagschale geworfen, Zugeständnisse hier gemacht, Poker dort gespielt. Monatelang schwebte das Damoklesschwert über ihr. Das muss Agnes wohl bemerkt haben, aber mit der Ausrede der Gesichtsbehandlung hat sich ihre PA offensichtlich zufriedengegeben.

Als sie sich erneut entspannt zurücklehnt, die Arme in den Nacken nimmt und beruhigt an die Decke schaut, erinnert sie sich daran, wie oft sie dort oben das imaginäre Fallbeil gesehen hat, richtig Angst hatte sie bekommen. Ich habe es geschafft, berechnet Isabella abschließend ihre Zahlenkolonnen auf dem Bildschirm.

Sie stützt ihr Kinn in beide Hände und überprüft noch einmal ihre Tricks der letzten Monate. Sie hat einiges umgestellt, manches neu verschachtelt. Ganz nach der Devise: Wo Holiris draufsteht, sind auch Holiris drin, aber die Mischung kennt nur sie. In einer Kombination aus dem guten Namen der Carolina Bank, ihren Kontakten zu den größten Investoren und ihrer unglaublichen Fähigkeit, Kurskorrekturen vorzunehmen und die Flugbahnen der Holiri-Raketen im Zweifelsfall auch leicht zu ändern, ist sie mit ihrem Betrug offensichtlich noch einmal davongekommen. Wenn in den letzten Tagen des Jahres nichts Dramatisches passiert, dann halten ihre Linien, schließlich hat sie immer noch genug Puffer aus den im Sommer umgebuchten und dann die gebeichteten fünf Milliarden Dollar Value at Risk im Ratio Driver übrig. »Es passt, es passt, es passt alles«, singt sie leise vor sich hin.

Laut genug jedoch, dass Agnes es durch die geöffnete Türe hören kann. Die Sekretärin ist froh, Isabella wieder so locker zu sehen. Vielleicht hatte ihre Anspannung doch mehr mit diesem Abschleifen zu tun. Muss ja auch höllisch geschmerzt haben, überlegt Agnes.

Dass niemand gemerkt hat, dass sie bestimmte Holiris ausgetauscht hat, kommt Isabella allerdings immer noch wie ein Wunder vor. Und wie der Beweis dafür, dass das Modell Lehman wirklich wie ein Staat im Staate funktioniert: eigenes Controlling und Reporting, eigene Abwicklung, wenn da nur nicht Dr. No Risk Carl Bensien in New York wäre.

Isabella konnte den Wertberichtigungsbedarf bislang auf vier Milliarden Dollar begrenzen. Ihr bleibt also ein Puffer von einer Milliarde Dollar. Für dieses Jahr müsste das reichen, selbst wenn der Markt in den letzten Tagen noch einmal rutschen sollte.

Anderen Banken geht es deutlich schlechter: Northern Rock bescherte Großbritannien den ersten Run auf eine Bank seit der Großen Depression in den Dreißigerjahren. Isa hatte die Schlangen vor der Bank im Fernsehen gesehen, als im September die Kunden massenhaft ihre Spargelder abgezogen hatten. Äußerst beunruhigend, aber nach ein paar Unzulänglichkeiten zu Beginn haben die britische Regierung und die britische Notenbank die richtigen Schritte unternommen, um das Bankensystem stabil zu halten.

Bevor sie zu Mitch geht, verschafft sich Isabella einen letzten Überblick und öffnet ihren Nachrichtenordner im Computer, in dem die wichtigen Artikel und Analysen abgespeichert sind, die sie braucht, um die Gefährlichkeit ihrer Konstruktion einzuschätzen. Sie klickt sich konzentriert durch ihre gesammelten Werke:

Im August hat die amerikanische Immobilienkrise Europa erreicht. Auch hier sind Banken unter Druck gekommen und werden teilweise von den Staaten aufgefangen. Die Regierungen geben reihenweise Garantien für den immer unsichereren Bankenmarkt. Selbst die normalen Sparer spüren die Auswirkungen der Finanzkrise – eine explosive Situation. Seit dem Sommer pumpen die Notenbanken weltweit Hunderte von Milliarden Dollar und Euro an Liquidität in den Geldkreislauf, vor allem, weil der Interbankenmarkt völlig austrocknet. Keiner traut keinem mehr. Nach dem dritten Quartal 2007 müssen große amerikanische Investmentbanken hohe Abschreibungen vornehmen. Die Chefs von Merrill Lynch und Citigroup werden gefeuert. Auch die schweizerische UBS macht wegen des Subprime-Engagements den ersten Quartalsverlust seit neun Jahren.

Je länger sie sich durch die Berichte klickt, desto konsternierter ist Isabella, wie diese Banken über alle Maßen gezockt haben müssen. Auch wenn sie jetzt beruhigt auf ihre Holiri-Babys schauen kann, der Spätsommer war ein Katz-und-Maus-Spiel zwischen ihr und Carl Bensien gewesen, der ihr dicht auf den Fersen blieb und ständig den Kontakt suchte. Doch Isabella meldete für das dritte Quartal lediglich zwei ausgefallene Junior-Tranchen der Holiri-Familie in Höhe von je zwei Milliarden Dollar an Bensien, womit die Bank angesichts der Wettbewerbslage ganz zufrieden sein konnte.

Dabei wird es auch für das vierte Quartal bleiben, triumphiert sie. Ich habe es geschafft, macht sie sich siegessicher auf den Weg zu Mitchs Büro, an Cindy vorbei direkt in des Generals erhöhten Feldherrnhügel. Sie hört ihn noch ein bestimmendes »Nein, ich komme nicht mit« in den Hörer fauchen, ehe Mitch auflegt. Das kann ja heiter werden, denkt Isabella, als sie ihm gegenübersteht und sich mit einem leisen Räuspern bemerkbar macht.

Mürrisch blickt Mitch auf Isabella, die die Türe hinter sich schließt. Der General und sein Gehirn brauchen einander zwar noch, aber was über zwanzig Jahre gut gehalten hat, spaltet sich in diesen Tagen ganz unweigerlich auf.

Dass Körper und Geist auseinanderlaufen, ist der Analytikerin Davis vielleicht sogar klarer als dem oftmals cholerisch agierenden Lehman. Doch Isa, die Rakete, sichert sich ab: Sie hat alle wesentlichen Gespräche mit Mitch über die Holiris in den letzten Monaten mit ihrem Diktiergerät aufgezeichnet. Auch heute hat sie das Gerät dabei, dessen Akku sie extra am Nachmittag aufgeladen hat.

Ohne zu fragen, setzt sich Isabella gegenüber von Mitch an seinen Schreibtisch und beginnt mit ihrem Bericht zum Jahresende: »Alles wird gut, Mitch. Ich habe heute alles abschließend analysiert. Es kann nichts passieren.«

»Wieso bist du so sicher?« Sein Gesicht hellt sich ein wenig auf.

»Die Regierungen der führenden westlichen Länder haben sich in konzertierten Aktionen zusammengerauft und bislang das Schlimmste verhindert. Es scheint so, als wollten sie es partout nicht zulassen, Banken pleitegehen zu lassen.«

»Warum nicht?« Dabei greift er zu einer Zigarette.

»Man kann Automobilkonzerne an die Wand fahren lassen, aber keine Bank, deren größtes Kapital das Vertrauen der Anleger ist.« Für diese Erkenntnis hat sie ein paar Tage im August gebraucht. Wenn man weiß, dass keine Bank von Bedeutung pleitegehen kann, kann man das Spiel weitertreiben, bis zu einem gewissen Grade zumindest.

»Und du genießt immer noch das Vertrauen unserer Freunde auf den Caymans?«

»Mehr denn je, Mitch, denn von uns sind sie gute Arbeit gewohnt«, stützt sie sich mit beiden Ellbogen auf den Schreibtisch, während Mitch ihr den Qualm ins Gesicht bläst.

»Von den Holiris droht zum Jahresende keine Gefahr. Wir kommen mit überschaubaren Verlusten über die Runde. Wenn der Markt wieder greift, haben wir es auch dieses Mal geschafft. Die Kurskorrektur vom Sommer hat perfekt funktioniert. Wie immer, Mitch!«

Wie zur Bestätigung nimmt sie ihre leere Coladose, die sie während des Gesprächs ausgetrunken hat, und wirft sie gezielt in den Papierkorb.

»Wow, Isa. Du scheinst eine ruhige Hand zu haben.« Ein Lächeln huscht über das Gesicht des Generals, die guten Aussichten scheinen seine schlechte Laune zu vertreiben. Unzweifelhaft ist ein Abschreibungsbedarf von vier Milliarden US-Dollar ein Makel auf ihrer und damit auch Mitchs Uniform. Klar ist aber auch, dass nur Isabella die Positionen so managen konnte, dass die Rechnung für die Bank am Ende wieder stimmt und sich der Verlust in Grenzen hält. Insofern sind sie mit einem blauen Auge davongekommen. Für 2007 schafft Mitchs Bereich keine Sechs, geschweige denn eine Sieben vor dem Komma, wie er das zu Jahresbeginn als Order ausgegeben hat, doch sein Handelsbereich wird auch 2007 ein profitables Ergebnis abliefern.

»Wenn der Markt wieder greift, Mitch, können wir 2008 sogar exorbitante Gewinne einfahren.«

So hatte sie sich das Gespräch zurechtgelegt: erst die Problemlösung und Mitch beruhigen, dann die Ergebnisbelastung für 2007 im Vergleich zu anderen Banken ins Spiel bringen und zum Schluss die Aussicht auf hohe Gewinne als Lockmittel einsetzen. Isabella unterlegt ihre Argumentation mit dem Buzzword »exorbitant«. Das funktionierte bei Mitch bisher noch jedes Mal.

»Ich muss nur beim Auflösen meiner Schachteln aufpassen, Mitch, dass ich keine falschen Erwartungen wecke.«

Eigentlich hatte Mitch sich schon vor Wochen festgelegt: Sobald das Problem mit den Holiris gelöst sein würde, würde er sich endgültig von Isabella Davis lösen. Man muss Altfahrzeuge rechtzeitig abstoßen, solange sie noch fahren, zog er den Vergleich aus seiner Jugend als Auto-Opferstock-Händler heran. Doch er merkt gerade jetzt bei ihrer Beschreibung, dass nur sie den Motor am Laufen halten kann. Vor allem weiß der Gebrauchtwagenhändler in Mitch nicht, wo er einen guten Austauschmotor herbekommen soll. Mit strahlendem Lächeln geht er auf Isabella zu und sagt: »Ich danke dir, Isa.«

Doch die bleibt unbeweglich sitzen.

»Was schaust du mich so an, Isa? Ich habe doch ›danke‹ gesagt.«

»Sicher, Mitch. Ich mache nur meine Arbeit. ›Danke‹ kann man allerdings auch anders sagen.« Es überrascht sie selbst, dass ihr dabei eine Träne aus dem linken Auge kullert. Ganz so cool ist sie nicht. Rationale Gesprächsplanung ja, aber ihre Emotionen kann sie nicht immer unter Kontrolle halten. Isabella ärgert sich über sich selbst.

Aus purer Berechnung trocknet Mitch die Tränen mit einem Tissue.

»Es ist ein hartes Jahr gewesen. Lass uns jetzt alles vergessen und im kommenden Jahr die sechs Milliarden Gewinn anstreben.«

»Ja, Mitch. Und vielleicht schaffen wir sogar eine Sieben.«

Lehman sitzt nun vor ihr auf der Schreibtischkante mit einem hängenden, zuckenden Bein. Draußen ist es am frühen Nachmittag schon wieder dunkel, sodass das Büro nur durch künstliches Licht hell ausgeleuchtet wird. Mitch betrachtet seine alte Gespielin. Immer noch schlank und sportlich, in einem hellen Kostüm mit weißer Bluse, wie immer hochgeknöpft. Die fehlende Kette bemerkt er dennoch nicht.

»Isa, du siehst anders aus als vor einem Jahr.«

»Der Stress, Mitch.«

»Nein, du hast weniger Narben. Das war keine Hautflechte. Verheimlichst du mir etwas?« Dabei knipst er sein Lächeln an, mit dem er Frauen stets zu betören weiß.

»Das muss du gerade sagen, Mitch.«

»Ich kenne dein Gesicht genau. Was ist los damit?«

»Ich lasse mir die Narben weglasern«, antwortet sie. Warum soll sie ihn auch anlügen, wo doch bald sowieso alles offensichtlich sein wird.

»Wow, das geht?« Mitch ist wirklich interessiert und rückt näher. So nah, wie seit Ewigkeiten nicht mehr. Früher sah er besser aus, denkt Isa. Zu viel Gel, der Bauch, ein paar graue Stellen im dünneren Haar. Doch wer ihn neu kennen lernt, schätzt Isabella, findet ihn wahrscheinlich immer noch attraktiv und anziehend.

»Im Sommer wirst du mein wahres Gesicht sehen, Mitch«, sagt Isa.

»Ich kenne dein wahres Gesicht, Isa.«

»Nein, das hier ist meine Maske«, entgegnet sie.

»Also betrügst du mich?«, fragt Mitch zurück und rückt etwas von ihr ab.

»Lass das, der Betrüger bist doch wohl du.«

»Was willst du damit sagen?«

Isa schiebt ihn zurück, vorsichtig zwar, aber bestimmt: »Ich habe dich mit der kleinen Bell schon vor Monaten gesehen.« Es sprudelt einfach aus ihr heraus.

Mitch zieht die Augenbraue hoch: »Und wann?«

»Am Abend vor den Halbjahreszahlen, als ich im Dorchester übernachtet habe. Ihr habt mich nicht gesehen, unten beim Essen. Ich habe es niemandem erzählt, aber man kann ja ständig lesen, wie gut die Carolina Bank im »CityView« wegkommt.«

»Heute Abend an der Weihnachtsfeier stelle ich sie allen vor«, antwortet er kühl und geht zurück an seinen Platz. Ich muss sie doch loswerden, überlegt Mitch. Es geht nicht anders, sie weiß einfach zu viel. Holiri-Extragewinne hin oder her.

»Na, das wird ja eine Überraschung«, antwortet Isa sichtlich konsterniert.

»Ich bin ja frei, wie du weißt.«

»Hat dich Charlotte wegen ihr verlassen?«

»Ich habe sie verlassen. Damit das klar ist.« Mitch erhebt seine Stimme. Ein Trader wie Mitch Lehman handelt, er lässt sich nicht handeln.

»Wir sehen uns heute Abend auf der Weihnachtsfeier«, versucht Mitch das Thema zu wechseln, denn er will nun wirklich nicht mit Isa darüber reden, dass ihn die Frau verlassen hat, für die er sie vor zwanzig Jahren sitzen ließ.

»Bis heute Abend dann.« Als sie wieder in ihrem Büro ist, schwankt sie zwischen Zufriedenheit und Ärger. Das Gespräch lief gut, bis auf die Träne. Weder hätte sie ihre Narbenbehandlung noch die Bell-Entdeckung ausplaudern sollen. Gerade die Geschichte mit der Bell war unvorsichtig von ihr.

Mitch weiß natürlich insgeheim, dass Charlotte ihn vor die Türe gesetzt hatte. Sie hatte alle seine Eskapaden erduldet, aber nicht diese Sache: Fünfhunderttausend Dollar hatte Mitch für ein goldenes Armband ausgegeben – bei ihrer Goldschmiedin in Auftrag gegeben. Erst war die Sache gar nicht aufgefallen, aber als Charlotte von der Goldschmiedin auf einer Vernissage angesprochen wurde, ob das ganz besondere Schmuckstück ihren Geschmack getroffen habe, fiel sie zunächst aus allen Wolken, und dann brachen bei Charlotte alle Dämme. Da Isabella nicht weit entfernt von Charlotte und Mitch gestanden hatte, hatte sie alles mitbekommen. Mitch war ohne weitere Worte gegangen. Die ganze Szene hatte nur kurz gedauert, doch Isabella konnte sich ihren eigenen Reim darauf machen, als bereits am nächsten Tag der bekannteste Scheidungsanwalt der City bei Agnes am Telefon war, als die für Cindy kurz einsprang. Und Agnes hatte Isabella alles brühwarm erzählt.

Angeblich verhandelte Charlotte über fünfzig Millionen Dollar Abfindung, wie man unter den Obristen tuschelte. Charlotte Lehman hatte genug Stil und Disziplin, um die Demütigung nicht noch weiter publik zu machen. Sie wollte ein Down Payment, keine jährliche Zahlung. Eine klare Summe und Ende der Geschichte. So macht man das in der City.

Weihnachten würde Charlotte mit den Kindern bei ihren Eltern in den USA verbringen. Mitch hatte einfach einen Frauen-Swap vorgenommen: Carla gegen Charlotte.

Auch wenn er die Schmach des Tages schnell abgeschüttelt hatte, war er wütend ins »Dorchester«-Hotel gefahren: vorgeführt von Bensien und in der Öffentlichkeit bloßgestellt worden durch »DFK«. Dass gerade Isa, die Schuld an der ganzen Sache war, ihn jetzt an diesen Sommerabend erinnern musste, ärgert den General: Carla und er hatten sich in diesem Londoner Nobelhotel verabredet, sie genoss den Luxus dieser teuren Suiten, für ihn war es ein Taschengeld.

Er musste an diesem warmen Abend lange auf Carla warten. Sie kam spät, sehr spät sogar, und wirkte abwesend, auch dass er sich auf sie stürzte, ließ sie völlig unbeteiligt über sich ergehen. Geredet hatten sie kaum, Carla war danach einfach eingeschlafen.

Als sie in den leichten Schlaf gesunken war, holte er das kleine Etui, legte ihr das Geschmeide um das rechte Handgelenk und betrachtete seine Beute.

Als Carla kurze Zeit später wieder wach wurde, blieb ihr die Luft weg. Insbesondere der rote Rubin, der das Schloss zierte, war atemberaubend. Schlagartig war sie hellwach, die Müdigkeit des Tages verflogen.

»Ein blaues Band wolltest du doch sicher nicht haben«, hatte er sie angegrinst.

»Sicher nicht«, hatte sie gespielt empört geantwortet.

Mitch blieb ein Spieler in allem, was er machte – vor allem mit Frauen. So hatte er bei der Goldschmiedin ein Armband bestellt, mit zahlreichen kleinen blauen Tansanitsteinen. Als er das Stück bei der ersten Besichtigung persönlich in Augenschein genommen hatte, war er sehr zufrieden. Doch dann hatte er die verblüffte Goldschmiedin angewiesen, das Band mit einer Goldschicht zu überziehen. Es musste aussehen wie ein großes, aber »normales« goldenes Armband. Nur für den Verschluss sollte die Goldschmiedin einen Rubin nehmen. Rot, wie die Liebe, hatte er ihr erklärt.

Später am Abend waren sie hinunter in das Restaurant gegangen. Normalerweise blieben sie aus Bequemlichkeit in der Suite, aber Carla wollte ihr neues Armband austragen. Dort musste Isa sie gesehen haben, überlegt Mitch, als er sich wieder an seinen Schreibtisch setzt.

Heute Abend würde er ihr sagen: »Carla, wir verbringen Weihnachten zusammen auf meiner neuen Insel!«, sie sollte nur ein »Ja« hauchen.

Hertfordshire oder Hawaii?

Carla hatte darauf bestanden, nicht im »Grosvernor House« zu nächtigen; denn die Weihnachtsfeier findet, wie letztes Jahr, im Great Room des Hotels statt. Diesmal würde es allerdings keine zwanzig Escorts aus dem Süden Englands geben. Und schon gar keinen krönenden Abschluss mit Mitchs beiden Highend-Damen Camilla und Diana.

Camilla und Diana hatte Lehman vorläufig auf Eis gelegt. Die beiden beschwerten sich nicht, da Mitch einen galanten Bonus springen ließ: zehn Tagessätze für jede; hundertfünfzigtausend Dollar waren auch eine Art Schweigegeld. Die Mädchen hatten selbst für Mitchs Verhältnisse sehr gutes Geld mit ihm verdient, und sie waren es aus seiner Sicht auch wert.

Die Beziehung mit Carla läuft recht gut, sie sehen sich im Moment beinahe täglich. So manches Mal beginnt Carla die Einfältigkeit leicht anzuöden, doch es gibt auch keinen Grund, diesen angenehm einfachen Beziehungsstatus zu beenden. Typen wie Fernando Gomez gibt es schließlich wie Sand am Meer.

Carla öffnet die Türe zur Suite nicht – wie des Öfteren – im atemraubenden Seidenchiffon vor ihm. An diesem Abend steht sie komplett angezogen, die Arme vor der Brust verschränkt, vor ihm und funkelt Mitch böse an.

»Was ist los, Baby?«

»Wieso willst du nicht mitkommen?«

»Oh Gott, lass mich in Ruhe damit. Ich passe nicht in diese Welt nach Hertfordshire.«

»Das ist aber der andere Teil meines Lebens.«

Bis heute hat sich Mitch immer gewunden, ob er an Weihnachten mit nach Hertfordshire kommen würde oder nicht. Die Familie als Ausrede fällt seit Charlottes Rausschmiss ins Wasser. Er hatte nie vorgehabt, Weihnachten in diesem Kaff auf dem Land zu verbringen, aber bis zu diesem Zeitpunkt alles weitestgehend offengelassen.

»Bitte.«

»Nein!«

»Doch!«

»Nein!«

»Ja!«

»Ein für alle Mal: Nein!« Mitch schiebt sich an ihr vorbei in die Suite und bleibt kompromisslos. Er will unbedingt mit Carla auf seine Insel. Mit glänzenden Augen schwärmt er von den Hunderten von weißen Kerzen auf dem ganzen Anwesen, die von der Terrasse bis hinunter zum Strand leuchten werden.

Natürlich könnte er Carla auch zu ihrem Vater fahren lassen, doch ein General seines Kalibers duldet keinen Widerspruch: »Wer nicht für mich ist und mit mir geht, ist gegen mich, Carla!«

»Was soll das denn heißen?«

»Genau das, was ich gesagt habe.«

Er starrt sie aus zusammengekniffenen Augen an, bemerkt ihr Erschrecken und geht auf sie zu: »Carla, stelle dich nicht so an. Du musst dich auch mal abnabeln. Dad hier, Dad da. Ich kann es bald nicht mehr hören, Baby.«

»Du hast ja keinen Vater, mit dem du reden kannst, Mitch«, versucht Carla einen anderen Weg.

»Wenn ich einen Vaterersatz brauche, rufe ich Stanley an. Den können wir übrigens besuchen, er hat ein riesiges Haus auf Maui.«

»Ashton?«

»Genau der.«

Wieder schiebt sich das Bild der toten Mutter vor ihre Augen und Carla schlägt sich instinktiv die Hand vor den Mund, um nicht laut zu schreien.

»Was ist los?«

»Ach nichts.« Carla läuft ans Fenster, presst die Stirn an die Scheibe und gibt sich einen Ruck. Bietet ihr Mitch damit nicht genau die Chance, die sie seit Jahren sucht? Und abnabeln muss sie sich in der Tat. So toll war ihr Verhältnis zu ihrem Dad in den letzten Monaten zudem nicht, andauernd hat er über die City und über Mitch gemeckert. Zudem soll diese Mrs Nichts Besonderes auch an Weihnachten kommen, wie Steven Bell in einem Telefonat vor einer Woche beiläufig hat einfließen lassen. Gerade deshalb will sie ja Mitch dabei haben, um der Frau etwas entgegenzusetzen. Carla lässt sich ihre Optionen blitzschnell durch den Kopf gehen. Den Mann sehen, der ihre Mutter auf dem Gewissen hat. Vielleicht ist das die Gelegenheit, beschließt sie, um endlich einmal mit der ganzen Geschichte, mit diesem sie so quälenden Thema fertig zu werden. Leichter würde sie jedenfalls nicht an diesen Stanley Ashton herankommen.

»Okay, Mitch. Du hast ja möglicherweise Recht. Also: die Insel. Nur wir zwei. Ruhige Tage. Ein paar Besuche sind dabei auch nicht schlecht.«

»Ich kann sehr überzeugend sein«, triumphiert Mitch.

»Dann sollte ich gleich mit meinem Vater sprechen. Vielleicht ist es gar keine schlechte Idee, endlich einmal nicht zu Hause zu sein«, macht sie sich selbst etwas vor.

»Sag ich doch«, grinst Mitch selbstgefällig.

Das Gespräch ist kurz. Carla merkt nicht, wie weh sie ihrem Vater tut. Steven gibt den Verständigen, aber im Herzen zerreißt ihn diese Ankündigung seiner Tochter. Vielleicht hätte ich nicht so auf Kollisionskurs mit ihr gehen sollen, was die City, Mitch und diese ganze Arbeit angeht, schießt es Steven während des Telefonats durch den Kopf.

Carla verspricht, gleich nach Neujahr noch ein paar Tage Urlaub zu Hause zu machen. Stanley Ashton erwähnt sie mit keinem Wort. Ehe sie ihren Vater wieder auf den Mann anspricht, will sie sich ihn anschauen und ihn durchleuchten. und dann ihren Vater mit den Fakten konfrontieren.

»Kind, pass auf dich auf!«, schließt Steven.

»Wieso Kind, Dad? Und nicht Tochter, wie sonst?«

»Weil man für seine Eltern immer ein Kind bleibt, Tochter!«

»Okay«, antwortet sie, es klingt fragend.

Auf dem Weg zur Weihnachtsfeier in Mitchs Rolls Royce stellt Carla die Frage, die sie schon eine ganze Weile beschäftigt:

»Wieso willst du unsere Beziehung eigentlich öffentlich machen? Es ist doch auch so ganz angenehm, Mitch?«

»Weil es an der Zeit ist, Carla.«

»Und wenn ich keine Lust auf was Offizielles habe?«

»Wieso? Hast du nicht alles?«

Über diese Frage, stellt Carla fest, hat sie die ganzen Monate nicht wirklich nachgedacht. Habe ich alles? Habe ich das, was ich wirklich will? Plötzlich wird sie unsicher, doch Mitch hat den Rolls Royce bereits verlassen und hält ihr die Hand in die offene Türe entgegen.

Völlig locker steigt der General die Stufen zum Eingang hinauf, Carla wirkt eher nachdenklich.

»Eines noch, Carla«, sagt er zu ihr, die an seiner Hand geht. Mit den High Heels ist sie fast genauso groß wie Mitch.

»Was denn?«

»Es geht um Isa, sie hat uns schon Ende Juli in Dorchester gesehen und weiß alles.«

»Das erklärt einiges«, Carla zieht Mitch auf der Treppe an sich heran.

»Wieso?«

»Als ich am nächsten Tag meinen Termin mit ihr hatte, sagte sie zu mir: ›Ein schönes Armband, das Sie tragen, Mrs Bell‹.«

»Und was hast du geantwortet?« Mitch schluckt.

»Danke, ich habe es geschenkt bekommen.«

»Carla, ich brauche Isa noch. Sei freundlich zu ihr, bitte!«

»Wie meinst du das, Mitch?«, hält sie ihn zurück.

»Isa ist Teil meines Systems. Ich brauche sie noch.«

»Und ›noch‹ heißt, bald nicht mehr?«

»Das weiß ich nicht«, er will weitergehen, »aber noch strukturiert sie mir die ganzen Papiere, mit denen ich viel Geld verdiene. So einfach ist das.«

»Das System?«

»Auch das«, zieht Mitch Carla hinter sich her.

Das System, das System, denkt Carla. Sie kann sich inzwischen zwar mit den Spezialisten auf Augenhöhe unterhalten, selbst ein Carl Bensien zollt ihr Respekt, aber in die letzten Winkel des Systems blickt sie noch nicht.

Als Journalistin ist auch nicht so viel Einblick möglich, sie braucht Verbündete und beschließt, sich freundlich gegenüber Isabella Davis zu verhalten.

Die Weihnachtsfeier 2007 ist nicht so gelöst, so extravagant und teuer wie im Jahr zuvor. Doch feiern die Banker und ihre Freunde des Hauses, die Familienmitglieder der Obristen und andere wie beim Captains Dinner auf der »Titanic«. Da auch Carl Bensien in den Vorweihnachtstagen noch einmal in London Station macht, hat er sich in diesem Jahr ebenfalls unter die Caroliner gemischt. Isabella, wie immer ohne Ehemann auf solchen Veranstaltungen, hat sich bereits vor ihrem Eintreffen im »Grosvernor House« zwei Gläser erlaubt, ihr graut davor, Carla Bell an diesem Abend zu begegnen.

Auch wenn es nicht ihr Problem ist, so schmerzt Isabella, dass Mitch einen Frauentausch hingelegt hat: Alt gegen jung, die ewig gleiche Geschichte. Da hilft nur ein weiteres Glas Champagner.

Mitch präsentiert Carla wie eine Trophäe. Die Obristen erkennen die Journalistin sofort und nicken anerkennend. Anwesende Journalistenkollegen bekommen den Mund vor Staunen kaum noch zu. Robert Pearson ist klar, dass diese Liaison am nächsten Tag das dominierende Thema in der City sein wird. Gut, dass er sie zuvorkommend behandelt und nicht selbst angebaggert hat. Was Simon wohl dazu sagen wird, denkt er, als er das Paar aus einiger Distanz beobachtet und an seinem Gin Tonic nippt. Robert wägt die kommunikativen Optionen ab und erkennt bald, dass er, nur er selbst, seinem Kumpel Simon davon berichten muss. Sonst läuft das Ganze gegen ihn. Doch spürt der PA weiterhin Neid; die kleine Bell hätte er gerne selbst gehabt. Eine schöne Frau, eine, die es denn Männern nicht leicht macht. So bleibt ihm nichts anderes, als sich am Glas festzuhalten.

Mitch ist an diesem Abend gelöst und lässt sich von seinen Jungs dafür feiern, dass man im Vergleich zu den anderen noch ziemlich gut davongekommen ist. Die Obristen freuen sich, dass sie trotz dramatischen Einbrüchen wohl immer noch Millionen Boni bekommen werden.

Für einen Moment kann sich Carla aus dem ganzen Trubel lösen. Dieses Zurschaustellen behagt ihr nicht, aber sie hat sich nun einmal darauf eingelassen. Als sie sich umschaut, erkennt sie »ihre« Ecke gleich wieder. Wie von unsichtbarer Hand geführt, steht sie alsbald bei den beiden Zierbäumchen, hinter denen sie sich im letzten Jahr versteckt hat.

Das ganze Jahr hatte sie nicht mehr an diese Szenen gedacht, nur hin und wieder an den Deal mit Pearson. Doch jetzt laufen die Bilder wieder vor ihren Augen ab: der junge Associate, Pearson im Aufzug, die Mädchen im kleinen Schwarzen und die Rothaarige, der sie in die Toilette gefolgt war.

Die Nichtstory mit den blauen Bändchen hat mir Glück gebracht und mein Leben einfacher gemacht. Hätte ich das trotzdem schreiben sollen? Nur um dadurch vielleicht einen Banker zu Fall zu bringen, mit dem ich heute ins Bett gehe? Carla steht mit dem Rücken an die Wand gelehnt. Nein, beschließt sie, das war alles richtig so! Gute Storys, schöne Scoops. Pearson hat mir Tür und Tor geöffnet, ich muss den Typen nicht mögen. Solange mich Mitch schützt, kann gar nichts geschehen. Was der an diesem Pearson schätzt, will ihr nicht in den Kopf.

Mitch ist ein nettes Abenteuer ohne Verpflichtung, der sich anständig verhält, überlegt Carla und betrachtet ihr teures goldenes Armband. Solange sie ihre Emotionen unter Kontrolle hält, kann ihr nichts passieren. Sie macht einen Schritt vor, als wollte sie in das Jahr 2007 und sich nicht weiter in der Erinnerung von 2006 verfangen. Den kann ich jeden Tag abschieben, schnippt sie mit den Fingern.

»Ja bitte?«

»Wie bitte?« Carla schaut den Kellner irritiert an.

»Lady, Sie haben einen Wunsch«, der Kellner deutet auf ihre Finger und Carla realisiert, dass der ältere Herr ihr Schnippen auf sich bezogen hat.

»Sorry, hat nichts mit Ihnen zu tun. Wirklich nicht!«

»Na dann.« Der Kellner will weitergehen.

»Sorry. Darf ich noch eines, bitte«, ruft sie ihm zu und hält ihr leeres Glas hin. Der wechselt die Gläser aus. Und während Carla auf ihrer Olive kaut und sich der Geschmack so angenehm mit dem Martini vermischt, kommt Carl Bensien auf sie zu.

»Hallo, Dr. Bensien.« Ihre Freude überrascht sie selbst, denn mit ihm hat sie hier nicht gerechnet.

»Guten Abend, Mrs Bell.« Carl reicht ihr die Hand.

»Schön, Sie zu sehen. Trinken Sie ein Glas mit mir?«, fragt Carla und winkt einen Kellner heran, der Carl ebenfalls einen Martini reicht, aber ohne Olive. Carla leert ihr Glas noch schnell, um sich ebenfalls einen neuen Drink geben zu lassen.

»Achtung. Denken Sie an die Verteilung des Trinkrisikos, Mrs Bell? Solche Weihnachtsfeiern sind lange Abende.«

Carla unterdrückt die Erinnerung an das letzte Jahr: »Ich weiß, Doktor No Risk Carl Bensien« und hält ihr Glas mit einem gewinnenden Lächeln zum Anstoßen hoch.

»Nennen die mich alle so?«, fragt Carl und zeigt auf Mitchs Obristen, die rund um den General versammelt sind.

»Manches Mal schon.«

Carl lacht herzlich, er nimmt die Sache mit Humor.

»Bitte immer schön langsam trinken, Mrs Bell, sonst ist es F-verteilt und Sie schneller außer Kontrolle«, rät Carl väterlich, als Carla mit einem großen Schluck das Glas beinahe leert.

»Keine Sorge, ich habe mich immer unter Kontrolle. Und Sie? Haben Sie die Bank unter Kontrolle?«

»Ja, aber ehrlich gesagt: Normal ist das alles nicht mehr«, sinniert der Chief Risk Officer. »Sie wissen doch auch ziemlich viel, Mrs Bell. Ich lese Ihre Artikel sehr genau, seit wir uns im Sommer in New York das erste Mal getroffen haben.«

»Danke. Das hörte sich aber bei unserem Treffen noch anders an.«

»War ich eigentlich sehr abweisend?« Dabei geht er einen Schritt näher auf sie zu.

»Na ja, im Pub am Bishopsgate waren Sie nicht mehr so zugeknöpft«, antwortet Carla ehrlich, »aber ich war ja auch auf Konfrontation aus.«

»Und ich war auf so jemanden wie Sie nicht vorbereitet. Ich hab so meine Last mit Journalisten.«

»Ist schon okay, passiert uns häufiger.«

»Sie sehen übrigens reizend aus, wenn ich das sagen darf.« Zur Unterstützung nickt Carl dabei leicht, was Carla ebenfalls mit einem leichten Nicken beantwortet.

»Danke. Sie aber auch, Dr. Bensien.« Wie ihr Vater, wenn er einen Smoking trägt, tadellos, aber altmodisch, dieser zweireihige Smoking, das Hemd mit abgedeckter Knopfleiste, dazu klassische Lackschuhe.

»Auf ein gutes neues Jahr, ohne F-Verteilung, Mrs Bell. Bleiben Sie am Ball, Sie sind eine gute Journalistin. Es hilft uns allen, wenn in dieser komplexen Situation Journalisten darüber berichten, die verstehen, worum es geht.« Carl stößt galant nochmals gegen ihr Glas.

»Das gilt auch umgekehrt. Macht Spaß mit Ihnen, weil Sie das Risk-Management verständlich erklären können.«

Da die Musik lauter wird, rückt die junge Frau an Carl heran, was ihm alles andere als unangenehm ist. Inzwischen sind sie fast auf Tuchfühlung.

»Wir kommen ja ganz gut weg bei Ihnen, Mrs Bell.«

»Ihre Bank scheint es auch besser zu machen. Außerdem kenne ich die Leute ganz gut.«

»Habe ich gesehen«, entgegnet Carl und zeigt mit dem Daumen über die Schulter auf Mitch Lehman.

»Das hat nichts damit zu tun. Reine Privatsache.« Wie zum Schutz rückt Carla ein Stück von ihm ab, doch sie stehen immer noch nahe genug beieinander, dass Mitch es mit leichter Eifersucht wahrnimmt, als er zu den beiden hinüberschaut.

Als Carl noch überlegt, ob er darauf antworten soll, winkt Mitch Carla zu sich.

»Ich muss gehen. Ich wünsche Ihnen frohe Weihnachten und ein gutes 2008, Dr. Bensien.«

»Das wünsche ich Ihnen auch, Mrs Bell.« Er verabschiedet sich mit einem galanten Handkuss. »Bleiben Sie sich treu.« Überrascht stellt Carl fest, dass er ihr das noch nachgerufen hat und Carla sich noch einmal umschaut.

Carl sieht, wie Mitch »seine« Carla mit Isabella Davis zusammenführt. Doch Peter Sanders, der Aktienchef, reißt Carl aus seiner Beobachtung. Der ältere Engländer ist in Carls Augen der einzige vernünftige Managing Director, der für Mitch arbeitet.

»Na, Carl, auch heute Abend auf der Suche nach dem Risiko?«

»Hallo, Peter«, begrüßt Carl den kleinen dicken Engländer mit dem schütteren Haar, der in seinem Smoking putzig wirkt.

»Schön, dich zu sehen, Carl«, stößt Sanders mit Bensien an. Die beiden mögen sich fast vom ersten Tag an, obwohl beide in »feindlichen« Lagern arbeiten. Carl für Don Kramer, Peter für Mitch Lehman.

»Sag mal, was geht denn dein Chef für ein Risiko ein«, zeigt Carl mit seinem Glas auf Mitch und die beiden Frauen.

»Keine Ahnung. Die Gerüchte gibt es schon lange, dass das alles nicht mehr so rund läuft.«

»Wieso nicht mehr so läuft?«, guckt Carl verdutzt. »Wie lange geht denn das mit dieser Journalistin schon?«

»Ach so. Sorry, Carl. Keine Ahnung, so etwas nehme ich bei Mitch nicht ernst. Ich dachte, du meintest deine Freundin Isabella.«

»Wieso?«

»Der General verlässt sich immer weniger auf sein Gehirn.«

»Wie meinst du das denn?«, dreht sich Carl ganz Peter Sanders zu.

»Ich dürfte es ja eigentlich nicht sagen …«

»Peter, was dem Wohl unserer Bank dient, dürfen wir uns immer sagen«, nimmt Carl den kleinen Mann jovial in den

Arm und zieht ihn etwas mehr in die Ecke, in der er vor ein paar Minuten Carla Bell hat stehen sehen.

»Seit dem Sommer ist bei den beiden irgendwie der Wurm drin, Carl. Nach den Ferien. Genauer weiß ich es nicht«, blickt Peter nach oben, schließlich überragt Carl seinen englischen Kollegen um mehr als eine Hauptlänge.

»Ist ja interessant! Danke für die Information, Peter.« Carl blickt auf die inzwischen alleine stehende Isabella Davis.

»Entschuldige mich, Peter. Hast du etwas dagegen, wenn ich zu Isabella hinübergehe?«

»Nein, mach nur, aber das hast du nicht von mir. Und pass auf, die ist immer noch mit allen Wassern gewaschen.«

»Danke, Peter. Wieso erzählst du mir das eigentlich«, fragt Carl, schon fast im Gehen.

»Weil ich im Februar aufhöre.« Carl stoppt.

»Oh, das höre ich zum ersten Mal, Peter.«

»Das weiß auch noch keiner.«

»Mitch auch nicht?«

»Na, der erst recht nicht.«

»Wieso sagst du es dann mir?«

»Weil du ein anständiger Banker bist, Carl. Ich kann die Strukki-Scheiße nicht mehr sehen. Wir verkaufen doch allen den letzten Dreck, nur um die Maschine zu befeuern.«

Carl hat sich wieder zu Peter Sanders herumgedreht und Isabella aus den Augen verloren.

»Kann ich verstehen, Peter. Doch willst du mir damit etwas sagen?«

»Dieses enorme Holiri-Volumen beispielsweise. Kannst du dabei ruhig schlafen, Carl? Ist doch wie so ein Hedgefund.«

»Fünfzehn Milliarden ist doch okay bei unserem gesamten Risk adjusted Portfolio.«

»Das müssen mehr sein, Carl.«

»Kann nicht sein, Peter.« Carl schaut überrascht.

»Wenn ich das alles zusammenzähle, was wir an Subprimes haben und die Davis beimischt, dann müsste das doch mehr sein.«

»Du bist nicht der Einzige, der das vermutet. Aber wir finden und finden und finden nichts«, zuckt Carl mit den Schultern.

»Ich habe jedenfalls meine ganzen Aktien der Carolina verkauft und alles in sichere Anleihen gepackt. Und ich mache in drei Monaten Schluss«, stößt er noch einmal mit Carl an und deutet auf Isabella, die gerade aus der Bar zurückkommt und ein gefülltes Champagnerglas in der Hand hält.

»Danke, Peter«, geht Carl auf Isabella zu. Carla und Mitch haben die Weihnachtsfeier offensichtlich bereits verlassen.

Carl schlendert auf die Finanzingenieurin zu und greift vom Tablett des vorbeigehenden Kellners nach einem Glas Champagner.

»Hallo, Isabella.«

»Oh, hallo, Carl«, bemerkt sie ihn erst jetzt.

»Ich wollte mit dir anstoßen, meistens behaken wir uns ja am Telefon.« Carl hält ihr das Glas hin.

»Das ist nett.« Isabella stößt mit ihrem Glas leise gegen Carls Kristall. So freundlich hat an diesem Abend noch keiner mit ihr geredet.

»Hartes Jahr, nicht wahr, Isa?«

»Stimmt. Es wird Zeit, dass Schluss ist.«

»Mit 2007, nehme ich an.«

»Sicher, sicher«, stößt sie wieder gegen sein Glas, ganz offensichtlich schon beschwipst, was Carl noch nie bei ihr gesehen hat.

»Ärger mit Lehman gehabt, Isabella?«

»Nein. Ich wollte nur nicht mit einer Journalistin sprechen.«

»Ich meine, wegen der vier Milliarden.«

»Oh, Carl, komm mir nicht so und nicht heute Abend. Hast du nicht gelesen, was so in der Welt alles abgeschrieben werden muss? Da stehen wir doch noch ganz gut da.«

»Sicher, aber schön ist es nicht.«

»Nein, und ich bin ziemlich enttäuscht, Mitch ist nicht begeistert, aber wir leben und wir verdienen Geld.«

»Wenn es irgendwelche Probleme gibt, lass es mich wissen. Ich bin dafür da. Und ich helfe dir, auch dir, Isabella«, versucht er es auf die freundliche Tour, die jedoch bei ihr nicht so richtig ankommt.

»Carl, ihr Risk-Manager wollt uns doch immer nur begrenzen. Und mit den vier Milliarden hast du Oberwasser«, sie klingt bitter.

»Nein, Isabella, sorry, das ist nicht mein Stil. Ich schätze dich, das weißt du, aber meine Aufgabe ist eine andere als deine.«

»Genau, wir sind unter Druck, das Geld zu verdienen. Ihr seid nur ein Cost Center, Carl. Ich passe schon auf, dass wir uns nicht verzocken. Mir tut es auch leid um die vier Milliarden, aber wir, nicht ihr, wir müssen das Geld für die Bank verdienen.«

»Und du weißt, dass auch das nicht stimmt, Isa. So kenne ich dich gar nicht.«

»Sorry, Carl, es war wirklich ein langes und hartes Jahr. Vielleicht hätten wir vor einem Jahr, als du mich nachts nach der Weihnachtsfeier angerufen hast, wirklich bei fünf Milliarden Schluss machen sollen.«

»Hinterher ist man immer schlauer. Mit fünfzehn sind wir auch noch gut dabei, oder?« Carl betrachtet ihre Mimik jetzt ganz genau, kann aber keine verdächtige Reaktion erkennen.

»Sicher, der Ratio Driver ist sicher. Wie du es gewünscht hast, Carl. Lass uns vorweihnachtlichen Frieden machen. Es wird schon alles gut gehen in 2008. Meinst du nicht auch?«, fragt Isabella mit einem bittenden Unterton.

»Das hoffe ich.«

»Die Hoffnung stirbt bekanntlich zuletzt, Carl.« Carl merkt, dass es keinen Sinn hat, noch weiter mit Isabella über das Geschäft zu reden, und lenkt das Gespräch auf die bevorstehenden Ferien. Isabella berichtet von ihrem Haus in Südfrankreich, wo sie dieses Jahr Weihnachten verbringen werden. Carl von Zermatt, wo sich wieder die ganze Familie treffen wird.

»Ski fahren ist mir eindeutig zu kalt, Carl. Wir gehen auch immer mit der Familie, aber fahren tue ich nicht.« Sie sagt ihm nicht, dass sie wegen der Narben aufpassen muss, sich keine Erfrierungen im Gesicht zu holen.

»Wenn man die Höhe mag, ist es toll da oben, Isa. Wir haben sogar noch einen Maiensäß oberhalb von Zermatt, zu dem wir an Silvester hochlaufen, dort das Feuerwerk anschauen und die Nacht verbringen.«

»Maiensäß – niedlicher Begriff. Hat wohl nichts mit Risk-Management zu tun, Carl?«

»Nein, nein«, beide lachen. »Normalerweise sind die Hütten nur im Sommer belegt. In früheren Jahren haben die Bauern die Kühe im Mai hochgetrieben und der begleitende Knecht lebte mit ihnen ein paar Monate auf der Alm. Für die Kinder ist es im Sommer toll. Da habe ich schon als Junge die Ferien verbracht und mit den anderen Kindern auf den Wiesen gespielt. Wir haben aus Weidenruten Speere geschnitzt und Wettkämpfe ausgetragen und ab und zu versucht, uns ranzuschleichen und die Rinder zu treffen.« Carl schwelgt in Erinnerung.

»Oh Gott, ich hoffe, du hast keines der Tiere verletzt. Speere sind gefährlich, du sprichst gerade mit einer ehemaligen Collegemeisterin im Siebenkampf.«

»Hoppla, Respekt, Respekt, Mrs Davis«, Carl ist sichtlich beeindruckt.

»Das war unter meinem Mädchennamen Isabella Meyrs.«

»Dann lege ich mich besser doch nicht mit dir an, Isabella.«

»Nein, das solltest du wirklich nicht, Carl.«

»Also dann: Frohe Weihnachten, liebe Isabella.«

»Das wünsche ich dir auch, werter Herr Kollege. Ich gehe jetzt nach Hause. Morgen fahren wir ja schon los.«

Carl schaut Isabella nachdenklich hinterher, die leicht schwankend, aber dennoch zielstrebig die breite Treppe zum Haupteingang ansteuert.

Was sie wohl damit sagen wollte, die Hoffnung stirbt zuletzt? Hinterher ist man immer schlauer! Und dann noch die merkwürdigen Andeutungen von Sanders? Hoffentlich geht wirklich alles mit rechten Dingen zu, denkt Carl. Bis jetzt hat er jedenfalls immer noch nichts gefunden, was das zunehmend unangenehme Gefühl bestätigen würde. Weder in London, noch in New York, noch auf den Caymans.

Genug jetzt, beschließt Carl und bewegt sich in Richtung der Aufzüge. Als er Mitch in der Nähe des Ausgangs entdeckt, überlegt er kurz, sich auch bei ihm persönlich zu verabschieden, doch Lehman ist nicht allein, er unterhält sich ziemlich aufgeregt mit einem Pfarrer, während sie in die Red Bar gehen. Na ja, an Weihnachten wird vermutlich selbst ein Mitch Lehman gläubig oder sentimental, schmunzelt Carl und drückt auf die Taste, die den Aufzug holt und ihn in sein Zimmer bringt.

Minuten zuvor traute Mitch seinen Augen nicht, als er mit Carla auf dem Weg zum Auto war und plötzlich wieder Horacio Melander vor ihm stand. Ihm blieb keine Zeit mehr, Carla wegzuschieben, Mitch musste erst einmal mitspielen:

»Gesegnete Weihnachten wünsche ich dir«, posaunte der Pfarrer Mitch entgegen.

»Oh, der Herr Pfarrer Melander«, antwortete Mitch.

»Du kennst ihn?« Carla war überrascht, da sie bislang keine religiösen Züge bei Mitch bemerkt hatte.

»Ja, wir kennen uns«, antwortete der Pfarrer.

»Gesegnete Weihnachten, mein Kind«, er reichte ihr die Hand. »Horacio Melander, ehemaliger Pfarrer der Gemeinde ›Three Angels‹ in Los Angeles und inzwischen in St. Francis in Holland Park auf dem Altenteil gelandet.«

»Ah ja?« Carla wusste nicht so recht, was sie sagen sollte, und blieb reserviert, obwohl ihr der Pfarrer freundlich gegenübertrat. Doch mit Gott hatte sie gebrochen, als er ihr die Mutter genommen hatte. Gäbe es Gott wirklich, hatte sie zornig zu ihrem Vater gesagt, als sie sich weigerte, weiter in die Kirche zu gehen, dann hätte er das nicht zugelassen.

»Was kann ich für Sie tun, Pfarrer«, versuchte Mitch das Gespräch in die Hände zu nehmen.

»Nun, du hast mich immer noch nicht besucht, und meine Zeit läuft ab.«

»Carla, würde es dir etwas ausmachen, auf mich im Wagen zu warten? Er steht direkt vor der Türe, Liebes.«

»Ist okay.« Carla fühlte sich ohnehin überflüssig. Auf Wiedersehen, Herr Pfarrer«, reichte Carla ihm die Hand. »Frohe Weihnachten.«

Als Carla durch die große Drehtüre verschwunden ist, zieht Mitch den Gottesmann in die Red Bar, in der es recht leer ist, weil in einem anderen Raum die Tombola stattfindet. Mitch hatte dafür eine Woche Fünf-Sterne-Wellness in Thailand spendiert.

»Was wollen Sie, Melander?« Mitch ist angespannt; er wird den Mann aus seiner Vergangenheit nicht loswerden, ehe das Gespräch stattgefunden hat.

»Du bist nicht zu mir gekommen, also komme ich wieder zu dir. Ich habe keine Zeit zu warten, Mitch.« Dabei fasst Melander ihn mit beiden Händen am Unterarm.

»Was soll das heißen? Sie haben mich fünfundzwanzig Jahre in Ruhe gelassen. Und jetzt haben Sie keine Zeit mehr?«

»Ich werde sterben, Mitch. Kann schnell gehen, kann aber auch noch etwas dauern. Doch ich muss bis dahin ein paar Dinge regeln«, betrachtet er Mitch, der im Smoking perfekt aussieht.

»Oh«, entfährt es Mitch, auch wenn ihm der Mann eigentlich egal ist. »Das tut mir leid, Pfarrer Melander. Wirklich«, heuchelt er, die Situation wird unangenehm. Beide sitzen sich angespannt in ihren schwarzen Outfits gegenüber – hier die Soutane, dort der Smoking.

»Ist okay, mein Sohn, ich habe mein Leben gehabt.«

»Warum erzählen Sie mir das eigentlich?« Mitch verschränkt die Arme wie zur Abwehr. Die leise Musik im Hintergrund, so kommt es Mitch vor, erinnert ihn an einen weihnachtlichen Choral.

»Du gehörst zu den Menschen, die es wissen müssen«, Horacio Melander blickt ruhig auf Mitch.

Deshalb sieht er so anders, so eingefallen aus, schießt es Mitch durch den Kopf, jedoch immer noch kein Grund, ihn damit zu belästigen.

»Pfarrer Melander, hören Sie, das tut mir leid, wirklich. Und wenn ich etwas tun kann, dann lassen Sie es mich jetzt wissen. Ärzte, Krankenhaus, Medikamente oder Geld – egal. Aber lassen Sie mich ansonsten in Ruhe. Ich habe mit diesem Leben abgeschlossen. Bitte«, fügt Mitch eindringlich hinzu.

»Es gibt nichts, was du tun kannst. Doch eines musst du jetzt wissen, Mitch.«

»Was denn, um Himmels willen?«, ruft Mitch laut und ungeduldig.

»Ich bin dein Vater!«

Mitch Lehman bleibt der Mund offen, Horacio Melander lächelt traurig. Plötzlich springt die hintere Flügeltüre auf und eine johlende Meute von jungen Bankern stürmt an die Bar. Mitchs Kopf schnellt herum, dann nimmt er Horacio Melander in den Blick.

»Oh mein Gott«, stößt er leise hervor, das Entsetzen steht ihm ins Gesicht geschrieben; er dreht sich um und verlässt fluchtartig die Bar. Je näher er dem Auto kommt, desto ruhiger und langsamer werden seine Schritte wieder, bis er die Türe des Fonds aufreißt.

»Los, abfahren«, herrscht Mitch Lehman den Fahrer an.

»Was ist denn mit dir los?«, erschrickt Carla, als er neben sie in den Sitz sinkt. »Ist dir der Teufel begegnet?« Doch Mitch dreht das Gesicht nach außen zur Scheibe, um zu schauen, ob Melander ihm folgt.

»Schlimmer«, murmelt er unhörbar in sich hinein. Deshalb die Schule, deshalb Mutters Kirchgänge, deshalb seine Gutmütigkeit, wenn ich mich vom Opferstock bedient habe. Deshalb, deshalb, deshalb, schießt es Mitch durch den Kopf.

»Ist etwas, Mitch?«

»Nein, Baby«, dreht sich Mitch zu ihr. »Nur ein Pfarrer, der Geld wollte. Sonst nichts, gar nichts, Carla.«

Überraschender Anruf

Wie so viele der auswärtigen Gäste hat Carl die bequeme Variante einer kleinen Suite im »Grosvernor House« gewählt. Am nächsten Tag will er noch ein paar Einkäufe in der Bond Street erledigen; englische Hemden für die Jungs, die sie so sehr mögen. Man trägt so etwas in den Schweizer Internaten, hatte sein Ältester gesagt, als er ihn nach seinen Wünschen fragte. Selbstverständlich hatte Carl in New York auch ausgiebig im Applestore eingekauft, um sein schlechtes Gewissen zu beruhigen. Doch die Jungs, das hatte er mit großer Freude in diesem Jahr festgestellt, haben oft mit ihm telefoniert, vor allem nach den gemeinsamen Sommerferien der drei Männer ohne die Mutter. Das hatte nicht nur ihm, sondern auch Emil und Etienne gut getan.

Für den Rest der Familie, vor allem für seine Exfrau und auch für seine Mutter, wird er sich beim Schlendern durch die teuren Geschäfte inspirieren lassen. Schmuck kann und will er für Martina nicht mehr kaufen. Vielleicht ein unverfängliches, edles Seidentuch aus Asien oder so. Mutter liebt immer ein Stück, das mit Geschichte zu tun hat. Das macht mich vergleichsweise jung, hatte sie ihrem Sohn schon vor Jahren erklärt. In den Londoner Vintage-Läden findet man immer etwas, letztes Jahr hatte er für sie einen alten viktorianischen Fächer ausgesucht.

Am Nachmittag will er nach Genf fliegen und weiter nach Zermatt fahren. Schnee und frische Luft, Ruhe und Bewegung, Rotwein und Essen – er freut sich auf ein paar erholsame Tage zu Weihnachten und zwischen den Jahren. Und abends ein Drink bei Erwin an der Bar im »Zermatterhof«; denn auch in diesem Jahr hat er sich im Grandhotel einquartiert. Zu viel Nähe zur Familie hält er nicht aus. Nur in der Silvesternacht will er mit der ganzen Familie in die Berghütte gehen, um von dort aus das Feuerwerk zu betrachten.

In New York ist es um diese Zeit erst früher Abend, als Carl die Türe zur Suite hinter sich schließt, die Fliege öffnet und das Jackett in die Ecke wirft. Seine innere Uhr hält ihn noch einige Zeit wach, die er mit einem Bier aus der Minibar totschlägt und dabei die letzten Geschäftsmails für dieses Jahr abarbeitet. Über die Feiertage, so hat er sich fest vorgenommen, will er keine Mails lesen.

Als er damit fertig ist, öffnet er den Ordner »Familie« in seinem Posteingang. Seit Tagen harrt dort eine Mail von Cousin Dominik mit dem Betreff »Treffen?« auf seine Antwort. Carl reibt sich das Kinn und schiebt seine Lesebrille etwas höher, um die Mail noch einmal zu lesen. Soll er sich wirklich mit Dominik über das Risk-Management von Douvalier & Cie. unterhalten? »Das kann eigentlich nicht sein Ernst sein«, murmelt Carl vor sich hin. Wenn er jedoch ausgerechnet mich anmailt, muss die Situation ziemlich kompliziert sein, überlegt Carl. Insgesamt ist die Lage der Banken ja ziemlich diffus, er lehnt sich im Sessel zurück; die US-Immobilienkrise hat sich inzwischen zu einer satten Finanzkrise entwickelt.

Wenn alle vernünftig bleiben und wir die richtigen Schlüsse ziehen, denkt Carl, werden wir das im Griff behalten. Sein Cousin gehört aus eigener schmerzlicher Erfahrung nun leider nicht gerade zu den besonnenen Bankern. Zudem hält seine Mutter immer noch gut fünfzehnt Prozent der Anteile an der Bank. Grund genug, Dominik zuzuhören; Mutters Altersversorgung wollen wir doch nicht riskieren, lächelt er, als er auf »Antworten« drückt und kurz und bündig schreibt:

»Lieber Cousin, durchaus überraschend, aber selbstverständlich für mich. Sind ja eine Familie«, kann er sich nicht verkneifen. »Lass uns darüber in Ruhe reden. Was meinst du? Am besten so, dass es niemand aus der Familie mitbekommt«, fügt Carl an. »Bis übermorgen in Zermatt«, schließt er die Mail ab und drückt die Sendetaste.

Er will den Familienordner gerade schließen, als ihm noch einmal der Unterordner »Rey« ins Auge springt. Mademoiselle

Rey und er haben vor einiger Zeit eine Abmachung getroffen: Einmal im Monat schreibt sie ihm in einer Mail die Dinge, die ihm seine Mutter nicht erzählen würde. Die Gesellschafterin weiß, dass Carl die verlässlichste Person im Douvalier-Bensien-Clan ist. Und dass »Dr. Carl«, wie sie ihn gegenüber der Matriarchin zur Unterscheidung zum älteren Sohn Claus – dem »Herrn Dr. Bensien« – nennt, für sie sorgen würde, wenn der betagten Madame Douvalier etwas zustieße.

Vor drei Tagen hatte Mademoiselle ihm eine Mail geschickt, die etwas aus der Reihe fiel: »Ihr Herr Bruder Dr. Claus Bensien«, lautete die Betreffzeile. Ganz förmlich hat sie sich zunächst entschuldigt und ihn darauf hingewiesen, dass es Claus nach wie vor schlecht ginge – »schlechter, als Ihre Frau Mutter es Ihnen berichtet«. Nur ganz kurz hatte er ihr damals für die »vertrauliche Information« gedankt. Heute weiß er, dass auch da ein Gespräch zu Weihnachten ansteht, als er endlich um zwei Uhr nachts den Laptop herunterfährt, sich auszieht und ins Bett geht.

Müde fällt der Chief Risk Officer der Carolina Bank an diesem frühen Freitamorgen, 21. Dezember 2007, in einen tiefen Schlaf. Wie lange er den alten Klingelton seines Handys versucht hat, in seinen Traum einzubauen, weiß Carl nicht. Irgendwann fällt ihm auf, dass in seinem Traum gar kein Handy vorkommt. Er träumt von tief verschneiten weißen Hängen, der Schnee stiebt rechts und links hoch, er und seine beiden Söhne ziehen jungfräuliche Spuren in den frischen Pulverschnee am Kleinen Matterhorn. Und dann dieses Klingeln!

»Bensien«, murmelt er mit belegter Stimme, als er endlich sein Handy in der Hand hält.

»Hier ist Veronique.«

»Wer? Was?«

»Veronique.«

»Veronique?«

»Ja, ich.«

»Weißt du, wie spät es ist?«

»Dreiundzwanzig Uhr. Wieso?« Jetzt erst realisiert Carl, dass sie nicht weiß, wo er steckt.

»Sorry, sorry. Ich bin bereits in London und du hast mich aus dem Tiefschlaf geholt.«

»Entschuldigung«, sagt sie. »Das hast du mir gar nicht erzählt. Tut mir wirklich leid.«

Carl richtet sich im Bett auf und reibt sich die Augen. Vier Uhr zeigt die Uhr neben dem Bett. »Schon gut, aber warum rufst du an? Und geh bitte etwas von der Musik weg. Ich kann dich kaum verstehen.« Carl Bensien kennt den Ort, von dem aus »Vero K.«, wie sein Display zeigt, anruft, nur zu genau, schließlich ist er häufig in der Kellerbar.

Nur sein Fahrer Pete kennt die Adresse, in der die Bar liegt. Ziemlich gute Lage in einer Seitenstraße im Village, wie man die Gegend rund um Greenwich, Chelsea und Tribeca südlich von Midtown in Manhattan nennt. Das alte Townhouse hat einen Kellereingang, der der Bar den Namen gegeben hatte. Von hier aus kann Carl zu Fuß nach Hause in sein Apartment im alten Stadtarchiv laufen, das vor Jahren in Luxuswohnungen umgebaut worden ist.

Bei einem seiner ersten Abendspaziergänge nach seinem Einzug vor zwei Jahren hatte er die Bar entdeckt. Und Veronique. Er erkannte sie sofort, auch wenn es eine Weile her war, als er sie das letzte Mal getroffen hatte. Heulend stand sie da, wühlte sich durch die langen Haare, zog heftig an ihrer Zigarette. Ihm war gleich aufgefallen, dass der Rock extrem kurz und die Schuhe ziemlich hoch waren.

Als er näher kam, erkannte er im Licht der Laterne, dass sie stark geschminkt war, auch wenn die Mascara inzwischen über das ganze Gesicht verlaufen war. Müde und fertig sah seine Nichte aus. Mit einem schnellen Schritt ging er auf sie zu. Sie machte zwei Schritte zurück, ließ die Kippe fallen und schlug beide Hände vor das Gesicht.

»Oh Gott.«

»Was machst du hier, Mädchen?«, fragte Carl.

Sie fiel ihm um den Hals und heulte minutenlang. Dann schluchzte sie: »Das ist eine längere Geschichte, Onkel Carl. Du darfst kein Sterbenswort erzählen, niemandem, bitte.«

Mit einem bestätigenden Nicken folgte Carl der jungen Frau in den kleinen Kellerraum. Mehr als zwanzig Personen passten nicht in die Bar. An den gekalkten Wänden tummelten sich New-Yorker Szenegrößen, das einfache Mobiliar bestand aus roh belassenen Holzhockern. In der Mitte hing ein Ventilator mit großen Flügeln an der Decke. In diesem Keller konnten die Arbeiter aus Manhattans Aufbruchjahren, die vor mehr als fünfzig Jahren mit dem Bau der Wolkenkratzer begannen, ein einfaches Essen für wenig Geld erstehen.

An diesem Ensemble hat sich bis heute nichts geändert – nur dass keine Vorarbeiter mehr kommen, sondern Männer, die aus anderen Gründen in der Gegend arbeiten. Das Essen basiert immer noch auf der einfachen, schmackhaften italienischen Küche.

Dennoch ist die Kellerbar kein Treffpunkt für Banker, dazu bietet sie schlicht zu wenig Schick und Extravaganzen. Carl kann stets sicher sein, dass ihm hier niemand über den Weg läuft, den er morgens im Büro antreffen würde. Und das gefällt ihm, wenn er mal raus aus seiner steifen Bankerrolle und sich mit normalen Menschen unterhalten will.

Wäre Veronique damals nicht gerade in Tränen aufgelöst vor dem Eingang gestanden, wäre er vermutlich nicht hineingegangen. Seit dieser Zeit kommt Carl regelmäßig in die Kellerbar, um seine Nichte zu sehen. Manches Mal ruft sie ihn auch an, wenn sie sich woanders treffen wollen.

»Jetzt besser?«, fragt Veronique.

»Was ist los?«

»Eben waren zwei Männer hier, die lange über dich gesprochen haben, Carl.«

»Aha.«

»Zwei junge Kerle, die an der Bar standen.«

»Und?«

»Na ja, der eine hörte meistens zu. Der andere redete nur davon, dass sein Chef noch mehr Infos brauche und ob der andere ihm helfen könne. Ich dachte, das solltest du wissen.«

»Und wieso soll ich der Chef sein, von dem die Rede war?«

»Weil ich ihn schon einmal mit dir gesehen habe.«

»Wie bitte? Bei dir?«

»Nein, bei dir zu Hause. Erinnerst du dich, dass du mich vor ein paar Wochen einmal ins Schlafzimmer geschickt hast, als dir jemand am Abend noch Unterlagen aus der Bank gebracht hat.«

»Rote Haare?«

»Ja.«

»Tim«, ruft Carl laut, springt aus dem Bett und ist schlagartig hellwach.

»Was zum Teufel macht der denn im Keller?«

»Der Braungebrannte, mit dem dein Rotschopf diskutiert hat, kommt alle paar Wochen. Der hat eine Wohnung hier, arbeitet aber irgendwie auf den Caymans. Hat er mir jedenfalls mal erzählt.«

Das muss der Anwalt sein, den sein Assistent Tim auf den Caymans bei seinen Recherchen getroffen hat, kombiniert Carl.

»Keine Sorge, sie haben etwas getrunken und sind dann wieder gegangen. Der Braungebrannte ist schwul, deshalb unterhalte ich mich gerne mit ihm, wenn er an meine Bar kommt. Und Carl: Der Cayman-Typ hat dem Rotschopf am Ende einen Umschlag zugesteckt. Ging ganz schnell, aber ich hab es genau gesehen. Carl, machst du irgendeinen Mist?«

»Hat der Rothaarige etwas zurückgegeben?«

»Nicht, dass ich es gesehen hätte.«

»Hast du etwas gehört davon, worüber die geredet haben, Veronique?«

»Irgend so was wie Holeri.«

»Holiris?«

»Kann auch sein. Hilft dir das?«

»Das kannst du glauben.«

»Nach einer Stunde sind die beiden gegangen. Das war vor einer halben Stunde.«

»Zusammen?«

»Ja.«

»Und dann?«

»Keine Ahnung, aber der Rote ist bestimmt nicht schwul, so wie der mich angestarrt hat.«

»Mhm«, knurrt Carl nur bei der letzten Bemerkung. Inzwischen läuft er im Londoner Hotelzimmer auf und ab.

»Veronique, da ich dich am Telefon habe«, entschließt er sich doch zur Nachfrage: »Hast du über mein Angebot nachgedacht?«

»Ja, gib mir Zeit bis zum neuen Jahr, dann klären wir das.«

»Wann machst du zu?«

»An Weihnachten. Kommt kaum jemand, ist ja eher eine Familiensache.«

»Du sagst es.«

»Gehst du nach Zermatt?«

»Bin schon auf dem Weg. Und was machst du?«

»Ich bin mit den anderen unterwegs, alle gestrandeten Schauspielschüler treffen sich auf einem alten Bauernhof in Virginia. Weihnachten will schließlich niemand alleine sein, Carl. Wird sicher lustig. Danke für das Extrageld. Konnten wir gut zum Einkaufen gebrauchen.«

»Ist nur ein Vorschuss.«

»Ich weiß. Frohe Weihnachten und ein gutes neues Jahr, du lieber, lieber Onkel.«

»Dir auch, Vero. Und nenn mich nicht Onkel, nur weil ich graue Haare habe und dreißig Jahre älter bin.«

»Okay, Onkel Carl.«

»Ciao, Kleine«, verabschiedet sich Carl.

»Und kein Wort zu meinem Vater, bitte!«

»Keine Sorge, Vero. Mit Dominik muss ich über andere Dinge reden.«

»Alles okay zu Hause?«

»Weiß ich noch nicht. Machs gut, Veronique, und danke.«

An Schlaf ist jetzt erst einmal nicht zu denken.

Carla fliegt auf

Auch Simon Trent kann um diese Zeit immer noch nicht einschlafen. Dass ihn sein Instinkt so verlassen haben soll, lässt ihn noch lange wach liegen und grübeln. Immer wieder geht er verschiedene Ausgaben des »CityView« der letzten Monate gedanklich durch. So richtig kann man Carla nichts vorwerfen, kommt er zum Schluss, doch diese Sache geht ihm völlig gegen den Strich. Nicht zuletzt, weil es sich um Mitch Lehman handelt:

Vor ein paar Stunden, gegen ein Uhr am Morgen, lief Simon überraschend in Robert Pearson hinein, der plötzlich doch noch zur Weihnachtsparty bei den Oxford Boys aufgetaucht war. Aus seinem Repertoire wählte der windige PR-Berater »Frontalangriff« und ließ sich wie durch Zufall von Simon beinahe umrennen.

»Oh, sorry. Robert? Was machst du denn hier?«

»Keine Lust mehr auf Banker. Wollte zu meinen Buddies, Simon«, stieß er sogleich mit ihm an.

»Schön, dich bei uns zu sehen.«

»Ich muss dir aber auch leider was erzählen, Simon.«

»Was denn?« Simon hatte zwar schon einige Whiskeys intus, aber für eine gute Story ist er immer ganz Ohr.

»Morgen platzt ’ne kleine Bombe«, versuchte Pearson es mit um Verständnis bittenden Blick.

»Aha.«

»Deine kleine Carla bumst mit Mitch Lehman.«

»Was?« Fast wäre Simon das Glas aus der Hand gefallen.

»Carla Bell und Mitch Lehman.« Pearson nickte Trent zu und hob sein Glas, um Zeit zu gewinnen und die Wirkung seiner Mitteilung zu genießen.

»Das glaube ich nicht, Robert. Doch nicht Carla«, Simon entglitten die Gesichtszüge. Er schüttelte heftig den Kopf.

»Leider wahr. Auf der Weihnachtsfeier der Carolina Bank führte er sie rum wie eine Trophäe.«

»Das hätte ich doch gemerkt, Robert.« Wieder und wieder schüttelte Simon ungläubig den Kopf.

»Im Grunde ist es eigentlich meine Schuld«, presste Pearson scheinbar geknickt heraus.

»Wie bitte?«

»Na, ja. Genau vor einem Jahr habe ich deine Carla Bell davon abgehalten, über ein paar Nutten auf Mitch Lehmans Weihnachtsfeier zu schreiben. Und jetzt ist sie seine Gespielin, Simon. Deine Carla Bell, die saubere Reporterin.«

Trent starrte Pearson verdutzt an. »Was für eine Geschichte, Robert? Wovon redest du? Wieso Nutten, wieso Carla«, wurde er lauter.

»Die Caroliner hatten sich ein paar Nutten auf die Feier letztes Jahr eingeladen. Nichts Besonderes, aber …«

»Nichts Besonderes?«

»Na ja, ich habe Carla die Geschichte ausgeredet. Und ihr ein paar Scoops dafür geboten, denn sie wollte an Lehman ran. Beruflich dachte ich. Sorry, Simon«, spielte er den Unschuldsengel.

»Du miese Ratte. Steckt etwa dein sauberer Lehman selbst dahinter?«, entfuhr es Simon, der nach Luft rang. »Seine« Carla, ausgenutzt und ausgetrickst von Pearson.

»Ist doch schon ein Jahr her. Aber es gibt Wichtigeres, Simon«, hob Robert die Schultern.

»Dann hast du mich also auch über den Tisch gezogen«, verteidigte Simon seine Mitarbeiterin nach außen. »Und für meinen Laden entscheide ich das«, tippte er Robert auf die Brust. »Du bist ein echter Idiot, Robert!«

»Du hast davon nur profitiert, Simon, denn seit Monaten stecke ich der Bell Woche für Woche interessante Hintergrundgeschichten, die sie selbst nie hätte recherchieren können. Du weißt doch, wie das Spiel läuft«, versuchte Robert Simons Wut zu beschwichtigen.

»Das kläre ich mit ihr und nicht mit dir, mein Lieber, aber lass dich so schnell nicht wieder bei mir sehen. Spiel deine Spiele woanders!«, Trent ließ Pearson einfach stehen und wandte sich den anderen Boys aus Oxford zu.

In einer Ecke stand Sir Peter Cane, auf den er geradewegs zusteuerte. Dass er eine Redakteurin beschäftigte, die letztes Jahr eine Nuttengeschichte gegen Scoops in seinem »City-View« getradet hatte und dafür mit dem Typen in die Kiste stieg, setzte ihm mehr zu, als er Pearson sehen lassen wollte. Das war eine Story, und zwar eine äußerst peinliche. Und Cane gab ihm den Rest.

Die Gruppe rund um Cane diskutierte über die schwierige Lage der Banken. Irgendwann im Gespräch nahm Cane Simon auf die Seite: »Deine Mrs Bell schreibt eigentlich seit Wochen immer weniger und zurückhaltender, mein Lieber. Im Sommer war das noch anders, du solltest ein Auge auf sie haben.« Simon fragte gar nicht erst nach, was er damit meinen könnte. Frustriert goss er an der Bar den Ärger runter, bis er zu den letzten beiden Alumnis gehörte, die um vier Uhr höflich hinauskomplimentiert wurden.

Irgendwann nach sechs Uhr morgens ist Simon trotz aller Wut im Bauch eingeschlafen. Am nächsten Morgen brummt sein Schädel mächtig, doch ist er wie immer um neun Uhr im Büro. Annabelle bringt kommentarlos Kaffee in der großen Tasse, Wasser und gleich zwei Aspirin. Simon versteckt sich verkatert hinter den Zeitungen des Tages.

Carla kommt wieder zu spät. Die Nächte mit Mitch sind anstrengend. Auch wenn es der letzte Arbeitstag vor Weihnachten ist, goutiert Simon das überhaupt nicht. Doch ist das heute nur das Tüpfelchen auf dem »i«.

»Carla, sofort zu mir«, ruft er barsch, als er sie durch die Eingangstüre kommen sieht. Die ahnt, was er von ihr will. Noch im Mantel steht sie mitten in seinem Büro.

»Ich kann vieles akzeptieren, aber keine Mauscheleien zu Lasten der Wahrheit, Carla«, herrscht er sie an.

»Okay, du weißt es schon. Ich habe eine Affäre. Ja und?«

»Ob du so bescheuert bist und dich mit Lehman einlässt, ist deine Sache, aber dass du vor zwölf Monaten eine Nuttengeschichte der Carolina Bank unterdrückt hast, ist meine Sache.« Annabelle glaubt, ihren Ohren nicht zu trauen, denn die Türe steht immer noch einen Spalt offen.

»Die Story hätte Mitch Lehman vielleicht zur Strecke gebracht.«

»Eine alte Rechnung, nicht wahr?« Carla versucht sich zu wehren.

»Das ist die eine Seite – eine nicht geschriebene Geschichte«, er steht auf und geht um seinen Schreibtisch, vor dem Carla wie ein ertapptes Schulmädchen steht. »Die andere Seite ist, dass du, während du gerade diesen Mitch Lehman munter vögelst, die Carolina Bank ziemlich ungeschoren davonkommen lässt. Das ist nicht professionell, jedenfalls nicht aus journalistischer Sicht.«

»Wer sagt, dass es an ihr etwas auszusetzen gibt?« Das überlebst du nicht, beobachtet Annabelle mit offenem Mund die Auseinandersetzung. So hat sich noch keine und keiner mit dem Bullen angelegt.

»Das ist meine Privatsache, Simon«, hebt Carla den Kopf. »Und außerdem habe ich einige absolute Exklusivgeschichten gelandet.«

»Darum geht es nicht, Carla.«

»Worum denn?«

»Um das, was du nicht geschrieben hast.«

»Ein paar Nutten. Ja und?« Carla stemmt die Hände in die Hüften, der lange Mantel weht leicht nach hinten, da sie mittlerweile die Knöpfe geöffnet hat.

»Carla, ich bin kein Heiliger und keineswegs prüde, aber wo ist denn deiner Meinung nach die Grenze erreicht?« er hält ihr den Zeigefinger unter die Nase und funkelt sie über seine Lesebrille an. Carla kann den Alkohol der letzten Nacht noch riechen.

»Ich bin drin, ich kriege vieles mit, Simon. Das ist doch auch ein Wert, oder? Mit wem ich ins Bett steige, hat damit doch wohl nichts zu tun.«

»Für mich schon, Carla. Du bist zu weit gegangen. Du bist nicht mehr unabhängig, auch wenn du tolle Sachen über Banken und Banker erfahren hast. Es gibt eine Grenze, und zwar genau an der Bettkante der Leute, über die du schreibst, meine Liebe.«

Simon wartet einen Moment, dann holt er zum Schlag aus: »Ich denke, es ist besser, du suchst dir zu Jahresbeginn einen neuen Job, Carla.«

Er schaut ihr kurz in die Augen: »Bei mir ist kein Platz mehr für dich. Du brauchst den Mantel gar nicht erst auszuziehen.«

»Das ist nicht dein Ernst«, entgegnet Carla völlig entsetzt, damit hat sie nicht gerechnet.

»Mein bitterer Ernst«, wendet sich Simon ab. Carla sieht den massigen Körper, der sich schon des Öfteren vor sie gestellt hat, wenn sich jemand beschweren wollte. Doch jetzt drückt die Körperhaltung nur eines aus: Abweisung.

»Okay. Das war es dann wohl.« Carla verlässt wortlos das Büro des Chefredakteurs des »CityView« und stürmt an Annabelle vorbei, die immer noch sprachlos dasitzt. Innerhalb von fünfzehn Minuten packt sie ihre persönlichen Sachen zusammen, verabschiedet sich nur bei Annabelle. Mit einer stummen Umarmung und einem »Machs gut, Mädchen« bringt die Sekretärin sie bis zur Türe.

»Das ist für Simon.« Carla drückt der guten Seele der Redaktion ein Manuskript in die Hand und verschwindet im Aufzug. Annabelle schaut nachdenklich auf die erste Seite.

Von Hand hatte die Journalistin darauf geschrieben: »Das wäre der Anfang für meinen ›View of the Year 2008‹ gewesen, Simon. Hatte mir einige gute Ideen dafür aufgespart, die ich heute zusammenschreiben wollte!!!«

Annabelle will den Text in Simons Inbox legen, bleibt aber an der Überschrift »Achtung, Systemkrise?« hängen. Sie zieht das Manuskript an sich heran und liest:

Schaut man auf die Börsenindizes, so ist auch 2007 ganz gut gelaufen. Für 2008 prognostizieren die Seriösen unter den Experten weiter steigende Kurse. Ist das realistisch? 2007 hat Verwerfungen mit sich gebracht, die vor einem Jahr niemand geahnt hatte. Ausgehend von einer lokalen Krise am amerikanischen Hypothekenmarkt, haben wir Beinahepleiten, Fastschließungen und Riesenabschreibungen von und bei Banken gesehen. Aus der Immobilienkrise ist ohne Zweifel eine Bankenkrise geworden.

Banken haben Strukturen außerhalb ihrer Bilanzen aufgebaut und darin Risiken verlagert, die plötzlich übernommen werden mussten. Keiner hat sie vorher gesehen, kaum einer hat das außerbilanzielle Kreditvolumen gekannt und nur wenige verstehen den Zweck von Gesellschaften, die meist auf den Caymans registriert sind.

Da darf man mit Blick auf 2008 die Frage stellen, ob das nur eine Bankenkrise ist oder eine Systemkrise ins Haus stehen könnte. Die BIZ, die Bank der Notenbanken in Basel, warnt eigentlich schon länger davor. Bislang hat niemand richtig zugehört und nur in seiner eigenen Bilanz gekehrt. Aber kaum jemand kennt die Bilanz der anderen.

Wie hängt das alles zusammen? Wenn 2008 ein gutes Jahr werden soll, dann müssten die Banken ihre Portfolios zurückfahren und abwarten, bis alle genauer wissen, was 2007 passiert ist. Aber dann könnten die Kurse nicht weiter steigen, weil weniger Kredite das Wachstum hemmen, die Ergebnisse schmälern und die Aussichten trüben.

Was spricht für und was spricht gegen eine Systemkrise? Drei Argumente für jede Seite …

Dann endet das Manuskript.

Annabelle ist ratlos. »Das solltest du lieber einmal direkt lesen, Simon«, legt sie ihm den unfertigen Text auf den Tisch. »Und egal, was sie gemacht hat, sie ist ein gutes Mädchen«, sie knallt die Türe zu Simons Büro zu, ohne eine Antwort abzuwarten.

Annabelle hatte die Veränderungen an Carla natürlich bemerkt. Nicht nur die fraulichere Kleidung, wenn sie beide in den letzten Monaten wieder über »Männer« gesprochen hatten, war ihr aufgefallen. Carla war so anders als vor einem halben Jahr: Damals hatte sie immer vom Mann ihrer Träume gesprochen, der kommen müsste, mit dem man gemeinsam etwas aufbauen könnte. Seit Monaten redete sie nur noch davon, dass Männer doch nur für das »eine« gut wären. Alles andere können wir doch auch selbst, Bella, hatte sie gerade erst vor zwei, drei Wochen lachend gesagt. Das hat sie jetzt davon, stellt Annabelle traurig fest, denn sie hat nicht nur eine Kollegin, sondern auch eine Freundin verloren.

Diese Freundin sitzt ziemlich allein und verlassen in Mitchs Suite, bis der am Abend auftaucht. Warum sie gefeuert worden ist, erzählt sie Mitch nicht, nur dass sie keinen Job mehr hat. »No big deal, Baby«, kommentiert Mitch. Carla schaut ungläubig auf den Mann, der schuld an der ganzen Sache ist.

Am Morgen geht es Carla nicht besser, vor allem auch, weil sie überlegt, ob sie ihren Vater anrufen soll. Doch was soll der sagen? Bist du selbst schuld, Carla. Und da hätte er Recht.

Während Mitch im Flughafen mit seinen beiden Piloten spricht, überlegt Carla ein letztes Mal, ob sie telefonieren soll. Schnell wählt sie, doch selbst nach zehn Mal klingeln geht kein Dad ans Telefon.

»Die Scheiße muss ich wohl selbst ausbaden«, sagt sie zu sich selbst, als sie die rote Taste ihres Handys drückt. Erst einmal Urlaub, beschließt sie, das Jahr war hart genug.

Katastrophenjahr 2008

(Un)glücklicher Januar

Irisches Problem

Carl steigt nach oben in seine Kammer, wo ein warmes Bett auf ihn wartet. Auch wenn es inzwischen eine moderne Heizung in dem hundertfünfzigjährigen Maiensäß gibt, legten die Bediensteten allen Gästen kleine, im Kachelofen gewärmte Kirschsteinsäckchen ins Bett. Carl öffnet das Fenster, krabbelt in ein trotz der bitter kalten Nacht vorgewärmtes Bett und schläft dem ersten Morgen des Jahres 2008 entgegen.

Da Carl Bensien nur für die Silvesternacht in der Berghütte ist, muss er sich mit einem winzigen, aber gemütlichen Zimmer im zweiten Stock begnügen. Auch seine Söhne Emil und Etienne haben hier oben ihre Kammern, Martina nimmt gewohnheitsgemäß das Doppelzimmer im ersten Stock für sich allein. Mutter Douvalier Bensien bewohnt selbstverständlich ein großes Zimmer im ersten Stock, genauso wie Onkel, Bruder, Cousin und Cousine – alle mit ihren Ehefrauen und -männern.

Sein kleines Dachzimmer erinnert Carl an die Kindheit, als Junge hatte er immer dort oben geschlafen. In klaren Nächten kann man das erleuchtete Zermatt sehen, denn ganz gehen die Lichter nie aus.

Das Douvalier-Bensiensche Maiensäß wurde vor einigen Jahren vollständig renoviert, der Charme ist jedoch geblieben: Aus dem ehemaligen Kuhstall ist das Herzstück der Hütte entstanden, ein großer Saal mit schwerem Gebälk an der Decke. Die Melkkammer hatte der Architekt in eine Küche mit modernstem Komfort verwandelt; von dort aus wie auch aus dem großen Saal konnte man direkt in die Bibliothek hinübergehen, in der meist ein Feuer im offenen Kamin prasselt. Die letzte Tür im Flur führt in ein Arbeitszimmer. Nur Details wie große Eisennägel oder geschmiedete Haken zeugen noch von den einstigen Verhältnissen.

Trotz allem Komfort wird das Maiensäß im Winter nur selten benutzt. Erst seit dem Umbau ist es bei den Douvalier-Bensiens guter Brauch, die letzte Nacht des Jahres oberhalb von Zermatt zu verbringen. Ansonsten trifft man sich hier eher im Sommer.

Am Silvesternachmittag ließ sich die Familie nach einem Mittagessen im Chalet mit Schlitten hochfahren, wo emsige Hände schon alles vorbereitet hatten. Mit Glühwein, Punch und Gebäck verbrachten die Douvalier-Bensiens den frühen Abend, ehe zu einem Silvesterdiner im Kreise der Familie gerufen wurde. Um Mitternacht trat die mehr oder weniger beschwipste Gruppe vor die Hütte, um das Feuerwerk mit vielen Ahs und Ohs zu kommentieren. Es gab in der ganzen Region keine bessere Aussicht auf diese Kaskade von Farben und Formen, und der Clan konnte das Spektakel quasi auf Augenhöhe mitverfolgen.

Bei den lauten Böllerschüssen musste Carl unweigerlich an das Vertreiben von Dämonen denken, was der eigentliche Sinn des Feuerwerks war. Und von den Berggeistern war es für ihn nur ein kleiner Schritt zu den Dämonen der Wall Street. Ob sich die bösen Vorboten der letzten Monate für die Banken und Börsen doch noch als Inferno erweisen würden?

Carl hielt seine Jungs in den Armen, während sie gemeinsam das bunte Firmament betrachteten. Seine Exfrau lehnte sich an seine Mutter – die beiden eleganten Damen mochten sich auch weiterhin, obwohl die Familienbande nach der Scheidung offiziell ein Ende gefunden hatte. Allerdings war es Carl nicht unrecht, denn so trafen sich Martina und seine Mutter hin und wieder in Zürich und Martina blieb Teil der Grand Famille Douvalier-Bensien, was den beiden Jungen wiederum zugute kam.

Weil er nach dem Feuerwerk und den Neujahrswünschen

der Weinseligkeit des Abends entgehen wollte, hatte er sich als einer der Ersten zurückgezogen. Der heiße Glühwein, den sie draußen in der Kälte nach dem Champagner zum Feuerwerk getrunken hatten, machte ihn müde. Außerdem wollte er sich am nächsten Morgen um Viertel vor neun mit Dominik treffen, deshalb ging er lieber rechtzeitig ins Bett. Für einen kurzen Moment war Carl beim Gedanken an Dämonen während des Feuerwerks auch Cousin Dominik in den Sinn gekommen: Was der wohl auf dem Herzen hatte? Es konnte nichts Gutes sein, zumal ihn sein Onkel Theodore seit Tagen schon so nachdenklich musterte, ohne jedoch etwas zu sagen.

»Oh, non«, Dominik Douvalier kommt mit verkniffenem Gesicht aus dem Haus, zieht die schwere Holztüre hinter sich zu und dreht sein Gesicht aus der Sonne.

»Ist wohl eine lange Silvesternacht geworden«, lacht der ausgeschlafene Carl seinen Cousin gegen die Morgensonne an, die sich gleißend im Schnee spiegelt. Tief eingeschneit im Wald, führt im Winter nur ein Schlittenweg zum Haus; vor der Hütte hatte der Förster eine kleine Lichtung freigeschlagen, sodass man eine großartige Aussicht ins Tal auf Zermatt genießen konnte. Die helfenden Hände der Douvaliers gingen immer ein paar Tage früher hinauf, um die Schneemassen wegzufräsen.

»Habe noch lange mit Martina zusammengesessen, Carl«, der ziemlich verkatert aussehende Dominik zieht die Sonnenbrille vor die Augen.

»Na gut, dass ich da nicht dabei war. Ich bin dir zu Dank verpflichtet«, rutscht es Carl raus.

Dominik sieht schon die ganzen Tage müde und mitgenommen aus, denkt Carl. Bislang hat er noch nichts gesagt, und Carl ist klar, dass er abwarten muss. Dominik wollte sich von seinem nur zwei Jahre älteren Cousin noch nie etwas sagen oder fragen lassen. Schon gar nicht, seit er die Bank leitet. Leider ist genau das Dominiks Problem: Er fragt immer erst, wenn es bereits zu spät ist.

Der Neujahrsmorgen ist klirrend kalt, die Sonne noch viel zu kraftlos, so früh am Morgen bereits Wärme zu verströmen. Als Dominik aus der Türe tritt, steht Carl bereits auf den Skiern vor der Hütte und macht Aufwärmübungen.

»Habe deine Bretter schon hingelegt. Wir wollten doch die Ersten sein.« Mit Blick auf die Uhr kann sich Carl ein »wir müssen uns beeilen« jedoch nicht verkneifen. Über Nacht sind gegen zehn Zentimeter Neuschnee gefallen, das ist nicht viel, bietet aber ideale Bedingungen, wenn man rechtzeitig loskommt.

»Sicher, Ceeb«, antwortet der mit heiserer Stimme, klickt in die Skibindung, zieht die Mütze auf und schiebt die Skier ganz leicht nach vorne, bis er auf der kleinen Kuppe steht und wie von selbst talwärts über die Lichtung gleitet. Am Ende der Lichtung geht es kurz durch den Wald und dann auf die normale Piste. Dom sieht in den dicken Skisachen sportlicher aus, als er inzwischen vermutlich ist. Denn zugelegt hat er ordentlich, stellt Carl fest und freut sich über den Vergleich mit sich selbst.

Sekunden später ist Dominik bereits am Waldrand angekommen. Carl sieht ihm hinterher, zieht seine Brille vor den Helm und setzt nach. Dominik trägt noch immer Mütze, Carl seit Jahren einen Helm.

»Helme sind was für Anfänger und Kinder«, hatte Dom geknurrt, als er Carl vor zwei Jahren das erste Mal mit Helm sah.

»Es ist sicherer«, hatte Carl zur Antwort gegeben. »Die Welt hat sich verändert, lieber Cousin, wir sind nicht mehr allein auf den Pisten. Alles ist viel zu voll, zu viele Anfänger. Der Helm schützt mich insbesondere vor den Fehlern anderer.«

Heute Morgen wäre es auch ohne Helm gegangen. Weit und breit ist niemand zu sehen, der einen über den Haufen fahren könnte. Die beiden schenken sich schon auf der ersten Abfahrt nichts, jagen sich über die tief verschneiten Hänge abseits der regulären Pisten und ziehen frische Spuren durch den jungfräulichen Schnee.

Mal ist Carl vorne, mal Dominik. Carl ist schon immer der bessere Techniker, Dom muss an mancher Stelle in Richtung Tal ein höheres Risiko als sein Cousin in Kauf nehmen. Nach knapp zehn Minuten erreichen sie gleichzeitig die Talstation der Kleinen Matterhornbahn. Punkt neun Uhr. Geschafft. Keine Menschenseele ist um diese Zeit hier. Friedlich grüßt der erste Morgen des Jahres 2008 die beiden keuchenden Cousins. Ihr weißer Atem weht um ihre Köpfe und verzieht sich in kleinen Wolken in den strahlend blauen Wintermorgen.

Sie können bequem eine kleine Gondelkabine für sich alleine nehmen. Auch nach dem ersten Umsteigen an der Mittelstation bleiben sie allein. In der oberen Bahn ist es minus fünfzehn Grad Celsius, Eiskristalle bilden sich innen an den Scheiben.

»Wie gut kennst du dich mit Dublin aus, Ceeb?« Dom hat die Brille auf die Mütze geschoben. Das Gesicht ist etwas frischer, die kalte Luft und die Bewegung tun seinem verkaterten Körper offensichtlich gut. Carl hingegen fühlt sich ausgeschlafen und entspannt.

»Geht so, aber die Grundidee von Dublin kenne ich. Zweckgesellschaften?«, nimmt Carl den Faden auf; seinen Helm hängt er auf die Spitzen seiner Skier. Sein Haar ist unter dem Helm etwas durcheinander geraten, was ihm ein jugendliches Aussehen gibt.

»Wir haben da seit fünf Jahren eine Tochtergesellschaft. Weißt du das?«

»Nein. Ich habe mich seit meinem Abschied aus der Bank ganz rausgehalten. Claus vertritt Mutter.«

Carl lehnt sich in die Ecke der kleinen Gondel zurück und betrachtet seinen Cousin aus dem Augenwinkel. Seine Augen hatten nicht mehr die Strahlkraft des Sunnyboys, der Dom immer gewesen ist.

»Egal, was ist mit der Tochter in Dublin? Tatsächlich Zweckgesellschaften?« Viele Banken haben solche Gesellschaften für lukrative Kreditersatzgeschäfte in Dublin gegründet.

»Claus kommt seit Monaten nicht mehr zu den Gesellschaftersitzungen«, antwortet Dom, gestützt auf seine Skistöcke und aus dem Fenster auf die Berge schauend, wo die Spitzen der Berge bereits in Sonnenlicht getaucht sind.

»Darum kümmere ich mich auch noch, aber bleiben wir bei Dublin, Dom.«

»Nicht so anmaßend, Cousin Carl.«

Da ist er wieder, der alte Zwist. Damals, als sie zusammen in der Bank gearbeitet hatten, war es genauso gewesen: Carl war für das gesamte Devisengeschäft von Douvalier & Cie. zuständig, Dom hatte weniger Erfahrung und sollte bei ihm lernen. Aber Dom hatte nicht gefragt und Optionsgeschäfte für Dollarabsicherungen für Firmen angeboten, die er nicht ausreichend durchdacht hatte. Damals waren Optionsgeschäfte richtig in Mode gekommen, vor allem die außerbörslichen Geschäfte »über den Tresen«, bei denen man mit Profis auf der anderen Seite arbeitete. Carl hatte Dom immer wieder angewiesen aufzupassen, denn Optionsgeschäfte sind immer ein Nullsummenspiel. Nur einer gewinnt, wie bei einer Wette. Und Dominik hatte die Wette verloren, hatte das Gegengeschäft nicht genügend abgesichert. Damals gab es aber auch noch keine so ausgefeilten Rechenmodelle, erinnert sich Carl und verliert sich für ein paar Sekunden in Gedanken an Isabella Davis, der er vom Maiensäß erzählt hatte. Jedenfalls hatte Dom damals den Überblick verloren und war am Ende auf den Verkauf von Verkaufsrechten auf Dollar reingefallen. Die Bank hatte Unternehmen das Recht verkauft, Dollar zu einem bestimmten Preis an die Bank verkaufen zu dürfen. Als der Ausübungspreis eintrat, musste die Bank die Dollar zum völlig falschen Preis ankaufen und hatte keine Gegenpartei, die ihnen die Scheine wieder abnahm. Als alles auffiel, konnte Douvalier & Cie. die zu teuren Dollar nicht loswerden.

Damals hatte sich Carl geschworen, nie mehr nicht genügend nachzubohren und vor allem nicht nur auf mathematische Modelle zu setzen, die das alles berechnen konnten.

Man rechnet schließlich nur, was man reinsteckt. Aber vor allem hatte er sich geschworen, immer das Weiße im Auge des anderen zu prüfen, denn am Ende hatten ihm auch die Modelle nur wenig geholfen, weil Dom ihm einige der Verträge nie vorgelegt hatte. Im Grunde ein klassischer Betrug, den Dom an seiner eigenen Bank vorgenommen hatte.

Als alles aufflog, musste die Bank dreihundert Millionen Schweizer Franken auf die Bücher nehmen. Dominik stritt alles ab, Carl konnte den Schwindel nicht beweisen und Onkel Theodore stellte sich hinter seinen Sohn. Damit war Carl draußen. Diskret hatten die Eigentümerfamilien den Verlust hingenommen; der gute Ruf einer Privatbank besaß oberste Priorität. Carl verließ die Bank offiziell in Ehren und Dominik machte einen einjährigen Austausch bei einer Bank in den USA. Der einzige Familienfremde, der wirklich wusste, was geschehen war, war Don Kramer, Carls alter Freund aus Traineetagen und sein heutiger Boss.

Carl beugt sich vor: »Dom, du hast mich angemailt.« Als der sich umdreht, schaut Carl ihm direkt in die Augen, in traurige, müde Augen. »Ich trage heute keine Verantwortung mehr für die Bank, Dom, noch nicht einmal im Aufsichtsgremium. Wenn du etwas mit mir besprechen willst, dann lasse es dir nicht aus der Nase ziehen.«

Als hätte Carl ein Ventil geöffnet, sprudelt es aus Dominik heraus: »Die Tochtergesellschaft machte nichts anderes, als Zweckgesellschaften für andere Adressen zu arrangieren. Wir kassieren für diese Special Purpose Vehicles Gebühren. So weit ist alles bestens, verkaufte sich wie geschnittenes Brot.«

»Und weiter?« Jetzt muss Carl zugreifen und Dom ausquetschen, ehe die Gondel oben ankommt und Dom sich womöglich wieder einigelt.

»Vor zwei Jahren haben wir angefangen, auch die Nachschusspflichten selbst zu garantieren – gegen eine weitere

Gebühr. Vorher hatten wir sie nur an die großen Adressen über Default Swaps weitergereicht. Aber diese Marge wollte ich auch für uns. Ich wollte mehr vom Kuchen der Kreditersatzgeschäfte.«

»Und die machen jetzt Probleme.«

»Genau.«

»Rating?«

»Ja. Die Zweckgesellschaften bekommen die Finanzierung nicht mehr hin, weil die Werte in den Keller gehen. Zum Jahresende haben wir den Banken helfen müssen, die Refinanzierung zu stemmen. Wir sind also selbst noch mal ins Obligo gegangen.«

»Wie lange laufen die Commercial Paper?«

»Maximal drei Monate.«

»Und das Arrangement der Zweckgesellschaften?«

»Mindestens noch dieses Jahr kommen wir da nicht raus, Ceeb. Irgendeine Idee?« Dominik verdreht die Augen in den Himmel und hebt die Hände.

»Scheint so, als hättest auch du ein echtes irisches Problem. Wie einige andere Adressen auch.« Carl versucht auf der schmalen Sitzbank der kleinen Gondel möglichst gelassen zu bleiben, um sein Gegenüber nicht zu reizen.

»Was tun mit dem irischen Problem, wie du es nennst?«

»Wie viel Kapital hast du, Dom?«

»Wir könnten es nicht überleben. Wir haben insgesamt rund eine Milliarde Dollar Garantien gegeben.«

»Die natürlich nicht in deinen Büchern stehen?«

»Natürlich nicht. Haben doch alle so gemacht, indem sie das aus der Bilanz gehalten und in Dublin oder sonst wo angesiedelt haben.« Dominiks Augen sind nicht nur müde, sondern dunkel umrandet, wie Carl jetzt sehen kann, als sein Cousin den Blick vor Scham senkt.

»Kannst du Kapital besorgen?«

»Wir sind eine Privatbank, Ceeb«, Dominik hämmert mit der Faust gegen die Gondelwand. Mit der Hand reibt er eine Stelle frei, an der die Kristalle noch festsitzen.

Carl fasst Dominik am Unterarm und zieht ihn zurück: »Das kannst du wahrscheinlich vergessen. Das Thema Privatbank scheint passé, aber du musst die Bank retten. Nach allem, was ich weiß, reden wir hier immer über große Summen. Wir mussten dieses Jahr vier Milliarden Dollar abschreiben. Wenn du als Bank überleben willst, brauchst du frisches Kapital. Privatbank hin oder her.«

»Irgendeine Idee?«

»Am besten sind asiatische Staatsfonds. Oder Araber. Das sind die einzigen Adressen, die derzeit noch investieren können. Alle anderen sind klamm.«

»Was ist mit Kramer?«

»Sei mir nicht böse, Dom.« Carl muss unvorsichtigerweise schmunzeln.

»Was gibt es da zu lachen«, blafft Dom und blitzt seinen Cousin durch zusammengekniffene Augen an.

»Nichts, Dom. Aber Don wird gerade dir kein Kapital geben. Und zudem sind wir selbst knapp bei Kasse«, zeigt Carl auf die Hosentaschen seines Skianzugs. »Sieht übel aus. Da darf in diesem Jahr nicht viel passieren.«

Dominik Douvalier ist am Ende seines Lateins. Das wird Carl klarer, je höher die Gondel steigt.

»Es gibt natürlich auch noch eine andere Möglichkeit, Cousin.«

»Nämlich?«

»Schon mit der Zentralbank gesprochen?«

»Mein Vater. Sie sagen, das müssten wir alleine in den Griff kriegen. Wir sind nicht ›too big to fail‹, Ceeb.«

»Was sagt der überhaupt dazu?«

»Der hat mir geraten, mit dir zu reden.« Dom und Carl müssen beide leicht verlegen lachen.

»Das ist in der Tat eine Überraschung«, entspannt Carl die Situation.

»Er würde dich gerne in der Gesellschafterversammlung sehen – statt Claus.«

Carl hebt überrascht die Augenbraue: »Weiß Claus das?«

»Nein.« In diesem Moment erreicht die Gondel die Bergstation des Kleinen Matterhorns.

Carl schaut Dominik an: »Wir müssen raus.«

»Aus Irland?«

»Nein, aus der Gondel, Cousin.«

»Hilfst du mir, Ceeb«, hält Dominik ihn am Arm zurück.

»Was bleibt mir anderes übrig, Dom? Wir sind eine Familie.«

Keine gute Zeit, um noch über Veronique zu sprechen, denkt Carl, als er die Skier anschnallt. Dominik ist bereits wieder ein paar Meter vor ihm und nimmt Geschwindigkeit auf. Carl fährt extra etwas langsamer, damit Dom nicht wieder Kopf und Kragen riskieren muss. Zumindest nicht auf der Piste.

Um zehn Uhr dreißig sind beide zum Neujahrsfrühstück wieder zu Hause. Carl sieht beim Eintreten in den geräumigen Saal seinen älteren Bruder am oberen Tischende sitzen. Ganz ausgemergelt sieht er aus, Carl bemerkt den besorgten Blick seiner Mutter und entscheidet sich, auch dieses Gespräch nicht noch länger hinauszuzögern.

Hungrig setzt er sich zu den beiden. Nach dieser Stunde auf der Piste, in der er und Dominik einige Höhen- und Distanzmeter hinter sich gebracht haben, bestellt er bei Henriette zwei Spiegeleier mit Speck. Der Kaffee duftet, die frisch aufgebackenen Brötchen und die warmen Croissants vermitteln Gemütlichkeit. Vor der Matriarchin steht ein Birchermüesli mit Früchten.

Madame Douvalier Bensien betrachtet ihre beiden Söhne: Hier der ältere Claus, blass und fahrig, dort der jüngere Carl, braungebrannt und in sich ruhend. Zudem trägt Carl einen Skipullover in hellem Norwegermuster, der ihn noch jünger aussehen lässt.

»Guten Morgen, Carl.«

»Guten Morgen, Mutter, guten Morgen, Claus«, Carl gibt ihr einen Kuss auf die Wange.

»Die Familie braucht dich zu Hause, Carl«, beginnt Madame ohne Umschweife mit Blick auf Claus.

»Ich halte das nicht mehr lange durch, Carl«, fügt sein Bruder zu seiner Überraschung hinzu. Carl schneidet sein Brötchen weiter auf, legt die beiden Hälften auf seinen Teller und schaut erst danach seine Mutter und seinen Bruder an.

»Tja, ich habe eine große Verantwortung in New York übernommen. Vater hat mir schmerzlich beigebracht, dass ich zu meiner Verantwortung stehen muss.«

»Lass deinen Vater aus dem Spiel. Er kann sich nicht mehr wehren«, sie schaut streng auf ihren jüngeren Sohn.

»Mutter, Claus, es geht nicht so einfach, wie ihr euch das vorstellt.« Carl legt sein Messer zur Seite und verschränkt die Arme vor der Brust. »Da draußen tobt eine Krise, von der niemand weiß, was sich noch alles darin verbirgt. Ich bin für das gesamte Risiko der Bank verantwortlich. Wir haben über zehntausend Mitarbeiter weltweit. Da kann ich mich nicht einfach davonstehlen. Außerdem ist gerade Kramer mir damals zur Seite gestanden, als ich hier abserviert worden bin.« Letzteres spricht er leiser.

»Niemand hat dich abserviert. Du hast dich nur zu sehr gegen Onkel Theodore aufgelehnt.« Gott sei Dank sind die Douvaliers Langschläfer und noch nicht im Speiseraum. Und Dominik hat sich lieber noch einmal ins Bett gelegt, als sie von den Hängen zurückgekehrt waren.

»Das, Mutter mit Verlaub, kann man anders sehen.«

»Carl, mir wächst das alles über den Kopf. Die Chefs der operativen Einheiten machen, was sie wollen. Ich sitze in der Holding und habe Angst vor jeder Entscheidung. Und in der Bank führt Dominik ein eigenes Regime. Ich weiß gar nicht, was der da macht.«

»Aber es ist unsere Firma, Carl. Unsere Bank, Carl. Auch deine«, übernimmt seine Mutter bestimmend das Gespräch.

Carl blickt seine Mutter und seinen Bruder an: »Das weiß ich auch. Ich werde es mir überlegen, aber ich lasse mich nicht von euch unter Druck setzen. Druck erzeugt Gegendruck, Mutter. Ich werde darüber nachdenken. Es ist nicht einfach damit getan, dass ich zurückkomme. Wir brauchen eine Lösung für die Familie, die auch die nächste Generation berücksichtigt.«

Carl hat bereits nach seiner Rückkehr vom Skifahren beschlossen, seiner Mutter und seinem Bruder vorläufig nichts von Dominiks Beichte zu erzählen.

Um kurz vor zwölf Uhr ist er wieder an der Talstation des Kleinen Matterhorns, dieses Mal allein. Normalerweise ist um diese Zeit hier alles voll, aber am Neujahrsmorgen kriechen die meisten Urlauber jetzt erst aus ihren Betten.

Doch normal ist heute nichts; Carl ist mit einem Cousin konfrontiert, der die familieneigene Bank an die Wand fährt, und muss einen depressiven Bruder trösten, dem die Manager auf dem Tisch herumtanzen. Aber er hat auch seine Verantwortung bei der Carolina Bank zu tragen, die ebenfalls seine Hilfe braucht. Mit dem Zeigefinger der rechten Hand zeichnet er eine Glockenkurve auf das schmilzende Eis an das Fenster der Gondel.

Alles keine Normalverteilung mehr, sinniert der Chief Risk Officer. Doch was ist es dann?

Insel der Glückseligen

Vom Haupthaus hat man einen Dreihundertsechzig-Grad-Rundblick, überwiegend auf die unendliche Weite des Pazifischen Ozeans. Das weiße dreigeschossige Haus liegt auf einem fünfzig Meter hohen Felsen oberhalb des unberührten Sandstrands. Aus der Ferne wirkt das runde Haus mit den kleineren oberen Geschossen wie ein Leuchtturm. Im Osten der Insel liegt weit hinter dem Horizont die amerikanische Westküste, im Westen, rund eine halbe Stunde mit dem Speedboot entfernt, Big Island, die Hauptinsel von Hawaii. Im Süden gibt es nichts als das Meer. Mitch hat seine private Insel, die sich wie ein L in die Länge zieht, Big Deal getauft.

Die ganze Tagessonne strahlt auf das Haus, ohne dass sie irgendwann von einem Felsen verdeckt werden könnte. Genau so hat es Mitch Lehman gewollt, vor allem die zweite Etage. Sie besteht nur aus einem einzigen riesigen Raum: dem Schlafzimmer und einem Bad an der Nordseite. Dort befindet sich auch die Wendeltreppe.

Der Blick reicht von Osten über Süden nach Westen, da alles verglast ist. Dieses Obergeschoss ist etwas kleiner als die erste Etage und genau mittig auf den kreisförmigen Grundriss des Parterre gesetzt. Auf der Terrasse ist ein sichelförmiges Jacuzzi in den Boden eingelassen, das die Ausmaße eines kleinen Schwimmbads aufweist. Wenn man im Jacuzzi sitzt und nur den Kopf aus dem Wasser hält, wähnt man sich im Meer.

In der obersten Etage hat Mitch sich sein Büro eingerichtet, das er über die Wendeltreppe aus dem Schlafzimmer erreichen kann. Blinken dort die Terminals und Bildschirme, hat man vom Strand aus den Eindruck, es handele sich tatsächlich um einen Leuchtturm.

Vom Haus aus kann man den eigenen Hafen mit den zwei mächtigen Speedbooten und dem Hochseeangelschiff sehen. Hinter dem Hafen stehen einige kleinere, ebenfalls in weiß getünchte Häuser für Gäste und Bedienstete. Das ganze Ensemble wirkt wie ein winziges Fischerdörfchen. Die Landebahn im Norden liegt verdeckt hinter einer kleinen Erhebung. Dort steht der Privatjet, sodass Mitch nach einem Zwischenhalt in Los Angeles direkt auf seiner Insel landen kann. Und im Süden führt eine Steintreppe hinunter zum Strand. Unten hat der General ein kleines Strandhaus mit Pool bauen lassen.

Am frühen Morgen des 1. Januar 2008 steht Mitch Lehman am Strand im seichten Wasser und betrachtet mit dem Rücken gegen die aufgehende Sonne sein fertiges Werk, vor allem sein Little White House. Der Kampf mit der Architektin hat sich aus seiner Sicht gelohnt, denn die wollte sich auf die Leuchtturmidee erst gar nicht einlassen. Etwas vor das Strandhaus hat Mitch an einer kleinen Felseinbuchtung ein Beduinenzelt wie aus 1001 Nacht für die Silvesternacht errichten lassen. Dort schläft Carla noch; während Mitch längst wieder auf den Beinen ist und den letzten Schluck Kaffee aus der Thermostasse nimmt, spricht er laut mit sich selbst: »Alles meins!« Vom Haus bis zur Frau an seiner Seite hat er alles in der Hand.

Für die letzte Nacht des Jahres hatte er sich etwas Besonderes einfallen lassen: Während die beiden zum Silvestermenü auf der Terrasse im Parterre des Little White House Hummer gegessen und Weißwein getrunken hatten, hatten die Bediensteten Hunderte von weißen Kerzen angezündet, die den Weg hinunter zum Strand in ein romantisches Licht tauchten. Mitch bedankte sich wie immer nur kurz angebunden bei den Angestellten, doch Carla umarmte das Haushälterehepaar, das Hausmädchen und die Köchin. Gerade Ernesto und Mercedes, das Ehepaar, das ständig auf der Insel wohnt und sie bewirtschaftet, hat Carla ins Herz geschlossen, weil sie sie so warmherzig aufgenommen haben.

Mitch hingegen behandelte seine Angestellten hier genauso wie seine Obristen in der Bank. Eine unangenehme Art von ihm, wie Carla mehrfach in den letzten Tagen beobachtet hatte, vor allem an Weihnachten. Und sie hatte sich bei aller Freude über den Luxus auf der Insel nach ihrem Vater gesehnt. Doch die Telefonate nach Hause blieben distanziert. Je länger der Aufenthalt auf Big Deal dauerte, desto klarer wurde Carla, dass sie einen Fehler gemacht hatte, der nicht so leicht in Ordnung gebracht werden konnte. Vater war mindestens so stur wie sie selbst.

Am Strand war für die letzte Nacht des alten Jahres alles vorbereitet: Musik erklang aus der in die Mauer eingelassenen Anlage. Im nach vorne offenen Beduinenzelt stand eine große Schale mit Eis und Champagner für den bevorstehenden Jahreswechsel, aus dem Mitch Carla sogleich bediente. Die

Flammen knisterten in einem Lagerfeuer vor dem Zelt im Sandstrand. Zwar hatte es auch um diese Jahreszeit noch milde zwanzig Grad Celsius am Strand, doch das große Feuer spendete wohlige Wärme.

»Pass auf!«, sagte Mitch zu Carla, kurz vor Mitternacht. Er nahm sie fest in den Arm und drückte auf den Knopf der Fernbedienung. Innerhalb von Sekunden entstand das schönste und größte Feuerwerk, das Carla Bell je in ihrem Leben gesehen hatte. Die ganze Insel war erleuchtet, der Strand quoll über von kurz über dem Boden zerberstendem Leuchtregen. Eine Etage darüber zerplatzten Raketen in Weißtönen, die sich mit einem bunten Farbengemisch abwechselten. Carla stieß entzückte Jubelschreie aus.

Wie ein kleines Kind, dachte Mitch, der das ganze Spektakel eher kühl über sich ergehen ließ; die Execution Capacity des Feuerwerks gefiel ihm, aber sein Herz erwärmten die Funken nicht.

Das Feuerwerk dauerte eine geschlagene Stunde, fast genauso lange liebten sich die beiden im Sand. Carla spürte in dieser Nacht Mitchs ganze Kraft; wenn man mit ihm für mehrere Tage alleine war, gab er sich noch ungestümer als in den kurzen Nächten im Hotel in London. Ihr wurde das ganze Arrangement zu viel, vor allem aber auch etwas unheimlich, doch weg von hier konnte sie nicht. Außerdem bot Mitch immer wieder Dinge, die sie noch nie in ihrem Leben gesehen oder gemacht hatte. So wie dieses Feuerwerk nur für sie. Nach einer Stunde der Teufelsaustreibung wurde es endlich wieder ruhig. Carla schlief völlig erschöpft ein und Mitch stand noch einmal auf. Lange betrachtete er seine gekaufte Liebe, dann ging er splitternackt hinaus ans Meer und schaute in den stillen Nachthimmel von Hawaii.

»Achtung, Carla. Die ist für dich«, sagte er leise lächelnd und drückte noch einmal auf die Fernbedienung. Eine überdimensionale Rakete schoss in den Himmel, so hoch wie keine zuvor. Von der Detonation zuckte Carla leicht zusammen, wurde aber nicht mehr wach. Der zerberstende Feuerwerkskörper hinterließ einen langen, leuchtend blauen Streifen im Dunkel der Nacht.

Am nächsten Morgen wecken Carla die ersten warmen Sonnenstrahlen. Die aufgehende Sonne schickt ihre Strahlen über das Wasser direkt in ihr Gesicht. Blinzelnd schaut sie auf, Mitch steht im knöcheltiefen Wasser und sieht in ihre Richtung. Hinter ihm erblickt Carla einen spektakulären Sonnenaufgang, blutrot steigt die Sonne aus dem Wasser. Das Wasser ist eben wie ein Spiegel und die Sonne ist gleich zweimal zu sehen: am Himmel und als perfekte Spiegelung im Wasser, wie eine Aktie und ihr Derivat. Nach kurzer Zeit ist der Winkel aber zu steil. Die derivate Sonne ist nicht mehr zu sehen – das Wertpapier, das für einen Moment tatsächlich auch als Spiegelbild hätte wärmen können, ist wertlos verfallen. Während Carla alles noch träge betrachtet, klingelt Mitchs Handy mit einem altmodischen Rington. Er selbst steht zu weit weg, um es hören zu können, Carla greift automatisch danach.

STANLEY.

Hellwach schnellt sie nach vorne, das Handy vor sich. Erst jetzt merkt sie, wie sandig ihre Haut ist. Carla starrt auf das Display, unfähig eine Entscheidung zu treffen. Dabei wollte sie ja gerade diesen Ashton kennen lernen. »Ring« klingt es wieder blechern. Jedes Mal blinkt STANLEY auf. Jetzt, da er plötzlich nur einen Tastendruck entfernt ist, wird ihr mulmig.

Sie hält das Handy in sicherer Distanz in der Hand. Ring. Viermal, zählt Carla. Noch einmal klingeln, dann landet er – wie sie schon des Öfteren – auf Mitchs Box.

Rin …, sie drückt die grüne Taste.

»Hallo?«

»Mitch? Hier Stan«, hört sie eine Stimme, die Carla sich ganz anders vorgestellt hat. Statt aggressiv, klingt es weich und sonor vom anderen Ende.

»Sorry, nein. Ich bin nicht Mitch. Habe nur abgenommen. Mitch ist gerade nicht da.« Carla hält sich die Hand vor die Stirn.

»Sie müssen Carla sein, nicht wahr?«

»Ja, Carla, Carla bin ich«, Carla ärgert sich, dass dieser Name sie so stammeln lässt.

»Mitch hat mir viel von Ihnen erzählt. Er nannte sie immer nur Carla, sorry. Hier spricht Stanley, Stanley Ashton«, hört sie wieder diese angenehme Stimme. »Bitte sagen Sie Stanley.«

»Carla ist schon in Ordnung.« Mein Gott, der muss sie ja für eine komplette Idiotin halten; Carla bläst leise Luft aus den Backen. Offensichtlich hat Mitch ihren Nachnamen gar nicht erwähnt.

»Können Sie Mitch bitten, mich zurückzurufen. Sarah, meine Frau, hat sich gestern das Bein gebrochen. Dumme Sache, kompliziert und extrem schmerzhaft. Ausgerechnet am Silvesternachmittag. Wir müssen unser Kennenlernen verschieben, was ich wirklich sehr bedauere. Vielleicht in New York, Carla, Ende Januar. Da sind wir zurück in Big Apple.«

»Sicher. Ja. Gute Idee, Stanley. Ich sag es Mitch. Und in New York. Ja«, haspelt sie sich durch das Telefonat. »Auf Wiedersehen, danke.« Sie wusste gar nicht, dass Mitch diesen Stanley für heute eingeladen hatte – auch wenn er ihr versprochen hatte, sie würden sich auf Hawaii treffen.

»Alles in Ordnung, Carla?«, fragt die freundliche Stimme wieder.

»Doch, sicher, auf Wiedersehen«, sie drückt STANLEY weg, ehe Mitch wieder da ist, der vom Strand auf sie zukommt. Fünfzig Meter ist er wohl noch entfernt. Carla platziert das Handy an dieselbe Stelle, wischt den Sand vom Display und legt sich wieder auf das Nachtlager auf den Boden des Beduinenzeltes. Sie zittert, klappert mit den Zähnen, hält sich die Hand vor den Mund und weint.

»Was ist los, Baby?«, fragt Mitch, als er sich zu ihr niederkniet.

»Nichts. Nur, es ist alles so schön, Mitch, das hat mich wohl überwältigt«, fängt sie sich. »Lass mir noch einen Moment.« Carla greift sich eine Decke und krabbelt in den Kokon aus

Kissen und Matratzen. Sie zieht die Füße an den Körper und kuschelt sich wie ein Baby im Bauch der Mutter ein.

Mitch schüttelt den Kopf, nimmt sich noch einen Kaffee aus dem Samowar und geht wieder vor das Zelt. Das Meer war immer schon seine große Sehnsucht. – In Los Angeles war er als kleiner Junge in jeder freien Minute an den Strand gerannt. Immer wenn es ihm in Mutters Etablissement zu viel, zu eng wurde, wenn er nicht zur Chordame konnte, es keine Autos umzuspritzen galt oder Pfarrer Melander keine Aufgabe für ihn hatte, ging er ans Meer.

Den Pfarrer hatte er verdrängen wollen. Aber in diesen Tagen funktioniert das nicht so recht, stellt er fest. In Gedanken nennt er ihn inzwischen Horacio, aber nicht Vater, bloß das nicht! Horacio und seine Mutter? Am Kaffee nippend, konnte sich Mitch keinen Reim darauf machen. Horacio zählt um die siebzig Jahre, Mutter wäre heute, überlegt er, zweiundsechzig. Vater sollte doch diese Bar mit ihr gehabt haben, die den Bach runterging, als er angeblich gestorben war. Schlechte Gegend, schlechte Lage, schlechte Aussichten – das führte zum Puff, was das Etablissement in Wirklichkeit war. Melander war schon immer da gewesen, soweit sich Mitch erinnern kann. Kümmerte sich um die Mädchen, seine Mutter lud ihn hin und wieder zum Essen ein. Und ging sicher zwei, drei Mal pro Woche in die Kirche. Horacio und seine Mutter? Wenn man es weiß, dann ist es fast logisch, Mitch trinkt seinen Kaffee aus und schlendert ein paar Meter barfuß durch den Sand vor dem Zelt.

»Von wegen Nächstenliebe«, sagt Mitch laut. »Du hast Mutter geschwängert und dann den Mantel des Schweigens darübergelegt, mir die Familie genommen.« Ärgerlich schmeißt er seine Tasse in hohem Bogen ins Meer. Er muss Sand in die Augen bekommen haben, denn als er mit dem Handrücken über sein Gesicht wischt, ist es ganz feucht.

»Was sagst du?« Carla konnte doch nicht mehr einschlafen, sie lief hinter Mitch her an den Strand, weil sie im Wasser den Sand abspülen wollte.

»Nichts, Carla«, Mitch fühlt sich ertappt. »Habe nur gerade an jemanden gedacht.«

»Apropos jemand. Dieser Stanley hat eben angerufen, als du am Wasser warst. Kann irgendwie nicht kommen. Wolltest du ihn einladen?«, überspielt Carla ihre Nervosität. Du sollst ihn bitte zurückrufen. Angenehme Stimme hat er.«

»Ist auch ein angenehmer Typ. Ich rufe gleich zurück. Ja, ich dachte an ein gemeinsames Abendessen an Neujahr. Das wäre lustig gewesen, es sollte eine Überraschung sein.«

»Stimmt, Mitch, das wäre es wirklich gewesen«, spricht sie leise mit sich und schaut ihm hinterher, wie er in Richtung Zelt läuft.

»Komisch«, murmelt Carla weiter und geht ans Wasser, »ich könnte schwören, dass er geweint hat.«

Sie rennt weiter ins Wasser, bis sie von den Wellen erfasst wird. Carla lässt sich einen Moment unter Wasser treiben, ehe sie auftaucht und das neue Jahr in Angriff nehmen will. Schließlich muss sie einen neuen Job suchen, sich mit ihrem Vater vertragen und sich über diesen Mitch Lehman klar werden.

Später am Morgen bringen die flinken Hände das Frühstück und legen Holzscheite nach. Croissants und Kaffee warten auf Carla und Mitch. Auch wenn es bei ihnen früh am Morgen des 1. Januar ist, sind sie spät dran, da die hawaiianischen Inseln zu den letzten Orten der Welt gehören, an denen der Jahreswechsel stattfindet. Mitch hat mit dem Blackberry schon die ersten Einschätzungen für das neue Börsenjahr gecheckt. Er schläft nie viel, lebt mit dem Puls der Börse und wartet nur darauf, dass es wieder losgeht. In Asien beginnt in wenigen Stunden der Börsenhandel für das Jahr 2008. Neues Spiel, neues Glück.

Die Tage vergehen wie im Fluge, auch wenn der General nun wieder täglich ein paar Stunden vor dem Bloomberg-Terminal im obersten Stock des Little White House verbringt. Carla stört das nicht, sie unterhält sich mit Ernesto und Mercedes, erkundet die kleine Insel oder spaziert einfach nur am

Strand entlang. Den Mist, den sie sich vor Weihnachten eingebrockt hatte, würde sie selbst erledigen müssen. Und Mitch, ja Mitch? Sie kann sich zu keiner Entscheidung durchringen. Mitch hat wenig Vorlieben, kaum Interessen und ordnet alles seinen Deals und Trades unter. Noch nicht einmal ein Buch nimmt er in ruhigen Zeiten wie diesen zur Hand, registriert sie.

Am letzten Abend sitzen sie noch einmal in dem aus einem großen Marmorblock geschlagenen sichelförmigen Jacuzzi auf der oberen Terrasse. Den Rundumblick wollte Mitch auch genießen, wenn er im Wasser sitzt, weshalb sich die ganze Terrasse wie auf einem Ring dreht; eine Umrundung dauert eine halbe Stunde. Als der Düsenmotor nach einer weiteren Runde abstellt, sitzen die beiden in der Stille der Nacht.

Ohne Mitch anzuschauen, fragt Carla: »Was machst du eigentlich den ganzen Tag?«

»Was meinst du?«

»Na ja, ich meine, Mitch, was machst du eigentlich als Chef des Kapitalmarktbereichs der Bank den ganzen Tag lang?«

»Ich scheffele Geld. Aber das weißt du doch, Carla.«

»Das meine ich nicht. Ich kenne deine guten Deals. Aber wofür ist so ein Handelsbereich eigentlich da, wenn man einmal über den tieferen Sinn nachdenkt?«

»Ich denke, du bist Finanzjournalistin.«

»War!«

»Über den tieferen Sinn denke ich nie nach!«

»Jeder Mensch hat Momente, in denen er über den tieferen Sinn seines Daseins nachdenkt.«

»Ich denke nur an Deals. Ich bin ein Händler und kein Denker, Carla.«

»Meinst du, ich sollte noch mal mit Trent reden?«

»Nein. Das ist der nicht wert, und du gehörst jetzt zu mir.« Das ist kaum zu hören. »Es wird sich schon etwas Passendes für dich finden und ich kann dir helfen«, setzt Mitch fort.

Carla überhört das Angebot und hakt nach: »Noch einmal: Warum gibt es Händler wie dich, die ihr doch im Wesentlichen unter euch handelt?«

»Um Geld zu machen«, antwortet Mitch und richtet sich aus dem Wasser auf. »Ursprünglich handelte man, um das Kapital an die effizienteste Stelle zu steuern. Wer gut ist, bekommt mehr Kapital, weil wir davon höhere Rendite bekommen. Es ist eine Spirale: Die Guten bekommen mehr und können noch mehr investieren. Die Schlechten bekommen weniger und sind bald weg vom Fenster. Aber: Auch wenn wir mehr Kapital an die Guten geben, steigt unsere Rendite nicht einfach weiter. Irgendwann ist Schluss. Die reale Welt ist nicht groß genug.« Mitch redet sich in eine Euphorie, die Carla erschreckt, während er sich zwischen ihre Beine schiebt.

»Diese simple Begleitung der realen Wirtschaft durch die Banken ist mir schon lange nicht mehr genug. Ich kann den Quatsch nicht mehr hören, dass die Finanzindustrie zur Unterstützung der eigentlichen Wirtschaft da ist.«

»Wozu sonst?« Carla versucht sich vorsichtig herauszuwinden.

»Nein, Carla, wir Händler sind die eigentliche Weltwirtschaft. Die meisten aller Finanztransaktionen finden inzwischen statt, weil wir das wollen. Sicher achtzig Prozent, schätze ich.«

Vom eigenen Pathos mitgerissen, schaut Mitch auf Carla hinab. Sie kennt diesen Blick schon, doch dieses Mal redet sich Mitch richtig in Rage. »Nicht, weil irgendein Industrieunternehmen mehr Kapital braucht, seine Währung abgesichert wissen, etwas auf Termin kaufen will oder Rohstoffe braucht. Mit diesen zwanzig Prozent kann man keine Milliarden scheffeln, meine Liebe.«

Carla sieht in seinen weggetretenen Blick, weil er sich mit seinen Armen hinter ihr abstützt und sein Gesicht direkt über ihr ist: »Wir Investmentbanken bestimmen die Weltwirtschaft, nicht die Industrie. Wir Investmentbanker sind

The Masters of the Universe! Und ich bin The Star of these Masters.«

Es sind schon viele Stars gefallen, Mitch Lehman, denkt Carla. Sie schlängelt sich an ihm vorbei, steigt aus dem Wasser, geht ins Bad und schaut nachdenklich in den Spiegel.

Am nächsten Morgen geht es wieder nach Hause. Während Mitch schon im Jet sitzt, verabschiedet sich Carla von Ernesto und Mercedes und den drei hawaiianischen Angestellten: »Danke für alles. Wir haben Ihnen sehr viel Arbeit gemacht, nicht wahr?«

Die rundliche Mercedes antwortet nur: »Das macht nichts. Er kommt ja nicht so oft hierher, wenn ich das so sagen darf. Über Sie würden wir uns aber immer wieder freuen.«

Und ihr Mann fügt hinzu: »Passen Sie auf sich auf, Carla!«

Ehe sie einsteigt, dreht sie sich um: »Ich komme wieder, bestimmt!« Sie verschlafen weite Teile des Rückflugs nach London. Über der irischen See frühstücken sie, in anderthalb Stunden werden sie auf City Airport landen. Ortszeit London sechs Uhr morgens, die City hat sie zurück. Mitch fährt gleich ins Büro, er will seine Obristen für das neue Jahr einstimmen. Und schon morgen fliegen er, Isabella und ein paar andere Obristen nach Moskau zu RUSSOIL, zu Breschnew und Godunow, die seit Isas Konzept der »Öl für Bildung«-Derivate beste Kunden der Bank sind. Die Einladung nach Moskau ist eine Auszeichnung für Mitchs Team.

»Warum arbeitest du nicht für die nächsten Monate in meiner Marketingabteilung?«, fragt Mitch, nimmt einen Schluck Kaffee und schaut sie über den Tassenrand an.

»Das geht doch gar nicht. Jeder weiß von unserer Beziehung.«

»Ja und?«

»Ist das nicht unmoralisch, Mitch?«

»Moral, Carla, definiere ich in der Carolina Bank.«

»Zudem bin ich doch Journalistin und keine Marketingfachfrau.«

»Das macht nichts. Gute Journalisten können die Dinge auch so verkaufen, wie wir es brauchen. Marketing ist Absatzförderung. Und Absatzförderung bringt Geld. Und Geld schafft Gewinne. Und Gewinne bringen Boni. So einfach ist das!«

»Danke für das Angebot, Mitch. Ich überlege es mir. Gib mir ein paar Tage Zeit. Wie du weißt, muss ich erst mal zu meinen Vater.«

»Und ich morgen nach Moskau. Die Maschine muss weiterlaufen, Carla.«

Nach der Landung lässt sich Mitch direkt vor der Bank absetzen. Um acht Uhr an diesem Montag, 7. Januar 2008, gibt es die neue Order für die Truppen. Vorher will Lehman noch mit Cindy durchgehen, was in den letzten zwei Wochen angefallen ist und er nicht mit seinem Blackberry beantwortet hat.

Für Carla steht eine Limousine bereit, die sie nach Hause bringen wird. Hawaii liegt hinter ihr, Hertfordshire nun vor ihr! Willkommen zurück in der Realität, denkt sie, als sich der schwarze Jaguar in Bewegung setzt. Die zwei Wochen mit Mitch haben sie nachdenklich gemacht, ohne dass sie irgendeinen Gedanken zu Ende gedacht hat. Mitch ist ein bequemer Lover Boy in der City, aber kein Mann fürs Leben, das ist ihr nach Hawaii klar. Doch warum ihn aufgeben, solange sie niemanden hat, mit dem sie sich ein gemeinsames Leben vorstellen kann? Journalistin will sie allerdings bleiben, sie wird alle Chefs der in Frage kommenden Magazine in den nächsten Tagen durchtelefonieren, schließlich ist Carla Bell inzwischen ein wohlklingender Name in der City.

Während Carla aus der Stadt gefahren wird, ahnt sie nicht, wie wenig Chancen sie hat. Robert Pearson hatte in den letzten beiden Wochen ganze Arbeit geleistet: Der Berater hat ihre Abwesenheit genutzt, den Ruf der Carla Bell als »Infonutte« zu zementieren. Mitch ist darüber orientiert, weil Robert ihm den trunkenen Ausrutscher gebeichtet hat. Ganz entgegen Pearsons Erwartung schrie Mitch seinen Parasiten dafür nicht an: »Gut, Robert. Sehr gut sogar, alter Junge.«

»Alter Junge« war für ihn genau das Gegenteil von »mein lieber PR-Berater«. Wenn Mitch »alter Junge« sagt, ist er hochzufrieden. »Lass es auch die anderen Chefredakteure wissen, Robert. Aber vorsichtig.«

Göttliche Notlüge

Der General kommt Cindy ausgesprochen gut erholt und entspannt vor. Muss an der kleinen Bell liegen, spekuliert sie, als sie die beiden Obristen in Mitchs Kommandozentrale schickt. Zwei Minuten ist Mitch still, dann ist es mit seiner entspannten Stimmung offensichtlich vorbei, denn Cindy hört ihn durch die geschlossene Türe schreien: »Ihr Penner!«

Als Mitch den Grund erfährt, warum der Termin bei RUSSOIL verschoben werden muss, ist er außer sich. Um halb acht, noch vor dem jährlichen Auftaktmeeting um acht Uhr, stehen Bill Selevsky, der Rohstoffchef, und Jim Klein, der Derivatechef, vor ihm und müssen beichten, dass in Moskau noch Weihnachtspause ist. Was sie schlicht verschlafen hatten.

»In Russland gehen die Uhren anders, die haben einen anderen Kalender, Mitch«, versucht der kleine Selevsky noch, Mitch die Sache halbwegs lustig zu vermitteln.

»Ist mir doch egal, was die für einen Scheißkalender haben«, flucht Lehman, der unbedingt Breschnew und Godunow treffen will, mit denen sie seit Isas »Oilfed« die besten Geschäfte machen. Ihr Oil for Education hatte eingeschlagen wie eine Bombe und Breschnew über Nacht zu einem gesellschaftlich engagierten Oligarchen gemacht. Dass er heute Vormittag als Ersatz ein Telefonat mit Breschnews rechter Hand, Exoberst Wladimir Godunow führen kann, ist für Mitch nur ein schwacher Trost.

»Wir arbeiten hier nur nach einem Kalender«, belehrt er seine beiden Obristen, die wie begossene Pudel vor ihm stehen, und zeigt auf die Weltuhren an der Wand seines Büros. »Nach diesem da. Und jetzt raus hier.«

Cindy wartet lieber erst fünf Minuten ab, bis sich der Rauch in Mitchs Büro zumindest im übertragenen Sinne verzogen hat, denn er zieht schon an seinem ersten Glimmstengel, bevor sie mit den Unterlagen unter dem Arm das Büro betritt.

»Sonst noch etwas?«, fragt Mitch, nachdem sie ihm alle Updates der Telefonate und Mails, Briefe und sonstigen wichtigen Dinge der ersten Tage des Jahres 2008 gegeben hat.

»Ach, Mitch, eines noch.«

»Was ist los?«

»Nun, Mitch.« Cindy druckst.

»Am 4. Januar ist hier plötzlich ein Pfarrer aufgetaucht und hat nach dir gefragt.«

»Melander!« Mitchs Gesichtszüge erstarren.

»Keine Ahnung. Franziskaner, glaube ich, Melander kenne ich nicht«, Cindy blickt sicherheitshalber auf den Boden.

»Melander, so heißt der Pfarrer. Ein Bekannter, war schon mal hier«, versucht Mitch sein Unbehagen zu überspielen.

»Nein. Ein Pfarrer Hastings steht hier auf dem Zettel.«

»Und?« Cindy merkt, dass Mitch ihr nicht alles aus der Nase ziehen will.

»Hat eine Nachricht für dich hinterlassen.« Cindy reicht ihm ein verschlossenes Couvert.

»Wieso erfahre ich das erst jetzt?«

»Du hast doch alles erst heute bekommen. Und der Mann hat zu Agnes gesagt, Montag reiche aus. Die hatte Dienst für die Chefs.«

»Gib her«, er reißt ihr den Umschlag aus der Hand.

»Bitte.« Mitch beachtet Cindy nicht mehr.

»Paul soll vorfahren. Sofort!«

Dumm für die Obristen, die kurz vor acht im Besprechungsraum sitzen und auf die Befehle warten. Noch nie seit Cindy hier arbeitet hat Lehman diesen Termin platzen lassen. Cindy und die Obristen starren konsterniert hinter Mitch her, der ohne Hinweis, wohin er unterwegs ist bzw. wann er zurück sein wird, aus dem Büro sprintet.

Mitchs Wagen hält kurz vor halb neun vor St. Francis in Holland Park, eine kleine Kirche mit einer ebenso kleinen Sakristei, einem winzigen Innenhof und einem Wohngebäude. Minutenlang steht Mitch in der nassen Morgenkälte vor der Pforte und schaut durch das Eisengitter in den Hof. Paul versteht die Welt nicht mehr. Er wollte sich mit den anderen Fahrern heute Morgen gerade in Ruhe über Weihnachten und Silvester unterhalten, als Cindy ihn wieder ins Auto beordert hat. Jetzt sitzt er hier und weiß nicht recht, wie er sich verhalten soll.

Der mächtige, aufbrausende, stets aufs Tempo drückende Mitch Lehman steht keine drei Meter vor ihm auf dem Trottoir vor einer Kirchenpforte und rührt sich nicht. Paul ist die Sache unangenehm, denn Mitch anzusprechen wagt er nicht. So zu tun, als sehe er ihn nicht, geht auch nicht. Bloß keine Zeitung hervornehmen. Also starrt er einfach gerade aus. Mitch rührt sich weiterhin nicht von der Stelle, steht einfach mit gesenktem Kopf und eingezogenen Schultern da. Wie ein Büßer kommt er Paul vor, der sich nicht in den Beichtstuhl traut.

Aus dem Augenwinkel läuft eine dickliche Frau am Auto vorbei, Südamerikanerin, wahrscheinlich die Putzfrau, überlegt Paul, die den unentschlossenen Mitch direkt anspricht. Die kleine Gestalt öffnet die Pforte mit einem Schlüssel und macht eine einladende Handbewegung in Richtung Mitch. In letzter Sekunde, ehe sie wieder ins Schloss fällt, hält Mitch die Pforte auf und tritt, mit einem letzten Blick auf Paul, ein. Nicht bissig, wie sonst, sondern eher ängstlich. Das muss eine optische Täuschung sein, Paul schüttelt verwirrt den Kopf, er kennt doch seinen Boss, und was immer man von ihm behaupten mag, ängstlich ist er ganz sicher nicht.

Als Mitch auf dem Kirchengelände einen jungen Pfarrer sieht, zuckt er zusammen und will im ersten Moment einfach umkehren.

»Kann ich etwas für Sie tun«, spricht ihn der Geistliche an.

»Nein. Ja. Doch«, stammelt Mitch.

»Suchen Sie jemanden?«

»Pfarrer Horacio Melander. Den suche ich.«

»Kommen Sie mit mir, Mr Lehman.«

»Woher wissen Sie, wer ich bin?«, fragt Mitch sichtlich verstört.

»Ich bin Pfarrer Hastings. Ich habe die Nachricht in der Bank für Sie hinterlassen«, die jüngere Ausgabe von Horacio Melander greift Mitch am Arm und führt ihn ins Haus.

»Sie sind schnell gekommen.«

Mitch würdigt den Pfarrer keiner Antwort.

»Er weiß nicht, dass ich Ihnen geschrieben habe. Tun Sie ihm den Gefallen, sagen Sie, dass Sie von sich aus gekommen sind«, der junge Pfarrer lächelt Mitch bittend an. »Gott erlaubt sicher eine Notlüge.«

»Sie müssen es ja wissen, Pfarrer«, entgegnet Mitch schnippisch. Horacio Melander liegt in einer spartanisch eingerichteten Kammer: ein Bett mit weißem Laken, ein Tisch und Stuhl, ein kleiner Schrank und ein großes Kreuz. Irgendwie sieht der Jesus noch leidender aus als Horacio, vergleicht Mitch den sichtlich geschwächten Melander, der ihm noch eingefallener erscheint als vor Weihnachten in der Eingangshalle des »Grosvernor House«. Die Umgebung wirkt auf ihn recht duster, da nur ein kleines Fenster Tageslicht spendet und draußen das übliche Londoner Wetter den Tag vergraut. Mitch setzt sich neben den fahlen, dünnen Mann, der sein Vater sein will. Horacio richtet sich auf, als er Mitch kommen sieht. Eine sichtliche Kraftanstrengung für ihn, doch Mitch kann sich nicht rühren, um ihm zu helfen.

»Ich wusste, dass du kommen wirst, mein Sohn«, bedeutet der alte Mann, den Mitch zum ersten Mal in seinem Leben nicht in Schwarz, sondern mit einem hellen Nachthemd bekleidet sieht, mit einer Handbewegung, doch näher mit dem Stuhl ans Bett zu rücken.

»Wie geht es Ihnen, Pfarrer Melander?«

»Meinst du nicht, wir könnten die Förmlichkeit lassen, Mitch?« Er zieht ihn am Arm zu sich heran, da seine Stimme nur noch ein Flüstern hervorbringt.

»Sie waren immer der Pfarrer für mich. Warum sollten wir das ändern?« Mitch versucht sich dem kranken Mann etwas zu entziehen.

»Wieso bist du dann gekommen, mein Sohn?« Oft hat er das gesagt, denkt Mitch, aber bis vor zwei Wochen hat es für ihn nie eine andere Bedeutung gehabt als die christliche Fürsorge.

»Der junge Priester hat mir geschrieben, dass es schlecht um Sie stünde, Horacio«, antwortet Mitch kühl und ohne die Notlüge zu nutzen. Er will das hinter sich bringen.

»Nun bin ich schon Horacio«, der alte Mann quält sich ein Lächeln ab.

»Sonst noch etwas?« Horacio greift nach Mitchs Hand, der sie reflexartig zurückzieht.

»Uns sieht hier niemand, Mitch. Ich habe nur noch wenige Tage zu leben, die Ärzte geben mir höchstens noch zwei, drei Wochen. Aber wenn ich Pech habe, kann es noch Monate dauern. Bauchspeicheldrüsenkrebs.«

»Das tut mir leid, Pfarrer.« Mitch ist wirklich geschockt, für einen Moment zumindest, ehe er sich an das Schreiben erinnert: »Er hat geschrieben, dass Sie noch ein Geheimnis, das für mich überlebenswichtig wäre, mit sich trügen, das Sie ansonsten mit ins Grab nehmen würden. Irgendwie dachte ich, es wäre besser, die Sache hinter sich zu bringen.«

»Jedenfalls eilt es jetzt«, der Pfarrer verschluckt sich beinahe, so enttäuscht ist er von Mitchs Kälte.

Horacio greift wieder nach der Hand. Nun zieht Mitch sie nicht mehr zurück, auch wenn er sich über die Nähe, die er zulässt, wundert.

»Willst du nicht erst einmal deine Geschichte hören, mein Sohn?«

»Ehrlich gesagt: Ich habe mir nie Gedanken über meine Geschichte gemacht. Meine Geschichte beginnt, als ich das Drecksloch in L.A. verlassen konnte, als ich Geld verdient habe, als ich ICH wurde. Also raus mit der Sprache: Welches Geheimnis gibt es noch, Horacio?«

»Deine Mutter war eine wunderbare Frau«, Melander richtet sich unter Schmerzen weiter auf, sodass er im Bett sitzt und Mitch auf Augenhöhe betrachten kann. »Sie war neunzehn, als ich sie kennen lernte, ich war siebenundzwanzig und gerade Vikar in ihrer Gemeinde geworden.«

»Welche Gemeinde? St. Peter?«

»Nein. Das war in Illinois.«

»Ich dachte, du seist erst nach St. Peter gekommen, als ich so um die zehn Jahre alt war.«

»Stimmt, denn deine Mutter und ich hatten uns bereits in Illinois ineinander verliebt. Sie war verlobt, arbeitete in der Kirchengemeinde und wurde schwanger.«

»Von dir?«

»Von mir, Mitch. Ich bin dein Vater.«

»Und dann?« Mitch bemerkt erstaunt, dass ihn die Umstände zu interessieren beginnen.

»Sie wurde in Schande aus der Kirchengemeindeverwaltung gejagt, die Verlobung platzte und ihre Eltern verstießen sie.«

»Und du?« Mitch blickt finster. »Hast du sie, hast du uns im Stich gelassen?«

»Nein, Elisabeth verschwand über Nacht. Unauffindbar. Schwanger, ohne Mittel, einfach weg, ohne dass ich die Konsequenzen ziehen konnte. Niemand wusste, dass ich der Vater war.« Horacio muss sich zurücklehnen, um sich zu erholen.

»Du hast Mutter nicht gesucht«, Mitch regt sich tatsächlich auf.

»Ich blieb, beendete mein Vikariat und suchte sie. Damals gab es weder Internet noch Facebook oder solche Dinge«,

Melander richtet sich wieder auf. »Es hat zehn Jahre gedauert, bis ich sie in Los Angeles fand. In dem Schuppen, den du kennst.«

»Wie hast du sie gefunden?«, insistiert Mitch.

»Elisabeth brauchte eine Bestätigung, dass sie katholisch war, um dich an der katholischen Schule anzumelden. Schließlich hatte sie kaum Geld. Normalerweise ein formaler und vertraulicher Akt.« Horacios Stimme wird immer leiser.

»Und?«

»Es fiel auf, weil die Dokumente nicht übereinstimmten. In Illinois lief Elisabeth unter Lehmann und in Kalifornien unter Lehman. Sie hatte bei ihrer überstürzten Flucht ja alles liegen gelassen, Mitch. Dabei ist das zweite »n« verloren gegangen. Reiner Zufall. Deshalb heißt du Lehman, obwohl du katholisch bist.«

»Ich bin gar nichts.«

»Zumindest bist du katholisch geboren und getauft. Und auch du wirst noch beten, irgendwann.«

»Wie hast du davon erfahren?«

»Ich war nach dem Vikariat hierher nach England gegangen und habe als Pfarrer in St. Francis angefangen. Aber ich habe in ihrer Karteikarte eine Telefonnummer hinterlassen, falls sie sich irgendwann einmal melden würde. Und das hat sie knapp zehn Jahre später getan.«

Mitch sitzt schweigend und ungläubig vor dem kranken Melander, der sein Vater ist.

»Ich bin dann sofort nach Los Angeles, und seitdem kennst du mich, Mitch. So einfach ist die Geschichte.«

»Nichts ist so einfach, Horacio Melander, Pfarrer oder Vater. Ich habe nie eine Familie gehabt. Ich habe alles selbst machen müssen. Eine Mutter, die Bardame in einem Puff war, und einen Pfarrer als Vater, der mich verleugnet hat. Vieles hätte anders laufen können. Warum habt ihr nicht wenigstens in Los Angeles reinen Tisch gemacht?« Mitch zittert. Die Vergangenheit geht ihm näher, als er bislang dachte.

»Elisabeth arbeitete als Bardame, hatte ein Kind und nur ein kleines Einkommen. Ich war Pfarrer mit einer guten Dotation. Ich konnte mich um dich kümmern, Elisabeth und ich waren ein Paar, ohne dass es jemand mitbekommen hat. Wir waren doch wie eine Familie, Mitch«, er spricht immer leiser, seine Stimme verliert mehr und mehr an Kraft.

»Das ist doch alles verlogen.« Je leiser Horacio wird, desto lauter wird Mitch.

»Mitch, deine Mutter war eine anständige Frau. Sie hatte nichts mit Freiern, sie war nur die Bardame.«

»Was wisst ihr schon von Anstand? Was wisst ihr schon von Pech? Horacio, ich will das alles nicht wissen.«

»Ich habe Elisabeth am Grab geschworen, dass ich es dir sage.«

»Das Geheimnis, das du mit ins Grab nimmst, das für mich so überlebenswichtig wäre. Was ist das noch? Ich will gehen, Herr Pfarrer!«

»Es ist überlebenswichtig, dass du deine Vergangenheit kennst, Mitch. Das ist alles. Eine kleine göttliche Notlüge, damit du kommst. In ein paar Tagen bin ich weg von dieser Welt und wieder bei deiner Mutter im Himmel.« Das Lächeln von Pfarrer Horacio erscheint Mitch in diesem Moment sehr milde.

»Glauben Sie, was Sie wollen. Meinetwegen auch, dass Sie in den Himmel kommen. Meine Sache ist das nicht. Sie bleiben ein Pfarrer, Sie sind nicht mein Vater, Melander.«

Ohne ein Wort des Abschieds wendet sich Mitch ab, stapft aus der Kammer, aus dem Gebäude, über den kleinen Hof, reißt die Pforte auf und springt ins Auto.

»Weg hier, Paul. Schnell, schnell«, schreit Mitch seinen Fahrer an, der in Mitchs Gesicht wieder das Bissige sieht. Als Paul kurze Zeit später noch einmal wagt, in den Rückspiegel zu schauen, hat Mitch Lehman seine Augen geschlossen. Beunruhigt über das Verhalten seines Chefs, zuckt Paul beim Klingeln des Autotelefons zusammen. Augenblicklich reißt Mitch den Hörer aus der Halterung.

»Was ist?«

Nur Cindy ruft auf dieser Nummer an.

»Sorry, Mitch. Ich habe Godunow in der Leitung.«

»Ja, stell durch«, antwortet er harsch, doch als er die Stimme von Wladimir Godunow hört, stellt Mitch sofort um, gibt sich äußerst zuvorkommend. Paul meint sogar, ein Lächeln über sein Gesicht huschen zu sehen.

»Mr Godunow. Schön, Sie zu hören.«

»Danke«, hört Paul mit und beobachtet dann, wie Mitch eine Weile zuhört.

»Das machen wir gerne. Den ganzen Ölhandel absichern?« Mitchs Augen leuchten, er zückt einen kleinen ledernen Notizblock aus seinem dunklen Anzugjackett, zieht einen Kugelschreiber heraus und macht sich eine Notiz.

»Ich schicke Ihnen mein Team dann nach Ihrem Neujahr. Okay?« Wieder hört Lehman eine Weile zu.

»Mrs Davis? Wieso?« Erstaunt hält er den Hörer ans Ohr.

»Breschnew selbst?« Seine Züge verdunkeln sich etwas. Immer, wenn in letzter Zeit das Gespräch auf Isa kam oder er sie am Telefon hatte, erkannte Paul diesen Missmut.

»Okay«, zieht Mitch die Stimme lang.

»Wir kommen dann gerne einmal zusammen und reden mit Ihnen und den Fachleuten aus dem Bildungsministerium.« Wieder macht sich Mitch eine Notiz, während Paul den Rand der City erreicht.

»Das ist nicht nötig. Wir machen das gerne«, sülzt Mitch weiter mit Godunow. Plötzlich muss er schallend lachen. »Wenn ich wirklich mal ein U-Boot brauche, Mr Godunow, dann weiß ich, an wen ich mich wenden muss.«

Mitch nickt freundlich, hört noch einen Moment zu, ehe er mit »Danke« auflegt. Sofort verhärten sich seine Züge wieder. Er wählt und befiehlt: »Cindy? Gib mir Isa!« Dass der Fahrer schon vor dem Haupteingang der Bank steht, interessiert ihn nicht. Paul muss warten.

»Das tut nichts zur Sache, ich musste weg. Und du solltest dich ein bisschen zurückhalten mit deinem Eigenmarketing.«

Nach einem Moment der Stille zischt Mitch Lehman in den Hörer: »Breschnew will ausdrücklich dich sehen und dir für Oilfed danken. Wir fliegen nach deren beschissenem Neujahr zusammen nach Moskau, ist das klar?«

Ohne ein Wort des Dankes öffnet Mitch den Verschlag und steigt aus. Er lässt die Türe offen stehen, den Hörer hat er einfach fallen gelassen. Paul wartet, bis Mitch im Gebäude verschwunden ist, steigt erst dann aus, legt den Hörer ordentlich in die Halterung zurück und schließt die Türe.

»Was für ein Jahresauftakt«, sagt er laut, ehe er die Limousine in die Garage fährt, um sich endlich mit den Fahrerkollegen zu unterhalten.

Carla Bells »View of the Year«

»Den *View*, Mrs?« Der Fahrer reicht Carla den »CityView« nach hinten. Carla überlegt einen Moment, sodass der Mann die Zeitung schon wieder zurückziehen will.

»Danke«, sie greift schnell den Newsletter. Ihr schwirrt der Kopf, wenn sie daran denkt, dass sie noch vor zwei Wochen jeden Tag mit Feuereifer in die Redaktion gegangen ist.

»Schönes Bild von Ihnen. Das sind Sie doch, oder?«

Plötzlich ist Carla zurück im richtigen Leben, mit dem *View of the Year* vor sich und klopfendem Herzen, was sie wohl in »ihrem« Newsletter vorfinden würde. Dieser Montag, der 7. Januar 2008, wäre ihr erster Arbeitstag nach dem Urlaub gewesen, hätte Trent sie nicht gefeuert.

»Wieso mein Bild?«, schaut Carla den unbekannten Fahrer an, mit dem sie über den Rückspiegel Blickkontakt aufnimmt.

»Überzeugen Sie sich selbst, Seite eins.«

Carla klappt den gefalteten Newsletter auseinander. »Simon«, flüstert sie. »Und ich.«

Sie traut ihren Augen nicht, beißt auf ihren Knöcheln herum und schaut demonstrativ weg. Ach, was solls, überlegt sie und liest die Überschrift: »Achtung, Systemkrise?« Darunter steht: »Von Simon Trent, Mitarbeit Carla Bell.«

»Du Hurensohn«, flucht sie und nimmt mit Blick zum Chauffeur sogleich die Hand vor den Mund. Carlas Augen fliegen über den Text, während die Limousine sich in Richtung M4 bewegt. Der ganze Anfang – ihre Gedanken; dann folgt die Stelle, an der sie aufgehört hatte: *Was spricht für und was spricht gegen eine Systemkrise?*

»Auch das noch«, flüstert sie und liest weiter:

Wenn wir von einer Systemkrise sprechen, dann muss man das System genauer unter die Lupe nehmen. Auslöser der aktuellen Lage sind die mit schlechten US-Immobilien besicherten Wertpapiere. Mal abgesehen davon, dass keine Bank viele schlechte Immobilien im Portfolio haben sollte, gibt es ein grundsätzliches Problem: Solche Wertpapiere sind eigentlich Kredite und keine Wertpapiere.

Guter Punkt, denkt Carla.

Solche Geschäfte sind Kreditersatzgeschäfte, weil man so die Eigenkapitalrichtlinien der Bank für Internationalen Zahlungsausgleich umgehen kann. Das ist der Kern des so genannten Basel II-Abkommens. Die Frage ist, ob der Systemfehler darin liegt, dass man über Ersatzgeschäfte in Zweckgesellschaften außerhalb der Bankbilanz versucht, die Ergebnisse zu verbessern.

»Sehr gut, Simon, eins zu null für dich«, kommentiert Carla laut, sodass der Chauffeur wieder zu ihr in den Rückspiegel schaut.

Weiter heißt es:

Das »System« funktioniert so lange, wie keiner merkt, dass die Wertpapiere Kredite sind. Und das merkt so lange niemand, wie die Zinsen und die Tilgungen fließen. Dafür haben Greenspan und Clinton gesorgt, indem sie billiges Geld im Überfluss bereitgestellt hatten. Doch das ändert sich jetzt radikal. Und so werden aus ehedem guten nun schlechte Immobilienkredite.

Carla sitzt ganz angespannt im Rücksitz und verschlingt den letzten Absatz:

Aber wenn Banken solche Immobilienkredite nur zum Zweck der Weiterreichung vergeben – das nennt man »Originate to distribute« –, dann sind die Kredite aus den Augen und aus dem Sinn oder anders: nicht mehr in der Bankbilanz. Wenn dieses System Schule macht oder wir noch andere Auswüchse zu erwarten haben, dann werden wir 2008 eine ausgewachsene Krise erleben.

»So hätte ich es auch formuliert«, murmelt Carla leise mit versteinertem Gesicht, als sie gerade Madame Tussauds Wachsfigurenkabinett an der Marylebone Road passieren. Sie überlegt kurz, ob sie Simon anrufen soll, aber sie zögert, zu viel Unausgesprochenes steht zwischen ihnen.

Gegen halb neun, als Mitch vor seinem todkranken Vater steht, biegt der Jaguar auf den kleinen Hof vor Steven Bells Cottage ein. Per Navigationssystem hat der Fahrer den Weg im Schlaf gefunden, muss Carla feststellen. Denn erst das Geräusch des Kieses unter den Rädern weckt sie auf. Sie muss sich noch kurz besinnen, als der Chauffeur bereits den Verschlag öffnet. Noch etwas müde und steif steigt Carla aus und reckt sich, während ihr Gepäck ausgeladen wird.

»Hallo, Sie müssen Carla sein.« Carlas Spannung ist sofort verschwunden. Als sie sich umdreht, steht die Dame vom Präsidium vor ihr. Sie betrachtet die Frau mit dem üppigen roten, hochgesteckten Haar.

»Willkommen zu Hause«, grüßt die Frau.

Carla nickt: »Und Sie sind die Dame aus dem Präsidium.«

»Ich habe alles vor die Türe gestellt.« Der Chauffeur verabschiedet sich mit der Mütze in der Hand und einer Verbeugung.

Die beiden Frauen stehen sich abwartend gegenüber, als der schwarze Jaguar wieder weg und der Platz zwischen ihnen frei ist.

Attraktiv, denkt Carla, als sie die Frau in den »Wellis« und der Burberryjacke betrachtet, über die Schultern hat sie einen leuchtend grünen Schal geschlungen, der ihre roten Haare noch mehr zur Geltung bringt. Den Labrador neben ihr hat Carla erst gar nicht bemerkt.

»Und wer ist das?«, fragt Carla auf den Hund zeigend, etwas anderes fällt ihr nicht ein.

»Das ist Posh, und ich bin Samantha, Samantha Thompson.« Die Frau kommt auf Carla zu und streckt ihr die Hand entgegen. Ohne nachzudenken, weicht Carla ein kleines Stück zurück.

Samantha bleibt stehen und nimmt die Hand wieder herunter. »Sorry.«

Der Hund hat den Halt nicht mitgemacht und schnüffelt an Carla herum, die ohne Mantel langsam fröstelt, obwohl es an diesem Januarmorgen auf dem Land in Hertfordshire vergleichsweise warm ist. »Hi, Posh«, Carla bückt sich hinunter und spielt mit der Hundeschnauze.

»Wo ist mein Vater?«, fragt sie und blickt die Frau an, die ihr Vater vor einem Jahr als »Mrs Nichts Besonderes« bezeichnet hat.

»Er musste noch einmal weg. Ein toter Banker in seinem Cottage, schon der zweite in diesem Jahr. Der erste hatte sich in der Scheune aufgehängt. Beim zweiten ist es noch unklar. Er sollte aber bald wieder zurück sein. Geht meistens schnell, wenn es eindeutig ein Suizid ist.«

»Sie scheinen schon lange bei Scotland Yard zu sein. Mein Vater redet auch so über Tote.« Carla tritt etwas an die Frau heran.

»Sorry, stimmt. Tut mir leid.« Dabei streckt sie erneut die Hand aus, die Carla nun ergreift.

»Sie haben ja ganz kalte Hände, Carla.«

»Wir stehen ja auch schon eine Weile hier.«

»Lassen Sie uns reingehen.« Seit dem Tod der Mutter ist Carla von keiner Frau mehr gebeten worden, in ihr, in Vaters Haus einzutreten.

Carla bräuchte eigentlich nicht zu fragen, will es aber hören: »Wohnen Sie hier?«

»Seit Weihnachten, Carla. Steven und ich wollten es Ihnen gemeinsam erzählen«, Samantha strahlt Carla an.

»Als Weihnachtsgeschenk«, entfährt es Carla.

»Nein, als Vollzug dessen, was wir schon seit einem Jahr tun.«

»Was denn?«

Samantha hält Carla zurück, ehe sie ins Haus gehen: »Miteinander leben, Carla.«

»Wieso hat er mir das nicht selbst erzählt?«

»Sie haben meistens abgesagt oder sind früher wieder abgereist.« Samanthas Atem ist in der Kälte sichtbar und umweht ihr hübsches Haar. »Als Steve heute Morgen ganz früh zu dem Toten gerufen wurde, wollte er mich wegschicken, um es Ihnen endlich zu erzählen.« Carla muss schlucken.

»Ich habe Ihrem Vater gesagt, ich übernehme das. Denn wenn ich einmal eingezogen bin, kann ich mich doch nicht mehr verstecken, oder?«

Noch immer wagt keine von beiden den ersten Schritt ins Haus.

»Auch ich fühle mich momentan nicht wohl in meiner Haut. Geben Sie mir eine Chance, Carla.« Dabei hält Samantha Carla sanft an der Schulter.

»Na, der kann etwas erleben, wenn er kommt«, lächelt Carla und zieht die Neue an der Seite ihres Vaters mit sich ins Haus. Die Frauen setzen sich zum Tee vor den Kamin. Samantha ist die erste Frau seit dem Tod ihrer Mutter, die ihr hier Tee gemacht hat. Überhaupt, die erste, die in diesem Haus wohnt. Und sie fühlt sich wohl, wenn sie Samantha beobachtet, die mit feinen Bewegungen den Tee einschenkt. Für eine Sekunde geht Carla die freundliche Stimme von diesem Stanley Ashton durch den Kopf, ehe sie Samantha Thompson weiter beäugt. Burschikos, in Jeans, grober Pulli mit Bluse darunter, kaum Schmuck, mit einem herzlichen Lachen. Ein freundliches Wesen sitzt ihr da gegenüber. Während Samantha munter das Gespräch mit Berichten aus dem Dorf in Gang hält, schwankt Carla, ob sie gut zu ihrem Vater passt und ob sie mit ihr auskommen wird.

»Zwei Söhne, ungefähr Ihr Alter, Carla«, lacht Samantha gerade. Dass sie geschieden ist, hat sie bereits erwähnt.

»Gute Jungs, Carla. Solltest du mal kennen lernen«, sagt Steven, den sie gar nicht haben kommen hören. Als Carla sich umdreht, steht das Walross vor ihr.

»Hey, Dad.«

»Hallo, Tochter«, beugt sich Steven zu ihr in den Sessel, ehe sie aufspringen kann, und drückt sie herzlich. »Ein gutes neues Jahr wünsche ich dir noch.« Schon die ersten Worte machen Carla klar, dass in der Herzlichkeit immer noch Verbitterung mitschwingt.

Carla befreit sich, steht auf und nimmt ihren Dad in den Arm: »Dir auch.«

Für einen Moment hat sie Samantha völlig vergessen, bis er auf die neue Frau im Haus zugeht und sie küsst. Carla spürt einen Stich; damit hat sie nicht gerechnet, für Dad scheint es das Normalste der Welt zu sein.

»Es tut mir leid, dass ich nicht hier war.«

»Schon gut, Constable«, antwortet sie. »War vielleicht sogar besser so.«

»Ich lasse euch jetzt besser mal allein und gehe mit dem Hund.«

»Brauchst du doch nicht«, meint Steven. Wieder spürt Carla einen Stich.

»Lass mich mal«, entgegnet Samantha und blickt auf Carla. »Posh scheint Sie zu mögen, Carla.« Der Hund wieselt die ganze Zeit um Carlas Beine, Samantha muss ihn regelrecht wegziehen.

Steven hat inzwischen in ihrem Sessel Platz genommen und wartet, bis seine Tochter wieder im Schneidersitz hockt.

»Okay, Tochter?«

»Habe ich eine Wahl, Dad?«

»Nein, wir sind schließlich beide erwachsen. Es wäre schön, wenn ihr euch versteht.«

»Ich weiß. Kommt überraschend.«

»Willst du darüber reden?«

»Dad, wir haben nie über meine Männer und deine Frauen geredet.«

»Stimmt. Ich konnte es nicht, Carla. Verstehst du das nicht?«

»Ich glaube, sie ist in Ordnung«, Carla streicht sich durch die Haare, »aber ich brauche Zeit«.

»Sicher.«

»Ich muss dir aber etwas anderes erzählen.«

»Ich weiß«, gibt Steven zur Antwort.

»Wieso?«

Steven beugt sich vor und zieht ein gefaltetes Exemplar des »CityView« aus der Gesäßtasche. Er nimmt es auseinander und hält die letzte Seite der heutigen Ausgabe hoch, auf der eine kleine Meldung steht, dass Carla den »CityView« zum Jahresende verlassen hat.

»Woher hast du den denn?«

»Simon hat mir schon vor einem Jahr ein Freiabo geschenkt. Habe immer alles über diese Banker gelesen, Carla. Verrückte Leute sind das. Gerade heute hat sich ein zweiter in seinem Cottage aufgehängt. Was ist da los?« Stevens Stimme nimmt die Tonlage an, die Carla an ein Verhör erinnert.

»Na ja, Simon und ich haben Krach bekommen, und er hat mich rausgeschmissen.«

Noch während die Worte in der Luft hängen, merkt sie an Stevens Kopfhaltung, dass er ihr nicht glaubt.

»Wir haben einen Deal, Carla. Keinen Mist auf Mist drauflegen. Keine Lüge auf eine Lüge.«

»Was willst du damit sagen?«

»Ich meine, dass ich Simon heute angerufen habe. Du hast ihm gar nichts von deinem Deal wegen der Nuttengeschichte erzählt. Und du hast mich angelogen, als ich dich danach gefragt habe. Das meine ich, Carla.«

Carla kriegt kaum Luft, während sie sich wie zwei Gegner mustern.

»Das geht dich nichts an, Dad.«

»Oh doch. Du bist meine Tochter.«

»Ich bin eine erwachsene Frau und muss selbst mit meinem Leben fertig werden. Misch dich da nicht ein.«

»Das hat dir dieser Mitch Lehman eingeredet?« Steven hebt am Ende des Satzes fragend die Stimme.

»Nein. Das ist meine Meinung.«

»Ich verstehe dich nicht, sorry.«

»Weißt du, Dad, ich will nahe an die Banker ran, will wissen, wie sie sind, wie sie ticken. Du kannst nicht über sie schreiben, wenn du ihren Charakter nicht kennst. Verstehst du doch?«

»Sicher, doch ist das dein Weg?«, fragt Steven und lässt das Intime zwischen ihr und Mitch gewollt unausgesprochen offen. »Jetzt bist du deinen Job los, und zwar genau wegen dieser Banker.«

»Ich werde schon wieder eine Stelle finden. Das lass ruhig meine Sorge sein«, antwortet Carla schroff. »Ich habe ein Angebot von der Carolina Bank. Dreifaches Gehalt. Ich soll Marketing für den Handelsbereich machen.« Carla wundert sich selbst, dass sie davon spricht, obwohl sie das doch gar nicht vorhatte.

»Für Mitch, deinen Freund?«

»Das eine hat mit dem anderen nichts zu tun.«

»Ich dachte immer, du wärest eine geborene Journalistin.«

»Marketing ist fast dasselbe, Dad.«

»Das glaubst du doch selbst nicht, Carla«, wird Steven lauter, bleibt aber ungerührt in seinem Sessel sitzen.

»Vielleicht sollte ich manches nicht glauben.« Carla spricht ganz leise, will jedoch auf jeden Fall das Thema wechseln. Da ist ihr fast jedes Mittel recht.

»Was soll das denn?« Eigentlich ist sich Steven sicher, dass Carla das Gespräch nicht fortsetzen will.

»Ich habe mich entschlossen, Stanley Ashton zu treffen.«

»Aha.«

»Ich will wissen, was damals war und was du mir nicht erzählst.«

»Stammt diese famose Idee auch von deinem feinen Freund?« Jetzt springt Steven doch auf.

»Es ist auch meine Sache, Vater. Ich habe lange darüber nachgedacht.«

»Wenn du meinst, dass du in der alten Geschichte rühren willst.« Steven steht vor dem Fenster und schaut in den winterlichen Garten, aus dem sich Sam gerade mit Posh dem Haus nähert.

»Da kommt Sam zurück. Lass uns das Thema beenden. Mir wäre lieber, du tätest es nicht, Tochter.«

»Ich weiß.« Carla trägt die Teetassen in die Küche.

»Wie lange bleibst du eigentlich?«, fragt Steven mit dem Rücken zu ihr.

»Nur bis morgen früh. Ich muss mir einen neuen Job suchen.« Dass sie eigentlich viel länger bleiben und ihre Gedanken sortieren wollte, verschweigt sie. Fast schaudernd denkt Carla daran, dass sie in ihr kleines Ein-Zimmer-Apartment in Islington zurück muss, denn Mitch würde ein paar Tage in Moskau verbringen. Und in seine Hotelsuite wollte sie nicht, zumindest nicht allein. So komfortabel das letzte Jahr für Carla gewesen ist, ihr schwant, dass 2008 deutlich unangenehmer für sie werden dürfte.

Samantha erkennt die Spannung an Stevens Haltung, als sie das Cottage betritt, die »Wellis« im Eingang abstellt und sich zu ihm ans Fenster gesellt, nicht ohne einen Blick auf Carla in der Küche geworfen zu haben.

»Alles okay?«

»Alles bestens.«

»Na dann.« Sie glaubt ihm kein Wort. Sam beschließt, dass sie an Carla herankommen muss, denn anders wird sie die beiden Dickköpfe nicht wieder zusammenbringen. Doch heute wird das nichts mehr werden.

Die Liste

»Sie wollen, dass ich nach Hause komme, Vero.«

Carl sitzt auf seinem Sofa, ein Drink in der Hand. Im Hintergrund läuft klassische Musik. Veronique hat Kerzen angezündet. Nicht zuletzt, seit er von Tims Erscheinen gehört hat, ist Carl klar geworden, dass seine Gespräche mit Veronique besser bei ihm zu Hause stattfinden sollten.

Veronique rückt neben ihn und steckt ihre nackten Füße unter ein kleines Kissen, den Rücken lehnt sie gegen die wulstige Lehne. Sein schwarzer Pullover und das blaue Hemd passen perfekt zum Grauton des Sofas.

»Was wirst du machen?«

»Was würdest du an meiner Stelle tun?«

»Na, mich wirst du wohl nicht ernsthaft fragen?«

»Warum kommst du nicht mit? Ich habe dir ein Angebot gemacht.«

Carl dreht sich auf die Seite und rückt näher an Veronique heran. Gerade will er ihr seine Entscheidung erklären, als es klingelt.

»Erwartest du noch jemanden, Carl?«

»Ich habe noch eine dritte Person eingeladen.«

Veronique zieht die Füße näher an ihren Körper – eine Abwehrhaltung, die sie stets einnimmt, wenn es ums Geschäft geht. Kurz darauf steht besagter Dritte vor ihr: der Rotschopf, der vor Weihnachten mit dem Schwulen bei ihr in der Kellerbar war.

»Was soll das, Carl?« Sie merkt, dass sich der junge Mann in diesen Räumen unwohl fühlt. Beide starren sich entsetzt an.

»Oh Gott«, Tim verschluckt sich fast an der Begrüßung und muss sich setzen.

Carl stellt sich in die Mitte, aber so, dass sich beide noch sehen: »Darf ich vorstellen: Tim, mein Risk Assistant«, er zeigt auf Tim. »Und die Dame kennst du ja aus der Kellerbar,

Tim«, Carl deutet mit der anderen Hand auf Vero. »Das, Tim, ist Veronique.«

Beide schlucken, beide schauen auf den Boden.

»Ich hole uns etwas zu trinken.«

Als Carl zurückkommt, sitzen beide noch immer da, als hätte sie der Schlag getroffen. Carl reicht Champagner. »Zur Feier des Tages«, sagt er, als er jedem ein Glas in die Hand drückt.

»Ich verstehe das nicht, Chef«, Tim findet als Erster die Sprache wieder.

»Das kann ich dir erklären: Als du mir heute Morgen die Liste mit den Klarnamen gegeben hast, hast du mir gesagt, dass du sie in deinem Briefkasten gefunden hast. Von einem Anwalt aus den Caymans. Richtig?«

»Ja«, antwortet Tim. Veronique rollt mit den Augen.

»Tatsache ist aber, dass dir diese Liste von einem Anwalt in Veroniques Bar übergeben wurde.«

»Woher wissen Sie das, Chef?«

»Ich gehe da halt häufiger hin, mein Lieber«, gibt Carl unumwunden zu.

Was spielt Carl für ein Spiel, wieso stellt er sie bloß? Veronique ist verwirrt.

»Die Frage ist, Tim, ob du die Daten auf rechtmäßige oder unrechtmäßige Art erhalten hast.« Carl spricht unbeeindruckt.

»Was meinen Sie?«

»Ich kann keine gestohlenen Daten nutzen oder solche, für die du jemanden bezahlt hast.«

»Was soll die Frage?«, erbost sich der junge Mann und will aufstehen. Carl steht weiter in der Mitte und drückt Tim zurück in das kleinere Sofa gegenüber von Veronique.

»Das war ein ziemlich konspiratives Treffen, das du mit dem Vertreter der Caymans geführt hast.«

Tim springt auf. »Okay, der andere Typ, wie Sie ihn nennen, Dr. Bensien, war nicht der Anwalt, von dem ich Ihnen berichtet habe, sondern mein stockschwuler Studienfreund Charlie, auch Anwalt übrigens. Genauer gesagt, mein bester Freund.«

»Und wo hat der die Liste her?«

»Er war auf den Caymans, um für seine Kanzlei über Hedgefunds zu recherchieren. Wir sind nicht die Einzigen, die nach Informationen suchen. Für viele stinkt das Ganze zum Himmel. Ich hatte ihn bei einer meiner Reisen dort getroffen. Deshalb wusste er, was ich suche.«

»Und wie ist er an das Material gekommen?«

»Ganz legal: Er hat tagelang beim Registergericht recherchiert, bis er durch Zufall auf die Liste gestoßen ist, weil es einen Systemfehler im PC gegeben hat, der zigfach Daten freilegte. Die standen ein paar Tage frei verfügbar im Netz. Das ist nicht illegal. Dahinter steckt kein Geld und auch kein Schwulenfick. Ich wollte nur helfen.«

Tim wartet erst gar nicht ab, was sein wütender Ausbruch verursacht; er dreht sich um, und als die Tür ins Schloss kracht, zucken Carl und Veronique zusammen.

Nach minutenlangem Schweigen fragt Veronique: »Und warum hast du mich bloßgestellt?«

»Ich wollte dir klarmachen, was die Leute von dir denken, wenn sie dich in der Bar sehen. Ich will, dass du damit aufhörst und auf mein Angebot eingehst, Veronique.«

»Eine brillante Idee. Darauf kann nur jemand wie du kommen, der so verdammt verklemmt ist.« Auch Vero stürzt aus dem Apartment.

Als die Türe nochmals kracht, fährt Carl nur noch zusammen: »Für den ersten Arbeitstag des Jahres kann man nur festhalten: Hoffentlich kommt es nicht noch schlimmer.« Carl greift nach der Flasche Champagner und gießt sich nach, eine halbe Stunde später ist die Flasche leer. Als er sie in die Küche bringt, sieht er, dass auf dem Beistelltisch in der Diele das Display seines Handys leuchtet. Automatisch drückt Carl die Lesetaste: Tim MacGovern. »Bin weder schwul noch gehe ich zu Nutten. Bin sehr enttäuscht. Kündige per sofort. Tim.«

Carl weiß, dass er das schleunigst in Ordnung bringen muss. Er drückt auf die Antworttaste, fügt aber auch Vero K. hinzu: »Sorry, mein Fehler. Veronique Douvalier ist meine Nichte! Die arbeitet dort an der Bar. Carl Bensien.«

Tim entdeckt die Nachricht, als er gerade aus der U-Bahn steigt und wieder auf der Straße steht. Veronique sieht sie, als sie in die Kneipe geht, wo sich allabendlich die Schauspielschüler treffen. Allein wollte sie jetzt nicht sein. Beide bleiben wie angewurzelt stehen, starren auf die Displays und halten den Finger auf die Antworttaste. Aber keiner drückt sie. Tim steckt sein Handy in die Tasche und murmelt: »Es bleibt dabei.« Veronique wiederholt laut: »Scheißidee.« Als sie Stunden später aus der lauten Kneipe herauskommt und nach Hause gehen will, sieht sie erneut: Sie haben eine SMS. Nicht schon wieder Carl, denkt sie beim Drücken der Lesetaste, entdeckt als Sender aber Tim MacGovern. Doch mehr als »Sorry, Tim« steht in der SMS nicht. Ein echtes Schreibtalent, überlegt Veronique und tippt auf dem kurzen Heimweg »Okay« als Antwort.

»Sie wollen, dass ich die Holding übernehme und in den Verwaltungsrat der Bank eintrete, Don.« Die beiden Spitzenbanker sitzen beim Frühstück zusammen im Vorstandscasino im obersten Stock an einem geräumigen Zweiertisch am Fenster. Während Carl »continental« bestellt hat mit Brot, Marmelade und Früchten, lässt Kramer für sich Eier mit Speck auffahren. So erklärt sich für Carl der Gewichtsunterschied von etwa dreißig Kilo zwischen den beiden. Carl will bei diesem stressigen Job gesund bleiben und einem Infarkt vorbeugen. Deshalb treibt er auch Sport, ebenfalls im Gegensatz zu seinem Freund Don, mit dem er allenfalls hin und wieder eine Runde golfen geht. Kramer wischt sich den Mund mit der im Hemdkragen eingesteckten Serviette ab und schaut auf Carl, der gerade seinen Früchtequark löffelt: »Du kannst mich doch jetzt nicht alleine lassen, Carl. Ausgerechnet in dieser riskanten Zeit.«

»Ich weiß, Don. Und ich werde das auch nicht tun, aber ich muss eine Lösung finden.«

»Hast du eine Idee?« Kramer ist sichtlich interessiert, er weiß genau, dass er Carl nicht mit mehr Geld halten kann.

»Das ist noch nicht alles, Don. Die Industrieholding könnte sicher auch noch warten. Vielleicht ginge es auch mit externen Managern, wenn Claus gar nicht mehr kann. Aber Dominik hat mir ein Problem in der Bank gebeichtet, das mir explosiver erscheint.«

»Dom hat dir etwas gebeichtet? Das glaube ich ja nicht, Carl.«

»Das Problem oder Dominiks Beichte?«, lehnt Carl sich zurück und tupft die Mundwinkel mit der Serviette.

»Beides. Ist doch eine feine Privatbank.«

»Aber Dominik wollte am großen Rad mitdrehen und hat in Irland Zweckgesellschaften arrangiert, später auch besichert. Jetzt gibt es Probleme mit der Finanzierung. Milliarden, Don.«

»Das gibt es doch nicht!«

»Doch, leider.« Don ist erstaunt, wie gelassen Carl an seiner Tasse nippt.

»Kann ich etwas tun?«

»Die Tradition der Privatbank dürfte bald passé sein bei Douvalier & Cie. Zumindest was die Anteile angeht. Ich brauche Investoren. Da kannst du mir helfen, Don.«

»Das mache ich, keine Frage. Doch was machen wir mit dir hier?«

»Willst du beides miteinander verknüpfen, Don? Im Paket?«

»Nein, war nur eine Frage.« Don ist leicht verärgert, wie Carl merkt, aber die Frage musste gestellt werden. Er lehnt sich zurück.

»Es ändert ja nichts daran, dass ich dich weiter hier brauche, obwohl wir uns über das Risiko streiten. Ich weiß es bei dir in guten Händen«, lehnt auch Kramer sich zurück.

»Ich habe mir etwas überlegt«, beugt sich Carl nun wieder vor. Auch Kramer kommt nach vorne, weil Carl leiser spricht.

»Lass hören.«

»Ich werde in den Gesellschafterausschuss der Bank eintreten und dort Claus ablösen. Gib mir ein paar Tage pro Monat für die nächste Zeit. Ich habe auch schon eine Idee, wer die Bank operativ leiten kann.«

»Wer?«

»Peter Sanders.«

»Der arbeitet doch bei uns«, hebt Don seine Augenbraue irritiert.

»Ja, aber nur noch drei Monate.«

»Woher weißt du das? Und weiß Mitch das?«

»Sanders hat es mir vor Weihnachten erzählt. Der geht so oder so. Und das würde doch passen. Aber bitte kein Wort zu Lehman.«

»Das könnte funktionieren. Sanders ist ein anständiger Kerl. Dem vertraut man auch frisches Kapital an.« Carl sieht förmlich, wie es in Kramers Gehirn arbeitet.

»Don, ich brauche deine Kontakte in Asien. Wir müssen dort schnell frisches Kapital auftreiben. Machst du ein paar Anrufe für mich?«

»Sicher.«

»Und um die Industrieholding kümmere ich mich nebenbei, wenn ich in der Schweiz bin. Dafür suche ich einen externen CEO. Du weißt, dass ich das zeitlich schaffe.«

Kramer schaut Carl Bensien lange an. »Das wird ziemlich hart, mein Lieber. Ich mache das nicht gerne, aber ich fühle mich der Bank in Genf verpflichtet. Warum du das allerdings machst, ist mir nach der alten Sache schleierhaft, Carl.«

»Das kann ich dir sagen, Don«, erwidert Carl: »Tradition!«

»Ist das jetzt alles?«

»Nein, noch etwas. Ich will Tim nach Genf schicken und dort eine Stage machen lassen. So wie du damals, aber er soll für mich vor Ort die Augen und Ohren offen halten.«

»Will der das denn?«, fragt Don zurück.

»Der weiß das noch nicht!«

»Na dann. Aus meiner Sicht okay. Wer soll seinen Job machen?«

»Denise.«

»Meine alte zweite Sekretärin?«

»Ja, denn die ist nicht nur blond, sondern auch schlau. Du darfst dich vom Äußeren nicht beeindrucken lassen, Don.«

»Wann willst du das erste Mal nach Genf?«

»Kommende Woche, danach habe ich genügend Zeit, um mich auf den Abschluss und die Pressekonferenz vorzubereiten.«

»Okay«, Kramer steht auf. »Viel Glück, Carl.«

»Danke, das brauchen wir dieses Jahr alle, Don«, auch Carl erhebt sich und reicht Don Kramer die Hand.

Teil eins ist geschafft, denkt Carl, als er sein Vorzimmer betritt, wo Tim bereits auf ihn wartet.

»Hinein mit dir, Tim«, Carl öffnet einladend die Tür zu seinem Büro. Sein Risk Assistent folgt auf dem Fuße.

»Bleibt es bei deiner Kündigung?«

»Ich glaube es ist besser, Sir«, antwortet Tim fast militärisch, als er vor Carls Schreibtisch steht, während der sich in seinen Bürostuhl fallen lässt.

»Ich habe einen besseren Vorschlag, Tim.«

»Meine Entscheidung steht, Sir.«

»Setz dich und lass das mit dem Sir.« Tim nimmt wie befohlen Platz, sitzt aber ziemlich angespannt auf dem Stuhl.

»Zunächst einmal, Entschuldigung. Was ich gestern gemacht habe, war ein Fehler.«

»Okay, Sir.«

»Wie gesagt, Tim. Ich hätte einen anderen Vorschlag«, nimmt Carl seine Arme und verschränkt sie im Nacken. So liegt er fast der Länge nach in seinem Stuhl, eine Haltung, die Tim schon des Öfteren amüsiert beobachtet hat.

»Du gehst für ein Jahr nach Genf zu Douvalier & Cie. und arbeitest dort im Risk Management.«

»Was ist das denn für eine Bank?«

»Die Bank meiner Familie. Ich brauche dich da. Ich werde ein paar Tage pro Monat dort sein. Du bist mein Vorposten. Du wirst für mich und einen neuen CEO arbeiten.«

»Wer soll das sein?«, fragt Tim mit zunehmendem Interesse.

»Kann ich dir noch nicht sagen, ist aber ein guter Mann, mit dem du arbeiten kannst.« Carl verlässt seine horizontale Stellung und stützt sich auf seinem Schreibtisch ab.

Tim macht es ihm nach und legt zudem das Kinn in beide Hände: »Heißt nicht Ihre Nichte auch Douvalier?«

Carl schaut ihm in die Augen: »Genau. Und ihr Vater ist noch der Chef der Bank, leider kein guter, Tim.«

»Ich weiß nicht. Familienfehde, Genf. Das ist doch Frankreich, oder?«

»Nein, französische Schweiz. Ich verstehe deine Bedenken, aber du bleibst unter meiner Obhut. Wenn es nicht geht, kommst du zurück. Ich bin aber der festen Überzeugung, dass du das schaffst, Tim.« Wie zur Bestätigung pocht er mit seinem Stift auf den Tisch.

»Okay, ich bin dabei, unter einer Bedingung.«

»Und die wäre?« Beide schauen sich bereits wieder mit einem Lächeln an.

»Ich möchte das Veronique sagen.«

»Okay. Die ist sowieso nicht gut auf mich zu sprechen im Moment.«

»Kann ich verstehen, von ihr aus. Sorry, Chef.« Tim steht auf und streckt die Hand aus.

Auch Carl steht auf und reicht Tim die Hand: »Abgemacht?«

»Abgemacht, aber eine Frage noch: Wann soll es losgehen?«

»Wir fliegen am Samstag. Am Montag geht es los.«

»Oh, da habe ich ja noch ewig Zeit«, lacht Tim. »Wer soll eigentlich meinen Job machen, Chef?«

»Denise.«

»Gute Entscheidung, wenn ich das sagen darf.«

»Dann raus mit dir und hinein mit Denise.«

Während Carl auf Denise wartet, murmelt er entspannt: »Teil zwei geschafft.«

»Wie bitte«, fragt Denise, als sie zur Türe hereinkommt

»Ach nichts, Denise. Sie sind nur die dritte von fünf Angelegenheiten, die ich heute Morgen regeln muss. Schließen Sie bitte die Türe und setzen Sie sich.«

»Diktat?« Denise will noch einen Block holen, denn Briefe diktiert Carl nur noch äußerst selten direkt.

»Damit ist es jetzt vorbei, Denise. Setzen Sie sich, bitte!«

Fünf Minuten später hat Denise einen neuen Job. Zehn Minuten später hat Carl seinen Cousin Dominik aus dem Bett geklingelt und ihm seine Bedingungen genannt. So überrumpelt und in der Klemme, bleibt dem verzweifelten Banker nichts anderes übrig, als zuzustimmen.

»Du wirst Ehrenvorsitzender des Verwaltungsrats, Dom. Mehr kann ich nicht für dich machen. Sonst ist die Bank ganz weg. Ich habe telefoniert in den letzten Tagen«, insistiert Carl.

»Das ist nicht nötig, du hast die besseren Karten. Ich habe verloren, Ceeb.«

»Es gibt keine Sieger oder Verlierer. Wir müssen zusammenstehen, für die Familie. Sonst gibt uns niemand Kapital.«

»Wann kommst du?«

»Am Wochenende, bis dann«, legt Carl auf und spricht laut mit sich selbst: »Das waren die Teile drei und vier.«

Danach nimmt er sein Handy und schickt eine SMS an Vero K.: »Hallo, Vero, bitte am Samstag um zehn Uhr JFK, First Class Check in Counter. Keine Widerrede. Carl.« Anschließend bittet er Denise, drei Tickets New York–Genf zu buchen und den Rückflug zweimal offen zu lassen. Während er Teil fünf innerlich als erledigt abhakt, ändert er einen Kontakt in seinem Handy: Aus Vero K. wird wieder Veronique Douvalier.

Giftiges Frühjahr

Toxische Fragen

Die jährliche Pressekonferenz der Carolina Bank ist schon immer einer der wichtigen Termine im Jahreskalender der Wall Street, doch diesmal haben sich Zeitungen, Nachrichtenagenturen und TV-Medien aus aller Welt angemeldet.

Robert Pearson erklärt dem Vorstand beim Briefing am frühen Morgen, dass die Journalisten eine der wenigen Gelegenheiten nutzen wollen, führende Köpfe der Wall Street selbst zu befragen. Die Carolina Bank gelte nach wie vor als eine der kommunikationsfreudigeren Adressen, lässt Pearson die Führungsmannschaft rund um Don Kramer wissen.

Kaum einer der sonst so eloquenten »Schönwetterkommunikatoren« will sich in diesen Wochen öffentlich zur Krise äußern, die immer weitere Kreise zieht. »Die Journalisten wollen wissen«, erklärt Pearson, »was eigentlich los ist. Ist das noch eine Immobilienkrise? Schon eine Bankenkrise? Oder schlittert die Welt in eine Wirtschaftskrise? Keiner hatte bisher dazu eine befriedigende Antwort parat: Die Ungewissheit über die weitere Entwicklung an den Börsen und damit auch der führenden Investmentbanken steigt von Tag zu Tag.«

Tatsache ist, dass die Medien pausenlos bei den Pressestellen der Banken nachfragen, wie es weitergeht. Und so übernehmen immer mehr die Medien die Funktion, der nervösen Öffentlichkeit zu erklären, was an den weltweiten Finanzmärkten passiert.

»Heute haben wir die Chance, der Sache unseren ›Spin‹ zu geben«, resümiert PR-Profi Pearson am Schluss seiner Ausführungen, »darzustellen, dass die Krise beherrschbar ist, wenn man sich darauf vorbereitet hat, gut strukturiert ist und entsprechende Risikovorsorge betrieben hat.« Dabei schaut er abwechselnd auf Bensien und Lehman, die beide in den verschiedenen Ecken des Besprechungsraums von Don Kramer stehen. Robert genießt es sichtlich, für einen Moment im Mittelpunkt zu stehen und die Vorstände auf die Pressekonferenz vorzubereiten.

»Es kommt auf Sie an, meine Herren«, schwört Pearson die Runde ein. Das kann man wohl sagen, denkt Bensien und schaut auf den mit dem Rücken an der weißen Resopalwand lehnenden Lehman.

Seit Jahresbeginn fallen die Kurse der wichtigsten Börsenindizes. Zudem haben bereits einige Investmentbanken vor der Carolina Bank ihre Zahlen für 2007 vorgelegt – teilweise mit beträchtlichen Verlusten: Zwei Wall-Street-Ikonen, Merrill Lynch und Citigroup, melden fast zweistellige Milliardenverluste. Und die Notrettung von Bear Stearns vor wenigen Tagen hat Wall Street nochmals einen herben Schock versetzt. Diese fünftgrößte Investmentbank konnte nur durch beherztes Eingreifen der amerikanischen Zentralbank und durch den Verkauf an J.P. MorganChase für zehn Prozent des früheren Börsenwerts gerettet werden. Zudem war der größte US-Immobilienfinanzierer Countrywide bereits von der Bank of America übernommen worden.

Plötzlich macht an der Wall Street, in der Londoner City wie auch an den anderen Börsenplätzen rund um die Erde ein Begriff die Runde, den man eigentlich nur aus der Medizin kennt: »Toxisch!« Toxisch werden inzwischen ganze Portfolios von Banken genannt, weil die Wertberichtigungen für viele Banken den Todesstoß bedeuten. Das alles alarmiert Carl; wenn die anderen Banken untergehen, kann auch das bessere Ergebnis seine Bank nicht davor bewahren, in den Strudel mit hineingezogen zu werden. Und die Carolina Bank muss sich in wenigen Minuten den Medien stellen, muss klar und deutlich machen, dass ihre Bilanz nicht vergiftet ist.

Immer mehr Journalisten drängen in den Konferenzsaal im World Financial Center. Der Raum ist zum Bersten voll, obwohl sicher zweihundert Menschen bequem an den schräg gestellten Tischen Platz finden. Durch den schmalen langen

Gang in der Mitte wirkt das Ensemble wie eine überdimensionale Feder.

Kurz vor zehn Uhr sind nahezu alle Stühle in Beschlag genommen. Die großen Fenster bieten eine herrliche Sicht auf die ersten grünen Blattspitzen der Bäume an diesem ungewöhnlich milden Märzmorgen. Hell leuchtet der Tag, an dem die Carolina Bank hoffentlich Licht in die düstere Entwicklung an den Börsen geben wird.

Manche Journalisten unterhalten sich noch, während die letzten Kollegen hineinströmen.

Mit dabei in New York ist an diesem Morgen auch Carla Bell. Seit Wochen hatten Mitch und Carla sich kaum gesehen. Mitch jettete mit seinen Obristen in verschiedenen Zusammensetzungen durch die Welt, um die wichtigsten Kunden zu Jahresbeginn zu besuchen; auch in New York war seine Anwesenheit häufiger als sonst gefragt, Bensien wollte für den Jahresabschluss 2007 alle Entscheidungsträger bei den Vorbereitungen dabei haben. So hatte Carla die letzten Wochen meistens allein in ihrer kleinen Bude in Islington verbracht. Wochenlang hatte sie vergeblich versucht, eine Stelle bei einer anderen Zeitung zu finden. Alle Chefredakteure, die ihr noch im Herbst Angebote gemacht hatten, zogen ihre Aussagen mit fadenscheinigen Begründungen zurück: Mal gaben sie der schlechteren Wirtschaftslage die Schuld, mal hieß es »die Stelle ist jetzt leider besetzt«. Doch niemand nannte ihr den wahren Grund.

Robert Pearson hatte ganze Arbeit geleistet: Bei dem einen streute er das Gerücht, Carla sei nicht zuverlässig, komme immer zu spät. Bei anderen ließ er fallen, Trent hätte ihre Artikel oft komplett umgeschrieben. Und von ihrer Liaison mit Mitch Lehman hatten sowieso alle gehört. Robert musste, was ihm ganz recht war, die Nuttengeschichte erst gar nicht verwenden.

Den Mut, ihren Vater anzurufen, hatte sie nicht. Und als sich Sam einmal meldete, er sei in den nächsten Tagen in London und würde sich gerne mit ihr treffen, schützte

Carla dringende Termine vor. Selbst Annabelle, ihre Stütze beim »CityView«, konnte sie nicht anrufen, denn Carla wusste, dass Annabelles oberste Loyalität Simon Trent gehörte.

Ende Januar war dann auch noch ihr Geld zur Neige gegangen. Als sie am ersten Februarwochenende Mitch das erste Mal wieder in der wohligen Umgebung des »Dorchester« traf, fiel sie ihm zu wie ein reifer Apfel. Kein Gedanke mehr bei Carla an die Zweifel, die sie noch auf Big Deal gehegt hatte.

An diesem Morgen fühlt sich Carla gut, sie ist wieder dabei, wenn auch auf der anderen Seite des Schreibtischs. Seit Anfang März arbeitet sie im Marketing des Handelsbereichs. Die Obristen sind zufrieden mit Carla, da sie smart ist und etwas vom Thema versteht. Keiner hatte es gewagt, die Entscheidung von Mitch Lehman auch nur im Ansatz in Frage zu stellen. Auch Isabella Davis nicht, die nach wie vor jeden Zugang zu ihren Derivate- und Zertifikatebündeln verweigert. »Dieses Marketing mache ich selbst«, hatte sie Carla angegiftet.

Zu dieser wichtigen Pressekonferenz hat Mitch die wichtigsten Obristen und Carla, seine neue Marketingfrau, mitgenommen. Carla hat die von ihm für die Vorstandspräsentation beizusteuernden Folien überarbeitet und ihnen den letzten Schliff verliehen. Der General wollte sich nicht nur auf das Team in New York verlassen – auch wenn es momentan unter Robert Pearsons Kommando steht –, noch wollte er sich Kramer und Bensien allein aussetzen. Dazu steht bei dieser Pressekonferenz zu viel auf dem Spiel.

Mit den hohen Schuhen, die Carla zum Businesskostüm trägt, muss sie sich gar nicht strecken: Sie beobachtet durch ein kleines Guckloch, das in die große Trennwand hinter der Bühne eingelassen ist, die Menge, die sich in den Saal schiebt. Sofort erkennt sie, dass Simon übermüdet ist, seinen Namen hat sie auf der Teilnehmerliste gesehen. Nicht nur der Jetlag, wohl auch die viele zusätzliche Arbeit in den letzten Monaten nagen an ihm. Sie zögert, doch dann nimmt sie sich ein Herz und geht noch vor Beginn der Veranstaltung nach vorne, um ihn zu treffen.

Die Pressekonferenz ist ihr erstes Aufeinandertreffen seit Weihnachten im letzten Jahr. Der »CityView«-Chefredakteur hatte nach ihrem Rausschmiss das Bankenthema erst einmal selbst übernommen und sich deshalb auch persönlich auf den Weg nach New York gemacht. Außerdem konnte er in der kurzen Zeit keinen neuen Redakteur in das Thema einarbeiten.

Carla geht direkt auf ihn zu und streckt die Hand aus. Banker like, denkt Simon bei der Betrachtung ihres Outfits, und er sieht auch das teure Armband, das ihm schon in den letzten Monaten beim »CityView« aufgefallen war.

Simon steht breitbeinig wie immer, die linke Hand umfasst die Unterlagen, die rechte zieht er schnell aus der Tasche, um Carla zu begrüßen. Während sein Kopf brüsk sein will, freut sich sein Herz über den Anblick: »Hallo, Carla, schön, dich zu sehen. Wie geht es dir?« Dabei blinzelt er sie über seine Lesebrille an.

»Danke, Simon. Ich freue mich auch. Mir geht es gut. Es ist schon etwas anderes, auf der anderen Seite zu arbeiten.« Carla bleibt verlegen, solange sie neben Simon steht, denn sie ist keine Kollegin mehr, sondern eine »Pressetante«, wie sie selbst die Damen der Presse- und Marketingabteilungen genannt hatte.

»Das ist es wohl. Keine Lust mehr auf Journalismus?«

»Ich wollte etwas anderes versuchen.« Sie will ihm nicht von ihren Niederlagen erzählen. Simon war überrascht, dass kaum jemand Erkundigungen über sie bei ihm eingezogen hatte, aber er wusste auch nichts von den Gerüchten, die Pearson den Chefredakteuren der City wie kleine Spaltpilze eingepflanzt hatte. Er hatte sich seinen Reim darauf gemacht, dass Carla mit Mitch Lehman in der Tat in ein anderes Wertesystem abgedriftet war.

»Machst du die Banken jetzt selbst, Simon?«

»Bleibt mir nichts anderes übrig«, murmelt er, »ist eine

schwierige Materie« und zeigt mit dem Kopf auf die Unterlagen, die er immer noch unter dem Arm geklemmt hat, die andere Hand bohrt wieder in seiner Tasche. Wie schwierig es für ihn ist, die verwobenen und komplizierten Strukturen von Bankbilanzen und ausgegliederten Zweckgesellschaften zu durchschauen, will er Carla gegenüber nicht zugeben. Von Hedgefunds in London mit Rechtssitz Offshore, von handgemachten Zertifikaten, die über den Tresen verkauft werden, und von Refinanzierungen über kurzfristige Commercial-Paper-Programme, selbst der erfahrene Trent muss sich ganz schön anstrengen, um den Durchblick zu behalten.

Für Simon gab es Momente in den letzten Monaten, in denen er sich Carla sehnlichst zurückgewünscht hatte. Doch gerade ihr Entschluss, nun ausgerechnet bei Mitch Lehman anzuheuern, hat ihn in seiner Entscheidung bestärkt, dass der schnelle und tiefe Schnitt vor Weihnachten das Beste gewesen ist.

Simon hat sich hinten einen Platz reserviert. Die letzten Journalisten müssen mit einem Stehplatz an der Rückwand vorliebnehmen, als der Vorstand mit Don Kramer an der Spitze durch eine Öffnung die Bühne betritt. Keinen der Medienvertreter, so hat Pearson ihnen noch mit auf den Weg gegeben, interessiert das zurückliegende Jahr, sondern viel mehr, was die Banker über das laufende Jahr 2008 in Aussicht stellen. Das, so der Berater, sei der entscheidende Nachrichtenwert.

Die Führungsriege sitzt auf einem etwas erhöhten Podest hinter einer langen Tischreihe. Nach vorn sind die Tische mit einer Sichtblende geschützt, sodass niemand mehr sieht als eine Reihe aufrechter Oberkörper in dunklen Anzügen mit weißen Hemden und meist dunklen Krawatten. Auch nicht das zuckende Bein von Mitch Lehman. Hinter den Vorständen und Spartenchefs prangt auf der großen Trennwand das Logo der Bank, darunter leuchtet der Slogan in dominanten Lettern: *Certified by Customers Success* – Geprüft durch den Erfolg der Kunden.

Das Foto mit dem Topmanager wird am nächsten Tag um die Welt gehen, zumal Don Kramer mehrfach die Hand heben – so ist es in der Briefing- und Dramaturgiesitzung besprochen worden – und auf den Slogan verweisen wird.

Der Vorstand sitzt, abgesehen vom Vorsitzenden Don Kramer und Finanzvorstand Allen Smith, in alphabetischer Reihenfolge auf dem Podium. So findet sich Carl Bensien vom Publikum aus gesehen ganz links außen sitzend neben Mitch Lehman wieder. Zwischen Kramer und Smith sitzt Robert Pearson. Der offizielle Pressesprecher fehlt seit einigen Wochen wegen eines Burn-out-Syndroms. Deshalb arbeitet Robert Pearson interimistisch als hauptamtlicher Pressechef der Bank und verbringt viel Zeit im Headquarter in New York; er moderiert diesen mit Spannung erwarteten Anlass.

»Darf ich Sie um Ihre Aufmerksamkeit bitten. Guten Morgen, meine Damen und Herren«, Robert Pearson eröffnet die Bilanzpressekonferenz.

»Schade, Simon, aber es geht los«, zeigt Carla in Richtung Podium.

»Vielleicht ein anderes Mal.« Simon winkt kurz. Das ist eine andere Carla, sinniert er, während er an seinen Platz ganz hinten schlendert. Von da aus, so hat er es Carla einmal erklärt, hat man alles im Blick, auch die Kollegen.

Die Zahlen sind vergleichsweise gut, Don Kramer kann im Gegensatz zu vielen anderen seiner Kollegen noch einen Gewinn vermelden. Zwar hat auch seine Bank Federn lassen müssen, doch begrenzt sich ihr Abschreibungsvolumen auf etwa vier Milliarden Dollar auf Zertifikate der so genannten Holiri-Kategorie.

»Wir sind in dieser schwierigen Lage gut positioniert«, erklärt Kramer in seiner Rede. »Die Carolina Bank hat bislang auch keine Liquiditätszusagen ausüben, keine Zweckgesellschaften zurück in die Bilanz nehmen und auch keine Fonds schließen müssen«, erklärt er und schaut über den Rand seiner Lesebrille ins Publikum. Diese Bemerkung ist ihm wichtig; denn für ihn sieht es ganz danach aus, als sei seine Bank einer der wenigen Gewinner der Kapitalmarktentwicklung mit Blick auf das Jahr 2008. Kramer strotzt vor Selbstbewusstsein, was die Journalisten angesichts der zunehmenden Unsicherheit zwar irritiert, was sie aber wie Balsam aufnehmen.

Kramer bestätigt noch einmal die Jahresprognose für 2008. Man ist zwar etwas vorsichtiger geworden, doch hat ihm Mitch Lehman alleine sechs Milliarden Dollar Vorsteuerergebnis zugesagt. Das ist der Nachrichtenwert, auf den alle Journalisten gewartet haben. Ist die Krise doch vorüber? Kommen die guten Banken mit einem blauen Auge davon? Die Stifte der Journalisten glühen fast beim Mitschreiben.

Carla beobachtet die Ausführungen des Vorstandsvorsitzenden aus dem hinteren Teil des Saals und blickt aufmerksam auf die linke Seite, wo Carl und Mitch zwar nebeneinander sitzen, doch kaum entfernter voneinander sein könnten. Während Bensien die Journalisten im Saal zu mustern und zu kategorisieren scheint, kann Mitch Lehman kaum seine Langeweile verbergen. Da sein Körper fast unmerklich vibriert, ist sich Carla sicher, dass er unter dem Tisch heftig mit dem Fuß wippt. Ein zuverlässiges Zeichen, dass es ihn kaum mehr auf dem Stuhl hält.

Nachdem Kramer seine Rede mit einem betonten »Wir waren stark, wir sind stark und wir bleiben eine starke Bank« – wobei er mit dem Stift auf den Tisch pocht, was über das Mikrofon gut zu hören ist – und einem »Herzlichen Dank, meine Damen und Herren« beendet hat, beginnt die Fragerunde der Journalisten.

Pearson arbeitet souverän, und allmählich legt sich die Spannung der Banker auf dem Podium. Das Briefing scheint aufzugehen, schließlich ist die Prognose für 2008 ein wichtiges und gutes Zeichen für die Märkte. Auch die Journalisten wollen nicht über den Weltuntergang schreiben. Kritisieren ja, aber bitte keine Systemkrise; das träfe alle – auch die Medien.

Bereits eineinhalb Stunden dauert die Pressekonferenz, davon eine Dreiviertelstunde die Fragerunde. Die Themen beginnen sich ein wenig zu wiederholen, als Simon Trent sich per Handzeichen auf die Rednerliste nehmen lässt. Robert Pearson packt den Chefredakteur des »CityView« ganz ans Ende der Liste – in der Hoffnung, dass es Simon zu lang dauert. Robert versucht nach einer Stunde und fünfundvierzig Minuten mit einem Blick in die Runde die Fragezeit zu beenden, doch Simon hebt nochmals die Hand.

»Ach ja, da ist noch eine Frage von ganz hinten links. Simon Trent vom ›CityView‹ aus London. Ihre Frage bitte!« Bei offiziellen Veranstaltungen siezen sich die Herren.

Carla hat alle im Blick, so wie sie es bei Simon gelernt hat, denn sie sitzt ganz hinten rechts vom Podium aus gesehen – in direkter Linie nach vorne zu Carl Bensien und Mitch Lehman. Simon Trent steht auf, damit man ihn besser sehen kann, und nimmt das ihm gereichte Handmikrofon: »Ich habe eine Frage an Herrn Lehman, den Leiter des Kapitalmarktbereichs.«

»Bitte«, antwortet Robert und Mitch rückt an seinem Platz etwas vor.

»Herr Lehman, wir hören zunehmend mehr Gerüchte über steigende Unsicherheiten im Markt, die alle Handelsbereiche von großen Investmentbanken betreffen sollen, auch Ihren. Können Sie dazu etwas sagen?«

Simon Trent ist ein geschickter Fragensteller und verschießt sein Pulver nicht bei der ersten Gelegenheit. Prompt fällt Mitch darauf herein: »Nein. Das trifft nicht zu. Unsere Bank ist sehr konservativ und zurückhaltend in ihrem Derivate- und Zertifikate-Engagement sowie mit unseren anderen strukturierten Produkten, auch wenn wir ebenfalls von der Abwärtsbewegung betroffen sind, die sich im so genannten Subprime-Immobiliengeschäft ergeben haben.«

»Aber Ihre Holiri-Familie ist doch größer als die benannten vier Milliarden Dollar, die Sie nun wertberichtigt und abgeschrieben haben, oder?« Robert gelingt es nicht, dazwischenzugehen, denn Simon hakt sofort nach.

»Ja, das ist richtig. Aber alle anderen Teile sind immer sehr gut geratet. Super Senior, wenn Ihnen das etwas sagt, Mr Trent.«

»Und wie hoch ist das gesamte Volumen, wenn ich fragen darf?« Simon beginnt wieder in die letzten Worte von Mitch hinein und lässt sich von dem Hinweis auf die beste Ratingkategorie Super Senior nicht ablenken.

Super Senior läuft als letztes voll, aber wenn die Dämme brechen, ist das auch egal. Hatte ihm jedenfalls Carla schon im Herbst des letzten Jahres erklärt. Die senkt den Kopf, denn Carla ahnt, was Simon vorhat, schließlich hat sie einige Pressekonferenzen mit ihm zusammen besucht. Das kann ja heiter werden, denkt Carla. Was ihr bis vor wenigen Wochen als Journalistin Spaß gemacht hätte, bereitet ihr nun ein gewisses Unbehagen.

Nun schaltet sich Robert Pearson ein: »Bitte nur eine Frage, Mr Trent. Wir wollen zum Ende kommen.«

»Robert, wenn Sie mich als Allerletzten drannehmen, dann dauert es eben noch einen Moment. Ich glaube, dass auch die Kollegen interessiert, wie hoch in der Tat der Value at Risk der Holiri-Familie in der Bilanz der Carolina Bank ist.« Mit dem Hinweis auf die »Kollegen« hat Simon die umsitzenden Journalisten für sich eingenommen – auch ein alter Trick. Fraternisierung unter Journalisten. Es gibt ein klares Ja-Grummeln aus der Menge, und Robert muss Simon gewähren lassen.

»Und können Sie uns auch die Konstruktion dieser Holiris etwas genauer erklären?« Simon will das Momentum gegen Mitch Lehman jetzt aufrechterhalten.

»Wieso?«

»Weil sie schließlich damit vier Milliarden Dollar verloren haben«, setzt Simon Trent trocken nach, was ein heiteres Gelächter im Saal auslöst.

Mitch rutscht unruhig auf seinem Sitz hin und her. Simon Trent kann selbst von seiner Position aus sehen, wie unangenehm ihm seine Fragen sind. »Ach und bitte sagen Sie mir doch, was Holiri eigentlich heißt.«

»Das sind nun drei Fragen«, versucht Pearson wieder zu ordnen und Mitch etwas Luft zu verschaffen. Pressekonferenzen gehören zu den wenigen Momenten, in denen er nicht direkt eingreifen und Mitch schützen kann. Sie sitzen auf dem Präsentierteller, zum Abschuss freigegeben.

»Volumen, Konstruktion und der Name«, fasst Robert zusammen und versucht Mitch damit eine verbale Halteleine zu reichen.

Mitch Lehman starrt dennoch unbeweglich in die Runde. In der ersten Reihe sitzen seine Obristen, die bei Pressekonferenzen immer für Spezialfragen bereitstehen, was General Mitch Lehman bislang noch nie in Anspruch nehmen musste. Und jetzt? Die Pause dauert lange, zu lange. Dann beginnt Mitch stotternd: »Ähm. Darf ich Sie, Mrs Davis, bitten, die Frage zu beantworten.« Mitch zeigt auf Isa. Es klingt beinahe flehend. Carla hält kurz die Hand vor den Kopf. Das ist mächtig schiefgegangen, denkt sie und konzentriert sich auf Carl Bensien, der ganz gelassen neben Lehman sitzt, aber keine Miene verzieht.

Isabella Davis steht auf und nimmt ein Handmikrofon, das ihr gereicht wird: »Mr Trent. Holiri steht für Holistic Individual Risk Certificate oder Securities und ist sozusagen der Markenname für eine Familie, in der wir die Struktur von finanziellen Risiken verändern, die ein Mensch in seinem Portfolio haben kann.« Souveräne Antwort, Carla nickt anerkennend.

»Das verstehe ich nicht. Sind das Zertifikate? Verstehen Sie das etwa auch nicht, Mr Lehman, dass Frau Davis uns das erklären muss?« Simon steht aufrecht, in einer Hand den Block, in der anderen seinen Stift. Mitch kann sich nur mit Mühe beherrschen.

»Mrs Davis ist unsere Spezialistin für das Thema. Auf sie kann ich mich voll und ganz verlassen. Da muss ich nicht alle

Details im Kopf haben. Das dürfte Ihnen als Chefredakteur doch auch nicht anders gehen.«

Simon übergeht die Spitze routiniert: »Mrs Davis, können Sie uns das genauer erklären?«

»Ich versuche es, aber es stecken komplizierte Modelle dahinter.« Sie stellt sich dabei in den Mittelgang, der die Tischreihen teilt.

»Zunächst: Es sind keine reinen Zertifikate, weil das reine Wetten ohne Unterlegungen sind. Strukturierte Papiere, also Derivate, haben immer etwas dahinter«, führt sie aus.

»So wie schlechte amerikanische Immobilien«, unterbricht Simon, der in solchen Situationen ein richtiges Ekel sein kann, erinnert sich Carla.

»Ja, äh, nein, die sind doch nicht alle schlecht«, er bringt sie aus dem Konzept, doch Isabella fängt sich wieder. »Bei unseren Holiris schneiden wir im Prinzip den Menschen in Risikoklassen auf: Hypothek, Kreditkarten, Leasing, Kontokorrent und so weiter. Zudem berechnen wir ein Risiko für den Verlust von Arbeitsplätzen in den verschiedenen Branchen und Jobs.«

Isa merkt nicht, wie unmenschlich ihre Ausführungen in den Ohren von Laien klingen müssen. Die Krönung ist ihre Schlusserklärung: »Dann setzen wir den Menschen risikotechnisch wieder neu zusammen. Je nachdem, was die Investoren für einen Risk Appetite haben, kaufen sie uns ein neues Bündel ab.«

Sie schaut in Richtung Trent, klammert sich dabei an das Handmikrofon; ihr Kostüm ist eng geschnitten und hat keine Taschen, in die sie ihre Hände stecken könnte.

»Sie basteln sich den Menschen neu?« Carla ist nicht ganz so verblüfft wie Simon, das Raunen im Saal zeigt allerdings, dass auch die anderen Journalisten innehalten und mit erwachtem Interesse diesem seltsamen Dialog folgen.

So denken Strukkis allerdings. Letztes Jahr hatte Carla mit einem dieser Spezies gesprochen, der Geschäfte mit dem Tod machte. Seine Bank kaufte Menschen ihre Lebensversicherungen ab und zahlte für den Versicherten die Prämie. »Falls dieser vor der Fälligkeit stirbt, fällt das Kapital an die Bank, falls nicht, bekommt er alles und wir haben seine Prämie gezahlt«, hatte der Banker Carla erklärt. Ob das nicht unmoralisch sei, hatte sie ihn gefragt. Nein, berechnend, hatte der Strukki entwaffnend ehrlich geantwortet.

Genauso redet Isa jetzt: »Nur im Modell selbstverständlich!«

»Ist das nicht unmoralisch, Mrs Davis?«

»Modelle sind nicht moralisch, Mr Trent!« Isa hält sich dabei mit einer Hand an einer nahen Stuhllehne fest. Mehr Halt kann sie nicht finden.

»Aber dann bilden sie die Wirklichkeit doch gar nicht ab.«

»So gesehen, nein. Aber die Frage habe ich mir so noch nie gestellt«, spricht Isa fast zu sich selbst, sichtlich fahriger als zu Beginn ihrer Ausführungen.

»Das sollten Sie aber vielleicht einmal«, schießt Trent schnell zurück.

»Ich denke, das reicht jetzt, Mr Trent.« Vom Podium geht Mitch dazwischen.

»Haben Sie es denn jetzt verstanden, Mr Lehman?«

Mitch mustert Simon stechend.

Robert Pearson ruft in die Runde: »Ich denke, das war es. Weitere Fragen?«

»Mir fehlt noch die Antwort nach dem Volumen der Holiris, Mr Lehman«, setzt Simon nach.

Mitch Lehman knirscht mit den Zähnen, will aber den Eklat in der Öffentlichkeit verhindern. Also antwortet er so ruhig wie möglich: »Wir haben über unsere Zweckgesellschaft Ratio Driver rund fünfzehn Milliarden Dollar Volumen aus der von Ihnen nachgefragten Holiri-Familie gehabt. Davon haben wir die von Herrn Kramer benannten vier Milliarden Dollar abgeschrieben, wertberichtigt und auf die Bilanz genommen.«

»Und was ist mit dem Rest?«

»Die sind alle, wie ich Ihnen bereits erklärt habe, wenn Sie mir zugehört hätten, in der so genannten Triple-A-Super-Senior-Tranche und damit erstklassige Papiere.«

»Aber von der Konstruktion her, Mr Lehman, sind diese Holiris doch genauso gestrickt, nicht wahr?«

»Im Prinzip schon.«

»Was heißt das denn?«

»Was ich sagte«, beugt sich Mitch wie zum Angriff vor: »Im Prinzip sind sie genauso strukturiert, aber sie enthalten bessere Kredite als Grundlage. Wir teilen ja den eigentlichen Kredit und das Risiko auf. Aber ich denke, das führt nun doch zu weit, Mr Trent!«

»Nein, noch eine Frage bitte: Sie haben doch die Holiri-Papiere außerhalb der Bilanz in Zweckgesellschaften deponiert?«

»Ja, das haben wir. Über unseren Ratio Driver.«

»Ratio Driver? Schöner Name. Bei anderen Banken machen solche Quotentreiber Probleme, die sie als Sponsoren mitarrangiert haben.«

»Solche Probleme haben wir nicht, weil unsere Aktivseite besser ist.«

»Sind Sie sicher?«

»Soweit man in diesen Tagen sicher sein kann.«

»Genau das meine ich, Mr Lehman. Soweit man sich in diesen Tagen noch sicher sein kann. Ich danke für die Antworten«, lächelt Simon und setzt sich entspannt wieder hin, den im Stehen vollgeschriebenen Block beinahe zärtlich betrachtend.

Robert bemüht sich, die Pressekonferenz so schnell wie möglich zu Ende zu bringen. Viele Journalisten machen sich Notizen, insbesondere die letzten Antworten von Mitch Lehman und Isabella Davis dürften morgen wörtlich zitiert werden. Und ohne die Fragen von Simon Trent würde es sicher weniger kritische Kommentare geben, darauf würde Carla wetten.

Während Mitch innerlich vor Wut kocht und inzwischen mit beiden Füßen wippt, sitzt Carl Bensien ganz ruhig neben ihm und hat inzwischen sogar ein leichtes Schmunzeln auf den Lippen. Er fixiert Carla Bell, die deutlich den Kopf schüttelt. Carl ist sich nur nicht sicher, ob sie wegen Mitch oder Simon so reagiert. Mitch Lehman hat mit seiner letzten Antwort einmal zu viel geredet und die Zweckgesellschaften in den Kontext der aktuellen unsicheren Lage gestellt. Damit wird das eigentlich gute Ergebnis der Carolina Bank in Bezug auf die Aussichten für 2008 stark relativiert, schätzt sie auf dem Weg hinter die Bühne. Bloß nicht noch einmal heute Simon über den Weg laufen.

Was ist schon fair?

»Was will dieses Arschloch, Robert?« Mitch läuft wie ein angeschossener Boxer mit geballten Fäusten von Ecke zu Ecke, die Krawatte fliegt bei jeder abrupten Richtungsänderung hin und her. Nur mit einem herrischen Kopfnicken hat er Isabella, Robert und auch Carla zu sich in seinen Arbeitsraum hinter der Bühne zitiert. Kramer und die anderen Vorstände sind bereits mit einigen ausgewählten Journalisten zu einem leichten Lunch aufgebrochen.

»Das weiß ich nicht, Mitch.« Pearson lehnt mit dem Rücken an einer Wand, die ihm offensichtlich Halt geben soll. Jeder Vorstand hat einen kleinen Besprechungsraum hinter der Bühne. Klein und quadratisch, doch normalerweise ausreichend, wenn man nicht gerade laut schreien will und gleich mehrere Leute im Raum hat.

»Das solltest du aber besser«, giftet Lehman zurück und stapft zwei Schritte auf Pearson zu.

»Carla, du warst bei diesem Blättchen«, er dreht sich abrupt zu ihr um, die in einer anderen Ecke des Raums steht. Carla fährt zusammen, als sie angesprochen wird, so hat sie Mitch noch nie agieren sehen.

»Simon hat vor einigen Monaten ganz offensichtlich einen Tipp bekommen, dass die ausgewiesenen Risikopositionen der Investmentbanken nicht ihrem tatsächlichen Risiko entsprechen. Genau daraufhin zielte seine Frage. Mehr weiß ich auch nicht.«

»Isa. Gibt es etwas Neues?«, fragt Lehman seine einstige Vertraute in der dritten Ecke und fixiert sie mit stechendem Blick. Mitch steht mitten im Besprechungsraum wie ein Boxer mit drei Gegnern im Ring, während Robert, Isa und auch Carla Halt an den schmucklosen Wänden suchen.

»Nein, Mitch, es ist alles so, wie wir es besprochen und strukturiert haben. Du erinnerst dich?« Isa schaut betreten zu Boden, sie ist sich ihrer schlechten Performance vor den Journalisten inzwischen bewusst.

»Ja, das tue ich, Isa!« Dabei geht er mit erhobenem Zeigefinger zwei Schritte auf sie zu. »Also bin ich unnötig vorgeführt worden?«

Keiner will auf diese Frage antworten. Mitch wechselt seinen Blick zwischen Robert Pearson und Isabella Davis. Der schlichte weiße Raum erinnert Isabella entfernt an den Behandlungsraum von Dr. Luir. Nur noch drei, vier Sitzungen, hatte Luir ihr bei der letzten Behandlung zugerufen.

»Mitkommen!«, knurrt Lehman Pearson an und reißt Isa aus ihren Gedanken. Mitch stürmt an der erschrockenen Carla vorbei, die neben der Eingangstüre an der Resopalwand steht. Robert kann ihm kaum folgen.

»Execute him, Robert! Ich will diesen Mann mich niemals mehr befragen sehen«, Lehman spricht leise, sodass ihn niemand auf dem Gang, wo ein reges Kommen und Gehen herrscht, verstehen kann.

Zwei Meter weiter befiehlt er: »Ich will Vollzug. Und zwar schnell!«

Carla und Isabella sind allein in Lehmans Besprechungsraum: »So viel zum Thema, Carla.«

Carla hat die Arme in ihrer typischen Abwehrpose verschränkt: »Ihnen ist doch klar, dass Simon Trent Recht haben könnte, nicht wahr?«

»Nein, das glaube ich nicht«, gefriert Isas Miene ob der Frage. »Dann müsste schon ein Super-GAU eintreten. Und wieso sollte das passieren?«

»Ist der nicht schon da: Merrill, City mit großen Verlusten und vor allem Bear Stearns?« Nachdem Mitch den Raum verlassen hat, fängt Carla sich schnell wieder. Gegenüber Isabella hilft nur fragende Arroganz. Das hat sie bereits in den ersten Tagen gemerkt.

»Die Jungs von Bear Stearns haben sich verrechnet. Das passiert mir nicht, Carla«, antwortet Isabella und macht ein paar Schritte auf Carla zu.

»Isabella, Sie mögen mich nicht, aber hier geht es nicht um uns beide. Es geht um die Bank, die fair in der Öffentlichkeit dargestellt sein soll.« Carla macht ebenfalls einen Schritt, kein Meter trennt die Gesichter der beiden gleich großen Frauen, die sich in der Mitte des Raums gegenüberstehen.

»Was ist schon fair, Carla?«

»Fair ist, was die Bank langfristig richtig darstellt, oder?«

»Langfristig sind wir alle tot«, bemerkt Isabella.

»Aha?« Mit der Aussage kann Carla nichts anfangen, wie Isa erkennt.

»Keine Sorge, ich habe nur John Maynard Keynes zitiert. Er hat gesagt, dass wir in der Wirtschaftspolitik kurzfristig eingreifen müssen. ›In the long run, we are all dead‹, war seine dazu passende Aussage.« Auch Isabella hat ihre Arme vor ihrer Brust verschränkt.

»Aber es ist gerade jetzt so unübersichtlich. Das können Sie doch gar nicht alles in Ihren Modellen berücksichtigt haben. Nur ein Beispiel, Isa«, hebt Carla den Kopf, was ihrer Aussage einen arroganten Touch gibt: »Sie haben doch niemals damit rechnen können, dass die Fed die Zinsen so stark senken würde. Oder dass der Ölpreis so stark steigt.«

»Kann man rechnen, Carla.«

»Wirklich?«, wartet Carla einen Moment, ehe sie weiterspricht: »Wenn ich Ihnen helfen soll, das Vertrauen in Derivate und Zertifikate zu erhalten oder wieder zu beleben, wo es bereits notwendig ist, dann müssen Sie mich einweihen.«

»Keine Sorge, Sie sind noch neu hier, Carla. Ich sage Ihnen immer, was Sie aktuell benötigen. Öl stört mich weniger, das ist ein Problem für die Wirtschaft insgesamt. Und sinkende Zinsen drücken allenfalls die Marge. Aber das verstehen Sie vielleicht nicht.«

Carla überhört diese Spitze: »Wenn die Wirtschaft stark sinkt, dann verfallen die Werte. Sie haben doch eine breite Palette an strukturierten Produkten, fast alle zinsabhängig. Was machen Sie dann?«

»Umschichten, Gegenwetten, Carla, bis der Sturm vorüber ist.«

»Wie soll das gehen? Die Werte bleiben doch«, fragt Carla noch einmal interessiert nach.

Isabella merkt, dass sie unvorsichtig war: »Nur ein technischer Vorgang. Sie können technisch gegen sich selbst wetten«, will sie das Gespräch abbiegen.

»Aber braucht man dann nicht mehrere Zweckgesellschaften?«, hakt Carla nach.

»Das ist eine lange Geschichte«, wiegelt Isa ab, als es plötzlich an der Türe klopft. Zum Glück. Isabella schaut zur Türe, um Carlas Blick zu entgehen. Isabella nutzt die Chance, sich auf den Weg zu machen: »Ich werde Mitch noch einmal beruhigen. Oder wollen Sie das machen, Carla?«, fragt sie, geht auf die Türe zu und ruft: »Ja, bitte!«

»Oh, Carl. Dich kann ich jetzt wirklich nicht gebrauchen«, geht sie mit kurzem Nicken an Bensien vorbei hinaus.

»Danke für den Hinweis, Isabella«, grüßt er dennoch freundlich, als die Finanzingenieurin vorbeisaust.

»Nein, danke«, antwortet Carla noch, die diese Spitze, wer denn Mitch jetzt beruhigen könne, nicht ignorieren wollte.

»Darf ich?«, fragt Bensien.

»Ah. Wie war noch der Name? Fischer, Gauß oder, warten Sie, doch Bensien?« Carla will mit der Scherzfrage ihre eigene Verkrampfung lockern, die ihr die Szenen mit Mitch und Isabella bereitet haben.

»Wie bitte?«, fragt Carl Bensien, der immer noch höflich an der Türe auf ihre Erlaubnis zum Eintreten wartet.

»Na ja, ist die Welt nun wie bei Gauß normalverteilt oder wie bei Fischer mit steilem Anfangsrisiko, Doktor Bensien? Kommen Sie rein.«

»Und wenn der kommt?«, fragt Carl zurück und zeigt auf Lehmans Namensschild an der Türe.

»Der ist jetzt in einem Conference Call. Keine Gefahr.«

»Er muss ja ziemlich geladen sein«, Carl steckt seine Hände in die Hosentaschen und kann ein Schmunzeln nicht verbergen.

»Kann man wohl sagen.«

Carl geht auf sie zu und reicht ihr die Hand: »Willkommen bei der Carolina Bank.«

»Stimmt, wir haben uns ja seit meinem Start hier noch gar nicht gesehen«, antwortet Carla.

»Ob Fischer oder Gauß, ich weiß es übrigens nicht, Carla. Aber ich heiße ja auch Carl Bensien.«

»CB«, gibt Carla zurück. »Die Initialen C und B wie bei mir. Carla Bell oder Carl Bensien.«

»Um genau zu sein …«

»Wie es bei einem Ökonometriker ja sein soll«, unterbricht Carla lachend.

»… heiße ich sogar Carl Emil Etienne Bensien und im Internat haben mich alle Ceeb gerufen.«

»Na, da kann ich nicht mithalten. Weder mit dem Internat noch mit den weiteren Vornamen. Ich heiße einfach Carla Bell.«

»Und wie geht es Ihnen mit unserer Rakete?«

»Mit wem?« Carl hält ihr den Stuhl, Carla muss sich erst einmal an den kleinen Besprechungstisch setzen.

»Mit Isabella Davis, unserer Antwort auf alle Raketeningenieurinnen in den Banken dieser Welt.« Er nimmt ihr gegenüber Platz.

»Ich würde mal sagen: schwierig. Ziemlich verschlossen. Aber das Gehirn des Generals.« Dabei räumt Carla ihre Unterlagen zusammen, die auf dem kleinen Besprechungstisch liegen. Sie muss sich beschäftigen.

»Na, Sie haben ja gehört, was sie eben zu mir sagte.«

»Ja.«

»Im Übrigen habe ich keine Ahnung, ob Fischer oder Gauß derzeit das Rennen macht, um Ihre Frage zu beantworten.«

»Für Isabella ist es Keynes. ›In the long run, we are all dead‹, hat sie mir eben zu verstehen gegeben, als ich ihr sagte, eine faire Darstellung sei für die Bank dann erreicht, wenn sie langfristig richtig bewertet wird. Und zwar am Kapitalmarkt und in den Medien.«

»Interessante Aussage«, sagt Carl und nimmt die rechte Hand nachdenklich zum Kinn.

»Welche, die von Davis oder meine?«

»Beide, Carla. An der Börse kracht es jedenfalls seit Kurzem heftig, und Simon Trent scheint auch nicht gerade euphorisch zu sein, oder?«

»Hat er Recht? Ich habe gesehen, wie Sie sich amüsiert haben, als er Mitch in die Zange nahm.«

»Lassen Sie mir meine kleinen Freuden«, lächelt Carl. »Trent hatte zumindest nicht Unrecht, als er am Ende sagte, soweit man sich heute noch sicher sein kann.«

»Kann sein.« Carla nimmt dabei die Unterlagen wie ein Schutzschild vor die Brust, denn auf diese Diskussion will sie sich jetzt nicht einlassen.

»Ich muss weiter, Carla. Viel Glück bei uns. Vielleicht sehen wir uns ja bald wieder«, verabschiedet sich Bensien.

»Danke, ganz sicher«, ruft sie ihm nach. Sie nimmt Mitchs Unterlagen, die er bei seinem überstürzten Abgang liegen gelassen hat, dazwischen blitzt ein weißes Blatt mit einer E-Mail hervor: Von Cindy Fitzpatrick an Mitch Lehman,

Betreff: Nachricht von St. Francis. Carla legt den Stapel noch einmal ab, zieht das Blatt ganz heraus und liest:

Hallo, Mitch, heute Morgen habe ich einen Anruf erhalten. Von einem Pfarrer Hastings von der St. Francis Church in Holland Park. Er hat gebeten, dir umgehend mitzuteilen, dass Pfarrer Horacio Melander letzte Nacht verstorben ist. Falls ich etwas in der Sache unternehmen soll, lass es mich bitte wissen. Gruß Cindy

Carla erinnert sich sofort an die Begegnung mit dem Kirchenmann an der Weihnachtsfeier im Dezember. Was hat Mitch denn mit dem zu tun? Und wieso kritzelt er an Cindys Frage ein dickes Nein mit einem Ausrufezeichen, fragt sie sich, als sie hinter sich eine Stimme hört.

»Saubere Vorstellung deines Exchefs, nicht wahr, Carla. Ich muss mit dir reden«, Pearson steht wieder im Raum, wirft hinter sich die Türe ins Schloss und kommt direkt auf Carla zu. Die greift wieder den Stapel Unterlagen und nimmt alles zum Schutz vor sich, um sich in Richtung Türe zu begeben.

»Er hat doch nicht ganz Unrecht«, sie geht lieber in die Offensive und will zum Ausgang.

»Einen Moment, Carla.«

»Ich muss zu Mitch«, lügt sie.

»Der hängt noch ein paar Minuten im Conference Call, Carla.«

Verdammt, denkt Carla und versucht trotzdem in die Nähe der Türe zu kommen.

»Das war ziemlich dumm von Simon; denn Mitch mag es nicht, bloßgestellt zu werden.«

»Ich finde, Mitch und Isabella haben das gut gemacht«, lügt sie erneut.

»Na, hoffentlich kannst du das Mitch im Bett klarmachen«, blitzt er sie an.

»Das geht dich nichts an, Robert«, antwortet sie schnell und hat bereits die Klinke in der Hand.

Doch Pearson ist schneller und drückt die Tür noch einmal zu. Obwohl er gertenschlank und nicht besonders kräftig ist, flößt er Carla Angst ein, nicht zuletzt, weil er über einen Kopf größer ist als sie.

»Damit das klar ist: Ob du ihn bumst oder nicht, ist mir egal, aber du bist nun eine von uns und stehst nicht mehr auf der Seite von Simon.«

»Sieh dich vor, Robert. Ein Wort von mir zu Mitch und du hast ein echtes Problem«, zischt sie ihn an.

»Da draußen tobt der Endkampf im globalen Investmentbanking, und Mitch will gewinnen. Um jeden Preis, und wenn ich sage um jeden, dann meine ich das auch so. Für ihn zählt nur die Bank. Wir müssen unsere Bank so positiv wie möglich verkaufen.«

»Ich bin für eine faire Darstellung. Und wir stehen doch gut da, gerade weil Mitch einen guten Job macht.« Wieder will sie die Türe öffnen, aber noch immer hält Robert dagegen. Sie nimmt die Hand zurück, um die Unterlagen festzuhalten, die ihr aus dem Arm zu fallen drohen.

»Was ist schon fair?«, lacht Pearson. »An einer fairen Darstellung, Kleine, ist Mitch genauso interessiert wie an einem fairen Umgang mit Frauen, verstehst du?«

»Soll heißen?«

»Frauen wechselt er, wenn sie ihm nicht mehr passen, schneller als man Nutten bestellen kann.«

Gut, dass sie die Hand relativ hoch vor der Brust hat. Carla holt ansatzlos aus und schlägt ihm mit der flachen Hand ins Gesicht. Robert stolpert, was Carla die Chance bietet, die Tür zu öffnen und blitzschnell durch den Spalt zu verschwinden.

»Glaube es mir, Carla.« Er hält sich die Wange, auf der sich ihre Hand deutlich abzeichnet.

Draußen versagen Carla fast die Beine. Sie muss sich wenige Meter neben der Türe mit dem Schild Mitch P. Lehman gegen die Wand stützen. Doch auf dem Gang hinter der Bühne, wo immer noch ein reges Treiben herrscht, ist sie sicher.

Robert kommt nur Sekunden nach ihr aus der Türe, blickt sie einmal giftig an und verzieht sich in die andere Richtung

– wohl zur Toilette, grinst Carla, obwohl ihr zum Heulen zumute ist. Den Stapel legt sie erst einmal auf dem Boden ab.

Sekretärinnen, Assistenten und andere Mitglieder der Entourage laufen auf und ab, es hat sich herumgesprochen, dass Lehman und Trent eine Auseinandersetzung führten, die Kommentare schwirren durch den Gang; niemand nimmt so recht Anteil an Carla, die sich langsam wieder in den Griff bekommt. Sie macht sich auf den Weg zu den kleineren Räumen des Conference Centers, wo die Diskussionen mit Analysten oder die Einzelgespräche mit Journalisten stattfinden, um Mitch seine Unterlagen und sein Jackett zu geben.

»Ssst«, meldet sein Handy in der Seitentasche des Jacketts eine eingehende SMS. Carlas Neugier überwiegt erneut. Als sie vor dem Raum auf Mitch wartet und seinen Stapel auf einen kleinen Tisch ablegen kann, greift sie ins Jackett und zieht das Handy heraus: »Dinner um 8 pm in Ben Bensons Steakhouse. Tisch auf Ashton reserviert. Stan«, steht auf dem Display. Vor Schreck lässt sie das Handy wieder in die Jackentasche plumpsen. Unmittelbar vor ihr öffnet sich die Türe zum kleinen Conference Room »Los Angeles«, den Mitch immer für sich reserviert.

»Hi«, lächelt er ihr zu. Hinter ihm kommt Isabella aus dem Raum.

»Das habe ich wieder hingebogen«, seine Laune hat sich offensichtlich wesentlich gebessert, während die Davis das Gesicht verzieht. Mitch nimmt das Jackett und reicht sogleich die Unterlagen an Isa weiter.

»Brauche ich nicht mehr.« Mitch greift Carla um die Schulter.

»Darling, ich habe gleich noch ein kurzes Vorstandsessen vor der Analystenkonferenz, aber heute Abend sehen wir uns.«

»Machen wir«, Carla kann sich ein triumphierendes Grinsen nicht verkneifen, das aber mehr der abgestempelten Isabella gilt. Zwei Meter weiter vorne biegt Mitch ab zu den Aufzügen in Richtung Vorstandscasino.

Carla verzieht sich ins Pressezentrum, in den für die Mitarbeiter reservierten Bereich. Gut eine Stunde prüft sie an ihrem kleinen Arbeitsplatz die ersten Artikel, die online über die Pressekonferenz erscheinen, beobachtet den Kurs und hört mit einem Ohr in die Nachrichten der Wirtschaftssendungen hinein. So schlecht ist es gar nicht gelaufen, taxiert sie die bisherigen Berichte. Wahrscheinlich konnten doch weniger Journalisten etwas mit dem Streit zwischen Simon und Mitch anfangen, kommt Carla zum Schluss und streckt sich.

Als ihr Handy klingelt, greift sie entspannt danach.

»Hi, fertig gegessen?«

»Noch nicht ganz, aber ich wollte einfach kurz deine Stimme hören.« Wie nett er sein kann, staunt Carla, die noch den wutschnaubenden Mitch aus seinem Besprechungsraum vor Augen hat.

»Wann bist du fertig? Ich bin in zwei Stunden durch mit meinen Sachen hier.« Carla mustert ihren vollen Schreibtisch; das schafft sie nie in zwei Stunden, aber den Rest kann sie auch später im Hotel oder sogar morgen erledigen. Sie will so schnell wie möglich aus diesem Kabuff raus, das noch viel enger ist als ihr Arbeitsplatz beim »CityView«.

»Teile es dir ein, wie du willst. Ich kann heute Abend leider nicht. Habe noch einen wichtigen Termin mit Kramer wegen einer neuen Bonusstruktur. Wir sehen uns dann im Hotel. Kann aber spät werden. Warte nicht auf mich.« Mitch hat keine Lust, sich gegenüber Carla zu erklären. Und mit Lügen ist er schon immer gut durchs Leben gekommen. Nicht schlecht, denkt Carla. Melander, Ashton. Mitch Lehman, das wird ihr immer klarer, hat eine zweite Agenda.

»Das ist aber schade.«

»Vielleicht wecke ich dich noch, wenn ich komme.«

»Mal sehen. Dann treffe ich mich mit ein paar alten Kollegen aus dem Stiftungsprogramm vom letzten Sommer.« Carla bemerkt, dass ihr seine Ausrede gar nicht so unangenehm ist.

»Alles klar«, antwortet Mitch, »aber komm nicht zu spät.«

Mangels Alternative erledigt Carla ihre Arbeit, gegen Abend hat sie eine Bewertung aller Agenturberichte des Tages sowie eine Einschätzung über die zu erwartende Presselage am kommenden Tag vorgenommen. Sie hat sich an die Fakten gehalten und den Showdown zwischen Mitch und Simon nicht weiter analysiert. Kurz nach neunzehn Uhr mailt sie ihre Ergebnisse an Robert Pearson, dem sie um alles in der Welt heute nicht noch einmal begegnen will.

Seit sie die SMS gelesen hat, zieht es sie zu Ben Bensons Steakhouse. Nachdem sie nichts mehr zu tun hat und keinerlei Ablenkung findet, setzt sie sich kurzerhand in Bewegung. Vom jungen Mitarbeiter für die Hauspost der Bank leiht sich Carla eine Baseballkappe der New York Mets und steht mit tief ins Gesicht gezogener Kappe und dickem Schal um kurz vor acht Uhr am Abend vor dem Steakhouse.

Es ist ziemlich kalt und ihre Stöckelschuhe, die sie zum Kostüm trägt, dienen nicht dazu, sie zu wärmen. Wie gerne hätte sie jetzt Turnschuhe an, so wie die Sekretärinnen. Der Wind pfeift eisig durch die Schluchten von Manhattan; als eine Viertelstunde nach acht immer noch kein Mitch Lehman aufgetaucht ist, will sie ihre Übung völlig durchgefroren abbrechen. Eine schwachsinnige Idee war das, ausgerechnet hier Stanley Ashton aufzulauern. Mit winkendem Arm springt sie dem Yellow Cab entgegen, das fast schon an ihr vorbei ist – und sie sieht den Mann von der Seite nicht.

»Autsch«, knickt Carla weg und sinkt zusammen, der Mann, der ihren linken Fuß erwischt hat, kann sie gerade noch am Arm auffangen.

»Ah«, sie bückt sich und fasst sich an den linken Knöchel.

»Oh, Entschuldigung«, der ältere Herr hält sie immer noch fest. »Sie sind einfach losgelaufen. Tut es sehr weh?« Carla erstarrt im Arm des Mannes.

»Ja, sehr.« Carla fasst sich an den Köchel, der bereits anschwillt.

»Tut mir leid«, hört sie die sonore Stimme wieder. Carlas Augen bleiben im Schatten des Kappenschirms, ihr Mund steckt unter dem dicken Schal. Von ihrem Gesicht ist kaum etwas zu sehen. Sie riskiert einen zweiten Blick auf den Mann, der ebenfalls einen dicken Schal um den Hals und einen eleganten Hut dazu trägt. Den hebt er leicht zum Gruß, sodass Carla sein Gesicht sieht. Freundlich sind die Züge, etwas verwittert die Haut, ein fein gestutzter Schnauzer ziert die Oberlippe.

»Ich wollte das Taxi anhalten, habe Sie nicht gesehen. Ähm. Sorry, aber mein Knöchel. Tut ziemlich weh«, sagt Carla mit gesenktem Kopf.

»Können Sie stehen«, der Mann löst seine Hand leicht von Carlas Arm, doch sie sackt gleich wieder zusammen.

»Nein«, kommt es gequält aus ihr heraus.

»Das Taxi ist weg«, zeigt der Mann auf die Straße. »Wo müssen Sie denn hin?«

»Nach Hause, ich meine, ins Hotel.« Carla verzieht unter dem Schal ihr Gesicht vor Schmerz.

»Da vorne steht mein Wagen«, der Mann zeigt auf eine schwarze Limousine, etwa zwanzig Meter entfernt. »Mein Fahrer kann Sie nach Hause bringen. Ich bin hier verabredet und benötige ihn im Moment nicht. Das ist das Mindeste, das ich für Sie tun kann.«

Und es dürfte der schnellste Weg sein, hier wegzukommen, denkt Carla.

Der Mann stützt Carla und führt sie langsam zu seinem Auto. Mit der anderen Hand greift er sein Handy und ruft seinen Fahrer an, der die Szene nicht mitbekommen hat.

»Joe, können Sie die Dame bitte nach Hause fahren«, gibt er die Anweisung an den überraschten Fahrer, der sich auf ein paar ruhige Stunden eingestellt hat. Als Joe die hintere Türe öffnet, schaut Carla seinen Chef noch einmal kurz an, nicht ohne den Schal vorher ein Stück höher ins Gesicht gezogen zu haben. Dann gleitet sie vorsichtig auf die Rückbank.

»Es tut mir aufrichtig leid. Wenn ich etwas für Sie tun kann, lassen Sie es mich wissen. Hier ist meine Karte«, der Wohltäter zückt eine Visitenkarte aus der Mantelbrusttasche. »Mein Name ist Stanley Ashton.«

Carla hält weiter den Kopf nach unten, dreht sich nur leicht zum Mann ihrer Albträume, ohne ihm ihr Gesicht zu zeigen. Alle Freunde behaupten, sie sähe ihrer Mutter zum Verwechseln ähnlich.

»Wie heißen Sie, junge Dame?«, fragt Ashton freundlich und hält immer noch ihre Hand.

»Smith. Anna Smith«, ihr kommt nur dieser Allerweltsname in den Sinn.

»Wie kann ich Sie morgen erreichen, Mrs Smith?«

»Ich melde mich. Danke«, ruft Carla ihm hastig zu. Denn auf der anderen Seite hält eine ihr sehr bekannte Limousine, der Wagen von Mitch.

»Gute Besserung«, verabschiedet sich der Mann und lächelt freundlich, ehe er die Türe des Fonds zuwirft. »Und rufen Sie an!« Stanley Ashton nickt ihr zu. Dann winkt er auf die andere Straßenseite in Richtung Mitch, der gerade aus dem Fond seines Autos gestiegen ist.

Glück gehabt, denkt Carla, ein Frösteln durchzieht ihren Körper, sie fasst sich wieder an den Knöchel. Langsam lässt der Schmerz nach. Ernsthaft verletzt habe ich mich wohl nicht, stellt sie fest, ein bisschen Eis auf die pochende Stelle, dann dürfte es morgen gut sein. Doch von dem Schock der Begegnung mit Stanley Ashton muss sie sich zunächst einmal erholen. So hat sie sich das erste Aufeinandertreffen nicht vorgestellt. Wer bist du, Stanley Ashton? Unablässig starrt sie auf seine Karte. Jetzt hat sie alles: Name, Adresse und Telefonnummer vom Mann, den sie für schuldig am Tod ihrer Mutter hält.

Während Joe nach ihrer Adresse fragt und Carla zum »Peninsula« fährt, bekommt sie Zweifel. Kann so ein freundlich besorgter Mann ihre Mutter auf dem Gewissen haben? Hat Vater ihr die Wahrheit erzählt?

»Ich muss es selbst herausfinden.«

»Wie bitte?« Carla hat den fahrenden Joe völlig vergessen.

»Sorry, nichts, ich muss nur herausfinden, was mit dem Knöchel ist.«

Vor dem Hotel hilft ihr der Portier in die Suite. Auf einem Bein wie ein kleiner Kobold hüpfend, lässt sie sich ein heißes Bad in die riesige Wanne einlaufen, cremt sich mit einer Sportsalbe den Knöchel ein und sinkt völlig erschöpft ins Bett.

Als Mitch zurück ins Hotel kommt, liegt Carla völlig durchgeschwitzt in den Laken. Selbst einem wie ihm fällt auf, dass heute nichts mehr zu machen sein wird. Am nächsten Morgen täuscht sie eine Erkältung vor, denn nur so kann sie ihre durchgeschwitzte Nacht vertuschen. Der verstauchte Knöchel schmerzt zwar noch etwas, aber den Umstand verschweigt sie lieber. Gegen Mittag reist Carla mit Mitch zurück nach England, ohne dass sie eine Chance hätte, Stanley Ashton zu treffen. Nur ein paar Tage später steht ihre Entscheidung fest, erneut und dieses Mal alleine nach New York zu fliegen. Da Mitch nach den Jahreszahlen mit dem Vorstand auf verschiedene Roadshows muss, um den Investoren die Lage der Bank im Detail zu erklären, schwatzt sie Mitch eine Reise nach New York ab, um dort die jungen Austauschjournalisten zu treffen.

»Mitch«, erklärt sie ihm, als sie sich kurz in seinem Büro sehen, »das gibt für uns gute Multiplikatoren, denn gerade die jungen Journalisten sind noch formbar; denen kann ich vieles über dich, deine Arbeit und auch die Bank erzählen.«

»Okay. Ich gebe Pearson einen Hinweis.« Mitch tippt schnell eine Nachricht in seinen Blackberry, ehe er auch schon wieder weg ist. Pearson gibt sich missmutig, doch Mitchs Anweisungen muss er ausführen. Carla versucht es sogar auf die freundliche Tour mit Pearson, als sie ihn ein paar Tage später nach einem Meeting mit allen Marketingfachleuten der Bank darauf anspricht: »Wir brauchen die

Unterstützung aller, Robert, und ich kenne noch die Sprache der Journalisten.«

Der zuckt ergeben mit den Schultern und genehmigt ihr für Anfang Mai die Reise. Da ist Mitch zwar nicht mehr auf Roadshow, aber mal wieder in Moskau, bei seinem neuen Freund Wladimir Godunow. Selbst wenn er vor Ort ist, kann Carla den einen oder anderen Termin vortäuschen. Sie merkt, wie sie ihm aus dem Weg zu gehen beginnt. Immer wenn Mitch unterwegs ist, flüchtet Carla in ihr Apartment in Islington. Das ist ihr Refugium, in dem sie sich wieder viel wohler fühlt als noch vor einem halben Jahr. Von ihrem ersten dicken Gehalt hat sie sich ein paar schöne kleinere Accessoires gekauft. Wenn sie sich befreien will von dem, was sie sich selbst eingebrockt hat, dann tanzt sie ganz alleine in der Enge zwischen Bett, dem alten Sessel und dem Scherentischchen. Meist zu Balladen von Chris de Burgh.

Todesspirale

»Ihre Narben erinnern mich an mein Depot, Isabella.«

»Wie bitte, Julian?«

Doktor Julian Luir hilft Isabella Davis aus dem Behandlungsstuhl, in dem sie die letzten zwei Stunden gesessen hat.

»Nur noch zwei Sitzungen im Mai und Juli, dann ist keine Narbe mehr zu sehen. So geht es auch meinem Wertpapierdepot – wird immer weniger.«

»Julian, Sie sollen auch nicht zocken. Das sage ich Ihnen, seit wir hier angefangen haben.« Isabella beginnt sich leicht irritiert wieder anzuziehen; auch wenn sie alles strukturieren kann, so will sie ihre Narben nun wirklich nicht mit der Börsenentwicklung in Zusammenhang gebracht sehen.

»Fast nichts mehr da: Fast keine Narben mehr, fast kein Vermögen«, sagt er leise und hält ihr zwei leere Hände mit den antiseptischen Handschuhen unter das Kinn.

»So schlimm?«, antwortet Isabella mitfühlend und verkneift sich ihren Ärger über den Vergleich.

»Habe jedenfalls schon eine Menge eingebüßt. Ich hoffe nicht, dass im Juli alles weg ist, wenn wir hier fertig sind und Sie ein glattes Gesicht haben, Isabella«, lächelt der Doktor gequält.

»Wieso eigentlich im Juli, Julian?« Isabella knöpft sich bereits die Bluse zu. »Im Mai schleife ich die letzten Reste weg. Dann müssen wir einen Monat warten, bis sich die Hautschichten beruhigt haben. Im Juli steht dann sozusagen die Politur an.«

»Und dann sehe ich mein wahres Gesicht«, lächelt sie ihn direkt an, ohne ihre typische Kopfhaltung einzunehmen.

»Zumindest das Äußere. Für das Innere bin ich nicht zuständig, Isabella.«

Luir sitzt nach wie vor auf seinem Behandlungshocker, zieht nun die Handschuhe aus und wirft sie in den Abfalleimer.

»Kommen Sie beim letzten Mal doch bereits mit einer neuen Frisur. Das machen einige meiner Patientinnen, weil sie ihr Gesicht wieder zeigen wollen.«

»Gute Idee, das mache ich vielleicht.« Inzwischen hat Isabella ihren Schmuck umgehängt.

»Haben Sie noch einen Moment Zeit, Isabella?«

»Nicht viel, die Zeiten sind unübersichtlich, aber eine Viertelstunde oder so. Reicht das?«

»Lassen Sie uns in mein Besprechungszimmer nebenan gehen«, bittet Luir und führt sie zur kleinen Sitzgruppe mit Le-Corbusier-Stühlen. »Ich behandele Sie seit über einem Jahr, Isabella. Immer wenn wir über Zertifikate reden, sagen Sie, man dürfe sich nicht verrechnen und nicht verrückt machen lassen. Ich werde aber langsam verrückt.«

»Das meine ich auch so. Nicht nervös werden«, antwortet Isabella und zieht die Stirn kraus, etwas, was sie erst seit einigen Monaten machen kann, weil die Haut der behandelten Wange nicht mehr so gespannt ist.

»Aber die Zahlen, die man seit Wochen lesen kann, sind doch furchtbar. Fast alle machen große Verluste und müssen Milliarden abschreiben. Und der weltgrößte Versicherer, diese American International Group, musste bekannt geben, dass sie alleine im vierten Quartal 2007 über fünf Milliarden Dollar Verlust gemacht hat. Royal Bank of Scotland, UBS wie die Deutsche Bank machen inzwischen teilweise auch Quartalsverluste.«

»Sie sind gut informiert, Julian«, Isabella schlägt lässig die Beine übereinander.

»Aber ich verstehe es nicht mehr. Je mehr ich lese, desto weniger, Isabella.« Luir wippt mit dem Bein, wie Mitch, nur deutlich langsamer.

Isabella überlegt einen Moment: »Okay, ich erkläre es Ihnen. Vielleicht hilft Ihnen das, nicht zu nervös zu werden. Das bringt nämlich nichts. Und ich brauche hier noch mindestens drei Monate einen Wunderarzt mit einer ruhigen Hand.« Dabei lächelt sie. Auch Julian muss lachen.

»Also gut, Frau Doktor.« Julian lehnt sich zurück, während Isabella beginnt.

»Es ist ganz einfach: Viele Banken brauchen frisches Kapital, um die Mindestanforderungen an Eigenkapitalquoten halten zu können, da sie die Zertifikate teilweise wieder in die Bilanz nehmen mussten.«

»Wieso, Isabella? CDS, CLS, MBS, SPV, Sponsor, Monoliner, was man so alles lesen kann. Das versteht doch kein Mensch mehr, warum etwas in die Bilanz zurück muss, was vorher rausgehalten wurde und vor allem die Banken kaputt machen kann, oder?«

»Darf ich malen?«, sie zeigt auf die weiße Fläche, auf der Julian immer ihr Gesicht projiziert und ihr mit dicken Filzstiften die Veränderungen ihrer Hautstrukturen eingezeichnet hat.

Julian nickt: »Sicher.« Julian reicht Isabella einen Filzschreiber. Während Isabella zu malen beginnt, tritt Julian einen Schritt zurück, um besser zuschauen zu können.

Ganz links schreibt sie in Großbuchstaben IMMO-KREDIT-NEHMER, etwas versetzt nach rechts BANK. In die Mitte setzt sie ZWECKGESELLSCHAFT und nach rechts raus ABCP-INVESTOREN. Alles auf einer horizontalen Linie, und alle setzt sie in Kästchen, sodass vier Kästchen nebeneinanderstehen. Dann geht Isabella beim Zeichnen nach oben und reiht MBS/CLS/CLS2/ETC nacheinander auf, ungefähr in der Mitte zwischen BANK und ZWECKGESELLSCHAFT, nur eben darüber. Rechts daneben steht RATINGAGENTUREN, in der Mitte über ZWECKGESELLSCHAFT und ABCP-INVESTOREN. Noch eine Etage darüber kritzelt sie fast unleserlich FONDS/HEDGEFUNDS (INVESTOREN), weil sie sich strecken muss. Ganz unten schreibt sie fett MEDIEN, ziemlich genau in die Mitte ihrer Zeichnung. Seufzend rückt sie von der Wand ab, stellt sich neben Julian Luir und betrachtet ihr Werk.

»Das sind die Mitspieler und ihre Produkte, Julian«, richtet sie sich an ihren Doktor. »Die wollen wir durchgehen und dabei die Pfeile ergänzen«, sie blinzelt Julian an und schreitet wieder an die Wand: »Der Kreditnehmer bekommt seinen Immobilienkredit von der Bank und zahlt Zinsen und Tilgung.«

Isabella macht zwei Pfeile in jeweils eine Richtung zwischen IMMO-KREDIT-NEHMER und BANK.

»Genau das hat seit Mitte 2006 bei den schlechten Krediten, den Subprimes nicht mehr funktioniert. Das ist das erste große Problem«, sie versichert sich, dass Julian folgt, während sie zunächst ein Ausrufezeichen malt und dann den Finger auf die beide Pfeile hält.

»Das ist der Auslöser der Krise, aber die BANK interessierte es erst einmal nicht, weil sie die Kredite an die ZWECKGESELLSCHAFT weiterverkauft hat. Dort landen sie als MBS, als Mortgage Backed Securities, als ein mit Immobilien besichertes Wertpapier. Das sind Päckchen von einzelnen Krediten. Und je nach Güte halt gute oder schlechte MBS. Aber darauf komme ich noch.«

Sie malt zwei Pfeile zwischen BANK und ZWECKGESELLSCHAFT, aber beide von der Bank weg, und zwar genau so, dass sie die ganzen Kürzel MBS einbeziehen. Die Pfeile sind fast Halbkreise.

»Die Bank hat keinen Kredit mehr und bekommt auch die Zinsen und Tilgung nicht mehr. Das landet alles bei der ZWECKGESELLSCHAFT. Die Bank, Julian, verdient an der Provision, sozusagen an der Unterhaltung der ZWECKGESELLSCHAFT, und am Arrangement der MBS. Das sind alles risikolose Gewinne, und die BANK bleibt in den Eigenkapitalregelungen der BIZ, der Bank für den Internationalen Zahlungsausgleich. Man nennt das Kreditersatzgeschäfte.« Isabella malt den gegenläufigen Halbkreis und schreibt PROVISION/CASH ETC daran.

»Das ist ja wie ein Teufelskreis, zwischen Bank und Zweckgesellschaft. Und jetzt, Isabella?«, fragt Julian, der sich inzwischen einen Stuhl genommen hat und das abstrakte Bild mit zunehmendem Interesse und Überraschung betrachtet.

»Die ZWECKGESELLSCHAFT muss den Ankauf der MBS ja finanzieren und macht das über die ABCP-INVESTOREN.« Isa geht etwas nach rechts und malt zwei gegenläufige Pfeile. »Diese ABCP sind Asset oder eben Mortgage Backed Commercial Paper, eine Art kurzfristige Refinanzierung mit einer Laufzeit von in der Regel drei Monaten. Diese ABCP-INVESTOREN erhalten einen Zins, der letztlich von den kleinen Kreditnehmern durchgereicht wird«, sie zeigt noch mal auf den IMMO-KREDIT-NEHMER. »Aber hier besteht das zweite Problem, Julian«, malt sie erneut ein Ausrufezeichen. »Die ABCP und die MBS haben unterschiedliche Laufzeiten.«

»Wie bitte?«

»Die Refinanzierung wird häufiger fällig. Und wenn die W.erte der MBS sinken, wird das nächste ABC-Programm schwierig. Deshalb garantiert die BANK die Liquidität der ZWECKGESELLSCHAFT«, Isabella klopft auf BANK mit dem Knöchel, ergänzt am unteren halbrunden Pfeil nun die Spitze auf der Seite der Zweckgesellschaft und schreibt LIQUIDITÄTSGARANTIE über die Stelle, an der bereits PRIVISION/CASH steht.

»Das passiert gerade wie eine Spirale. Die Werte sinken, die Banken müssen nachschießen, und zwar Milliarden. Daran sind einige gescheitert. Der Tod, Julian, kommt hier über die Kasse.« Genau in die Mitte zwischen BANK und ZWECKGESELLSCHAFT, wo sie zuvor versehentlich zwei Pfeile gemacht und dann durchgestrichen hat, setzt Isabella ein drittes dickes Ausrufezeichen.

Julian lehnt sich zurück, verschränkt die Arme hinter dem Kopf: »Was ist mit denen da oben«, er zeigt auf die HEDGEFUNDS.

Isabella zieht einen Pfeil von ZWECKGESELLSCHAFT zu FUNDS/HEDGEFUNDS (INVESTOREN) und einen in die umgekehrte Richtung. Dann malt sie noch einen großen halbrunden Pfeil in beide Richtungen von BANK kommend und schreibt KREDITHEBEL daneben: »Hedgefunds sind eine Sonderform der Institutionellen Investoren. Die haben die Krise zwar nicht ausgelöst, aber wegen ihrer sehr risikoreichen Konstruktion verstärkt. Dass viele Hedgefunds ihren Rechtssitz auf den Cayman Islands haben, hat nichts mit dem Wetter zu tun, Julian. Dort können die nahezu alles machen, was sie wollen.«

Das weiß ich zu genau; Isabella denkt für einen Moment an TYL und CayCon, ihre kleinen Verstecke, in denen die faul werdenden Holiris dümpeln.

»Man kann dort oder in Dublin oder anderen Offshorezentren auch die Zweckgesellschaften registrieren. Alles ziemlich unreguliert. Haben auch alle ganz witzige Namen: ABC, TYL, RenTrust oder CayCon. Den Namen kann der Registrator frei wählen«, Isa notiert diese Abkürzungen an die Box mit den ZWECKGESELLSCHAFTEN und macht einen Kringel darum, und neben die HEDGEFUNDS schreibt sie CAYMANS.

»Eine schöne Insel, Julian. Da kann man jeden mit jedem

verbandeln«, sie kichert wie ein kleines Mädchen.

»Die Hedgefunds sind die überwiegenden Nachfrager nach den außerbörslich gehandelten und außerbilanziell gehaltenen Zweckgesellschaften. Hier gibt es nämlich keine oder kaum Vorschriften für das Anlageverhalten«, sie hält ihren Kopf schräg und schaut auf den ungläubigen Julian Luir in seinem Stuhl.

»Hedgefunds lassen sich verschiedenste Kreditrisiken so neu zusammenstellen und umklassifizieren, dass am Ende das Produkt der Zweckgesellschaft eine hohe Rendite bei möglichst hoher Bonität und damit einem hohen Rating aufweist. Das machen wir hier bei den MBS/CLS/CLS2/ETC, Julian. Die Mischung machts.« Beim Lächeln errötet sie ein wenig, als gäbe sie ein Geheimnis preis. »Zu den RATINGAGENTUREN komme ich noch.«

»Machen Sie nur weiter, Isabella. So langsam ergibt sich ein Bild.«

»Ich male am liebsten abstrakt, wie Sie sehen können, Julian. Das mag furchterregend aussehen«, gibt Isabella zu und zeigt auf die anderen Wände, an denen moderne Bilder hängen. Junge, noch weitgehend unbekannte russische Maler, hatte Julian ihr bei einer der letzten Sitzungen einmal erklärt. »Aber Ihre Bilder, Julian, finde ich auch manches Mal beängstigend, wenn ich da an meine Hautflächen denken muss.« Julian fühlt sich ertappt ob der Hautflächenassoziation.

»Zudem kaufen die Hedgefunds diese Produkte überwiegend mit Krediten und setzen so in Bezug auf ihre Rendite einen Hebel an, der wie ein Turbolader funktioniert. Deshalb KREDITHEBEL«, sie pocht auf diese Buchstaben und fügt ein Ausrufezeichen an. »Nur so können sie ihre Traumrenditen für das wenige Eigenkapital erwirtschaften«, sie zeigt auf den Pfeil mit den beiden Richtungen zwischen BANK und HEDGEFUNDS. »Bleiben die RATINGAGENTUREN«, sie tippt mit dem Nagel auf diese Stelle an der Wand und fügt eine weitere Linie zwischen MBS/CLS/CLS2/ETC und RATINGAGENTUREN ein, mit der Pfeilspitze weg von den RATINGAGENTUREN. »Diese Agenturen ›raten‹ die Bonität von verschiedensten Wertpapieren. Was ist damit gemeint?«, sie schaut wie eine Lehrerin auf Julian. Der hebt unwissend die Schultern.

»Wenn ein Investor beispielsweise eine Unternehmensanleihe kauft, dann will er einerseits wissen, wie sicher seine Zinszahlungen sind, die er erhält. Aber andererseits will er auch wissen, ob er seinen Kredit an das Unternehmen – denn nichts anderes ist eine Anleihe – wieder bekommt. Und genau dieses Risiko, dass eine Anleihe ausfallen könnte, prüfen die Ratingagenturen. Sie vergeben Bonitätsklassen, wie sicher die Rückzahlung einer Anleihe ist. Die beste Bonitätsstufe ist »AAA« bei der Agentur Standard & Poor's und »Aaa« bei Moody's. Das sind die beiden größten der Welt, die dritte Agentur ist Fitch. Diese Ratingagenturen beurteilen solche Anleihen und eben auch Zertifikate im Auftrag der Unternehmen oder Banken. Ihre Klassifikationen reichen dabei von bester Qualität mit geringem Ausfallrisiko bis hinunter zu spekulativen Anleihen mit geringem Anlegerschutz.«

Isabella stellt sich ganz nach rechts neben ihr Bild und zieht Pfeile von RATINGAGENTUREN zu ABCP-INVESTOREN und zu ZWECKGESELLSCHAFT und auch zu HEDGEFUNDS und kringelt die RATINGAGENTUREN ein: »Es gibt nur ein Problem, Julian. Die wissen gar nicht, was in den Paketen steckt, die sie bewerten sollen. Jedenfalls ist das meine Erfahrung. Und dabei haben sie eine ziemlich zentrale Rolle, wenn man die ganzen Pfeile betrachtet«, sie tippt wieder mit dem Nagel auf den Kringel. Hier setzt sie kein Ausrufezeichen, sondern das Zeichen für einen Blitz.

»Und was sind Monoliner, von denen man jetzt im Zusammenhang mit AIG liest?«

»Guter Punkt, hätte ich fast vergessen«, antwortet Isabella und schreibt rechts neben MBS/CLS/CLS2/ETC noch CDS.

»Was denn nun noch?«

»Credit Default Swaps, Julian. Kreditversicherungen. Die ZWECKGESELLSCHAFTEN können sich natürlich gegen den Kreditausfall versichern. Eigentlich auch eine gute Sache. Gerade die Versicherer wie AIG mit ihren riesigen Kapitalanlagen in der Bilanz für die Lebensversicherungen haben genügend Spielraum, um die Zweckgesellschaften gegen das Ausfallrisiko abzusichern. Kann man aber auch direkt machen«, fügt sie leise hinzu, während sie noch einen gegenläufigen Pfeil zwischen den CDS und CayCon malt.

»Mhm«, murmelt der Doktor hörbar fragend.

»Na ja, das geht so lange gut, als nicht zu viele so genannter CDS sauer werden und der Kreditversicherer einspringen muss. AIG hat nun zu viele Versicherungen auf eine Kreditart abgeschlossen, das ist ein Monoliner. Und das ist der Fehler von AIG. So einen Fehler machen wir aber nicht, da wir das Risiko streuen.«

»Ist das alles?«

»Eigentlich schon, Julian«, Isabella zieht einen zweiten Stuhl heran, setzt sich neben ihn und betrachtet ihr Bild.

»Und den Banken geht es deshalb schlecht, weil sie für etwas nachschießen müssen, was sie nicht mehr in der Bilanz hatten, weil sie Hedgefunds Kredite gegeben haben, die in wertverlierende MBS und so weiter investiert haben?« Dabei dreht Julian mit dem Zeigefinger eine Spirale nach unten.

»Genau, Julian. Aber nun muss ich gehen«, antwortet sie und greift nach ihrer Handtasche.

»Danke, Isabella. Eine letzte Frage noch.«

»Bitte.«

»Ist das nicht eigentlich ein sehr schön gemalter Teufelskreis?«

Isabella betrachtet ihr Werk für einen längeren Moment: »Eigentlich haben Sie Recht, Julian.«

»Und wenn der in die Luft geht, was machen Sie dann, Isabella?«

»Umschichten, verschachteln, gegenwetten. Einfach schlauer sein als andere und abwarten, bis die Krise vorbei ist.«

»Was soll das eigentlich noch mit den MEDIEN?«, fragt er

an der Türe, ehe er sie für Isabella öffnen will.

»Die sollten das alles bewerten.« Isabella steht noch einmal auf und zieht einen großen Kreis um das gesamte Bild, der bei MEDIEN anfängt und wieder aufhört.

»Glauben Sie das?«

»Nein, Julian«, lacht Isabella. »Auf Wiedersehen und verraten Sie mich nicht, mein Doktor.«

»Wie bitte?«

»Na, dass ich die Künstlerin bin«, sie gluckst wie ein Teenager.

Julian betrachtet das Bild noch eine Weile: »Nein, kein Teufelskreis, Isabella«, sagt er, obwohl die schon seit Minuten weg ist, »es ist eine Todesspirale.«

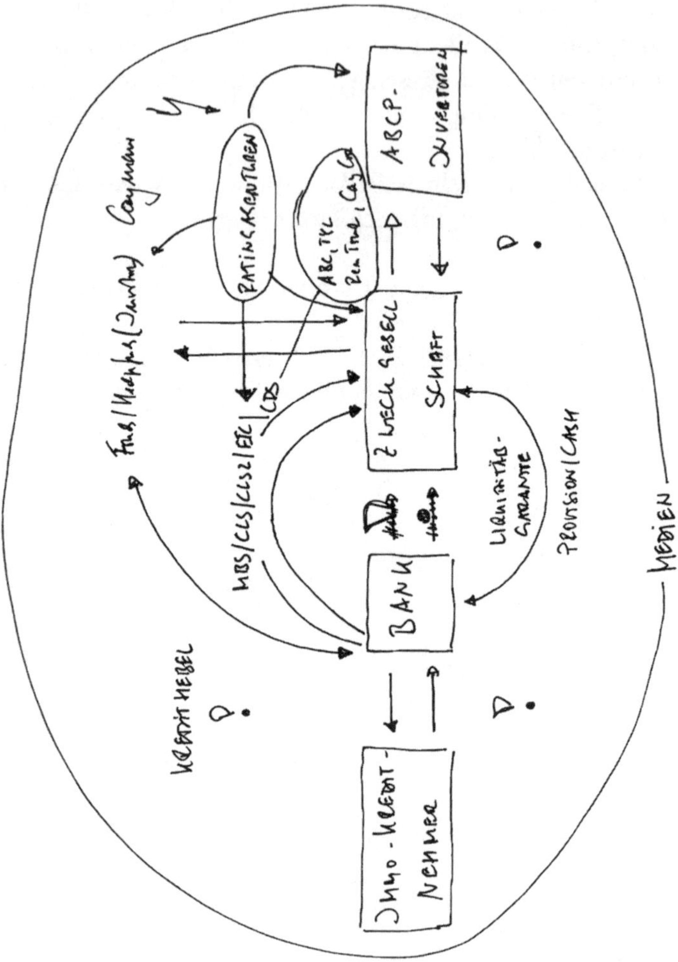

IMMO-KREDIT-NEHMER
KREDITHEBEL
BANK
ZWECKGESELLSCHAFT
ABCP-INVESTOREN
RATINGAGENTUREN
CDS
LIQUIDITÄTS-GARANTIE
PROVISION/CASH
MEDIEN
Cayman

Geheimes Treffen

Seit Stunden hält Carla die Visitenkarte in der Hand. Mit dem Daumen fährt sie immer wieder über den Prägedruck. Solch edle Ausgaben führen nur Topmanager mit sich, ihre Karten beim »CityView« waren jedenfalls immer das Einfachste vom Einfachen gewesen. Bei der Bank hat sie zwar Visitenkarten in besserer Qualität erhalten, aber nicht so vornehme.

S t a n l e y, danach etwas Platz und dann A s h t o n. Weitaus interessanter sind allerdings die Adresse und die Telefonnummer. Seit ihrem Zusammenprall im März wartet Carla Bell auf den Moment, in dem sie den Mann endlich zur Rede stellen kann. Seit drei Tagen ist sie in New York, hat Vorträge und Präsentationen vor jungen Journalisten über die Finanzkrise gehalten, die sie im letzten Jahr noch als Kollegen über Pearsons Stiftung kennen gelernt hatte.

Doch deshalb ist sie nicht in der Stadt. Eingekuschelt in einen tiefen weichen Sessel mit angezogenen Beinen, stiert sie immer wieder auf die Visitenkarte, die seit März in ihrem Portemonnaie steckt. Noch zwei Tage mit Terminen, dann musste sie zurück. Jeden Abend hat sie die Visitenkarte hervorgekramt, und jedes Mal wieder eingesteckt und diesen Stanley Ashton doch nicht angerufen.

Ängstlich greift sie zum Hörer und tippt endlich eine Nummer.

»Scheiße, keiner da«, ruft sie, als beim fünften Klingelton immer noch niemand abnimmt.

»Samantha Thompson.« Erschrocken hält Carla den Hörer vor ihr Gesicht.

»Hallo. Wer ist da?«, tönt es, ehe Carla den Hörer wieder ans Ohr führt.

»Hi, Samantha, sorry, äh. Ich bin es, Carla.«

»Hallo, Carla.« Ganz nahe kommt ihr das vor, obwohl sie

doch im »Cottage« in Hertfordshire sitzt, Tausende von Kilometern entfernt.

»Carla, hallo«, hört sie wieder. Mit Samantha hat Carla nicht gerechnet. Noch immer verdrängt sie, dass diese Frau nun bei ihrem Vater wohnt. Außerdem hat sie seit Wochen kaum zu Hause angerufen.

»Hi, sorry, ist mein Dad da?«

»Nein, der ist unterwegs. Dienstlich. Sein Handy hat er auch wieder liegenlassen, wie ich sehe. Kann ich dir helfen?«

»Ja, so ist er. Andauernd vergisst er sein Handy.« Carla muss schmunzeln, wischt sich aber dennoch eine Träne von der Wange.

»Ich hätte ihn so gerne gesprochen«, antwortet sie. Die Stimme versagt ihr fast.

»Carla, was ist los? Wo bist du? Es ist schon sehr spät. Dein Dad, ich, wir machen uns Sorgen.«

»Schon gut, Sam. Ich bin in Ordnung. Sorry, bin in New York. Habe den Zeitunterschied vergessen.« Sie kann die Tränen nicht mehr zurückhalten.

»Nein, Carla, das ist nicht gut. Dein Vater sorgt sich sehr. Du meldest dich kaum, kommst nicht mehr. Bin ich schuld daran?« Samanthas Stimme wird flehender, nicht mehr so unbeschwert wie zu Beginn des Gesprächs, mit dem Carla alles noch einmal ändern wollte.

»Nein, Sam, äh, Samantha … Sam, ich wollte ihn nur sprechen. Das ist alles.«

»Du bist doch nicht in Ordnung, Carla.«

»Doch Sam«, weint sie leise weiter. »Ich komme zurecht. Wirklich. Ich wollte nur Dad sprechen.«

»Carla, er braucht dich und du brauchst ihn. Wenn ich dir helfen kann …«

»Nein, danke, Sam, ist gut. Sag ihm nicht, dass ich angerufen habe. Ich melde mich, wenn ich zurück bin. Tschüss.«

Carla legt einfach auf, Sekunden später klingelt ihr Handy.

DAD HOME steht im Display. Carla lässt es einfach klingeln und heult vor sich hin. Am anderen Ende der Leitung steht eine ratlose Samantha Thompson.

Wie lange sie in ihrem Sessel gekauert hat, kann Carla nur ahnen, als sie auf ihre Uhr schaut. Inzwischen ist es einundzwanzig Uhr, sie hat sich nach dem Telefonat mit Samantha einfach in den Schlaf geweint. Carla springt auf, nimmt sich einen Rotwein aus der Minibar und hockt sich mit einem vollen Glas wieder in den Sessel. Nach einem kräftigen Schluck greift sie wie in Zeitlupe zum Hörer des altmodischen Telefons im Zimmer des »Peninsula«.

Carla hat ihre Entscheidung getroffen: 9 für die freie Linie, dann 212, dann 976 und 3815. Kurz danach ertönt in der Ohrmuschel der Biepton mit dem Freizeichen am anderen Ende. Dreimal, viermal, fünfmal. Schon wieder, denkt Carla, die die Angewohnheit hat, nach sechs Mal klingeln wieder aufzulegen, wenn bis dahin niemand abgehoben hat. Als sie gerade den Hörer auflegen will, hört sie »Ashton«.

Eine freundliche Frauenstimme, Carla ist zu überrascht, um zu antworten.

»Hallo?«

Ohne nachzudenken, kommt ein »Hallo« aus Carlas Mund.

»Bitte? Wer ist da?«

»Smith, Anna Smith.«

»Hier ist Cynthia Ashton am Apparat. Was kann ich für Sie tun?«, fragt die Stimme von Frau Ashton immer noch freundlich.

»Ja, tut mit leid. Ich habe mit Stanley Ashton gerechnet. Den möchte ich sprechen, wenn es geht«, stammelt Carla, sie ärgert sich, wie schlecht sie auf die Situation vorbereitet ist.

»Das ist mein Vater. Wer sind Sie denn und was möchten Sie von Dad?«

Seine Tochter. Auch das noch.

»Hallooo«, fragt die Stimme inzwischen ungeduldiger.

Carla rutscht noch tiefer in den Sessel, ihr Herz pocht bis zum Hals.

»Ihr Vater hat mich vor ein paar Wochen umgerannt, war aber meine Schuld. Sein Fahrer hat mich nach Hause, ins Hotel, meine ich, gefahren. Ich war dann gleich wieder weg aus der Stadt und nun wollte, will, will ich mich bedanken.«

»Aha«, antwortet die Tochter. »Na, dann gebe ich Ihnen meinen Vater. Schönen Abend noch«, verabschiedet sie sich, und Carla hört sie »Dad, eine Anna Smith oder so« rufen. Carla hätte genügend Zeit aufzulegen. So einfach ist das mit ihrer Rache dann doch nicht, merkt sie und wartet. Eine Träne rinnt über ihre Wange. Wieder hat sie ihre Mutter vor Augen, ihr Winken beim Abschied, als sie am Morgen des Todestages zur Schule ging.

»Stanley Ashton.« Das Bild bricht ab und Carla hat das ebene Gesicht mit dem gepflegten Oberlippenbart vor Augen. Sie umgreift den Hörer fester.

»Ashton. Stanley Ashton. Mrs Smith«, hört Carla.

»Ja. Mr Ashton. Sorry für die Störung. Ich, ich«, stammelt sie wieder, »Sie haben mich vor ein paar Wochen umgelaufen, nein, ich bin in Sie hineingelaufen.«

»Ja, ich erinnere mich. Ich habe mich noch im »Peninsula«-Hotel nach Ihnen erkundigt. Dort gab es allerdings keine Anna Smith, Mrs Smith.«

Mist, denkt Carla und hält die Hand vor den Mund. Was jetzt?

»Wer sind Sie?« Immer noch ist die Stimme freundlich, aber merklich distanzierter.

»Hören Sie, ich muss Sie sehen«, antwortet Carla.

»Junge Frau, bei allem Verständnis: Ich habe Sie nach Hause fahren lassen und wollte am nächsten Tag nur hören, ob es Ihnen besser geht. Warum wollen Sie mich sehen?«

Carla schaut in die Leere des dunkeln Maiabends aus dem Fenster ihres kleinen Hotelzimmers, das deutlich kleiner ist als die Suiten, die sie mit Mitch zusammen bewohnt.

»Ich heiße nicht Anna Smith.«

»Aha.«

»Ich bin Fiona Bells Tochter.« Carla steht der Schweiß auf der Stirn, mehr bringt sie nicht heraus. Lange wird kein Ton zwischen den beiden gesprochen.

»Sind Sie wieder im ›Peninsula‹?« Keine Überraschung, keine Angst, keine Unruhe in seiner Stimme.

»Ja«, Carla antwortet automatisch.

»Ich bin in einer halben Stunde bei Ihnen«, Ashton legt auf, ohne eine Antwort abzuwarten.

»Und nun«, fragt sie, umfasst die Knie mit den Armen und heult. »Wie soll ich das durchstehen?«

Sie ist noch im Bad, kühlt ihr Gesicht mit Wasser, als das Telefon wieder klingelt. Mit nasser Hand greift sie den Apparat im Bad.

»Hier ist Stanley Ashton.«

»Kommen Sie rauf, Zimmer 657«, sie legt wieder auf. Carla spannt sich an, wie ein konzentrierter Sportler vor dem Wettkampf.

Als es zwei Minuten später klingelt und Carla die Türe öffnet, sieht sie zunächst nur Blumen.

»Guten Abend, Carla.« Stanley Ashton betrachtet Carla ganz in Ruhe. Auch jetzt, wissend, wer sie ist, bleibt Stanley freundlich; sein Gesicht mit dem Schnauz, der gesunden gebräunten Farbe ist einfach angenehm. Sein Haar ist licht, kurz und gepflegt. Wäre er nicht Stanley Ashton, hätte Carla den Mann vom Fleck weg gemocht.

»Dein Anruf musste irgendwann kommen, Carla.«

»Woher wissen Sie, dass ich Carla heiße. Ich habe nur Bell gesagt, die Tochter von Fiona Bell.«

»Von deiner Mutter. Von wem sonst?«

Carla ist sprachlos.

»Du siehst genauso aus wie sie. Augen, Haare, Größe, Figur – als stünde Fiona vor mir. Selbst deine Kleidung erinnert mich an sie.«

»Sie haben ja alles genau erfasst«, entfährt es Carla unfreundlich.

»Pardon: Du hast angerufen, Carla.«

»Wieso wussten Sie, dass mein Anruf irgendwann kommen würde?«

»Ist da drin ein Bild von Fiona?« Stanley zeigt vorsichtig auf Carlas Amulett, das vor ihrer Brust über der Bluse hängt. Wie zum Schutz greift Carla danach.

»Ja.«

»Bis zu Fionas Tod trug sie es.«

»Ich weiß.«

»Mit einem Bild von dir, Carla.«

»Vater hat es mir am Beerdigungstag umgehängt, mit einem Bild von Mami.«

»Es überrascht mich, dass ich dich vor Bensons Steak House nicht erkannt habe.«

Ashton mustert sie einen Moment nachdenklich.

»Was hast du da eigentlich gemacht?«

»Ich bin Mitch Lehmans Freundin. Neujahr war ich an seinem Handy, als Sie angerufen haben«, sie hebt den Kopf und schiebt mit einer Hand ihre Haare in den Nacken.

»Oh, auch das noch«, rutscht es Stanley raus. Das erste Mal scheint er die Fassung zu verlieren.

»Weiß Mitch davon?«

»Wovon?«

»Dass du mich angerufen hast.«

»Nein.«

»Ist auch besser so«, er dreht den Strauß in den Händen.

»Carla, es ist alles anders, als du glaubst. Gib mir eine halbe Stunde Zeit, um deiner Mutter willen.« Stanley will einen Schritt nach vorne machen, doch Carla versperrt ihm weiterhin den Weg.

»Und Mitch?«, fragt Carla.

»Das ist eine viel einfachere Geschichte, Carla. Hat er dich auf meine Spur gebracht?«

»Kann man so sagen.«

»Wer weiß, dass wir uns hier treffen?«

»Niemand, Mr Ashton. Noch nicht einmal der Concierge.«

»Gut so«, überreicht Stanley seine Blumen, die Carla verwirrt entgegennimmt.

»Übrigens, ich bin Stanley und du solltest Du zu mir sagen.« Ashton schiebt sich an Carla vorbei in das Hotelzimmer. Die Tür fällt satt ins Schloss. Niemand sieht Stanley Ashton in Carla Bells Zimmer gehen.

»Getarnte« Geburtstagsfeier

Die Geschenke liegen nahezu unbeachtet auf einem Beistelltisch im Vorraum des Vorstandscasinos. Im mittleren Dining Room sitzen zwölf Herren rund um Donald Kramer, dem der Abend gilt. Kramer kann sich nicht wirklich über die Geschenke freuen, aber das ist auch nicht der Sinn dieser Geburtstagsfeier, zu der er alle Chefs der Wall-Street-Häuser in die Carolina Bank gebeten hat. Anfang Juni war Kramer fünfundfünfzig Jahre alt geworden, hatte im Kreis seiner Familie gefeiert und nicht die Absicht gehabt, auch noch die Big Boys der Wall Street einzuladen. Doch alle haben sofort zugesagt, als Kramer die Idee mit der Geburtstagsfeier aufbrachte. Jedes offizielle Treffen der Wall-Street-Tycoons würden die hypernervösen Märkte in Panik versetzen.

Die Märkte werden täglich nervöser. Lehman Brothers braucht im Juni weitere fünf Milliarden Dollar frisches Kapital; manche Institute schaffen es gar nicht mehr: Mit dem Untergang von Indymac, einem Hypotheken- und Bausparfinanzierer, kommt es zur zweitgrößten Bankenpleite in der Geschichte der USA. Immer mehr Zweckgesellschaften sehen sich bei verfallenden Werten ihrer besicherten Wertpapiere mit Nachschussforderungen konfrontiert. Die Hedgefunds kommen unter Druck, weil sie ihre Hebel mit Krediten von anderen Banken finanziert bekommen und ihre Renditeversprechen nicht mehr einhalten können.

Manche Investmentbanken verzeichnen zwar noch Quartalsgewinne: Goldman Sachs verbucht einen unerwartet deutlichen Gewinn. Aber die Horrornachrichten überwiegen: Merrill Lynch muss für das erste Quartal sechs Milliarden Dollar abschreiben, die Citigroup berichtet einen Quartalsverlust von fünf Komma eins Milliarden Dollar, und beide Banken stecken tief in den roten Zahlen. AIG, einer der großen Monoliner für Anleiheversicherungen, vermeldet Milliardenverluste und trennt sich von seinem Vorstandsvorsitzenden. Die Gerüchte über Probleme bei den beiden halbstaatlichen amerikanischen Immobilienbanken Fannie Mae und Freddie Mac werden immer lauter, insbesondere nachdem IndyMac geschlossen werden musste. Inzwischen werden die Investmentbanken auf Druck der Aufsichtsbehörden gezwungen, ihre besicherten Wertpapiere teilweise von den Anlegern zurück in ihre eigenen Bilanzen zu nehmen.

Vor ein paar Tagen hatte Carl Bensien, der wegen seines Verwaltungsratssitzes bei Douvalier & Cie. Privatbankiers inzwischen auch eine persönliche Einschätzung der Lage in Europa gewinnen konnte, eindringlich mit Kramer gesprochen. Peter Sanders, der seit wenigen Wochen als Sprecher der Geschäftsführung in Genf amtet, hatte Carl die dramatische Lage geschildert.

»Du kennst Sanders, Don. Der übertreibt nicht. Das ist keine amerikanische Krise mehr. Die Royal Bank of Scottland meldet Abschreibungen von umgerechnet über sieben Milliarden Euro, die sie nur durch eine angekündigte Kapitalerhöhung abfangen konnte. Die Deutsche Bank legt erstmals seit fünf Jahren einen Quartalsverlust vor, der mit gut hundertvierzig Millionen Euro allerdings vergleichsweise klein ist. Und der Quartalsverlust der UBS macht über zehn Milliarden Franken aus«, listete Carl in Kramers Büro auf.

»Was sollen wir tun, Carl?« Dabei blickte Kramer aus dem Fenster, als hoffe er, dort eine Lösung zu entdecken.

»Wir müssen reden, untereinander. Wir brauchen Transparenz.«

»Das macht doch alle nur nervöser«, antwortete Don.

»Du hattest doch Geburtstag, Don«, Carl zeigte auf die Schokolade von Lindt & Sprüngli, die er ihm aus der Schweiz mitgebracht hatte.

»Ja und?«

»Lade die Kollegen zu einem Abendessen ein, aus Anlass deines Geburtstags.« Carl zwinkerte.

»Und wir reden über die Krise?«

»Genau!«

»Das ist eine gute Idee, Carl. Das könnte funktionieren«, er griff augenblicklich zur Schokolade.

Drei Tage später sitzen nun alle um den Tisch. Vom Merlot aus dem Napa Valley stehen schon einige leere Flaschen auf dem Beistelltisch. Wie fast immer, wenn die Jungs zusammensitzen, werden große T-Bone-Steaks aufgefahren. Kroketten, Rosmarinkartoffeln und klassische Pommes frites stehen zur Wahl, die meisten wählen Pommes. Ein wenig Gemüse zur Beruhigung des schlechten Gewissens wird gereicht. Nachdem Digestif und Zigarren gereicht und die Kellner aus dem getäfelten Raum verschwunden sind, kommt Kramer zur Sache: »Kann es sein, Freunde, dass wir auf der Titanic sitzen und kurz davor sind, den Eisberg zu rammen?« Er zündet sich eine Zigarre an und schaut in die Runde.

»Ich glaube, Don, jeder muss für sich selbst klarkommen«, entgegnet Lenny Peters, Chef einer der bisher noch weitgehend verschonten Investmentbank an Wall Street. Peters braucht momentan keine Hilfe, doch ohne ihn können sie keine Absprachen treffen, die für die gesamte Street gelten sollen. Allerdings waren Kramer und Bensien sehr überrascht, dass Peters als einer der Ersten zugesagt hatte. Dass er gekommen ist, werten sie als ein Zeichen, dass auch er angesichts der allgemeinen Lage nervös ist. Seine Arroganz kann weder Kramer noch Bensien täuschen.

»Da bin ich anderer Meinung, Lenny, wir brauchen staatliche Hilfe. Wir müssen zum Präsidenten«, kommt es von Fred

Miller, dessen Bank Gerüchten zufolge schwer unter Druck ist.

»Geht es vielleicht auch eine Stufe tiefer, Freddy?« Peters schaut gar nicht auf, als er antwortet, und saugt genüsslich an seiner Cohiba.

»Wenn wir mit jemandem sprechen, dann müssen wir ins Weiße Haus. Die Sache ist zu groß. Das weißt du auch, Lenny.«

Im sich langsam einqualmenden Raum realisiert Kramer, wie wichtig das Treffen ist.

»Du hast halt schlecht gewirtschaftet, Fred. Mal sehen, wie weit du mit der Kapitalerhöhung noch kommst.«

»So ein Unsinn, Lenny. Wir machen alle dasselbe.«

»Nein, Fred, nicht dasselbe, sondern das Gleiche. Nur derselbe Ball kann immer gleich zurückfliegen. Der gleiche Ball nicht.«

Carl beobachtet die rauchende Gruppe der Alphatiere, wie sie mit ihren Whiskeys in der einen und den dicken Cohibas in der anderen Hand diskutieren. Zwei Rechtsverstöße, denkt Carl schmunzelnd. Rauchen in öffentlichen Gebäuden und dann auch noch kubanische Zigarren. Eine ziemlich uniformierte Gesellschaft sitzt an diesem Tisch zusammen. Kein Wunder, kommt es Carl in den Sinn, der bislang schweigend am gegenüberliegenden Kopfende sitzt und Kramer und seine Kollegen beobachtet. Viele der zwölf Wall-Street-Apostel tragen Hosenträger, fast alle Hemden mit Monogramm. Auch Bensien raucht und trinkt mit, hat sein Jackett abgelegt, doch Hosenträger und Monogramme kämen dem Schweizer nicht in den Sinn.

»Lenny, es ist völlig egal, ob derselbe Ball gleich fliegt oder ob der gleiche Ball ungleich fliegt. Es kommt, um in deinem Bild zu bleiben, darauf an, wie viele Bälle es gleichzeitig sind, wie viele Jungs werfen und wer wie gut fangen kann.«

Lenny und die anderen schauen auf Carl.

»Wieso mischst du dich überhaupt ein?«

»Weil er die Idee des ›getarnten‹ Dinners hatte, Lenny«, schaltet sich Kramer ein. »Hört ihm besser zu. Wir müssen unter uns mehr Transparenz schaffen. Ob du, Lenny, gut dastehst oder nicht, wird zur Makulatur, wenn Freddy den Bach runtergeht. Wir haben alle zu viele Gegengeschäfte, Freunde.«

»Wir können nicht immer nur einzelne Banken retten. Wir brauchen einen Schirm. Und eigentlich brauchen wir so einen Schirm in allen wesentlichen Staaten«, redet Carl einfach weiter, ohne auf Lenny Peters zu achten.

»Und was soll so ein Schirm?« Fred Miller rückt in seinem Stuhl interessiert vor.

»Wir gehen alle darunter und warten den Regen ab. Aber alle unter einen großen Schirm, meine Herren.« Carl schaut in die Runde.

»Und dazu brauchen wir die Regierung: Treasury und Fed, aber vor allem das Oval Office, Freunde. Da hat Freddy schon Recht«, erklärt Kramer. »Wir brauchen einen Schirmherrn.« Bei dem Gag, den Kramer zur Ehre seiner feinen Ironie gereicht, müssen alle für einen Moment lachen.

»Wieso nur einer? Wieso ein Schirm für alle?«, fragt Fred Miller noch einmal nach.

»Damit keiner, dem es leidlich besser geht, ausbrechen kann. Denn wenn die Mauer umfällt, wenn einer absäuft, Lenny, dann sind wir alle mausetot.«

»Glaube ich nicht«, Lenny dreht Carl demonstrativ den Rücken zu und zieht an seiner Zigarre; dann bläst er genüsslich eine dicke Wolke in den Raum und verschwindet in seinem eigenen Dunst.

»Bis zum Beweis des Gegenteils, Lenny.«

»Dein Risk Officer ist ganz schön frech. Ich frage mich, Don, warum nicht er das Sagen hat.«

»Ich bin zwar der Chief Executive Officer, aber er ist als Chief Risk Officer momentan wichtiger als ich, Lenny.«

»Ihr glaubt doch, dass ihr am Ende alle gerettet werden, wenn es sein muss. Wie Bear Stearns, oder?«

Auf diesen Kommentar von Charlie Smith hat Carl gesetzt, denn er steht mit seiner Bank irgendwo in der Mitte und sein Ruf ist glänzend. Selbst Lenny hört auf Charlie.

»Davon gehe ich aus, Charlie«, entgegnet wieder Lenny. Inzwischen sitzen alle aufrecht um den Tisch, die Ellbogen abgestützt, die Zigarren in der Hand, den Whiskey hingegen beachtet keiner mehr. »Was würde denn passieren, Lenny, wenn nicht, wenn sie einen von uns fallen lassen?« Kramer übernimmt wieder das Ruder.

»Das wäre der Untergang.«

»Genauso ist es, Lenny«, Carl schaut ihn an.

»Und doppelwandige Ozeantanker wurden auch erst nach dem Untergang der Titanic gebaut, Jungs«, gibt Kramer zu bedenken. »Wenn ich einen Wunsch zu meinem Geburtstag äußern darf: Denkt alle noch einmal nach und lasst es nicht dazu kommen, dass es uns wie den Mitgliedern der Kapelle auf der Titanic ergeht.«

»Wie denn?« Alle lachen, denn offensichtlich hat nur Lenny Peters den Film nicht gesehen, als der Kapellmeister nach dem letzten Lied und kurz vor dem Sinken des Schiffs zu seinen Mitspielern sagte: »Gentlemen, es war eine Ehre, heute mit Ihnen zu spielen.« Als sie jedoch über den tieferen Sinn nachdenken, wird es ganz ruhig im Raum.

»Macht, was ihr wollt. Mein Schiff läuft auf Kurs«, Peters erhebt sich und will aufbrechen. Wie die Lemminge erheben sich auch die anderen; doch fast jeder der anderen Banker verabschiedet sich bei Kramer mit einem »Ich werde darüber nachdenken«.

»Die Tarnung hat funktioniert, Carl«, schlägt Kramer ihm auf die Schulter.

»Das schon, Don, aber mehr Klarheit haben wir dennoch nicht.«

Tödlicher Sommer

Pommes à la Fontaine

Der Wind an der Fontäne steht richtig; dabei ist Tim gar nicht mit Veronique an ihrem Lieblingsplatz am See. Steht der Wind nämlich falsch, wird man nass und dann spritzt es wie unter einer Dusche. Abends ist das in diesen warmen Julitagen eine willkommene Erfrischung, doch tagsüber sieht es schon komisch aus, wenn Veronique Douvalier nach der Mittagspause einen mit Wasser besprühten Tim MacGovern an der Pforte von Douvalier & Cie. Privatbankiers absetzt. Die schwere Eisenpforte öffnet sich immer schon ein paar Sekunden, bevor Tim das ehrwürdige Gebäude betritt. Inzwischen weiß der Pförtner, dass dieser rothaarige freundliche Amerikaner für den neuen Sprecher Peter Sanders und für Dr. Carl Bensien arbeitet und zudem der Freund von Mademoiselle Veronique Douvalier ist.

»Die Türen öffnen sich hier wie von selbst.« Tim kann sich den Hinweis auf seinen Sonderstatus nicht verkneifen, als er mit Carl aus dem Gebäude in Richtung Genfer See spaziert. Die Fontäne verursacht genügend Lärm, wenn das dreißig Meter hochstiebende Wasser in den Genfer See prasselt, was den beiden eine Unterhaltung ohne Lauscher garantiert. Carl war erst am Morgen eingetroffen und wollte um die Mittagszeit ein wenig frische Luft schnappen.

Er hatte Tim bereits vorgewarnt, dass der heutige Tag mit einer intensiven Nacht enden würde. Für die Zukunft einer der ältesten Privatbanken der Welt dürften es wohl die wichtigsten vierundzwanzig Stunden in ihrer Geschichte werden. Das Traditionshaus hatte sich verzockt, die persönlich haftenden Gesellschafter von Douvalier & Cie. Privatbankiers waren der Gier erlegen. Obwohl im Herzen der größte aller Traditionalisten des Douvalier-Bensien-Clans, weiß Dr. Carl

Emil Etienne Bensien seit geraumer Zeit, dass die Tage als eigenständige Privatbank unwiederbringlich vorbei sein dürften. Wehmütig blickt er minutenlang schweigend hinaus auf den See. Tim ist klug genug, einfach still abzuwarten; Peter Sanders, sein Boss und Sprecher der Bank, würde erst am Abend zurück sein. Für die große Sitzung ist schon alles vorbereitet.

»Qatar und China, Tim«, Carl seufzt mehr, als dass er spricht, als er endlich ein paar Worte herausbringt. Mit Sonnenbrille wirkt der braun gebrannte CRO in Tims Augen ziemlich cool. Warum hat dieser Mann eigentlich keine Frau? Jedenfalls weiß Tim von keiner, und so viel, wie sie seit seinem Wechsel nach Genf zusammenarbeiten und telefonieren, müsste er das mitbekommen haben. Auch Veronique wusste von keiner Liaison ihres Onkels, als einmal die Rede darauf kam.

»Wieso zwei, Chef?«

»Einer allein wollte das Risiko nicht eingehen, nicht so viel Kapital und Sicherheiten geben, wie wir brauchen. Zudem verteilt sich so das Risiko auf den Golf und auf Asien. Peter hat mich angerufen, es ist alles geregelt für heute Abend. Er hat gestern die letzten Details in Qatar verhandelt und ist jetzt auf dem Rückweg. Mit Qatar und China hätten wir im Falle des Falles zwei sichere zusätzliche Häfen, Tim.«

»Brauchen wir die denn?« Tim realisiert, wie nahe Bensien der bevorstehende Verlust der Eigenständigkeit geht. Immer wenn Carl an seine Familie denkt, hat er diesen abwesenden Blick.

»Das kann ich dir nicht sagen, Tim. Aber es beruhigt doch sehr, zwei gute Investoren zu haben. Sanders und ich kennen jetzt die Lage der Bank, aber was ist mit dem gesamten Finanzsystem?«

»Und wie hoch ist das Investment der beiden?«, fragen die »Augen und Ohren« von Carl in Genf, denn das ist Tims Job in der Höhle des Löwen. Ohne Peter Sanders, mit dem sich Tim fast so gut versteht wie mit Carl, bekäme er es so manches Mal mit der Angst zu tun. Cousin Dominik Douvalier, der fahrige Noch-Hauptgesellschafter der Bank, kommt Tim mit seinem Geknurre jedenfalls oft wie ein gefährlicher, angeschossener Löwe vor. Doch Carl und auch Sanders haben den »Cousin«, wie sie ihn nennen, im Griff. Dummerweise ist der Cousin aber auch Veroniques Vater; insofern will es sich Tim nicht vollends mit seinem möglichen Schwiegervater verderben. Zwar ist Dominik Douvalier froh, dass seine Tochter wieder in die Heimat zurückgekehrt ist. Dass sie jedoch mehr Zeit mit Tim als mit der Familie verbringt, passt ihm gar nicht. Zudem hat er mitbekommen, wie sehr sich seine Tochter an seinem ungeliebten Cousin Carl orientiert.

»Jeder übernimmt fünfundzwanzig Prozent plus eine Aktie im Rahmen einer Kapitalerhöhung von je zwei Milliarden Franken. Zusätzlich geben die beiden Garantien für je weitere drei Milliarden. So sind wir gut abgesichert für das, was noch kommen kann.«

Tim läuft ein wenig umher und stellt sich dann direkt vor Carl: »Ich kenne Ihre Familie bislang nicht, aber Ihre Nichte ist seit fast einem halben Jahr mein Date.«

»In Genf sagt man Rendezvous, Tim«, lacht Carl.

»Schon gut, Patron«, lächelt Tim verlegen und betont das Französische so grausam englisch, dass sich Carl Bensien demonstrativ die Ohren zuhält.

»Glauben Sie, die stolzen Douvaliers werden zustimmen, dass die Familie auf fünfzig Prozent minus zwei Aktien heruntergeht und Chinesen und Araber neben sich duldet?«

»Sie werden müssen, denn sonst macht uns die Bankenaufsicht in den nächsten Tagen die Schotten dicht. Wir sind zwar nicht too big to fail, wir sind keine UBS, aber wir sind mindestens systemstörend, wenn auch kein Systemrisiko.«

»Wie schlimm steht es denn?«

»Nun, wir werden zur Veröffentlichung der Halbjahreszahlen eine Sonderabschreibung in dreistelliger Millionenhöhe auf unser irisches Portfolio vornehmen müssen. Das ist alles noch überschaubar, aber damit bekommt jeder mit, dass wir ein echtes irisches Problem haben. Ohne frisches Kapital und ohne Garantien laufen wir Gefahr, dass uns die Kunden als zu risikoreich einschätzen und ihre Gelder abziehen oder Nachschusspflichten auf uns zukommen. Und das wäre das Ende, auch wenn es im System nur ein großes Ruckeln gäbe. Dabei ist die Bank als solche total gesund, wenn sie nur nicht in das Subprime-Geschäft eingestiegen wäre.«

»Wann ist die Sitzung der Familiengesellschafter?«

»Heute Abend um achtzehn Uhr.«

»Kann ich noch etwas tun?« Tim setzt sich wieder neben Carl und ist überrascht, wie abgeklärt sein Chef über das Ende der Privatbank spricht. Seine Schweigeminuten auf der Bank am See kommen Tim inzwischen vor, als hätte Carl Abschied genommen. Als Risk Assistent hat Tim oft miterlebt, dass Carl, sobald er eine Risikolage analysiert hat, seine getroffene Entscheidung konsequent durchzieht.

»Ja, Tim«, steht nun Carl auf und schaut auf seinen Horchposten hinab. »Hole Kramer um siebzehn Uhr im Hotel ab und bringe ihn durch den Hintereingang unbemerkt in mein Büro. Hier ist der Zentralschlüssel der Banktüren«, er hält ihm einen Messingschlüssel vor die Nase. »Vorsicht damit, junger Mann.«

»Don Kramer ist hier?« Tim steht erstaunt auf.

»Du wirst ihn gleich sehen.«

»Wie bitte?« Tims Mund bleibt sperrangelweit offen.

»Glaubst du, ich sichere mich gegen meine Familie nicht ab? Sanders macht das klasse, aber heute Abend ist D-Day. Kramer hat mir geholfen, das Kapital zu sammeln, und zwar mit seinem Namen. Wir sind heimlich durch ganz Asien und in die Emirate gereist, wenn du dachtest, ich sei in New York. Anrufumleitung, Tim. Teilweise mit, teilweise ohne Sanders.« So, wie Carl nun lacht, ist sich Tim doch nicht mehr sicher, ob er irgendwo ein Date hat, das er vor allen strikt geheim hält.

»Wie verlässlich sind die denn?«

»Sehr, Araber sind ohnehin sehr gute Kunden in Genf.

Und auch die Chinesen sind lupenreine Kaufleute, auf die man sich verlassen kann.«

»Kommunisten, Araber, Genfer Familien und ein US-Banker. Was für eine Truppe!« Tim nickt anerkennend.

»Und der beste englische Merchandbanker überhaupt: Peter Sanders.«

»Stimmt, Chef.«

»Die Notenbank und die Bankenaufsicht sind auch noch da, mein lieber Tim. Es wird eine lange Nacht mit vielen Bluffs und Coups, mit Rein- und Rausrennen aus den Sitzungszimmern. Jeder wird auf die Uhr schauen und abwarten, wer zuerst müde wird oder einknickt. Das Ganze ist ein Pokerspiel, aber ich kenne die Karten am besten. Auf diese Douvaliers ist allein kein Verlass.«

»Außer auf diese Dame«, zeigt Tim auf Veronique, die lachend auf die beiden zukommt, aber noch den ganzen Peer entlanglaufen muss.

»Stimmt, Tim. Halte sie fest. Sie ist eine gute Partie, auch wenn die Bank zur Hälfte an Araber und Chinesen gehen wird.«

»Ich liebe Veronique, nicht ihr Geld, Chef«, antwortet Tim entrüstet.

»Klar doch, Tim«, steht Carl auf und nimmt den jungen Mann in den Arm.

»Was macht eigentlich die Liste, über die das alles mit Veronique angefangen hat, Chef?«

»Nichts Neues, Tim. Denise bekommt keinen Namen mit uns in Verbindung gebracht.« Dabei schlendern beide langsam auf Veronique zu, die ungefähr die Hälfte der Strecke auf das Peer geschafft hat. Viel besser sieht Veronique jetzt wieder aus, denkt Carl, als er seine Nichte auf sich und Tim zukommen sieht: Sie trägt ein luftiges Trägerkleid mit einem bunten Tuch über die Schultern, das sie fest mit beiden Händen vor der Brust zusammenhalten muss, damit es nicht vom Winde verweht wird. Kein Vergleich zu der immer müden und blassen »Vero K.« aus der Kellerbar.

»Ziemlich hübsch, die Dame da vorne, nicht wahr, Tim«, deutet Carl in Richtung Veronique.

»Viel zu alt für Sie, Chef.«

»Nun mal nicht unverschämt werden«, antwortet Carl mit einem Augenzwinkern. Überrascht schüttelt er dabei den Kopf, weil ihm bei dem Hinweis »viel zu alt für Sie« Carla Bell in den Sinn kommt. Schon lange hat Carl die junge Exjournalistin nicht mehr gesehen. Oft genug hingegen hat er Lehman in New York getroffen, allerdings ohne seine Freundin. Im August, zu den Halbjahreszahlen, wird er vielleicht auch Carla in New York sehen, hofft er, als Tim ihn wieder in das wahre Leben zurückholt.

»Wie schätzen Sie die Lage der Carolina Bank ein?«

Veronique ist stehen geblieben und spielt mit einem kleinen jungen Hund, der offenbar verloren gegangen ist und um ihre Beine herumwuselt.

»Zumindest finden wir nichts Katastrophales bislang, doch ich habe immer noch ein ungutes Gefühl. In unseren Büchern, die wir einsehen können, stimmt soweit alles. Jedenfalls kennen wir die Risiken, haben abgeschrieben und die Werte korrigiert. Aber genauso wie bei Douvalier weiß ich nicht, ob nicht irgendwo etwas schlummert, was man uns bewusst vorenthält, Tim«, sagt Carl, während die beiden auf Veronique warten.

»Aber die Carolina ist doch noch gut kapitalisiert.«

»Das stimmt. Aber was ist, wenn das System durch die vielen Einzelfälle nicht mehr hält? Was ist, wenn Bear Stearns in den USA, Industriekreditbank in Deutschland, Northern Rock in Großbritannien oder auch der Betrug wie bei der Société Générale in Frankreich oder unser Fall bei Douvalier nicht mehr nur Einzelfälle sind? Was ist«, dreht sich Carl zu Tim, »wenn der Minsky-Moment kommt?«.

»Was ist das denn?«, schaut Tim irritiert auf den Mann, der ihn mit seinem großen Wissen immer wieder und immer noch überraschen kann.

»Hyman Minsky, ein Ökonom, hat schon in den Siebzigerjahren darauf hingewiesen, dass eine über Jahre anhaltende Aufweichung der Standards zur Kreditvergabe in einem plötzlichen Moment in die Erkenntnis umschlagen könnte, dass das alles falsch war.«

»Und dann?«

»Versiegt die Liquidität im Markt.« Dabei zieht Carl die Handfläche einmal quer vor den Körper, allerdings, wie Tim beruhigend feststellt, nicht vor den Hals. Der Kopf ist noch dran, der Körper, das System lebt weiter.

»Doch ohne Liquidität ist das System wie ein blutleerer Körper«, nutzt Tim das Bild, »und wir haben doch schon ziemliche Schwierigkeiten am Interbankenmarkt.«

»Schon wahr, Tim.« Carl dreht sich dabei um, schaut auf die Fontäne und bewegt seine rechte Hand nach rechts: »Anders ausgedrückt. Dann würde der Hahn ganz zugedreht. Überlege dir mal, was passiert, wenn die Fontäne abgestellt würde.«

»Dann gäbe es keine Liquidität.« Tim blickt in die Sonne auf die Fontäne und muss heftig blinzeln. »Und was dann, Chef?«

»Gnade uns Gott und helfe uns die Notenbank. Nur die Banken kapieren es noch nicht.«

Als Carl weitergehen und auf Veronique zusteuern will, die sich gerade vom kleinen Hund gelöst hat, hält Tim ihn noch einmal fest: »Was müsste denn passieren, damit die Banken es kapieren?«

Carl blickt Tim ernst an: »Wahrscheinlich muss eine pleitegehen, Tim.«

»Und dann?«

»Dann hilft uns nicht einmal mehr Gott, sondern nur noch die Notenbank.«

»Was schaut ihr so ernst?«, grüßt Veronique die beiden Männer, nachdem sie den kleinen Hund wieder in Richtung seines Herrchens schicken konnte, der aufgeregt »Snoopy, Snoopy« ruft.

Onkel Carl bekommt einen Kuss auf die Wange. Tim einen ziemlich langen Kuss, wie ihn nur jung Verliebte verteilen. Als die beiden endlich fertig sind, gehen sie zu dritt an der Promenade entlang in Richtung einer metallisch glänzenden Pommesbude.

»Ich lade euch ein«, zeigt Carl auf den Stand direkt am Wasser.

»Würstchen? Das soll der versprochene Lunch sein?«

»Ja. Die besten Pommes und Würstchen weit und breit.«

»Pommes à la Fontaine« steht auf dem Schild vor dem umgebauten amerikanischen Wohnwagen, der den besten Blick auf die Fontäne bietet.

»Wir konnten ihm partout nicht ausreden, dass er das deutsche Wort Pommes benutzt«, zeigt Carl auf das Schild.

»Wieso wir?«, fragt Veronique.

»Der Laden wird von meinem alten Freund Jacques geführt, der eigentlich Hans heißt, ursprünglich aus Köln stammt, dort das Bankgeschäft gelernt hat, in die Schweiz nach Genf kam und vor fünf Jahren keine Lust mehr auf feine Banken hatte. Immer wenn Kramer in der Stadt ist und ich auch hier bin, gehen wir dahin. Jacques war unser Betreuer, als Don und ich Trainees bei der Bank waren.«

Als die drei näher kommen, steht Kramer schon an einem der Stehtische und isst eine Currywurst mit Doppelpommes rot-weiß.

»Du kannst wohl nie genug bekommen«, lacht Carl.

»Bienvenue à Genève, mon ami«, geht Carl auf seinen Freund und Chef zu.

»Bienvenue pour toi. Ça va, mon copin?« Die beiden herzen sich, als hätten sie sich Wochen nicht gesehen, doch es scheint die diebische Freude über das Geheimtreffen bei Jacques zu sein.

»Musst du gerade sagen, wenn ich den Kapitalbedarf deiner Bank sehe«, löst sich das Knäuel der beiden Männer auf. Don ist informiert, dass Tim und Veronique eingeweiht sind.

Mit Blick auf Jacques ruft Carl: »Gib dem jungen Volk mal eine gute Portion und uns noch einmal dasselbe, Hans.«

Don umarmt Veronique und schlägt dann Tim jovial auf die Schulter: »Hi, wie gehts in Genf?«

»Très bien, Monsieur Directeur Général«, greift er mit verschmitztem Lächeln die große Pranke.

»Ô, là, là!«, freut sich Don. Als sich die beiden Hand in Hand und nur noch mit Augen füreinander zur Theke bewegen, spricht Kramer leise in Richtung Carl: »Aber lasse mich nicht im Stich. Ich brauche dich bei der Carolina.«

»Mache ich nicht. Aber trotzdem: Jeder ist doch ersetzlich.«

»Nein, Carl«, insistiert Don, »Lehmans gibt es wie Sand am Meer, aber nur wenige Bensiens. Du kannst jetzt auf keinen Fall gehen; ich bin sehr besorgt, dass etwas passiert.«

»Anhaltspunkte?«

»Nur Bauchschmerzen, Carl. Wir waren alle zu gierig, aber momentan kauft keiner mehr keinem etwas ab. So etwas habe ich in dreißig Jahren nicht gesehen.«

»Weniger essen, Don.«

»Wie meinen?«

»Weniger Pommes, dann gibt es weniger Bauchschmerzen«, zwinkert Carl ihm zu.

»Habe ich deine Zusage, Carl?«, hält Kramer ihm die Hand hin. Carl schaut in die Luft, dreht sich um und blickt wieder in die Ferne. Nach einem kurzen Moment dreht er sich um.

»Sicher. Sicher mal, bis das alles vorbei ist.«

Carl reicht Kramer die Hand: »Abgemacht.«

»Per Handschlag. Wie unter ehrbaren Kaufleuten.«

Hans bringt die Ladung Würstchen und Pommes gemeinsam mit Tim und Veronique an den Tisch.

»Wie geht es dir, alter Freund?«, fragt Carl.

»Bestens. Sonne, frische Luft, gutes Geschäft. Was will ich mehr?«, hält Hans die freien Hände hoch in die Luft.

»Er sagt, wir müssten nicht zahlen, Chef«, zuckt Tim mit den Schultern.

»Stimmt. Don und mir gehören neunundvierzig Prozent an der Würstchenbude.«

Tim und Veronique fallen erst einmal die Pommes von der Gabel, während die drei Herren herzlich lachen.

»Darf ich Sie fragen, warum Sie als Banker aufgehört haben?« Veronique wendet sich interessiert dem kleinen Mann mit der hohen Stirnglatze und dem Zwirbelbart zu, der so gar nichts mehr von Großkapital ausstrahlt. Statt Anzug trägt er eine Schürze, statt Krawatte ein weißes Polohemd und anstelle eleganter Lederschuhe einfache Holzpantoffel. Und dann dieser Duft von Bratfett.

»Sicher«, antwortet Jacques, während eine junge blonde Dame eine Ladung Bier an den Stehtisch bringt. »Ich hatte keine Lust mehr, nur über Geld definiert zu werden. Ich wollte etwas Handfestes machen. Nachdem wir drei bei Douvalier waren, bin ich für einige Jahre zu einer Finanzboutique gegangen. Da ging es nur um Renditen.«

»Trinken wir das Bier aus der Flasche?«, blickt Veronique entgeistert auf ihre volle Flasche, die neben den Pommes steht.

»Aber klar doch. Hier sind wir doch nicht bei feinen Leuten.«

Carl und Don klacken bereits ihre Flaschen aneinander und nehmen einen ordentlichen Schluck.

»Carl, wenn das deine Mutter sehen würde.«

»Es hätte dem einen oder anderen dieser Douvaliers, liebes Fräulein, nicht schlecht zu Gesicht gestanden, hin und wieder raus ins richtige Leben zu gehen, so wie mein Freund Carl.«

»Darf ich mich kurz vorstellen«, reicht Veronique Hans-Jacques die Hand: »Veronique Douvalier«, lächelt sie.

»Oh!«

»Muss aber auch finanziert sein, so eine Pommesbude«, mischt sich nun Tim ein.

»Richtig, junger Mann. Ich habe zwei Freunde als Investoren gefunden. Aber versuchen Sie das einmal bei einer Bank.«

»Wo ist das Problem?«, fragt Tim mit halb vollem Mund, sodass ihn seine Freundin anstupst.

»Große bekommen immer ihre Finanzierung – über Kredit oder sonst wie. Aber die Kleinen bekommen kaum etwas, weil die Banken Angst vor unternehmerischem Mut haben.«

»Ist das so, Onkel Carl?«, fragt Veronique.

»Nicht ganz so, aber es stimmt, dass Banken teilweise ihre Bestimmung vergessen haben, der Wirtschaft Kapital zur Verfügung zu stellen und nicht Renditejäger zu sein und Geld aus Geld zu machen.«

»Sondern aus Pommes«, sagt Veronique und alle lachen, während sie nun leicht zur Seite blickend ihren Tim ansieht. Wer hätte das gedacht, überlegt Veronique, vor einem halben Jahr arbeitete ich noch in New York im Keller und Tim wusste nicht einmal, wo Genf liegt. Jetzt bin ich wieder zu Hause, studiere Kunstgeschichte und schauspielere nebenbei. Tim arbeitet bei meiner Bank und wir leben fast schon zusammen. Ohne nachzudenken geht sie auf Carl zu, küsst ihn, drückt ihn und hält ihn fest: »Danke, Carl.«

»Wofür?«

»Für Tim. Und bitte rette die Bank.«

»Noch einen dritten Wunsch?«

»Ja!«

»Noch eine Runde Pommes.«

»Aber ohne Bier. Wir haben eine lange Nacht vor uns«, schaut der pflichtbewusste Carl ernst auf Don und auf Tim.

Comeback-Kids

»Klar, wann soll es losgehen?« Ein Profi fragt nicht warum, sondern allenfalls wann. Schon gar nicht, wenn Mitch Lehman persönlich ordert.

»Morgen. Abflug neun Uhr. Ich lasse euch abholen.«

»Okay. Bis morgen dann.«

Keine Minute, nachdem Cindy das Telefonat an diesem Montagmorgen reingestellt hat, ist es auch schon wieder vorbei. Dass er ein mieses Wochenende hinter sich haben musste, konnte Cindy bereits an seiner Körpersprache erkennen, als er ihr vor eine Stunde den langen Gang durch den Handelssaal entgegenkam. Als er sich jedoch soeben mit Diana verbinden ließ, ist Cindy doch überrascht.

»Cindy?« Die Prima Donna des Handelssaals ist schon auf dem Weg, als Mitch nach ihr ruft. »Bitte?« Auch wenn der Versuch, Mitch mit Bitte und Danke anzusprechen, damit vielleicht auch er sich das angewöhnen könnte, aus Cindys Sicht längst fehlgeschlagen ist, versucht sie es immer wieder.

»Lass die Mädchen rechtzeitig abholen. Wir fliegen um neun Uhr. Nimm Paul. Schick mir eine Limo ins ›Grosvernor‹.«

»Grosvernor?« Cindy glaubt sich verhört zu haben.

»Ja«, knurrt Mitch.

»Okay.« Cindy zieht das Wort ein bisschen in die Länge, während sie mit ihrem Block vor dem Schreibtisch steht und sich eine Notiz macht. Mitch blickt abwesend aus dem Fenster auf die in strahlendes Sonnenlicht getauchte Kathedrale von St. Paul's: Immer wieder ist etwas los, muss irgendwo wieder ein Bankenrettungspaket geschnürt werden oder spielen die Kapitalmärkte verrückt.

So ganz kommt sie noch nicht hinter die Sache, die hier heute Morgen geschieht. Dass Mitch nach Moskau will, steht schon länger fest. Doch dass die beiden Highends mit sollen, war Cindy bis vor fünf Minuten nicht bewusst. Unmerklich schüttelt sie den Kopf. Sie fühlt sich seit Wochen gestresst, auch wenn sie sich das nicht anmerken lässt, morgens ein bisschen mehr Rouge auflegt und sommerlich frische Farben trägt.

Selbst Agnes hat ihr heute Morgen ein Kompliment gemacht, als sie Cindy in ihrem roten Sommerkleid sah. Dazu blaue Ballerinas als Farbtupfer.

Im Gegensatz zu ihrer Kollegin hat Agnes einen ruhigen Morgen. Isabella ist nicht im Büro, sondern zur letzten »Politur« bei Dr. Luir. Schade, dass sie Isabella heute nicht mehr sieht, weil sie nach der ärztlichen Konsultation gleich nach New York will.

Cindy notiert sich die Anweisungen von Mitch, braucht jedoch noch eine Information: »Die Mädchen brauchen dann aber Visa, Mitch. Soll ich noch einmal anrufen?«

»Ja.« Mitch schaut immer noch aus dem Fenster.

»Sonst noch etwas?« Während alle anderen im Sommer wenigstens mit der Kleidung ein bisschen legerer umgehen, bleibt der General so korrekt gekleidet wie immer: Dunkler Anzug, wobei er das Jackett immer unordentlich in die Ecke schmeißt, bis Cindy es aufhängt, weißes Hemd und meist einfarbige Krawatte.

»Nein.«

»Okay. Danke dann«, geht Cindy in Richtung Türe. »Schöne Krawattenfarbe übrigens.«

Irritiert blickt Mitch an sich herab und nimmt seinen roten Binder in die Hand. Allein dieser Blick ist Cindy eine kleine Freude wert. Wenn Mitch nicht bei der Sache ist – und das ist er für Cindy heute eindeutig nicht –, kann man ihn mit solchen Bemerkungen leicht aus dem Konzept bringen. Auf dem Weg an ihren Platz bückt sie sich heute bereits zum zweiten Mal und hebt eine leere Diet-Cokedose auf.

Keine ruhige Hand hat der Herr heute, geht es Cindy durch den Kopf, als sie dabei auf ihre Uhr schaut. Cindy ist froh, dass Mitch für ein paar Tage bei Godunow sein wird. Mit dem hat er sich ja richtig angefreundet, die vielen Telefonate sind für sie ein eindeutiges Indiz. Und Camilla und Diana werden für Entspannung sorgen. Zwar sind sie seit Carlas Auftauchen nur noch selten im Einsatz, doch ganz hat Mitch nicht von ihnen gelassen. Dass er aber beide für ein paar Tage mit nach Moskau nehmen will, erstaunt Cindy. Sie beglückwünscht sich, dass sie den beiden Damen Gott sei Dank auch im letzten Jahr ihre persönliche Weihnachtskarte geschickt hat. Cindy führte eine Liste der »You always meet twice in life«-Personen, auf der derzeit auch Camilla und Diana stehen. Wie immer entscheidet sie sich für Dianas Nummer, denn die ältere der beiden ist professioneller, und zwar nicht nur im Bett. Diana ist eine kluge Frau, die organisieren kann. Und das ist rund um Männer wie Mitch auch dringend nötig.

»Hey, Cindy, du noch einmal?«, entgegnet Diana überrascht. Die beiden mögen sich, hängen sie doch auf unterschiedliche Art vom Wohlwollen des Mitch Lehman ab.

»Ganz meinerseits. Mitch braucht euch ja morgen beide, Diana.«

»Gut, dass wir nicht gebucht sind. Ist ja Ferienzeit. Sind wir wieder im Geschäft, Cindy?«

»Tja, scheint so, ihr Comeback-Kids. Genaues weiß ich allerdings nicht.« Allzu detailliert will Cindy nicht werden, denn ganz klar ist ihr die Lage heute Morgen eben noch nicht.

»Wo soll es denn hingehen? Und wie lange?«

»Moskau. Habt ihr ein Visum?«

»Klar, was meinst du, wie oft wir schon mal schnell für einen Abend in Moskau waren.«

»Dieses Mal bleibt ihr wohl zwei, drei Tage. Gastgeber ist ein ehemaliger Oberst, der auch zu sich in seine Datscha einlädt.«

»Oh, das kann ja heiter werden. Das sind ganz wilde Partys auf diesen Datschen außerhalb der Stadt.«

»Ich wünsche viel Spaß.«

»Cindy, das ist harte Arbeit. Unter Spaß verstehe ich etwas anderes.«

Cindy legt mit einem verstehenden Lachen auf und geht wieder in Mitchs Büro. Der hat sie gar nicht bemerkt, zu sehr ist er in die Kursbewegungen vertieft. Alles andere als ruhig ist dieser Sommer, seit die ersten Banken regelrecht explodiert sind.

»Ist Isa eigentlich schon im Urlaub?«

»Meines Wissens ja. Ab heute. Brauchst du sie?«

»Nein, habe nur gerade wegen der verdammten Kursbewegungen an sie gedacht.« Seine Laune wird nicht besser, beschleicht es Cindy, die lieber schnell aus seinem Büro raus will.

»Die Mädchen wissen Bescheid.«

»Ja«, antwortet er und guckt Cindy kurz aus dem Augenwinkel an. Da sie stehen bleibt, muss er sich doch ganz zu ihr umdrehen. »Ist noch etwas?«

»Wenn du wieder im ›Grosvernor‹ bist, ähm, sollen die beiden nicht ...«

»Sehr gute Idee, Cindy, daran habe ich gar nicht gedacht. Bin schon zu sehr bei den Russen. Sehr gut, mach das. Home Suite.« Plötzlich strahlt Mitch in einer Art wie lange nicht mehr.

Cindy ist schon auf dem Weg an ihren Platz, als über ihren Kopf eine leere Diet-Cokedose direkt in den Abfalleimer fliegt.

»Treffer«, hört sie Mitch, der sich wie ein Kind darüber freut. Erst zehn Uhr und schon hat er drei Diet-Cokes intus. Cindy muss sich alleine bei dem Gedanken schütteln. Bereits aus dem Büro heraus, wird sie vollends überrascht. Sie hört ihn doch tatsächlich »Danke« sagen.

»Die Laune wird doch besser«, flüstert sie in sich hinein, wählt Diana zum dritten Mal an und bestellt sie beide bereits für heute Abend in die Home Suite.

Als Mitch kurze Zeit später mit lockerem Schritt auf einen Rundgang durch den Handelssaal aufbricht, nutzt Cindy die Gunst der Stunde und wählt Carla Bells Handynummer. Cindy will endlich wissen, was los ist, denn sie kann mit allen Frauen von Mitch umgehen, solange ihr bewusst ist, welche gerade welche Rolle spielt.

»Hallo, Carla«, spielt Cindy die Vertraute.

»Oh. Hallo, Cindy.«

»Wie geht es dir?« Ein bisschen Smalltalk hat noch immer etwas aus den Leuten herausgelockt, wenn die Stimme nur freundlich genug klingt. Und darin ist Cindy eine wahre Meisterin.

»Geht so. Bin heute Morgen zu Hause geblieben.« Carla will es kurz halten, doch ist auch ihr klar, dass man die Prima Donna nicht einfach abhängen kann.

»Krank? Du Arme.«

»Ja. Ein bisschen. Will er mich etwa sprechen?« Cindy bemerkt die Überraschung in Carlas Frage sehr genau.

»Nein, Carla, ich dachte nur, ich informiere dich schnell. Mitch ist ja immer so unzuverlässig, weißt du. Er muss schon heute Abend nach Moskau. Da kannst du deine Pläne besser darauf abstimmen.«

Am anderen Ende der Leitung bleibt es ruhig.

»Carla, bist du noch dran?«

»Ja, doch. Musste kurz nachdenken. Er ist also heute Abend nicht mehr da?«

»Nein. Kommt keinesfalls noch einmal ins Hotel.«

»Gut«, dehnt Carla die Antwort, »danke, Cindy.«

»Gern geschehen.« Als Cindy auflegt, ist sie sich fast sicher, tippt jedoch eine weitere Nummer.

»Dorchester Hotel, Executive Floor, George am Apparat. Was kann ich für Sie tun? Die letzte Gewissheit wird sie sich vom Concierge des »Dorchester« holen.

»Hallo, George, Cindy Fitzpatrick hier.

»Hallo, Cindy, was kann ich für Sie tun?« George ist die Bedeutung der Prima Donna im Reiche des Mitch Lehman sehr bewusst.

»George, Sie müssen mir helfen. Eine vertrauliche Sache.«

»Sie wissen, Cindy, wenn ich kann, helfe ich Ihnen gern. Diskret selbstverständlich.« Cindy schiebt ihre Lesebrille ins Haar und schaut noch einmal, ob Mitch zu sehen ist, doch die Luft ist rein. Trotzdem flüstert sie.

»George, ist Mrs Bell noch bei Ihnen? Ich kann sie nicht in der Suite oder auf dem Handy erreichen.«

»Nein, sie ist auf keinen Fall mehr hier.«

»Wieso sind Sie sich so sicher, mein lieber George?«

»Weil sie gestern Abend ziemlich plötzlich gegangen ist. So gegen zwanzig Uhr. Wütend, wenn Sie mich fragen würden.«

»Danke, George. Und ich lasse das Team von RUSSOIL in zwei Wochen gerne wieder bei Ihnen einbuchen, mein Lieber.«

»Es wird uns eine Freude sein, Cindy. Und wenn Sie wieder mit Ihren Freundinnen zum Essen kommen mögen, ich arrangiere das gerne.«

Cindy zieht ihre Lesebrille wieder auf die Nase, weil sich Mitch nähert.

»Das ist sehr freundlich. Ach, George, wenn Mrs Bell noch einmal kommt; Sie lassen es mich doch wissen, oder?«

»Diskret.«

»Danke, ich muss jetzt Schluss machen.« Als Mitch an ihr vorbeigeht, fragt sich Cindy, ob sie ihren alten Mitch wieder hat.

Gott sei Dank, freut sich Carla über die Informationen in Cindys »Weckruf«. So hat sie sich den Beginn dieses Montagmorgens nicht vorgestellt. Problemlos könnte sie heute ihre Sachen aus dem Hotel holen, ohne Mitch noch einmal begegnen zu müssen. Überstürzt war sie letzte Nacht verschwunden, als Mitch sie erst wie ein Irrer anschrie und dann stumm und versteinert stehen blieb. Dass sie gegangen war, hat er nach Carlas Einschätzung gar nicht richtig mitbekommen.

Seit gestern Abend ist für sie ihre gut einjährige Liaison mit Mitch Lehman vorbei. Befreit liegt sie im Bett und spürt, wie behaglich sie sich wieder fühlt. Immer öfters hatte sie in Mitchs Nähe in den letzten Wochen diesen Klos im Hals gehabt.

Seit sie bei der Bank arbeitet, hat Carla zunehmend auch das andere Gesicht von Mitch beobachten können: nicht den Charmeur und Liebhaber, sondern das gierige Tier. Wie er nach der Pressekonferenz in New York in seinem Besprechungsraum wie in einem Käfig umhergerannt war – es schaudert sie noch heute beim Gedanken daran. Dass es noch über drei Monate gedauert hat, bis sie endlich die Konsequenzen zieht, hat auch damit zu tun, dass Mitch in den letzten Wochen andauernd unterwegs war. Und dass Carla sich nicht eingestehen wollte, dass sie einen kapitalen Fehler gemacht hat. Der sie den Job gekostet hat, der sie einsam gemacht hat. Das i-Tüpfelchen war allerdings Hastings. Lange hatte Carla sich gegen ein Telefonat mit dem Pfarrer in St. Francis gewehrt. Sie wollte nicht spionieren, doch sie wollte auch wissen, was Mitch umtrieb.

Seit sie die Nachricht vom Tod des Pfarrers zwischen seinen Unterlagen in New York gesehen und sein handschriftliches Nein gelesen hatte, schwankte sie, ob sie zu dieser Kirche gehen sollte. Mit Pfaffen hatte Carla seit Mutters Tod nichts mehr gemein. Doch ihre Neugier überwog. Als ihr die junge Stimme am Telefon anbot, sich im Holland Park ganz in der Nähe von St. Francis zu treffen, hatte Carla für Sonntagnachmittag eingewilligt. Immer wenn sie sich unter Druck versetzt fühlte, brauchte sie Bewegung. So lief sie wie eine Getriebene an diesem letzten Julisonntag in den Park. Als sie am vereinbarten Treffpunkt, der Statue des Parkgründers Lord Holland, ankam, war sie viel zu früh dran und deshalb froh, eine leere Parkbank zu finden. Sie setzte sich in die Sonne und schloss für einen Moment die Augen.

»Guten Tag. Sie müssen Mrs Bell sein. Ich bin Pfarrer Hastings.« Carla öffnete erschrocken die Augen und erblickte den jungen Pfarrer in seiner dunklen Soutane. Welch ein Gegensatz zu ihrer hellen Sommerkleidung. Gott sei Dank trug sie eine Bluse zur hellen Jeans und keine Spaghettiträger.

»Entschuldigung, ich habe geträumt.« Carla zog die Sonnenbrille hoch, mit der sie ihr langes Haar wie mit einem Reif bändigte. Sie rückte ein wenig zur Seite, um dem Pfarrer Platz zu machen. Doch der schüttelte nur den Kopf.

»Ich habe nur einen letzten Wunsch von Pfarrer Horacio Melander zu erfüllen.« Er blieb vor ihr stehen.

»Und der wäre?«

»Der ersten Person, die nach ihm nach seinem Tode fragt, diesen Umschlag zu übergeben.«

»Ich bin die Erste?«

»Ja.«

»Und was soll ich damit?« Carla schaut auf den wattierten Umschlag, den der Pfarrer ihr hinhält. »Hören Sie, es ist reiner Zufall, dass ich angerufen habe.« Dennoch greift sie nach dem Umschlag und betrachtet das allgemeine Anschreiben: »To whom it may concern. From H. Melander.«

»Mrs Bell. Nichts ist Zufall im Leben. Alles ist Bestimmung. Jedenfalls ist das unsere Ansicht«, antwortete er freundlich und zeigte gen Himmel. »Guten Tag noch und auf Wiedersehen.«

»Wem soll ich das geben? Es fehlt doch eine richtige Anschrift«, rief sie dem Pfarrer hinterher, der sich schon wieder auf den Weg machte.

»Das ist allein Ihre Sache.«

Carla betrachtete lange den wattierten Umschlag, den sie dann erst einmal in ihre Tasche steckte. Niemand wartete im Hotel auf sie. Mitch war Golfspielen und würde erst am Abend zurück sein. Nach Islington in ihre Wohnung wollte sie auch nicht. So streckte sie ihre langen Beine aus, breitete die Arme über die Lehne und legte den Kopf in den Nacken, um sich von der Sonne wärmen zu lassen. Wenn es kein Zufall ist, sinnierte Carla, dann bin ich wohl der Überbringer der Information an Mitch. Doch wenn es Bestimmung sein soll, richtete sie sich auf, dann soll ich das sicher auch gesehen haben.

Entschieden zog sie den dicken A4-Umschlag wieder aus ihrer Tasche und riss ihn beherzt auf. Neugierig blätterte Carla durch die Unterlagen: Bilder einer Frau, das Tagebuch des Pfarrers. Eine Geburtsurkunde für Mitch Pieter Lehmann – mit zwei »n« geschrieben. Und weitere Fotos. Manche schienen Urlaubsfotos zu sein. Mann, Frau, Kind. Eine Familie? War das Mitch? Wer waren die anderen?, fragte sich Carla plötzlich interessiert. Bis sie ein Bild fand, das ihr die Antwort gab. Es war auf ein Blatt geklebt, darunter stand ein kleiner Text: »Mitch, das ist deine Familie. Deine Mutter, du und ich – dein Vater!« Unterschrieben war der Text mit Horacio Melander.

»Mitchs Vater ist ein katholischer Pfarrer, das ist ja ein Ding!« Die Dokumente lagen auf Carlas Schoß, die irritiert in die Richtung blickte, in die Pfarrer Hastings verschwunden war. Sie betrachtete das Familienfoto noch einmal: Mitch, so um die dreizehn Jahre, schätzte Carla, mit seiner Mutter, der er sehr ähnlich sieht, und dem Pfarrer, allerdings in Freizeitkleidung.

Dies waren genau die Informationen, die man brauchte, um sein Leben zu dokumentieren. Vater, Mutter, Geburtsort. Bilder. Außergewöhnlich kamen ihr die Unterlagen nicht vor, wenn man von dem Umstand absah, dass Mitch einen katholischen Pfarrer als Vater hatte. Aber das ist ja auch kein Verbrechen, allenfalls in der Kirche ein Problem. Es waren lauter Dokumente, die man spätestens nach dem Tod seiner Eltern an sich nimmt. Für Carla sah es so aus, als ob sich Mitch versteckt, als hätte er – aus welchen Gründen auch immer – eine andere Identität angenommen. Nach einer Weile machte sie sich auf den Weg ins »Dorchester«-Hotel. Unglücklicherweise war Mitch schon zurück, als Carla ins Hotel kam. Kaum hatte sie die Türe der Suite geöffnet, hörte sie ihn rufen.

»Wo warst du?« Mit einem Whiskey in der Hand kam Mitch auf sie zu. Den Blick kannte sie zu genau. Keine Chance, noch einen Moment abzuwarten. Carla legte ihre Tasche mit dem Umschlag auf das kleine Tischchen in der Eingangshalle der Suite.

»Ich war im Holland Park.« Sie wollte an Mitch vorbei, der mitten im Wohnbereich der Suite stand. Doch er hielt sie fest, denn wie immer, wenn er vom Golfspielen mit den Jungs zurückkam, wollte er schnell zur Sache kommen.

»In der Nähe liegt St. Francis.« Mitch stoppte in seiner Bewegung, als er den Namen der Kirche hörte.

»Überrascht?« Carla machte einen Schritt zurück.

»Wieso?« Mitch versuchte sie am Arm festzuhalten, doch Carla zerrte sich frei.

»Für Pfarrer Hastings war es bequem, sich im Holland Park zu treffen.« Carla wartete nicht mehr, zog das Familienfoto aus ihrer Tasche und hielt es zwischen sich und Mitch. Wieder stockte Mitch mitten in der Bewegung, starrte sprachlos auf das vergilbte Foto von sich, seiner Mutter und Pfarrer Melander, ehe er ihr das Bild aus der Hand riss.

»Wo hast du das her?«, stammelte er und schüttelte Carla am Arm.

»Aus einem dicken Umschlag mit vielen alten Unterlagen über dein Leben. Der Rest liegt in meiner Handtasche.« Carla zeigte in Richtung Eingang.

»Wo hast du das her?«, schrie er jetzt, jedes Wort einzeln betonend.

Carla befreite sich erneut und gab ihm einen Zettel, der ganz unten bei den Unterlagen im Umschlag gelegen hatte, den sie erst im Taxi zurück ins Hotel gefunden und ebenfalls in ihrer Hosentasche verstaut hatte. »Der erste Mensch, der sich nach mir erkundigt, hat sicher eine Beziehung zu meinem Sohn. Denn der wird nicht kommen. Sie sind nun seine Vergangenheit. Danke, Horacio Melander«, stand dort mit krakeliger Schrift. Mitch las es leise für sich.

»Pfarrer Hastings hat mir das alles gegeben.«

»Du darfst das nicht«, wurde er lauter. »Du darfst nicht in meinem Leben rumpfuschen.«

Carla machte kleine Schritte weg von ihm, ohne dass er das wirklich bemerkte. Mitch war wie in Trance, er stierte auf das Familienfoto mit dem kleinen Text unten und den Zettel mit der krakeligen Schrift, jedes Blatt in einer Hand. Hin und her flog sein Kopf, zitternd hielt er seine Vergangenheit in den Händen, die er so lange verdrängt hatte.

Carla bekam Angst. Langsam, Mitch im Blick behaltend, ging sie zurück in die Eingangshalle, griff nach ihrer Handtasche, legte den Umschlag auf den Tisch und öffnete vorsichtig die Türe. Als sie sich an der Türe noch einmal umdrehte, stand Mitch immer noch regungslos an der gleichen Stelle und starrte auf das Bild. Das war ein anderer Mitch Lehman, kein starker, vom Erfolg verwöhnter Starbanker, sondern ein gebrochener Mann. Mitch bemerkte nicht, dass sie ging. Weggetreten, stand er alleine mitten im Raum. Carla zog schnell die schwere Türe der Suite hinter sich zu und holte tief Luft: »Was bist du für ein Mensch, Mitch Lehman?« Dann verschwand sie nach Hause, in ihre Wohnung nach Islington.

Ein verhängnisvoller Unfall

Am nächsten Morgen klingelt Cindy Carla aus dem Bett. Obwohl sie schlecht geschlafen hat, merkt sie, wie gut sie sich nach ihrer Entscheidung fühlt. Fast die ganze Nacht hat sie wach gelegen, erst gegen Morgen ist Carla für ein paar Stunden eingeschlafen.

»Ich werde jetzt reinen Tisch machen«, spricht Carla mit sich selbst. Für sie ist Mitch passé, aber noch hat sie mindestens mit zwei Männern klare und deutliche Worte zu wechseln. Mit Simon Trent und natürlich mit ihrem Vater.

Mit einem Blick auf die Uhr ermahnt sie sich zur Eile, es ist schon kurz nach zehn Uhr. Noch im Nachthemd, setzt sie sich an ihren Schreibtisch und formuliert ihre Kündigung an die Carolina Bank zum 1. August 2008, zu Händen Herrn Mitch Pieter Lehman. Mit ihrer kurzen Dienstzeit kann sie innerhalb von drei Arbeitstagen kündigen, zählt Carla die notwendigen Tage an ihrer Hand ab. »Heute ist der 28., morgen ist Dienstag, der 29., Mittwoch, 30., Donnerstag, 31. Wenn ich das Schreiben morgen abgebe, reicht das und ich bin zum 1. August raus.«

Carla blinzelt ihrem Spiegelbild zu und stellt sich den »roten Drachen« vor, der sie persönlich die Kündigung auf den Schreibtisch legen wird. Summend freut sie sich auf Cindys Gesicht und wie sie sicher sofort Mitch informieren wird. Sie macht sich einen Kaffee, als sie mit dem kurzen Schreiben fertig ist, und geht mit einer vollen Tasse ins Bad: »CityView« heute, morgen erst zur Bank und dann ab nach Hertfordshire. So trällert sie unter der Dusche ihren Weg, den sie sich für die nächsten beiden Tage zurechtgelegt hat.

Nur eine halbe Stunde später sitzt sie in einem Taxi und wählt auf dem Weg zum Dorchester DAD HOME, nachdem sie es schon auf seinem Handy vergeblich – wie fast immer – versucht hat. Logischerweise ist auch am Montagvormittag kein Mensch zu Hause, muss sie sich gestehen, als sie eine mechanische Stimme hört: »Hier ist der Anrufbeantworter von Samantha Thompson und Steven Bell. Wir sind derzeit nicht zu erreichen. Bitte hinterlassen Sie uns eine Nachricht. Wir rufen umgehend zurück.«

»Hy, Dad, hallo, Sam. Ich möchte morgen zu euch kommen. Wir müssen reden. Und sorry, ich war auf dem falschen Trip. Sorry, Dad. Warum nur hast du mir das nicht gesagt? Ich liebe dich, Dad. Bis morgen. Love you, Carla.« Dem Taxifahrer, der ganz eindeutig zugehört hat, schenkt Carla einen freundlichen Blick.

Vor dem »Dorchester« hüpft sie aus dem Cab und rennt in die Lobby, denn sie will alles ganz schnell hinter sich bringen. »Was war ich für ein Trottel?« Sie zeigt sich im Spiegel des Aufzugs auf dem Weg in den Executive Floor selbst einen Vogel. Schon gestern, als sie aus der Suite geflüchtet war, war ihr klar geworden, in was für eine Sache sie mit Mitch reingeschlittert war. Nie wieder, so schwört sie sich, will sie sich auf ein solches Spiel einlassen.

»Das war kein intelligentes Spiel, Carla.« Dabei schüttelt sie den Kopf in Erinnerung an die Strandvilla auf Long Island. Als der Lift im Executive Floor hält und sich die Tür öffnet, steht George vor ihr.

»Hallo, Mrs Bell.«

»Hallo, George. Bin gleich wieder weg. Will nur meine Sachen abholen.«

»Sie kommen doch sicher wieder?« Steif steht der Concierge in seiner Uniform vor ihr.

»Nein, George, das tue ich nicht.« George schweigt und führt Carla zur Suite; bislang hat ihn niemand angewiesen, ihr den Zugang zu verweigern. Allerdings hat Mr Lehman heute Morgen gar nicht gut ausgesehen.

»Ich brauche nur ein paar Minuten, George.« Carla verschwindet hinter der Türe. Wann immer sie über den Flur geht, George, dieser freundliche Concierge, ist schon da.

Konzentriert packt sie ihre Sachen, zehn Minuten später hat Carla alles beisammen, was in diesem Apartment an sie erinnern könnte. Noch einmal kontrolliert sie alle Räume. Ein letzter Augenschein, bis ihr Blick am Abfalleimer hängen bleibt. Erst jetzt sieht sie das zerrissene Bild von Mitch und seinen Eltern, der Zettel mit Melanders Notiz liegt verknüllt daneben und verdeckt ausgerechnet das Gesicht des jungen Mitch. Drei Teile liegen im Eimer, er hat alle drei Personen voneinander abgetrennt.

»Er will zu niemandem gehören.« Für einen kurzen Augenblick mustert Carla die drei Teile, bückt sich und schiebt sie wieder zueinander.

»Man sollte seine Eltern nicht wegwerfen, Mitch.« Fast hätte Carla die Einzelteile aufgehoben und auf die Ablage legen wollen, doch dann lässt sie es.

»Das ist nicht meine Sache«, sagt sie mit einem letzten Blick in den Spiegel, vor dem sie in den letzten Monaten so oft morgens gestanden hat und ihre Zweifel an sich selbst ablesen konnte.

In der Eingangshalle stehen ihre beiden Taschen. Als sie die anheben will, fällt ihr goldenes Armband locker auf den rechten Handrücken. Carla stockt, hebt ihre Hand und starrt auf das Schmuckstück. Mitnehmen oder liegen lassen? »Das lege ich dir morgen auf den Tisch mit der Kündigung, Mitch Lehman.«

»Der Luxus ist vorbei, George.« Mit einem knappen Lächeln verschwindet sie hinter den sich schließenden Aufzugstüren. Kaum ist sie außer Sicht, wählt George Cindys Nummer.

»Sie hat gerade ihre Sachen abgeholt.«

»Ich habe soeben die Anzahl der russischen Delegation bekommen, George. Zwanzig Personen für zwei Wochen.«

»Und wann möchten Sie zum Essen kommen, Cindy?«

»Vielleicht am Freitagabend. Mit fünf Freundinnen?«

»Das lässt sich einrichten. Besten Dank.«

»Mit Übernachtung?«

»Selbstverständlich«, antwortet George nun doch ein wenig gequält.

Auch wenn Carla sich ganz sicher ist, dass sie endlich mit Simon reden muss, so überkommt sie doch ein mulmiges Gefühl, als das Taxi kurz vor Mittag vor dem »CityView« hält. Mit beiden Taschen in den Händen drückt sie die Eingangstüre mit der Schulter auf und steht in ihrem alten Leben. Mehr als ein halbes Jahr ist sie nicht hier gewesen, es kommt ihr wie eine Ewigkeit vor.

Carla fällt sofort auf, wie leer es hier ist, auch wenn Ende Juli eine Reihe der Kollegen im Urlaub sein dürften und sie zur Lunchzeit die Redaktion aufsucht. Montags begnügt sich Simon allerdings in der Regel mit einem Sandwich, um die Themen und Pläne für die Woche zu organisieren. Carla hatte gehört, dass es dem »CityView« noch schlechter ging als den meisten anderen Medien. Alle Freelancer waren bereits weg, ihre Stelle und auch zwei weitere Abgänge von guten Journalisten hatte Simon nicht mehr besetzt. Sie saugt den abgestandenen Duft des Redaktionsflurs ein und sieht die nicht geleerten Aschenbecher.

»Mädchen, was machst du denn hier?« Annabelle strahlt, als sie die mit Taschen beladene Carla entdeckt. Wie immer thront die Mutter der Redaktion direkt im Eingang an ihrem großen Schreibtisch vor Simons Büro. Zu bemuttern gibt es aber heute nicht viel, denn es sind gerade nur zwei Redakteure im Office. Und die machen sich eben auf den Weg, ohne Carla groß zu beachten.

»Willst du hier einziehen?« Annabelle zeigt auf die beiden Taschen und drückt Carla fest an ihren runden Körper, der in den letzten sechs Monaten sicher kein Gramm verloren hat.

»Da hätte doch sicher jemand etwas dagegen, oder?« Carla blickt sich um und stellt enttäuscht fest, dass Simon nicht da ist.

»Simon ist nicht da, sollte aber vor Mittag wieder hier sein. Du weißt ja, es ist Montag«, antwortet Annabelle auf die nicht gestellte Frage. Seit Monaten muss der Chefredakteur selbst vermehrt ackern, um den Newsletter dreimal in der Woche mit fundierten Fakten und gut belegten Gerüchten auf den Markt zu bringen.

»Nimm Platz, Mädchen«, sagt Annabelle und holt abgestandenen, aber heißen Kaffee, und die beiden setzen sich in Simons Büro auf das ihr bekannte Sofa übers Eck. Selbstverständlich freut sich Carla, Annabelle zu sehen und mit ihr über die letzten Monate zu tratschen. Wie früher nimmt sie die Füße auf den niedrigen Tisch vor der alten Couch.

Carla lässt vor allem Annabelle erzählen, denn Simon würde es nicht mögen, aus zweiter Hand erfahren zu müssen, dass sie morgen kündigt, dass sie sich entschuldigen will und dass sie erst einmal nach Hause fährt. Und dass sie sich von Mitch getrennt hat. Annabelle ist eine Tratschtante und berichtet Carla selbstverständlich von den Schwierigkeiten, in denen der »CityView« inzwischen steckt. Mehrmals hat Simon Trent heftig mit Robert Pearson am Telefon gestritten. Inzwischen sprechen die beiden kein Wort mehr miteinander. In den letzten Monaten hatte Robert Pearson offensichtlich seinen Auftrag von Mitch Lehman bestens ausgeführt. Zwar ist der »CityView« nicht tot, aber der Befehl zur Exekution wirkt. Robert Pearson hatte bei allen seinen Kunden die Anzeigen und auch die Seminarbuchungen stornieren lassen. Und da der Markt ohnehin schlechter läuft, auch andere weniger Anzeigen schalten und teilweise Abonnements abbestellen, macht der »CityView« inzwischen fünfzig Prozent weniger Umsatz als noch vor Jahresfrist Mitte 2007.

»Wenn Sir Peter Cane von der Notenbank nicht im alten Alumni-Zirkel getrommelt hätte, dann wäre es schon lange aus mit uns. Tja, Carla, das ist leider die Wahrheit.« Annabelle hebt resigniert die Schultern.

»Wir haben aber Zusagen, dass wir zumindest dieses Jahr noch durchstehen.«

»Das tut mir leid zu hören, Bella.«

»Aber dann?« Annabelle lässt ihre Frage im Raum stehen. Zwölf Uhr dreißig. Zwar ist Carla nicht in Eile, doch Simon scheint entgegen seinen ursprünglichen Plänen nicht aufzutauchen.

»Er hat sich wohl doch einen Lunchpartner gesucht. Willst du, dass ich ihn anrufe?«

»Nein, lass nur, ich komme morgen noch einmal. Ich habe frei und will nach Hause zu meinen Eltern.«

»Eltern?«

»Na, Dad hat seit Langem diese Frau. Sam ist völlig okay und Dad glücklich.«

»Und du?«

»Falsche Frage, nächste Frage, Bella.« Carla lacht trotzdem.

»Was willst du denn von Simon? Kann ich ihm ein Stichwort geben?«

»Nein, sei mir nicht böse.«

»Etwas Wichtiges?«, fragt Annabelle.

»Das muss ich wirklich erst Simon erzählen, Bella.« Carla steht auf, fasst Annabelle bei der Hand. Erst vor der Türe lösen die beiden ihre Hände, drücken sich wieder, ehe Carla ihre beiden Taschen nimmt.

»Soll ich dir ein Taxi rufen?«

»Nein, die sind nicht schwer. Ein paar Meter zur Tube zu laufen, schadet nicht, Annabelle. Ich brauche Bewegung.« Die meisten Kleidungsstücke hat Carla ohnehin in Mitchs Suite zurückgelassen. Ihm würde wahrscheinlich gar nicht auffallen, dass sie ihre persönlichen Sachen abgeholt hat. Als sie die Taschen anhebt, fragt sie sich, ob er wohl überhaupt verstanden hat, dass sie gestern endgültig gegangen ist. Spätestens morgen wird er es wissen. Beseelt lächelt Carla noch einmal in Richtung Annabelle, bevor sie direkt auf die Straße tritt, da es vor der Türe keinen Fußgängerweg gibt, wie so oft in den kleinen Gassen auf der East Side. Im Hinausgehen dreht sich Carla noch einmal um und ruft Annabelle zu: »Sag Simon, dass er mir fehlt!«

Sie sieht das Auto nicht, und der Fahrer hat keine Chance zu bremsen, da sie schwungvoll aus der Tür getreten ist und sich gleich wieder zu Annabelle umgedreht hat. Der rote Mini erwischt Carla frontal, sie klatscht wie ein Klappmesser mit dem Oberkörper auf die Motorhaube, rutscht runter und knallt auf die Straße. Die Taschen fliegen im hohen Bogen durch die Luft und landen auf dem Asphalt.

»Carla? Nein, nein!«, schreit Annabelle und stürzt auf sie zu. Carla liegt regungslos auf dem Boden, ihr linker Unterschenkel ist verdreht, der rechte Arm hat einen Bruch – sie blutet am Arm und am Kopf.

»Mädchen, was ist? Sag etwas!« Vorsichtig schüttelt Annabelle den leblosen Körper. Ganz still wird es auf der kleinen Straße. Nur selten verirrt sich ein Auto hierher, Taxifahrern muss man den Weg genau erklären. Flinker als man angesichts ihres Gewichts annehmen könnte, rennt Annabelle in die Redaktion.

»Einen Arzt. Holt einen Arzt. Krankenwagen. Schnell, schnell.« Ihr Kopf fliegt hin und her. Erst jetzt merkt sie, dass gar niemand in der Redaktion ist, die beiden Jungs sind ja eben gegangen. Wie von Sinnen wählt sie selbst die Notrufnummer.

»Sprechen Sie langsam, bitte.«

»Ein schwerer Verkehrsunfall: CityView, Old Bridge Road. Sie müssen hinter der FT reinfahren. Schnell, bitte.«

Annabelle haut den Hörer in die Gabel und flitzt wieder heraus. Carla liegt immer noch regungslos da. Kein Mensch ist in der Nähe. Annabelle blickt auf den Mini und sieht erst jetzt den leicht verletzten Fahrer. Wieder schaut Annabelle auf Carla. Sie hockt sich neben »ihr Mädchen«, wagt nicht, den verdrehten Körper anzufassen und weint. Aus der Redaktion klingelt das Telefon, von Ferne hört sie die Sirene des Krankenwagens.

Spiegelisa an der Wand

Kurzer blonder Fransenschnitt, wie der Doktor es ihr geraten hatte; als Erstes war Isabella am Morgen zum Friseur gegangen, ehe ihre Abschlusssitzung mit Dr. Julian Luir begann. Zwei Stunden hat der Arzt sie poliert, nun steht Isabella vor dem Spiegel und betrachtet sich. Ihr neues Gesicht zieht sie in ihren Bann. Wie immer hat sie den Kopf leicht zur linken Seite gebeugt, ganz vorsichtig hebt sie ihn an, bis sie sich gerade in die Augen, ins Gesicht schauen kann. Mit dem Lippenstift, den sie die ganze Zeit wie einen Talisman in der Hand hält, zieht sie nun die kräftige Farbe noch einmal nach. Lange Ohrringe betonen ihr freies Gesicht, die Augen sind dezent geschminkt. Ein Kinderbild aus der Zeit, als sie noch keine Narben hatte, hält sie fest in der Hand. Die kleine Isabella Meyrs auf dem Foto sieht exakt so aus wie heute Isabella Davis, nur rund dreißig Jahre jünger.

»Nun muss ich nie mehr nach links unten schauen, Julian.« Der Arzt steht die ganze Zeit an die Wand gelehnt und wartet, bis sie reagiert. Dr. Luir hat die Erfahrung gemacht, dass man gerade Frauen in diesem Moment nicht stören darf. Die Patientinnen brauchen eine gewisse Zeit, sich an ihr neues Gesicht zu gewöhnen, denn es steht eine »andere« Person vor ihnen im Spiegel.

»Nein, das müssen Sie nicht, aber Sie können es.« Mental sieht Isa sich immer noch mit Narben.

»Wie meinen Sie das?«, fragt Isabella.

»Sie sehen toll aus. Der Blick nach unten links mit den kurzen Haaren und allen anderen Accessoires gibt Ihnen etwas sehr Schönes, Isa.« Erotisches hat er sich dann doch lieber verkniffen.

Isabella schaut ihn lange im Spiegel an: »Danke, Julian. Sie haben mir ein zweites Gesicht gegeben.«

Die Prozedur an einem solchen letzten Tag ist immer dieselbe: Nachdem Julian fertig poliert hat, wird die Patientin auf dem Behandlungsstuhl von einer Visagistin geschminkt, die eigens bestellt wird. Sie legt der Dame auch die Ohrringe an. Erst danach darf die »geheilte« Patientin mit von Julian Luir zugehaltenen Augen aufstehen und wird vor den Spiegel geführt. Wenn Julian die Hände wegnimmt, tritt er einfach ein paar Schritte zurück und lässt die Patientin mit sich allein, bleibt aber in Rufweite. Erst wenn er weiß, dass die Frau keinen Schock kriegt, zieht er sich ganz zurück.

»Ich lasse Sie einen Moment allein, Isabella.« Julian steht neben Isabella und fasst sie dezent um die Schulter. Noch trägt Isabella eine Art langes weißes Nachthemd, das sie während der Politur anziehen musste.

»Wenn Sie bereit und angezogen sind, kommen Sie bitte noch einmal in mein Besprechungszimmer. Schauen Sie sich ruhig noch einen Moment an. Wir machen dann ein schönes neues Foto«, verabschiedet sich Julian.

»Danke«, ruft sie ihm noch hinterher, aber die Türe schließt sich bereits wieder. Isabella betrachtet sich minutenlang, dreht den Kopf nach links, nach rechts, hebt und senkt das Kinn und geht näher an den Spiegel heran, um erschreckt zwei Schritte zurückzuweichen.

»Spieglein, Spieglein an der Wand, wer ist die Schönste im ganzen Land?«, sagen sich Isa und ihr Spiegelbild zueinander. Beide schweigen.

»Und Spieglein, Spieglein an der Wand, wer ist die Beste im ganzen Land?«, fragt Isabella ihr Spiegelbild und zieht dabei die Stirn kraus.

»Physikalisch bin ich schneller, du schöne Spiegelisa; denn ich agiere und du reagierst«, spricht Isabella leise und streckt dem Spiegel die Zunge heraus. Sie geht ein wenig hin und her in diesem hellen Raum, in dem Dr. Luir den Spiegel immer dann aufstellen lässt, wenn ein Patient mit seiner Schönheitsbehandlung fertig ist. Ein sehr großer Spiegel, in dem man seinen ganzen Körper betrachten kann. An einem solchen Finaltag wird auch das milchig blaue Licht in ein helles umgewandelt.

Isabella zieht das lange weiße OP-Hemd aus.

»Dein Gesicht ist nun wohl das schönste Teil an dir, Spiegelisa«, betrachtet sie ihren bis auf ein Höschen nackten Körper. »Spiegelisa, du bist aber leider nicht die Beste im Land«, seufzt sie und greift sich ihren schwarzen Spitzen-BH, der sich nun so schön gegen ihre kurzen blonden Haare absetzt. »Als du noch die Narbenisa warst, konnte dir keiner etwas anhaben. Du warst die beste Rakete auf dem Kapitalmarkt.« Sie zieht ihren ersten Seidenstrumpf hoch. »Aber jetzt stürzt du wohl ab, meine Liebe. Und ich weiß nicht mehr, wie du das verhindern kannst.« Ihre Stimme wird lauter, sie zieht den zweiten Seidenstrumpf langsam hoch, stemmt die Arme in die Hüfte und zischt: »Was hast du gemacht, Spiegelisabella Davis! Du hast die Bombe nicht mehr im Griff. Das Ding wird explodieren. Was sollen wir zwei bloß machen?« Sie zeigt auf ihr schweigendes Spiegelbild, auf das sie ganz nahe zugeht. Ihre Brust hebt und senkt sich, sie holt tief Luft. »Siehst du, schöne Spiegelisa«, dreht sich Isabella zur Seite, um nach ihrer Bluse zu greifen, »darauf hast du auch keine Antwort. Narbenisa hätte gewusst, was nun zu tun ist. Die hätte eine neue Weiterverbriefung, eine neue Schachtel aus dem Hut gezaubert«.

Als sie nach dem schwarzen Rock greift, fasst Isabella sich an den Kopf und sinkt auf den Stuhl, über dessen Lehne nur noch das Jackett hängt. Minutenlang bleibt sie unbeweglich sitzen. Ihr eigenes Schweigen scheint sie zu frösteln.

»Ich bin ganz allein mit meinem Scheiß-Zertifikate-Schrott.« Sie steigt in den Rock, springt wieder auf und geht auf sich im Spiegel zu; eine Träne kullert aus dem linken

Auge über die frisch polierte Wange, die sie vorsichtig mit einem Tissue trocknet.

»Wasserfeste Schminke hält, Spiegelisa«, murmelt sie. Sie greift nach einer feinen Halskette aus Platin. Eine schwere Kette, die den Blick vom Gesicht ablenkt, braucht sie nicht mehr. Doch die mächtige Lange Eins am rechten Handgelenk trägt sie heute wieder einmal. Die Zeit läuft ihr langsam davon, merkt Isabella, und sie bewegt sich schneller. Flugs legt sie ihr schwarzes Jackett zum Kostüm an, das helle Revers verleiht dem Kostüm etwas Leichtigkeit. Sie ist fertig.

»Spiegelisa«, geht sie ein letztes Mal auf den Spiegel zu, »du bist keine Rakete mehr. Deine Knock-outs werden dich umhauen. Deine Programme laufen falsch. Die Realität ist doch kein Modell. Du stürzt ab«, sagt sie ganz leise, und als sie mit der Wimper zuckt, meint Isa für einen Moment, dass Spiegelisa nickt und bestätigt. »Du hast zu viel Mist auf Mist obendrauf gelegt. Auf Wiedersehen, es war grausam, dich kennen zu lernen.« Sie streckt die Hand aus, die feuchte Handfläche hinterlässt einen Abdruck auf dem Glas. »Der Betrug war die ganze Sache nicht wert«, sagt sie zum Abschied. »Mitch Lehman war die Sache nicht wert. Schade um Jim. Gott segne meine Kinder und vergebe mir meine Schuld.« Isa und Spiegelisa bekreuzigen sich, danach verlässt sie das Behandlungszimmer. Als die Empfangsdame sie darauf aufmerksam macht, dass Dr. Luir sie noch einmal sprechen will, geht sie auf die Rezeption zu.

»Ich muss leider ganz schnell weg nach New York. Bitte geben Sie Julian diesen Zettel.« Sie hält der jungen Frau einen Zettel hin, den sie heute Morgen geschrieben hat, und geht ohne weitere Erklärungen. Die junge Arzthelferin blickt Isabella Davis nach, bis sie aus der Türe hinaus ist, dann klappt sie das Blatt auf:

Julian, Sie haben in diesen achtzehn Monaten mein wahres Gesicht zutage gebracht, ohne dass Sie etwas dafür konnten. Als ich das System vor ein paar Monaten an Ihre Wand gemalt hatte, hatten Sie es einen Teufelskreis, eine Spirale des Todes genannt. Je mehr ich darüber in den letzten Wochen nachgedacht habe, desto mehr ist mir bewusst geworden, dass man aus diesem Teufelskreis nicht herauskommen kann. Die Geister, die wir riefen, werden wir nicht mehr los, Julian. Ich danke Ihnen für mein wahres Gesicht. Noch eines: Verkaufen Sie alles. Am besten noch heute! Ihre Isabella Davis, 28. Juli 2008.

Das ebene Gesicht der Frau verzieht sich. Sie faltet das Blatt wieder, marschiert direkt in Julian Luirs Besprechungszimmer und reicht ihm den Zettel. Luir murmelt verstört: »Danke, Sie können gehen.«

Er nimmt den Hörer und wählt Isabellas Handynummer, die vor ihm auf der Karteikarte steht – mit dem Foto der alten Isabella Davis von vor achtzehn Monaten.

»Diese Nummer ist derzeit nicht erreichbar. Bitte versuchen Sie es später noch einmal«, sagt die Computerstimme. Als Nächstes wählt er die Privatnummer: »Mrs Davis ist nicht zu Hause. Sie ist auf dem Weg nach New York«, hört er von der Haushälterin.

Julian tippt immer schneller: »Ich kann sie momentan auch nicht erreichen, aber sie ist auf dem Weg nach New York, Dr. Luir«, antwortet eine verwunderte Agnes Thomas. »Sie wollte direkt von Ihnen aus zum Flughafen.«

»Kann man sie am Flughafen erreichen?«

»Sie nimmt einen Privatjet, Dr. Luir. Die Nummer habe ich nicht. Sie hat selbst gebucht.« Für einen Augenblick ist es ruhig, ehe Julian wieder das Wort ergreift.

»Es sieht so aus, als wollte sie nicht erreichbar sein, Mrs Thomas, oder?«

»Ja, wenn Sie es so sagen, komisch. Sieht wirklich so aus, Dr. Luir, aber ich kann ihr eine Nachricht im Hotel hinterlassen. Sie steigt immer im ›The Mark‹ ab.«

»Bitte tun Sie das. Hinterlassen Sie ihr, dass man mit Ehrlichkeit noch nie sein Gesicht verloren hat.«

»Ist alles in Ordnung mit der letzten Sitzung bei Ihnen, Dr. Luir?«, hakt eine zunehmend nervös klingende Agnes nach.

»Ja, das schon. Bitte hinterlassen Sie diese Nachricht. Okay?«

»Mache ich.«

»Eine Frage noch, Mrs Thomas: Weder ihr Mann noch jemand in der Bank hat ihr Gesicht heute gesehen?«

»Nein, ich bin auch schon ganz neugierig, Dr. Luir. Sie sollen ja ein Wunderdoktor sein.«

»Danke«, antwortet Luir und als er aufgelegt hat: »Nun brauchen wir auch ein Wunder.«

Luir greift noch einmal zum Hörer und wählt aus dem Gedächtnis die Nummer seiner Bank. »Hier Luir, John. Bitte verkaufen Sie meine Zertifikate und Bankaktien. Nein, warten Sie, am besten verkaufen Sie alles. Nein, ich bin nicht verrückt. Ich nehme die Verluste hin. Tun Sie, was ich Ihnen sage.« Er legt auf und birgt die Hände vor dem Gesicht.

Zunächst hört er das Klopfen an der Türe gar nicht. Als die Assistentin einfach eintritt und »Dr. Luir« ruft, schaut Julian mit einem verknitterten Gesicht auf.

»Wir haben noch kein neues Bild von Mrs Davis gemacht. Sie ist einfach gegangen.«

Luir schaut aus dem Fenster: »Danke, lassen Sie mich einen Moment allein.«

Er steht auf, geht an das Fenster: »Außer mir hat niemand sie je so gesehen. Niemand kennt den Teufelskreis, keiner die Todesspirale. Sie wird sich nicht erwischen lassen. Sie kann mit diesem Gesicht einfach untertauchen.«

Keine Erinnerung mehr

Während Isabella Davis kurz vor dreizehn Uhr mit neuem Gesicht im Taxi auf dem Weg zum Cityairport ist, ragt aus Carlas Mund ein Tubus, der ihr das Atmen erleichtern soll. Ihr Gesicht ist blutverschmiert, wenn auch nur von Schürfwunden. Auf der Stirn bedeckt eine große Mullbinde die klaffende Wunde. Die Ambulanz rast ins nächste Hospital. Nach der Erstversorgung auf der Straße haben die Ärzte über Funk bereits eine Notoperation angemeldet. Carla hat den Aufprall überlebt, ist aber ohne Bewusstsein.

Geschockt und fröstelnd hockt Annabelle im Ambulanzwagen und betet. Als die Türen sich vor dem Spitaleingang öffnen, warten schon zwei Gestalten in weißen Kitteln, hieven die Verletzte vorsichtig auf eine Bahre und rennen direkt in den OP. Annabelle folgt dem Ärzteteam so schnell sie kann, doch vor dem Eingang zum Operationsbereich schließt sich die automatische Türe hinter dem Rettungsteam.

Ohne Handtasche, ohne Schlüssel, ohne Handy und ohne auch nur eine Sekunde zu zögern, ist Annabelle mitgefahren. Nur Carlas kleine Unterarmtasche hat ihr der Krankenpfleger in der Ambulanz in die Hand gedrückt. Erst als sie sich auf einen der Wartestühle in der Nische vor der Notfallstation setzt, hören ihre Beine auf zu zittern. Sie legt den Kopf nach hinten gegen die Wand und schließt die Augen.

Für einen Moment kommt Annabelle zur Ruhe, bis Carlas Handy in der Tasche zu klingeln beginnt. Sie schreckt hoch und kramt in der Tasche neben sich. DAD HOME zeigt das Display, als sie das klingelnde Handy endlich in der Hand hält.

»Auch das noch«, stöhnt Annabelle und geht dran.

»Hallo, Mr Bell. Hier ist Annabelle vom ›CityView‹.«

»Sorry, hier spricht Samantha Thompson, Steves, ähm Mr Bells Freundin.«

»Oh, ich weiß. Wo ist Mr Bell?«, fragt Annabelle kurz angebunden.

»Nicht da, ich habe Carlas Nachricht abgehört. Wo ist sie?«

»Hören Sie, Mrs Thompson. Bitte versuchen Sie, ruhig zu bleiben. Carla hatte einen schweren Autounfall. Vor einer halben Stunde. Sie lebt, aber sie wird gerade operiert. The Royal London Hospital, Whitechapel Road. Kommen Sie schnell.«

»Oh Gott, was ist passiert? Sorry, wieso ›CityView‹?«

»Sie ist überfahren worden, sie hat nicht aufgepasst«, Annabelle droht die Fassung zu verlieren. »Ich, ich bin die Sekretärin von Simon Trent. Carla wollte ihn sehen, kam heute Mittag in die Redaktion. Als sie wieder ging«, stockt Annabelle und fängt wieder an zu weinen: »Sie hat einfach nicht aufgepasst. Vor der Türe, es ist da alles so eng.«

»Wir kommen sofort. Ich greife Steven im Präsidium auf. Zwei Stunden brauchen wir. Bleiben Sie bitte, wo Sie sind, damit ich Sie erreichen kann.«

Keine fünf Minuten später meldet sich Steven Bell, mit zitternder Stimme. »Was ist passiert, Mrs Duncan?«

»Oh, Mr Bell, es tut mir so leid«, Annabelle beginnt erneut zu weinen.

»Was ist?«

»Ich, ich, keine Ahnung, kann es nicht sagen. Sie operieren. Kommen Sie schnell, bitte. Ich bin ganz allein hier«, Annabelles Schluchzen erstickt ihre Worte.

»Okay, Rufen Sie auf meinem Handy an, wenn Sie etwas wissen. Wir sind auf dem Weg.«

»Mache ich, Mr Bell.« Als Annabelle das Handy wieder in die Tasche stecken will, fällt ihr ein, dass weder Simon noch sonst jemand im »CityView« weiß, wo sie steckt. Sie tippt die Büronummer, in der Hoffnung, dass Simon inzwischen zurück ist.

»Bella, wo steckst du? Was ist passiert? Hier draußen ist die Polizei. Zwei Verletzte seien abtransportiert worden.« Simon, der vor wenigen Minuten in die leere und nicht abgeschlossene Redaktion zurückgekommen war, rennt nervös auf und ab. Auch die anderen Redakteure wussten von nichts. »Ich dachte schon, dir wäre etwas passiert. Gott sei Dank nicht.«

»Simon, hör zu, es ist Carla. Sie wird gerade operiert«, Annabelle schluchzt so heftig, dass Simon erst gar nichts versteht.

»Wer?«

»Carla, unsere Carla. Sie war da und wollte dich sprechen, Simon.«

»Carla? Oh mein Gott. Wo seid ihr?«

»Royal London Hospital.

»Bleib da. Ich komme, so schnell ich kann. Ich muss hier zumachen, ist ja keiner da. Was ist mit ihrem Vater?«

»Den habe ich informiert. Sie sind auf dem Weg.«

»Gut, Bella. Bis gleich.«

Mit beiden Händen umkrampft sie das Handy. Annabelle versucht sich zu beruhigen, doch so leicht ist das nicht. Ich kann ja nur warten, warten, warten, geht ihr durch den Kopf. Wieder schließt sie die Augen und lehnt den Kopf an die Wand.

»Sie operieren noch.« Die Stimme neben ihrem Ohr wird begleitet von einer leichten Berührung an Annabelles Arm, sodass sie kaum erschrickt, als sie in das Gesicht der Krankenschwester blickt.

»Wie lange geht es noch?«

»Das kann noch ein ganze Weile dauern. Möchten Sie einen Kaffee?«, fragt die Frau im Krankenschwesterdress, die kaum älter als Carla sein dürfte.

»Gerne. Entschuldigung, ich habe einen Moment die Augen geschlossen.«

»Das ist okay. Sie können jetzt so oder so nichts tun. Bleiben Sie hier, ich bringe Ihnen den Kaffee. Und die Sachen von Mrs Bell.«

»Ja, bitte, und vielen Dank.«

Als Annabelle das Handy, das sie immer noch fest in den Händen hält, wieder in Carlas Handtasche legen will, bleibt sie an einem Brief hängen. KÜNDIGUNG steht dick auf dem Umschlag. Verschlossen ist er nicht, erkennt sie. Deshalb war sie bei uns, schießt es ihr durch den Kopf. Wie ein Dieb sieht sie sich einmal um, zieht dann das Schreiben heraus und liest Carlas Kündigungsschreiben an Mitch Lehman.

»Das machen wir jetzt erst einmal nicht, Mädchen. Sonst bist du nicht versichert.« Annabelle faltet den Brief und steckt ihn in ihre Blazertasche.

»Dann werden wir schnell deine Versicherung in Gang setzen«, redet sie mit sich selbst und wird ganz pragmatisch. In Carlas Handyspeicher findet sie MITCH MOB. Das muss er sein, tippt Annabelle auf die Nummer. Wenn der die Kündigung erhalten soll, kombiniert Annabelle, muss er auch ihr Chef sein. Nach achtmal erfolglosem Klingeln legt sie wieder auf. Annabelle ist froh, dass sie etwas zu tun hat. Also kramt sie in der Handtasche, findet eine von Carlas Visitenkarten, ruft in der Carolina Bank an und lässt sich zum Büro von Mitch Lehman durchstellen.

»Mr Lehmans Büro, Cindy Fitzpatrick am Apparat.«

»Annabelle Duncan vom ›CityView‹. Mitch Lehman bitte.« Ohne Geplänkel kommt man am besten bei den Vorzimmerdamen durch.

»Momentan nicht an seinem Platz. Kann ich Ihnen helfen?« Tatsächlich ist Mitch mal wieder im Saal unterwegs, ohne Handy und ohne Hinweis, wo er steckt.

»Es ist wegen Mrs Carla Bell.«

»Aha. Worum geht es?« Cindy ist alarmiert, denn noch vor gut drei Stunden hat sie mit Carla gesprochen. Und George hat ihr doch berichtet, dass sie ihre Sachen im Hotel abgeholt hat.

»Mrs Bell hatte einen schweren Unfall. Vor einer Stunde ungefähr. Sie wird momentan operiert. The Royal London Hospital.«

»Um Gottes willen.« Während Annabelle sich zusammenreißt, schreit Cindy vor Schreck auf.

»Hören Sie«, setzt Annabelle ihre kleine Lüge ab, »sie, ich meine Carla, hat nach Mitch gefragt. Das ist doch Mr Lehman?«

»Ja«, staunt Cindy und sucht den Saal ab, ob sie Mitch entdeckt. »Wirklich?«

»Kurz bevor sie bewusstlos wurde. Ich denke, Sie sollten ihn hierher schicken.«

»Ich werde tun, was ich kann. Wie kann ich Sie erreichen?«

»Auf Carlas Handy. Ich habe es bei mir.«

»Gut, ich kümmere mich sofort darum.« Kurz überlegt Cindy, was sie tun soll. Mitch nicht zu informieren, wäre zu riskant, also macht sie sich selbst auf die Suche nach ihm. Eine viertel Stunde braucht sie, bis sie den General findet.

Derweil tut der Kaffee Annabelle sichtlich gut. »Danke«, entgegnet sie der Krankenschwester, die ihr zudem einen großen Beutel mit verschmutzten Kleidern von Carla reicht.

»Hier habe ich auch noch den Schmuck.« Sie hält Annabelle einen kleinen durchsichtigen Plastikbeutel hin, in dem Carlas Amulett, ihre Uhr und das goldene Armband zu sehen sind. »Das Armband ist verschmiert. Ich habe es ein bisschen abgewischt. Hat vielleicht etwas abbekommen beim Unfall.«

»Danke. Desinteressiert verstaut Annabelle den kleinen Beutel in der anderen Blazertasche, damit der Schmuck nicht zwischen den Kleidungsstücken verloren geht.

»Wie steht es mit der Operation?« Ein Blick auf die große Uhr an der Wand zeigt halb drei Uhr. Seit eineinhalb Stunden wartet Annabelle vor der Türe.

»Sie müssten jeden Moment fertig sein. Eben waren sie schon beim Verbinden. Ich hole Sie dann«, winkt die junge Schwarze, bevor sie sich entfernt.

»Hoffentlich«, seufzt Annabelle, als wieder Carlas Handy mit DAD MOB klingelt.

»Hallo, Mr Bell. Sie sind gleich fertig mit der OP.« Die beiden haben früher das eine oder andere Mal miteinander telefoniert, wenn Steve in der Redaktion angerufen und zunächst Annabelle am Telefon hatte.

»Wir sind in einer halben Stunde da, Mrs Duncan. Schneller geht es nicht.«

Nach einer kurzen Pause fügt er leise an: »Danke.«

»Danken Sie nicht mir, Mr Bell. Danken Sie Gott, dass Carla noch lebt. Und beten Sie, dass alles gut wird.«

Nur ein paar Minuten später holt die Krankenschwester Annabelle. Carla liegt in einem weißen OP-Kittel in ihrem Bett auf der Intensivstation, angeschlossen an Schläuche und Kabel, die Annabelle sichtlich einschüchtern. Annabelle hält ganz vorsichtig die Hand ihres gesunden Arms. Hinten in dem großen hellen Intensivraum liegen weitere Patienten.

Trotz den hohen Decken und der Lüftung ist es ziemlich warm in dem Raum, was Ende Juli in diesem alten Krankenhaus kein Wunder ist. Vier, fünf Intensivpatienten kann Annabelle erkennen. Einer wimmert, eine schläft, der Dritte ruft nach dem Arzt. Keine zehn Minuten später kommen Steve und Sam gemeinsam mit dem behandelnden Arzt ins Zimmer, einem freundlichen Inder, der Annabelle leider keine Auskunft geben durfte, da sie keine Angehörige ist.

Steve geht sofort auf seine Tochter zu, nur kurz nickt er Annabelle zu, Sam dicht hinter ihm, die ihr die Hand reicht und Annabelle freundlich zulächelt. Abgesehen von der ganzen »Verkabelung«, liegt Carla ganz ruhig da, als schliefe sie. »Schwere Verletzungen, aber nichts Lebensbedrohliches«, beruhigt der behandelnde Arzt die drei.

»Soll ich rausgehen?«, fragt Annabelle.

»Nein, bleiben Sie nur. Sie haben sie gerettet. Bitte, Doktor«, schaut Steve wieder in Richtung Arzt.

»Sie hat mehrere Brüche am linken Bein und einen komplizierten offenen Bruch am rechten Arm, mehrere Rippen sind ebenfalls gebrochen. Der Kopf hat ordentlich etwas abbekommen, ihre Tochter hat eine schwere Gehirnerschütterung, möglicherweise gar ein Schädelhirntrauma. Das da oben«, zeigt der Arzt auf die Kabel am Kopf, »ist eine Hirndruckmesssonde, damit wir alles beobachten und im Ernstfall schnell eingreifen können.«

»Was heißt das?« Annabelle erschrickt alleine schon über den Ausdruck »Hirndruckmesssonde«.

»Reine Vorsichtsmaßnahme, um die Schwellungen zu kontrollieren. Aber sie wird sicher erhebliche Gedächtnisschwierigkeiten haben, wenn sie zu sich kommt. Kann länger dauern. Das sehen wir aber erst, wenn sie wieder zu sich kommt.

»Wann kommt sie wieder zu sich, Doktor?« Sam hält Steve vorsichtig an der Schulter fest.

»Kann man nicht sagen. Doch vielleicht versetzen wir sie sicherheitshalber in ein künstliches Koma, dann erholt sie sich in den ersten Tagen besser von den anderen Verletzungen. Wir sollten sie jetzt in Ruhe lassen.«

Annabelle und Sam streicheln Carla über den Handrücken und gehen hinaus.

»Ich bleibe noch einen Augenblick.« Steven setzt sich neben seine Tochter und redet, wie Sam noch an der Türe hören kann, mit sanfter Stimme auf die bewusstlose Carla ein: »Was machst du nur für Sachen? Habe ich dir nicht schon als kleines Mädchen beigebracht, dass du auf die Straße gucken sollst! Alles wird wieder gut«, streichelt er sie zart wie ein Baby über die kleine Stelle auf der Wange, die nicht verletzt ist.

Noch während Steve bei Carla ist, hastet Simon um die Ecke. Kurz und knapp erklären die beiden Frauen ihm, wie es um Carla steht. Kaum ist Simon da, klappt Annabelle zusammen und hängt schluchzend an der Schulter ihres Chefs.

»Verdammt.« Simon schaut durch das Fenster in den Intensivraum, blickt auf Carla und ihren Vater, immer noch mit Annabelle im Arm.

»Weißt du, was sie von mir wollte?«

»Nein, Carla wollte es mir partout nicht sagen.« Annabelle wischt sich die Tränen aus dem Gesicht, Sam streichelt ihr leicht über den Rücken zur Beruhigung. Dass sie das Kündigungsschreiben gefunden hat, behält Annabelle erst einmal für sich.

»Ihre Tochter hat Glück im Unglück gehabt. Sie wird allerdings einige Zeit in der Klinik bleiben müssen«, erklärt der Arzt Steven, als sie gemeinsam aus dem Zimmer kommen.

»Danke, Doktor.« Steven reicht dem Arzt die Hand.

»Ganz ehrlich«, hält der Arzt Steve fest, »mir macht das Schädeltrauma mehr Sorgen. Wir sind dafür das falsche Krankenhaus. Am besten wäre eine private Spezialklinik und dann eine sehr gute Reha, Sir.«

»Wieso?«, fragt Steven, die anderen gesellen sich dazu und Steve gibt Simon kurz die Hand.

»Wir haben hier nicht die Möglichkeiten, um ihre Tochter richtig zu therapieren. Sie ist hier, weil wir am nächsten dran an der Unfallstelle waren. Wir konnten sie operieren, aber wir verfügen nicht unbedingt über die modernsten Therapieeinrichtungen.«

»Wird sie wieder gesund werden?« Steve muss sich zusammenreißen, um Haltung zu bewahren.

»Wahrscheinlich schon. Es sieht nicht so aus, als sei das Hirn selbst verletzt, aber es ist stark traumatisiert. Das wirbelt im Hirn vieles durcheinander. Es kann Wochen oder Monate dauern«, der Arzt schaut ernst, als Simon plötzlich »Lehman« sagt. Die Köpfe drehen sich in Simons Blickrichtung; Mitch Lehman kommt schnellen Schrittes auf die Gruppe zu.

»Der hat mir gerade noch gefehlt«, sagt Simon.

»Wer ist das?«, fragt Steve.

»Mitch Lehman.«

»Ich verabschiede mich für den Moment, bin aber im Hause«, sagt der Arzt.

»Ich habe ihn informiert«, mischt sich Annabelle ein.

»Bist du verrückt, Bella?« Simon ist sichtlich aufgebracht.

»Nein, sie braucht die beste Betreuung, die man bekommen kann. Und die muss man bezahlen können.«

»Sehr gut, Annabelle«, geht Sam dazwischen. »Ich mache das schon.«

»Wie bitte?« Auch Steven kann nicht folgen. Doch dafür ist keine Zeit, denn Mitch steht inzwischen vor Carlas Vater.

»Sind Sie Steven Bell?«

»Ja.«

»Wo ist sie?«

»Was wollen Sie hier, Mr Lehman?« Steve hat seine Hände in die Hüften gestemmt.

»Sie hat nach mir gefragt.« Mitch ist zwar ein Stück kleiner als Steve, lässt sich jedoch nicht einschüchtern.

»Carla liegt da drin«, zeigt Steve auf die Scheibe, durch die man seine schlafende Tochter sieht, »und sie ist schwer verletzt.«

»Aber da können Sie jetzt nicht rein«, drängt sich Sam zwischen die beiden Männer und reicht Lehman die Hand, der überrumpelt einschlägt.

»Wir gehen jetzt«, bewegt sich Simon mit Annabelle zum Ausgang.

»Steve, Samantha, Lehman«, nicken beide in die Runde. »Ich erkundige mich morgen, wie es Carla geht«, verabschiedet sich der Chefredakteur, den Lehman in New York bei der Pressekonferenz das letzte Mal gesehen hatte.

»Danke, noch einmal, Mrs Duncan.«

»Für Carla mache ich alles.« Dabei funkelt sie Mitch Lehman giftig an.

Mitch tritt an die Scheibe und sieht Carla mit den vielen Schläuchen und Verbänden, die Augen geschlossen, völlig reglos liegt sie im Bett.

»Mein Gott«, entfährt es ihm wieder.

»Niemand hat gesagt, dass Sie kommen sollen, Mr Lehman.«

»Das hilft doch jetzt nichts, Mr Bell.«

»Wenn meine Tochter Sie sehen will, lasse ich Sie das wissen. Solange bleibt sie in der Obhut ihrer Familie.«

»Sie können aber etwas Gutes tun, Mr Lehman«, mischt sich Sam ein, die als Einzige verstanden hat, warum Annabelle Mitch hierher bestellt hat. Wer Carla in dieser Situation sieht, ist sicher leicht bereit zu helfen. Selbst so jemand wie dieser Lehman.

»Was denn?«

»Wir müssen sie in ein anderes Krankenhaus verlegen lassen. Vor allem wegen des Schädeltraumas. Der Arzt hat es doch selbst gesagt«, schaut sie auf Steven.

»Dann verlegen wir sie doch.«

»Mr Lehman, ich bin da sehr pragmatisch. Das deckt keine der normalen Versicherungen, selbst nicht die der Carolina

Bank. Ich mische mich nicht in die Beziehung unserer Tochter ein, aber jetzt können Sie helfen.«

Steven glaubt nicht richtig gehört zu haben, dass Sam seine Carla mit »unsere Tochter« umschrieben hat. »Was soll das, Sam? Ich will keine Hilfe von diesem Mann.« Steve zieht an Sams Arm.

»Lassen Sie, Mr Bell. Sie hat Recht. Verlegen Sie Carla in ein privates Krankenhaus, das ist das Mindeste, was ich tun kann.«

»Kommt nicht in Frage.« Wie zur Unterstützung seiner Ablehnung vergräbt Steve beide Hände tief in den Hosentaschen.

»Doch, Steve, sei nicht bockig. Du tust nur das, was Carla auch für dich tun würde.«

Mitch betrachtet Sam fasziniert, zückt sein Scheckbuch aus der Innentasche des Jacketts, dreht sich an die Scheibe, nimmt einen Stift und schreibt. Als er fertig ist, reicht er ihr den Scheck.

»Nehmen Sie es. Für Carla.« Mitch ist dankbar für Sams Bitte, denn dass sie nur einen Tag nach dem gestrigen Streit einen Unfall hat, tut selbst ihm leid. Auch wenn er sich nicht mehr so recht erinnern kann, wann Carla gegangen war.

»Danke, Mr Lehman.« Sie greift nach dem Scheck, während Steve hin und her gerissen dem Schauspiel mit großen Augen zusieht. Als er erneut protestieren will, schneidet Sam ihm einfach das Wort ab: »Bitte, Steven.« Energisch hält sie ihren Lebenspartner beim Arm.

»Verlegen Sie Carla ins Portland Hospital. Das ist das beste Krankenhaus weit und breit.« Mitch schaut durch die Scheibe noch einmal auf Carla. »Ich muss morgen nach Moskau. Sobald ich zurück bin, melde ich mich.« Mitch dreht sich auf dem Absatz um und verlässt die Station.

»Ich bin überhaupt nicht einverstanden mit dem, was du gerade gemacht hast.«

»Mein Lieber, das kannst du meinetwegen auch sein. Aber wenn wir zusammenleben, dann mische ich mich auch ein.

Es ist«, sie schaut ihm tief in die Augen, »das Beste, was wir tun konnten – das Beste für deine Tochter.« Als Lehman nicht mehr zu sehen ist, sagt Sam: »Anständig.«

»Was?«

»Zweihundertfünfzigtausend Pfund.«

»Unglaublich.«

»Was. Die Summe?«

»Nein. Wie du das gemacht hast«, er schaut Sam an.

»Es geht um Carla. Und mit solchen Typen kann ich umgehen. Annabelle hat genau den richtigen Riecher gehabt. Kluge Frau.«

»Aber wir nehmen sein Geld, Sam. Ich will das alles nicht, Geld von einem Mann nehmen, den ich nicht mag.«

»Aber deine Tochter braucht die besten Ärzte. Sei vernünftig, Steve!«

»Mir behagt es trotzdem nicht, Sam.« Noch immer schaut er auf seine Tochter, mit der er in den letzten Monaten so große Differenzen hatte.

»Ich mache dir einen Vorschlag. Wenn Carla hinterher sagt, dass sie das Geld zurückzahlen will, dann tun wir das. Okay?«

»Einverstanden, Sam.«

Sam nimmt ihn in die Arme: »Mein Lieber, in England wirst du nur mit viel Geld wieder richtig gesund. Und der ganze Mist, in den sich Carla verstrickt hat, hat dieser Typ doch ausgelöst. Ich weiß nicht, was sie dir morgen sagen wollte.«

»›Uns‹ meinst du.« Diesmal unterbricht Steven sie und umarmt Sam, »du hast schließlich eben von ›unserer Tochter‹ gesprochen, oder?«

»Das ist mir gar nicht aufgefallen.«

»Aber mir«, lächelt Steve.

Die Linien brechen weg

Mitch ist gar nicht mehr zum Lachen zumute. Fassungslos sitzt er im Fond seiner Limousine auf dem Weg zurück ins Büro. »Die ist doch absolut wahnsinnig geworden«, schreit er. Paul verzieht keine Miene. Vorsichtig drückt er aufs Gaspedal, denn normalerweise will Mitch nach solchen Wutanfällen immer schnell ins Büro. Umso erstaunter ist er, als Mitch plötzlich »City« schreit.

»City, Cityairport, Paul. Kapierst du nicht? Sofort!« Jetzt nur nichts sagen, denkt Paul. Was hatte Isabella ihm bloß gerade gesagt, als er aus dem Krankenhaus kam, ins Auto stieg und plötzlich sein Handy klingelte?

»Wie New York, Isa, was willst du in New York? Holiris, Absturz, Ende, was soll das? So hat Mitch sie angeraunzt, doch er musste feststellen, dass Isabella einfach aufgelegt hatte. Vielleicht dreißig Sekunden war Mitch still, schaute aus dem Fenster und dann brüllte er los. Paul kann sich auf die Wortfetzen, die er mitbekommen hat, keinen Reim machen, aber der Befehl war klar: Cityairport, dort steht Mitchs Jet. Mit quietschenden Reifen dreht er mitten auf der Straße, um sechzehn Uhr herrscht zwar noch keine Rushhour, aber dichten Verkehr hat es in London nahezu immer.

Mitch tippt wieder in sein Handy. »Cindy, lass die Maschine fertig machen.« Auch die Prima Donna bekommt seine miserable Laune zu spüren. »Ja, sofort, nach New York.« Woher soll Cindy das wissen, denkt Paul, der flott durch die Straßen in Richtung Docklands fährt. Eine knappe Stunde werden wir wohl brauchen, kalkuliert er.

»Nein, ohne die Mädchen.« Mitch fasst sich an den Kopf, wohl über diese Frage, die, wie Paul nur zu gut weiß, sonst sehr berechtigt ist. Früher flog er immer mit den Mädchen, und Paul sollte sie doch noch heute Abend abholen und ins »Grosvernor House« bringen.

»Wann sind wir da, Paul?«, fragt Mitch nach vorne, sodass Paul sich wieder auf seinen Chef konzentrieren muss.

»Kurz vor siebzehn Uhr«, antwortet der knapp.

»Start um siebzehn Uhr. Godunow? Den rufe ich gleich selbst an. Alles weitere später.« Anscheinend will Cindy aber noch etwas wissen, beobachtet Paul Mitch im Rückspiegel, denn Mitch verdreht sauer die Augen.

»Ja, ›Peninsula‹. Wo sonst? Da übernachte ich doch immer.« Er schmeißt das Handy auf den Nebensitz, nachdem er grußlos aufgelegt hat. Mitch vibriert am ganzen Körper.

»Schneller, Paul. Los«, befiehlt der General.

Als Paul mit Mitch den Cityairport erreicht, verlässt Isabellas gemieteter Privatjet gerade wieder den irischen Luftraum, doch Mitch wird sie jagen. Pünktlich um siebzehn Uhr steigt sein Jet in die Luft. Von seinen Piloten hat er gehört, dass Isabella zwei Stunden Vorsprung hat. Jedenfalls haben das die Fluglotsen vom Tower mitgeteilt. Seine Maschine dürfte gehen achtzehn Uhr Ortszeit New York landen, ungefähr zwei Stunden nach Isabella, da der Jet, wie Mitch erfahren hat, genauso schnell ist wie seiner.

Isabella hatte alles sauber durchgeplant: Nach ihrer »Politur« ließ sie sich zum Cityairport fahren. Gegen fünfzehn Uhr startete ihre Maschine. Um sechzehn Uhr rief sie Mitch aus dem Flugzeug an. Dass er gerade aus dem Krankenhaus kam, wusste sie natürlich nicht.

»Ich habe mich verrechnet, Mitch. Die Holiris stürzen ab. Ich fliege jetzt nach New York und werde der Sache ein Ende setzen. Es ist aus. Wir sind am Ende.« Nur diesen einen Satz hatte sie am Telefon gesagt und dann einfach aufgelegt. Dass er sofort reagieren würde, war ihr klar. Doch ihr Vorsprung dürfte ausreichen.

Isabella hatte sich am letzten Wochenende alles gut überlegt. Jim und die Kinder waren schon weg, sodass sie Zeit und Ruhe hatte. Seit Wochen wusste sie nicht mehr wirklich ein und aus. Mehr gebetet als gewettet hat sie in den letzten Tagen. Nach den Verlusten bei Merrill Lynch und Citigroup und vor allem auch AIG war ihr klar, dass es nicht mehr um eine giftige Bombe bei ihrer Bank ging, sondern dass alle Raketeningenieure falsche Programme hatten.

Nur dass die Flugbahnen nicht mehr zu ändern waren. Ihre Bomben schlagen in den nächsten Stunden ein, ihre Haltelinien brechen, und zwar nach unten. Isabellas surreale Raketen zerschellen in den nächsten Stunden, maximal Tagen auf der realen Erde. Jetzt, im Flugzeug nach New York, kommt ihr alles so leicht vor. Ein Blick auf Mitchs Geschenk, die Lange Eins an ihrem linken Handgelenk, zeigt ihr, dass sie voll im Zeitplan liegt, denn für das große Finale für Mitch, für die Bank und natürlich auch für sich selbst darf sie sich nicht verrechnen.

Ihr Handy und ihr Blackberry sind abgeschaltet, zum ersten Mal seit Jahren ist Isabella ohne Verbindung zu ihrer Kapitalmarktwelt. Nur das neue Handy, das sie sich am Sonntag in einem Laden in der Nähe von Covent Garden besorgt hat, das eine unterdrückte Kennung hat, liegt stumm neben ihr auf dem Sitz.

Warum sie New York für ihren großen Showdown gewählt hat, ist ihr selbst nicht ganz klar. Vielleicht, weil dort das ganze Drama, das ganze Zocken begonnen hat, geht ihr durch den Kopf, als sie sich entspannt zurücklehnt. Weit weg von zu Hause, vom geliebten Frankreich, von Perth, wo ihre Familie ist. Weit weg von allem, was ihr etwas bedeutet. Isabella fühlt sich befreit und lächelt über das ganze Gesicht, ohne dass eine Narbe ziepen könnte. Weil sie so selten gelacht hat, haben alle sie für eine griesgrämige Zahlenfresserin gehalten, doch das ist nun vorbei.

Diverse Hedgefunds und andere Investoren werden vielleicht noch heute in der New-Yorker Zentrale weitere Verluste aus Holiri-Zertifikaten anmelden, weil die Märkte für die Zertifikate zusammenbrechen und die Werte stark sinken. Alle Subprimebündel, MBS-Päckchen und CLS-Pakete sind ja mit echten Krediten unterlegt, und die werden nach und nach faul. Das Fundament der großen Wette bricht zusammen, weil sie die Absicherungen zusätzlich übernommen hat. Ob Teufelskreis, Todesspirale oder Schneeballsystem – vor der großen Credit-Default-Swaps-Lawine kann Isabella nichts mehr retten.

Seit Sven Olson ihr als Vertreter des Fundkonsortiums am Freitag endgültig angedroht hat, dass sie die Verluste einfordern werden, ist ihre Wette verloren. Zum Monatsultimo am kommenden Donnerstag, 31. Juli 2008, müssen die Hedgefunds ihre Positionen absichern, sonst drohen ihnen hohe Wertberichtigungen. Das müssen sie heute oder spätestens morgen bei der Carolina Bank einfordern, sonst bekommen die das nicht mehr bis Donnerstag hin. Und dann fliegt das Ganze auf.

Isabellas bislang vorgetäuschter Maximalverlust von fünf Milliarden Dollar ist dahin. Die getürkte Umbuchung aus dem letzten Sommer hat nur ein Jahr gehalten, doch die Krise dauert immer noch an. Die Raketeningenieurin wird von ihren Holiris sprichwörtlich ausgeknockt. Der Treibstoff ihres Flugsystems ist zu Ende. In wenigen Stunden werden die Geschütze ihre Flugrichtung verlassen und als systemische Neutronenbomben in die Zentrale der Carolina Bank in New York stürzen. Sie stutzt überrascht, wie martialisch die Bilder sind, die ihr durch den Kopf schießen.

Schweigend sitzt sie in ihrem Jet auf dem Flug über den Atlantik und lässt ihr Wochenende noch einmal Revue passieren. Am Samstag hatte sie alles noch einmal mehrfach durchgerechnet, doch am Abend musste sie feststellen, dass sie völlig daneben lag. Es gab keine Gegenwette, keine neue Schachtelung und keine trickreiche Weiterverbriefung mehr, die sie hätte retten können. Als ihr das klar war, hat sie den Sonntag noch einmal genossen. Den warmen Julitag schlenderte sie ganz alleine durch London. Am Nachmittag ließ sich Isabella im Covent Garden bei den Musikschülern nieder, die für Passanten spielen. Früher waren sie oft am Wochenende mit den Kindern dort gewesen, denn an dieser Stelle konnten selbst die Kleinsten nicht verloren gehen.

Praktischerweise konnte sie auch gleich ein neues Handy mit Karte kaufen. Ihre Platin-Amex-Karte löste auch das Problem, dass die Global-Band-Sim-Karte sofort freigeschaltet wurde.

Auf dem Rückweg nach Hause ging Isabella dann in ihr Lieblingsrestaurant, ins »Bibendum«. In der großen Eingangshalle der früheren Michelin-Reifenfabrik kann man an einfachen Tischen sitzen und Hummer, Austern und sonstige Schalenfische genießen. Stunde um Stunde saß sie dort und beobachtete die flanierenden Passanten.

Erst jetzt im Flugzeug fällt Isa auf, dass sie den ganzen Sonntag außer ein paar Bestellungen bei diversen Kellnern kein Wort mit irgendeinem Menschen gewechselt hat. Ich war ganz allein mit mir, erinnert sie sich, während sie den großen schwarzen Ledersessel in die Liegeposition verstellt. Von der Stewardess lässt sie sich eine Flasche Dom Pérignon im Eiskühler geben und bedeutet ihr, dass sie den Rest des Flugs nicht mehr gestört werden möchte.

»Entschuldigung, Mrs Davis«, sagt die Stewardess, die Isabella schon lange kennt, bevor sie sich zurückzieht: »Sie sehen toll aus, wenn ich das sagen darf.« Isabella quittiert es mit einem zufriedenen Lächeln.

»Das Gebäude wird stehen bleiben, doch die Bank geht kaputt. Das hast du toll gemacht, Isa«, prostet sie sich selbst zynisch lachend im Spiegel des Fensters zu, während unter ihr die Weite des Atlantiks vorbeizieht. Irritiert blickt die Stewardess von vorne aus der Cateringecke auf Isabella, die sonst nie alleine flog und nie eine ganze Flasche Champagner bestellte. Und so eine tolle Maschine hat sie auch noch nie angefordert, denkt sie.

Die Fonds werden wahrscheinlich so gegen zehn Milliarden Dollar einfordern. Nach und nach schwappen die Junior-Tranchen nach dem umgekehrten Wasserfallprinzip über. Und dann reißen die Dämme. Gegenüber dem Risk-Management gibt es nichts mehr zu verheimlichen. Carl wird sehen, dass mindestens zehn Milliarden Dollar Junior-Holiris direkt ausfallen, die ihm gar nicht bekannt sind. Er wird schier wahnsinnig werden, versucht sich Isabella Carls Gesicht vorzustellen.

Sie öffnet die Augen wieder und greift zum Telefon, ruft Mitch noch einmal an. Schließlich muss er noch wissen, wo er hinkommen soll. Sie ist sich sicher, dass er ihr folgt, aber er wird sie nicht mehr von ihrem Entschluss abhalten können. Außerdem, beschließt sie beim Tippen der Nummer: Warum soll er nicht alles wissen?

»Hi, Mitch. Sorry, dass ich eben so kurz angebunden war. Ich habe es eilig heute«, kichert sie. Der Schampus zeigt seine Wirkung, schließlich hat sie heute Morgen zum letzten Mal gegessen.

»Hi, Isa. Was machst du? Können wir nicht reden?«, fragt Mitch ruhig.

»Bist du hinter mir her, Mitch?«

»Ich dachte, ich lasse dich besser nicht allein«, antwortet er betont freundlich. Nur nicht riskieren, dass sie wieder auflegt, konzentriert sich der General.

»Es ist aus, Mitch. Wir haben uns verzockt. Zehn Milliarden der Junior-Holiris sind spätestens ab morgen wertlos. Bensien muss wertberichtigen, abschreiben und das Ausfallrisiko ersetzen! Macht satte zwanzig. So ist das, wenn man Gürtel und Hosenträger anlegt«, gluckst sie leicht dabei.

»Was faselst du, Isa?«

»Ich habe falsch gerechnet, aber die Fonds bleiben sauber, weil wir die Ausfallbürgschaft und die Finanzierung begleichen müssen. Jeder Dollar ist zweimal weg. Kapierst du nicht? Zwanzig«, ruft sie so laut, dass die Stewardess den Kopf um die Ecke steckt.

Am anderen Ende der Leitung tut sich lange gar nichts. Mitch überlegt in diesem Moment nur noch, wie er Isabella Davis wieder einfangen kann, denn wenn sie in die Bank rennt und alles beichtet, ist auch er unweigerlich dran.

Je länger sein Schweigen dauert, desto klarer wird Isabella, dass ihr General sich nicht vor seine Obristin stellen wird. Es sind nur einige Sekunden, die er schweigt, doch sie machen Isabella noch einmal klar, dass Mitch sie opfern würde.

»Es tut mir leid, Mitch. Das Modell ist falsch. Es ist nicht mehr zu retten. Carl Bensien wird vielleicht schon in einer Stunde gemeldet bekommen, dass die Bank bis Freitagmorgen zehn Milliarden begleichen muss. Wenn wir beide noch in der Luft sind.«

Mitch schweigt immer noch, zieht an der bereits geöffneten Krawatte und überlegt fieberhaft. Er muss sich absichern, ehe er sie fallen lassen kann. Der General ist zu klug, um seinen Emotionen freien Lauf zu lassen.

»Warum bist du nicht zu mir gekommen?«

»Weil du mich nicht geschützt hättest. So muss ich selbst aktiv werden, Dave.«

»Oh, du nennst mich wieder Dave, Basi?« Während er immer wieder einmal aus strategischen Überlegungen den studentischen Kosenamen für Isabella eingesetzt hat, hat sie seinen, wie er sich zu erinnern versucht, seit Ewigkeiten nicht mehr benutzt.

»Dave, wir haben keinen Hedge mehr. Ich nicht, aber du auch nicht.«

»Mein Gott, Isa, deshalb musst du doch nicht gleich bei Bensien und Kramer gestehen«, ruft er laut ins Telefon, steht dabei auf und tigert in seinem Jet umher.

»Das habe ich auch nicht vor, mon Général.«

»Was denn?« Die Stimme klingt für Isa sehr überrascht. Er schöpft Hoffnung, lächelt sie und genießt das Spiel.

»Mitch, es war mir doch klar, dass du mir folgst. Das Ende findet im »Peninsula« 356 statt. Dort, wo wir vor zehn Jahren die letzte Trickkiste gefeiert haben.«

»Isa, was soll das?«

»Wir beenden unsere Beziehung dort, wo sie ihren falschen Lauf genommen hat.« Isa ist erstaunt, wie ruhig sie bleibt.

»Was hast du vor?«, schreit Mitch.

»Ich hab mich erst gestern entschieden, dass ich das Ding nun durchziehen muss. Ich habe mein Gesicht verloren, Mitch.«

Lehman lässt sich wieder in den Sitz plumpsen und trommelt gegen die Bordwand.

»Basi, mein Schatz. Wir zwei haben das bisher immer geschafft«, spielt er den Charming Boy.

»356. Ich habe auf deinen Namen alles gebucht. Beeile dich, Dave.«

356 war seine Zimmernummer im Studentenwohnheim. Die Nummer, die er seitdem immer wieder als Code einsetzte. Aus einer Laune heraus hatte sich Mitch später einen alten 356er-Porsche gekauft. Sein »Code Car«, wie er zu sagen pflegt, der irgendwo in einer seiner Garagen in einem seiner Häuser auf dieser Erde steht.

»Wir finden eine Lösung. Ich lasse dich nicht hängen. In zwei Stunden lande ich und in drei Stunden bin ich im Hotel. So um neunzehn Uhr Ortszeit. Bis gleich, Basi«, schließt er seine Offensive ab.

»Okay, Dave! Aber beeile dich. Die Zeit läuft.«

Als sie auflegt, schaut sie wieder durch das Fenster, in dem sich ihr neues Gesicht spiegelt: »Du hast mich bereits hängen lassen, Mitch Lehman.«

Um sechzehn Uhr fünfzehn New Yorker Ortszeit landet Isabella Davis mit leichter Verspätung und geht direkt ins »Peninsula«-Hotel. Unerkannt erreicht sie mit der Codenummer 356 die Suite. Kurz nach siebzehn Uhr deponiert sie ihren Laptop auf dem kleinen Sekretär unter dem Fenster, öffnet noch im Sommermantel den Champagner und macht sich an die Arbeit.

Mitch sitzt aufrecht und angespannt im Sessel seines Jets. Ich muss nachdenken, versucht der General sich zu beruhigen: Ich kenne das versteckte Volumen und die Quote der gefährlichen Junior-Tranchen, hebt er zwei Finger. Ich weiß von TYL und inzwischen auch von CayCon. Vier Finger sind bereits aufgestreckt. Ich kenne auch die Liquiditätszusagen und die Weiterverbriefungen. Mitch schaut auf die fünf Finger seiner Hand.

»Eigentlich bin ich voll im Bilde, nur habe ich keine Ahnung, wie Isa das gemacht hat und was auf mich zurückfallen kann.« Mitch dreht seine Hand hin und her, strengt sich an, einen Ausweg zu finden.

»Ich muss sie noch einmal ausquetschen.« Mitch springt auf, geht nach vorne zu seinen Piloten. »Macht so schnell ihr könnt. Es geht um Leben und Tod.«

Zurück am Platz, greift er nach seinem Handy und tippt eine lange Ziffernfolge ein, die er von einer Visitenkarte abliest, die schon seit Beginn des Flugs vor ihm auf der Tischablage liegt.

»Hallo, Wladimir«, spricht er fröhlich ins Telefon, nachdem es eine ganze Weile gedauert hat, bis die Verbindung zustande kommt.

»Etwa schon unterwegs, Genosse General?«, lacht Godunow.

»Nein, ich muss leider absagen. Nun sind wir quitt mit der Absage, alter Freund.«

»Alles okay?«

»Ja, schon, es gibt nur ein paar Probleme in New York. Ich komme nächste Woche.«

»Brauchst du Hilfe, Gospodin?«, fragt der Russe mit tiefer brummiger Stimme.

»Nein, danke. Ich bekomme das schon hin, aber vielleicht komme ich auf das Angebot mit dem U-Boot zurück«, lacht Mitch, verzieht bei dem Gedanken allerdings das Gesicht, denn er hat mit Platzangst zu kämpfen.

»Was immer du brauchst. Bis kommende Woche, Mitch.«

»Hoffentlich«, sagt Mitch, nachdem er aufgelegt hat.

Da sich Godunows Chef Anatoli Breschnew immer mehr mit Isabella angefreundet hatte, die ihm die Oilfeds für das Oil-for-Education-Programm strukturiert hatte, hatte sich Mitch stärker dem Exoberst zugewandt. Schnell hatten die beiden gemerkt, dass sie auf einer Wellenlänge liegen: Sex,

Gier und Geld. Der Exoberst verfügte über beste Kontakte in die alte Nomenklatura. Wladimir Godunow war genauso verschlagen wie Mitch, auch wenn er offiziell den Gutmenschen hinter Breschnew spielen musste. Mitch hatte ihm ein paar gute Trades zukommen lassen und so sein privates Konto ansehnlich gefüllt. Und Godunow sorgte dafür, dass Mitch das dicke Geschäft von RUSSOIL bekam. Sollten Isa und die anderen doch gerne im Glauben bleiben, dass das alles nur mit Oilfed zu tun hätte.

Um siebzehn Uhr, Ortszeit New York, als Isa noch auf dem Weg ins Hotel und Mitch noch in der Luft ist, explodiert Isabellas Bombe. Sven Olson, Sprecher eines Konsortiums von fünf Hedgefunds, lässt sich mit Carl Bensien verbinden, der an diesem Montag mitten in den Vorbereitungen für die Halbjahresberichterstattung steckt. Normalerweise eine Zeit, in der sich der Chief Risk Officer nicht stören lässt.

»Er will Sie unbedingt sprechen, Carl, er lässt sich nicht abwimmeln«, macht ihm Estrella klar. Carl sitzt an seinem Platz im War Room und ist gerade mit ein paar seiner Leute im Gespräch darüber vertieft, wie die Risikopositionen in diesen wechselhaften Zeiten zu bewerten sind.

»Na gut, stelle ihn durch«, weist Carl seine Sekretärin an. Als es knackt, grüßt Carl. »Hallo, Sven. Was gibt es denn so Dringendes?«

»Carl, es tut uns leid, aber wir müssen die Ausfallversicherungen ziehen. Ich weiß, dass das ein Problem für euch ist.«

»Welche Versicherungen?« Carl schaut verblüfft auf, doch er ahnt, dass gleich Schlimmes passiert.

»Die CDS auf unsere Junior-Holiris. Habe ich am Freitag doch schon Isabella angedroht. Sie hat mir gemailt, dass ich heute gleich in New York bei dir anrufen soll.« Carl schaltet sofort auf Raumlautsprecher und macht den umstehenden Risk-Managern Zeichen, aufzupassen.

»Sven, etwas konkreter bitte.« Carl kennt den Schweden mit Sitz in London zwar nicht wirklich gut, doch was er über den Hedgefundsmanager gehört hat, zeigt ihn als absolut seriös.

»Ihr habt uns die Holiris doch zusätzlich abgesichert. Jetzt müssen wir ziehen. Die Dinger verlieren an Wert. Was soll die Frage?«, klingt es aus dem Lautsprecher.

»Einen Moment, Sven.« Carl drückt auf die Mutetaste, sodass der Schwede nicht zuhören kann:

»Die Holiris waren nie weg, Leute.« Mit einem roten Knopf löst er Alarm aus. In Kramers Büro piept ein Signalton.

Die fünf größten Hedgefunds teilen Carl Bensien über Sven Olsen in den nächsten Minuten mit, dass über die Zweckgesellschaft TYL Junior-Holiris an sie weiterverkauft worden sind, die ihnen im Volumen von zehn Milliarden Dollar zusätzlich abgesichert wurden. Die Bank sitzt auf wertlosen Papieren, die sie wohl zurück in die Bilanz nehmen muss. In Sekunden reißen die toxischen Holiris ein Loch in der Größenordnung von zwanzig Milliarden Dollar auf der linken und der rechten Seite der Bilanz, denn sie waren im ursprünglichen Wert auch mal finanziert worden. Das ist eindeutig zu viel, da braucht Carl gar nicht mehr zu rechnen.

»Sven«, setzt Carl das Gespräch fort, nachdem er alle Informationen hat, »ich brauche Verifizierung.«

»Kannst du haben.« Olson faxt ihm die Namen zweier Zweckgesellschaften: TYL und CayCon, noch während er am Telefon wartet.

»Diese Zweckgesellschaften kenne ich nicht«, sagt Carl leise zu Olson.

»Was heißt das?« Der Schwede wird lauter.

»Pass auf, Sven. Hier stinkt etwas. Ich kann dir nicht sagen, was passiert ist. Aber wenn es das ist, was ich vermute, dann dürfen wir jetzt nicht die Nerven verlieren. Du auch nicht«, er sagt es fast zur eigenen Beruhigung, während die Runde, die sich um den Konferenztisch im War Room versammelt hat, ungläubig das Fax studiert, das Carl herumgereicht hat. Sekunden später kommt Kramer in den Raum. Carl bedeutet ihm mit dem Finger vor dem Mund, leise zu sein.

»Ich muss mit meinem Chef sprechen. Ich kenne diese Gesellschaften nicht. Ich brauche Zeit.«

»Aber wir haben eine Garantieerklärung mit zwei Unterschriften von euch«, tönt es aus dem Lautsprecher.

»Vom wem?« Carl fragt zwar, doch er ahnt die Antwort.

»Lehman und Davis.«

Carl setzt sich, erstarrt für eine Sekunde, drückt wieder die Mutetaste, sodass außerhalb des Raumes niemand zuhören kann: »Ich habe es geahnt«, sagt er ganz leise und blickt in die Runde seiner Risk-Manager. Zuletzt fixiert er Kramer. »Don, wir stehen vor dem Abgrund.«

Wieder drückt er die Mutetaste: »Sven, gib uns achtundvierzig Stunden. Bis Mittwochabend.«

»Warum sollten wir das tun?«

»Weil sonst alles in die Luft fliegt und ihr mit, klar? Sven, hier ist eine Riesensauerei im Gange. Was du mir da erzählst, ist mir völlig neu.«

»Das kann doch nicht wahr sein, Carl.«

»Beim Leben meiner beiden Söhne.« Carl spürt, wie Olson am anderen Ende nachdenkt.

»Einverstanden, Carl. Achtundvierzig Stunden. Mittwoch siebzehn Uhr. Aber das ist die Deadline.« Danach knackt es in der Leitung. Im War Room kommt sofort Bewegung auf.

»Don, sie haben zehn Milliarden hinter unserem Rücken verkauft. Mindestens. Und zusätzlich zu Ratio Driver. Anders kann ich mir das nicht zusammenreimen.«

Carl geht auf den Chief Executive zu und raunt: »Aber das ist noch nicht alles. Sie haben sie besichert. Wir müssen zahlen und finanzieren.«

»Wo stecken die beiden?«

»Keine Ahnung.«

Von siebzehn Uhr fünfzehn an versucht der Chief Risk Officer Mitch Lehman und Isabella Davis zu erreichen. Vergeblich! Carl zermartert sich den Kopf, wie das passieren konnte. Natürlich handelt es sich eindeutig um Holiri-Zertifikate, die Isabella Davis geschaffen und in die Zweckgesellschaft gepackt hat.

TYL ist von einer Person namens Allebasi Sryem gegründet worden, den Namen hat er auf Tims Liste gefunden. Doch wie die Liquiditätszusagen auf der Finanzierungsseite sowie das Ausfallrisiko der verkauften Zertifikate auf der Forderungsseite besichert worden sind, kann er sich nicht erklären. Obwohl die Unterschriften von Lehman und Davis da draufstehen. Carl hat von diesem arabisch klingenden Namen noch nie gehört, obwohl man sich in der Branche eigentlich kennt. Die Kapitalmarktsöldner sind eine Truppe von einigen Hundert Topleuten, die sich alle irgendwann irgendwo über den Weg laufen, wenn wieder eine Bank eine Truppe mit höheren Packages abgeworben hat. Doch Allebasi Sryem ist ein völlig unbekannter Name. Er setzt Denise erneut auf den Namen an.

Mit einem weißen Blatt kauert Bensien an seinem Platz im War Room, Kramer steht neben ihm. Das doppelte Obligo auf beiden Seiten der Bilanz dieser Zweckgesellschaften ist der eigentliche Hammer: Liquiditätszusagen einerseits und Ausfallabsicherung andererseits. Und Ratio Driver, die offizielle Zweckgesellschaft der Bank, gehört hier noch nicht einmal dazu.

Carl schüttelt den Kopf, als er noch einmal auf das Fax schaut. Alles Holiris, verkauft an die größten Hedgefunds, denen wiederum die Bank zum Teil Kredite zum Kaufen dieser hoch rentierlichen Zertifikate gegeben hat.

»Diese gottverdammte Intransparenz«, flüstert Carl und schaut auf Don. Der weiß nur zu genau, dass Carl in diesem Augenblick von seiner eigenen Vergangenheit eingeholt wird. Das hat er alles vor fast fünfzehn Jahren bei Douvalier & Cie. Privatbankiers schon einmal erlebt, nur im Vergleich dazu waren die damaligen Summen Peanuts, denkt Don.

»Wir brauchen frisches Kapital, und zwar sofort. Uns bleiben drei Tage, denn am 1. August null Uhr muss alles geklärt sein.« Carl richtet sich auf, die beiden Männer fixieren sich.

»Jetzt ist keine Zeit für Vorwürfe«, antwortet Kramer auf die nicht gestellte Frage seines Risikochefs. »Du kümmerst dich um die Größe des Lochs, ich spreche mit der Fed, dem Treasury und unseren Freunden am Golf und in Asien.«

»Wir brauchen sicher zwanzig Milliarden Besicherung, um einigermaßen durchzukommen, Don. Wer weiß, wie groß das Volumen wirklich ist.«

»Oh, nichts leichter als das. Gib mir zwanzig Minuten«, kann Kramer ein Lachen nicht unterdrücken, will damit aber auch Carl etwas auflockern.

»Wir haben nur drei Tage, Don.«

»Wissen wir jetzt, wo die beiden stecken?«, fragt Kramer in Richtung Carls Sekretärin, die gerade den Kopf durch die Türe des War Rooms steckt.

»Cindy sagt, Mitch sei im Flugzeug, auf dem Weg hierher. Kann ihn aber nicht erreichen.«

»Und Davis?«

»Keiner weiß, wo sie steckt.«

»Das heißt nichts Gutes, Carl. An die Arbeit.« Kramer geht zurück in sein Büro und telefoniert – mit Washington, mit Shanghai, mit Dubai.

Inzwischen ist es kurz nach achtzehn Uhr. Seit einer Stunde ist bei der Carolina Bank nichts mehr wie es war. Mitchs Maschine setzt in diesem Moment gerade auf der Rollbahn auf, seine Limousine wartet bereits. Gut, dass er als amerikanischer Staatsbürger nur ein paar Minuten für die Einreiseformalitäten braucht. Wenige Minuten später ist er auf dem Weg zum »Peninsula«. Eine knappe Stunde wird er brauchen, kalkuliert Mitch, er fordert seinen Fahrer auf, sich zu beeilen.

Immer wieder schaut er auf die Uhr. Erst als er um neunzehn Uhr fast das »Peninsula« erreicht hat, greift er wieder zum Telefon.

»Keine Zeit, Estrella.« Bensien will nicht gestört werden.

»Es ist Lehman.« Carl springt auf, rennt zu seinem Telefon und bedeutet seinen Leuten mitzuhören.

»Mitch!«

»Carl, ich habe gerade einen Anruf von Isabella bekommen. Sie hat die Bank betrogen. Ich weiß nicht genau, was diese Bitch gemacht hat, aber es wird eng. Verdammt, was sollen wir tun?«

Bensien glaubt nicht richtig zu hören: Dieser arrogante Starbanker behauptet, dass Isabella Davis eigenmächtig die von Carl im letzten Jahr befohlene Begrenzung des Holiri-Volumens nicht durchgeführt hat. Carl verzieht angewidert das Gesicht, reißt sich aber zusammen.

»Wo steckt Isa denn überhaupt, Mitch?«

»Keine Ahnung. Ich komme sofort in die Bank.«

»Wieso bist du überhaupt in New York?« Mit dieser Frage hat Mitch nicht gerechnet, doch Godunow ist seine Rettung, dessen Karte ihm gerade neben sich auf dem Stapel seiner Unterlagen auffällt.

»Godunow von RUSSOIL, Carl.«

»Wie?«

»Der Russe wollte mich hier treffen, musste aber absagen. Ich bin frei. Ich kann helfen.« Carl hat keine Zeit, darüber ernsthaft nachzudenken, denn wenn etwas von der Schieflage durchsickert, ehe die Linien gesichert sind, dann Gnade ihnen Gott.

»Was weißt du? Ich muss alles wissen!«

Mitch erklärt dem verblüfften Bensien, dass das gesamte Holiri-Volumen der Bank ein Exposure von fünfundvierzig Milliarden Dollar abzüglich der vier Milliarden bereits abgeschriebenen Holiri-Tranchen besitzt. »Fünfzehn im Ratio Driver, fünfzehn plus weitere fünfzehn Milliarden in einer Gesellschaft namens TYL. Fast alles ist zusätzlich besichert, Carl.«

Bensien fällt in seinen Stuhl: »Das kann doch nicht wahr sein!«

»Und noch etwas! Es gibt noch eine zweite Zweckgesellschaft, die diese Verrückte gegründet hat – CayCon.«

»Das weiß ich inzwischen. Wie kommt das alles zustande?«, empört sich Carl. Mit der Contenance ist es nun auch bei ihm vorbei.

»Ich weiß es nicht. Wirklich nicht.« Damit lügt Mitch noch nicht einmal.

»Lehman, ich habe hier deine Unterschrift auf einem Fax. Du hast es kreditversichert. Wir müssen den Ausfall glattstellen. Wie habt ihr das gemacht? Über CayCon? Antworte.«

»Diese Bitch.« Mitch ist entsetzt, denn das hat er nicht gewusst. »Das kann nicht sein, Carl. Das muss eine Fälschung sein.«

»Das hilft uns jetzt auch nicht. Beweg dich hierher«, schreit Carl. Denise hat ihren Chef noch nie so wütend gesehen.

»Ich bin um zwanzig Uhr in der Bank, Carl.« Dann legt der General auf und hinterlässt einen verblüfften Carl Bensien, der noch eine Weile wie versteinert in die Runde schaut.

Dann wählt er Kramers Nummer: »Wir brauchen vielleicht noch mehr. Es sind dreißig, vierzig, fünfzig oder sonst etwas. Ich weiß es noch nicht. Versuche auf jeden Fall, mehr als die zwanzig zu bekommen, von denen wir bislang über Olson wissen.«

»In Ordnung.« Carl ist überrascht, wie ruhig Kramer bleibt.

Das Glück der Unerreichbarkeit

»Langsamer«, ruft Mitch nach seinem trickreichen Telefonat verärgert von hinten, als sein Fahrer auf die große Eingangspforte des »Peninsula« zurollt, »und halten Sie an«, befiehlt er rund fünfzig Meter vor den reservierten Parkplätzen für die Gäste.

»Warten Sie hier auf mich«, weist der den Fahrer im Aussteigen an. Sein Blick geht erneut auf seine Uhr, es ist genau neunzehn Uhr. Mitch hat maximal eine halbe Stunde Zeit, wenn er um zwanzig Uhr in der Bank sein will. Hoffentlich reicht das, überlegt er, als sein Handy klingelt.

»Lehman.«

»Wo bist du, Mitch?«, fragt Isabella ganz ruhig und legt ihre Lange Eins auf die kleine Mauer.

»Ich stehe gerade vor dem ›Peninsula‹ und komme hinauf, Basi!« Mitch geht schnellen Schrittes die wenigen Meter vom Auto auf die Eingangspforte zu.

»Basi ist nicht mehr. Schau doch einmal nach oben, Dave!«

Mitch blickt gen Himmel, im obersten Stock in der Executive Lounge des Hotels gibt es eine Terrasse mit fantastischem Ausblick. Etwas Kleines steht da oben, auf der Balustrade!

»Tue es …« Weiter kommt Mitch nicht, denn das kleine Etwas streckt sich und schießt als langes Etwas in den Himmel: » … nicht!«

»Oh, mein Gott«, stößt Lehman ungewollt aus und greift mit der Hand vor seinen Mund. Nach ein oder zwei, vielleicht drei Metern lässt die Kraft des mächtigen Abstoßes nach, die Erdanziehung fordert ihren Tribut. Das Etwas verändert seine Laufbahn und stürzt jäh in die Tiefe.

Isabella Davis schlägt nur wenige Meter vor Mitch auf den breiten Fußgängerweg zwischen ihm und der Überdachung vor dem Eingang auf. Wie durch ein Wunder wird keiner der vorbeigehenden Fußgänger verletzt. Blutspritzer und Fleischfetzen treffen die umstehenden Passanten, die näher an der Aufschlagstelle stehen als Mitch. Nach ein paar Sekunden lähmender Stille schreit die erste Passantin, deren Gesicht blutverschmiert ist. Wie auf Kommando fangen plötzlich alle an zu schreien, Panik bricht aus. Nur Mitch steht ruhig da. Für einen Moment steht niemand zwischen ihm und Isa, keine zehn Meter voneinander entfernt. Die letzten Blutspritzer reichen bis auf einen Meter an ihn heran. Mitch kann sich nicht rühren, Isas Gesicht schaut genau in seine Richtung. Auch wenn der Hinterkopf aufgeplatzt ist, hat ihr Gesicht dieses Neue, Schöne, Andere. Der Blondschopf, der da liegt, ist nicht »seine« Isa. Die Augen sind aufgerissen, ein frecher Kurzhaarschnitt, der ein ebenes Gesicht einrahmt, das einer Unbekannten gehört.

Als der herbeieilende Hotelportier die Frau berührt, dreht sich Isas Gesicht von Mitch weg. Der steht immer noch wie versteinert auf dem breiten Fußgängerweg, Passanten rennen an ihm vorbei, manche schubsen ihn ein bisschen hin und her. Als die Panik immer mehr um sich greift und das Geschrei lauter wird, dreht er sich eiskalt um und bahnt sich seinen Weg aus der herumirrenden Menge.

»Was ist passiert?«, fragt eine hysterische ältere Dame hinter Mitch.

»Eine Frau hat sich runtergestürzt«, antwortet er, schiebt die Dame beiseite, läuft langsam zu seiner Limousine zurück und steigt wieder ein.

»Zur Bank«, sagt er leise zum Fahrer, der mit offenem Mund die Szene verfolgt hat. Auf dem Display von Mitchs Handy leuchtet noch die Nummer des Handys, von dem aus Isabella angerufen hat. Die Verbindung steht noch. Mitch drückt die Trennungstaste und flüstert: »Hier gibt es nichts mehr zu besprechen.«

Knapp zwei Stunden zuvor, kurz nach siebzehn Uhr, kam Isa in der großen Suite 356 des »Peninsula«-Hotels an. Ausladende Fenster lassen viel Licht in den großen Wohnraum, Champagner und Früchte mit den besten Wünschen der Direktion für Mr Mitch Pieter Lehman standen auf dem Tisch.

Noch im Sommermantel öffnete sie den Champagner und goss sich selbst ein. Mit einer großen Erdbeere in der einen und dem Glas in der anderen Hand setzte sie sich an den Sekretär. Sie steckte die Beere ganz in den Mund, nahm dazu einen großen Schluck Dom Pérignon und ließ alles im Mund zergehen. Genüsslich lehnte sie sich kurz zurück, streifte den Mantel ab, stellte das schwere Kristallglas auf den Tisch und begann mit der Arbeit.

Isabella Davis, die beste Finanzingenieurin an Wall Street und in der City, hatte eine letzte Struktur gebastelt, die ihrem Ruf alle Ehre machen sollte. Nicht einfach verpfeifen wollte sie ihren Mitch, sondern schön abgeleitet kaputtgehen lassen.

So wie ein fieses Derivat, wie die giftigen Holiris. Sie legte ihre letzten Bomben mit wohldosierten Zeilen.

Den Laptop schob sie zunächst ungeöffnet zur Seite und nahm das feine Briefpapier des »Peninsula« zur Hand. Der erste Abschiedsbrief ging an Mitch:

Mitch, ich weiß, dass ich am Ende bin. Aber du wirst mit mir untergehen! Du hast keinen Hedge mehr. Und ich habe alle wichtigen Gespräche über CayCon und TYL mit dem Diktafon aufgezeichnet. Du stirbst langsam, aber du stirbst auch, Dave! No longer yours, Basi

Den zweiten Brief adressierte sie an Carl Bensien:

Lieber Carl, du warst immer ein würdiger Gegner. Irgendwie habe ich dich sogar gemocht. Ich habe mich verrechnet. Das Leben ist doch kein Modell. Ehe ihr mich kriegen könnt, gehe ich lieber. Wie es wirklich war, kannst du abhören. Ich habe alles aufgezeichnet. Kommt per Mail. Deine »Rakete«

Der dritte Brief geht an Carla Bell:

Carla, ich habe dich nie gemocht. Deine Jugend, Schönheit und Klugheit und alles mit »meinem« Mitch. Aber: Mach nicht den Fehler, den ich vor zwanzig Jahren gemacht habe. Mitch ist nichts für gute Frauen. Er wird seine Strafe zwar bekommen, doch du solltest ihn trotzdem aufgeben. Isabella

Danach startete sie ihren Laptop, die Zeit des Hochfahrens nutzte Isabella zum Nachgießen: »Diesen Schampus bekommst du nicht, Mitch«, sprach sie mit sich selbst und lachte etwas zu laut.

Isabella loggte sich in das E-Mail-System der Bank ein und tippte langsam die Adresszeile: carl.bensien@carolinabank.com. In die CC-Zeile fügte sie mitch@mlehman.com ein. »Ich bin dann weg!« schrieb sie in die Betreffzeile, hob ihr Glas mit den Worten: »Adios, Muchachos.« Wieder lachte sie laut. So ganz hatte Isa sich nicht mehr im Griff.

Lieber Carl, in den Attachments findest du einige Voicedateien, in denen alles aufgezeichnet ist, was passiert ist. Isabella. PS: Die Idee war doch nicht schlecht, oder? Es hätte funktionieren können. Das wars. Isa

Inzwischen war es achtzehn Uhr dreißig, wie Isa verblüfft beim Blick auf die Lange Eins feststellte. Mitch konnte jeden Moment eintreffen, wenn es der Verkehr nach Manhattan ausnahmsweise zuließ. Isa wurde nervös, sie hatte doch ein bisschen zu lange getrödelt. Flugs sprang sie auf, steckte die drei Briefe in die Umschläge, klingelte nach dem Etagenportier, legte die beiden Briefe an Carl und an Carla auf den kleinen Tisch im Eingangsbereich, dazu ein fettes Trinkgeld. Auf dem Zettel daneben stand, dass er die Briefe in die Post geben sollte.

»Sofort, bitte«, mahnte Isabella ungesehen aus dem Nebenraum, als der Portier mit dem Generalschlüssel geöffnet hatte. Zurück am Laptop, fügte sie alle fünf Voicedateien an die Mail an Carl an, damit es schneller ging. »Send« und weg war sie, dachte Isabella, die den Laptop offen ließ, damit Mitch sogleich sehen würde, was sie getan hatte. Und den Abschiedsbrief an ihn lehnte sie an den Bildschirm des Laptops.

Achtzehn Uhr vierzig. Isabella ließ alles stehen und liegen. Nur ihr Handy nahm sie mit auf die Terrasse. Jetzt konnte nichts mehr passieren, sie war frei, sie hatte ihre Fehler gebeichtet, und Isa wartete nur noch auf Mitch. Isa zuckte, als eine Stimme »Haben Sie einen Wunsch, Misses« sagte. Sie drehte sich um, blickte in das Gesicht eines jungen freundlichen Obers und ließ sich noch ein Glas Champagner bringen. Während sie wartete, genoss Isabella noch ein letztes Mal den Ausblick und wählte die Nummer ihres Mannes. In Perth war es kurz vor acht Uhr am 29.Juli 2008. Fast hoffte sie beim fünften Klingeln, dass Jim gar nicht ans Handy ging und sie ihm auf die Box sprechen könnte, als es klickte: »Davis.«

»Hi, Jim, Darling. Ich bin es, Isa.«

»Hi, Schatz. Bin noch ein wenig verschlafen.«

»Sorry.«

»Heh, hast du getrunken?«

»Wieso?«

»Lustige Stimme.«

»Mir ist gar nicht lustig zumute. Ich wollte noch mal mit dir sprechen, Jim.«

»Danke«, sagte sie zum Ober, der ihr das Glas auf den Sims stellte.

»Wieso danke? Wieso noch mal?«, fragte Jim erstaunt und richtete sich im Bett auf.

»Ich werde hier gleich ausmisten, Jim.«

»Was ist los? Lehman?«

»Ja, aber ich werde ihn zur Strecke bringen.«

»Pass um Himmels willen auf, Isa«, stand Jim Davis aus dem Bett auf und lief nervös umher.

»Ich beende nur einen Fehler, den ich vor zwanzig Jahren begonnen habe, als ich mich auf Mitch Lehman eingelassen habe. Und ich wollte dir nur sagen, dass ich dich immer vernachlässigt habe. Du bist der Mann, dem ich mehr Vertrauen und Liebe hätte schenken sollen«, antwortete Isabella ganz ruhig. Ihr Blick ging nach unten über die Balustrade. Man konnte keine einzelne Person erkennen, also lohnte es nicht, Ausschau nach Mitch zu halten.

»Isa, ich habe Angst. Was hast du vor?«

»Eine letzte Rakete zünden.«

Jim fehlten die Worte.

»Ich hätte dich mehr lieben sollen, Jim. Es tut mir leid. Sag den Kindern, dass ich sie alle liebe und dass sie ihre Mutter nicht vergessen sollen. Ich bin doch auch nur eine Mutter.«

Sie legte auf, ohne auf eine Antwort zu warten. »Und keine Rakete, die wirklich fliegen kann«, sagte sie zu sich selbst, leerte das Glas in einem Zug und stellte es neben sich.

Um neunzehn Uhr machte sie den letzten Anruf: »Lehman«, antwortete die Stimme des Herrn, dem sie aufgesessen war. Sie stieg dabei auf die Balustrade, und unten schaute Mitch, mit dem Handy am Ohr, nach oben.

»Wo bist du, Mitch?«

Dann ging alles ganz schnell, Isabella zögerte keine weitere Sekunde …

Nachdem Lehman im Auto den Fahrer »zur Bank« zu fahren angewiesen hat, muss er sich erst einmal beruhigen. Mitch kann seine Panik kaum verbergen, sein Ringen um Luft, dass er am ganzen Körper zittert und einen Schweißausbruch nach dem anderen bekommt.

»Alles in Ordnung, Mr Lehman?«, fragt der Chauffeur mit der dunklen Sonnenbrille.

»Das geht Sie nichts an. Sie sollen nur fahren. Aber langsam. Wir haben eine Stunde Zeit«, geifert er. »Ob gewonnen oder verloren, werde ich noch sehen«, murmelt er weiter und beginnt, sein Hirn zu martern. Es geht nicht anders, überlegt er, ich muss in die Bank. Ich bin nicht bis hierher gekommen, um nun aufzugeben, puscht er sich gedanklich auf. Das Spiel ist noch nicht aus. Ich muss alles auf sie schieben. Stimmt ja im Prinzip auch, redet sich Mitch selbst ein. Außerdem habe ich alles dabei. Er blickt auf den dicken amerikanischen Siegelring seiner Universität, an der er mit Isabella studiert hat. Seit Jahren ist das Innere mit Gift gefüllt.

In der Bank ist der Teufel los. Im War Room findet der Ernstfall statt. Das ist keine Übung mehr, kein Stresstest. Das ist Krieg gegen einen unsichtbaren Feind. Carl ist verwundert, dass sich Lehman in die Höhle des Löwens wagt.

»Wo ist Davis, Lehman?«, ruft Carl schon von Weitem, als er den General erblickt.

»Ich weiß es nicht.«

»Kannst du mir das mit den Default Swaps erklären?« Carl hält Mitch das Fax mit der Kreditausfallversicherung unter die Nase, das seine und Isabellas Unterschrift trägt. Erstaunt studiert Mitch das Schreiben.

»Das ist nicht meine Unterschrift, Carl.« Sichtlich erleichtert reicht er Bensien das Blatt zurück, der ihn genau mustert.

»Was?«

»Carl, ich schwinge das M anders. Es entsteht immer ein kleiner Kreis oben links. Hier ist das nicht so. Das ist eine Fälschung, mein Lieber.« Im Hinterkopf versucht

Mitch zu analysieren, was Isabella gemacht hat. Natürlich wusste er von den CDS, aber nicht, wie sie das arrangiert hatte.

»Und diese TYL?«

»Ist doch unsere andere Zweckgesellschaft, oder?«

»Ist sie nicht.«

»Ich war es jedenfalls nicht!«, schreit Mitch den Chief Risk Officer an, »ich will doch helfen; deshalb bin ich doch hier«.

»Das glaub ich dir nicht.«

»Ich hatte keine Ahnung von den Zweckgesellschaften CayCon und TYL, bis Isa mir das heute gebeichtet hat.«

»Ich werde das alles herausfinden, Lehman. Das garantiere ich dir. Ich kriege dich. Isabella ist nur deine Handlangerin. Du wolltest uns nie in deine Bücher schauen lassen. Die Obristen haben nur deine Befehle ausgeführt.«

»Wir haben doch nur ein Problem der Wertberichtigung, Bensien.« Nervös spielt Mitch an seinem Siegelring.

»Lehman, verarsche mich nicht. Wenn du nicht wirklich helfen willst, dann verschwinde. Ich habe keine Zeit zu verlieren. Wir brauchen Liquidität für das gesamte Volumen, wenn es abschmiert. Also: Wie kommen die fünfundvierzig Milliarden zusammen?«

»Das ist das Volumen, das Isa gedreht hat. Mehr weiß ich auch nicht.« Mitch steht wie ein Junge vor dem Vater, dem er einen Streich beichtet. Um die beiden herum haben sich mehr und mehr Risk-Manager versammelt, die den Showdown beobachten.

»Mein Gott, Lehman«, schreit Bensien.

»Ich habe Geld wie Heu für diese Bank verdient. Fuck you, Bensien!«

»Nur dass es gerade wie trockenes Stroh verbrennt. Verflucht …«

Carl Bensien kann nicht weiterreden, weil die Tür zum War Room mit einem Ruck aufgeht und seine Sekretärin völlig aufgelöst an der Tür steht.

»Isabella Davis ist tot. Sie ist aus dem höchsten Stock des ›Peninsula‹ gesprungen.« Estrella bricht in Tränen aus und Carl muss sie auffangen, ehe sie umfällt.

»Die Polizei hat angerufen. Sie hatte einen einzigen Zettel in ihrer Rocktasche, auf dem steht: ›Bitte rufen Sie diese Nummer an.‹ Und das war Ihre Nummer, Carl.«

Während Carl Estrella noch im Arm hält, simuliert Mitch Lehman den Betroffenen: »Mein Gott, Basi.«

»Wer?« Carl Bensien mustert Mitch Lehman fragend.

Mitch gelingt es, eine Träne aus dem Augenwinkel zu pressen. »Allebasi ist, äh, Basi äh ... war Isabellas Spitzname an der Uni. Isabella einfach umgekehrt, in Spiegelschrift«, antwortet Mitch offenbar gerührt.

Carl Bensien drückt die Sekretärin der ebenfalls anwesenden Denise in den Arm, rennt in den Nebenraum zu seinem Schreibtisch und kramt die Listen der privaten Zweckgesellschaften auf den Caymans hervor. Er umkringelt den Namen Allebasi Sryem, rennt zurück zu Mitch: »Allebasi Sryem ist Isabella Meyrs, heutige Davis. Niemand außer Denise, Tim und mir kennt diese Listen. Ihren Mädchennamen hat sie mir einmal gesagt, aber ich konnte es nicht zu Ende kombinieren. Jetzt ist es klar. Sie hat alles umgedreht. Und wer kennt schon außer dir diesen Namen?«

»Sie hat mir immer gesagt, es seien Zweckgesellschaften der Bank, Carl. Woher soll ich das wissen?«

»Du lügst, Mitch.«

Mitch zuckt zusammen: »Ich bin nur ein einfacher Händler im Weinberg der Bank.« Er stürzt aus dem War Room und verschwindet in den Kokon seines Handelsbereichs in den unteren Etagen des Headquarters.

»Den holen wir uns später«, murmelt Bensien beim Hinausgehen. »Ich muss Geld besorgen gehen. Fünfundvierzig Milliarden Dollar, davon schon jetzt über zehn faul. Gut, dass die Scheichs dabei sind.« Carl verschwindet in sein Büro.

Spät am Abend erst kehrt Mitch Lehman zurück ins »Peninsula«. Da Isabella von der Terrasse der Executive Lounge gesprungen ist und niemand ihren Namen notiert hatte, als sie inkognito in Mitchs Suite gelang, hat bis zu diesem Zeitpunkt auch noch niemand die Suite betreten. Mitch erschaudert, als er ihren Sommermantel über den Stuhl gehängt und den geöffneten Laptop findet. Hier hat sie ihre letzten Stunden verbracht, schießt es ihm durch den Kopf. Erst als er näher auf den geöffneten Laptop zugeht, sieht er den Brief, der am Bildschirm lehnt. »An Mitch P. Lehman«, liest er und greift nach dem Couvert. Doch noch ehe er den Brief öffnet, sieht er die an Carl Bensien und an ihn kopierte Mail, die immer noch auf dem Bildschirm steht. Hastig liest er die Zeilen und greift sich an den Kopf. Er ist am Ende, Isa hat ihn vor das Exekutionskommando gestellt.

Doch plötzlich beginnt er zu lachen. Erst leise, dann immer lauter, Mitch hüpft vor Freude, als er die Mail öffnet und das Ergebnis sieht.

»No Execution, Basi. Nein, ein Rohrkrepierer, du dummes Mädchen!«

Nach einer Weile setzt Mitch sich an den Laptop und prüft noch einmal genau, was passiert ist. Die Mail war nicht durchgegangen, und Isa hatte keine Zeit mehr gehabt. Mitch denkt angestrengt nach. Alle fünf Voicedateien gemeinsam haben fast zwanzig Megabyte Speicherkapazität. Bei den E-Mail-Accounts der Bank besteht aus Sicherheitsgründen eine Grenze von fünfzehn Megabyte. Solche Mails werden vom Firewall nicht durchgelassen. Carl Bensien hat die Mail nicht erhalten, frohlockt er.

Dennoch zittert Mitch am ganzen Körper, der Spieler ist noch einmal davongekommen, ohne dass er einen Zug gemacht hat. Er kombiniert, dass damit ganz offensichtlich nur er die Mail von Isabella Davis erhalten hat, und zwar auf sein privates E-Mail-Account, das ohnehin nur wenigen Leuten bekannt ist. Lehman löscht die gesendete Mail und den Hinweis in der Inbox auf die Failed mail delivery an Carl Bensien. Er löscht beide Mails auch aus dem Papierkorb, womit sie eindeutig verschwunden sind, dann schließt er den Laptop und verstaut ihn in seinem Koffer.

Als es an der Türe klopft, steckt er gerade das Diktafon in die Hosentasche, von dem aus Isabella die Dateien direkt und ohne Zwischenspeicherung gesendet hatte. Nichts erinnert in diesem Raum mehr daran, dass Isabella Davis ihn, Mitch Lehman, ans Messer liefern wollte. Sie hat sich verrechnet, reibt sich Mitch die Hände, als er zur Türe geht.

Zwei Männer halten ihm ihre Ausweise vor die Nase, vor ihm steht die Polizei.

»Sind Sie Mitch Lehman?«, fragt der kleinere der beiden Beamten.

»Ja.«

»Kennen Sie diese Frau?« Der größere Beamte hält ihm ein Foto des fast unversehrten neuen Gesichts der toten Isabella Davis vor die Augen.

»Nein, ja, ich weiß nicht«, antwortet Mitch, denn Isa sieht ganz anders aus als vor der letzten Behandlung.

»Was soll das denn heißen?«

»Sie sieht aus wie Isabella Davis, doch das Gesicht. Das Gesicht ist anders .«

»Diese Frau hat eine 356 mit einem Stift auf ihre Hand gemalt.«

»Oh Gott.« Mitch bricht in Tränen aus, wie er es in Jugendzeiten bei den Frauen der Gemeinde nicht besser hatte tun können, wenn er etwas erreichen wollte.

»Sind Sie vielleicht ›Dave‹?«

»Wieso?« Mitch tut, als wolle er sich wieder in Griff kriegen, und hält sich am Türrahmen fest.

»Kennen Sie diese Uhr?«, der Polizist hält ihm die Lange Eins unter die Nase.

»Ein Geschenk von mir«, antwortet er ehrlich.

»Und warum hat sie ›Dave‹ wegzukratzen versucht?« Der eine Polizist, der aussieht als wäre er eine jüngere Ausgabe von Inspector Columbo, hält Mitch die Uhr unter die Nase.

»Ich habe keine Ahnung.«

»Schätze, Sie müssen uns ein paar Dinge erklären.«

»Wir haben eine Beziehung. Seit Jahren. Heimlich.« Mitch hat sich zurechtgelegt, dass er damit am besten erklären kann, warum Isabella in seiner Suite war, in die sich die beiden Polizisten hineindrängen.

Schachtelprinzip

Kramer und Bensien kämpfen in den nächsten Tagen und Nächten wie die Löwen gegen die drohende Pleite. Am frühen Morgen des 30. Juli setzt sich bei allen Beteiligten die Vernunft durch. Fed und Treasury geben eine Garantie über fünfundzwanzig Milliarden Dollar, Araber und Chinesen sagen je zehn Milliarden Wandelanleihen zu und geben direkt zusammen fünf Milliarden Dollar neues Eigenkapital. Kramer hat es tatsächlich geschafft, fünfzig Milliarden Dollar aufzutreiben. Gemeinsam mit Bensien hat er einen Rettungsschirm für die Carolina Bank aufgespannt.

Im stickigen Verhandlungsraum im zweiundvierzigsten Stock der Bank werden zwischen halb vollen Colaflaschen, mehrheitlich geleerten Tabletts mit belegten Schnittchen und Dutzenden von Kaffeetassen die Unterschriften unter die Vereinbarung gesetzt. Als Letzter unterschreibt Donald F. Kramer, nach kurzem Händeschütteln wollen alle nur noch nach Hause.

»Nur weil wir an dich und Bensien glauben, Don«, sagt der kleine chinesische Unterhändler zum Abschied, als sie morgens um sechs Uhr die Verhandlungen beenden. Carl kann die Frist von achtundvierzig Stunden einhalten, die er bei den Hedgefunds am Montag ausgehandelt hatte. Damit können die Forderungen erfüllt werden, die Holiris auf die Bilanz zu nehmen, und er hat immer noch genügend Puffer, falls der Markt weiter abschmiert.

»Aber löse die Schachteln so schnell wie möglich auf«, fügt der Araber hinzu, drückt Carl die Hand zum Abschied, ehe der Scheich und der Kommunist gemeinsam die Bank verlassen. Carl und Don hatten den neuen Investoren und den Aufsichtsbehörden den Betrug von Isabella Davis offen dargelegt, soweit sie die Lage bislang überblicken konnten. Allen, die die letzten zwei Tage fast rund um die Uhr um den Konferenztisch gesessen sind, ist jedoch klar, dass die Verschachtelungen so schnell wie möglich entwirrt werden müssen, damit die Bank sich sicher sein kann, was noch an Forderungen auf sie zukommen könnte.

Kramer und Bensien lassen sich frischen Kaffee in den großen Vorraum bringen, nachdem alle Verhandlungspartner außer Sicht sind. Eine kleine Mannschaft des Vorstandscasinos hat in den letzten Tagen ebenfalls Nachtschichten fahren müssen. Abgespannt, müde, doch zufrieden sitzen die beiden nebeneinander und schauen durch die Glasfront, wie es draußen langsam hell wird. Rechtzeitig vor Öffnung der Börse in New York ist alles unter Dach und Fach. Jetzt sind die Juristen in den Nebenräumen daran, alles so zu dokumentieren, wie es die Aufsichtsbehörden erwarten. Noch vor Öffnung der Börse wird die Carolina Bank eine Presseerklärung herausgeben, in der die Übereinkunft zu den staatlichen Garantieerklärungen, den Ausfallbürgschaften und der Kapitalaufstockung dargelegt werden.

»Wir werden ziemlich eins über die Rübe bekommen, Don.« Carl reibt sich dabei die Augen, doch an Schlaf ist überhaupt nicht zu denken. »Unser Kurs wird in den Keller rauschen, aber die Bank ist gerettet. Das ist das Entscheidende.«

Auch Kramer sieht übernächtigt aus. Fast im Alleingang haben die beiden die Verhandlungen für die Bank geführt, immer wieder das Board per Telefonkonferenz zugeschaltet, wenn es erforderlich war. Fürs Erste ist das Loch gestopft, das Lehman und Davis gerissen haben.

»Gut, dass wir in Genf schon mal im Kleinen üben konnten, Carl«, blickt ein durchgeschwitzter Don auf seinen

Freund und Kollegen, der auch nach achtundvierzig Stunden ohne Schlaf fast noch so aussieht, als käme er gerade ins Büro. Nur Carls Augen sind ziemlich klein geworden. Seit zwei Tagen haben die beiden das Gebäude nicht mehr verlassen. Zwischendurch haben sie die Dusche des Vorstandsbereichs genutzt, sich von zu Hause neue Kleidung bringen lassen und sich dann wieder in die Verhandlungen gesetzt.

»Ich rufe als Erstes Olson vom Hedgefunds-Konsortium an, damit er weiß, dass alles glatt läuft, wenn nachher die Informationen raus sind.« Carl trinkt den Kaffee in einem Zug aus, erhebt sich von der Ledercouch, schlägt Kramer auf die Schulter und blickt durch die voll verglaste Außenwand in Richtung »Lily«.

»Es sieht so aus, als hätten wir uns unsere Freiheit erhalten können«, er zeigt dabei auf die kleine Insel, die langsam im Morgengrauen sichtbar wird, »auch wenn wir Chinesen und Araber als Aktionäre erhalten«.

»Ich nehme eine Dusche und kümmere mich dann um unsere anderen Aktionäre. Die werden nicht begeistert sein.« Kramer greift noch nach einem belegten Brötchen. Don braucht andauernd neue Nahrung, um seinen massigen Körper zu versorgen. Kauend stellt er sich neben Carl ans Fenster.

»Wenn ich mit Olson durch bin, beordere ich Tim nach London und nehme Denise und ein paar Leute aus dem Team mit. Ein paar andere Teams schicke ich nach Tokio und Singapur. Das müssen wir global prüfen, und zwar mit eigenen Leuten. Aber lösen kann ich das Problem nur von London aus. Die Löcher sind erst einmal gestopft, aber das Auspacken, Entwirren und Suchen geht jetzt erst los. Und Lehman wird mir kaum eine Hilfe sein.«

»Wo steckt der eigentlich?«, fragt Kramer undeutlich, da er immer noch kaut.

»Der ist gestern bereits zurück nach London, angeblich, um dort die Suche zu beginnen.«

»Glaubst du das?«

»Nein, aber momentan können wir nichts machen. Die Unterschrift ist tatsächlich gefälscht. Und die Zweckgesellschaften hat wirklich nur Isa gegründet.« Carl steht ratlos neben Kramer.

»Nimm den Firmenjet, dann kannst du ein bisschen schlafen. Und duschen kannst du darin auch.« Kramer schiebt Bensien in Richtung Ausgang vor sich her.

Trotz seiner Unsportlichkeit hat Kramer in diesen Tagen und Nächten eine erstaunliche Kondition an den Tag gelegt, wie Carl zu seiner Überraschung beobachten konnte.

»Wer wird der Nächste sein, Don?«

»Ich weiß es nicht, aber ich glaube inzwischen, dass jeder seinen Lehman hat. Du hast Recht gehabt, Carl. Wir, auch ich, wir waren alle zu gierig. Aber viele haben das noch nicht verstanden. Was muss erst noch passieren, bis die aufwachen?«

»Isabella ist doch tot, Don«, blickt Carl fragend, während sie auf den Aufzug warten.

»Ob das reicht, damit die anfangen umzudenken? Wir sind gerade noch einmal davongekommen. Aber wenn eine Bank draufgeht, wird es für alle und auch für uns noch einmal ein Gemetzel geben. Ruf an, wenn du Olson verarztet hast.« Kramer nickt Carl zu, ehe er im Aufzug verschwindet. Carl muss schmunzeln. Selbst eine Etage fährt Kramer mit dem Lift. Carl nimmt wie immer die Treppe und springt gleich zwei, drei Stufen die beiden Etagen hinunter zu seinem Büro.

Am nächsten Morgen Londoner Zeit bezieht Bensien sein Quartier in Isabella Davis' Büro. Im Flugzeug hat er ausgiebig geschlafen, sich geduscht und rasiert, denn der Monatsabschluss per Ende Juli ist mit der Kapitalspritze und den anderen Vereinbarungen zunächst gerettet. Dass er Isabellas Büro nutzt, hat rein pragmatische Gründe. Er muss nahe am Geschehen sein, um schnellstens ihre riskanten Verschachtelungen aufzudecken.

Die zehn Milliarden Dollar Ausfallbürgschaften kann die Bank wegen ihrer aufgestockten Eigenkapitalausstattung gut abfangen. Zusätzlich kommen Liquiditätszusagen zum Tragen, weil die Zweckgesellschaft über Commercial-Paper-Programme finanziert ist. Das ist zwar »nur« Liquidität und kein Verlust, aber auch das muss die Carolina Bank aufbringen. Falls aber weitere Löcher gerissen werden, muss Carl wissen, wann der Bank was droht.

Den ganzen Vormittag hat er aufmerksam die Unterlagen studiert, die man in Isabellas Büro gefunden hatte, und die offiziellen Dokumentationen. Doch Carl kennt die Gegenparteien der Geschäfte nicht, kann also nicht, wie im Falle des Konsortiums rund um Sven Olson, mit den Hedgefunds reden, wie man mit den problembeladenen Holiris umgehen kann.

»Also wird gemalt«, wie er Tim, der erst am Mittag aus Genf eingetroffen ist, instruiert. Vier weiße große Bögen hängen an der Wand, jedes Blatt mit einem großen »T« versehen: Carolina Bank, Ratio Driver, TYL und CayCon steht jeweils darüber. Das sind die vier Bilanzen, in denen die giftigen Papiere stecken müssen: Verschachtelt, verborgen, schlummernd, aber definitiv da.

»Wir müssen ganz vorne anfangen, Tim«, beginnt der Chief Risk Officer pragmatisch und stellt sich vor das erste weiße Blatt. Ein Blick hinüber zeigt ihm, dass Mitch Lehman immer noch nicht aufgetaucht ist. Aus New York zurück hatte Mitch, wie Cindy ihm erst auf eindringliches Nachfragen berichtet hat, ein paar Stunden in seinem Büro verbracht, einzelne Obristen empfangen und war dann gegangen. Seit gestern fehlt jede Spur von ihm.

Doch das ist momentan nur ein Nebenkriegsschauplatz für Carl, denn »der hilft uns jetzt gar nichts«. So hat er es Tim und Denise erklärt, die sich wunderten, warum er nicht nach Lehman suchen lässt. »Lehman weiß entweder wirklich weniger als wir oder er ist Teil des Komplotts, Kids. In beiden Fällen wird er nichts zur Lösung beitragen. Und wir müssen erst einmal das Problem der Holiris lösen. Um Lehman kümmern wir uns danach. Dann wissen wir auch, was los ist.« Carl macht eine eindeutige Handbewegung, dass er dieses Thema für den Moment für beendet hält. »Soll ich ihn etwa festnehmen lassen, damit jeder mitbekommt, dass wir in Schwierigkeiten stecken?«

Tim stellt sich neben ihn vor den ersten weißen großen Bogen, auf dem die Bilanz der Bank steht, die Buchhaltung mithin, von der alles ausgeht und bei der im Zweifelsfall alles endet. Denise kümmert sich um die Koordination der Risk-Manager, die rund um den Erdball die Bücher durchforsten.

»In unserer Bilanz standen ursprünglich einmal reine Subprime-Forderungen in Höhe von fünfzehn Milliarden Dollar gegenüber Immobilienbesitzern. Selbstverständlich waren das nicht mehr einzelne Immobilienkredite, sondern bereits in Mortgage Backed Securities verbriefte oder in Collateralized Loan oder Debt Securities gebündelte und weiter verbriefte Immobilienkredite. Diese Bündel hat die Bank in den Ratio Driver ausgegliedert, der nur dafür da ist, die Bilanz um fünfzehn Milliarden Dollar zu verkürzen und bei gleichbleibendem Eigenkapital die Eigenkapitalquote der Bank zu erhöhen. Letztlich ist die Eigenkapitalrendite bei einem gleich bleibenden Gewinn höher.« Während er doziert, malt er zweimal die 15 auf jede Seite des »T«. Tim langweilt sich, versucht jedoch, sich interessiert zu zeigen.

»Dieser Gewinn wird zum Teil dadurch gespeist, dass die Carolina Bank als Sponsor der Zweckgesellschaft zusätzliche Gebühren erhält, die ohne großen Aufwand und Risiko in die Gewinn- und Verlustrechnung eingehen. Dort erhöhen sie den Gewinn und erneut die Eigenkapitalrendite. Und den Bonus.« Beim letzten Hinweis deutet Carl, ohne sich umzudrehen, mit dem Daumen in Richtung Handelssaal. »Wir dachten alle, wir hätten risikolose Gewinne, Tim.«

Tim betrachtet noch einmal dieses erste Flipchart mit der Bankbilanz und ist überrascht, wie einfach man bestehende Vorschriften aushebeln kann, ohne sie, rechtlich betrachtet, zu verletzen. Auch die Carolina Bank hat die Strategie des Originate to distribute verfolgt und vergebene Immobilien-

und auch andere Kredite gleich weitergereicht. Eigentlich unvorstellbar, denkt Tim, während er die bunten Stifte für Carl in der Hand hält.

»So einfach ist das? So habe ich mir das noch nicht vor Augen geführt. Ich habe immer gleich bei den Zweckgesellschaften angefangen nachzudenken.« Insgeheim muss sich Tim eingestehen, dass es hin und wieder sinnvoll ist, bei Adam und Eva anzufangen.

»Genau das ist der Fehler, denn das Übel der Zweckgesellschaft fällt nun auf uns zurück. Deshalb habe ich vor über einem Jahr nach dem großen Stresstest angeordnet, dass dieses Volumen halbiert und anders gemischt werden muss. Dann hätten wir unser Subprime-Engagement noch rechtzeitig von fünfzehn auf sieben Komma fünf Milliarden Dollar reduziert.«

Carl malt ein paar Pfeile nach außen, streicht die 15, ersetzt sie durch zweimal 7,5, schreibt 50:50 daneben und macht einen dicken Haken an seine Bilanz. »So haben wir uns die offiziellen Holiris eingefangen, sieben Komma fünf plus sieben Komma fünf, Tim.«

»So wäre alles in Ordnung gewesen, Chef.« Noch immer nennt ihn Tim »Chef«, bemerkt Carl. Demnächst werde ich ihm das Du anbieten, denn bald wird der zur Familie gehören, schießt es Carl durch den Kopf.

»Ja«, antwortet Dr. No Risk, »denn das Verbriefungsgeschäft ist für die Bank äußerst einträglich und so lange unproblematisch, wie das System als Ganzes nicht in Frage gestellt wird. Keine Bank alleine könnte heute mehr das Kreditvolumen stemmen. Allerdings muss alles, was auf die Bank zurückfallen kann, risikotechnisch sorgfältig abgeprüft sein. Die Bank ist Alpha und Omega, mein Lieber«, klopft Carl auf den weißen Bogen mit dem »T« der Carolina Bank.

»Was bitte?«

»Anfang und Ende, Tim. Alpha und Omega. Der erste und letzte Buchstabe des griechischen Alphabets.«

»Wie kommen Sie denn jetzt da drauf?«

»Kam mir nur in den Sinn, weil ich letzthin gehört habe, dass Kollegen aus anderen Banken die aberwitzigsten Strukturen für den griechischen Staatshaushalt gebastelt haben, um deren Verschuldung offiziell niedriger zu halten. Ich befürchte, das wird das nächste große Problem.«

»Wieso?«

»Wenn man Staaten hilft, ihre Verschuldung zu verschleiern, dann ist sie ja nicht weg. Und wenn das vielleicht mehrere Staaten in der Eurozone gemacht haben, dann fliegt der ganze Eurogedanke in die Luft, wenn die nicht aufpassen.«

»Wer?«

»Na, die europäischen Politiker.«

»Was hat das mit den Banken zu tun, Chef?«

»Ein weiteres Verschleierungsgeschäft.«

»Was hat das denn mit den Holiris zu tun?« Tim schüttelt verwirrt den Kopf.

»Sorry, Tim, hatte gestern im Flieger etwas über griechische Anleihen gelesen. Ist vom Prinzip her dasselbe. Verschachtelt, versteckt, verborgen und am Ende verzockt. Mal sehen, wann das in die Luft fliegt.«

»Aha«, schüttelt Tim den Kopf.

»Vergiss Griechenland. Zurück zu den Holiris. Fünfzehn Milliarden Holiris mit guter Struktur wären okay gewesen. Nur konnten die«, und dabei deutet Carl von Isabellas Schreibtisch aus in Richtung Lehmans Büro, »den Hals nicht voll genug kriegen.«

Wie ein Künstler ist Carl tief in sich versunken und malt wie ein Besessener Zahlen: 5, 7, 5, 10, 15, 20, 35, 45. Stumm reicht Tim ihm die verschiedenen Farben. Manche Ziffer wird durchgestrichen, einige erhalten Sternchen, hin und wieder schreibt Carl Buchstabenreihen auf: ABCP und CDS kennt Tim, das sind die Finanzierungen und die Kreditversicherungen. Aber ACFT? Keine Ahnung, doch Tim wagt nicht zu fragen. Junior, Senior, 50/50, VAR.

Langsam tritt Carl zurück und betrachtet seine Werke, als es an der Türe klopft und Denise den Kopf hereinsteckt.

»Was ist los?«, fragt Carl verärgert. »Wir brauchen Ruhe, um das zu entwirren.«

»Ich erhielt gerade einen Anruf aus dem Büro in New York. Dort ist ein Brief für Sie eingetroffen.«

»Und?«, schaut er sie an.

»Er ist von Isabella Davis. Mit handgeschriebener Adresse.«

Carl springt zum Schreibtisch, drückt auf die Taste, auf der Isabella seine Büronummer eingespeichert hat: »Sofort aufmachen und vorlesen«, er wartet gar nicht ab, bis Estrella am anderen Ende in New York etwas sagen kann. »Bitte«, schiebt er noch hinterher. Tim und Denise starren ihn an, als er zuhört, was ihm Estrella vorliest:

Lieber Carl, du warst immer ein würdiger Gegner. Irgendwie habe ich dich sogar gemocht. Ich habe mich verrechnet. Das Leben ist doch kein Modell. Ehe ihr mich kriegen könnt, gehe ich lieber. Wie es wirklich war, kannst du abhören. Ich habe alles aufgezeichnet. Kommt per Mail. Deine »Rakete«

Estrella wartet einen Moment, ehe sie weiterspricht: »Das ist alles, Carl.«

»Habe ich eine Mail von Isabella bekommen?«, schaut er in die Runde. »Ich habe keine gesehen, Leute.« Während es »Nein« aus dem Lautsprecher von Estrella tönt, die Carls E-Mail-Konto einsehen kann, heben die beiden in London achselzuckend die Schultern an.

»Sofort rüberfaxen. Schnell«, ordnet er an. »Denise, check meine Mails, auch Spams.« Carl zeigt auf den Computer auf dem Schreibtisch, wo er seine Mails geöffnet hat.

»Sprich du mit der IT, Tim. Das ist vielleicht die Lösung.«

Triumphierend hebt Carl den Arm, während Tim hinausrennt und Denise sich über seinen Computer hermacht; er schaut wieder auf die Flipcharts: »Dieses Teufelsweib!«, ruft er und malt in der Zwischenzeit weiter. Zudem schreibt Carl eine weitere Zahlenreihe auf ein neues Chart, das auf dem großen Block auf dem Ständer hängt: 45 – 5 – 10 = 30 x 2!

»Nichts, Chef.« Tim ist die Enttäuschung anzumerken. Auch Denise kann in keinem E-Mail-Ordner etwas finden.

»Das kann doch nicht sein!« Carl schlägt vor Ärger mit der Faust gegen einen der weißen Bögen, sodass die ganze Glaswand dahinter zittert.

»Doch. Passiert immer wieder. Sagen die IT-Leute«, entgegnet Tim.

»Noch mal alles absuchen. Auch du, Denise. Nehmt einen Techniker dazu. Und Tim, sucht auch nach dem verdammten Diktafon.« Er zeigt auf Isabellas Schreibtisch.

»Was suchst du denn, Ceeb?« Plötzlich steht eine vierte Person in Isabellas Büro, bislang unbemerkt von allen. Carl erkennt die sonore Stimme, noch bevor er sich umdreht.

»Sash! Stanley Ashton! Was machst du denn hier?« Carl blickt erfreut und überrascht auf den braungebrannten Mann, der mit weit ausholenden Armen auf ihn zugeht. Tim und Denise schauen sich fragend an, die beiden Herren scheinen sich gut zu kennen.

»Was machst du hier?«, fragt Carl wieder, als er sich aus der Umarmung gelöst hat. Für den Augenblick hat er sein Holiri-Problem vergessen.

»Eigentlich suche ich nur jemanden, und dann sah ich dich in Isas Büro.«

»Du weißt, was passiert ist?«

»Ja, ich habe es gelesen. Schreckliche Sache. Isa war immer verschlossen, doch selbstmörderisch?«

»Das ist es, Sash, schrecklich, doch sie hat uns ziemlich giftige Sachen hinterlassen. Die suche ich.« Durch die Frage nach Isa ist Carl zurück bei der Sache.

»Was hat sie gemacht, um Himmels willen, Ceeb?« Carl zieht Stanley in den Raum hinein in Richtung der weißen Bögen an der Wand. Tim und Denise wundern sich über die komischen Anreden Ceeb und Sash. Doch Tim hatte heute bereits seine Dr.-Bensien-doziert-Lektion in griechischer Geschichte und will nicht schon wieder auffallen.

»Sie hat sich verzockt, ein zu großes Rad gedreht. Und vor allem«, zeigt er mit seinem langen Zeigefinger auf die bemalten Bögen, »sie hat alles verheimlicht.«

»Scheint so, wenn ich mir deine Malereien betrachte.« Ashton geht näher an die großen Bögen heran.

»Eine Tragödie, mein Lieber. Doch Schuld trägt dein sauberer Schüler.« Carl dreht seinen Kopf in Richtung Mitchs leeres Büro.

»Du kennst meine Meinung zu ihm.«

»Hier sind wir unterschiedlicher Ansicht.«

Wieder schauen sich Tim und Denise ungläubig an. Erst jetzt werden sie von Stanley und Carl bemerkt, zu sehr waren die beiden Freunde mit sich beschäftigt, schließlich hatten sie sich seit Ewigkeiten nicht gesehen.

»Entschuldigung, ihr beiden. Dieser Mann hat Mitch Lehman zu dem gemacht, was er hier seit Jahren ist. Er war sein Vorgänger und sein Chef.«

»Oh, nicht gerade ein guter Tag, um hier als Förderer von Mr Lehman aufzutauchen.« Tim entgleitet unabsichtlich diese Stichelei, dann geht er auf Stanley zu und reicht ihm die Hand.

Carl führt Stanley auf seine Assistenten zu. »Darf ich vorstellen? Stanley Ashton. Wir sind zusammen auf dasselbe Internat in der Schweiz gegangen. Sash war ein Jahr über mir. Wir haben uns danach aus den Augen verloren, bis ich vor gut zehn Jahren nach London gekommen bin.« Dass gerade Sash Ashton ihm geholfen hatte, in London nach dem Rausschmiss bei Douvalier & Cie. Privatbankiers wieder Fuß zu fassen, will Carl seinen beiden jungen Mitarbeitern nicht auf die Nase binden.

»Und als wir uns wiedersahen, galt natürlich: Einmal gemeinsam gelitten, immer gemeinsam leiden.« Beide müssen herzlich lachen, als Stanley den gemeinsamen Leidensweg erwähnt.

»Doch seit Sash sich mit seinem vielen Geld auf Hawaii zur Ruhe gesetzt hat, sehen wir uns nur noch höchst selten.«

»Sash ist mein Spitzname, genauso wie seiner Ceeb ist. So etwas bekommt man im Internat verpasst und wird es untereinander sein Leben lang nicht mehr los.« Stanley hat die ungläubigen Gesichter von Tim und Denise bemerkt und löst das Geheimnis der komischen Anrede auf.

»Aha, Mr Sash.« Denise reicht Ashton dabei die Hand.

»Ich habe aber auch gesagt, dass Mitch eine Aufsicht braucht.« Stanley grüßt Denise ausnehmend freundlich mit einer angedeuteten Verbeugung.

»Das hat offensichtlich niemand beherzigt.« Diese Spitze kann sich Denise nicht verkneifen.

»Da haben Sie Recht, junge Dame. Kramers Vorgänger habe ich es sogar schriftlich bei meinem Abschied ans Herz gelegt. Deshalb hat Don, als er vor drei Jahren den Chefposten übernommen hat, auch Dr. Bensien eingestellt. Die Welt ist sehr klein, Kids. Einmal Internatskollegen, immer Internatskollegen.«

»Hat aber nur mäßig funktioniert, Stan.«

»Kann ich dir helfen, Ceeb? Wieso hast du mich nicht gefragt?«

»Weil wir uns nur noch einmal gesehen haben, seit ich bei der Carolina bin, denn wenn ich in New York war, warst du auf Hawaii oder anderswo. Und zweitens, Sash, ich konnte nichts beweisen. Ich habe immer nur ein komisches Gefühl im Magen gehabt.« Dabei führt er Stanley zurück an die vier inzwischen bemalten Bögen.

»Sicher.« Carl wendet sich wieder den Flipcharts zu, als er sich noch einmal umdreht. »Sag mal, wen suchst du eigentlich hier, Sash?«

»Eine junge Frau namens Carla Bell.«

»Was willst du denn von Carla Bell?« Carl ist die Überraschung anzusehen und er stoppt mitten in seiner Bewegung.

»Das ist eine lange Geschichte, mein Lieber.«

»Die würde mich brennend interessieren. Aber ich habe sie heute noch nicht gesehen.«

»Die können sie auch nicht gesehen haben, Dr. Bensien«, mischt sich Cindy ein, die Stanley Ashton am Eingang verpasst und ihn nun in Isabellas Büro gefunden hat.

»Wieso?«

»Die hatte einen Unfall. Schon am Montag.« Beide Männer starren die Prima Donna entsetzt an.

»Warum sagt mir das keiner? Heute ist doch schon Donnerstag.«

»Weil Sie nicht gefragt haben. Und weil Sie doch so beschäftigt sind.« Cindy hebt entschuldigend die Schultern. »Außerdem, ich wusste doch nicht, dass Sie Carla Bell näher kennen.«

»Und woher wissen Sie das, Cindy?« Carl übergeht das »näher kennen«.

»Ich habe einen Anruf vom »CityView« bekommen. Mitch war auch im Krankenhaus, soweit ich weiß. Danach ist er dann völlig unerwartet nach New York.« Die beiden Männer stehen direkt vor Cindy, die verschreckt einen Schritt zurücktreten will. Doch Stan hält sie fest.

»Cindy, geben Sie mir sofort diesen »CityView« ans Telefon. Schnell, bitte.«

»Woher kennst du sie denn nun?«, fragt Carl, während sie auf die Verbindung warten.

»Das ist nicht nur eine lange, sondern auch eine sehr traurige Geschichte.« Stanley spricht leise.

»Aha ...« Carl verschränkt die Arme, doch ehe Stanley etwas sagen kann, klingelt das Telefon.

»Eine Annabelle vom »CityView«, Mr Ashton, ruft Cindy; sie hat von Agnes Platz aus gewählt, die sich nach Isas Tod ein paar Tage freigenommen hat.

Stanley geht an Isabellas Schreibtisch: »Guten Tag, mein Name ist Stanley Ashton. Können Sie mir sagen, was mit Carla Bell passiert ist?« Tim und Denise haben sich inzwischen an die Glaswand gelehnt, an der die vielen Miros hängen.

»Hören Sie, ich möchte gerne wissen, was mit ihr passiert ist«, wird Stanley lauter.

»Nein, ich bin ein Verwandter von ihr! Ich sollte Carla heute hier in London treffen. Dafür bin ich extra aus New York gekommen, Mrs Annabelle. Bitte!« Carl, aber auch

Denise und Tim sind äußerst erstaunt, wie sehr sich dieser Stanley Ashton für Carla Bell interessiert.

»Bitte, jetzt tun Sie mir doch den Gefallen und sagen mir, in welchem Krankenhaus sie liegt.« Endlich scheint die Dame am Telefon ein Einsehen zu haben, denn Stanley greift nach einem Papier, nimmt einen Stift und notiert.

»Danke.« Alle drei schauen ihn fragend an, nachdem er aufgelegt hat.

»Sie hatte einen schweren Autounfall. Ist immer noch im Koma. Mitch hat sie ins Portland verlegen lassen. Wenigstens das hat er vernünftig gemacht. Ich muss los, Ceeb.« Ashton will gehen, doch Carl hält ihn zurück.

»Kann ich mitkommen?« Stanley stutzt bei der Frage.

»Sicher. Warum?«

»Ich mag sie«, sagt Carl leise, doch Tim und Denise haben es gehört und mustern lieber uninteressiert den Boden.

»Klar, komm mit.« Stanley zieht Carl hinter sich her, der im Rausgehen nach seinem Jackett greift.

»Tim, Denise, ich bin in zwei Stunden wieder da. Schaut euch noch einmal alles genau an, aber unten steht die Lösung.« Carl zeigt auf die Zahlenreihe auf dem Ständer: 45 – 5 – 10 = 30 x 2!

»Cindy, haben Sie einen Fahrer?« Carl hat inzwischen sein Jackett an.

»Sie können Paul nehmen. Mitch ist nicht da.«

»Wissen Sie inzwischen, wo der steckt?«

»In Moskau, bei Godunow.«

»Woher wissen Sie das?«

»Geheime Quellen.« Cindy spürt, dass sie von nun an besser mit Bensien kooperieren sollte. Mitch Lehman wird sicher ausgemustert, nach dem, was sie seit Montag erfahren hat. Also hat sie Diana angerufen. Das war ein Treffer, denn die beiden Highends sind mit in Moskau.

»Haben Sie auch Quellen über Isa?«

»Nein.«

»Schade, aber um Lehman kümmern wir uns später.«

Die beiden Männer gehen mit strammen Schritten in Richtung Ausgang, als Carl sich noch einmal umdreht und Cindy anspricht.

»Haben Sie eben nicht gesagt, Mitch sei nach dem Besuch im Krankenhaus ›unerwartet‹ nach New York geflogen?«

»Ja, wieso?« Cindy steht wie ein menschliches Fragezeichen vor ihrem Schreibtisch.

»Nur so, Cindy. Danke.« Carl schenkt ihr ein Lächeln, denn diese Frau wird er noch brauchen, wenn er Lehman zur Strecke bringen will.

»Mir hat er nämlich erzählt«, wendet Carl sich wieder seinem Freund Sash zu, »dass er wegen Godunow planmäßig nach New York gekommen sei; ich sage dir, dein Mitch hängt da tief drin.«

Tim und Denise stehen völlig eingeschüchtert vor einer Galerie bunt bemalter T-Konten, die zwar künstlerisch inzwischen ansprechend sind, aber für die Bank nach wie vor tödlich sein könnten.

»Tim, sieht so aus, als seien noch dreißig Milliarden Dollar Holiris da.«

»Ja, und wir stecken zweimal drin: aktiv und passiv. Wenn alles schief geht, dann haben wir ein Value at Risk von weiteren sechzig Milliarden Dollar, dreißig Ausfall und dreißig Finanzierung.«

»Dann reicht der neue Kapitalpuffer nicht, oder?«

»Nur, wenn alle ihre Bürgschaften geltend machen, Denise. Wir müssen also wissen, wer das Zeug gekauft hat. Wir müssen mit den Investoren reden. Und dazu brauchen wir mehr Informationen über diese beiden verdammten Zweckgesellschaften.«

Ganz nahe stehen sie an den Charts und sehen die beiden Männer dem Ausgang entgegengehen.

»Erzähle mir die Geschichte, Sash.« Carl hat gewartet, bis sie aus dem Handelssaal heraus waren.

»Wenn du mir dann hinterher von deinem Interesse erzählst, Ceeb«, blinzelt Stanley zurück.

»Mache ich. Lege los!« Carl ist über sich selbst überrascht, wie interessiert er an Stanleys Geschichte über Carla Bell ist.

»Carlas Vater macht mich für den Tod seiner Frau Fiona vor über sechzehn Jahren verantwortlich.«

»Und wieso das?«

»Weil ich der letzte Mensch war, der Fiona Bell am Morgen vor ihrem Tod lebend angetroffen hat«, Stanley Ashton schweigt einen Moment, hält Carl dann vor dem Aufzug, auf den sie warten, am Arm fest, »aber es war Selbstmord.«

Carl wartet, sagt nichts, steht ganz ruhig vor Stanley, der weiterredet.

»Fiona Bell war Patientin bei meiner ersten Frau. Du erinnerst dich vielleicht, dass Susanne Psychiaterin in London ist. Fiona Bell galt als schwieriger Fall und wurde deshalb zu Susanne nach London überwiesen. Ein Jahr lang kam sie regelmäßig, alle vierzehn Tage.«

»Ja, aber was hat das mit dir zu tun?« Carl schiebt seinen Freund in den Aufzug hinein, in dem sie Gott sei Dank alleine sind.

»Susanne hat mich irgendwann gebeten, einmal mit dieser Patientin zu reden, weil sie zwar einerseits manisch-depressiv war, andererseits aber große Geldsorgen hatte. Das war nach einem halben Jahr der Behandlung. Die Geldsorgen standen der Behandlung aus Susannes Sicht im Weg.«

»Was hatte sie getan?«

»Sie gar nichts. Ihr Mann, also Steven Bell, hatte das kleine Vermögen der Familie verloren.«

»Verzockt?«

»Nicht direkt. Aber Dummheit und ein mieser Bankberater. Ich wollte mit ihm darüber reden, doch er machte zu, es war ihm zu peinlich, er versuchte alles zu vertuschen. Obwohl es nur um fünfzigtausend Pfund ging, aber das war für die Bells viel Geld.«

»Und du bist da wirklich als Berater dazwischen?«

»Ja. Ich hätte das nie tun sollen. Susanne hatte hinterher auch realisiert, dass das ein Fehler war. Aber so war ich plötzlich drin in der Nummer.« Die Herren verlassen den Aufzug in Richtung des wartenden Fahrers.

»Und ich hatte Fiona Bell leider auch noch einige weitere Male getroffen, ohne das Wissen von Susanne und natürlich Steven Bell.« Stanley sagt das wie nebenbei, als sie in Richtung Eingangshalle laufen.

»Eine Affäre, Sash?« Internatskollegen können ziemlich offen miteinander reden.

»Nein, aber genau das glaubte mir niemand. Vor allem dieser Steven Bell nicht. Und auch Susanne fühlte sich damals hintergangen. Denn als man Fiona am Mittag tot in der Badewanne fand, wurde ich verhört, weil ein Nachbar am Morgen mein Auto gesehen hatte. Ich galt einen Tag lang sogar als Verdächtiger.«

Als die beiden an den hinteren Türen des Autos stehen, fragt Carl verwundert: »Was hattest du dort denn überhaupt zu suchen?«

»Dummerweise suchte die Bank damals ein Katastrophenausweichzentrum für den Fall, dass der Handelssaal in London ausfallen würde. So konnte ich Fiona unbemerkt besuchen. Carl, sie tat mir wirklich leid, mehr nicht, obwohl sie eine sehr schöne Frau war. Wie Carla!«

»Traurige Geschichte, aber was hat das mit Carla zu tun?«

»Ich musste als böser Bube herhalten. Ihr Vater hatte alles Böse – das verlorene Geld und die verstorbene Frau – auf mich übertragen. Seine Scham war viel zu groß, denn eigentlich sollte das Geld für die Ausbildung der Tochter dienen.«

»Verstehe, du warst das Ventil«, hört Stanley nur noch, da der Kopf von Carl bereits nicht mehr zu sehen ist. Als Stanley neben ihm im Fond von Lehmans Limousine sitzt, fragt Carl weiter: »Aber wieso konnte er dich für den Tod seiner Frau verantwortlich machen?«

»Seine Ehe lief nach Aussagen von Susanne auch nicht so gut. Und da ich die Frau heimlich getroffen hatte, dachten alle, wir hätten ein Verhältnis. Ich konnte es, ehrlich gesagt, auch nicht wirklich entkräften. Keiner hatte es mir geglaubt, weil ich mich beim Verhör zuerst in ein paar Unwahrheiten verstrickt hatte, weil ich dachte, Susanne bräuchte nicht davon zu erfahren.«

»Hatte sie aber?«

»Ja, und dann kam es gewaltig über mich, wie du dir vorstellen kannst.« Stanley nimmt beide Hände in die Taschen seines Jacketts, so als trüge er eine Zwangsjacke.

»Dumm gelaufen.«

»Für Steven Bell war ich die miese Bankerfratze und der Liebhaber seiner Frau, die sich deswegen das Leben genommen hat.«

»Ich kann den Mann irgendwie sogar verstehen, Sash.«

»Ich auch, denn eigentlich war er weder am Verlust des Vermögens noch am Tod von Fiona schuld. Am Ende konnte niemand Fiona helfen. Jahre später, als wir lange getrennt waren, hatte Susanne mir das sogar zugegeben. Doch ich bot vor sechzehn Jahren einen prima Blitzableiter.« Stan schaut betrübt aus dem Fenster des Autos.

»Noch etwas?«, fragt Carl nach.

»Am offenen Grab seiner Frau hat mich Steven Bell als ›Mörder‹ bezeichnet. Vor der gesamten Trauergemeinde, Ceeb. Einschließlich dem jungen Mädchen Carla. Das war der Tiefpunkt meines Lebens.«

»Die glaubte seitdem, dass du der Schuldige am Tod ihrer Mutter wärest, oder?«

»Ja, und zwar bis vor ein paar Monaten, als wir uns in New York getroffen hatten.«

Carl blickt erstaunt auf seinen Schulfreund.

»Mitch hatte uns ohne sein Wissen zusammengebracht, denn der hatte meinen Namen fallen lassen. Stanley lächelt gequält. »Ich habe Carla jedoch alles erklärt, auch dass ihren Vater aus meiner Sicht keine Schuld trifft am Tod der Mutter und am Verlust des Vermögens. Für Carla wurde klar, dass er aus falsch verstandener Scham gehandelt haben musste.«

»Wie hat sie es aufgenommen?«

»Gemischt, denn Carla fühlt sich in gewisser Weise von ihrem Vater betrogen, doch es erklärte ihr einiges. Dass er keine Banker mochte und dass es ewig gedauert hat, bis er sich wieder gebunden hat. Und dass er mit Carla nie darüber wirklich gesprochen hat. Das ist meine Geschichte. Was ist deine, Ceeb?«

»Die ist kurz, Sash. Ich glaube, ich mag sie, auch wenn ich nur wenig mit ihr zu tun hatte. Es gibt nur zwei Probleme.«

»Die da wären?«, fragt Stanley und guckt Carl von der Seite an.

»Erstens bin ich doppelt so alt wie Carla und zweitens ist sie das Date von Mitch.«

»Zu erstens kann ich nichts sagen, aber zu zweitens kann ich dich beruhigen, dass ich ihr dringend von Mitch abgeraten habe, mein Lieber.«

»Du?«

»Mitch ist ein Trader. Der wechselt alles, wenn es sein muss. Du kannst gut mit ihm arbeiten, wenn du sein geniales Gespür einsetzt. Aber ansonsten ist Mitch nicht zu gebrauchen. Warum, glaubst du, habe ich dringend dazu geraten, ihm einen Aufpasser an die Seite zu setzen?«

»Was hat Carla dazu gesagt?«

»Danke für den Hinweis.«

»Mehr nicht?«

»Nein, Sir.«

Den Rest der Fahrt schweigen sie. Kurz vor dem »Portland« ergreift Stanley noch einmal das Wort.

»Carla wollte mich mit Steven Bell zusammenbringen.«

»Hoffentlich wird sie wieder gesund und dazu die Gelegenheit bekommen, Stan.« Dabei greift Carl ihm um die Schulter, nachdem sie beide aus dem Auto gestiegen sind.

»Paul, warten Sie hier«, bittet Carl Mitchs geborgten Fahrer.

»Sicher, gerne.«

»Ach, Paul«, kehrt Carl noch einmal um, »am Montag haben Sie Mitch zum Flughafen gefahren?«

»Ja, nachdem er im Krankenhaus bei Mrs Bell war und, als er gerade wieder im Wagen saß, einen Anruf von Isabella Davis bekam. Ich musste sofort umdrehen und zum City-airport, Mr Bensien.«

»Wann war das?«

»Gegen sechzehn Uhr am Montagnachmittag.«

»Londoner Zeit?«

»Klar, Mr Bensien. Warum?«

»Nur so, Paul. Danke.« Wusste ich es doch, rechnet Carl. Mitch hatte also gegen elf Uhr morgens New-Yorker Zeit noch mit Isabella gesprochen und sich dann direkt auf den Weg gemacht.

Carl geht mit Stanley auf die Eingangspforte des Portland-Hospitals zu. Fast wäre Carl gestolpert, als Stanley plötzlich stockt und er seinen Gedanken nicht mehr zu Ende bringen kann, ob es wohl doch kein Selbstmord von Isabella war.

Vor Stanley steht ein Mann direkt vor der Pforte, der gerade aus dem Krankenhaus kommt.

»Darf ich vorstellen: Steven Bell.« Selbst der Walrossschnauzer kann das Entsetzen Stevens nicht verbergen. »Was wollen Sie denn hier?« Steven erkennt den Mann sofort, auch wenn er ihn sechzehn Jahre nicht gesehen hat. Er macht sich mit seinem mächtigen Körper breit, um den Eingang zu verstellen.

»Ich möchte zu Carla, Mr Bell.« Stan reicht Steve die Hand, doch der rührt keinen Finger, geschweige denn die Hand.

»Was soll das? Woher wissen Sie das überhaupt? Sie haben bereits genug Leid in unsere Familie gebracht. Haben Sie etwa auch meine Tochter auf dem Gewissen, wie Fiona?«

»Ich habe Ihre Frau nicht auf dem Gewissen. Das wissen Sie.«

»Formal vielleicht, doch wer war als Letzter bei ihr?« Steven Bell geht bedrohlich nahe auf Stanley zu.

»Darf ich mich Ihnen vorstellen«, drängt sich Carl zwischen die beiden Kampfhähne. »Mein Name ist Carl Bensien und ich bin Chief Risk Officer bei der Carolina Bank. Ich arbeite mit Ihrer Tochter zusammen.« Carl versucht Steve die Hand zu reichen, doch auch ihm verweigert Steven den Gruß.

»Hören Sie«, schaut Steve Carl direkt an: »Meine Tochter hat nie Probleme gehabt, bis sie zur Bank ging und diesen Lehman kennen lernte. Lassen Sie sie in Ruhe.«

»Ich habe Carla vor ein paar Wochen in New York getroffen, Mr Bell. Sie wollte mich heute wieder treffen. Hier in London.« Stanley will sich von dem dazwischen gehenden Carl nicht zurückdrängen lassen.

»Das hätte sie mir erzählt, Mr Ashton.«

»Da wäre ich mir nicht so sicher, nachdem Carla jetzt weiß, was damals wirklich geschehen ist.«

»Die Zeit lässt sich nicht zurückdrehen, Mr Ashton.«

»Nein, aber man kann neu anfangen.«

»Was machst du da, Steve?« Wie auf Kommando drehen sich alle drei Männer in Richtung der fragenden Stimme.

»Ich habe nur diesen beiden Herren erklärt, dass sie Carla nicht sehen können. Nur mit meiner Erlaubnis darf jemand anderes außer uns beiden zu meiner Tochter.«

»Sagen Sie uns wenigstens, wie es um sie steht, Mr Bell.« Carl und Stanley stehen wie eine Mauer vor Sam und Steve, die zwar den Eingang versperren, aber auch nicht weg können, weil ihnen die beiden Männer gegenüberstehen.

»Nicht gut. Schädelhirntrauma, Brüche, Quetschungen, kleinere innere Verletzungen. Es soll wieder werden, aber das wird dauern.« Sam antwortet auf die Frage, denn für sie sahen die beiden sympathisch aus.

»Mein Gott. Können wir etwas tun?«

»Ja. Lassen Sie meine Tochter in Ruhe.« Steven zieht Sam mit sich und geht grußlos vorbei, weil Carl Platz macht.

Sam ist klug genug, sich erst einmal ein paar Meter mitziehen zu lassen, ehe sie reagiert. »Was war das denn?«

»Nichts.«

Untergang im Herbst

Keine Sentimentalitäten

Langsam schlendert Carl Bensien die King William Street hinunter; es sind nur wenige hundert Meter von der Bank von England aus bis zur St. Paul's Kathedrale, in der die offizielle Trauerfeier der Carolina Bank für Isabella Davis stattfindet. St. Paul's liegt am Rande des Finanzdistrikts von London und ist aus der City gut zu Fuß erreichbar. »Bank«, so der Name der U-Bahn-Station vor der Bank von England, ist das Herz der City. Rund um die Old Lady of Threadneedle Street haben sich alle Banken im Laufe der Jahrhunderte angesiedelt, bis die Square Mile endgültig zu klein geworden war und viele Investmentbanken ihre Türme in den Docklands von Canary Wharf hochzogen.

Die Carolina Bank ist allerdings, sehr zur Freude von Carl, der das Alte und Traditionelle der City dem Neuen und Modernen der Docks vorzieht, im alten Finanzdistrikt geblieben. Für Bensien sind City und Docks zwei verschiedene Welten; während die City bei aller Modernität eine gewachsene Struktur ist, sind die Docks ein reines Kunstgebilde.

Als er den Eingang der mächtigen Kirche erreicht, gesellen sich Don Kramer und Allan Smith zu ihm, die ihn sofort belagern. Wie immer in den letzten Wochen dreht sich alles nur um ein Thema: Wie sieht es mit den Verschachtelungen aus? Carl, angespannt und überarbeitet, schiebt seine Vorstandskollegen mit dem Hinweis in das Gotteshaus, dass man doch heute Isabella Davis in Ruhe gedenken solle.

Erst Anfang September, nachdem die lange Schulferienzeit in England vorbei ist und alle Banker wieder zurück in ihren Büros sind, haben sich die Caroliner versammelt, um von der Finanzingenieurin Abschied zu nehmen. Da ist Isabella schon längst beerdigt. Im kleinsten Familienkreis wurde sie in den USA in ihrem texanischen Heimatort beigesetzt. Sie hatte sich in ihrem Testament gewünscht, abseits allen Trubels, den der globale Kapitalmarkt mit sich bringt, ihre letzte Ruhestätte zu finden. Nach Texas wird sich keiner ihrer Kollegen verirren, hatte sie sich ausgerechnet.

An diesem Freitagnachmittag, dem 5. September 2008, kommt in St. Paul's jedoch nur eine kleine Truppe aus dem Handelssaal zusammen, um ihrer auch an ihrer Wirkungsstätte zu gedenken, obwohl sie in der schnelllebigen Zeit der Börsen schon längst Geschichte ist. Die Märkte sind rund um den Erdball viel zu unruhig geworden, als dass man die Kursbewegungen auf den Handelsterminals wegen einer Toten länger aus den Augen lassen sollte.

Die meisten Trader können sich in diesen Tagen nicht ruhig in die Kirche setzen. Zumal sie einer Frau die letzte Ehre erweisen müssten, die ihr gemeinsames Spiel falsch gespielt hat und das die Bonuszahlungen eines ganzen Jahres für alle Trader ausradieren kann. Isabella Davis, einst der einzig »wahre Mann« unter den Obristen des Generals Mitch Lehman, ist für die meisten Kollegen als Memme gestorben. Die Finanzingenieurin hat ihren Deal nicht safe gemacht, und darunter müssen in der Bank nun alle leiden. Kein Wort des Bedauerns hat es je im Saal gegeben, seit die Nachricht von ihrem Suizid Ende Juli über die Ticker von Bloomberg, Reuters und CNN gelaufen war. Zudem ist die Davis weder die Erste noch die Letzte aus der Kaste, die in dieser Krise mittels Selbstmord ihren finalen Deal abgeschlossen hat – insbesondere dann, wenn Betrug mit im Spiel ist. Dem wichtigsten Gesetz der Kapitalmarktstraße »Close the Deal«, kann keiner entkommen.

Die kleine Trauergemeinde versammelt sich nicht im geräumigen Bauch des großen Kirchenschiffs, sondern in einer kleine Kapelle im nordwestlichen Teil. Ganz vorne rechts in den ersten zwei Reihen hat die Familie Davis Platz genommen, allen voran der Witwer im schwarzen Anzug, weißen Hemd und Krawatte; eingefallen und in sich versunken, wiegt er das jüngste Kind Melissa im Arm. Die anderen Davis-Kinder Pete, Rich, Charlie und Claudia sitzen der Größe nach auf der anderen Seite des Vaters.

In der zweiten Reihe sitzen Isabellas australische Schwiegereltern, die in London sind und ihren Sohn bei der Betreuung der Kinder unterstützen. Andere Verwandtschaft scheint nicht gekommen zu sein, stellt Bensien fest, als er mit Kramer, Smith und Peter Sanders, der aus Genf eingeflogen ist, nach Plätzen Ausschau hält. Auch Stanley Ashton ist gekommen, der Isabella vor Jahren auf Empfehlung von Mitch mit eingestellt hatte.

Don Kramer ist extra aus New York angereist, auch Allan Smith, der Finanzvorstand, hat es sich nicht nehmen lassen, persönlich teilzunehmen. Neben ihm sitzt Peter Sanders. Direkt neben Kramer haben sich Carl und Stanley niedergelassen. Hinter den Chefs der Bank hat eine Truppe von Isabellas engen Mitarbeitern ein paar Reihen Platz gelassen, ehe sie sich hingesetzt haben. Viele sind fassungslos über das, was passiert ist. Weinend lehnt sich Agnes Thomas an Cindy Fitzpatrick, die sich in den letzten Wochen überraschenderweise geradezu rührend um die »verwitwete« Second Lady kümmert. Und noch immer ist sich die Prima Donna nicht sicher, wie es mit ihr weitergehen wird.

Der komplette »Generalstab« Lehmans ist ebenfalls gekommen und sitzt auf der anderen Seite des Gangs: Jack Spencer, der Nachfolger von Peter Sanders als Aktienchef, Scott Miller, der Chef des Anleihehandels, Dave Wagner, Chef des Währungsbereichs, Bill Selevsky, der Rohstoffchef, Jim Klein, der Chef des Derivatebereichs, und auch Ron Stevenson, der Researchchef. In ihren dunklen Anzügen mit weißem Hemd und schwarzer Krawatte sind sie kaum voneinander zu unterscheiden.

Eine Nachfolge für Isabella ist immer noch nicht benannt, denn Kramer und Bensien wollen zunächst einmal die Verschachtelungen entwirren. Isas Truppe macht das Tagesgeschäft, Carl überwacht das Ganze, während er mit einer kleinen Mannschaft rund um Tim, Denise und ein paar seiner Leute aus dem New-Yorker Risk-Management-Team Isas Komplott aufzudecken versucht.

Der General selbst fehlt, von Mitch P. Lehman ist nichts zu sehen. Seit Isabellas Tod ist er wie verwandelt. Wenn er überhaupt ins Büro kommt, dann wirkt er gehetzt wie ein Mann auf der Flucht. Meist meldet er sich nur von unterwegs, gibt sich umtriebig und schiebt Deals an. Am liebsten in Moskau bei seinem Freund Godunow. Zwar ist er noch immer der Chef des Kapitalmarktbereichs, doch ohne »Eier«, wie selbst die kleinen Händler im Saal inzwischen bemerkt haben. Der Mann mit »Eiern« sitzt für alle Obristen sichtbar in der ersten Kirchenbank neben Kramer. Carl Bensien arbeitet in den letzten Wochen fast nur noch in London. Von dort aus kann er nicht nur die Holiris entwirren, sondern auch auf Lehmans Truppe aufpassen. Seine Arbeitstage überschreiten seit Isas Tod fast täglich die Sechzehn-Stunden-Marke.

Die Bank hat immer noch keine Indizien gegen Lehman selbst in der Hand und kann ihn deshalb auch nicht feuern. Mitch, so hat es Carl Kramer am Mittag vor der Trauerfeier erklärt, ist auch ohne Anwesenheit noch für das Machtgefüge im Handel wichtig. Erst wenn Carl ihn wirklich packen und ihm etwas nachweisen kann, will er ihn vor seiner Truppe damit konfrontieren. Carl braucht die Loyalität der Truppe, denn er kann leider, wie er sich selbst frustrierend eingestehen muss, nicht alle Banker feuern. Es gibt zu wenig Spezialisten in dieser Branche.

Hätte es noch eines Indizes bedurft, dass Carl die neue Nummer eins im Handel der Bank wird, so hatte er es gestern Morgen geliefert: Um neun Uhr hatte er alle Obristen in den Lehmanschen Besprechungsraum bestellt und ihnen unmissverständlich klargemacht, dass er die Anwesenheit des gesamten Leitungsstabes an der Trauerfeier erwarte. Mit einem »Danke, das wärs, meine Herren« verließ Carl den Raum, in dem noch niemand gewagt hatte eine Besprechung abzuhalten, wenn die Anordnung dazu nicht von Lehman persönlich erteilt worden wäre.

Zufrieden erkennt Carl, dass die Obristen auf seinen Befehl gehört haben, als er sich noch einmal umdreht und die Männer aufgereiht nebeneinander sitzen sieht. Sein Blick schweift durch die Kirche und bleibt an einem Mann hängen, der ganz alleine in einer Bank sitzt. Er ist zwar gekleidet wie einer der Banker, gehört aber eindeutig nicht zum Stab der Bank. Bevor sich Carl jedoch näher mit dem Unbekannten beschäftigen kann, beginnt ein weißbärtiger Pfarrer mit »Im Namen des Vaters…« die Feier und zwingt ihn, sich wieder nach vorne zu wenden.

Der ältere Geistliche begrüßt die Zusammengekommenen mit sonorer Stimme. Als er jedes der fünf Davis-Kinder dabei beim Namen nennt, muss Carl schlucken, um nicht die Fassung zu verlieren. Auch wenn er seit Wochen hinter Isabellas Machenschaften her ist, wird hier einer Ehefrau und Mutter gedacht. Aufmerksam hört er dem Pfarrer zu, der über die Einsamkeit hochrangiger Manager, über die wichtige Bedeutung des Handels und der Unternehmensfinanzierungen und über die lange Tradition der großen Investment- und Merchant-Banks in London spricht.

Hin und wieder schaut Carl kurz hinüber zur Familie Davis und muss an seine beiden Jungs denken, die er so selten sieht und mit denen er in den letzten Wochen kaum telefoniert hat. Wie unbedeutend erscheinen ihm dagegen die Milliarden Dollar des Davisschen Betrugs.

»Investmentbanker haben eine große Verantwortung, doch sie scheinen ihre Tugenden verloren zu haben«, der Pfarrer fügt beschwörend hinzu: »Es gibt schon jetzt eine tiefe Vertrauenskrise des Systems. Ich mahne die Anwesenden, auch im Angedenken an Isabella Davis, zur Einsicht, denn sie ist auch am System gescheitert.«

Für die Trauerrede eines Geistlichen sind dies harte Worte. Zum Schluss weist der Pfarrer daraufhin, dass es der ausdrückliche Wunsch des Witwers ist, den Anwesenden diese Gedanken als Mahnrede mit auf den Weg zu geben. Gedanken, für die in diesen Tagen kaum jemand Zeit hat, denn überall auf der Welt explodieren die finanziellen Bomben: in der Schweiz bei der UBS, bei Fannie und Freddie auch in den großen halbstaatlichen Immobilienfinanzierern in den USA, bei verschiedenen Banken in Großbritannien und Deutschland – alle werden zunehmend verunsichert und leiden unter dem gegenseitigen Vertrauensverlust. Ein gutes Jahr nach Ausbruch der Finanzmarktkrise bewegen sich die Banker zwischen Hoffen und Bangen. Es ist Carl unangenehm festzustellen, dass er selbst in der Kapelle und im Angesicht der Jungfrau Maria nur schwer zur Ruhe kommt. Aber draußen passiert so viel: Manche Marktbeobachter sehen zwar in den Rettungsaktionen für einzelne Institute erste Anzeichen der Beruhigung. Andere hingegen warnen gerade wegen der vielfachen Kapitalspritzen für einzelne Investmentbanken und der nach wie vor undurchsichtigen und intransparenten Investitionssituation vor dem GAU. Unter den Aufsichtsbehörden und Notenbanken tobt ein heftiger Kampf, wer, was, wann hätte erkennen müssen oder gesagt hat. Immer deutlicher wird jedenfalls, dass verschiedene Regulierer regional und strukturell von den verschiedensten Banken so gegeneinander ausgespielt wurden, dass niemand einen Gesamtüberblick hat. Das ganze Bankensystem wirkt wie ein multiples Perpetuum mobile mit einzelnen Kernkraftwerken auf Volllast ohne einen fähigen Kraftwerksfahrer. Bislang hat die Politik das System zwar vor dem GAU bewahrt, aber zuvor auch nicht die entsprechenden Regelungen eingefordert. Man hat mitgemacht, um die Renditen zu schaffen, die einen vor der Übernahme durch andere bewahren.

Die Andacht dauert eine gute halbe Stunde. Kaum ein Schluchzen unterbricht die Gedanken des Pfarrers.

Jim Davis hat die Bank wissen lassen, dass er weder eine Rede noch eine Zusammenkunft nach dem Gottesdienst wünsche. Gottes Wort, so hat er Kramer, der ihn selbst angerufen hat, geantwortet, reiche der Familie in dieser schweren Stunde aus. Don, Stan und Carl reihen sich ein, um Jim Davis zu kondolieren, vor ihnen wartet nur noch der Fremde, der Bensien am Anfang der Feier aufgefallen war.

Der Mann spricht länger mit Jim Davis und reicht ihm einen Zettel, wie Bensien in pietätvollem Abstand beobachten kann. Als Erster geht Don Kramer auf Jim zu, nachdem der junge Mann sich verabschiedet und mit einem Kopfnicken entfernt hat. Nur kurz schauen sich die beiden in die Augen, zu viel liegt unerklärt zwischen ihnen. Und Isabella hat zu viel Schaden angerichtet, um nicht auch Wut bei Don mitschwingen zu lassen, wenn er an die Finanzingenieurin denkt. Stanley begnügt sich ebenfalls mit einem Händedruck und wenigen anteilnehmenden Worten. Auch Carl Bensien hat Jim Davis höchstens zwei, drei Mal in den letzten Jahren gesehen, im Sommer in Wimbledon zum Tennis mit Kunden oder in Glyndebourne zum Festival. Umso erfreuter registriert er, dass Jim Davis ein Lächeln über das Gesicht huscht, als er sich ihm nähert.

»Sie hat Sie sehr geschätzt, Dr. Bensien.«

»Das habe ich Ihre Frau auch, Mr Davis.«

»Ich konnte sie aber nicht retten. Wissen Sie, das ist das Schlimmste, Dr. Bensien.«

»Ich weiß. Ich konnte ihr auch nicht helfen. Sie hätte nur zu mir kommen müssen. Wir hätten eine Lösung gefunden.« Carl nimmt die linke Hand zur Hilfe und drückt Jim Davis auf die Schulter.

»Wir werden London verlassen, diesen Kapitalmoloch. Isa hat unser ganzes Vermögen noch am Tage vor ihrem Tod liquidiert und besichert.«

»Das ist sicher richtig, Mr Davis«, Carl muss angesichts der Information leicht schmunzeln. »Ich kann Sie sehr gut verstehen. Geben Sie acht auf die Kinder«, flüstert Carl leise und guckt in Richtung der Fünferbande mit ihren Großeltern, die etwas abseits stehen. Jim Davis hält noch immer die Hand von Carl Bensien und sagt:

»Der Mann dort vorne hat mir diese Zeichnung gegeben. Können Sie damit etwas anfangen?«, er reicht dem Banker den Zettel und deutet auf den groß gewachsenen Mann, der gerade am Ausgang der Kapelle ein paar Worte mit Agnes wechselt.

»Ich schaue es mir an. Nochmals, mein aufrichtiges Beileid.«

»Danke.«

»Eine Frage noch. Wer ist dieser Mann?«

»Das ist, war Isabellas Arzt, der ihr Gesicht geheilt hat, Dr. Bensien.«

Fragend schaut Carl in Richtung des Mannes, als Jim ihn noch einmal zurückzieht und ihm leise ins Ohr flüstert.

»Ihr Gesicht war nahezu unversehrt, Dr. Bensien. Sie war wunderschön, makellos. Ich habe es fotografieren lassen, nachdem sie für die Beerdigung hergerichtet worden ist. Jedes Kind hat ein solches Bild seiner Mutter im Zimmer. Ich selbst behalte jedoch mein Bild von ihr im Herzen; denn Narben sind Teil des Lebens, nicht wahr, Dr. Bensien?« Dann lässt er Carl Bensiens Hand los.

»In der Tat, Mr Davis, das sind sie. Aber für die Kinder ist das eine wunderbare Idee.« Carl verabschiedet sich und blickt suchend umher; der Arzt steht immer noch mit Agnes zusammen, hat sich aber angeschickt, die Kapelle gerade zu verlassen und strebt in Richtung Ausgang. Irritiert faltet Bensien den Zettel auseinander und starrt verblüfft auf die bunte Zeichnung und die Namen von Banken, Agenturen und Medien. Die Kürzel TYL und CayCon springen ihm sofort ins Auge, vor allem der gegenseitige Pfeil zwischen den eingekreisten Zweckgesellschaften und den Credit Default Swaps. Wie elektrisiert erkennt er, was er da in den Händen hält; er lässt Stan und Don und Peter Sanders mit einem »wartet bitte einen Augenblick« stehen und läuft dem Arzt hinterher.

»Warten Sie bitte«, ruft Carl viel zu laut für diesen Ort der Besinnung. Auch sein schneller Gang ist der Würde eines Gotteshauses nicht angemessen.

»Carl Bensien«, grüßt er den Mann, der überrascht ist, dass ihm jemand gefolgt ist.

»Julian Luir.«

»Entschuldigung, dass ich Sie aufhalte«, versucht Carl den abweisenden Mann zu beschwichtigen.

»Ich war nur Isabellas Hautarzt, bin kein Banker oder Kollege.«

»Ich weiß. Das hat mir soeben Mr Davis mitgeteilt. Und das«, Carl reicht Luir den Zettel, »hat er mir gegeben. Kann ich darüber kurz mit Ihnen sprechen?«

»Wer sind Sie denn?« Luir bewegt sich auf die große Pforte zu und will offensichtlich lieber gehen.

»Ich bin der Chief Risk Officer der Carolina Bank.«

»Aha«, antwortet der Doktor.

»Hören Sie, ich muss gewisse Sachen entwirren«, insistiert Carl, »das kann mir dabei sehr helfen, wenn ich weiß, wie Sie daran gekommen sind und was Sie damit zu tun haben.«

»Ich bin Arzt und der Schweigepflicht unterworfen. Den Zettel habe ich dem Witwer gegeben. Dass ihr Mann Ihnen den Zettel gegeben hat, wundert mich, ehrlich gesagt.« Julian Luir geht hinaus, blinzelt in die Nachmittagssonne, Carl lässt sich aber nicht abwimmeln.

»Bitte verstehen Sie, ich muss leider ein paar unangenehme Dinge klären, die uns Mrs Davis hinterlassen hat. Da unterliege ich auch der Verschwiegenheit. Mir geht es nur darum, wie Sie an diesen Zettel gekommen sind.«

»Also gut. Mrs Davis hat mir dieses verwobene System vor ein paar Monaten einmal an die Wand gemalt, als wir uns über Zertifikate und Derivate unterhalten haben. Ich habe es fotografiert, um das Ganze besser zu verstehen, weil ich auch ein wenig angelegt habe. Das ist alles.« Der Chirurg zuckt mit den Schultern.

»Sie hat Ihnen ihr System aufgemalt?«

»Ob es ihres war oder ob ein allgemeines, weiß ich nicht.«

»Das erspart mir vielleicht weitere Nachforschungen. Danke, Dr. Luir.« Carl hebt den Zettel, auf dem die Farbkopie des Fotos zu sehen ist.

»Ich hatte es einen schön gemalten Teufelskreis genannt«, bemerkt Luir noch.

»Und was hat Isabella dazu gemeint?«

»Todesspirale, glaube ich«, kraust Julian Luir seine Stirn. »Beim letzten Termin in meiner Praxis, der Tag, an dem sie später den unsäglichen Flug nach New York angetreten ist, hat sie mir noch etwas aufgeschrieben: Die Geister, die wir riefen, werden wir nicht wieder los.«

»Ich hoffe nicht. Auf Wiedersehen, Dr. Luir. Und: Vielen Dank.« Carl reicht ihm die Hand, jetzt hat er es erst recht eilig. Der Zettel ist wie ein geheimer Schatzplan. Hoffentlich finde ich darin keine neuen Bomben, bangt Carl, doch auch der zweite Blick zeigt ihm, was sie bislang übersehen hatten und was das System Davis rund um die Holiris erklärt.

Kurz überlegt Carl, ob er tun kann, was er jetzt tun will. Doch heute ist Not am Mann und auch der liebe Gott wird ihm die kleine Sünde verzeihen. Er zückt sein Handy, während er zurück zu Stan und Don geht, und wählt die Nummer seines Büros, in dem heute nur Denise Stallwache hält.

»Denise, nicht fragen, einfach zuhören und notieren, Isabella hat TYL mit Default Swaps über CayCon besichert. Zweimal, verstehst du. Das ist der Trick. Das eine ist eine reine Luftnummer. Sprich das mit Tim durch.«

»Und jetzt?«

»Ich bin in einer Stunde da. Ich muss hier noch etwas erledigen. Fangt schon einmal an, die Schachteln auszupacken. Wir wissen ja jetzt, was wir suchen müssen. Hoffentlich sind genügend gute Stücke dabei, die auch nicht voneinander abhängen.«

»Die Hoffnung stirbt zuletzt, Chef.«

»Was?«

»Hat mir Tim gestern erzählt.«

»Seit wann ist der Philosoph?«

»Hat er wohl von Ihrer Nichte.«

»Na dann. Bis später, Denise.« Als das Handy zuklappt, erreicht er Don und Stanley und hält den Zettel mit beiden Händen in die Höhe.

»Das ist die Lösung, Freunde. Isabellas geheimer Plan.«

Stan erkennt schneller als Don, was Isabella da aufgemalt hat. Kramer, im Tagesgeschäft weniger involviert in Kapitalmarktfragen, wandert verstört mit den Augen zwischen Zettel und Gesicht hin und her.

»Das, Don, ist Isabellas Giftmüllmischung.«

»Giftmüllmischung?«

»So hat sie es gemacht, Don. Sie hat die Schachteln nicht ineinander gepackt, sondern denselben Inhalt im Prinzip in zwei Schachteln gesteckt.«

»Das trifft wohl den Nagel auf den Kopf«, mischt sich Stanley Ashton ein. »Giftmüll, die Giftmüllmischerin. Das ist es, was Isabella leider war.«

»De mortuis nil nise bene, Stan.«

»Hast du auch wieder Recht, Carl. Über Tote rede man nur wohlwollend«, murmelt Stanley Ashton, während die drei Männer dem Ausgang entgegenstreben.

»Kann ich noch mit dir über Carla sprechen, Carl.« Stanley, der wie immer direkt zur Sache kommt, bleibt am Eingang stehen, um dem Lauf der drei Einhalt zu gebieten. Er blickt Kramer wartend an, der jedoch ohnehin weiter muss, um noch in der Notenbank seine Aufwartung zu machen. In diesen Tagen zählt das persönliche Gespräch mehr als alles andere.

»Verstehe, Stan. Muss eh noch zur Old Lady. Carl, du informierst mich über den Davisschen Schatzplan.«

»Sobald ich mehr weiß.«

»Wenn alle noch so seriös wären wie die Old Lady, dann hätten wir die Probleme nicht. Lass uns runter an die Themse gehen, Carl.«

Mächtig liegt der Fluss vor ihnen, teilt die Stadt mitten durch; eingezwängt in ein künstliches Flussbett, fließt das

Wasser mit steter Geschwindigkeit in Richtung Channel, der England vom europäischen Festland trennt. Als Carl einem Stück Holz nachschaut und One Canada Square, den mächtigen ersten Hochhausturm, der in den Docks gebaut worden ist, erblickt, fällt ihm wieder ein, dass der Canary-Wharf-Komplex bislang eine der größten Immobilienpleiten war, bis die Subprime-Krise kam.

»Als Canary Wharf in den Neunzigerjahren pleiteging, hätte da jemand gedacht, was daraus würde?«

»Auf dass dort einmal ein prosperierendes zweites Finanzzentrum von London entstehen würde, hätte ich nie gewettet, Carl.« Unwillkürlich müssen beide grinsen.

»Zeitungen, Banken, Anwaltskanzleien. Alles da draußen«, Carl zeigt auf die mächtigen Hochhäuser. »Aber das ist doch alles ein seelenloses künstliches Zentrum. Das kannst du mit der City doch gar nicht vergleichen. Schaue nur auf St. Paul's, Stan.«

»Die City hat zwar eine Seele, es gibt Geschichten wie die der Old Lady, die noch heute als Geist durch das Gebäude der Notenbank schweben soll«, lacht Stanley, »aber besser ist es hier deshalb doch nicht.«

Die beiden Männer lehnen an der Mauer an der Themse.

»Ich bin da anderer Meinung. Wir entwurzeln doch viel zu sehr.«

»Du brauchst eine Pause, Carl. Du arbeitest zu viel und machst dir zu viel Gedanken.«

»Meinst du, wir werden die aktuelle Krise auch überstehen, so wie der Canary Wharf Tower heute prosperiert?« Dabei blickt Carl noch einmal auf One Canada Square, wo der Canary Wharf Tower steht.

»Das kann ich dir nicht sagen. Wer weiß, was noch passiert, Carl. Dort sind jedenfalls noch ein paar Hochhäuser hinzugekommen. Aber lass uns jetzt nicht allzu schwermütig werden.«

»Stimmt. Also, was ist mit Carla, Stan?« Carl versucht zwar, ruhig zu bleiben, doch Stanley merkt an der Art der

Frage, dass seinem Freund die Zeit unter den Nägeln brennt.

»Ganz gut, sie macht große Fortschritte. Jeden Tag. Die Knochen heilen gut.«

»Und?«

»Nichts!«

»Immer noch keine Erinnerung?«

»Nein.« Stan schlägt mit der flachen Hand auf die Mauer.

»Es ist unglaublich«, Carl schüttelt den Kopf. »Sie hat wirklich keine Ahnung von der Bank, ihrer Arbeit bei uns, von Mitch.«

»Ihre Erinnerung setzt quasi vor ihrem Eintritt in die Bank aus, Carl. Sie fühlt sich immer noch als Journalistin.«

»Und Mitch, wie steht sie zu ihm?«

»Der lässt sich kaum sehen. Und er redet mit ihr nicht über seine Schwierigkeiten bei der Bank, über Isa und das ganze Desaster. Er kommt selten und stört nicht beim Heilungsprozess. Gott sei Dank«, fügt Stanley noch hinzu und blickt gedankenversunken auf das fließende Wasser der Themse.

»Als ich letzte Woche das letzte Mal bei ihr war, verstand sie gar nicht, was ich – der Chief Risk Officer der Carolina Bank, den sie doch nur als Journalistin kannte – bei ihr wollte. Aber gelächelt hat sie wenigstens.« Als er das sagt, strahlt Carl über sein Gesicht.

»Was hast du gesagt?«

»Dass ich ihr als Journalistin berichten wollte, was sich draußen so abspielt. Das hätten wir so vereinbart.«

»Und?«, fragt Stan.

»Es interessiert sie gar nicht. Vielleicht ist alles auch im Moment zu komplex für ihren durchgeschüttelten Kopf. Aber die Ärzte dachten, es sei einen Versuch wert. Carla hat nicht nur uns ausgeblendet, sie kennt auch die Lage der Banken seit einem knappen Jahr nicht mehr. Wie ausradiert. Ich habe versucht, mit ihr darüber zu sprechen, aber«, stoppt er für einen Moment, »nichts!«

»Wäre ja auch eine Lösung für die Krise«, bemerkt Stanley und zwinkert dabei mit dem Auge.

»Gehe zurück auf Los und ziehe keine viertausend Dollar ein«, kommentiert Carl trocken.

»Wie bitte?«

»Monopoly, die so genannte Arschkarte, Stan.«

»Wenn schon, dann Bankopoly, mein Lieber«, Stan klopft Carl, dem die Überarbeitung im grellen Sonnenlicht deutlich ins Gesicht geschrieben steht, aufmunternd auf die Schulter. »Wir müssen alle sehr vorsichtig sein und Geduld mit Carla haben, Carl. Simon spielt gut mit, er verdrängt seinen Groll und tut so, als sei sie noch beim ›CityView‹.«

»Wie ist es denn bei dir letzte Woche gegangen, Stan?«

»Wir konnten alles klären.«

»Unglaublich!«

»Es ist ganz einfach. Sie kennt meinen Namen aus der Vergangenheit, sie erinnert sich auch, dass Mitch mich kennt.«

»Aber an euer Gespräch in New York, Stan. Als du ihr alles erklärt hast. Erinnert sie sich daran immer noch nicht?«

»Nein, es fällt ja auch in die Zeit, als Carla schon bei der Bank war.«

»Aber der Versuch hat Steven und mich unter Moderation von Samantha gezwungen, uns an einen Tisch zu setzen. Sam ist wunderbar«, schwärmt Stan. »Sie hat Steven überzeugt, dass wir alles auf den Tisch legen müssten, ehe wir zu Carla gehen konnten. Wir haben eine ganze Nacht lang geredet, erst mit Sam, dann die halbe Nacht ohne sie. Ich habe Steven gesagt, dass Carla auch ohne Elitestudium großartig geworden ist und dass Fiona ihn sehr geliebt hat. Wir haben gesprochen, bis es draußen wieder hell wurde. Vor drei Wochen.«

»Dafür brauchtet ihr über fünfzehn Jahre.«

»Nein, dazu brauchte es vor allem den Schock des Unfalls. Die Ärzte haben gesagt, dass es erneut einen Anlass geben muss, bei dem Carla plötzlich wieder alles einfällt. Wie ein Schalter, Carl. Dafür mussten Steven und ich erst einmal die Dinge unter uns klären.«

»Und, Sash?«, Carl verfällt auf den Spitznamen für seinen Freund.

»Hat nicht funktioniert. Die Amnesie ist immer noch da, unsere Konfrontation mit Fiona hat jedenfalls nichts bewirkt. Es braucht einen anderen Anlass, aber keiner weiß, was das sein soll.

»Aber wie war euer Gespräch mit Carla?« Carl steht in der Sonne und lässt sich wärmen. Stan ist wieder überrascht, wie sehr sich Carl für Carla interessiert.

»Steven und ich sind zu ihr gegangen. Zusammen. Steve hat erzählt, wie es damals gewesen ist. Carla hat nur zugehört.«

»Lass dir bitte nicht alles aus der Nase ziehen, Sash.« Da ist sie wieder, diese Unruhe in Carl, die Stanley noch nie bei ihm beobachtet hat. Aber wie soll er auch alles abschütteln können, denkt Stan. Die Bank in Genf, Isas Tod und ihre Schachteln, die Angst um die Carolina, die Jagd auf Lehman, es lastet viel auf den Schultern seines Freundes.

»Als Steven fertig war, hat sie mich angeschaut und gefragt, was das alles solle. Ich habe ihr gesagt, dass wir alle vor sechzehn Jahren einen schweren Fehler gemacht haben und dass es nie zu spät ist, das zuzugeben. Danach hat sie uns gebeten zu gehen. Beide, Carl.«

»Und weiter?«

»Seitdem hat sie nur mit Sam gesprochen. Steven hat sie wissen lassen, dass sie ihn im Moment nicht sehen möchte.«

»Na, das kann ja heiter werden.«

»Man kann es nicht oft genug wiederholen: Die Ärzte sagen, wir müssten Geduld mit ihr haben. Carla wird morgen in die Reha verlegt, in die Nähe von Hertfordshire. Da haben Sam und Steve es einfacher, wenn sie ihn wieder sehen will.«

»Was hältst du davon, wenn wir kommendes Wochenende nach Hertfordshire fahren? Du hast doch ohnehin gesagt, dass ich an etwas anderes denken soll. Ich bin kommende

Woche in New York, aber nächsten Samstag wieder zurück.«

»Wenn bis dahin nicht die Bankenwelt explodiert ist, Carl. Gute Idee.«

»Mal den Teufel nicht an die Wand«, antwortet Carl, der sich nun wieder an den gemalten Teufelskreis erinnert und mit einem Abstoß von der Mauer signalisiert, dass er aufbrechen will. »Sash, sei mir nicht böse, ich muss zurück in die Bank. Es bleibt da noch ein gewisses Erbe von Mrs Davis zu entwirren, ehe ich fliege.«

Das Blaue im Goldenen

Sechs Wochen liegt Carla im Krankenhaus in London, ehe sie am 6. September in eine Rehabilitationsklinik verlegt werden kann. Nachdem die Brüche gut verheilt sind, muss sie ein strammes medizinisches Sportprogramm machen, um körperlich wieder völlig gesund zu werden. Das mehrfach gebrochene linke Bein macht den Ärzten zwar weiter Sorgen, doch dürfte alles wieder normal werden, wenn sie hart an sich in der Physiotherapie arbeitet. Das ist nicht unbedingt etwas für Carlas Bequemlichkeit, wie Sam schnell gemerkt und Carla fürsorglich und bestimmt angetrieben hat. Und Carla, die ihrer schlanken Figur wegen nie ernsthaft Sport treiben musste, hat in den letzten Wochen am ganzen Körper gespürt, dass sie sprichwörtlich anders nicht wieder auf die Beine kommt.

Der offene Bruch am rechten Arm hingegen ist schon fast wieder völlig verheilt, nur Training zum Muskelaufbau muss Carla noch machen. Gott sei Dank hat sich die Verletzung des Lungenflügels nach den Rippenbrüchen nicht als so schlimm herausgestellt, nur die Rippen schmerzen, wenn sie lacht. Auch ihre Verletzungen am Kopf sind gut verheilt. Carlas Aufmerksamkeitsfähigkeit ist nach dem Schädelhirntrauma schon fast wieder da, ihre Koordination ist in Ordnung und auch ihre Erinnerung an neue Dinge sowie die alten Zeiten ist zurück.

Einzig die Monate vor ihrem Unfall sind weg. Ungefähr ein Jahr fehlt ihr, wie durch Test festgestellt worden ist. Es muss nach Ansicht der behandelnden Spezialisten etwas mit einer tiefen Verdrängung zu tun haben. Keine noch so harte Konfrontation mit der fehlenden Vergangenheit hat bis jetzt ihr ihre bislang vergessenen Monate ins Gedächtnis zurückgebracht.

Carla sitzt bereits fertig angezogen in ihrem Zimmer, an einem kleinen Esstisch, auf dem für zwei gedeckt ist. Das Krankenzimmer könnte als Hotelzimmer durchgehen, ein Einzelzimmer mit allem Komfort, von Mitch Lehman bezahlt. Für Carla, die sich immer noch als Mitch Lehmans Date wähnt, das Normalste der Welt. Nur dass er in den sechs Wochen lediglich sechs Mal bei ihr war, versteht sie nicht. Er entschuldigte sich damit, dass die Märkte total verrückt spielen und er in der Bank gebraucht werde. Hin und wieder täuschte Mitch auch Reisen vor, die so nicht stattfanden. Carla versteht auch nicht, dass ihr Vater den Starbanker nicht leiden kann.

Mitleid fühlt sie mit Stanley Ashton, nachdem sie von ihm und ihrem Vater in der letzten Woche mit der Geschichte konfrontiert worden ist. Seitdem grübelt Carla darüber nach, warum ihr Vater Mutters Tod so falsch dargestellt hat. Ans Herz gewachsen ist Carla in diesen Wochen vor allem Sam. Dass die neue Freundin ihres Vaters sich so rührend um sie kümmert, tut ihr gut. Und Sam macht es glücklich, Steven helfen zu können, auch wenn der im Moment bei Carla abgeschrieben ist.

Carla geht es in diesen Wochen im Prinzip wie dem globalen Kapitalmarkt: Auch hier gibt es einen großen Gedächtnisverlust. Kaum jemand weiß noch, woher die eigentlichen Subprime-Kredite kommen und an wen sie wie oft weiterverbrieft worden sind. Das ganze System ist so durcheinander wie Carlas Schädel.

Zum Mittagessen hat sich noch einmal Annabelle angekündigt, denn in die Rehaklinik nach Hertfordshire wird sie es wegen der Entfernung nicht so oft schaffen. Neben Sam ist Bella die andere Person, bei der sich Carla in diesem Wochen uneingeschränkt wohl fühlt. Bei den Männern, sei es ihr Vater, Stanley, vor allem bei Mitch, bei Simon und auch diesem Carl Bensien, spürt Carla, dass hier Dinge geschehen sein müssen, an die sie sich nicht erinnern kann.

Da Bella nur zu gerne isst, hat sie die Einladung zum Mittagessen in der Klinik mit Vergnügen angenommen. Außerdem will sie Carla noch etwas erzählen. Das spart sie sich für das Dessert auf – eine Crème brûlée, die auch in jedem Sternerestaurant mithalten könnte. Abwechselnd löffelt Bella die warme Creme und das köstliche Vanilleeis und verzieht jedes Mal, wie Carla feststellt, freudig das Gesicht. Als Annabelle fertig ist, greift sie unvermittelt in ihre Handtasche am Boden, zieht ein etwas verknittertes Couvert heraus und schiebt es Carla über den Tisch.

»Was ist das, Bella?« Carla greift nach dem Umschlag.

»Deine Kündigung, mein Schatz.«

»Welche Kündigung?« Carlas Gesicht nimmt diesen angestrengten Ausdruck an, mit dem sie seit Wochen versucht, die Lücke in ihrem Gedächtnis zu schließen, wenn ihr etwas total unbekannt vorkommt.

»Du hattest diesen Brief in deiner Handtasche, Liebes. Am Tag des Unfalls.« Annabelle nennt Carla oft Schatz oder Liebes. Carla zieht neugierig das Blatt aus dem offenen Umschlag und liest mit wachsender Verwunderung, dass sie Herrn Mitch Pieter Lehman zum 1. August kündige. Datum 28. Juli, Unterschrift: Carla Bell.

»Ich habe bei der Carolina Bank gearbeitet?«

»Ja!«

»Das glaube ich nicht!«

»Stimmt aber. Warum solltest du sonst kündigen, Kleine?« Annabelle verschränkt die Arme wie ein Polizist, der bei einem Verhör nun den good Cop gibt.

»Das kann doch nicht sein. Was soll das?« Carla wirft das Schreiben zurück auf den Tisch, starrt an die Decke und beginnt haltlos zu schluchzen.

»Bin ich verrückt?«

»Nein, dir fehlen nur ein paar Monate. Genau die Zeit, die du nicht mehr beim ›CityView‹ arbeitest, Carla.« Annabelle hat niemanden gefragt, ob sie Carla damit konfrontieren sollte, sondern sich einfach entschieden, es zu tun, nachdem bislang kein anderer Versuch funktioniert hatte.

»Ich arbeite nicht beim ›CityView‹? Bella, erzähle mir nicht so etwas«, dringt es erstickt aus Carlas Mund. Doch die füllige Sekretärin lässt sich nicht einschüchtern, denn was sie sich einmal vorgenommen hat, das zieht eine Annabelle Duncan auch durch. Sie berichtet Carla alles, was passiert ist. Ihren Rausschmiss, der Wechsel zur Bank, ihren Besuch beim »CityView« am Mittag vor dem Unfall. Das Kündigungsschreiben in der Tasche. Und dass Mitch Lehman ein mieser Typ ist. Immer blasser wird Carla, je länger Annabelle spricht.

Ziemlich plötzlich wechselt Annabelle ihre Rolle, vom good zum bad Cop: »Mädchen, es wird langsam Zeit, dass du dein Gedächtnis wieder in Gang setzt, alle gehen hier so brav mit dir um, dabei hast du eine Menge Scheiße gebaut.«

»Ich kann mich an nichts erinnern, Bella! Ich werde wirklich noch verrückt.« Carla vergräbt ihr Gesicht in den Händen und weint immer heftiger.

»Ich musste es versuchen, Liebes. Versuche dich zu erinnern«, Annabelle steht auf und versucht, Carla in die Arme zu nehmen, doch die stößt sie weg: »Lass mich. Bitte gehe jetzt, Sam kommt schon bald. Ich will nicht, dass sie mich so sieht.« Carla blickt mit verweinten Augen auf, Annabelle packt ein schlechtes Gewissen:

»Sorry«, stottert sie, »ich musste es versuchen.« Bevor sie sich verabschiedet, holt sie aus ihrer Handtasche das goldene Armband, das sie fast vergessen hätte, und legt es auf den Tisch. An der Tür dreht sie sich noch einmal um.

»Das ist dein Armband. Ich habe es reparieren lassen. Beim Unfall war eine Ecke abgesprungen, direkt neben dem Verschluss. War komisch. Da schien etwas Blaues durch.«

Als sich die Türe hinter Annabelle schließt, zuckt Carla zusammen und greift nach der Tüte. Etwas Blaues? Wie ein Computer fährt ihr Gehirn langsam wieder hoch. Carla zieht das Armband aus der Tüte und betrachtet die reparierte Stelle. »Oh, mein Gott!«

Carla drückt den Rufknopf für die Krankenschwestern.

»Stella, bitte, besorgen Sie mir zwei harte Gegenstände. Eines zum Unterlegen, eines, womit ich zuschlagen kann.«

»Was wollen Sie machen?«, antwortet Stella, die sich in den vergangenen Wochen um Carla gekümmert hat, verblüfft.

»Ich muss etwas nachprüfen, bitte!«

Die junge Schwester versteht zwar nicht warum, aber da sie Carla mag, tut sie, worum sie gebeten wird. Sie bringt ihr eine Metallplatte, die Patienten mit gebrochenen Beinen eingesetzt wird und von denen auch Carla eine trägt. Zudem reicht sie ihr einen spitzen orthopädischen Hammer, mit dem die Ärzte die Reflexe prüfen.

»Können Sie die Kette über der Platte halten?«, bittet Carla die junge Frau in der Schwesternuniform. Carla legt die Platte und das Armband an die Ecke des Esstischs, sodass die Schwester die Enden nach unten ziehen kann.

»Sicher, aber passen Sie auf, Mrs Bell.«

»Das hätte ich früher tun sollen.«

»Was?«

»Nichts«, antwortet Carla und hämmert auf die Stelle, wo das Armband geflickt worden ist. Die Goldteile splittern ab. Sie schlägt vor Wut weiter drauf, obwohl sie weiß, was das ist: ein blaues Bändchen.

»Er hat mich zur Nutte gestempelt«, stammelt sie und schaut die Schwester an.

»Was?«

»Ach nichts.« Carla greift sich an den Kopf und starrt auf die Tischplatte.

»Alles in Ordnung, Mrs Bell?«

»Ja, nein, doch, doch, alles in Ordnung. Wieder.«

»Soll ich einen Arzt holen?«

»Nein, bitte nicht. Bitte. Tun Sie mir den Gefallen, sagen Sie nichts davon, zu niemandem.« Carla hält die Schwester fest an der Hand.

»Einverstanden, weil Sie es sind, Mrs Bell.« Die Schwester ist etwa in Carlas Alter, dennoch trennen sie Welten von der Patientin, die zu ihr sehr freundlich ist. Während sich die Tür hinter der Krankenschwester schließt, rauft sich Carla verzweifelt die Haare.

Eine Nutte! Wie ein Blitz trifft sie die Erkenntnis: Sie ist Mitch Lehmans Nutte. Und Carla versteht jetzt, wovon Annabelle soeben berichtet hat: dass sie sich von Mitch trennen wollte.

Das blaue Band an der Weihnachtsfeier. Die Treffen mit Mitch. Das Schlafzimmer auf Long Island – soweit hatte ihr Gedächtnis sie nicht im Stich gelassen. Aber Melander und der andere Pfarrer, der Holland Park, der Abend im Dorchester. Und die Kündigung – alles weg, bis vor wenigen Minuten. Ihr fällt auch das Gespräch mit Stanley in New York wieder ein, in Dr. No Risk erkennt sie Carl Bensien. Rasend schnell fügen sich die Puzzleteile in ihrem Kopf zu einem Bild zusammen, das sie laut aufstöhnen lässt.

»Alles, alles, alles wieder da, auch dass ich mich von diesem Schwein getrennt habe.« Sie legt den Kopf auf den Tisch, schließt erschöpft die Augen, will nur noch schlafen und den ganzen Schlamassel vergessen. Dann schießt ihr Annabelles Bemerkung durch den Kopf, was für ein mieser Kerl Mitch Lehman sei.

Triumphierend hebt sie den Kopf, um sich zu vergewissern, dass sie schon vor ihrem Unfall die richtige Entscheidung getroffen hatte. Sie umfasst das blaue Bändchen und betrachtet die beschädigte Stelle. Darunter ist alles blau. Teure Tansanitsteine, eingelassen in Platin, darüber der goldene Überzug! »Das werde ich dir heimzahlen!«

Erneut schüttelt es sie von innen durch, Carla beginnt zu weinen. Erst leise, dann immer lauter, heftiger, fast hysterisch. Dass Sam in ihr Zimmer gekommen ist, merkt Carla erst, als die muntere Sam ihr sanft über den Kopf fährt. Carla schreckt auf, doch sie sackt gleich vor Schmerz im Bein und Wut im Bauch zusammen. Sam nimmt sie mit ihrem tränenverschmierten Gesicht einfach in den Arm wie eine Mutter ihr Kind, das sich erst einmal ausheulen muss, ehe es der Mutter erzählt, warum es weint. Minutenlang hängt Carla schluchzend in Sams Armen.

»Sam, ich weiß alles. Er hat mich zur Nutte gemacht. Seine persönliche Nutte. Ich bin so eine Idiotin.«

»Gewesen, mein Kind«, antwortet Sam, »was ist denn passiert?«

»Das erzähle ich dir alles auf dem Weg nach Hertfordshire. Und Vater soll bitte mitkommen, ich muss unbedingt mit ihm reden. Ich erinnere mich an alles, auch an mein Gespräch mit Stanley Ashton.«

Sam packt die letzten Sachen von Carla zusammen, die die Pfleger in den Krankenwagen verladen müssen. Danach hilft sie Carla in den Rollstuhl, sie kann das Bein noch nicht länger als ein paar Minuten belasten.

»Drehe mich noch einmal um, Sam.« Carla wirft einen Blick in das Zimmer, in dem sie wochenlang ihr Gedächtnis gesucht und erst kurz vor der Abfahrt wieder gefunden hat. Als Sam sie über den Flur schiebt, sagt Carla:

»Ich danke dir, Sam.«

Carla weiß, dass sie noch einmal weitere vier bis sechs Wochen in der Rehaklinik bleiben muss, bis sie komplett wiederhergestellt ist. Als sie auf der Fahrt Sam alles berichtet, fasst sie einen Plan. Nicht alle müssen jetzt wissen, dass Carla Bell ihr Gedächtnis wieder gefunden hat. Sie nimmt Sam ein Schweigegelübde ab. Nur sie will entscheiden, wem sie davon berichtet, dass sie ihr Gedächtnis wieder gefunden hat.

Besuch des Generals

Die Rehaklinik, ausgestattet mit allem erdenklichen Komfort, ist in einem riesigen Landschloss untergebracht. Carla erhält eine große Suite im alten Flügel, der erst kürzlich renoviert wurde. Von dort hat sie eine prachtvolle Aussicht auf den grandiosen Park. Ihre Suite umfasst ein Schlafzimmer, einen kleinen Salon und einen Badesaal, der für sich größer ist als Carlas kleine Wohnung in Islington. Der Salon ist in gediegenem englischem Landhausstil eingerichtet. Hier kann man es aushalten; Carla, die sich an Krücken festhält, lässt ihren Blick einmal durch ihr ganzes Reich schweifen, als sie an der Türe ihren Vater erblickt, der offensichtlich nur kurz nach ihnen angekommen sein muss.

»Du hast gebeten, dass ich komme, Tochter.«

»Ich möchte mich bei dir entschuldigen, Dad.«

»Ich lasse euch für einen Moment allein«, meldet sich Sam, nachdem sie dem Hausburschen gezeigt hat, wo er die letzten Taschen hinstellen soll. Den Stapel mit Carlas Post, der sich in Islington angesammelt hat, legt sie auf den kleinen Sekretär.

»Danke, Sam.« Dabei lächelt Carla ihr so offensichtlich dankbar zu, dass Sam nicht erkennen kann, ob sich ihr Schützling für die aus ihrer Wohnung mitgebrachte Post bedankt oder für das Schweigegelübde.

Mit einem »schon okay« und einem Kuss verabschiedet sich Sam. »Ich warte in der Halle auf dich, Darling.«

»Warum hast du das mit Stanley gemacht, Dad?«

»Nun, vielleicht Scham, Scheu, Angst. Ich stand vor dem Abgrund und du warst und bist das Einzige, was ich habe. Das Geld war weg und Mutter tot. Stanley Ashton war mein Ventil. Es war ein riesiger Fehler, ich habe Mist gebaut.« Steven schaut betreten auf den Boden.

»Sagst du nicht immer, man solle keinen Mist auf Mist drauflegen?«

»Stimmt, Carla«, Steven hebt den Kopf und weicht dem forschenden Blick seiner Tochter nicht länger aus, »aber so ist es nun einmal passiert.«

»Es ist noch etwas anderes passiert.«

»Und was?«

»Ich habe meinen Verstand wieder«, geht sie an Krücken auf ihn zu.

»Wie das?« Steven geht auf Carla zu, will sie freudig in den Arm nehmen, doch stoppen ihn Carlas Krücken und ihr mürrisches Gesicht.

»Ich habe nachgedacht, Vater. Ich sollte auch nicht Mist auf Mist legen. Zudem habe ich, wenn ich richtig liege, wohl auch einigen Mist produziert, oder?«

»Warum auf einmal ›Vater‹, Tochter?« Sie stehen beieinander, ohne sich zu berühren.

»Vielleicht, weil du immer ein guter Vater gewesen bist. Du hast es gut gemeint, aber ich bin enttäuscht. Wenigstens hast du deinen Fehler zugegeben.«

»Kann ich das wieder gutmachen? Ich meine, können wir das aus der Welt schaffen?« Steven greift nach der Hand seiner Tochter.

»Nein, das ist nicht nötig. Stanley Ashton hat wohl am meisten gelitten. Söhne dich mit ihm aus, Dad.«

»Jetzt wieder Dad.« Erst jetzt fällt ihr auf, dass ihr Vater sie bei der Hand hält. Sie lässt sich leicht gegen ihn fallen und Steven nimmt sie in die Arme.

Sie küsst ihn auf die Stirn, so wie es Carla schon als Kind tat.

»Gehe nun, Sam wartet.«

»Danke, Carla, Tochter, Kind«, Steven muss lachen, obwohl in seinen Augen Wasser schimmert.

»Alles wird gut«, flüstert Carla.

»Bis morgen, meine Große.« Steve kehrt um und geht. Alles andere würde ihn jetzt überfordern, da ist sich Carla sicher. Ihr Vater ist kein Typ für große Emotionen. Als er weg ist, stakst Carla langsam mit ihren Krücken zum Bett und legt sich nieder. Ein ganz schön anstrengender Tag.

Erst das Klopfen der Hausdame, die den Tisch zum Abendessen decken möchte, weckt sie. Carla nimmt nur eine Kleinigkeit zu sich und trinkt zum ersten Mal seit dem Unfall wieder ein Glas Wein. Wird alles schon wieder, überlegt sie, als ihr Blick auf die Kiste mit der Post fällt. Sie schiebt das Geschirr zur Seite und zieht die Kiste mit der Krücke zu sich heran, die die Hausdame auf den Boden gestellt hat. Mal sehen, wer alles geschrieben hat, sie flippt durch den Stapel. Das meiste sind Rechnungen, muss Carla resigniert feststellen. Bis sie fast am Ende einen von Hand an sie adressierten Umschlag entdeckt. Überrascht greift sie danach und dreht den Brief um. Kein Absender, nur die Prägung des »Peninsula«-Hotels in New York ist zu erkennen. Von Mitch? Er ist der Einzige aus ihrem Umfeld, der regelmäßig im »Peninsula« absteigt. Mit dem unbenutzten Buttermesser öffnet sie neugierig den Brief.

Carla, ich habe dich nie gemocht. Deine Jugend, Schönheit und Klugheit und alles mit »meinem« Mitch. Aber: Mache nicht den Fehler, den ich seit zwanzig Jahren gemacht habe. Mitch ist nichts für gute Frauen. Er wird seine Strafe zwar bekommen, doch du solltest ihn trotzdem aufgeben. Isabella

Carla kneift die Augen zusammen und versucht, sich zu erinnern. Dass Isa sie nicht leiden konnte, war offensichtlich gewesen – alleine, wenn Carla an das unschöne Aufeinandertreffen mit der Finanzingenieurin nach der Pressekonferenz in New York denkt. Sie greift sich ins Haar. Am liebsten würde sie sich Bewegung verschaffen, hin und her laufen, um besser nachdenken zu können, doch der Schmerz fesselt sie an den Stuhl.

Warum soll ich nicht ihren Fehler machen? Sam oder Dad fragen, schießt ihr durch den Kopf. Carla sucht ihr Handy, das sie in ihrer Handtasche entdeckt.

»Sam, sorry, ich bin es noch mal.«

»Was gibt es, Carla?« Sam spricht, scheint aber dabei in der Küche zu hantieren, jedenfalls deuten die Hintergrundgeräusche für Carla darauf hin.

»Ich habe einen Brief von Isabella Davis bekommen und weiß nicht, was das soll.«

»Oh, das kannst du nicht wissen. Carla, ich kenne sie nicht, aber sie ist tot.«

»Was?«

»Sie hat sich umgebracht. Vor ungefähr sechs Wochen.«

»Warum?« Sam kann das Entsetzen regelrecht hören.

»Carla, Süße, ich weiß es nicht. Soll ich zu dir kommen?«

»Nein, ist schon okay. Danke, Sam.« Carla legt auf und sitzt fassungslos in ihrem Stuhl. Bensien, der kann sicher mehr dazu sagen; sie sucht im Speicher seine Handynummer. Enttäuscht hört sie nach dem vierten Klingeln nur die Box und bittet ihn dringend um Rückruf: »Ich habe einen Brief von Isabella Davis bekommen, den ich nicht verstehe. Und ich habe erfahren, dass sie tot ist. Mein Gedächtnis ist auch wieder da. Bitte rufen Sie mich an. Wann immer«, beendet sie ihre Nachricht.

Carl erreicht die Nachricht erst Stunden später nach der Landung in New York, als er seine Voicebox abhört. Mit großen Augen vernimmt er Carlas eindringliche Bitte. Ein Blick auf die Uhr zeigt ihm, dass es in London bereits nach Mitternacht ist. Einen Moment zögert er, dann drückt er die Rückruftaste. »Wann immer«, hat sie schließlich gesagt, als er es zum sechsten Mal klingeln lässt.

»Bell«, meldet sich eine verschlafene Stimme.

»Sorry, Carla, dass ich Sie aufwecke. Hier ist Carl Bensien.«

»Schon okay.« Die Stimme am anderen Ende wirkt schnell hellwach.

»Carl, ich habe mein Gedächtnis wieder, aber …«

»Carla, das ist ja toll …«, tönt es aus dem Telefon.

»Ja, aber Carl, es geht um etwas anderes: Isabella hat mir geschrieben.«

»Isabella Davis?«

»Ja, das ist ja das Komische.« Sie liest ihm den Text vor. »Ich weiß auch, dass sie tot ist, Carl. Wie und wann ist das passiert?«

»Vom Dach eines Hotels gestürzt, Ende Juli.«

»Vom ›Peninsula‹?«

»Ja.«

»Daher der Briefumschlag.«

Einen Moment herrscht Schweigen, dann räuspert sich Carl Bensien und nimmt den Faden wieder auf: »Ich habe auch einen Brief von ihr bekommen. Ebenfalls aus dem ›Peninsula‹. Carla, auf welcher Seite stehen Sie?« Erst jetzt realisiert Carla, dass auch Carl sie noch als Freundin von Mitch Lehman betrachtet.

»Carl, ich habe mich von Mitch getrennt. Schon vor dem Unfall. Ich wusste es nur nicht mehr.«

»Oh, Carla, ähm ..., das, das ist gut.« Carla grinst, wie sehr der sonst so kontrollierte Carl Bensien stammelt.

»Wäre damit die Frage geklärt?«

»Ja.« Carl berichtet ihr von seinem Brief und der Ankündigung einer Mail.

»Das Problem ist nur, dass ich diese Mail von Isabella, von der sie mir schreibt, nie bekommen habe.«

»Wieso nicht?«

»Die Datei muss zu umfangreich gewesen sein, das behaupten jedenfalls die Techniker. Wir können ihren Laptop nicht finden, ihr Aufnahmegerät nicht, nichts. Ich weiß nicht, was auf den Voicedateien zu hören ist. Aber ich bin mir ziemlich sicher, dass es Mitch ins Gefängnis bringen würde.«

»Wieso glauben Sie, dass die Dateien Mitch in den Knast bringen?«, hakt Carla nach. Ihre Müdigkeit ist wie weggeblasen.

»Weil Isabella Davis Mitch Lehman verfallen war.«

»Woher wissen Sie das?«

»Ich weiß es nicht, aber vieles deutet doch darauf hin. Nicht zuletzt diese Briefe, Carla. Und es gibt noch etwas anderes.«

»Ah, ja?«

»Mitch Lehman ist der Einzige, der Isabellas Kosenamen von der Universität kennt: Allebasi. Die Zweckgesellschaften, die sie offensichtlich gegründet hat und die wir momentan durchforsten, sind auf den Namen Allebasi Sryem zugelassen.«

»Aber das beweist doch noch gar nichts. Haben Sie nichts Konkretes in der Hand?« Ihr journalistischer Instinkt ist wieder erwacht.

»Nein, leider nicht. Aber die Beweise hören wir wahrscheinlich auf der Voicedatei. Und die haben wir nicht.« Carl lässt andere Passagiere bei den Einreiseformalitäten den Vortritt, damit er weiter telefonieren kann.

»Und?«

»Der Logfile zeigt zudem, dass diese Datei an eine weitere Person gegangen ist.«

Carla fragt, obwohl sie weiß, wer gemeint ist: »An Mitch?«

»An mitch@mlehman.com«, erklärt Carl.

»Oh. Das ist seine private Mailadresse, die nur sehr wenige kennen. Kaum jemand weiß das mit dem »M« vor dem »L«.

»Aber ganz offensichtlich kannte auch Isabella Davis oder Allebasi Sryem seine private Mail«, fügt Carl an.

»Wer sagt, dass die Datei dort angekommen ist?«

»Normalerweise haben freie E-Mail-Accounts höhere Speicherkapazitäten. In der Bank begrenzen wir das auf fünfzehn Megabyte und offensichtlich müssen die Dateien mehr gehabt haben. Das dürfte bei einem privaten E-Mail-Account durchgehen.«

»Zumindest das könnte ich testen«, hört sich Carla sagen.

»Carla, es ist keine Frage, dass Mitch Lehman über kurz oder lang über diese Sache stolpern und gefeuert wird. Wir haben inzwischen den Plan gefunden, wie Isabella vorgegangen ist. Das kann sie nicht alleine gemacht haben. Aber ich muss es beweisen. Nächsten Samstag bin ich zurück aus New York und komme zu Ihnen. Dann reden wir darüber.«

»Gute Idee.«

»Schlafen Sie jetzt wieder, Carla. Schlaf macht gesund.«

»Danke, Onkel Doktor«, sagt Carla, ehe sie auflegt. Doch dann liegt sie noch lange wach. Je länger sie darüber nachgrübelt, desto klarer wird ihr, dass Mitch zwar perfide, aber ziemlich einfach auszurechnen ist. Der Mann ist gierig und geil. Je mehr sie in der Nacht an Mitch denkt, desto wütender wird sie. Bilder von Begegnungen mit ihm gehen ihr durch den Kopf, Puzzlestein um Puzzlestein fallen ihr ihre Sünden der letzten zwölf Monate ein.

Gott sei Dank ist Wochenende, sodass Carla nicht schon am Morgen ihre erste Physiotherapie hat. So kann sie den verlorenen Schlaf nachholen, bekommt ein gigantisches Frühstück, liest ausführlich die Sonntagszeitungen und schnappt sich dann ihr Handy.

Mitch ist gleich am Apparat und wundert sich über den Anruf. Doch Carla spielt perfekt, schwärmt ihm von der Reha vor, dass es ihr schon viel besser gehe und dass sie sich nach ihm sehne. Und Mitch springt an, Freitagabend will er zu ihr kommen, noch sei er in Moskau. Dass er bei Godunow ist und Camilla und Diana dabei hat, behält er für sich.

Fast ein wenig überraschend kommt Mitch am Freitagabend wirklich, weil Carla, die inzwischen wieder Zeitung liest und Nachrichten hört, mitbekommen hat, dass die Märkte zunehmend nervöser werden. Von Carl, mit dem sie mehrfach in dieser Woche telefonierte, weiß sie, dass Lehman Brothers ums Überleben kämpft. Lange sah es so aus, als könnte Carl gar nicht nach London zurück.

Doch Kramer und er entscheiden, dass es besser ist, wenn ein Vertrauter des Vorstands im Londoner Handelssaal agiert. Auf Lehman ist kein Verlass mehr. Und seit die beiden großen halbstaatlichen Hypothekenbanken Fannie Mae und Freddie Mac vor ein paar Tagen unter staatliche Zwangsverwaltung gestellt wurden, brodelt es, vor allem an der Wall Street.

»Fannie und Freddie sind noch aufgefangen worden, aber wie lange kann das noch so weiter gehen? Kann sein, dass Lehman stirbt«, hatte Carl ihr die Lage noch am Freitagmittag beschrieben, ehe sein Flug aufgerufen wurde.

»Mir wäre Mitch lieber«, hatte Carla trocken erwidert.

Inzwischen könnte sie Bäume ausreißen. Jeden Tag hat sie eisern die Übungen gemacht, oft gar mehr, als sie musste. Der Muskelaufbau verläuft gut, die Kondition kommt zurück. Carla glaubt, Mitch Lehman gewachsen zu sein. Als er ihr Zimmer betritt, realisiert Carla sofort, wie nervös Mitch in diesen Septembertagen ist. Das hatte sie bereits am Telefon gespürt, sie konnte ihn förmlich vor sich sehen, wie er wippte und zuckte.

Rund um den Erdball brauchen Banken zusätzliches Kapital, werden Rettungsschirme für notleidende Institute von den Regierungen und Notenbanken bereitgestellt. Banker, die sich seit Jahrzehnten kennen, misstrauen sich plötzlich. Nachdem im August 2007 der Geldmarkt versiegt war und nur durch die Notenbanken geflutet werden konnte, geht es nunmehr ans Eingemachte: Es stehen nicht mehr nur die Liquidität, sondern ganze Bankbilanzen auf dem Spiel. Jeder weiß, dass die Zockerei zu weit gegangen ist, aber wie beim Poker will niemand sein Blatt auf den Tisch legen.

Carla fühlt sich nicht nur körperlich gestärkt. Auch mental ist sie voll bei der Sache, nachdem nun das Spiel mit dem blauen Bändchen aufgedeckt ist. Am schwierigsten war in dieser Woche noch, das beschädigte blaue Band reparieren zu lassen, aber das hatte Sam erledigt. Nur für ihren Gast legt sie das goldene Armband an. Carla geht es inzwischen besser und sie kann mit einer Krücke bereits wieder laufen. Der rechte Arm ist weiterhin verbunden, aber auch hier geht es langsam aufwärts. Für Mitch simuliert sie jedoch, dass sie nach wie vor größere Schmerzen habe. Nur mit ihren Worten spielt und reizt Carla. Mitch drängt Carla nach dem Essen an den Tischrand, nachdem die Servierdame abgeräumt hat und gegangen ist.

»Du hast riesige Fortschritte gemacht, mein Schatz.«

»Danke, es geht mir schon viel besser. Ich danke dir für die gute Klinik.« Habe ich mir ja wohl redlich verdient, denkt sie und muss sich innerlich fast übergeben.

»Und wie weit kommst du mir schon wieder entgegen?«, fragt Mitch und zwängt sich zwischen ihre Schenkel.

Carla versucht sich aus der Zwangslage herauszuwinden. »Nein, das geht noch nicht, Mitch. Ich habe so viel trainiert, aber es reicht noch nicht, da müssen wir beide wohl noch einige Zeit warten, ehe es wieder richtig Spaß macht«, heuchelt sie. »Aber ich wollte dich unbedingt sehen.« Dabei hebt sie den rechten Arm so, dass sein Blick auf sein goldenes Armband fällt.

Doch Mitch lässt nicht locker. Als er weiter versucht, sie zu bedrängen, schreit sie auf und er lässt von ihr ab. Carla weiß, dass sie nicht übertreiben darf, denn Mitch funktioniert wie ein Pawlowscher Hund. Noch einmal küsst sie ihn.

»Gib mir Zeit, Mitch«, murmelt sie ihm ins Ohr, der nun kaum mehr weiß, wie er seinen Trieb kontrollieren soll. »Es geht nicht, Mitch. Mein Arzt hat es mir extra gesagt«, schiebt sie ihn beiseite.

»Okay. Ist vielleicht auch besser so.« Mitch schüttelt sich ein wenig.

»Danke für dein Verständnis«, greift sie ihm ins Haar.

»Lass mich dann doch lieber wieder zurück nach London fahren. Ich habe ein ungutes Gefühl, was Lehman angeht, seit sie ihre Kapitalerhöhung nicht hinbekommen haben.«

»Aber du sorgst dich doch hoffentlich nicht um dich, oder?«

Völlig entsetzt betrachtet er Carla: »Nein, natürlich nicht. Wie kommst du darauf?«

»Nur wegen der Namensgleichheit: dass du ein ungutes Gefühl hast, was Lehman angeht. Wird Lehman sterben, Mitch?«, setzt sie nach.

»Investmentbanken dieser Größe können nicht untergehen, Carla. Lehman ist unsterblich, aber sie werden nicht mehr Herr ihrer Lage sein«, küsst er sie hart. Als er von ihr ablässt, geht er mit einem knappen Abschied, Mitch ist kein Mann großer Gesten. Angeekelt schaut ihm Carla für einen Moment hinterher, dann stürzt sie ins Bad und übergibt sich.

Aber sie hat ihn immer noch im Griff, da ist sich Carla sicher, als sie sich im Spiegel betrachtet, nachdem sie sich den Mund ausgespült hat und ihr Gesicht betrachtet.

Zurück im Zimmer, ruft sie Sam an: »Alles okay, Sam. Du kannst den Pfleger heimschicken. Er ist weg.«

»Wir sehen uns morgen, Carla«, antwortet Sam, die darauf bestanden hatte, dass ein als Pfleger verkleideter, privater Securitymitarbeiter der Rehaklinik unauffällig auf sie aufpassen solle, solange Mitch bei ihr war. Mit einer versteckten Wanze hätte Carla ihn jederzeit rufen können.

Mitch ist derweil schon im Fond des großen Rolls versunken, in dem Camilla auf ihn wartet. Er hat ja selbst nicht wirklich damit gerechnet, dass er heute Abend bei Carla landen könnte. Camilla hat auf einen freien Abend gehofft, mit Champagner, Canapés und einem schönen Liebesfilm auf DVD auf dem Rücksitz. Doch damit ist sofort Schluss, als Mitch ins Auto steigt. Die Trennscheibe hochzufahren, ist seine erste Handbewegung. Die zweite greift Camilla unter den Rock, die wie immer bei Mitch erst gar kein Höschen trägt. Ausgerechnet zu Pretty Woman muss Camilla an die Arbeit.

Während Camilla die arbeitsreiche Nachtschicht von Carla übernimmt, kann diese seelenruhig schlafen. Carla weiß, was sie tun kann, um Mitch zur Strecke zu bringen. Nur ihre Kondition muss noch deutlich besser werden. Also legt sie am freien Samstagmorgen eine Extraschicht Physiotherapie mit ihrem Vater ein. Carl hat sich für Samstagnachmittag angesagt, also muss das Programm am Morgen durchgezogen werden. Während Steven Bell neben ihr an der Behandlungsliege steht und ihr Bein zwar vorsichtig, aber gemäß den Vorgaben der Physiotherapeuten bewegt, beginnt sie zu erzählen: Wie sie ihr Gedächtnis wiedergefunden hat, was Carl ihr erzählt hat, warum sie Mitch zur Strecke bringen will und warum sie ihn erst jetzt einweiht.

Es ist nicht der Schauer der Geschichte, sondern der Schmerz der Bewegungen, der sie zwischendurch immer wieder stöhnen lässt. Carlas Vater hört mit stoischer Miene zu und bewegt weiter ihr verletztes Bein. Zwischendurch muss sich Carla aufrichten, und ihr Vater macht mit ihr die Übungen für den lädierten Arm.

Sam sitzt auf einem Stuhl daneben und nickt ihr immer wieder zu. Weiter, Carla, bedeutet diese Geste. Carla erzählt von Isas Abschiedsbrief und Carls Vermutungen. Und sie sagt ihrem Vater, dass alles vorbei ist mit Mitch Lehman.

»Letzteres ist eigentlich das Einzige, was ich wirklich von dir hören wollte, Carla«, sagt ihr Vater ganz ruhig.

»Danke, aber noch kein Wort zu Stanley.«

»Warum?«

»Ich mag ihn, aber ich bin mir nicht sicher, auf welcher Seite Stanley Ashton steht. Er ist und bleibt ein Freund von Mitch.«

»Okay. Das verstehe ich.«

»Was meinst du, Dad?« Carla blickt ihren Vater fragend an.

»Wenn du meine Tochter bist, dann wirst du dieses Schwein nicht ungeschoren davonkommen lassen.«

»So sehe ich das auch. Ich habe auch einen Plan, Dad.«

»Wir helfen dir«, tönt es aus dem Hintergrund und beide schauen lachend auf Sam.

»Sicher, Sam«, antwortet Carla und zwinkert ihr mit dem Auge zu.

»Was hast du vor?«

»Ich werde ihn noch einmal besuchen. Auf Hawaii«, sie schaut triumphierend in die Runde.

»Warum Hawaii?«

»Weil ich dort an die Dateien herankommen kann, die Mitch zur Strecke bringen können.«

»Welche Dateien?«

»Isa hat Carl Dateien schicken wollen, die Mitch überführen könnten. Die sind aber bei ihm nicht angekommen, wir vermuten sie allerdings bei Mitch.«

»Was immer du tust: Ich komme jedenfalls mit, Tochter. Aber wie willst du das bewerkstelligen?«

»Sorry, es klingt primitiv, doch eigentlich hat Mitch neben der Bank nur eine Obsession: Sex! Er ist immer noch scharf auf mich.« Irritiert blickt Steven auf seine Tochter.

»Natürlich werde ich keinen Sex mit dem Typen mehr haben«, richtet sie den Blick fest auf ihren Vater. »Aber ich werde ihn scharf auf mich machen. Lass uns mit Carl Bensien darüber sprechen. Heute Nachmittag.«

Kurz vor Mittag ruft Carl an und muss absagen. Die Begründung leuchtet Carla sofort ein: »Lehman wird pleitegehen, Carla. Wenn wir Pech haben, geht am Montag die Welt unter. Ich melde mich.«

Schwarze Wochen

Frustriert verbringt Carla den Rest des Wochenendes mit Therapien, Essen, Schlafen und ein bisschen Spazieren. Wie gerne hätte sie Carl gesehen. Als sie nach Mitternacht noch einmal den Fernseher in ihrem Zimmer anstellt, traut sie trotz allen Gerüchten der letzten Tage ihren Augen nicht: Die ersten Lehman-Mitarbeiter in New York packen ihre privaten Dinge in Pappkartons und verlassen die Bank. »Wie Ratten auf dem sinkenden Schiff«, setzt sie sich im Bett auf. Der Reporter vor der Zentrale von Lehman Brothers berichtet von gestandenen Männern, die sich umarmen, verabschieden, teilweise weinen und ihr letztes Hab und Gut aus dem Gebäude tragen. Wohlgleich sie das meiste dadurch verlieren werden, weil sie alle auch in Aktien von Lehman Brothers bezahlt worden sind, die nunmehr wertlos sind.

Carla hat in der letzten Woche viel nachgelesen, eigentlich musste sie nur die Ausgaben des »CityView« durchgehen: Schon im Frühjahr nach der Bear-Stearns-Rettung tauchten Gerüchte auf, dass auch Lehman Brothers ähnliche Finanzierungsrisiken haben. Aber Lehman weist im Frühjahr sogar noch einen kleinen Gewinn aus, wenn auch mit einem deutlichen Einbruch. Lehman-Chef Richard Fuld spielt bis zum letzten Zug und verliert. Er findet keinen Investor mehr, keine Retter mehr.

Als die versammelten Banker der Wall Street am Sonntag vor dem Insolvenzantrag eine außerordentliche Handelssitzung starten, um die offenen Positionen der CDS-Papiere mit Lehman glattzustellen, ist die Bank schon klinisch tot. Bis zu diesem Wochenende im Herbst 2008 kann sich dennoch niemand vorstellen, dass eine so große Bank pleitegehen kann. Fast zynisch haben wohl alle Banken darauf gewettet, dass Regierungen und Notenbanken notfalls einspringen würden. Lehman galt als too big to fail – ein fataler Irrtum. Regierung und Notenbank ziehen Lehman blutig über die Wall Street, damit jeder sieht, dass jetzt Schluss ist, denkt Carla. Sie schaut die ganze Nacht weiter, schläft aber irgendwann vor lauter Müdigkeit vor dem laufenden Fernseher ein.

Als sie am Montagmorgen, dem 15. September 2008, durch eine Stimme aus dem Fernseher wieder geweckt wird und in die Augen des Moderators schaut, hat der Schwarze Montag begonnen. Um zwei Uhr amerikanischer Ostküstenzeit bricht Lehman endgültig zusammen. Wie beim Atomkraftwerk in Tschernobyl geschieht der größte anzunehmende Unfall, der GAU: Lehman Brothers ist pleite und meldet Insolvenz an!

Die viertgrößte amerikanische Investmentbank muss nach letzten Rettungsversuchen am Wochenende in der Nacht zum Montag aufgeben. Unvorstellbare Forderungen von über sechshundert Milliarden Dollar will keiner mehr übernehmen. Sämtliche Rettungsversuche scheitern daran, dass Investoren Sicherheiten für die faulen Kredite haben wollen, die ihnen niemand mehr gibt. Über hundertfünfzig Jahre Tradition werden auf einen Schlag ausgemerzt.

Während im Frühjahr 2008 die fünftgrößte Investmentbank Bear Stearns mit Hilfe einer Übernahme durch JP Morgan Chase und mit Unterstützung durch Notenbank und Finanzministerium noch gerettet wurde, ist für Lehmans nun niemand mehr da. Auch Merrill Lynch, eine der großen drei unter den Investmentbanken, geht zum selben Zeitpunkt unter und schlüpft unter das Dach der Bank of America.

Wall Street klappt die Bordsteine hoch, sinniert Carla, die in jeder freien Minute, die ihr die Physiotherapie lässt, die Sondersendungen schaut. Nur Goldman Sachs und Morgan Stanley leben noch. Schon lange muss man dazu nicht mehr die Wirtschaftssender wählen. Überall heißt es: die Pleite von Lehman, das Lehman-Desaster oder auch Lehmans Tod. Was Mitch wohl denkt, wenn er andauernd seinen Namen in diesem Kontext hört, gluckst sie vor Freude. Ihr Bein schmerzt vom vielen Sitzen vor dem Bildschirm. Merrill, Bear Stearns und Lehman – alle verzockt.

Als sich Carl vor sieben Uhr an diesem 15. September den nächsten Kaffee holt, stehen zwei Putzfrauen am Automaten vor ihm. Sie genehmigen sich einen Kaffee. Carl wartet geduldig, obwohl er eigentlich keine Sekunde Zeit hat.

»Was ist denn hier heute Morgen los?«, fragt die kleinere der beiden Frauen in Putzkleidung, ihre dunkle Hautfarbe und ihr Akzent lassen ihn auf eine Inderin tippen.

»Ich habe gehört, dass Lehman tot ist«, antwortet die andere, eine junge Engländerin mit Cockney-Akzent.

»Habe Master Lehman doch gerade noch gesehen«, gibt die Inderin zu bedenken, als sich die beiden von der Kaffeemaschine in Richtung Türe entfernen.

Für einen Moment muss Carl über das Wortspiel schmunzeln und drückt auf den Knopf mit »Kaffee groß«.

Carl Bensien hat die letzten zwei Nächte im Büro verbracht; denn als Lehman um zwei Uhr morgens New-Yorker Zeit Konkurs anmeldet, ist es bereits sieben Uhr morgens am Montag in London. Die Carolina Bank ist zwar nicht mit Lehman zu vergleichen, doch weiß Carl Bensien, dass sich nunmehr auch die Lage für sein Institut aufs Äußerste zuspitzt. Jetzt passiert das, was er befürchtet hat: Das System ist in Frage gestellt, selbst alle vergleichsweise guten Zertifikate stehen auf dem Prüfstand, und zwar bei allen Banken.

Vom Holiri-Volumen müssen nun wohl auch die guten Tranchen neu Risk adjusted werden, da der Value at Risk nunmehr ein ganz anderer ist als vor der Lehman-Pleite. Wie das Risiko anders zu adjustieren ist, das ist genau das Problem, vor dem der Chief Risk Officer jetzt steht. Gott sei Dank sind die meisten Schachteln, die Isabella hinterlassen hat, inzwischen dank ihrem gemalten Teufelskreis ausgepackt.

Die Nacht über hat sich Carl Bensien immer wieder mit seinem Risikomanagement-Team besprochen. Allen ist bewusst, dass die gesamte Holiri-Familie mehr oder weniger wertlos werden könnte, sobald eine Investmentbank der Größe von Lehman pleitegeht, denn alle Banken hängen irgendwie zusammen. Bear Stearns, Lehman Brothers, Merrill Lynch und alle anderen einschließlich der Carolina Bank sitzen in einem Boot. Carl Bensien schätzt das gesamte Forderungsvolumen auf zwischen sechzig und hundert Milliarden Dollar. Genauer kann er es noch nicht beziffern, aber dass neben Isabellas noch verbliebenem Betrugsvolumen von rund sechzig Milliarden noch die eine oder andere Kreditzusage an Hedgefunds dabei sein muss, ist ihm klar, wenn er nur an die möglichen Kredithebel denkt. Das ist zwar kein direkter Verlust, aber den Wert berichtigen wird er das auf jeden Fall müssen.

Als der Konkurs um sieben Uhr Londoner Zeit über die Ticker gemeldet wird, herrscht trotz allen Vorahnungen für einen Augenblick Totenstille im Handelssaal – und dies, obwohl die meisten Händler bereits anwesend sind. Niemand kann glauben, was geschehen ist. Carl steht an der Trennscheibe von Isabellas Büro und sieht, wie alle versteinert auf die Bildschirme starren. Es erinnert alles an 1929, den Schwarzen Freitag des ersten weltweiten Börsencrashs.

Auch Mitch Lehman ist erstaunlicherweise in seinem Büro, in das Carl Bensien freie Sicht genießt. Der General kann es einfach nicht lassen. Er läuft in seinem Büro wie ein angeschossener Tiger in seinem Käfig auf und ab. Immer wieder ruft er einen seiner Obristen zu sich, obwohl er kaum mehr etwas zu sagen hat.

»Es ist aus, nicht wahr, Carl?« Der schaut auf und erblickt Mitch, der aus seiner Herrschaftsecke in Isabellas altes Büro gekommen ist. Mitch setzt sich vor den Schreibtisch, ohne vorher um Erlaubnis zu fragen.

»Es ist niemals ganz aus, Lehman. Ein Bankier hat Verantwortung. Wir haben Kunden mit Einlagen und Forderungen und müssen retten, was gerettet werden kann.«

Carl Bensien schaut Mitch Lehman tief ins Gesicht und sagt dann: »Aber für dich ist es jetzt sicher aus, Lehman. Für Eigenhändler wie dich, die aus der Bank einen riesigen Hedgefund gemacht haben, ist das Spiel zu Ende. Den Tod von Lehman wirst du nicht überleben.«

»Ich habe nur das getan, was alle anderen auch gemacht haben. Den Rest hat Isabella verbockt. Ich bleibe hier bei meiner Truppe, denn wenn die kleine Delle vorbei ist, fangen wir wieder neu an.«

»Kleine Delle? Glaube nicht, dass du sicher bist, Lehman. Wenn wir die Bank gerettet haben, werde ich dich jagen. Du hast Isabella Davis nur ausgenutzt. Die Verantwortung für die Verluste und die Schuld an ihrem Tod hat niemand anders als du. Und bitte, raus aus meinem Büro!«

An diesem Montagmorgen, dem 15. September 2008, beginnen die schwarzen Wochen der weltweiten Kapitalmärkte. Sie bringen die Menschen an der Wall Street und in der City fast um, mindestens aber fast um den Verstand. Viele Investmentbanker verlieren ihre Arbeitsplätze und viele auch einen Gutteil ihres Vermögens. Dass es jedoch im Nachgang fast zu einer globalen Kernschmelze des gesamten Finanzsystems kommt, hat niemand vorhergesehen. Wenn AIG auch noch untergegangen wäre, wäre der Kapitalmarkt in die Steinzeit zurückkatapultiert worden. Von diesem Montag an werden arrogante Banker zu braven Schuljungen, die endlich wieder auf ihre Lehrer hören. Die Politik bestimmt das Geschehen. Sie nimmt das Heft in die Hand.

»Es gibt keine Wall Street mehr«, fasst Carl die Woche in einem Satz zusammen, als er Carla anruft.

»Aber die Wall Street ist Gott sei Dank nicht die ganze Welt, Carl.«

»Da hast du auch wieder Recht, aber alle Investmentbanken haben ihren Status gegenüber den Geschäftsbanken verloren. Das hätte ich nie gedacht.«

»Wie steht es um euch?«

»Mit den Vorarbeiten der letzten Wochen und mit der vergleichsweise guten Eigenkapitalausstattung können wir uns selbst retten, wie Morgan Stanley und Goldman Sachs. Aber noch ist das lange nicht vorbei. Und ich komme hier nicht weg.«

Die Banker werden in diesen Tagen zu ausführenden Referenten degradiert, die sich bereithalten müssen. Das gilt auch für die Carolina Banker: denn überall schaffen die Regierungen Rettungsschirme. In den USA sind es siebenhundert Milliarden Dollar, in Deutschland rund fünfhundert Milliarden Euro. Das sind Staatsgarantien, die nur zu einem kleinen Teil tatsächlich als Kapital bei den Banken eingesetzt werden; vor allen Dingen aber sollen sie den Geldfluss zwischen den Banken wieder in Gang bringen.

Die Regierungen üben ihre Funktion als Hüter des Gemeinwesens aus. Gemeinsam mit den Notenbanken und den Bankenaufsichten übernehmen sie das monetäre System mehr oder weniger komplett, das die Banken mit ihrem Geschäftsgebaren an den Rand des Ruins gebracht haben. Dazwischen müssen die Notenbanken immer wieder in unvorstellbarem Maße Liquidität zur Verfügung stellen, damit die Realwirtschaft weiter funktioniert. Wall Street und City kapitulieren. Einzelne Banken rufen gesondert nach staatlicher Hilfe, werden teilweise übernommen, erhalten Garantien oder tun sich zusammen.

Der Risikoausschuss der Carolina Bank tagt seit dem 15. September fast pausenlos. Immer wieder werden die Teilnehmer zusammengerufen. Doch bislang geht es nur darum, das

Risiko wieder in den Griff zu bekommen und Schaden so weit wie möglich abzuhalten. Erst am Dienstag, dem 30. September 2008, will der Risikoausschuss erstmalig etwas systematischer das Geschehene ausleuchten.

In New York muss Mitch Lehman vor dem Ausschuss antreten. Don und Carl hatten eine Wette laufen, ob der General überhaupt kommen würde. Don meinte nein, Carl ja. Der Chief Risk Officer war sich sicher, dass sich der Spieler Lehman diesen Auftritt nicht entgehen lassen würde. – So gewinnt Carl als Erster etwas in der Krise: eine gute Kiste Rotwein.

Aufrecht wie ein Schweizer Offizier steht Bensien vor dem Risikoausschuss, spricht langsam, aber sehr präzise.

Meine Damen und Herren Mitglieder des Risikoausschusses, wir haben in den letzten Tagen in den Abgrund geblickt. Es hat nicht viel gefehlt und wir wären alle gestürzt und elendig zugrunde gegangen. Wir müssen rund hundert Milliarden auf die Bücher nehmen, Wert berichtigen und/oder sogar abschreiben. Nicht alles ist faul, aber momentan ist das die einzige Lösung. Dass dies nicht geschehen ist, ist nur zu geringem Teil unser eigenes Verdienst.

Ich bin selten so stolz auf unsere Regierungen und Notenbanken gewesen, dass sie uns alle gerettet haben. Ohne Rettungsschirme und Garantien wären wir heute nicht mehr existent, allerdings auch die meisten anderen Banken nicht mehr. Wir sind noch lange nicht über den Berg, aber für den Moment dürfte das Schlimmste überstanden sein. Wenn nach Lehman am 16. September nicht AIG gerettet worden wäre, wäre es wohl aus gewesen. Aber so haben wir eine neue Chance erhalten. Und diese Chance müssen wir nutzen, doch dazu müssen wir uns ändern.

Wir werden weitere Verluste machen, aber die Rettungsschirme werden, so meine Hoffnung, halten. Sie geben uns die Sicherheit, jederzeit Kapital leihen zu können und unsere faulen Papiere erst einmal wieder zurück in die Bilanz zu nehmen. Wir sind heute hier zusammengekommen, um unseren Teil dazu zu leisten, dass so etwas nie wieder passiert. Selbstverständlich braucht es dazu neue Regulierungen und angepasste Bilanzierungsgrundsätze – vielleicht auch außergewöhnliche Regeln, damit wir nicht alle unsere Banken zu Tode abschreiben müssen. Denn zweifelsohne bleiben das eine oder andere Zertifikatebündel werthaltig, auch wenn das im Moment kaum einer zu glauben wagt. Das gilt auch, wie ich betonen möchte, für die Super-Senior- und Senior-Tranchen unserer Holiri-Familie, die uns ja seit über einem Jahr immer wieder hier beschäftigt hat.

Wir werden auch weiterhin Zertifikate benötigen, sofern sie dazu da sind, für real unterlegte Kunden und ihre Geschäfte Marktentwicklungen auf ein bestimmtes Risiko hin zu terminieren und abzustimmen. Gerade deshalb müssen wir uns mit den Auswüchsen beschäftigen.

Wir werden auch weiter Hedgefunds benötigen, aber sicher keine zehntausend solcher Fonds mehr, die zehntausend Milliarden Dollar über wenige eigene Mittel mit vielen Krediten bewegen. Wir werden auch weiterhin OTC-Geschäfte machen und Forderungen verbriefen und sie sogar auch weiterreichen. Das alles ist vor Jahren einmal aus gutem Grund entstanden. Aber es wird stärker reguliert werden müssen. Vor allem muss es transparenter werden. Das Schlimmste in dieser Situation ist, dass keiner vom anderen mehr weiß, was er mit welchem Risiko in den Büchern hat. Mit mehr Transparenz hätte Isabella Davis und andere auch nicht ihre schneeballartige Verschachtelung durchführen können, die wir immer noch entflechten.

Aber was wir nicht mehr machen sollten, ist eine Geldmaschine am Laufen zu halten, die nicht real unterlegt ist. In dieser Bank ist viel zu lange die Gier der Antrieb für unser Handelsgeschäft gewesen. Und Gier ist nicht nur ein schlechter, sondern gar kein Ratgeber. Denn wir wissen heute auch, dass die Gewinne früherer Jahre viel zu risikoreich waren. Am Ende dieser Krise werden unsere Verluste die Gewinne vieler Jahre schlicht und ergreifend auffressen.

Bestehen bleiben allerdings die bereits ausgezahlten Boni unserer Händler, sofern sie nicht von den Kursverlusten der Caro-

lina-Bank-Aktien getroffen sind. Man sollte sie zurückfordern, wenn man das irgendwie kann.

Ich denke, es ist an der Zeit, die gesamte Spitze des Kapitalmarktbereichs auszuwechseln – arm wird von diesen Herren und wenigen Damen dabei keiner. Leider. Und dies allein, um mit neuen Leuten einen transparenteren Neuanfang zu wagen.

Mitch Lehman hat während der ganzen Rede keine Miene verzogen, für ihn ungewöhnlich, saß er mucksmäuschenstill und sandte seinem Rivalen giftig Blicke zu. Nun rutscht es ihm heraus: »Und wer soll das machen?«

Lehman sieht Bensien an, der kerzengrade vor dem Ausschuss steht. Aus dem Augenwinkel erkennt er, wie Don Kramer aufsteht, der bislang ebenfalls der Analyse von Carl Bensien zugehört hat. Kramer geht um den Tisch herum und postiert sich vor Mitch Lehman: »Heute ist der 30. September und damit das Ende des Quartals, Mitch. Ein schöner Tag, um aufzuhören. Du bist gefeuert. Du musst die Verantwortung für die Verluste übernehmen. Und dein Nachfolger steht auch schon fest: Dr. Carl Bensien!«

»Das kann der doch gar nicht. Der hat doch viel zu viel Angst, einen Trade zu dealen«, schaut Mitch auf Kramer und zeigt dabei auf Bensien.

»Er hat das, was du und deine Leute nicht mehr haben, Mitch: unser Vertrauen. Und das ist es, was man jetzt braucht. Banken ohne Vertrauen sind wie Autos ohne Bremsen. Es ist besser, wenn du jetzt gehst«, weist ihm Don den Weg zur Tür.

Mitch steht ungerührt auf und blickt noch einmal in das Gesicht des Mannes, der jahrelang von ihm profitiert hat. Kramer bleibt unbeweglich und weicht keinen Zentimeter. Seine Hand rührt sich nicht zum Abschied. Mitch muss beim Hinausgehen an Carl Bensien vorbei. Als sie auf gleicher Höhe sind, schauen sie sich für einen Moment an und Carl Bensien sagt leise: »Executed, Lehman!«

Das trifft den Nerv; Mitch dreht sich um und geht Carl an die Gurgel. Bensien ist zwar kräftig genug, sich sogleich aus der Umklammerung zu lösen, allerdings ist Mitch mit einer solchen Wucht auf ihn losgegangen, dass die beiden Streithähne auf dem Boden gelandet sind. Als Mitch gerade erneut ausholen will, greift Kramers linke Hand um seinen Arm wie ein Schraubstock und zieht ihn zu sich herüber. Die rechte Faust schlägt einmal kräftig zu und Mitch Lehman landet auf dem Boden. Er kriecht förmlich direkt weiter zur Türe und verschwindet.

»Danke«, entgegnet Carl, der wieder aufgestanden ist.

»Gern geschehen. Dich brauchen wir hier noch«, antwortet Kramer. Alle anderen Ausschussmitglieder schauen die beiden mit weit aufgerissenen Augen an; Kramer hat blitzschnell reagiert, was man ihm bei seinem Gewicht gar nicht zutrauen würde.

»Es kommt in diesen Tagen auf Schnelligkeit und Genauigkeit an«, richtet er sich an die Herren, die an den in U-Form aufgestellten Tischen sitzen. Ein herzhaftes Lachen löst die Spannung, zum ersten Mal in diesen Wochen.

Kurz darauf wird die Sitzung beendet und die fristlose Entlassung von Mitch Pieter Lehman in einem Communiqué bekannt gegeben. Auch das Volumen von hundert Milliarden Dollar wird veröffentlicht. Die Zahl alleine reicht aus, dass alle Obristen in einem anberaumten Conference Call dem neuen General Dr. Carl Bensien die Treue schwören. Damit hat Carl erst einmal Ruhe, denn der Handel muss weiterlaufen. Ohne die Obristen fehlen den Fußtruppen die Offiziere.

Hektisch wird es hingegen beim »CityView«, als die Nachricht bekannt wird. »Erst Starbanker, jetzt Sternchenbanker«, ruft Simon Trent quer durch den immer leereren Redaktionsflur. »Schreib das auf, Annabelle. Ich bin in fünf Minuten wieder da«, ruft er laut und rennt nach hinten, wo der junge Layouter mit den zotteligen langen Haaren sitzt. Umrandet von unzähligen Bechern mit kalten Kaffeeresten und überquellenden Aschenbechern.

»Schlag mir den Kommentar auf Seite eins frei und packe den bisherigen Text irgendwo auf Seite drei oder fünf.«

»Uh, ist aber knapp, Chef.«

»Wie viel Zeit?«

»Na, eine Stunde.«

»Da kann ich mir ja erst noch einen Kaffee holen und telefonieren«, Simon dreht sich um und geht wieder nach vorne, um die sofortige Entlassung des Starbankers Mitch Lehman zu kommentieren. Gegen Mittag hat die Carolina Bank die Nachricht veröffentlicht. Da bleibt am Abend in London nicht mehr viel Zeit, aber Simon will diesen Knüller seinem Publikum noch sofort berichten.

Ausgestattet mit einem heißen schwarzen Kaffee, flitzt er wieder in sein Büro zurück. Annabelle sitzt schon vor dem Bildschirm. Wenn es schnell gehen und gut werden soll, rennt Simon lieber in seinem Büro umher und diktiert Annabelle gleich in die Maschine.

»Gib mir Pearson«, weist er Annabelle an und läuft zur Sitzecke.

»Ich stelle durch«, heißt es hinter dem Bildschirm; Annabelle ist komplett in seinem großen Schreibtischstuhl versunken.

»Hallo, Robert. Schon gesehen?«

»Sicher, Simon«, antwortet der über die Freisprechanlage, damit Annabelle mithören konnte. Das war ein alter Trick der beiden, sodass sie immer ein paar Notizen machen konnte, wenn Simon leicht mit dem Finger schnippte und auf den Stenobogen zeigte.

»Robert, machen wir es kurz. Willst du mir ein paar Sachen stecken oder nagst du noch an dem Kerl?«

»Was willst du wissen?«

»Alles, mein Lieber«, grinst Simon.

»Off the record, klar«, hören die beiden, die Stimme klingt bedrückt. Simon richtet sich auf und gibt Annabelle ein Zeichen, dass sie achtgeben soll.

»Nun ja, die Sachlage der Bank ist ja klar. In schwerer See, ein Betrugsfall, der noch aufgeklärt werden muss, aber wohl ähnlich wie Goldman und ein paar andere auf der sicheren Seite. Richtig, Robert?«

Jetzt schnippt er leise in Richtung Annabelle. Als Pearson zu antworten beginnt, zeigt er auf den Block.

»Stimmt im Wesentlichen alles. Ob man Mitch für den Betrug wirklich verantwortlich machen kann, weiß ich nicht. Wird man sehen müssen, aber bislang fehlen die Beweise.«

»Warum muss er dann gehen? Milliardenverluste gehören doch heute fast zum guten Ton?«

»Nun. Ich denke, er ist der falsche Typ Banker. Kramer und Bensien sitzen fest im Sattel und wollen keinen Händler mehr haben, der aus Wasser Wein macht.« Simon ist überrascht, wie offen Robert über den Mann spricht, der bis vor wenigen Stunden seine Rechnungen bei der Bank abgezeichnet hat.

»Angeblich Wein, Robert«, fügt Simon an und gibt Annabelle mit einer seitlichen Handbewegung das Zeichen, dass sie an dieser Stelle erst einmal Halt machen kann.

»Du bist ja fast schon reumütig, Robert. Wenn ich mehr Zeit hätte, würde ich dich gern an ein paar deiner Sünden der letzten Monate erinnern.«

»Ich weiß«, seufzt es aus der Freisprechanlage.

»Aber kannst du mir das Auffangsystem noch mal erklären und was die Banken und die Carolina jetzt machen müssen? Denn es muss ja weitergehen.« Wieder schnippt er. Dieses Mal fast direkt an Annabelles Ohr, da er gerade an ihr vorbeiläuft.

»Aus meiner Sicht ist es so, dass die US-Regierung unter Präsident Bush und Finanzminister Paulsen wohl an irgendeiner Stelle mit Lehman Brothers ein Exempel statuieren musste. Aber man konnte nicht eine weitere Adresse untergehen lassen, Simon.«

Als er offensichtlich Luft holt, pocht Simon auf den Block, da er immer noch in der Nähe des Schreibtischs steht. Jetzt wird es wohl wichtig, denkt Annabelle.

»Der wesentlich schlimmere Fall als Lehman, Merrill oder auch Carolina ist AIG, das weltgrößte Versicherungsunternehmen American International Group. Die sind weltweit so verflochten, dass ihre Insolvenz wahrscheinlich den Finanz-Super-GAU bedeutet hätte, bei dem in einer Kettenreaktion mehrere Banken mitgerissen worden wären. In jedem bedeutenden Finanzzentrum der Welt wären wohl gleich mehrere Finanz-Tschernobyls explodiert.«

»Wie meinst du das?«, geht Simon dazwischen und fuchtelt wieder mit seinem Zeigefinger in Richtung Annabelle.

»Nun, AIG wurde von der amerikanischen Regierung gerettet und de facto verstaatlicht, weil sie als weltweit größter Kreditversicherer über Credit Default Swaps wahrscheinlich den globalen Melt Down, der bei Lehman noch gerade eben abgewendet werden konnte, ausgelöst hätten. AIG hat allein ein CDS-Portfolio von mehreren hundert Milliarden Dollar. Und wenn noch einer pleiteginge, würden noch mehr Ausfallklauseln in den CDS-Kontrakten ausgelöst und die entsprechende Gegenpartei stünde mit leeren Händen da, weil der Referenzschuldner fehlen würde.«

»Deshalb diese schnelle Reaktion und die Kapitalspritze?«

»Genau. Und das US-Finanzministerium will ein siebenhundert Milliarden Dollar Volumen bereitstellen, um mit Kapitalspritzen die notleidenden Aktiven in den Bankbilanzen gegenzufinanzieren. Dieses Programm heißt Troubled Asset Relief Program, kurz TARP. Das machen eigentlich jetzt fast alle Regierungen, um das System der Banken zu retten.«

Pause am anderen Ende der Leitung, sodass Annabelle ihre Hand ausschütteln kann, sie hat wie verrückt mitgeschrieben.

»Verstehst du, Simon?«, klingt es wieder über die Freisprechanlage.

»Ich glaube schon, Robert«, antwortet der umherlaufende Simon.

»Ich habe jetzt noch eine halbe Stunde, um meinen Kommentar zu schreiben. Danke dir. Sehen wir uns im Club bei den Alumnis?«

»Sicher. Wird Peter auch da sein?«

»Möglich, aber Notenbanker haben viel zu tun in diesen Tagen«, verabschiedet sich Simon und weist Annabelle mit einem Blick an, sich an der Tastatur bereit zu machen.

»Also, Annabelle: Sternchenbanker. Das wird gerade Mitch Lehman ärgern.« Er nimmt sich die Blätter und diktiert druckreife sechzig Zeilen. Bevor er zu den Oxford-Alumnis geht, druckt er sich zwei Exemplare aus: Eines für Robert, eines für Sir Peter Cane, wenn der denn kommt.

Als Simon die Bar neben der Halle im Club betritt, steht Sir Peter bereits mit einer Bloody Mary an der Theke.

»Hallo, Peter. Schon hier?«

»Komme direkt aus Basel von der Bank für Internationalen Zahlungsausgleich, wo sich alle wichtigen Notenbanker getroffen haben, Simon.«

»Und wie sieht die Welt der Notenbanker aus?«, gesellt sich Simon dazu und bestellt sich einen Gin Tonic.

»Schwierig jedenfalls. Überall fluten wir die verschiedenen Märkte mit frischer Liquidität, mit Swapkreditlinien, geben die Regierungen Staatsgarantien für die Spareinlagen ab, übernehmen die Notenbanken den Commercial-Paper-Markt oder kaufen wir Geldmarktfonds auf.« Schon lange ist Sir Peter, der extra sein Glas abgestellt hat, mit seinen Fingern an einer Hand durch, als der die ganzen Maßnahmen aufzählt.

»Und wie soll es weitergehen, Peter?«, nippt Simon an seinem Gin Tonic und schaut auf den Mann, der die Old Lady in der Öffentlichkeit verkaufen soll.

»Jedenfalls habe ich so viel zu tun, dass ich Robert ab morgen, dem 1. Oktober, zusätzlich angeheuert habe«, weist er mit dem Finger auf Pearson.

»PA ist auch überall dabei«, muss Simon lachen, als er Robert die Hand reicht.

»Einen Double Mault«, bestellt er und schaut beide entspannt an.

»Deshalb wusstest du auch heute schon so gut Bescheid, Robert«, geht Simon ein Licht auf.

»Ja, aber offiziell bin ich erst ab morgen dabei. Denn ab morgen arbeite ich nicht mehr für die Carolina Bank.«

»Wieso?«

»Weil mein Vertrag eine Klausel hat, dass ich beim Ausscheiden von Mitch Lehman sofort aus dem Vertrag kann.«

»Mit Abfindung?«, fragt Simon kopfschüttelnd.

»Mein Freund, über Geld redet man doch nicht unter Gentlemen.«

»Deshalb frage ich ja«, hebt Simon sein Glas in Richtung Robert, der direkt neben Sir Peter steht.

»Also, ihr zwei Notenbanker. Wie geht es weiter?«

»Ehrlich gesagt, Simon: Wir wissen es auch noch nicht; denn seit dem 15. September sind wir in einer neuen Phase«, antwortet Sir Peter.

»Und was macht diese Phase aus, Peter?«, hakt Robert nach.

»Phase eins: Subprime und Finanzkrise«, streckt er wie zur Gliederung wieder den Daumen in die Höhe. »Phase zwei: Bankenkrise«, hebt er den Zeigefinger dazu. »Und Phase drei läuft jetzt: Vertrauenskrise«, kommt der Mittelfinger dazu. »Deshalb ist auch Kommunikation so wichtig jetzt, Robert. Und wir brauchen die Medien«, schaut er Simon an.

»Deshalb hat Kramer auch Lehman gefeuert«, fügt Robert hinzu, der wie ein Chamäleon die Farben gewechselt hat. Gestern Lehman, heute halt die Old Lady. Simon kann es nicht fassen, doch so ist es ihm auf jeden Fall lieber.

»Das Schweigen der Banker ist schon jetzt unerträglich. Alle verkriechen sich in ihre Löcher. Keiner will es gewesen sein, Freunde«, redet sich Sir Peter in Rage und bestellt noch einmal das Gleiche für die drei.

»Du hättest noch zwei Finger, Peter«, schaut Simon auf seine Hand.

»Ich glaube, wir werden eine Weltwirtschaftskrise bekommen – als Phase vier; denn die Konjunkturdaten gehen beständig nach unten und werden jetzt massiv verstärkt.«

»Dann bliebe noch einer«, bewegt Robert seinen kleinen Finger.

»Hoffentlich Stabilisierungsphase«, hebt er den kleinen Finger.

»Ansonsten macht es Bum!«, macht Peter auf einmal eine Faust und streckt sie in die Höhe. Robert und Simon zucken erschrocken mit den Augen.

»Und hoffentlich kommt uns nicht noch eine Staatspleite in Europa in die Quere. Wer soll das denn alles bezahlen? In Griechenland, haben die mir bei der BIZ erzählt, rumpelt es jedenfalls schon. Ich bin heilfroh, dass wir aus den Euros draußen geblieben sind.«

»Aber wie können wir das alles verhindern?«, alle drei nippen auf Simons Frage an ihren Gläsern.

»Nach der Notoperation müssen wir an die richtige Diagnose heran. So eine Krise hat viel mit einer Krankheit zu tun, Leute«, antwortet Sir Peter und schaut auf Robert.

»Wenn du ab morgen für uns mit den Medien redest, kannst du nicht Notenbankpolitik verkaufen. Aber du sollst auf die Ursachen aufmerksam machen.«

»Die da wären, Peter?«, fragt Robert.

»Wir haben in den letzten zehn Jahren ein riesiges Leistungsbilanzdefizit der USA zugelassen, die sich einfach im Ausland verschuldet und sozusagen auf Pump der Welt gelebt haben.«

»Das macht aber noch keine Krise aus«, wirft Simon ein.

»Nein, aber wenn diese Krankheit wie ein Virus übergreift, dann werden auch andere Länder in Mitleidenschaft gezogen. Genau das ist ja beim US-Subprime-Geschäft passiert.«

»Aber immer noch kein Grund für eine weltweite Wirtschaftskrise, Peter«, mischt sich Simon zum zweiten Mal ein.

»Doch, wenn die Banken vom Virus der niedrigen Realzinsen angesteckt worden sind, dann vergibt man Kredite auch leichter. Was nicht bedeutet, dass das Risiko geringer wäre.« Er schaut gewichtig in die Runde: »Und damit, Freunde, sind wir bei den Banken selbst: falsche Anreizsysteme, falsche Risikomessung und diese schleichende Abwanderung aus der Regulierung.«

»Warum hat niemand deutlich genug gewarnt, Peter?«, fragt Robert nach.

»Die gab es, aber niemand wollte es hören, dass ohne Eigenkapital keine Kredite vergeben werden sollten und dass Banken diese Kredite nicht auch noch eigenkapitalschonend aus der Bilanz verschwinden lassen konnten.«

»Und nun?«

»Gehen wir zum Essen, Jungs. Ich habe Hunger.«

»Mir ist fast der Appetit vergangen über diese Sternchenbanker«, greift Simon in die Innentasche seiner Jacke und gibt den beiden eine Kopie seines Kommentars für den 1. Oktober 2008.

»Kannst du nicht ändern, Simon. Das Finanzsystem ist für die Wirtschaft das, was die Wasserleitungen für ein Land sind. Aber leider gibt es nicht so viele Wasserwarten, dass wir sie alle auswechseln können. Nur die Leute in den großen Pumpstationen und Kraftwerken, die müssen wir wirklich auswechseln«, geht er vor den anderen in den Saal, wo schon viele Alumnis an den Tischen sitzen. »Leute wie Lehman eben«, fügt der Aristokrat hinzu.

»Sternchenbanker, Wasserwarte, Sternwarte«, beendet Simon in Richtung Robert das Thema. »Alles ist möglich in diesen Tagen.«

Ein gefährlicher Plan

Das helle »Ping« der Aufzugtür klingt für Carl Bensien wie ein Startschuss. Die ersten einhundert Meter geht er zügig und ohne nach rechts oder links zu schauen. Über Nacht war alles so vorbereitet worden, sodass er nun einen perfekt inszenierten Auftritt hinlegen kann. Carl wählt den Weg durch die Mitte des Handelssaals und läuft direkt auf das Kopfende zu. Seine Anspannung und Nervosität sind ihm nicht anzumerken.

Den Zeitpunkt, neun Uhr, an diesem Montagmorgen, dem 6. Oktober 2008, hat er mit Absicht gewählt, alle Händler sitzen bereits an ihren Plätzen. Aus den Augenwinkeln sieht Carl, wie er von den Söldnern beobachtet wird. Als er das Ende des Gangs erreicht, biegt er nach links ab und steuert tatsächlich auf Mitch Lehmans altes Büro zu, was mit einem Raunen im ganzen Saal quittiert wird. Kein schlechter Beginn für den Marathon, den der neue Chef des Handelsbereichs der Carolina Bank von diesem Morgen an absolvieren muss, um den Bereich wieder in den Griff zu bekommen.

Vor der Tür, die eine elegante Plakette mit seinem Namen ziert, erwartet ihn Agnes Thomas, die neue Prima Donna des Handelssaals. Noch zwei Meter, dann drückt er die Klinke. Ein kleiner Schritt für einen Menschen, doch ein großer Schritt für meine Händler, grinst Carl, als er seine Tasche auf den Tisch legt und einen kurzen anerkennenden Blick in das renovierte Büro wirft: Die Erhöhung und der Fitnessbereich wurden entfernt, alles ist luftiger und transparenter. Auch das alberne, auf alt getrimmte Fernrohr ist verschwunden. Nichts erinnert mehr an Mitch Lehman.

Drei Wochen nach der Lehman-Pleite in New York erinnert in der Londoner Niederlassung nichts mehr an Mitch Lehman, als Carl Bensien dort offiziell seine Arbeit aufnimmt. Auch wenn ihm die Obristen gleich nach Lehmans Rausschmiss ihre Treue bekundet haben, braucht es nach Carls Einschätzung der Lage diesen symbolischen Neuanfang.

Um neun Uhr fünf klopft Agnes wie vereinbart an die Türe und reicht ihm das bestellte Handmikrofon. Im Aufstehen greift er danach, lächelt Agnes einmal dankend zu und geht zur Saalmitte des Kopfendes. Carl trägt einen dunkelblauen Anzug mit Doppelschlitz, ein weißes Einstecktuch zum weißen Hemd und eine blaue Krawatte. Als er das Mikro an den Mund führt, blitzen die goldenen Manschettenknöpfe auf. Mit dem Daumen schiebt Carl den Regler auf »on« und legt mit einem »Guten Morgen, geschätzte Kollegen« los. Gut zwanzig Minuten dauert die Rede, die Carl ohne Manuskript hält. Sicher fünf Mal läuft er dabei den langen Gang auf und ab, zählt Agnes mit, die sich am Kopfende dezent bereithält, falls Carl irgendeine Unterlage benötigen sollte.

Carl schwört die Truppen auf die »neue Carolina Bank« ein, die den GAU so gerade noch überlebt hat, fordert jeden einzelnen Händler auf, sich den Risikos seiner Trades stärker bewusst zu werden und appelliert an den gesunden Menschenverstand. In der Mitte des Handelssaals kommt er zum Schluss: »Es hätte auch alles weg sein können. Einschließlich Ihres Depots an Carolina-Aktien. Denken Sie von heute an immer daran. Wir haben eine zweite Chance. Ich danke Ihnen für Ihre Aufmerksamkeit.« Den letzten Satz spricht er bereits wieder im Gehen.

Kurz bevor Carl das Kopfende erreicht, steht einer der ältesten Händler auf und beginnt zu applaudieren. Nach und nach folgen die Trader seinem Beispiel, bis der Saal schier zu explodieren scheint. Carl dreht sich nicht um, läuft weiter auf Agnes zu, reicht ihr das Mikro, dankt ihr mit einem Nicken und schließt die Türe seines neuen Büros hinter sich. Der Beifall hält immer noch an, die Händler stecken sich gegenseitig an, doch Carl bleibt zurückhaltend. Mit unbeweglicher Miene drückt er den Knopf des Standmikros in seinem Büro, das über Lautsprecher in den ganzen Saal übertragen wird: »Danke, doch genug jetzt. An die Arbeit, es gibt viel zu tun.«

Carl Bensiens Woche als neuer Chef des Kapitalmarktbereichs wird bestimmt von Gesprächen mit Kunden, mit Aufsichtsbehörden, Medien und mit seinen Bankern. Alle Obristen und Leutnants des Exgenerals Lehman will er einzeln sprechen, sie auf Herz und Nieren prüfen und erst dann entscheiden, mit wem von ihnen er den Neuanfang wagen will. Am Freitagmittag hat er die wichtigsten fünfzig Kunden gesprochen, fünf Interviews gegeben, der Bank von England seine Aufwartung gemacht und zwei Obristen und drei Leutnants entlassen, die er nicht für fähig hält, sich an seine Vorgaben anzupassen.

Um sechzehn Uhr endet seine erste Woche, die letzten fünf Tage hat er wieder einmal fast Tag und Nacht durchgearbeitet. Als er den Saal auf demselben Weg verlässt, auf dem er am Montagmorgen gekommen ist, grüßt er freundlich nach rechts und links, lässt hier und da ein aufmunterndes Wort fallen. Die Symbolik hat bestens funktioniert, freut sich Carl, als er sich im Fond seiner Limousine fallen lässt.

Zum Abendessen trifft er Carla Bell in Hertfordshire. Zwar haben sie seit der Lehman-Pleite immer wieder miteinander telefoniert, aber noch keine Zeit zu einem Treffen gefunden. Als Carl ihr Anfang der Woche von seinem bevorstehenden Interview mit Simon berichtet hatte, war er überrascht, dass Carla ihm verboten hatte, Simon auf das wiedererlangte Gedächtnis anzusprechen. Während sich die Limousine durch den dichten Verkehr aus der Stadt quält und Carl langsam dahindöst, kann er sich auf diese Geheimnistuerei keinen Reim machen.

Knapp zwei Stunden später weckt ihn sein Fahrer. Mehrfach muss Billy »Mr Bensien« rufen, ehe Carl aus dem tiefen Schlaf erwacht. Achtzehn Uhr fünfzehn, erkennt er schlaftrunken auf seiner Uhr, im dichten verstauten Berufsverkehr hat die Fahrt auf die Countryside ein wenig länger gedauert, schließlich macht sich jedes Wochenende halb London auf den Weg aufs Land.

Als Carl sich umschaut, steht der Wagen bereits im Innenhof eines Landgasthofs. Ein typisches Cottagehotel, in dem er sich in einem vorbestellten Tageszimmer frisch macht: neuer Anzug, frisches Hemd, Krawatte, kurze Elektrorasur, etwas Eau de toilette. Das wellige Haar wird einmal mit dem nassen Kamm in Form gebracht, danach schwingt er sich wieder in das wartende Auto.

»Hallo, Carla«, grüßt Carl die Rekonvaleszentin, als er, wie erbeten, ein paar Minuten vor seiner Ankunft an der Rehaklinik noch einmal anruft, »in gut zehn Minuten sind wir nach Auskunft meines Fahrers bei Ihnen.«

»Paul kennt ja den Weg, Carl. Schön, dass Sie endlich einmal zu einer gebrechlichen Frau kommen können.«

»Sorry, aber Sie können sich nicht vorstellen, Carla, was in den letzten drei Wochen passiert ist. Außerdem: Paul habe ich versetzen lassen, mein neuer Fahrer heißt Billy. Man darf Loyalität nicht überstrapazieren. Auch Cindy ist jetzt versetzt. Ins Marketing, sie ist nun sozusagen Ihre Kollegin«, Carl muss bei dem Gedanken selbst lachen.

»Oh, ein Grund mehr für die Kündigung. Bis gleich, Carl. Ich bin schon ganz gespannt, alles aus erster Hand zu hören.«

Carl legt auf und gibt Billy ein Zeichen zur Abfahrt. Gott sei Dank haben sie Mitch Lehman weitestgehend in den letzten Telefonaten abgehakt, nur wie er ihn seiner gerechten Strafe zuführen kann, darüber nachzudenken fehlte Carl bislang die Zeit. Doch Carla hatte in einem ihrer Gespräche bereits angedeutet, wie man ihrer Ansicht nach an die Voicedateien herankommen könnte.

Während er die vorbeiziehenden Felder betrachtet, kommt Carl die Szene in den Sinn, wie sich Mitch in der Sitzung des Risikoausschusses nach seinem Rausschmiss auf ihn gestürzt hatte.

Auch Lehman hatte über die letzten Monate knapp hundert Millionen Dollar seines privaten Vermögens verloren. Aber dem Mann, der in den Handelssälen dieser Welt wie auf Wasser laufen konnte, blieben nach wie vor mehr als dreihundert Millionen US-Dollar Vermögen. Während viele Anleger ihr Hab und Gut in diesen Tagen verlieren, braucht sich Mitch Lehman keine Sorgen um seine Zukunft machen. Am meisten traf es den General, wie Carl mit diebischer Freude bei der Sitzung des Risikoausschusses festgestellt hatte, dass ausgerechnet er sein Nachfolger wurde. Die Berufung eines aus Lehmans Sicht zögerlichen Erbsenzählers kränkte ihn mehr als die Tatsache, dass er vor versammelter Mannschaft gefeuert worden war. Lehmans Ruf war versaut, seine Unfehlbarkeit war dahin, und seine verbliebenen Obristen und Söldner folgten nun ihm, Carl Bensien.

Das Problem für Mitch Lehman war, dass er sein ganzes Leben nichts anderes gemacht hatte, als sich in Handelssälen herumzutreiben. Die aktuellen Gerüchte besagten, er verschanze sich seit Tagen allein in seiner Suite im »Peninsula«. Das bestätigten auch die Detektive, die die Bank auf Lehman angesetzt hatte. Auch wenn er ihm bislang nichts nachweisen konnte, wollte der Vorstand keine Chance ungenutzt lassen, ihn zu erwischen. Zwar besaß Lehman viele Anwesen, doch eigentlich war und blieb er ein Mann ohne Heimat, sodass es Carl und Don sicherer erschien, ihn ständig beobachten zu lassen.

Die erste Oktoberhälfte gleicht einem einzigen Blutbad an den weltweiten Börsenplätzen. Fast jeden Tag brechen die Kurse um zehn Prozent ein. Sondersitzungen überschlagen sich; überall müssen die Regierungen ihren Banken unter die Arme greifen und Garantien für Bankeneinlagen abgeben, damit die Sparer ihre Gelder nicht abziehen, was unweigerlich den Tod des Systems zur Folge hätte. Manche Regierung greift sogar zu einem spektakulären Schritt und garantiert alle privaten Einlagen bei Banken.

Der Internationale Währungsfonds nennt inzwischen die unvorstellbare Summe von eins Komma fünf Billionen Dollar an möglichen Verlusten aus den ursprünglichen US-Krediten. In Island zittert ein ganzes Land vor dem Staatsbankrott, nachdem sich die größte Bank komplett verzockt hat. Die Regierung stellt kurzerhand die gesamte Bankenbranche des Landes unter Staatskontrolle. In nie vorstellbarer Weise wankt das weltweite Bankensystem, das zunehmend in eine Krise rutscht, weil sich niemand mehr gegenseitig vertraut. Es gibt kaum ein nennenswertes Institut rund um den Globus, das ohne staatliche Unterstützung auskommt, direkt oder indirekt.

Die wenigen übrig gebliebenen Banken haben in diesem Spiel zwar auch mitgemacht, sind aber aufgrund eines guten Riechers oder eines guten Risikomanagements rechtzeitig ausgestiegen. Aber frei von Schuld an der globalen Finanzschmelze ist kaum eine der maßgeblichen Investmentbanken dieser Welt. Denn alle wären mit in die Tiefe gerissen worden, hätten die Staaten nicht eingegriffen.

Retter in der Not sind in diesen Tagen die verschiedenen Zentralbanken. So kauft die US-Notenbank die Commercial Papers an, für die sich momentan kein Investor mehr findet, um den Banken Liquidität zu verschaffen. Zudem reagieren die großen Notenbanken gemeinsam mit koordinierten Zinssenkungen in fast nie da gewesenen Größenordnungen, um einer möglichen Kreditklemme der Realwirtschaft vorzubeugen. Die Geschäftsbanken sind derart verängstigt, dass sie geradezu gelähmt erscheinen, was katastrophale Folgen für die Wirtschaft hat. Praktisch jedes Land arbeitet an einer Finanzmarktstabilisierung, an Rettungsschirmen, die jeweiligen Notenbanken senken die Zinsen auf historische Niedrigstände und die verschiedenen Regierungen müssen entweder direkt oder indirekt Anteile an den wesentlichen Geschäftsbanken erwerben oder planen, dies zu tun.

Mit Bankern wie Mitch Lehman will niemand mehr etwas zu tun haben. Immer mehr Stimmen verlangen, Verursacher wie ihn zur Rechenschaft zu ziehen, Boni zurückzufordern und möglicherweise Schadenersatzansprüche geltend zu machen, auch wenn das nur sozial-hygienische Forderungen sind, denn selbst alle Boni aller Investmentbanker zusammengenommen könnten den Schaden nicht wieder gutmachen, der inzwischen entstanden ist.

Wo soll das nur enden, denkt Carl bei der Liste von Themen, die Carla sicher interessieren werden, als die Limousine die Auffahrt zur stattlichen Klink erreicht. Erfreut sieht er, dass sie oben an der Treppe des Landhauses in einem eleganten beigen Hosenanzug mit flachen Schuhen auf ihn zu warten scheint. Ohne Krücken, wie Carl überrascht bemerkt. Carlas Haar fällt offen über die Schultern.

»Ich dachte, ich besuche eine Rekonvaleszentin«, er springt immer zwei Stufen die Treppe hinauf und überreicht ihr einen großen Blumenstrauß, der gerade noch auf dem vorderen Beifahrersitz Platz hatte.

»Der Schein trügt, Carl. Darunter sieht es noch ziemlich lädiert aus, auch wenn dies heute der erste Tag ohne Krücken ist.«

»Carla, Sie sehen toll aus. Und dann haben wir ja auch etwas zum Feiern. Ich freue mich.«

»Ich mich auch, aber bitte schön langsam.« Dabei hakt sie sich bei ihm unter. Als Carla in ihrer Suite die Blumen mit Wasser versorgt, schweift Carls Blick durch das geräumige Krankenzimmer. Beide »CityView« springen ihm sofort ins Auge: Auf dem kleinen Beistelltisch liegt Simon Trents Kommentar »Sternchenbanker« zu Mitch Lehmans Demission und das heute erschienene Interview, das Simon mit ihm geführt hat: »Banker mit neuem Stil«. Dazu ein Foto, das ihn mit erklärender Handbewegung im Gespräch zeigt. Dass er über Lehman liegt, ist Carl eine gewisse Genugtuung.

»Wir essen zu Hause«, kommt Carla mit dem Blumenstrauß zurück; Carla humpelt doch noch ganz schön und Carl eilt ihr entgegen, um ihr die Blumen abzunehmen.

»Wie geht es Ihnen?« Carla hockt sich in den Sessel neben die Blumen und bittet Carl mit Handzeichen, sich neben sie zu setzen.

»Ich habe eine Bitte, Carl. Wenn Sie mich schon hier privat besuchen kommen – wollen wir nicht Du sagen. Ich finde das Sie recht altmodisch.«

»Ja, äh, Carla, das, ich bin, ich meine, ich bin halt etwas altmodischer als … du.«

»Ich habe Sherry bestellt. Okay?« Dabei beugt sie sich im Sessel vor, nimmt beide Gläser, reicht das eine Glas an Carl, stößt an und küsst ihn auf die Wange.

»So macht man das, Carl. Zum Wohl und auf gute Freundschaft«, als er ein wenig zurückweicht.

»Mir geht es wieder viel besser. Ich bin noch nicht wieder völlig hergestellt, aber in den letzten vier, fünf Wochen, die wir uns nicht gesehen haben, habe ich riesige Fortschritte gemacht. In drei oder vier Wochen, ungefähr Mitte November darf ich nach Hause.«

»Das sind die besten Nachrichten, die ich seit Wochen höre.«

»Gibt ja sonst auch fast nur schlechte, außer deinem Interview natürlich.« Carla strahlt dabei.

»Ich habe Hunger, lass uns essen.«

»Scheint eher ein Fünf-Sterne-Hotel zu sein als eine Rehaklinik«, bemerkt Carl mit Hinweis auf den bereits für drei Gänge eingedeckten Esstisch. Altes Silber, Damastdecke, Vorlegebesteck. Dem Spross eines traditionellen Schweizer Familienclans genügt ein Blick auf den Tisch, um die Extraklasse des Hauses zu taxieren.

»Zahlt alles Mitch Lehman«, sie greift nach Carls Hand zum Aufstehen, der sie vorsichtig an den Tisch geleitet.

»Du willst mir partout den Appetit verderben, Carla.« Schnell gewöhnt sich Carl an das freundschaftliche Du.

»Nein, ich habe lange darüber nachgedacht, ob ich das vor mir verantworten kann.«

»Und?«

»Er hat es mir im Prinzip eingebrockt, und um ihn zur Strecke zu bringen, muss ich fit werden. Und zwar auf seine Kosten. So einfach ist das, Carl.«

»Wenn doch alles nur so einfach wäre, Carla«, schiebt er ihren Stuhl an den Tisch und setzt sich ihr gegenüber. Den Knopf, der nach dem Kellner ruft, hat Carla auf Carls Seite legen lassen.

»Würdest du bitte drücken«, bittet sie. Zur Vorspeise hat sie gegrillte Jakobsmuscheln auf einem kleinen Safranrisotto bestellt. Dazu gibt es einen weißen Pino grigio.

»Es ist auch ganz einfach, Carl.«

»Was denn?«

»Mitch zu kriegen.« Dabei schneidet sie die Jaboksmuschel mitten durch.

»Ich maile ihm ständig und heize ihn an«, fügt sie lächelnd hinzu und schiebt sich die halbe Muschel in den Mund.

»Das ist gefährlich, Carla.«

»Ich schreibe ihm …«

»Bitte keine Details.« Carl hat sich verschluckt und muss leicht hüsteln.

»Carl, es ist ein Spiel, nichts weiter.«

»Schon an das Risiko gedacht, Mrs Bell?« Carl wird ernst, nachdem er sich erholt und den Mund abgetupft hat.

»Ich will, dass er mich auf seine Insel einlädt. Auf Hawaii werde ich die Dateien besorgen. Dazu muss er mich da haben wollen.«

»Ich kann das nicht verantworten«, antwortet Carl, »so sehr ich ihn auch zur Verantwortung ziehen will.«

»Das musst du auch nicht. Und Dad geht mit.« Wieder geht Carlas Gabel zum Mund, dieses Mal mit Risotto.

»Das ist zu wenig. Sei vernünftig.«

»Anders geht es nicht, Carl.«

»Wenn überhaupt, Carla, dann muss das generalstabsmäßig geplant werden.«

»Du willst also doch helfen«, lächelt Carla ihr Gegenüber an.

»Vielleicht. Aber wir müssten auch Ashton einbeziehen. Der ist ehemaliger Marine mit Einzelkämpferausbildung.« Carl schwenkt um, er merkt, dass er Carla nicht abhalten wird.

»Traust du ihm?«

»Hundert Prozent, ich kenne ihn seit der Schulzeit.«

»Dad und Stan, das wäre doch etwas.« Sie lehnt sich zurück, nimmt einen Schluck Weißwein.

»Stan könnte in einem Boot in der Nähe der Insel warten, zur Sicherheit. Man kann nie wissen, wozu man Verbündete braucht.« Carl graut davor, Carla auch nur in die Nähe von Mitch Lehman zu lassen.

»Gute Idee. Was sonst noch?«

»Könnte es sein, Carla, dass du mich aus diesem Grund für heute Abend eingeladen hast? Damit ich bei deinem Plan mitmache?«

»Nicht nur, Carl«, entgegnet Carla lächelnd.

»Und warum noch?«

»Ich will unbedingt aus erster Hand erfahren, was in den letzten Wochen passiert ist.«

»Oh Gott, wo soll ich da anfangen? Erzähle mir erst, wie du an die Dateien kommen willst.«

Zehn Minuten später steht der Plan im Grundsatz, rechtzeitig zum nächsten Gang, den Carl wieder auf Knopfdruck bestellt. Mit der Hauptspeise – es gibt ein Filet Mignon mit grünen Spargeln, dazu ein leicht getrüffelter Kartoffelstock, eine feine Rotweinsauce wird separat gereicht – wechselt Carl das Thema.

»Warum hast du Simon nicht gesagt, dass du dein Gedächtnis wieder hast, Carla?«

»Ich will in die Redaktion, wie am Tag des Unfalls. Ich will vor Ort mit ihm sprechen.«

»Du kannst auch bei der Bank bleiben. Wir können dich gut gebrauchen.« Ganz bewusst sagt Carl wir, um von sich selbst abzulenken.

»Danke, Carl, aber das ist nicht meine Welt.«

»Glaubst du, er nimmt dich wieder?«

»Ich will jedenfalls mit ihm reden, bevor ich nach Hawaii fliege. Wie war eigentlich dein Interview?«

Carl berichtet ausführlich, wie gut er sich mit Simon verstanden hat. Carla interessiert sich für jedes Detail, denn Simon hat genau das gefragt, was sie wissen will. Als Carl zum Schluss über die Lage der Carolina Bank berichtet, ist auch der Hauptgang vorüber. Nur vom roten Brunello ist noch etwas über, den sie zum Dessert, eine Eisvariation mit karamellisierter Birne, austrinken, ehe sie wieder an den kleinen Tisch hinübergehen, wo Carl einen Armagnac, Jahrgang 1973, erhält.

»Hier lässt es sich aushalten, Carla«, nickt er dankend und erhebt sein Glas.

»Wie geht es dir eigentlich mit dem ganzen Desaster, Carl?« Die Frage trifft ihn unvorbereitet.

»Das ist unwichtig: Wie geht es dir, Carla? Schließlich bist du hier in diesem, na ja, Krankenhaus«, versucht er die Frage wegzulächeln.

»Ich habe zuerst gefragt.«

»Na ja, es ist eine Zeit, die ich noch nie erlebt habe, die wir alle noch nicht erlebt haben. Es geht an die Substanz der Banken, aber auch unserer selbst.«

»Schaffst du das? Schafft die Bank das?«

»Ich hoffe es«, antwortet Carl. »Doch lass uns heute Abend nicht von mir reden. Du wolltest doch wissen, was alles so passiert ist, Carla.«

»Okay, Dr. No Risk.« Privates scheint aus dem Mann nicht wirklich herausbekommen zu sein, muss Carla feststellen.

»Das bin ich doch gar nicht mehr.«

Angeregt sitzen sie zusammen, um die dunklen Wochen durchzusprechen. Erst nach Mitternacht verabschiedet sich Carl von Carla, die müde geworden ist.

»Danke, dass du den Abend mit mir verbracht hast, Carl.«

»Es war mir ein Vergnügen.« Nun ist es Carl, der ihr galant einen zarten Hauch von Kuss auf die Wange gibt.

Von Vergnügen sind die Tage des Mitch Lehman, seit er aus der Bank geflogen ist, in keiner Hinsicht gezeichnet. Nach ein paar Tagen, die er abgeschottet im »Peninsula« verbracht hat, macht er sich auf nach Hawaii, wie Detektive der Bank berichten. Entscheidungen, die bis vor wenigen Wochen sein Adrenalin wie die Kurse hin- und hergejagt hätten, laufen nun ohne ihn ab. Mitch ficht dies zu seiner eigenen Überraschung alles nicht mehr an.

Dazu trägt auch bei, dass er nicht mehr daran glaubt, dass man ihn noch persönlich zur Rechenschaft ziehen wird. Ganz offensichtlich hat niemand die Dateien von Isabella Davis gefunden. Zudem scheinen die von ihm geleisteten Zweitunterschriften nicht so belastend zu sein, schließlich war die entscheidende Unterschrift von ihm tatsächlich gefälscht.

Der Ortswechsel auf die Insel Anfang November macht die Observation schwieriger. Seit Wochen hat der einst rastlose Starbanker sein Inselrefugium nicht mehr verlassen. Immer wieder hingegen lässt er sich zwar Mädchen einfliegen, vor allem Camilla und Diana, die fast schon einen Pendelverkehr aus London einrichten können. Doch täglich rennt er morgens als Erstes an seinen PC, denn Carla schreibt ihm immer am Abend ihrer Zeit, wenn sie auf dem Bett liegt.

Carla hat sich ein paar einschlägige Männermagazine von Sam besorgen lassen, aus denen sie sich ihre Storys zusammenbastelt. Nur der Hinweis auf den Winkel ihrer Beine ist Eigenleistung. Fast ungläubig staunt Carla, wie leichtgläubig Mitch ist. Seine Antworten sind kurz, knapp und jedes Mal einen Tick schärfer.

Die Zeit zur Reise ist gekommen, denn auch körperlich ist Carla wieder fit. Erst vor wenigen Tagen haben die Ärzte mit ihr einen Belastungstest durchgeführt. Noch zieht sie das linke Bein etwas nach, doch ist das nur eine Blockade im Kopf, denn aus medizinischer Sicht steht einer vollen Belastung nichts mehr entgegen.

Am 8. November wird sie entlassen und von Sam und ihrem Vater abgeholt, fünfzehn Wochen nach ihrem Unfall, in denen sich die Welt des Kapitalmarkts völlig verändert hat. Carla plant ihren Abflug nach Hawaii für den 10. November, einen Montag. So jedenfalls hat sie es mit Carl, ihrem Vater, Sam und dem inzwischen eingeweihten Stanley durchgesprochen. Am Sonntag treffen sich Carl, Sam, Steven und Carla noch einmal in Carls Büro. Stanley ist bereits vor Ort auf Hawaii. Der riesige Handelssaal ist bis auf ganz wenige Händler leer. Carl wirft noch einmal auf, dass er am liebsten mitfliegen würde, doch Sam bringt es mit einem Satz auf den Punkt.

»Carl, wir brauchen einen klaren Kopf im Kommandostand.«

Carla wird mit ihrem Vater die Morgenmaschine nach Los Angeles nehmen und dort umsteigen, sodass sie wegen der

Zeitverschiebung am späten Mittag des 10. November auf Hawaii landen und nach einem Bootstrip auf Mitchs Insel ankommen. Stanley wird mit dem Boot in der Nähe sein, Sam am Polizeicomputer stehen. Carla verabschiedet sich als Erste von den drei anderen, denn sie hat noch einen Gang vor sich, den sie unbedingt heute erledigen will. Mit ihrem Vater ist sie für den Abend in einem Flughafenhotel von Heathrow verabredet.

»Viel Glück, Carla«, Carl greift sie ungelenk an beiden Schultern, »ich bringe dich noch zum Ausgang.«

»Danke, Carl, für alles.« Sie zieht ihn zu sich herab und erneut erhält der Nachfolger von Mitch Lehman einen Kuss auf die Wange, ehe Carla schnell verschwindet. Zum ersten Mal seit ihrem Unfall lässt sich Carla zum »CityView« fahren. Sie tritt den Gang nach Canossa an.

Simon hat Sonntagsdienst; er weiß, dass Carla kommt. Annabelle hat sich ebenso zum Sonntagsdienst eintragen lassen, die ihr als Erste um den Hals fällt. Carla ist froh, dass ihre geheilten Knochen den Belastungstest der korpulenten Bella überstehen. Auch Simon nimmt sie in den Arm.

»Komm, lass uns reden«, er schiebt sie in sein Büro, wo Carla auf ihren Platz zusteuert und die Füße auf die Tischkante setzt.

»Alles wie früher, Carla«, gluckst Annabelle, die Kaffee hereinträgt.

»Nur, dass ich hier vor elf Monaten gefeuert worden bin.« Fast wäre Annabelle der Kaffee umgekippt, Simon schnellt jedenfalls bei der Bewegung um und geht auf Carla zu.

»Was hast du da gesagt?«

»Erinnerst du dich nicht, dass du mich gefeuert hast? Zu Recht übrigens.«

In die erstaunten Gesichter hinein prustet es aus Carla heraus: »Kinder, ich habe mein Gedächtnis wieder. Und Mitch Lehman habe ich zum Teufel gejagt.«

»Und warum hast du nichts gesagt?«, ruft Simon.

»Weil ich hierher kommen wollte, weil ich das machen wollte, was ich am 28. Juli tun wollte. Weil ich dich um Entschuldigung bitten wollte, Simon. Ich habe echt gewaltig Mist gebaut. Heute endet meine Rekonvaleszenz.«

Wieder fliegt Annabelle auf sie zu, Carla kann gerade noch aufstehen, um die Wucht aufzufangen.

»Carla, meine kleine Carla.«

»Es war zwar nicht das Kündigungsschreiben, Bella, aber das Armband, das mir meine fehlende Erinnerung wieder gebracht hat.«

»Was?«

»Das ist eine unangenehme Geschichte, die will ich nicht erzählen.«

Als sie die weinende Bella nicht los wird, erkennt sie über deren Schulter sogar eine Träne bei Simon.

»Bella, lass uns jetzt allein«, befiehlt er freundlich und nimmt dann Carla in den Arm.

»Angenommen.«

»Danke, Simon.«

»Willst du hier wieder arbeiten?«

»Wenn ich darf, Simon, aber erst muss ich noch etwas erledigen.«

»Es ist verdammt schwierig in unserem Business geworden. So eine wie dich könnte ich immer gebrauchen. Du glaubst nicht, was hier los ist.« Beide hocken auf ihren angestammten Plätzen auf der abgewetzten Couch. Simon hört gar nicht mehr auf zu reden, und Carla kann nicht genug davon bekommen.

»Alles, was hier seit letzten Sommer läuft, ist das Schlimmste, was ich je gesehen habe«, schimpft Simon und läuft in seinem Büro auf und ab. »Aber die Pleite von Lehman ist nun wirklich der allerletzte Weckruf für die Finanzwelt.«

»Und, sind sie wach geworden, Simon?«

»Keine Ahnung, Carla.«

»Was heißt das?«, hakt sie nach, ganz die hungrige Journalistin.

»Wir werden erst in den kommenden Monaten und Jahren sehen, was das bedeutet«, er dreht sich zu ihr um: »Jetzt sind alle vermeintlich konstruktiv und strotzen von guten Ratschlägen an die Politik, die sich auf Weltfinanzgipfeln trifft. Alle sagen, dass es mehr Regulierung geben müsse, aber was am Ende herauskommt, werden wir abwarten müssen.«

»So pessimistisch kenne ich dich gar nicht, Simon.«

»Am meisten nervt mich dieses Schweigen der Banker.«

»Wieso?«

»Hat mal einer von denen zugegeben, dass sie echt Scheiße gebaut haben?«, redet sich Simon in Rage und haut mit der Faust auf den kleinen Beistelltisch.

»Ich werde dafür sorgen, dass ich meinen Teil wieder in Ordnung bringen kann, Simon«, Carla erhebt sich. »Danach komme ich wieder zu dir, Simon.«

»Es gibt nur ein Problem, Carla. Ich kann dich nicht bezahlen.« Wie zum Beweis zieht er die Innenfutter seiner Hosentaschen hervor.

»Darüber reden wir, wenn ich zurück bin. So leicht wirst du mich nicht wieder los«, lacht sie und verabschiedet sich.

Große Recherche

Mitch hat für Carla ein – wie er es nennt – »schnödes« First-Class-Ticket gebucht. Das zweite Ticket für Carlas Vater hat Carl übernommen, schließlich geht es um die Rettung der Carolina Bank. So sitzen die beiden Bells am Montagmorgen nebeneinander auf dem Flug von London nach Los Angeles, um von dort nach einem Zwischenstopp weiter nach Big Island auf Hawaii zu fliegen. Steven Bell ist fasziniert davon, dass man bei einem Tagflug von rund neun Stunden durch die acht Stunden Zeitverschiebung nur etwas mehr als sechzig Minuten verliert.

In der First Class kann man sich zum Essen zu zweit gegenübersitzen wie in einem Restaurant. »So kommen wir endlich einmal wieder dazu, gemeinsam im Restaurant zu essen«, bemerkt der beeindruckte Dad. Wann immer Carla mit Mitch unterwegs war, musste es First oder Private sein, denn Lehman hatte Upgrade-Meilen für Jahre eingeflogen. Diese Reise dürfte wohl das letzte Mal in der First gewesen sein, stellt Carla nicht ganz ohne Wehmut fest.

»Ja, nennen wir es ›Bergrestaurant bei der Höhe‹«, blinzelt sie ihren Vater an.

»Und hinterher gehe ich noch an die Bar, wenn mein kleines Mädchen schläft.«

Auch in dieser First Class gibt es eine Bar, an der man sich zum Plaudern oder für einen Schlaftrunk treffen kann.

Carlas Vater ist ein bodenständiger Mensch, der sich selbst in so einer für ihn völlig unbekannten Welt gut zurechtfindet. Schon zum Essen ordert er lieber ein Bier statt Rotwein. Den Kaviar von den Canapés streicht er ab, denn was soll er mit diesem schwarzen Zeug, wie er gegenüber Carla bemerkt. Nach dem Essen und einem weiteren Bier an der Bar legt sich Steven Bell zu einem Nickerchen auf den komplett zum Bett ausziehbaren Sitz hin. Wie ein süßes Walross, denkt Carla, während sie ihren Vater betrachtet. Zum Schlafen fehlt ihr noch die Ruhe, aber sie weiß, dass sie sich dazu zwingen muss, denn der Showdown auf Hawaii beginnt zur Mittagszeit.

Ein Video soll den Schlaf bringen, Carla stöbert in der Videothek und findet ausgerechnet »Wall Street«, den Film aus den Achtzigern mit Michael Douglas als Gordon Gekko, der gegen die Realität 2008 nur noch als Lehrstück dienen kann. Carla rollt sich in die Decke ein und guckt den Film, bei dem sie vor Langeweile einschläft, bis sie zur Landung in Los Angeles geweckt wird. Nach der Landung und den nervenden Einreiseformalitäten ruft sie Carl an.

»Läuft alles nach Plan, Carla. Stan steht bereit. Ist dein Handy aufgeladen?«

»Gut, dass du mich erinnerst. Mach ich auf dem Weiterflug, in der First geht das ja.«

»Pass auf dich auf, Carla.« Sie kann sein besorgtes Gesicht förmlich sehen.

»Keine Sorge, Carl. Ich habe ja meinen Vater dabei. Es wird schon schief gehen. Hauptsache, du hast für die Überraschung gesorgt!«

»Keine Sorge, die Jungs stehen bereit.«

Nach einer Stunde Zwischenstopp geht es noch einmal vier Stunden weiter. Steven ordert für beide Wasser und starken Kaffee, Essen gibt es jetzt keines mehr.

»Verdauen macht müde, Tochter.« Wenn er früher als einfacher Polizist nachts auf der Wache Dienst hatte, nahm er nichts zu sich. Erst zum gemeinsamen Frühstück mit Frau und Tochter gab es wieder etwas; Dad kam nie ohne frische Brötchen nach Hause und deckte für seine beiden Frauen den Tisch.

»Also, Tochter, du kannst mir ja erzählen, wie diese Bankenkrise überhaupt zustande gekommen ist.«

»Oh je, ob da die vier Stunden Flug ausreichen?«, lacht Carla und rückt etwas näher in ihrem geräumigen First-Class-Sessel an ihren Dad heran.

»Fang an. Wir haben Zeit. Und wofür habe ich dich auf die Universität geschickt? Hin und wieder kannst du mir auch etwas beibringen!«

»Na dann«, setzt sie sich ihrem Vater gegenüber in den Schneidersitz. Die Schmerzen der letzten Monate gehören der Vergangenheit an. Etwas dünn und blass ist sie noch, bemerkt Steven, als sie sich ihr langes Haar aus dem Gesicht nach hinten streicht.

»Die Banken und die Banker haben sich selbst verraten; denn sie haben nicht mehr das getan, wofür sie da sind: Einlagen anzunehmen von denjenigen, die etwas Kapital übrig haben, und Kredite an diejenigen auszugeben, die Kapital brauchen. Wenn die Banken dabei geblieben wären, nur die Wirtschaft bei ihren Investitionen und die Bürger bei ihren

Häuserwünschen zu unterstützen, dann wäre wohl nichts passiert.«

Carla kramt in ihrer Tasche und zieht einen Block und einen Stift heraus – das unabdingbare Handwerkszeug der Journalisten. Sie ist ein Journalistic animal, unterwegs für eine neue Story. Und für eine Recherche hat man immer Block und Schreiber dabei; sie sieht Simon vor sich, wie er sich mit erhobenem Zeigefinger an die jungen Redakteure wendet. Während sie den Block zwischen sich und ihren Vater legt, sucht sie gedanklich nach dem geeigneten Bild.

»Dann wäre weiterhin das Geld dazu da gewesen, tatsächliche reale Transaktionen zu unterstützen. Dazu braucht man im Übrigen auch Zertifikate und Derivate.«

Steven Bell hat die Hand an die Wange gelegt und ist ganz Ohr.

»Man muss als produzierendes Unternehmen die Möglichkeit haben, beispielsweise Rohstoffe auf Termin zu kaufen und gleichzeitig gegen eine Währung abzusichern. Man muss auch in der Lage sein, sich gegen Marktveränderungen in irgendeiner Weise abzusichern. Dafür sind Derivate bestens geeignet. Selbstverständlich müssen Banken auch in der Lage sein, Häuserkredite oder auch Konsumentenkredite von einzelnen Bürgern aus ihrer Bank heraus weiterzugeben und zu verkaufen. Dagegen ist überhaupt nichts einzuwenden, solange man sich als Banker weiterhin in erster Linie als Sachwalter von Einlagen und Krediten versteht. Denn nur dann prüfen Banken selbst und genau, ob ein Interessent mit seinem Gehalt überhaupt ein bestimmtes Haus kaufen und finanzieren kann.«

»Das war bei unserem Häuschen auch so«, wirft Steven ein, der damals mit seinem kleinen Polizistengehalt kaum den Kredit von der lokalen Bank erhalten hat. Schwierig wurde es erst, als Steven das Kapital verspekuliert hatte, das er und Fiona für Carlas Ausbildung zur Seite gelegt hatten.

»Stimmt, Dad, aber du hast das Geld am Ende bekommen, weil die kleine Bank im Ort dich kannte und dir vertraute.

Sie haben den Kredit aber auch in ihrer Bilanz behalten. Doch davon sind die Banker heutzutage leider abgekommen. Wenn man als Bank und als Kreditnehmer darauf setzt, dass die Immobilienpreise steigen, beginnt die Spekulation, die irgendwann ein Ende hat. Die Banken retten sich jetzt mit der Aussage, dass alle die verrücktesten Zertifikate entwickelt haben und dass alle auch ihr Kreditgeschäft so angekurbelt haben, sodass faule Kredite darunter sein mussten.«

»Aber das muss doch jemand gemerkt haben, Carla«, Steven gießt seiner Tochter und sich Kaffee aus der schönen Porzellankanne nach.

»Eigentlich schon«, Carla greift nach ihrer Tasse. »Aber wenn alle immer dasselbe tun, laufen wir meiner Ansicht nach in so etwas wie einen ›Finanztotalitarismus‹. Das ist ein hartes Wort, aber ganz offensichtlich hat sich kaum jemand gegen die Entwicklung gestemmt. Im Übrigen bis zum Kollaps auch die meisten Regierungen nicht, die an ihren Finanzplätzen hohe Steuereinnahmen, viele Arbeitsplätze und damit verbunden steigende Immobilienpreise und Wohlstand gesehen haben. Gerade in London.«

»Das ist doch völlig absurd«, auch Steven greift nach seiner Tasse.

»Stimmt, Dad. Die Banken haben Zertifikate entwickelt, die losgelöst von jeder Realität sind. Die haben keine Termingeschäfte mehr abgesichert oder Marktbewegungen eingeschätzt, sondern völlig synthetische Produkte auf irgendetwas entwickelt und ohne echte Hinterlegungen gewettet. So etwas hat auch diese Isabella Davis für Mitch Lehman gemacht: Sie hat eine Zertifikatefamilie entwickelt, die sich Holiris nennt.«

»Wie bitte?«

»Sie hat das Risikoverhalten eines Menschen auseinandergeschnitten und anders wieder zusammengesetzt.«

»Das verstehe ich nicht, Tochter«, wirft Steven ein, »aber ich würde so einen Zerstückler in den Knast stecken. Auseinandernehmen und zusammensetzen, das geht nur mit Spielsteinen.«

»Bingo, jetzt habe ich mein Bild«, hebt Carla den Stift und greift nach dem Block.

»Pass auf, Dad«, beginnt sie, ein Hochhaus mit vielen Eigentumswohnungen zu zeichnen. »So ein Wertpapier, das mit Immobilien besichert ist, so ein MBS, wie man die Dinger nennt, ist letztlich nichts anderes, als wenn man zig Eigentumswohnungen zu einem Hochhauskomplex zusammenstellt und mit drei Farben das ganze Gebäude anstreicht, um damit die unterschiedlichen Bonitätsklassen der einzelnen Wohnungsbesitzer aufzuzeigen. Grün ist gut, rot ist schlecht, gelb so la la.« Mit ihrem Vierfarbstift, auch ein Geschenk von Mitch, färbt sie die Blöckchen des gesamten Blocks unterschiedlich ein.

»Diejenigen, die die Prüfung des Gebäudes vorgenommen und dann die Farben aufgemalt haben, sind die Ratingagenturen. Aber die haben im Grunde keine Ahnung von Gebäudemanagement, wenn man es im übertragenen Sinne so sagen kann. Die wissen eigentlich nicht, wie das Gebäude als Ganzes zu beurteilen ist, weil sie die einzelnen Wohnungsbesitzer gar nicht kennen, Dad. Aber es kommt noch verrückter.« Carla malt noch drei farbige Hochhauskomplexe auf das Blatt und schaut ihren Vater an. »Nun musst du dir vorstellen, dass ein solches Hochhaus auch synthetisch sein kann, also real gar nicht existiert, weil man nur die guten, die grünen Etagen aus allen Hochhäusern in ein Wertpapier verpacken will«, kringelt sie alle grünen Blöcke ein und kritzelt ein komplett grünes Hochhaus daneben. »Das nennt man dann beispielsweise Triple A.«

»Hab ich schon oft gelesen«, murmelt Steven, ohne die Hand vom Kinn oder den Blick von der Zeichnung zu nehmen.

»Und mehrere solcher synthetischen Hochhäuser kann man wieder zusammenpacken zu so genannten Collateralized Loan Securities oder CLS. Das ist so, als würden ganze

Stadtteile mit Straßenzügen und Quartieren bestimmte Risikoklassifikation bekommen.«

Der schaut genau auf Carlas bunte Zeichnung: »Klingt doch eigentlich einleuchtend, Tochter. Hier will also jemand eine grüne Straße kaufen, wie die Schlossallee beim Monopoly.«

Carla muss herzlich lachen.

»Monopoly ist ein gutes Bild, aber hier geht das große Spiel noch mal weiter. Der erste Käufer solcher CLS macht daraus auch wieder ein Geschäft und setzt seine CLS wieder anders zusammen, ehe er sie verkauft. Grün mit etwas roten und gelben Farbbeimischungen, weil seine Käufer ein etwas anderes Risiko wünschen. Einzelne rote Wohnungen werden synthetisch aus Häusern rausgeschnitten und zu den grünen Straßenzügen gepackt. Oder ganze synthetische rote Häuser werden in andere hellrote Straßen versetzt. Die Stadtteile werden anders zusammengebaut. Eine andere künstliche Stadt entsteht, die so nie existiert, für die es aber plötzlich ein Wertpapier gibt«, malt sie auf einem zweiten Blatt eine solche künstliche Stadt.

»Legopolis, Tochter, jetzt klingt es nicht mehr so einleuchtend wie ein Monopolyspiel«, rückt Steven näher an die Zeichnung heran.

»Wir haben, um im Bild des Städtebaus und seiner Finanzierung zu bleiben, in irgendeiner Zweckgesellschaft eine synthetische Stadt, in der die verschiedensten synthetischen Straßenzüge und Wohnviertel aus synthetischen nicht existierenden Städten zusammengewürfelt sind. Das Einzige, was nicht synthetisch und irgendwo real ist, ist der ursprüngliche Hypothekenkredit«, legt sie den Stift neben ihre gemalte, nicht existierende Stadt. »Nur dass derjenige, der diese synthetische Stadt in seiner Zweckgesellschaft hat, weder den Besitzer noch seine wirtschaftliche Situation kennt. Das ist das Problem«, Carla hebt den Finger.

»Ich sag ja, Legopolis. Eine Potemkinsche Stadt, nicht wahr?«

»Genau, alles nur Schein, nur dass das dahinterliegende Kapital echt ist.«

»Wie?« Steven dachte schon, er hätte alles verstanden.

»Selbstverständlich hat auch der Besitzer von Legopolis eine echte Finanzierungsanforderung. Diese Investoren geben ihm jeweils nur kurzfristig Geld, weil er auf der anderen Seite langfristig über Zins und Tilgung der Hypothekenkredite abgesichert sein sollte. Aus jedem einzelnen Legobaustein muss das gesamte Kapital bedient werden.«

»Dann ist doch alles in Ordnung.«

»Nur solange alle zahlen. Damit die Investoren in solche Asset Backed Commercial Papers allerdings ganz sicher sein konnten, haben Banken für den Notfall Liquiditätszusagen gemacht.«

»Und was ist damit passiert?« Steven reicht der Stewardess die Tassen, als sie zum Abräumen bei den beiden vorbeikommt.

»Niemand dachte, dass diese Liquiditätszusagen je gezogen werden müssten. Und zudem wurden die eigentlichen synthetischen Kreditbündel auf der Aktivseite der Zweckgesellschaft noch einmal von anderen wieder abgesichert. Solche Credit Default Swaps sind für cashreiche Unternehmen eine lukrative Möglichkeit, zusätzliche Einnahmen zu erzielen.«

»Das grenzt doch an Wahnsinn, Tochter. Und weshalb ist das Ganze aufgeflogen?«

»Geplatzt ist das Ganze dann, als nach und nach die Besitzer der einzelnen Eigentumswohnungen, die wir zu synthetischen Hochhäusern in synthetischen Straßenzügen und in synthetischen Wohnquartieren einer synthetischen Stadt zusammengewürfelt haben, real doch nicht mehr zahlen konnten.«

Carla streicht einfach ein paar Legosteine durch.

»Und als eine gewisse kritische Masse überschritten wurde, haben die Ratingagenturen die Bonitätsklassen einzelner Häuser und Straßenzüge umgemalt. Wenn du so willst, war irgendwann ganz schnell alles rot und es taten sich riesige schwarze Löcher bei den Zweckgesellschaften auf. Da alles mit allem zusammenhängt, platzt nun eine große Blase. Die synthetischen Städte pulverisieren sich.« Carla klappt ihren Block zu.

»Wenn du mich fragst, wer daran schuld ist, dann erinnere ich dich daran, was du mal zu mir gesagt hast, Vater. Jeder sollte sich an seine eigene Nase packen; in diesem Fall ist niemand frei von Schuld. Man müsste so viele Dinge berücksichtigen, die am Ende kein Modell erfassen kann. Und diese Banker haben nur noch mit Modellen gerechnet. Zusätzlich hatten sie aber gar kein Interesse daran, diese Kredite ursprünglich in ihrer Bankbilanz zu halten. Sie haben die Kreditprüfung auch nicht mehr sorgfältig genug gemacht. Im Kern schlummerten von Beginn die Risiken, die auch gebündelt nicht besser wurden. Das ist der Kern des Wahnsinns, Dad.«

Über die Lautsprecher ertönt die Stimme des Kapitäns, der die Fluggäste zum Anschnallen auffordert, da man sich im Landeanflug auf Hawaii befinde.

»Jetzt wird es ernst, Tochter.«

Der Vater greift ihre Hand und lächelt: »Und im Übrigen ist unser Haus in Hertfordshire fast abbezahlt. Das kannst du mal erben!« Beide lachen und drücken sich vor dem Aussteigen noch einmal fest.

Doppelte Sicherung

Stanley hat Flug AA 101 mit dem Fernrohr ins Visier genommen. Um diese Zeit landet nur eine Maschine dieser Fluglinie auf Big Island. Seine Jacht liegt vor Anker in der Einflugschneise des Flughafens. Ein Blick auf die Uhr zeigt ihm, dass alles nach Plan verläuft. Über Handy gibt Stanley den Jungs das Startzeichen: »Hatebird im Anflug.« Carla hatte darauf bestanden, nicht als »Lovebird« codiert zu werden.

Im Flugzeug beeilt sich Carla nach der Landung, dass sie die Maschine als Erste verlässt, während ihr Vater sitzen bleibt, bis nahezu alle Passagiere ausgestiegen sind. Der Polizist kennt sich aus, wie man Verdächtige beschattet. Mitch Lehman soll unter keinen Umständen mitbekommen, dass Carla nicht allein auf Hawaii gelandet ist.

Als First-Class-Passagierin ist Carla schnell abgefertigt und steht nur wenige Minuten nach der Landung vor dem General. Im luftigen hellen Kleid mit tiefem Ausschnitt zwingt sie sich zum Äußersten und gibt ihm ihren wohl letzten intensiven Kuss, ohne vorher auch nur ein Wort zu sagen.

»Oh, oh, Carla«, ist das Einzige, was Mitch herausbringt.

»Lass uns schnell gehen, Darling«, rückt Carla von ihm ab, »das Gepäck sollte gleich da sein. Wo ist dein Wagen?«

»Wagen! Ich habe einen neuen Heli.«

Der General will seine Geliebte schnell zum bereitstehenden Helikopter führen, den er sich erst vor zwei Wochen geleistet hat.

»Wow, entfährt es Carla«, die wie angewurzelt stehen bleibt.

»Was ist? Komm doch!« Jetzt nicht nervös werden, hier sind genügend Helfer, die Gedanken jagen durch Carlas Kopf. Erst einmal weiterlaufen.

»Manches Mal tut es noch ein bisschen weh, aber nur beim Laufen. Nicht ganz so schnell Mitch, bitte.«

Steven muss sich vor Ekel fast schütteln, als er aus sicherer Entfernung die Szene beobachtet. Eng umschlungen, verlassen Carla und der Banker das Terminalgebäude, hinter ihnen tragen zwei Männer das Gepäck, von denen der eine nach Carlas Beschreibung ganz offensichtlich Ernesto, der Mann des Haushälterehepaars, sein muss. Wer wohl der andere ist, überlegt Steven noch im Laufen, als er erkennt, dass es in Richtung Heliport geht. Verdammt, damit hat keiner gerechnet. Ein Pilot! Er rennt hinterher, greift nach seinem Handy und tippt hastig.

Die beiden nähern sich bereits dem Helikopter. Carlas Vater pocht das Blut in der Halsschlagader. Jetzt wird es eng. Endlich hat er eine Verbindung.

»Hatebird hat Probleme, Carl«, ruft er halblaut.

»Ich weiß, die Jungs haben gerade Stanley angerufen.«

»Was jetzt?«

»Du musst den Helikopter aufhalten«, Carls Stimme überstürzt sich: »Die Jungs brauchen noch fünf Minuten. Mach was!«

»Super Hinweis, Carl.« Steven Bell legt auf und ruft seine Tochter an. Das Roaming von Hawaii über London zurück nach Hawaii dauert eine Ewigkeit. Auch daran haben sie nicht gedacht. Carla steht bereits neben dem Helikopter, Steven ist drauf und dran loszurennen, als er endlich ein Freizeichen hört. Sekunden später scheint Carlas Handy zu klingeln, sie greift in ihre Handtasche.

»Bell.«

»Hatebird, hör mir genau zu. Du musst fünf Minuten Zeit schinden. Mach was, egal was, tu so, als sei ich dein Rehaarzt, der dir noch etwas sagen will. Und lass dir um Himmels willen nichts anmerken.«

Steven Bell beobachtet, wie Carla Mitch mit der Hand eine fünf zeigt, kurz in seine Richtung schaut, als sie sich vom Heli wegdreht. Steven hört über das Telefon, wie sie Mitch sagt, dass er sich noch kurz gedulden müsse. Am Telefon sei die Rehaklinik, sie hätten vergessen, ihr ein wichtiges Medikament und die Dosierung mitzugeben. Steven muss lachen.

»Gut, Hatebird.«

»Warten Sie, ich schreibe mit«, spricht Carla laut ins Handy, da die Rotoren schon laufen.

»Oh Gott, Mädchen, du spielst die Rolle sehr gut«, sagt er und schaut wieder auf seine Tochter. Carla kniet nieder, kramt erst eine Weile in ihrer Handtasche und schreibt dann auf ihren Knien unsinniges Zeug auf, fragt immer wieder laut nach, um Zeit zu schinden. Einmal lässt sie sogar die Leitung abbrechen und wählt neu an, nicht ohne Mitch zuvor anzulächeln, der langsam ungeduldig wird. Die fünf Minuten sind um.

»Noch etwas?«, fragt Carla ins Telefon.

»Mir fällt auch nichts mehr ein, Kleine. Lauf weg.«

»Termin für die Nachuntersuchung? Na, das können wir doch auch ein anderes Mal besprechen. Ich denke, wir sind jetzt fertig. Vielen Dank, aber ich muss jetzt wirklich los.«

Steven sieht, wie sie dabei den Kopf schüttelt.

»Ich denke, dann müssen Sie halt Ihre Pläne ändern«, Carla schaut dabei in die Richtung ihres Vaters, als Mitch wieder nach ihr ruft und dann endlich eine schwarze Limousine mit hoher Geschwindigkeit auf das Vorfeld des Heliports rast.

»Gott sei Dank«, entfährt es Steven.

»Danke, vielen Dank.« Carla legt auf. Gerettet, denkt sie, als sie auf Mitch zugeht. Zwei Beamte steigen gerade aus dem Wagen und eilen auf Lehman zu, in der Hand halten sie ihre Ausweise, die sie Mitch kurz vor die Nase halten.

»FBI. Sind Sie Mitch Lehman?«

Verdattert guckt der auf die beiden Beamten.

»Ja. Was wollen Sie?«

»Wir müssen Sie bitten mitzukommen.«

»Was? Wollen Sie mich festnehmen?« Nach einer kurzen Überrumpelung hat Mitch sich gefangen. Carla steht fassungslos neben Mitch und hakt ihn fest unter.

»Nein, Mr Lehman, aber wir müssen Sie dringend noch einmal als Zeuge im Todesfall Isabella Davis befragen. Die Bundespolizei hat die Ermittlungen übernommen, da inzwischen verschiedene Anzeigen gegen die Bank eingegangen sind. Mehr als zwei Stunden wird es nicht dauern.«

»Wie haben Sie mich hier eigentlich gefunden?«, fragt Mitch. Der Beamte zögert mit der Antwort. »Wieso sollte ich mitkommen, wenn Sie mich nicht festnehmen?«

»Nun, wir hatten auf der Insel angerufen, die Polizeikollegen hier vor Ort. Und wir würden Sie ungern vorladen, Mr Lehman, das wäre dann schon ein sehr formaler Akt. Lieber wäre es uns, wenn Sie freiwillig mitkämen. Und ein Besuch auf Ihrer Insel wäre mit wesentlich mehr Umständen – für Sie – verbunden.«

Der Beamte verzieht keine Miene, doch Mitch wird blass, als er die kaum versteckte Drohung vernimmt.

Carla doppelt nach: »Die zwei Stunden kann ich gut gebrauchen, Mitch, um ein wenig auszuruhen. Wenn du kommst, sitze ich im Whirlpool und warte auf dich. Bring das hinter dich, dann werden wir in den nächsten Tagen nicht mehr gestört.«

Mitch blickt Carla kurz an, zuckt mit den Schultern, zieht Carla hinter sich her und geht auf den Heli zu. Steven bleibt vor Schreck das Herz einen Moment stehen.

»Kommen Sie gleich zurück und warten Sie dann hier auf mich«, ruft er dem Piloten zu und steigt in die Limousine. Sekunden später hebt der Helikopter ab, und Carla sieht, wie ihr Vater immer kleiner wird.

Die Limousine mit Mitch verschwindet vom Vorfeld. Carlas Vater startet seine Stoppuhr, steigt selbst in einen zweiten unauffälligen Wagen, der nicht auf dem Vorfeld gewartet hat. Er wird sich unter allen Umständen darum kümmern, dass Mitch Lehman nicht zu früh auf die Insel zurückkehrt. Carla bleiben zwei Stunden.

Steven informiert Stanley, dessen Jacht bereits Kurs auf die Lehmansche Insel genommen hat; er lässt die Limousine der FBI-Beamten keine Sekunde aus den Augen, auch nicht beim Telefonieren, während seine Tochter in fünfzehn Minuten auf der Insel landen sollte. Jetzt wird der Helikopter zum Vorteil, denn sie gewinnt fünfundvierzig Minuten, die nicht vorgesehen waren.

Die kleine Insel liegt wunderschön auf der glatten Meeresoberfläche des Pazifischen Ozeans. Im Anflug erkennt Carla das markante Hauptgebäude auf der Spitze. Das leuchtturmartige Obergeschoss setzt sich gut erkennbar gegen die grelle Mittagssonne ab. Kurze Zeit später setzt der Helikopter auf.

Carla bleibt beim Aussteigen mit ihrer Handtasche am Sitz hängen. Ihre Wasserflasche, die sie mit aus dem Flugzeug genommen hat, fliegt im hohen Bogen auf die Instrumententafel und ergießt sich darüber, aus der augenblicklich Funken schlagen und den Helikopter lahmlegen. Fassungslos starrt der Pilot auf die Instrumententafel.

»Oh, was ist passiert«, spielt sie die Geschockte. »Mitch wird sehr böse mit mir sein. Können Sie das schnell reparieren?« Der Pilot schüttelt nur mit dem Kopf.

»Das wird dauern. Ich muss die ganze Schalttafel abnehmen und dann eine Prüfung durchführen. Heute wird das nichts mehr«, richtet er sich an den Hausmeister. »Sehen Sie zu, dass Sie den Heli repariert bekommen. Ich werde Mr Mitch dann später mit dem Speedboot abholen. Aber zunächst einmal bringe ich Mrs Carla ins Haus.«

»War das Absicht? Haben Sie jedenfalls sehr gut gemacht, Mrs Carla«, schaut Ernesto sie an und steuert den Jeep Richtung Haupthaus, »ich wusste nicht, wie ich Ihnen helfen sollte, ohne dass es aufgefallen wäre.«

»Schon gut, Ernesto, Sie und Mercedes machen viel mit.« Carla schickt eine SMS an ihren Vater. Der informiert Stanley, dessen Jacht inzwischen die Insel erreicht hat. Auf der hinteren Seite, außerhalb des Sichtfeldes des Hauses, will er ankern. »Hatebird« sicher im Nest, mailt Stanley an Carl, der die Augen nicht vom Computer in seiner kleinen Wohnung im schicken Londoner Chelsea nimmt. Zu Hause ist es weit nach Mitternacht, Sam hockt immer noch im Präsidium vor dem Polizeicomputer.

»Danke, Ernesto. Schon jetzt für alles, was Sie und Mercedes für mich tun.« Carla nimmt den Mann, der trotz seinem Alter immer noch volles schwarzes Haar hat und einen Schnauzer, was sie schon beim ersten Zusammentreffen an ihren Vater erinnert hat, fest in die Arme.

Mercedes und Ernesto mögen Carla und hassen Mitch. Seit ihrer ersten Zusammenkunft an Silvester vor einem Jahr haben sie ein vertrauensvolles Verhältnis aufgebaut. Carla hatte immer wieder mit den beiden gemailt, die sich ihr gegenüber langsam öffneten und von Mitchs Tiraden, Allüren, Geschrei und wilden Partys berichteten. Deshalb weiß Carla auch von Camilla und Diana.

Vor einigen Wochen hatte sie die beiden angerufen und gefragt, ob sie mitmachen würden, Mitch Lehman seiner gerechten Strafe zuzuführen. Beide waren sofort dabei, und Stanley hatte alles mit ihnen bei einem Treffen auf der Hauptinsel durchgesprochen. Und er hatte ihnen zugesichert, dass er persönlich für sie sorgen würde, dass er sie in seinem Haus aufnehmen würde. Carla hatte es sehr beeindruckt, dass Mercedes und Ernesto dies abgelehnt hätten mit dem Hinweis: »Wir helfen Mrs Carla auch ohne Sie.«

»Ernesto, ich weiß, dass ihr das für mich macht, aber hinterher werde ich mich trotzdem um euch kümmern«, ruft sie ihm zu, als Ernesto mit quietschenden Reifen vor dem Haupthaus bremst. Der Helipilot ist fürs Erste beschäftigt, doch die Zeit bleibt der entscheidende Faktor der nächsten Stunde. Ihre Sachen werden erst gar nicht ausgeladen, da sie für den Rückweg gleich ins Speedboot verfrachtet werden; das übernimmt Ernesto, denn der Hafen ist vom Heliport aus nicht einsehbar.

Auch wenn die Zeit äußerst knapp ist, begrüßt Carla die rundliche Mercedes herzlich; dann rennt sie hoch ins Schlafzimmer. Das eigentliche Büro liegt zwar in der Etage über dem Schlafzimmer, doch Mitch hat auf einem kleinen alten englischen Schreibtisch seinen privaten Computer stehen. Nur der große Bildschirm erinnert an Mr Big Ego, die Festplatte ist unter dem Tisch verstaut.

Carla schaltet den PC an, der eine Ewigkeit braucht, um hochzufahren. Sie atmet schwer und kurz, ist konzentriert und ruhig. Sie hat mit Carl und ihrem Vater ausgerechnet, dass ihr sechzig Minuten bleiben, um sich in den PC einzuloggen und die belastenden Dateien zu finden. Über die voreingestellten Tasten schaltet sie sowohl Carl in London, ihren Vater auf Big Island, Stanley vor Mitchs Insel und Sam am Polizeicomputer telefonisch zusammen.

»Los geht es, Comrades!«, sagt sie laut, streicht sich die Haare aus dem Gesicht und beginnt zu tippen.

»Carla, ganz ruhig, du machst das schon«, hört sie Sams warme Stimme.

»Danke, Sam.« Als Erstes versucht Carla es mit dem Passwort »Dave«. Das hat Stanley beigesteuert, der den Kosenamen von Mitch ein paar Mal gehört hatte, wenn Isabella redselig geworden war.

»Das war falsch, Stan«, sagt sie laut, damit die anderen ihre Arbeit verfolgen können.

Dann versucht sie »Dave65« in der Verbindung seines Spitznamens mit dem Geburtsdatum, das zweite Passwort auf ihrem Zettel, den sie neben das Telefon gelegt hat.

»Auch das ist falsch«, murmelt sie.

Sie kombiniert »Dave« und »65« vorne und hinten, sie versucht es mit »Dave1965«, doch mit keinem der Passwörter erhält sie den Zugang.

»Versuche es einfach mit seinem Namen«, hört sie Carl aus London sagen, der seine Stoppuhr im Blick behält. Dass Carla schon fünfunddreißig Minuten verbraucht hat, seit sie die Insel betreten hat, verschweigt er lieber. Auf seinem Handy bekommt er die beruhigende Nachricht des FBI, dass weiter alles nach Plan verläuft.

Aber auch »Mitch Lehman« und »MitchLehman« funktionieren nicht.

»Es muss etwas sein, was er sich immer merken kann. Mitch ist vergesslich, was solche Sachen angeht«, spricht Carla laut zu ihren Komplizen.

»Am besten ist doch, du stiehlst den ganzen PC«, schaltet sich ihr Vater ein.

»Das ist zu riskant, denn meines Wissens hat er diese digitale Wegfahrsperre. Wenn der PC mehr als ein paar Meter bewegt wird, ohne dass er entschlüsselt ist, löschen sich alle Dateien automatisch. Nur eine Sicherheitskopie wird dann an einen geheimen Ort gemailt. Das haben wir doch alles durchgesprochen«, antwortet Carla, sichtlich genervt, wie Carl heraushören kann.

»Das bleibt die Ultima ratio«, wirft er ein.

Carla versucht weitere Kombinationen mit »Hawaii« und sogar mit Passwörtern der Bank, die ihr Carl besorgen konnte. Aber nichts funktioniert, und fünfundvierzig Minuten sind vorbei.

»Ich muss nachdenken. Alle mal absolut ruhig«, befiehlt Carla der globalen Telefonrunde. Über zwanzig Passwörter hat sie ausprobiert, die sie gemeinsam vorher aufgeschrieben haben. Für einen Moment lehnt sie sich zurück. Ihr Blick schweift durch das Schlafzimmer und auf die Terrasse. Der Whirlpool glänzt gegen die Abendsonne mit seinem blauen Marmor, so wie viel in diesem Haus in Blautönen gehalten ist. Als Carla Mitch einmal darauf angesprochen hatte, erklärte er ihr, blau sei seine Lieblingsfarbe.

»Das könnte es sein«, sagt sie, ohne dass die andern wissen, wovon Carla in diesem Moment spricht.

Wild tippt sie »blue« für blau, aber auch hier passiert nichts. Während sie verschiedene blaue Kombinationen ausprobiert, sieht sie ihr goldenes Armband, das sie heute ein letztes Mal zur Tarnung angelegt hat.

»Ich habs!«, ruft Carla laut.

»Wieso?«, rufen Carl und Steven zeitgleich durchs Telefon, während Sam stumm bleibt.

»Auf dem Meer ist alles ruhig, Hatebird«, steuert Stanley bei, um Carla nicht nervös zu machen.

Carla tippt »blaues Band«. Aber auch hier tut sich nichts. Inzwischen zeigt ihr der Computer an, dass sie nur noch zwei Versuche hat. Und dass fünfundfünfzig Minuten vorbei sind.

»Ich habe nur noch zwei Versuche«, erschrickt sie. »Ich bin mir sicher, dass es irgendetwas mit ›blaues Band‹ oder so sein muss. Ich weiß es«, schreit sie.

»Carla, denke scharf nach!«, mischt sich Sam ein. Ihr Gespür für den richtigen Moment sagt ihr, dass Carla jetzt Hilfe braucht, um die Lösung zu finden.

»Beruhige dich und laufe einmal durch das Schlafzimmer und atme langsam«, weist sie Carla an. Carl hält das mit Blick auf die Uhr für keine gute Idee, schweigt aber lieber.

Als Carla durch das ihr so vertraute Schlafzimmer läuft und vom Bett aus auf den Schreibtisch schaut, sieht sie eine leere Tasse, die Mitch wohl am Morgen noch dort stehen gelassen und Mercedes beim Aufräumen vergessen hat, weil sie etwas vom Bildschirm verdeckt war. Das gibt Ärger, denn Mitch mag keine leeren Tassen.

»Genauso wenig wie Leertasten«, sagt Carla, schlägt sich vor den Kopf und rennt zurück an den PC. Ohne die anderen zu informieren, lässt sie die Leertaste zwischen »blaues« und »Band« weg. Aber auch diese Kombination schlägt fehl.

Ihr bleibt ein letzter Versuch, sonst muss sie den PC mitnehmen: Carla tippt »BlauesBand« ohne Leertaste zwischen den beiden Wörtern; mit einem großen B auch für das zweite Wort. Eine Marotte von Mitch.

Die Melodie, die beim Hochfahren des Betriebssystems ertönt, klingt wie Musik in ihren Ohren. »Geschafft. Ich bin drin«, schreit sie laut und hört viermal ein »Super« aus dem Lautsprecher.

»Aber die Zeit ist um«, tönt es aus London.

»Steven hier. Sie hat durch den Heliflug knapp dreißig Minuten gewonnen«, springt der Aufpasser vor dem FBI-Gebäude bei, »und von Mitch ist auch noch nichts zu sehen«.

»Ich gebe den Jungs trotzdem ein Zeichen«, meldet sich Stanley vom Boot.

»Ruhe jetzt, ich gehe nicht ohne die Dateien.« Carla durchsucht den Computer über das Dateianhängsel DSS, mit dem Voicedateien gekennzeichnet sind. Der Computer listet etwa dreißig solcher Dateien auf, Carla ordnet sie nach dem Datum; sie muss nur nach Daten suchen, die im Jahr 2008 bis zu Isas Tod datiert sind.

Das sind nur fünf Dateien. Carla kopiert zunächst alle auf einen USB-Stick und öffnet dann Lehmans E-Mail-Account. Sie schickt alle fünf Dateien einzeln an Carl Bensiens private Mailadresse und kopiert ebenso ihre private Mailadresse darauf. So sind sie doppelt gesichert. Die folgenden Minuten dehnen sich endlos; zum einen braucht die

Übertragung dieser großen Datenmenge ihre Zeit. Zum anderen muss Carl Bensien die Voicedateien erst abspeichern und kann erst dann mit der entsprechenden Software reinhören.

»Eine Stunde zehn«, meldet sich Carl.

»Das wissen wir, Carl. Sei bitte ruhig und prüfe die verdammten Dateien«, entgegnet Carla unwirsch. Fünf Minuten später überschlägt sich Carl Bensiens Stimme in der Telefonkonferenz:

»Ich kann die Dateien nicht öffnen. Sie verlangen erneut ein gesondertes Passwort. Es gibt offensichtlich eine doppelte Sicherung. Was machen wir jetzt?«

Carlas Vater reagiert zuerst: »Wir haben doch die Dateien. Mehr kann Carla vor Ort nicht machen. Carla: Raus jetzt!«

»Und was, wenn die Dateien nicht die richtigen sind?«, ruft Carla in ihr Handy.

»Dann wird er ungeschoren davonkommen. Wir können uns nicht vorwerfen, dass wir es nicht versucht hätten«, wirft Sam ein.

»Sam hat Recht! Verschwinde jetzt. Ich will nicht, dass der Kerl dich auf der Insel erwischt«, befiehlt ihr Vater.

»Okay.« Doch Carla hat noch eine Aufgabe zu erledigen. Sie nimmt das goldene Armband vom Handgelenk. Die Stelle, die Annabelle hat reparieren lassen, ist klar zu erkennen. Carla nimmt den kleinen orthopädischen Hammer aus ihrer Handtasche, den sie sich damals im Krankenhaus von der irritierten Krankenschwester hat schenken lassen. Sie legt das Geschenk auf den Schreibtisch und haut zu. Das Gold springt ab und Teile der blauen Tansanitsteine zerbröseln. Mit aller Kraft schlägt sie auf das Armband ein, bis kaum mehr etwas vom Goldüberzug zurückbleibt. Carla atmet tief und schwer.

»Was machst du da«, schreit ihr Vater ins Telefon. »Sieh zu, dass du wegkommst!«

»Ich hatte noch etwas zu erledigen, um die Sache endgültig zu Ende zu bringen, Vater.« Ganz ruhig steht Carla auf und legt Mitch die restlichen Bestandteile des blauen Armbands auf seinen Nachttisch.

»Schon klar, Carla«, geht Sam dazwischen, »aber jetzt beeile dich, damit du ihm nicht noch über den Weg läufst«.

Carla steckt den Hammer als Erinnerungsstück in ihre Handtasche, packt den USB-Stick mit den Dateien ein und sieht zu, dass sie in die Halle im Parterre kommt.

»1,25«, knattert Stanley, »aber die Lu …« Stanleys Leitung ist weg, der Aufpasser vor Ort ist abgeschaltet.

»So ein Mist. Was jetzt?«

»Carl, er wollte sagen, die Luft ist rein«, hechelt Carla ins Telefon und springt mehrere Stufen die Treppe hinunter.

Ernesto hat Mercedes inzwischen gefesselt. Carla küsst sie und dankt für alles. Dann schnürt sie auch Ernesto am Herd in der Küche an, weit genug entfernt von den Messern.

»Danke für alles. Sie sind sehr gute Menschen. Ich komme wieder. Versprochen.« Sie winkt den Gefesselten noch einmal beim Hinausrennen zu.

Als Carla in den Jeep springt und losfährt, sieht sie noch im Rückspiegel den Piloten zu Fuß zum Haus kommen. Das war knapp, schießt es ihr durch den Kopf, während sie zum Hafen rast, wo Ernesto das Gepäck im Boot verräumt hat und sie nur noch zwei – sinnigerweise blaue – Leinen lösen muss. Wegen der Sprünge auf der Treppe beginnt ihr Bein zu schmerzen. Nur mit Mühe schafft sie es ins Boot und wirft die Leinen einfach ins Wasser.

Steven kalkuliert: »Alles in allem bist du in zwei Stunden und fünfzehn Minuten wieder auf Big Island. Gib Gas, Tochter.«

»Alles ruhig?«

»Ja«, antwortet Steven mit Blick auf das Polizeigebäude.

Carlas Anspannung lässt erst nach, als sie Big Deal, Mitchs Insel, hinter sich verschwinden sieht. Aber noch ist sie nicht am Ziel. Mit Vollgas jagt sie im Speedboot über den glatten Ozean in Richtung Big Island. Fünfunddreißig Minuten später erreicht sie den Hafen, so schnell war das Boot noch nie.

Als Carla langsam in den Hafen einfährt, verlässt Mitch Lehman gerade das Gebäude, in dem er die Zeugenaussage gemacht hat; von den beiden FBI-Beamten lässt er sich wieder zum Heliport kutschieren. Steven folgt ihm nicht mehr, er fährt zum Hafen, die Überwachung von Mitch Lehman ist abgeschlossen. Nur an den Piloten haben die Verschwörer nicht gedacht. Auf dem Weg zum Flughafen erreicht Mitch der Anruf seines Piloten, der ihm vom gefesselten Haushälterehepaar und dem kaputten Helikopter berichtet. Auch das Speedboot sei weg und mit ihm Carla Bell.

Mitch starrt für Sekunden aus dem Fenster, ahnt, dass Carla ihn hintergangen hat. Die ganzen scharfen Mails, er hätte es wissen müssen. Erst muss er über sich selbst lachen, es ist ein bitteres Lachen, dann dirigiert er die FBI-Beamten, die für seine Verhältnisse ohnehin sehr langsam fahren, in harschem Ton zum Hafen.

»Wir müssen auf die Verkehrsregeln achten.« Es hat keinen Sinn, resigniert Mitch, als der Beamte weiterredet: »Unser Einsatz ist beendet. Wir fahren Sie nur freundlicherweise zurück.« Der Beifahrer setzt unauffällig eine SMS ab: »Achtung Hatebird, der Geier kommt.«

Am Eingang des Hafens für Speedboote kreuzen sich zwei Limousinen. Carla und Steven drehen sich weg und werden von Mitch nicht erkannt. Mit hoher Geschwindigkeit rasen Vater und Tochter zum Flughafen, um so schnell wie möglich in einen von Carl organisierten Privatjet mit Ziel Los Angeles zu steigen.

»Können wir Ihnen noch helfen, Mr Lehman?«, fragt der eine Beamte, der mit Hut und schwarzer Sonnenbrille zum Anzug eher wie ein Schauspieler als ein echter Agent aussieht.

»Nein«, antwortet Mitch knapp, steigt aus und steht fassungslos vor seinem leeren Speedboot.

»Es gibt keine ehrlichen Nutten mehr«, spricht Mitch leise, als er die blauen Seile sieht, und springt auf den Kapitänssitz. Als das Boot röhrend aus dem Hafen rast, wählt der junge FBI-Beamte eine Nummer.

»Bensien«, ertönt es am anderen Ende der Leitung.

»Auftrag erledigt. Bei Ihnen alles in Ordnung?«

»Sie heben gerade ab. Danke, meine Herren«, antwortet Carl.

»War uns ein Vergnügen.«

»Wohin darf ich das Honorar überweisen?«

»Einfach an die Schauspielschule Hawaii. Kennwort: Koepenick«, antwortet der junge Beamte lachend.

»Klasse, Jungs. Und wenn ich mal auf Big Island sein sollte, schaue ich mir ein Stück von euch an.«

»Gerne. Und schöne Grüße an Veronique.«

»Werde ich ausrichten«, lacht Carl, legt auf und dankt Gott, dass Veronique die Idee mit den schauspielernden FBI-Agenten hatte; sie hatte die alten Klassenkameraden empfohlen und ihn überzeugt, dass Kleider Leute machen, auch FBI-Agenten.

»Auftrag erledigt«, schickt Carl eine SMS an alle.

Auf Stans Boot ploppt ein Bier auf, Carl nimmt sich einen guten Whiskey, Sam bleibt bei Kaffee. Und Carla stößt mit ihrem Vater mit Champagner an.

Stimme aus dem Jenseits

»Das Problem ist, dass Mitch die Dateien noch einmal geschützt hat. Wenn man die knacken will, ohne das zweite Passwort zu haben, können sie sich selbst zerstören. Das haben mir jedenfalls unsere Techniker erklärt.«

Carl blickt in die Runde, die aus Carla, Steven, Sam, Tim und Denise, die er mit nach London genommen hat, besteht; sie alle haben sich in seinem Besprechungsraum versammelt. Vor ihm steht ein Laptop.

»Ich habe nachgedacht«, wirft Carla ein. »Stanley hat doch ›Dave‹ als ein Passwort erwähnt. Versuche es doch hier mal mit ›Dave‹ oder so, Carl.«

»Gute Idee, Carla. Darauf bin ich gar nicht gekommen.« Carl setzt sich und tippt.

»Weibliche Intuition!«

»Werden wir ja noch sehen«, schaut er sie an und rollt mit den Augen.

Alle Versuche scheitern. Mit und ohne Geburtsjahr, mit und ohne Leertasten. Alles bleibt blockiert. Die Verzweiflung des Teams steigt von Versuch zu Versuch.

»Wie hieß noch einmal diese Isa mit Kosenamen?«, fragt plötzlich Sam.

»Basi«, antwortet Tim aus dem Hintergrund.

»Versuche Basic, Carl«, gibt Sam den nächsten Versuch vor und Sekunden später öffnet sich die erste Voicedatei.

»Polizeiliche Intuition«, lacht Carla, doch plötzlich erschaudern alle, denn nach Mitchs aufgeregtem Einwand: *»Mir ist nicht nach Schönwetterszenario zumute, lass das also und sag mir, was hier abgeht?«* hören sie die Stimme der toten Isabella Davis: *»Ich glaube, Mitch, wir haben uns verzockt!«*

Carla vermag beinahe die Wärme dieser Augusttage zu spüren, als sie dem Dialog zwischen Isabella und Mitch folgt, der offensichtlich von Isabellas Geständnis überrascht wurde:

»Was?«

»Verzockt, verwettet, Mitch.«

»Wie meinst du das denn? Sind wir nicht genug abgesichert?«

»Nein!«

»Wieso?«

»Weil der Markt das Modell austrickst.«

»Wie soll ich das verstehen?«

»Uns brechen die Preise in einem Maße weg, die nicht zu modellieren waren. Wer hätte in diesem Ausmass mit Nachschusspflichten rechnen können? Alles wegen dieser beschissenen Schrottimmobilien.«

»Und jetzt?«

»Weiter wetten und zusätzlich beten. Und umbuchen.«

Carl fixiert Carla, so als wollte er sagen, ich habe es immer gewusst.

»Was für eine Kombination! Wetten und beten.«

»Wenn der Markt weiter abrutscht, dann fallen die ersten Junior-Tranchen der Holiris nacheinander wie Dominosteine um, Mitch.«

»Das gesamte Volumen von zweiundzwanzig Komma irgendwieviel Milliarden Dollar?«

»Ja! Aber das ist noch nicht alles.«

»Was denn sonst noch? Wenn ich das gegenüber Bensien vertreten muss, vierteilt der mich.«

Carl muss lachen, Sam blickt ungehalten zu ihm hinüber, sodass er entschuldigend die Hand vor den Mund nimmt.

»Um in deinem Bild zu bleiben: Zweiteilung reicht aus.«

»Was?«

»Wir brauchen vielleicht zweimal zweiundzwanzig Komma fünf Milliarden.«

»Wie bitte?«

Obwohl die versammelte Mannschaft die Zahlen bereits kennt, starren sie fassungslos auf den Lautsprecher, über den Isa Mitch ihren Komplott erläutert.

»Um Gottes willen. Wie hast du das gemacht?« Auch Lehman scheint damals fassungslos gewesen zu sein.

»Wie, tut nichts zur Sache. Aber das passiert nur, wenn dieser verdammte Markt weiter abrutscht.«

»Über fünfzig Milliarden Dollar, von denen Bensien nichts weiß. Wieso hast du das gemacht, Isabella Davis?«

»Weil ich einen zusätzlichen Haufen Geld für die Bank verdienen wollte und nie damit gerechnet habe, dass so ein Immobilienmarkt den ganzen Markt ins Rutschen bringen und unsere Modelle kaputt machen kann. Es war nicht vorhersehbar, Mitch. Meine Modelle haben immer funktioniert.«

»Das alles ist allein deine Schuld.«

»Schon, aber du trägst die Verantwortung mit. Zwei Unterschriften, wie du weißt.«

»Was heißt das denn?«

Danach hören sie Schritte, Isabella Davis verlässt ganz offensichtlich den Raum. Entgeistert schauen sich die sechs an.

»Wie die Old Lady of Threadneedle«, rutscht es Carl heraus.

»Reicht das, Carl?«, fragt Carla.

»Weiß ich nicht, aber es ist schon einmal sehr gut.«

Sie gehen alle fünf Dateien durch. Nummer zwei, drei und vier sind vergleichsweise harmlos. Tim hat inzwischen die fünfte und letzte Datei geöffnet.

»Wir müssen reden, Isa.«

»Setz dich Mitch, ich habe einen Plan.«

Alle schauen sich erstaunt an, wie Isa Mitch herumkommandiert.

»Können wir uns nicht noch einmal retten?«

»Natürlich kann das funktionieren, aber nur wenn der Markt nicht kollabiert.«

»Erklär mir das.«

»Die beiden Zweckgesellschaften CayCon und TYL laufen pro forma auf den Namen Allebasi Sryem, mein Mädchenname in Spiegelschrift. Alle Unterschriften tragen zwar deinen und meinen Namen, sind aber in Globalbudgets versteckt. Das merkt vielleicht keiner, da wir schließlich nicht alles an das zentrale Controlling in New York melden.«

»Was steckt da drin?«

»Die fünfzehn Milliarden Holiri-Volumen im Ratio Driver sind einigermaßen sicher; denn da habe ich die kompletten Super-Senior- und Senior-Tranchen dringelassen – außer die auch Carl Bensien bekannten ein Drittel der Juniors ohne Rating. Davon können aus meiner Sicht maximal fünf Milliarden ausfallen. Ob wir diese Zertifikate dann auf die Bücher zurücknehmen oder nicht, ist eigentlich egal. Bensien kennt sie jedenfalls.«

»Und weiter?«

»Schwieriger sind die anderen fünfzehn Milliarden, die ich in TYL ausgebucht habe und über potenzierte Collateralized Loan Securities ummodelliert habe. Die sind nämlich zu zwei Dritteln ohne Rating und werden gemäß umgekehrtem Wasserfallprinzip als Erste faul, wenn der Markt weiter rutscht. Ich habe da zwar

ein Stillhalteabkommen mit den Investoren, aber das hält nur für eine gewisse Zeit.«

»Gut, Isa!«

»Aber dieses Stillhalteabkommen, lieber Mitch, habe ich nur erhalten, weil ich das gesamte Forderungsvolumen in der anderen Zweckgesellschaft CayCon über Credit Default Swaps abgesichert habe. Leider steht dagegen aber nicht genügend Cash; denn privat kann ich wohl kaum fünfzehn Milliarden Dollar aufbringen, oder?«

»Und wie hast du das gemacht?«

»Ganz einfach: Ich habe erst das Cash und dann die Super-Senior-Tranchen und die Senior-Tranchen dagegen verpfändet, ohne es der Bank zu melden.«

»Das bedeutet?«

»Das bedeutet, dass wir im Falle des Wertverlusts der Junior-Tranchen die komplette Liquiditätszusage geben und zudem die guten Holiris aus Ratio Driver übertragen müssten. Dafür stehen dann wieder Liquiditätszusagen im Raum, die im Falle des Falles fällig werden können.«

»Was macht das zusammen?«

»Fünfzehn Milliarden potenzierte CLS in TYL, dazu fünfzehn Milliarden CDS in CayCon, die über die fünfzehn Milliarden guter Holiris in Ratio Driver verpfändet sind, von denen fünf schon gar nicht mehr gut sind.«

»Hört sich an wie ein Teufelskreis, Isa.«

»Das ist es auch. Der Verlust der Bank würde im Totalausfall dreißig plus dreißig bedeuten. Sie sind dann nämlich wertlos und wir müssten sie auch noch ersetzen. Und davon kennt der gute Carl nur zehn insgesamt! Und die weiteren Weiterverbriefungen der Obristen kommen noch hinzu, Mitch.«

»Scheiße.«

»Genau. Kann im schlimmsten Fall hundert Milliarden Dollar Belastungen bedeuten. Es wäre dann alles weg und wir müssten es entweder ersetzen, weil wir es bei uns versichert haben, oder zumindest Liquiditätszusagen machen.«

»Ist das jetzt alles, Isa?«

»Ja, mehr habe ich dir nicht zu beichten, mon Général.«

»Isa, es ist noch immer gut gegangen, wenn wir beide etwas gemacht haben. Ich bin der beste Händler auf dieser Welt und ich werde den Markt schon überlisten. Wir werden das in den Griff bekommen. Du wirst dich ruhig verhalten, keine weiteren Holiris begeben. Wann immer es möglich ist, siehst du zu, dass du Holiris auch mit geringem Verlust verkaufst. Das fange ich schon über das Eigenhandelsgeschäft ab. Nur nicht zu viel auf einmal! Und sobald die Asset Backed Commercial Papers und damit die kurzfristigen Liquiditätszusagen auslaufen, sollten wir versuchen, in längerfristige Finanzierungen umzuschulden. So könnten wir noch einmal unseren Arsch retten.«

»Könnten!«

»Noch eine Frage, Isa. Warum hast du das getan?«

»Um dir zu gefallen, Dave.«

Keiner der Anwesenden muss etwas sagen, allen ist klar, dass dieser Dialog Lehman hinter Gitter bringen wird.

»Das muss ganz offensichtlich nur kurze Zeit nach dem ersten Streit in Isabellas Büro aufgenommen worden sein«, findet Carl die Worte wieder.

»Woher weißt du das?«, fragt Steven nach.

»Cindy, die Sekretärin von Mitch, hat mir nach mehrmaligem Nachfragen berichtet, dass sie sich an diesen Tag genau erinnere, weil Isabella damals ihren Urlaub in Südfrankreich unterbrochen hatte. Sie war gleich nach ihrem Eintreffen in Mitchs Büro gestürmt.«

»Das war aber das erste Gespräch, das wir gehört haben«, mischt sich Carla ein.

»Ja, aber Cindy hat mir auch erzählt, dass Isa danach in ihr Büro gerannt ist und Mitch ihr kurz darauf hinterherlief. Cindy erinnerte sich deshalb so genau daran, weil Mitch nur selten in Isas Büro ging.«

»Was macht Cindy eigentlich jetzt, Carl?«

»Die hab ich erst einmal ins Marketing gesteckt. Da bringt man ja gerne Mätressen und abgehalfterte Frauen unter«, schmunzelt Carl in Richtung Carla.

»Darüber kann ich wirklich nicht lachen, Mr Bensien«, giftet sie ihn an, mit einem Lachen im Gesicht allerdings, beobachtet Sam.

»Nun mal ernsthaft, Freunde«, unterbricht Steven das Geplänkel. »Was wir hier gehört haben, ist doch glatter Betrug, obwohl ich nichts von dem ganzen Zeug verstehe.«

»Genauso ist es«, antwortet Carl.

»Und jetzt?«, fragt Carla.

»Ich werde eine Person außerhalb der Bank bitten, Kopien und Abschriften anzufertigen. Diese werde ich dann mit dem Risikoausschuss besprechen. Wenn Don Kramer und der Ausschuss zustimmen, werden wir in einer Ad-hoc-Mitteilung den Betrugsvorwurf bekannt geben. So ungefähr haben wir das Loch ja inzwischen geahnt, aber jetzt können wir eine klare Aussage machen. So schlimm die Nachricht ist, Investoren lieben es, wenn sie sichere Informationen bekommen.«

»Sicher, aber schlechte?«, fragt Steven nach, »ihr Börsianer seid doch alle verrückt.«

»Ich muss das jedenfalls alles noch einmal prüfen lassen. Denn Isabellas Verschachtelungen sind schon genial. Wenn wir alles streng geheim zusammengestellt haben, werden wir die Unterlagen der Staatsanwaltschaft übergeben. Dann wird Mitch Lehman wohl endlich Besuch von richtigen FBI-Beamten bekommen.«

»Und dann?«, fragt Carla.

Ihr Vater ist schneller mit der Antwort als Carl: »Ich schätze einmal, dass er pro Milliarde Dollar Betrug wohl vor einem amerikanischen Gericht ein Jahr Gefängnis erhält. Das wären dann hundert Jahre, wenn die Zahlen sich genau so bestätigen. Das dürfte auch für Mr Lehman ausreichen, oder?«

»Freut euch nicht zu früh«, wirft Samantha ein. »Lehman ist nicht der Typ, der sich so schnell geschlagen gibt und sich festnehmen lässt. Darauf verwette ich mein Diplom als Polizeipsychologin«, schaut sie die anderen fünf an, denen gar nicht mehr zum Lachen ist.

Abgetaucht zum Jahresende

Bad Bank

Missgelaunt und nervös tigert Carla am Freitagabend in ihrer Wohnung in Islington auf und ab. Sie ist noch viel zu aufgeputscht, um einfach einen gemütlichen Abend zu Hause vor dem Fernsehgerät zu verbringen, wie sie es sich eigentlich vorgenommen hat. Der Flug nach Hawaii, das getarnte Anbandeln mit Mitch, die Jagd nach den Dateien und die Flucht mit dem Boot, das hatte sie ganz gut verarbeitet.

Seit sie jedoch heute Mittag in Carls Besprechungsraum die Stimme der toten Isabella Davis gehört hat, geht sie ihr nicht mehr aus dem Kopf: Wie Isabella Mitch vorrechnete, dass sie sich verzockt hatten, und wie sie ihn anherrschte, sich zu setzen. Ganz anders klang ihre Stimme, als Carla sie erinnerte. Immer wieder hört sie Isabella »Setz dich, Mitch, ich habe einen Plan« und »Um dir zu gefallen, Dave« sagen. Carl hatte Recht, die Rakete hörte sich wie ein Geist an, wie Old Lady of Threadneedle.

Carla kauert auf ihrem Bett und klammert sich an ihr Kuschelkissen. Zum ersten Mal seit ihrem Unfall ist sie wieder in ihrem Apartment. Für Carla fühlt sich alles unbewohnt und einsam an. Verkrampft hockt sie auf dem Bett, in dem sie über drei Monate nicht mehr geschlafen hat. Missmutig musste sie nach dem Abhören der Voicedateien konstatieren, dass alle für das Wochenende bereits Pläne gemacht haben. Ausgerechnet heute ist keiner da, mit dem sie den Abend verbringen kann. Sam und Dad sind nach Hertfordshire zurückgekehrt, da wollte sie nicht mit, Bella musste zu ihrer Mutter in den Lake Distrikt und Simon Trent flog zur Berichterstattung über den ersten Weltfinanzgipfel nach Washington. Auch Carl Bensien eilte gleich nach der Entschlüsselung in die US-Hauptstadt. Auf Einladung des scheidenden Präsidenten George W. Bush treffen sich am dritten November-Wochenende 2008 die führenden Industriestaaten und die größten Schwellenländer in Washington, um einen Aktionsplan mit fünf Grundprinzipien für eine globale Finanzreform zu diskutieren.

Don Kramer wollte Carl auf jeden Fall dabei haben, falls die Carolina und andere Investmentbanken am Rande des Gipfels zum Thema werden sollten. Die Big Boys aller Institute hatten sehr wohl realisiert, dass im Nachgang der Lehman-Pleite bei fast allen Regierungen und besonders bei den Anlegern eine enorme Wut und fassungsloses Unverständnis darüber herrschte, wie sehr die Banker in den letzten Jahren gezockt hatten. Entsprechend groß ist das Interesse der Medien bereits im Vorfeld.

Schlecht gelaunt drückt Carla auf den Knopf der Fernbedienung und zappt sich durch die Sender, bis sie einen Wirtschaftskanal findet, auf dem gerade ein Special läuft. Zu den dicken Lettern BAD BANK wird ausgerechnet das Gesicht von Mitch Lehman eingeblendet, dazu der Untertitel: »LOST IN HIS TRANSACTIONS?« Das interessiert Carla.

Ein junger Wall-Street-TV-Journalist, dessen Gesicht ihr noch nie begegnet ist, sitzt neben einem etwa fünfzigjährigen Anzugträger, der als Experte untertitelt wird. Carla ist zurück in der Finanzwelt und schaut gebannt auf den Bildschirm.

»Da ganze Bankbilanzen giftig und schlecht vor lauter zurückgenommenen Zertifikaten werden, fordern erste Banker eine Bad Bank«, hört Carla eine Stimme aus dem Off, mit der dieses TV-Special anmoderiert wird, während auf dem Bildschirm die Zentralen einer Reihe namhafter Institute gezeigt werden, von denen Carla einige als Reporterin besucht hat und erkennt.

»Nun ist eine ›Schlechte Bank‹ natürlich nicht schlecht«, lauscht Carla dem Studioreporter, »sondern sie sollen lediglich die schlechten Geschäfte aufnehmen. So bleiben die Banken gute Banken, obwohl die Banker ziemlich schlecht gearbeitet haben. Sollte man die Bad Banker«, fragt der

Reporter den Experten neben sich, »nicht gleich mit in die Bad Banks abschieben?«

Carla lacht anerkennend, doch der Experte argumentiert, dass »Bad Banker for Bad Banks« völlig falsch wäre; man brauche die besten Banker, um die schlechten Geschäfte halbwegs vernünftig abwickeln zu können. Carla hat sich in den letzten Wochen wieder in die Bankenwelt eingelesen: Je mehr es auf das Jahresende 2008 zugeht, umso dramatischer wird es für die Banken. Da nun einmal der komplette Markt für Zertifikate im großen Stil versiegt ist, bleibt den meisten Banken nichts anderes übrig, als ihre ehedem in Zweckgesellschaften ausgegliederten giftigen Papiere in die eigene Bilanz zurückzunehmen.

Genau darüber redet der glatzköpfige Experte Charlie Vik von »Risk Profile Advisors«: Dass für solche Wertpapiere sehr strenge Vorschriften gelten und wie sie zu bewerten seien. Ein Großteil dieser verbrieften Hypotheken und andere Kredite seien im Zuge der Lehman-Pleite unbewertbar geworden, weil es keinen Markt und damit keinen Preis mehr gebe.

Die Unbewertbarkeit habe weniger damit zu tun hat, dass alle Hypothekenkredite völlig wertlos geworden seien, sondern damit, dass ohne Nachfrage kein Preis entstehen könne. Und niemand wolle die Zertifikate mehr haben. Deshalb würden viele Bad Banker die toxischen Kredite am liebsten in eine Bad Bank mit Staatsgarantie ausgliedern.

»Danke an Charlie Vik, unseren Experten. Wir sehen uns nach einer kurzen Werbeunterbrechung wieder«, beendet der Reporter die Erläuterungen des Experten.

»Danach sehen Sie ein Interview mit Carl Bensien, dem neuen Kapitalmarktchef der Carolina Bank, der bis vor wenigen Wochen das Risikomanagement der Bank geleitet hat.«

»Wow«, stößt Carla aus, springt vom Bett und rennt in die Küche. Als sie mit einem Glas Weißwein und einer Tüte »Frustchips« bewaffnet aus ihrer Miniküche zurückkommt, ist Carl bereits zu sehen. Carla stellt ihr Glas neben das Bett, kuschelt sich in die Tagesdecke und konzentriert sich auf die Sendung.

»Wir haben alle Hände voll zu tun, um bis Jahresende so marktgerecht wie nötig, aber auch so bilanzschonend wie möglich eine Lösung zur Bilanzierung für unsere Holiris zu finden. Wir sitzen quasi ständig mit unseren Controllern zusammen, um das Gift der toxischen Papiere so weit wie möglich einzudämmen.« Souverän blickt Carl dabei in die Kamera.

»Wie entscheiden Sie das?«, fragt die junge Reporterin, auf die Carla auf der Stelle neidisch wird. Das Gespräch muss wohl vor einigen Tagen aufgezeichnet worden sein, kombiniert sie, denn Carl sitzt in diesem Augenblick im Flugzeug nach Washington.

»Selbstverständlich können wir das nicht alleine entscheiden, Rebecca, sondern müssen unsere Bilanzierung durch unseren Wirtschaftsprüfer genehmigt und testiert bekommen. Und die sind nach ihren eigenen Fehlern der letzten Jahre viel vorsichtiger geworden, was es auch nicht gerade einfacher macht«, erklärt Carl und lächelt Rebecca an.

Nun spricht er sie auch noch mit Vornamen an, wundert sich Carla, die erkennt, dass Carl in den letzten Wochen ein paar Kilo verloren haben muss, das dunkelblaue geschlossene Anzugjackett sitzt reichlich locker am Bauch.

»Müssen Sie denn die Wertpapiere nicht alle mit ihrem Fair Value bewerten?«, fragt die Journalistin. Reichlich naiv, fällt Carla dazu nur ein und zermalmt eine große Ladung Chips zwischen den Zähnen.

»Was ist unter den gegebenen Umständen schon fair?«, antwortet Carl gelassen. »Wir haben in den letzten Wochen sehr engen Kontakt mit den Prüfern gehalten, denn die Turbulenzen werfen zahlreiche Bilanzierungsfragen auf. Zwar sollen Wertpapiere immer fair bewertet werden, aber der Fair Value ist alles andere als eine einfache Rechnung.«

»Was bedeutet das?«, fragt die Reporterin in bester Unkenntnis. Carla schüttelt den Kopf, greift immer wieder in die Tüte und genehmigt sich ab und zu einen Schluck Wein. Auch Carl scheint dieses Gefrage allmählich zu nerven.

»Wenn ich schon wieder höre«, antwortet er etwas ruppiger im Ton, »dass jetzt Regeln erarbeitet werden sollen, wie die verpackten Kredite bilanziert werden sollen, dann wird doch der Teufel mit dem Beelzebub ausgetrieben.«

»Können Sie das präzisieren?«, hakt die Interviewerin nach.

»Es ist doch ganz egal, ob wir die Wertpapiere im Umlaufvermögen und damit zum Handel deklarieren oder im Anlagevermögen und damit in irgendeiner Art und Weise in den Bestand nehmen. Es ist auch egal, ob wir zum Anschaffungswert oder zu irgendeinem Marktwert berechnen. Wir müssen eine Lösung finden, die allen gerecht wird. Das wäre fair«, erläutert Bensien.

»Wird man darüber in Washington reden?«

»Aber sicher«, spricht Carla mit sich, immer noch neidisch, dass sie nicht neben Carl steht, »worüber sollen die denn sonst reden?«

»Das hoffe ich«, antwortet Carl mit Nachdruck. »Wenn ich lese, dass wir noch einen Wert à la Mark to Model hinzunehmen sollen, dann reicht dafür selbst meine Fantasie als ehemaliger Risk-Manager nicht. Was soll denn bitte ein Modellwert sein? Ich hoffe, dass die in Washington so einen Mist ganz schnell vom Tisch wischen.«

Carla muss laut lachen, denn Rebecca versteht offensichtlich gar nichts mehr. Carl setzt jedoch noch oben drauf: »Das sind alles nur Bilanzierungsoptionen, die uns kaum weiterhülfen. Wenn wir aber ganz ehrlich sind und mit der Rechnungslegung neues Vertrauen schaffen wollen, dann müssen wir wohl einen Großteil unserer Wertpapiere ausbuchen. Und genau das kann sich keiner leisten, oder?«

»Eine Bad Bank?«

»Genau. Die Bad Bank ist nichts anderes als ein staatliches Auffangbecken für die faulen Papiere. Das wäre zwar ein ordnungspolitischer Sündenfall, wenn Sie mich fragen, aber andererseits haben sowohl wir als auch die anderen Banken kaum eine andere Wahl. Das Entscheidende ist allerdings, dass die Regierungen darauf bestehen müssen, dass wir so etwas nie wieder tun können, dass sie klare Regeln aufstellen und die Übeltäter rausschmeißen.«

»Eine harte Maßnahme«, die Reporterin dreht sich zur Kamera. »Aber die Carolina Bank hat es bereits vorgemacht und vor ein paar Wochen Mitch Lehman, den früheren Kapitalmarktchef und Starbanker der City, fristlos entlassen. Der hatte sich mit seinen Transaktionen wohl völlig verspekuliert. Mit seinem Nachfolger haben wir vor dem Abflug nach Washington zum Weltfinanzgipfel gesprochen. Das war Rebecca Hill für WWB aus London. Ich gebe zurück ins Studio.«

Der junge Moderator greift den Faden auf:

»Kann uns eine Bad Bank helfen, Charlie?«

Charlie Vik windet sich, ehe er ausholt: »Das ist alles eine Frage, wie das Bankensystem im Übergang klarkommen will. Eine Bad Bank kann mit Staatsgarantien die faulen Wertpapiere so lange halten, bis sich das Finanzsystem wieder beruhigt und stabilisiert hat, bis es neue Regeln gibt, bis es möglicherweise auch Anpassungen der Bilanzierungen gibt, so wie es Carl Bensien gesagt hat. Bis es wieder einen Markt für diese Zertifikate gibt, denn sobald wir wieder einen Markt haben, wird es auch wieder Preise für diese Zertifikate geben, auch wenn sie deutlich niedriger sein werden, als sie ursprünglich emittiert worden sind. Aber das wäre das kleinere Übel, wenn Sie mich fragen, Scott.«

Carla schüttelt den Kopf, als sie Scotts Frage aus dem TV-Gerät hört: »Wie meinen Sie das?«

»Nun, die Regierungen werden die Banken nicht fallen lassen können«, gibt der Experte zu verstehen. »Sie haben eine große Investmentbank pleitegehen lassen und damit, Scott, im übertragenen Sinne einen tot über den Hof gezogen. Wir wissen alle, dass dies kein zweites Mal passieren wird, weil wir in den Abgrund geschaut haben.«

»Es gibt wohl noch ein Aber, oder?« Sicher, Scotty, denkt Carla und stellt fest, dass das Weinglas bereits leer ist.

»Genau, aber niemand sollte deshalb glauben, dass die Regierungen den Banken weiter freie Hand lassen. Es ist also völlig egal, was und wie wir bewerten. Ob in unserer Bilanz oder in einer Bad Bank – das ganze Desaster ist ein Ergebnis der katastrophalen Arbeit der Banken. Im Zweifelsfalle werden wir bei der Bilanzierung Ausnahmegenehmigungen für das Jahr bekommen müssen, damit die Banken nicht alle untergehen. Entscheidend ist, dass niemand glauben sollte, dass die Politik und die Notenbanken uns so weitermachen lassen wie bisher. Bad Bank hin oder her. Die Zeit der Bad Banker muss vorbei sein, Scott!«

Carla beobachtet, wie Scotty in seinen Unterlagen nach seinen Fragen sucht. Mit einem Lächeln in Richtung seines Experten, der ihm gegenübersitzt, nimmt er einen der Zettel zur Hand: »Ist das eigentlich in großem Stil schon einmal gemacht worden, Charlie?«

»Die Schweden haben es in den Neunzigerjahren erfolgreich gezeigt. Sie haben erst einmal die gesamte Bilanzsumme aller schwedischen Banken garantiert, die ebenfalls – Geschichte wiederholt sich eben doch, Scott – Milliarden von notleidenden Krediten aus Immobiliengeschäften hatten. Danach konnte sich dann jede schwedische Bank entscheiden, ob sie sich verstaatlichen lassen wollte oder eben nicht.«

»Und wie ging es mit den Staatsbanken weiter?«

»Für die verstaatlichten Banken hat die schwedische Regierung pro Bank eine eigene Bad Bank gegründet, die ein eigenes Management bekam. Diese Banker hatten die Aufgabe, ein möglichst gutes Ergebnis bei der Abwicklung der faulen Kredite zu erzielen. Sie sollten über lange Sicht gute Preise erzielen und nicht überstürzt faule Kreditpakete verkaufen.«

»Warum haben die ein eigenes Management bekommen?« Gar nicht so schlecht, Scotty, kommentiert Carla das Interview still in sich hinein, das Kissen wieder vor der Brust; Wein und Chips sind bereits alle.

»Für eine Bad Bank braucht man im Prinzip einen anderen Typus Banker. In den Bad Banks müssen eigentlich die besten Banker agieren, weil sie auf den Altlasten sitzen. Das Management der verstaatlichten Banken konnte sich ohne Last um die Zukunft der von den faulen Krediten entlasteten Banken kümmern. Inzwischen sind die ehemaligen vom Staat übernommenen Staatsbanken wieder gut florierende privatwirtschaftliche Kreditinstitute, Scott.«

»Wird man so etwas in Washington entscheiden?«, fragt der Reporter, der ganz offensichtlich zum Ende kommen muss, wie Carla an seiner Haltung erkennen kann.

»Das weiß ich nicht, aber mir scheint es so, als seien die Banker im Prinzip noch nicht bereit, ihre Fehler wirklich einzugestehen. Das sind die wahren Bad Banker. Es gibt nur wenige Ausnahmen, die in einer Staatsbeteiligung oder Staatsübernahme in dieser Situation keine Makel sehen, wie Carl Bensien das eben im Interview mit Rebecca ausgeführt hat. Es braucht bei all diesen Bankern einen Sinneswandel.«

»Vielen Dank an unseren Experten Charlie Vik von ›Risk Profile Advisors‹, der uns durch diese Sondersendung zu einem neuen Typ Bank begleitet hat: die BAD BANK. Mein Name ist Scott Mason für WWB aus London«, verabschiedet sich der Kommentator und die Regie zieht die Buchstaben von BAD BANKER immer größer, bis nur noch ein schwarzer Bildschirm zu sehen ist.

Carla drückt auf den Ausknopf der Fernbedienung, die sie auf ihr Bett wirft. »Was macht eigentlich unser oberster Bad Banker?«, ruft sie leise in ihr leeres Zimmer hinein. Weiter frustriert über die fehlenden Freunde und die Tatsache, zur Untätigkeit verdammt zu sein, stakst sie ins Bad, putzt sich die Zähne und geht ins Bett.

Große Depression

Der Rest des Wochenendes und die ganze nächste Woche bleiert für Carla nur so vor sich hin. Täglich muss sie zur Physiotherapie, sodass sie nach wie vor keinen Rhythmus in ihr Leben bekommt, denn die Therapie zerschneidet ihr den ganzen Tag. Und die Erholungsphase dauert länger, als ihr ungeduldiger Kopf zugestehen will, noch immer ermüdet sie rasch.

Nach dem Washingtoner Weltfinanzgipfel sind sowohl Simon wegen diverser Interviews als auch Carl wegen zahlreicher Sitzungen noch in den USA geblieben. Weder mit Simon kann sie reinen Tisch machen noch mit Carl über die Jagd auf Mitch reden. Aus lauter Verzweiflung beginnt Carla, ihre Gedanken rund um diese zur Weltwirtschaftskrise mutierte Subprime-Krise aufzuschreiben. Stundenlang sitzt sie in dieser Woche am kleinen Schreibtisch in Islington und gibt alles, was sie gelesen hat, bzw. das, was Carl oder Simon ihr berichtet haben, in den Computer ein, damit sie nahtlos wieder anknüpfen kann, sofern sie bei Simon erneut als Reporterin unterkommen kann.

Nur einmal meldet sich Carl in dieser Woche, um ihr den Stand der Dinge bezüglich der internen Untersuchung der Voicedateien zu geben, als sie abends noch am Schreibtisch hockt und schreibt. Noch immer würden die Abschriften von einem Wirtschaftsprüfer analysiert, und für kommende Woche plant Carl eine geheime Sondersitzung des Risikoausschusses und des Boards der Bank.

»Wenn alles glatt läuft, soll Mitch noch vor dem 1. Advent angezeigt werden. So lange muss ich in New York bleiben, Carla.«

»Na, das wäre ja ein schönes Adventsgeschenk für Mitch«, antwortet Carla und macht sich gleich nach dem Telefonat wieder an ihren Text.

Zu Beginn der Adventszeit 2008 hat die Finanzkrise die Welt voll im Griff, aus der Finanz- wird eine echte Wirtschaftskrise. Regierungen rund um den Erdball stemmen sich mit Konjunkturprogrammen gegen ein Durchsacken der realen Wirtschaft. Diese Maßnahmen zur Stützung der Kaufkraft der Bürger sind die Zwillingsschwester zu den weltweit beschlossenen Rettungspaketen für die Banken. Im vierten Quartal 2008 bricht das Wachstum in sich zusammen und die Konjunkturforscher melden Schrumpfungen. Das »R-Wort« für Rezession wird inzwischen ohne Hemmungen von jedem Politiker ausgesprochen. Noch wenige Monate zuvor hatten alle mit wohl gesetzten Worten versucht, den Begriff zu umgehen.

Volkswirte überschlagen sich mit immer neuen Krisenszenarien, bei denen die Angst vor einer Deflation mittlerweile größer ist als die Angst vor einer Inflation. Während bei einer Inflation die Preise zu schnell steigen, weil die Konjunktur auf Hochtouren läuft, ist es bei einer Deflation genau umgekehrt. Die Preise fallen zusammen wie ein Fußball, aus dem die Luft entweicht, hat Carla letzthin eine Beschreibung für Deflation gelesen, denn mit einem solchen Ball kann man nicht mehr spielen.

Bei einer Deflation brechen die Preise in sich zusammen und die wirtschaftliche Entwicklung bleibt am Boden. Alle warten immer weiter auf fallende Preise, man zieht sich gegenseitig nach unten. Da hilft dann wirklich kaum mehr anderes, als die Nachfrage der Bürger durch konjunkturelle Maßnahmen anzukurbeln. Viele Kommentatoren reden in diesen Tagen von der großen Depression und vergleichen die schwierige Situation im Herbst und Winter 2008 mit der Weltwirtschaftskrise von 1929 und deren Folgejahren. Damals gab es die letzten großen Bankenzusammenbrüche und den berühmten Schwarzen Freitag an der Wall Street. Auch damals spielten die Banken eine äußerst unrühmliche Rolle, insbesondere, weil sie nicht in der Lage waren, das Vertrauen der Sparer und Investoren zu erhalten. Dabei ist Vertrauensbildung eigentlich die Hauptaufgabe jedes Bankers. Denn nur wenn Vertrauen herrscht, gibt man sein Geld in die Obhut einer Bank.

Nach einer guten Woche ist Simon wieder zurück an seinem Schreibtisch, kämpft jedoch in diesen Wochen als Geschäftsführer und Verleger um die Zukunft seines Newsletters, weil auch ihn die Krise hart trifft. Kaum Anzeigen, kaum Seminare, Abbestellungen von Abonnements – das Menü für den Kaufmann könnte nicht schlechter schmecken. Was für einen Journalisten eine Traumzeit ist, ist für einen Medienunternehmer der reine Albtraum.

Doch den bulligen Typen schmeißt so schnell nichts endgültig um. Vielmehr bestärkt ihn die Erfahrung zu einem zynischen Kommentar über die Banker, die sich in ihr Schneckenhaus zurückziehen und depressiv zu werden scheinen. In der Tube auf dem Weg zum »CityView« liest Carla noch einmal seinen Weckruf:

Die große Depression!

Ob die Weltwirtschaft in eine Lage gerät, die der großen Depression der Dreißigerjahre ähnlich sein wird, ist nicht auszuschließen. Klar ist allerdings, dass diese Situation – so denn sie verhindert werden kann – von Politikern und Notenbanken überwunden wird. Banker sind dafür zurzeit nicht zu gebrauchen. Sie können der Wirtschaft derzeit nicht helfen – sie stecken alle in einer großen Depression: Wer in diesen Tagen durch die City läuft, sieht überall nur hängende Köpfe, leere Büros und volle Pubs, in denen schon früh kräftig gebechert wird.

Zyniker überrascht das nicht. Denn Investmentbanker stehen nun mal nicht im realen Leben, sondern agieren in einer surrealen Parallelwelt, die – aus ihrer Sicht – zusammengebrochen ist. So finden sich die Topverdiener inzwischen im normalen Leben wieder, in dem sie nur schwer zurechtkommen. Um sie herum ist ihre Welt zusammengebrochen. Voller Entsetzen berichten die Verkäufer von Luxuskarossen, Booten, Flugzeugen und anderen Spielzeugen der Multimillionäre, dass in ihren Showrooms gähnende Leere herrscht. Und selbst der Weihnachtsmann der City, der ansonsten in diesen Wochen durch die Handelssäle läuft, geht inzwischen zum Psychiater. Auch Couturiers, Juweliere, Uhrenverkäufer oder die teuersten Schuhmacher klagen, dass ihre Kunden fortbleiben. Denn es sind nicht nur die Banker in Chelsea und Kensington, sondern auch jene, die in den USA, Asien und den Emiraten ihr Geld in dieser surrealen Welt verdienen. Alle müssen ihre teuren Gürtel enger schnallen.

Panisch berichtete jüngst ein Banker, der wie selbstverständlich mit fünfzig und seinen vielen Millionen in Pension gehen wollte, dass sein Aktienpaket zusammengefallen ist, sein Haus nur noch die Hälfte wert sei und er wohl kaum einen Bonus bekomme und somit – leider – weiterarbeiten müsse. Dem Mann kann entgegnet werden, dass er wenigstens noch einen Arbeitsplatz hat. Viele seiner Kollegen stehen inzwischen auf der Straße. Plötzlich sind es Väter, die im Mittelklassewagen ihre Kinder von den teuren Privatschulen abholen. Schuldirektoren berichten verzweifelt, dass Eltern mit ihnen über Rabatte für das Schulgeld verhandeln wollen.

Die Krise der Banker trifft auch ihr Umfeld. In Chelsea und Kensington haben die Fensterputzer weniger zu tun, weil die Familie inzwischen selbst zum Putzlappen greift. Fahrerservice können ihre Autos den ganzen Tag polieren, weil niemand sie mehr bucht. In Restaurants mit Doppel- und Dreifachbuchungen am Abend kann man inzwischen ohne Reservierung den ganzen Abend an einem Tisch sitzen. Und selbst das leichteste und älteste aller Gewerbe meldet drastische Umsatzeinbußen. Die Krise frisst ihre Kinder.

Mit den Bankern ist momentan kein Staat zu machen. Wenn wir die Weltwirtschaft nicht völlig abrutschen lassen wollen, dann brauchen wir Männer und Frauen, die mit anpacken wollen und nicht selbst in eine Depression verfallen. Banker sind in der Regel gut ausgebildet und können, wenn sie wollen, rechnen und kalkulieren. Wie in der Primarschule sollten diese Banker wieder beginnen, ihr Leben neu in den Griff zu bekommen und damit auch der Wirtschaft zu helfen, in der Banken im Übrigen eine wichtige Aufgabe zu erfüllen haben.

Es braucht nicht unbedingt alle diese Banker, aber es braucht eine Menge dieser Banken, die bereit sind, mit ihren Kunden zu arbeiten und gerade dem Mittelstand Kredite zu geben. Auch müssen sich Industrien weiterentwickeln und verändern können, für die es Fusions- und Finanzierungsspezialisten geben muss.

Unternehmen brauchen auch weiterhin frisches Kapital, für die es Experten geben muss, die die Investoren rund um den Erdball dafür finden. Banken müssen keinen Eigenhandel im großen Stil betreiben, wohl aber benötigen wir Handel mit Wertpapieren, sofern diese Transaktionen real unterlegt sind. Dafür braucht es Spezialisten, sogar Zertifikatespezialisten!

Banker, wir brauchen euch! Nicht mehr so viele und keine gierigen und abgehobenen Jüngelchen, sondern gestandene Männer und Frauen. Also seht zu, dass ihr so schnell wie möglich aus eurer Depression herauskommt! Das seid ihr uns schuldig.«

Mit dem »CityView« unter dem Arm nimmt Carla die Aufforderung persönlich: »Simon, du brauchst mich«, ruft sie und winkt mit der Ausgabe, als sie mit Schwung die Türe zur Redaktion öffnet und der Chefredakteur vor ihr steht.

»Da bist du ja endlich.«

»Ich bin noch krankgeschrieben und kann nicht so schnell.«

»Hauptsache, du bist wieder schnell im Kopf«, grüßt Simon Carla mit einem kräftigen Schlag auf die Schulter, der ihr einen Schmerzschrei entlockt.

»Ach, stimmt, der Arm hatte ja auch etwas abbekommen.« Simon zieht seine Hand vorsichtiger zurück.

»Wo ist Bella?«

»Teilzeit, Carla, wir sind fast am Ende. Komm rein.«

Wie immer hocken die beiden auf Simons alter abgewetzter Couch.

»Das heißt, du hast keinen Job für mich.«

»Ich habe jedenfalls kein Geld für dich, Carla.« Simon hebt bedauernd die Arme. »Es tut mir leid.«

»Hat es etwas damit zu tun, was ich vor einem Jahr gemacht habe, Simon?«

»Nein, das ist geklärt, aber hier wird es von Tag zu Tag schlimmer.« Er kreist mit der Hand nach hinten und verweist auf die gähnende Leere.

»Das ist schrecklich. Wann bräuchte man die Medien mehr als in diesen Tagen?«

»Wir bekommen viel Lob für die Berichterstattung …«

»Noch mal und ernsthaft, klasse Kommentar übrigens, Simon …«

»Danke, leider bringt mir das keine Aufträge, Seminare, Abos. Es ist zum Kotzen«, er haut mit der flachen Hand auf den Tisch. »Und Leute wie Lehman leben in Saus und Braus.«

»Der wird seine gerechte Strafe noch bekommen.«

»Hoffentlich.«

»Um es kurz zu machen, Carla. Ich würde dich jederzeit wieder nehmen, aber ich habe kein Geld. Du bist, Zynismus lässt grüßen, bei der Carolina Bank derzeit sicherer als bei mir.«

»So ein Mist.«

»Sorry, aber bei mir arbeitet niemand, den ich nicht bezahlen kann, nicht mein Stil.«

»Ich habe da vielleicht eine Idee«, antwortet sie, als Simon ihr in den Mantel hilft, denn Carla will auf jeden Fall zurück in den Journalismus.

»Würdest du mich für ein Jahr nehmen und mich über die Krise schreiben lassen, wenn ich ohne Gehalt arbeite?« Carla steht vor ihm, wie vor knapp einem Jahr, als Simon ihr gekündigt hat.

»Das ist doch Unsinn, Carla. Das wäre nicht fair.«

»Was ist schon fair, Simon? Ich habe in dem einen Jahr das Dreifache verdient. Fast vier Monate habe ich gar nichts verbraucht, weil ich krank war. Ich kann es mir sicher leisten, ein Jahr ohne Gehalt zu arbeiten, Simon. Bitte«, fügt sie fast flehend hinzu.

»Ich denke darüber nach, Mädchen.« Simon geleitet sie nachdenklich zur Türe.

»Und aufpassen beim Hinausgehen.«

»Und nenn mich ja nicht mehr Mädchen.«

»Ich rufe dich an.«

»Bitte. Und lies das mal.« Carla drückt ihm ihre gesammelte Fleißarbeit der letzten Woche in die Hand, rund dreißig eng bedruckte Seiten, die Simon erstaunt betrachtet.

The Party is over

Auch Mitch Lehman hat den Kommentar von Simon Trent gelesen. Auf seiner Insel vor Big Island verbringt er ohnehin die meiste Zeit vor seinem Bildschirm.

»So ein Arschloch«, schreit er seinen Laptop im Schlafzimmer an, als ihm der Zusammenstoß mit Simon Trent auf der Bilanzpressekonferenz der Carolina Bank im Februar wieder vor Augen steht. Seit dieser unglückseligen Begegnung hasst Lehman den Chefredakteur wie die Pest. Wie um sich selbst zu beruhigen, blickt er sich um und betrachtet seinen Luxus. Er besitzt diverse Häuser, zwei Boote sowie einen Helikopter, und er kann Frauen haben, so viele er will. Noch immer umfasst sein Vermögen mehrere hundert Millionen Dollar – das dürfte bis an sein Lebensende reichen. Seine einzige Sorge bleibt der Diebstahl der Dateien. Er hätte das Spielchen mit dem blauen Band und dem sentimentalen Aufbewahren von Isabellas Stimme nicht übertreiben sollen. Über zwei Wochen ist es inzwischen her, seit Carla die Voicedateien aus seinem Laptop gestohlen hat. Ständig ist Mitch auf der Hut, doch verwundert stellt er fest, dass nichts passiert.

Mitch kann nicht wissen, dass die Prüfer die Abschriften der Voicedateien zunächst sorgfältig gegen die realen Verschachtelungen abprüfen müssen. Und weil das eine unabhängige Stelle machen muss, damit man die Unterlagen direkt der Staatsanwaltschaft übergeben kann, können die Prüfer nur sehr begrenzt auf die internen Dokumente von Carls Riskteam zurückgreifen.

Täglich telefoniert Carl mit den Spezialisten, denn auch für ihn dauert das alles inzwischen sehr lange. Allerdings steht das Wohl der Bank für ihn an oberster Stelle, jeder Schritt muss vorsichtig bedacht sein, denn blinde Rache an Mitch Lehman wäre ein schlechter Ratgeber. Es geht für Carl und Don Kramer darum, den Schaden – auch den Reputationsschaden – so gering wie möglich zu halten. Beruhigend ist nur, dass es bei einem geschätzten Forderungsausfall von rund hundert Milliarden Dollar bleibt.

»Alle diese Forderungen an die Bank müssen nun zurück in die Bilanz und damit müssen sie mit entsprechenden Eigenkapitalrichtlinien unterlegt werden«, erklärt Carl Don mit Blick auf die Charts, die seit Tagen sein zweites Büro in New York verschönern. »Und das war genau das, was man mit diesen Zweckgesellschaften umgehen wollte. Der Schuss ging nach hinten los.«

»Was heißt das?«

»Wir werden doch eine direkte Staatsbeteiligung brauchen und vor allem Ausfallgarantien. Aber das ist okay so, Don. Wir haben es selbst verbockt, weil wir Lehman und Davis zu lange haben gewähren lassen.«

Carl und Don sitzen vor der entscheidenden geheimen Sitzung des Risikoausschusses und des gesamten Boards am 25. November noch einmal zusammen, um alles für den Nachmittag durchzusprechen. »Wir brauchen den Beschluss, gegen Mitch Lehman strafrechtlich vorzugehen, und zudem die Beschlüsse, dass wir aus dem staatlichen Sonderfonds entsprechende Mittel beantragen, Don.«

»Damit stellen wird uns im Prinzip unter staatliches Kuratel der US-Regierung. Richtig?«

»So ist es, mein Lieber«, zuckt Carl mit den Schultern, ehe sie in die Sitzungen aufbrechen.

Am Montagmorgen, dem 1. Dezember 2008 um sieben Uhr, ist alles unter Dach und Fach und die Carolina Bank kann ihre Ad-hoc-Mitteilung veröffentlichen:

»Direkte Staatsbeteiligung von zehn Milliarden Dollar an der Carolina Bank«, lautet der erste Flash, der um genau sieben Uhr eins über die Ticker läuft, den Carl sich gemeinsam mit Don Kramer in dessen Büro auf dem Bildschirm anschaut.

»Carolina Bank erhält staatliche Ausfallgarantien von hundert Milliarden Dollar«, heißt es im zweiten Flash, keine fünfzehn Sekunden später.

Der dritte Flash gilt Lehman: »Carolina Bank verklagt Exkapitalmarktchef Mitch Lehman.«

Und in einem letzten Flash steht: »Bank wirft Lehman und verstorbener Davis gemeinschaftlichen Betrug vor.«

Um sieben Uhr zwei weiß die Welt, welche Probleme die Carolina Bank hat und dass sie gesichert ist, auch wenn sie über Jahre mit einer Staatsbeteiligung leben muss.

Damit das FBI genügend Vorlauf hatte, Mitch Lehman zu fassen, wurden die Behörden von der New-Yorker Staatsanwaltschaft bereits vor zwei Stunden in Gang gesetzt. Mit einem Haftbefehl in der Tasche machten sich die Küstenwache, das FBI und lokale Polizisten auf den Weg zu Mitchs Privatinsel. Als die Schiffe ein paar Minuten vor der Mitteilung, um zwei Uhr morgens Ortszeit, in Mitchs Privathafen einlaufen und nach Lehman suchen, ist die Insel leer. Überall liegen leere Flaschen herum, die Polizei findet auch Reste von Koks. In Windeseile durchkämen die Beamten dennoch das ganze Haus. Lehman kann nicht weggeflogen sein, denn der Luftraum wurde seit Stunden überwacht.

Die Beamten durchkämmen das ganze Little White House, finden Ernesto und Mercedes gefesselt in der Küche und suchen bis in die Spitze des Leuchtturms, in Mitchs Büro über dem Schlafzimmer, nach dem Hausherrn. Doch der ist verschwunden.

Auf dem Schreibtisch in seinem Schlafzimmer steht nach wie vor sein PC, auf dem die Bloomberg-Seite geöffnet ist. Das Bett ist völlig durchwühlt. Im Dunkel des Schlafzimmers wechseln die Gesichter der Polizisten kurz die Farbe, blau, weiß, blau, weiß, wenn auf dem Bildschirm die neuen Headlines aufblinken.

Der Raum ertrinkt in der Stille der Nacht. An der Leuchte auf dem Nachttisch finden die Beamten ein blaues Band. Um zwei Uhr fünf sind sie sich sicher, dass Mitch Lehman geflüchtet ist. Carl und Don können es nicht fassen, als sie um sieben Uhr fünfzehn New-Yorker Ortszeit die schlechte Nachricht von einem FBI-Beamten über Telefon auf dem Weg zu einem Conference Call mit Investoren erfahren.

Don will umdrehen und zurück in sein Büro stürmen, doch Carl hält ihn auf. »Wir haben alles gemacht, was wir tun konnten, Don. Die Bank geht vor. Lass es und komm mit. Der Rest ist Sache der Polizei.«

Das ganze Wochenende, so stellt sich heraus, als der zitternde Ernesto, dem Mitch wie Mercedes den Mund zugeklebt hat, wieder sprechen kann, hat der Exgeneral des Handelssaals eine wilde Wochenendparty zum ersten Advent gefeiert. Alles, was Hawaii zu bieten hat, ließ er auffahren. Vor allen Dingen die Schönheiten der Insel in kurzen knappen Weihnachtskostümchen. Vor gut zwei Stunden hat er die Gäste abrupt rausgeworfen und mit seiner Jacht wieder auf die Hauptinsel verfrachten lassen, nur Minuten nach dem Anruf, haspelt Ernesto weiter und tröstet dabei seine Mercedes. Damit es schneller ging, hat Mitch sogar Diana einem reichen Hawaiianer für die nächsten Tage spendiert.

Nachdem Mitch innerhalb von Minuten mit einem lauten »The Party is over« das Fest beendete und dann Mercedes mit vorgehaltener Pistole zwang, ihren Mann Ernesto zu fesseln und zu knebeln, zurrte Mitch die rundliche Haushälterin selbst am Herd fest. Mitch stürmte hinunter zum Hafen, löste die Vertäuungen seines Speedbootes und fuhr zunächst langsam auf das Meer hinaus. Kurz darauf drehte er das Boot gen Osten weg von Big Deal in Richtung des amerikanischen Kontinents …

Bevor Mitch wieder Gas gibt, nimmt er das neue Handy und wählt eine lange ausländische Nummer: »Ja«, sagt die Stimme mit russisch eingefärbtem Akzent.

»Es ist soweit.«

»Es wurde ja auch Zeit. Seit zwei Wochen kurven die schon herum.«

»Ich dachte, es ginge schneller, aber du wirst doch gut bedient, Godunow«, blafft Mitch. Seit zwei Wochen gehört dem Russen Camilla, und zwar für die nächsten drei Jahre, alles schön mit Diana eingefädelt, die sich seit Langem um die Finanzen der beiden Highends kümmert: Fünfzehntausend Dollar mal zweihundert Arbeitstage macht drei Millionen pro Jahr. Mitch, ganz Händler, hat noch eine Diskontierung rausgehandelt und sieben statt neun Millionen überwiesen. Zwanzig Prozent Provision bekommt Diana, die Camilla ihren neuen Arbeitsort in Godunows Datscha schmackhaft machen musste. Bei über fünf Komma fünf Millionen musste Camilla nicht lange nachdenken, auch wenn Godunow genauso ein Schwein wie Lehman ist.

»Okay. Wie besprochen. In einer Stunde und fünfzehn Minuten.«

»Ich fahre jetzt los, es wird Zeit«, antwortet Lehman, klappt sein Handy zu und wirft es ins Meer. Nichts soll ihn identifizieren können.

»Wenn es nicht klappt, bin ich so oder so am Arsch«, sagt er laut zu sich und der Motor röhrt auf. Der Exgeneral jagt das Speedboot mit Höchstgeschwindigkeit über das dunkle Meer. Nach einer Stunde neigt sich die Nadel der Tankfüllung bereits in Richtung null und steht längst auf Reserve. Mitch drosselt die Geschwindigkeit, prüft über Radar seinen Standort und begibt sich ans Heck. Er vertäut das mit rund fünfzig Metern längste seiner blauen Befestigungsseile so, dass es zunächst ein Dreieck hinter dem Boot ergibt und dann genau in der Mitte hinten, sich für gute dreißig

Meter ins Wasser erstreckt – wie man es beim Wasserskifahren macht. Mitch nimmt das Ende und bindet eine Schlinge, deren Festigkeit er noch einmal überprüft. Danach legt er sich die Schlinge selbst um den Hals und zieht sie fest. Das Dreieck liegt bereits so im Wasser, dass es keinesfalls in die Motorschrauben gelangen kann. Mitch testet den Strang. Alles sitzt perfekt.

Plötzlich wird das Wasser unruhig und wild, schäumt. Wellen schlagen und das dröhnende Geräusch wird lauter und lauter, bis das U-Boot nur fünfzig Meter neben ihm auftaucht. Die Wellen klatschen ans Boot, fast wäre Mitch ins Wasser gefallen. Zehn Minuten zu früh, zeigt Mitch der Blick auf seine Uhr, als er sich wieder gefangen hat. Nach wenigen Minuten nähert sich das Schlauchboot, das von einem starken Scheinwerferlicht verfolgt wird. Mitch nimmt die Schlinge vom Hals, reicht sie einem der ersten Russen auf seinem Speedboot, schaltet Radar und GPS ab und klettert in das Schlauchboot. Von dort aus befestigen die Männer ein riesiges Stück blutiges Fleisch an der Schlinge, ziehen sie bis zum Ende und werfen es ins Wasser. Die Haie fallen in Sekundenschnelle darüber her.

Das Schlauchboot fährt noch einmal die fünfzig Meter zurück zum Speedboot. Mit einer langen Stange drückt einer der Matrosen den Gashebel des ruhig vor sich hin tuckernden Rennboots auf Vollgas. Das Speedboot röhrt auf und rast in die Nacht davon. Eine Weile folgt der Scheinwerfer dem verlassenen Boot, während ein zweiter die Haie beobachtet. Als das Boot kaum mehr zu hören ist, fährt das Schlauchboot zurück zum U-Boot, wo Mitch in Empfang genommen wird. Der russische Kommandant begrüßt ihn mit »Willkommen, General Lehman«. Als die Luken verschlossen sind, taucht das Boot wieder ab. Genau um ein Uhr fünfundfünfzig Hawaii, in New York ist es sechs Uhr fünfundfünfzig.

Das Speedboot verstummt nach einer Viertelstunde, als der Tank leer ist. Ganz ruhig schaukelt das leere Boot auf dem offenen Meer, mit einem fünfzig Meter langen blauen Seil am Heck. Erst zwei Tage später wird es mitten auf dem offenen Meer, knapp anderthalb Stunden von Mitch Lehmans Insel entfernt, gefunden.

Die Weihnachtsfeier

Don Kramer hatte Carla in einem handschriftlichen Brief gedankt und ihr im Auftrag des Boards einen Sonderbonus von zweihunderttausend Pfund netto avisiert. Carla wollte das Geld zunächst nicht annehmen, doch weder Carl noch Don ließen sich erweichen. »Mit Ihrem mutigen Verhalten haben Sie die Bank vor noch größerem Schaden bewahrt«, hatte Kramer geschrieben. Nach Rücksprache mit ihrem Vater nahm Carla das Geld an, denn auch die Polizei zahle schließlich hin und wieder Prämien für sachdienliche Hinweise. Doch eigentlich hatte Sam das Thema beendet: »Du bist jetzt wieder völlig gesund, Kind, und hast damit ein Startkapital. Das Jahr endet für dich viel besser als das letzte. Mache etwas daraus.« Nicht, dass Sam direkt ihre depressive Haltung direkt ansprechen wollte, doch der Hinweis war eindeutig.

Bereits am nächsten Tag geht Carla mit dem Scheck direkt zu Simon und legt dem Bullen die Anweisung auf den Tisch. Sie macht ihm ein unwiderstehliches Angebot. Simon ist einverstanden; nicht nur, weil er das Kapital gut brauchen kann, sondern weil er schon immer von Carlas journalistischem Instinkt überzeugt war. Nicht zuletzt die Sache, wie sie Mitch Lehman mit zur Strecke gebracht hatte, hatte ihn extrem beeindruckt.

So wird Carla Bell mit einer Einlage von zweihunderttausend Pfund Zwanzig-Prozent-Teilhaberin am »CityView« und würde in den nächsten Jahren durch teilweisen Gehaltsverzicht weitere Anteile bis zu maximal fünfzig Prozent hinzubekommen. In ein paar Jahren würde ihr die Hälfte des

Newsletters gehören, der ohne ihre Einlage wohl das Jahr 2009 nicht überleben würde. Zum 1. Januar 2009 wird Carla Bell offiziell stellvertretende Chefredakteurin des »CityView« und stellvertretende Geschäftsführerin.

»Für ein ›Mädchen‹ keine schlechte Karriere«, stellt Simon fest, als sie beide den Vertrag beim Notar im Westend unterschreiben. Im noblen »Savoy«-Hotel trinken sie darauf eine Flasche Champagner.

»Was machst du, wenn es schief geht, Carla?«

»Nichts im Leben ist ohne Risiko, Simon«, lacht Carla, »wir müssen halt aufpassen.«

»Ab jetzt wird dann aber gespart, Mädchen«, zeigt Simon augenzwinkernd auf die Flasche.

»Kommt aus meiner privaten Geldbörse. Und für jedes ›Mädchen‹ musst du mir ein weiteres Prozent umsonst abtreten, Kollege«, klopft Carla Simon auf die Schulter. »Und jetzt gehe ich zum letzten Mal zur Weihnachtsfeier«, verabschiedet sich Carla, nachdem sie ihr letztes Glas in einem Zug ausgeleert hat.

»Trage bloß kein blaues Bändchen«, ruft Simon ihr hinterher, »sonst fliegst du gleich wieder.«

»Das geht jetzt nicht mehr«, wedelt Carla mit dem unterzeichneten Vertrag und verschwindet in Richtung Ausgang, doch dass Simon »Teufelsweib« murmelt, hört sie noch.

Heute Abend wollte die neue stellvertretende Chefredakteurin in spe Carl davon berichten, ehe die Nachricht morgen an die Medien gehen würde. Und sie wollte sich natürlich bedanken. Die Weihnachtsfeier 2008 sollte ihr Abschluss mit der Carolina Bank sein. Diese Einladung konnte Carla ohnehin nicht ausschlagen, weil sie von Carl kam. Hoch rechnet Carla ihm am, dass Carl erst gar nicht versucht hat, sie zu überreden.

Lange hatte Carl Bensien überlegt, ob die Bank sich in diesem Jahr überhaupt eine Weihnachtsfeier leisten sollte. Mit den ausschweifenden Partys der letzten Jahre ist es nicht nur für 2008, sondern wohl auch für die kommenden Jahre vorbei. Manche Glosse der letzten Wochen titelt gar mit »The Party is over«. Das gilt natürlich auch für Feiern auf Firmenkosten, die am Ende über die Gewinne bezahlt werden, die mit Geschäften der Bank erzielt werden müssen. Und Gewinne kann Ende 2008 kaum eine Bank vorweisen – zumindest erleben alle ein nie dagewesenes schlechtes viertes Quartal.

Bensien muss auch an die Moral der Truppe denken und bei Bier und Wein lässt sich sicher manche niedergeschlagene Stimmung überwinden. Seine Mannschaft ist im Kern gut. Die Mitarbeiter, die er halten und mit denen er das Kapitalmarktgeschäft neu aufsetzen will, sind weniger verdorben als einige ihrer Chefs. Von den leitenden Obristen aus der Zeit von Mitch Lehman hat er diejenigen rausgeschmissen, die den neuen Weg des risikobewussten Handelns nicht mitgehen wollten. Mitleid überkam ihn dabei kaum; alle diese Leute haben trotz enormen persönlichen Verlusten immer noch weit mehr als genug für ein auskömmliches Leben.

In vielen Einzelgesprächen hat Carl seine Führungsmannschaft geformt und auf seinen neuen Wertekanon eingeschworen. Als Schweizer hat er ihnen auch wieder eine echte Mittagspause mit Essen verordnet, egal ob mit oder ohne Kunde. Und der Rotwein soll gut, muss aber nicht zu teuer sein, wenn die Händler abends Kunden einladen. Sein Credo, das er in jeder internen Sitzung neu vorbringt, lautet, dass die Bank für die Kunden da sei und nicht für sich selbst! Wir sind Dienstleister, keine Eigenhändler, ist eines seiner Mantras, das er ständig wiederholt.

Die alte Brauerei, von denen es in der City noch einige gibt und die meistens einen großen Saal haben, scheint ihm perfekt, doch verzichtet er darauf, Kunden oder andere Freunde des Hauses zur Feier einzuladen. Er will mit seiner Mannschaft unter sich bleiben. Da Carla in diesem Jahr zum ersten und letzten Mal noch auf der Gehaltsliste der Bank steht, gehört auch sie zu den Eingeladenen. So finden sich einige Hundert Caroliner in der alten Brauerei ein. Es gibt neben Bier, Wein, Wasser und Säften deftige Hausmannskost: belegte Brötchen und Buletten, Spanferkel und Roastbeef sowie diverse Salate. Austern, Hummer und Kaviar sowie Champagner oder extra eingeflogene Musiker sind auf der Weihnachtsfeier 2008 nicht zu sehen. Und selbstverständlich auch keine Damen im kleinen Schwarzen mit blauen Bändchen.

Auch die Kleidung der Gäste ist an diesem Abend wesentlich dezenter. Carla trägt einen eleganten grauen Hosenanzug, Carl ist in Jeans mit Rollkragenpullover und einem schlichten Jackett erschienen. Der neue Chef der Handelsabteilung weiß, dass man auch mit Aussehen und Auftreten Kommunikation macht und den neuen Stil des Hauses demonstrieren kann.

Der Boss nutzt die Weihnachtsfeier für ein »Walking the Floor«. Er läuft umher, klopft hier und da auf die Schulter, redet mit Sekretärinnen, jungen Associates und seiner Leitungscrew. Carl trifft den Ton, auch wenn er immer wieder darauf hinweist, dass die Bank selbst Fehler gemacht hat und für ihre Situation auch selbst die Verantwortung trägt.

Carla fühlt sich auf dieser Weihnachtsfeier deutlich wohler als auf den beiden vorhergegangenen. »Wir werden alle kleinere Brötchen backen, nicht wahr, Carla«, spricht Carl sie an, gerade als sie einen Hamburger mit Brötchen bei einem Bier vertilgt.

»Das ist wohl wahr, Carl, aber diese Brötchen schmecken gut und wir können uns immerhin noch die Bulette dazwischen leisten«, lacht sie, bevor sie herzhaft zubeißt.

»Diese Truppe ist es jedenfalls wert, einen neuen Anfang zu wagen; du weißt genauso gut wie ich, Carla, dass es Banken und Investmentbanken weiter braucht.«

»Und Medien?«

»Auch die.«

»Ich habe mich mit eurem Bonus am »CityView« beteiligt, Carl.« Sie strahlt über das ganze Gesicht, als sie es ihm endlich sagen kann.

»Wow«, entfährt es Carl, der Carla überschwänglich in den Arm nimmt, »das ist eine großartige Idee.«

»Warte, bis ich dich in einem Kommentar zerlege. So einfach wie neulich bei dieser Rebecca von WWB bekommst du es bei mir jedenfalls nicht.«

»Zwei Gläser, bitte«, ruft Carl dem vorbeilaufenden Kellner zu. Ganz offiziell stößt Carl mit Carla an. »Ich wünsche dir alles Gute und viel Erfolg, Carla.«

»Jedenfalls verlieren wir uns dann nicht aus den Augen.«

»Das will ich hoffen.« Etwas verlegen blicken sich die beiden an, nun könnte es zu privat werden.

»Glaubst du, dass Mitch tot ist?«, wechselt Carla das Thema.

»Nein, der ist nicht tot. Der liegt irgendwo am Strand mit Wein, Weib und Gesang und feiert seine Weihnachtsfeier, so wie er es gewohnt ist.«

»Also wird er seiner gerechten Strafe doch entgehen, wenn er untergetaucht bleibt?«

Carl zuckt mit den Schultern. »Wenigstens konnten wir über das gefundene Handy nachweisen, dass Mitch seinen Tipp von Robert Pearson bekommen hat. In der Bank von England werden alle Gespräche aufgezeichnet, auch die Handytelefonate. Das hat er nicht bedacht.«

»Was passiert mit Robert?«

»Der wurde inzwischen verhaftet und wird Weihnachten in Untersuchungshaft verbringen.«

»Ist mir eine echte Genugtuung«, hebt Carla ihr Glas, »auch wenn mir ein Mitch im Knast noch lieber wäre.«

»Wir haben einfach nicht daran gedacht, dass dieser Idiot als Maulwurf in der Bank von England sitzen würde. Denn die Notenbank wusste natürlich vor unserer Ad-hoc-Veröffentlichung Bescheid. PR kann ein mieses Geschäft sein, Carla.«

»Dass es Robert erwischt hat, freut mich genauso wie dich, aber Public Relations ist Teil des Geschäfts, Carl. Wir Journalisten müssen nur aufpassen und genau trennen, wem wir was glauben und auf wen man sich nicht verlassen kann.«

»Public Relations ist ungefähr genauso wichtig wie Ratingagenturen, oder?«

Beide müssen lachen, denn gerade die Ratingagenturen spielen beim Zusammenbruch einzelner Banken eine herausragende Rolle. Während sie noch vor zwei Jahren gebündelte Schrottimmobilien mit höchsten Bonitätsstufen versehen hatten, stuften sie nach und nach diese Wertpapiere drastisch herunter. Das ist einer der Auslöser der Krise, denn an der Bonität solcher Wertpapiere hängt letztlich auch die Risiko-Rendite-Struktur. Selbstverständlich haben sich viele Banken auch zu sehr auf die Ratingagenturen verlassen und kaum oder offensichtlich nicht ausreichend genug eigene Bonitätsprüfungen vorgenommen.

»Lass uns nicht zu sehr philosophieren, Carla. Natürlich ist gute PR wichtig, dessen bin ich mir bewusst, aber gutes Rating eben auch. Beides war, ist und wird auch in Zukunft mehrheitlich gut sein, aber teilweise auch schlecht.«

»Mein Instinkt sagt mir, dass ich ihn fangen kann, Carl.«

»Wen?«

»Na, Mitch!«

»Oh Gott, Carla, lass es sein, wir haben es versucht.«

»Ich schreibe ihn waidwund. Ab dem 1. Januar, wenn ich wieder beim ›CityView‹ arbeite.«

»Soll heißen?«

»Ich werde ihn immer wieder, wenn ich etwas über die Krise schreibe, als einen der Hauptschuldigen nennen.«

»Und was bringt das?«

»Mitch ist eitel. Das wird er nicht auf sich sitzen lassen, wenn er noch lebt.«

»Kann gut sein. Da hast du vermutlich Recht, Carla«, lächelt er sie an.

2009
Das Jahr danach

Lehman lebt

Der Jahrestag

»Da kommen sie, Don.«

»Mein Gott, sind das viele, Carl.«

Innerhalb von Sekunden brodelt es auf der Wall Street, es wimmelt von Transparenten, Schildern und Bildern, eine aufgebrachte Menschenmenge strömt in den Financial District an der Südspitze von Manhattan. Der Lärm aus ihren Trillerpfeifen ist bis in die Höhen der Dachterrasse der Carolina Bank zu hören, von wo aus Don Kramer und Carl Bensien die Demonstration beobachten. Der starke Wind bläst beiden unangenehm ins Gesicht. Carls Haar steht in alle Richtungen ab, und die paar Haare auf Dons massigem Schädel zeigen in sämtliche Himmelsrichtungen.

Eindeutiger Sieger unter den abgebildeten Wall-Street-Größen ist Richard Fuld, Chef der untergegangenen Investmentbank Lehman Brothers. Unter seinem Konterfei steht »Wanted«, auf einigen Plakaten ist über sein Gesicht ein Fadenkreuz gezeichnet. Der »Gorilla«, wie er auch genannt wird, steht für das Ende von Lehman, auf den Tag genau vor einem Jahr, als die Wall Street nahe an den Abgrund rückte und mit ihr die ganze Weltwirtschaft. Am 15. September 2009 marschieren Tausende von Geschädigten von der alten Lehman-Zentrale, einst die viertgrößte Investmentbank der USA, in Richtung Wall Street, um ihrem Unmut über »die da oben«, wie einer der Initiatoren am Morgen auf CNN erklärt, Luft zu machen.

»Da sind auch Bilder von dir dabei, Don. Sieh doch selbst.« Carl hält seinem Freund das Fernglas hin.

»Ich möchte das gar nicht sehen«, dreht sich Kramer weg.

»Mitgehangen, mitgefangen! Du bist einer der Chefs, deshalb stellen sie auch dich an den Pranger.«

»Realität ist doch, Carl, dass wir den Finanz-GAU überlebt haben. Realität ist auch, dass wir wieder Gewinne machen. Realität ist ebenfalls, dass eigentlich die Bush-Regierung schuld an dem Desaster ist.«

»Das sehen die Leute da unten anders. Die Stimmung ist ziemlich aufgeheizt, mein Lieber.« Seit Wochen streiten die Freunde über die zukünftige Strategie ihrer Bank. Don ist aus Sicht von Carl viel zu schnell auf die Linie der anderen Wall-Street-Tycoons eingeschwenkt: Am liebsten würden alle zurück zu Business as usual, mit ein paar kleinen, kosmetischen Anpassungen hier und da. Bensien hingegen will radikale Änderungen. Kramer sitzt allerdings am längeren Hebel, was Carl kaum eine andere Wahl lässt, als die Konsequenzen zu ziehen. So hatte er es Kramer vor ein paar Tagen dargelegt, der ihn jedoch gebeten hatte, sich die Sache noch einmal zu überlegen. Doch Bensien ist kein Mann leerer Drohung, er ist fest entschlossen, der Carolina Bank den Rücken zu kehren und sich zu Hause um die Familienbank in Genf und die Industrieholding in Zürich zu kümmern.

»Nein, Don, das da unten ist die Realität. Die Menschen haben ihr Hab und Gut verloren. Ohne Lehman hätten wir doch alle so weitergemacht. Nur die Löcher gestopft, unsere Staatsgarantien schnell zurückgezahlt, und weiter geht die lustige Fahrt.«

»Ich muss mich an dem orientieren, was die Street macht, Carl. Ich kann doch nicht alleine das Ruder umdrehen.« Inzwischen ist der Wind abgeflaut und die beiden Banker können sich in normaler Lautstärke unterhalten.

»Du kannst dafür sorgen, dass ihr gemeinsam das Ruder herumreißt. Das ist es, was ich mir von dir wünsche. Stattdessen machen wir, vorsichtiger und risikobewusster als früher, wieder Gewinne aus Eigenhandel, um unsere Boni zu finanzieren. Das ist es, was mich ärgert. Deshalb habe ich den Job als Kapitalmarktchef nicht angenommen, Don.« Carl spricht immer noch lauter als gewöhnlich.

»Du weißt, dass das so nicht stimmt, aber aus der Bonidiskussion komme ich nicht heraus. Wir müssen Marktpreise zahlen, Carl.«

»Das Einzige, was sich wirklich geändert hat, ist, dass uns ein paar Leute fehlen, weil sie entlassen, tot oder verschwunden sind.« Carl hebt den Finger in Richtung Kramer. »Ich habe dir am 15. September letztes Jahr versprochen, dass ich ein Jahr bleibe und dir helfe, die Bank wieder aufzustellen. Das haben wir gemacht.«

»Also willst du wirklich gehen?« Inzwischen fängt unten die Kundgebung an, doch die beiden Freunde sind mehr mit sich als mit den Demonstranten beschäftigt.

»Du hast noch keine Strategie, die mich zum Bleiben motivieren könnte.«

»Das weiß ich selbst.« Kramer bohrt beide Hände in seine Hosentaschen.

»Das ist aber das Problem, Don. Die Notoperationen sind erledigt und die Wunden versorgt, aber die ganze Wall Street leidet an einer schweren Krankheit, auch wenn momentan alles wieder in Ordnung scheint. Du musst dem Patient Carolina Bank eine andere Richtung und einen anderen Sinn geben, sonst endet das alles in einem entsetzlichen Desaster.«

»Ich bin doch gar nicht so weit weg von dir, aber alleine geht es nicht, mein Freund. Tue mir den Gefallen und bleib zumindest bis zum Jahresende. Vielleicht finden wir zusammen einen Ausweg. Wenn nicht, muss ich 2010 allein zurechtkommen«, bittet Kramer den Freund mit ausgestreckter Hand, die vom heftigen Wind leicht bewegt wird wie ein Segel, ehe Carl einschlägt.

»Das wird mir bei meiner Mutter zu Hause einigen Ärger einbringen, Don.«

»Soll ich einmal mit Madame reden?«

»Die Frage ist nicht ernst gemeint, oder?«

»So ernst wie mein Versprechen, dass ich mit dir darüber

nachdenken will, was wir ändern können und was wir ändern müssen. Du hast sicher Recht, dass wir uns in den letzten zwölf Monaten zu wenig um die Zukunft gekümmert haben.«

»Das stimmt, aber lass das mit Mutter meine Sorge sein.« Carl steht mit verschränkten Armen vor ihm, das Fernglas baumelt vor seinem Körper. Sowohl er als auch Kramer haben eine Windjacke mit der Aufschrift Carolina Bank übergezogen, die als Kälteschutz an der Türe der Dachterrasse hängen.

»Aber wir müssen endlich anfangen und zeigen, was gutes Banking ist, Don.«

»Einverstanden, Carl. Aber du liest auch zu viel von dieser Carla Bell. Sie hat uns wirklich sehr geholfen, doch diese Kolumne ›Lehmans Tod‹ hängt mir allmählich zum Hals raus.«

»Aus meiner Sicht eine prima Idee. Außerdem hat sie in vielem Recht«, lacht Carl, der Don nicht erzählt hat, dass die Idee einer wöchentlichen Kolumne im »CityView« über Mitch Lehmans Machenschaften von ihm stammt, nur dass er sie »Lehman lebt« nennen wollte. Carl freut sich jedes Mal, wenn Carla ihre Wortspiele mit dem General treibt. Mal formulierte sie, man wisse nicht, ob »Lehman wirklich tot« sei; ein anderes Mal, als die Wall-Street-Bosse wie Militärkadetten vor dem Untersuchungsausschuss des amerikanischen Kongresses die Hand zum Schwur heben mussten, hieß es: »Die Lehman Brothers, nur Mitch fehlt auf dem Foto.« Verschiedene europäische Medien drucken die Kolumne sogar nach, was dem »CityView« ein ansehnliches Zusatzbudget einbringt.

Zum heutigen Jahrestag fragt Carla Bell: »Lehman – Auferstanden von den Toten?« und hat damit aus Bensiens Sicht den Finger genau in die Wunde gelegt. Die meisten internationalen Banker, ob an Wall Street, in der City, in Manhattan oder sonst wo auf der Kapitalmarktwelt, machten nur wenig Anstalten, die Dinge grundlegend zu ändern.

Die Pfiffe, das Geschrei und die Wut der Leute reißen die beiden aus ihrer Diskussion. Der aufkommende Jubel gilt den ersten Rednern. Kramer nimmt das Fernglas von Carl und riskiert einen Blick nach unten. »Kill'em all«, »We will get you« oder »Jetzt heiße ich Ninja!« sind noch die harmlosesten Schilder. Neben Subprime ist Ninja zum Symbolbegriff des maroden Systems geworden: Selbst Leuten mit No Income, No Job, No Assets hatte man Hypothekendarlehen gegeben. Und viele Anleger, die diese Wertpapiere in bestem Glauben an ihre Werthaltigkeit gekauft hatten, standen nun auch ohne Job und ohne Zukunft da unten.

»Meinst du, die würden wirklich schießen, Carl?«

»Ich würde jedenfalls jetzt nicht hinuntergehen.«

Kramer blickt kurz zu Carl hinüber, seine Finger umklammern das Fernglas: »Vielleicht hast du Recht.« Er stellt das Glas auf eine Frau mit einem Ninja-Schild ein, deren Gesicht von tiefen Sorgenfalten gezeichnet ist. Die Dauerwelle und die blonde Färbung waren längst aus ihrem Haar rausgewachsen, aber wie sollte man auch ohne Einkommen, Job und Vermögen den Friseur bezahlen, erkennt selbst Kramer. Maud lässt sich auch heute noch wöchentlich den Friseur nach Hause kommen, vergleicht er in Gedanken seine Gattin und die Frau da unten, ungefähr Mitte vierzig, schätzt er.

»Mein Gott, du kannst einem Angst machen.« Don spricht, ohne aufzuschauen. Neben der Frau mit dem Ninja-Schild entdeckt er plötzlich eine den Umständen entsprechend gut aussehende schwarze Frau, die eine gewisse Ähnlichkeit mit Michelle Obama aufweist. Dabei kommt ihm wieder die Einladung aus dem Weißen Haus in den Sinn. Präsident Obama will sich vor dem G20-Gipfel in Pittsburgh mit den Wall-Street-Größen treffen.

»Was glaubst du, was in Pittsburgh möglich ist, Carl?«, fragt er seinen besten Mann, den Blick immer noch auf die Demonstration gerichtet.

»Pittsburgh ist bereits der dritte Weltfinanzgipfel. Es müssen jetzt Lösungen auf den Tisch. Und zwar nicht nur für die Boni. Wir brauchen einheitliche Regeln, aber vor allem benötigen wir eine Richtungsänderung. Sag Obama: ›It's time for change.‹ Das war es doch, was ihn ins Amt gebracht hat.«

»Nein, das war ›Yes, we can‹.«

»Ist auch egal, Don, auf jeden Fall muss Amerika vorangehen. Merkel, Sarkozy und andere Europäer sind für eine Richtungsänderung. Wenn Obama mitzieht, kann der Brite nicht anders und muss einlenken. Brown ist doch ein vernünftiger Mensch. Er war einer der Ersten, der die Krise wirklich angesprochen hat, aber nun holt ihn seine City wieder ein.«

»Ja, und Brown hat nächstes Jahr Wahlen vor sich und die City eben nicht mehr hinter sich. Er kann das Herz seiner Industrie nicht an den Katheter legen.«

»Sag Obama, wenn du in triffst, dass wir ein neues Geschäftsmodell brauchen, alles andere sind abgeleitete Probleme.«

»Dann spreche ich doch gegen uns«, verzieht Kramer das Gesicht.

»Nein, du sprichst für uns, und dies hilft mehr als jede Regulierung. Sag ihm aber auch, dass alle Banken mehr Eigenkapital für das neue Geschäftsmodell halten müssen, dann sinken die Renditen und die Boni von selbst auf ein Normalmaß.«

Bensien hat bereits drei Finger ausgestreckt, für das Geschäftsmodell, das Eigenkapital und die Boni. Als er den vierten Finger hebt, spricht er langsam, aber wegen des wieder aufkommenden Windes lauter: »Und sag ihm, dass wir mehr Transparenz brauchen. Unsere Bilanzierungen sind doch ein großes Versteckspiel. Das ist der vierte Punkt, Don, diese verdammte intransparente Bilanzierung.«

»Hast du auch noch etwas für den kleinen Finger, Carl?«

»Der ist am wichtigsten«, hält Carl ihm nun die ganze Hand vor die Augen. »Sag ihm, dass wir andere Banker brauchen. Anständige Typen, keine Zocker. Keine Lehmans, Don. Sag das dem Präsidenten; denn wir alle brauchen auch weiter Banken auf dieser Welt, die zumindest respektiert werden. Wir müssen ja nicht gerade geliebt werden.«

»Also: Neues Geschäftsmodell, mehr Eigenkapital, weniger Boni, mehr Transparenz und bessere Banker. Ist dir wirklich ernst damit?«, hält Don nun Carl seine fünf Finger hin.

»Genau das meine ich. Und die ausgestreckte Hand ist zudem ein gutes Kommunikationssymbol. Man entschuldigt sich und gelobt Besserung«, lächelt Carl. »Du hängst zu sehr mit den anderen Big Boys der Street zusammen. Vielleicht wäre es gar keine schlechte Idee, wenn du Carla Bell mal treffen würdest«, fügt Carl noch hinzu, »die Medien haben in den letzten zwölf Monaten einen guten Blick auf die Dinge gehabt.« Während Carl der Demonstration den Rücken kehrt und Don von der Seite betrachtet, wie dieser jetzt gar nicht mehr davon lassen kann, die Meute mit dem Fernglas zu beobachten, schweigt der zu seinem Vorschlag.

»Meinst du, er ist wirklich tot, Carl?«, nimmt Kramer den Vorschlag nur indirekt auf.

»Nein. Das leere Boot allein ist kein Indiz, auch wenn es ein Haigebiet ist. Er ist abgetaucht, auch das FBI sucht weiter.«

»Warum glaubst du nicht, dass er tot ist? Er hat doch alles verloren, was sein Leben ausmachte«, setzt Kramer nach.

»Weil Mitch ein Spieler ist und bleibt. Er wird wieder auftauchen. Da bin ich mir sicher. Und dann werden wir ihn packen.«

»Wieso bist du dir so sicher?«

»Er ist und bleibt ein Narziss. Dieser Meinung ist übrigens auch Carla.«

»Und was bedeutet das?«

»Wenn Lehman noch lebt, dann wird er ihre Kolumne lesen. Und irgendwann ist es ihm zu bunt und er wird einen Fehler machen. Carla schreibt ihn, wie sie es nennt, ›waidwund‹.«

»Du redest ziemlich viel von dieser jungen Dame.«

»Tue ich das?«, gibt Carl sich verwundert, der Carla allerdings in den letzten Monaten gar nicht oft gesehen hat. »Ist aber eine gute Idee. Vielleicht können wir etwas in Pittsburgh arrangieren. Sie berichtet vom G20-Gipfel.«

Mitch Lehman fixiert in diesem Moment ziemlich lebendig das World Financial Center. Dass Carla gestern »Auferstanden von den Toten« geschrieben und mit einem Fragezeichen versehen hat, hat ihn noch einmal darin bestärkt, seinen Plan durchzuziehen. Denen will er zeigen, wie lebendig er ist, zu sehr trampelt sein »blaues Bändchen« auf seinem Namen herum.

Knapp ein Jahr nach seinem Verschwinden steht der ewige Spieler Mitch Lehman mitten unter den Demonstranten der Wall Street; dieser Lehman im Holzfällerhemd und Jeans, den das FBI mit internationalem Haftbefehl sucht, hat graue, lange Haare und trägt eine Baseballkappe, dazu einen weißen Rauschebart.

Nach Bernie Madoff hat Mitch Lehman den größten Betrugsfall der Wall Street zu verantworten. Nur weil die Carolina Bank umso vieles größer ist als Madoffs Boutique und Bensiens Team manche Verschachtelungen aufschnüren und sichern konnte, ist die Bank vor einem Jahr nicht untergegangen. Doch ohne staatliche Hilfe aus dem TARP-Topf, des Troubled Asset Relief Program, wäre die Carolina Bank implodiert.

Auch Mitch, rund zehn Kilo leichter als vor seiner Flucht, trägt ein großes Schild vor sich her, das er an einer langen Stange befestigt hat. Darauf prangt ein Foto von Mitch Lehman aus seinen besten Bankertagen: Gegeltes rotblondes Haar, mehr Masse im Gesicht und glatt rasiert, das strahlende Lächeln wirkt überheblich. Darüber steht »Wanted. Dead or Alive«. Geduldig wartet Mitch mit seinem Schild in der Schlange, bis er an der Reihe ist.

»Zwei Minuten, wie für jeden, auch wenn man über dieses Schwein stundenlang reden müsste«, sagt der Ordner und zeigt ausgerechnet auf das Foto von Mitch, ehe er Lehman auf die Bühne lässt. Aus ein paar Brettern haben die Organisatoren ein kleines Podest aufgestellt, auf dem jeder Geschädigte zwei Minuten lang seine Meinung sagen kann. Und jetzt ist er an der Reihe.

»Danke, Bruder«, spielt Mitch den Kumpel. »Pass mal auf, was ich über den Typen zu sagen habe.« Mitch klettert auf die knarrende Holzbühne.

»Wie heißt du?«, zieht der bullige Ordner ihn zurück, »die TV-Sender wollen die Namen einspielen.«

»Henry Emmanuel Mayer aus Montgomery, Alabama.«

»Ich dachte schon, du wärest Forest Gump«, lacht der Ordner, »los jetzt.« Er gibt Mitch einen Klaps auf die Schulter und ruft in sein Mikro: »Der nächste Redner ist Henry Emmanuel Mayer aus Montgomery, Alabama«, wobei er das Alabama extrem in die Länge zieht.

Carla Bell brütet fieberhaft über einer neuen Kolumne, in London neigt sich der Tag bereits dem Ende zu, während in der Wall Street die Wogen hoch schlagen. Der Spezialkommentar heißt ausgerechnet »Lehman lebt«; denn zur Berichterstattung über den Jahrestag sollte es ihrer Ansicht nach etwas ganz Besonderes sein. Seit sie stellvertretende Chefin ist, hat sie ein größeres Büro mit Fenster zur Straße hin, auf der sie letztes Jahr ihren schweren Unfall hatte. An der Wand hängt ein großes Bild von New York – ein Geschenk von Carl zum Einzug. Das Büro liegt auf der anderen Seite von Annabelles Thron und gegenüber von Simons Kabuff. Die eingezogene Zwischenwand verkleinert Bellas Eingangsbereich und gibt Carla die Möglichkeit, sich zurückzuziehen, wenn sie in Ruhe schreiben will.

CNN läuft nebenbei auf ihrem kleinen Fernseher, während sie in ihren Unterlagen stöbert, Carla will die Beschreibung der Demo in New York mit einem Ausblick verbinden: Wie kann man die Investmentbanken daran hindern, nur ein Jahr nach Lehman munter weiterzuzocken, als wäre nichts gewesen?

Wie immer ist Carla spät dran und hat nur noch wenige Minuten bis Redaktionsschluss. Nur eine Zahl muss sie noch prüfen, dann kann der Artikel in den Satz gehen. »Kollege Simon«, wie sie den Boss jetzt manches Mal nennt, hat den Text schon abgesegnet. Aber wo zum Teufel, rauft sich Carla die Haare, ist die Zahl mit der Schuldenlast, unter der Lehman zusammengebrochen ist? Auf dem Boden liegen kleine Stapel für die einzelnen Banken, die im letzten Jahr in die Tiefe gerissen wurden. Der Zettel mit den Lehman-Zahlen muss in einem der Haufen zu finden sein. Waren es nun sechshundertdreißig Milliarden oder dreihundertsechzig Milliarden?

»Mein Name ist Henry Emmanuel Mayer«, beginnt ein zotteliger Redner, wie sie mit einem kurzen Blick registriert. Noch einer, denkt sie und sucht weiter.

»Ich bin auch von diesem Typen hier betrogen worden. Sinnigerweise heißt der Mann Mitch Lehman, aber gearbeitet hat er bei dieser Bank, der Carolina Bank.« Die Köpfe der Umstehenden drehen sich in die Richtung, in die der vermeintliche Herr Mayer zeigt.

Carl und Don verfolgen das Spektakel inzwischen auf dem Bildschirm im Empfangsbereich des Vorstandscasinos eine Etage tiefer. Verblüfft schauen sie einander an, als der abgerissen wirkende Mann auf ihr Gebäude zeigt. Dass ein geprellter Anleger ausgerechnet Mitch Lehman aufs Korn nehmen würde, hätte man sich eigentlich denken können, zumal dessen Konterfei wegen des internationalen Haftbefehls ein gewisses Maß an Popularität erhalten hat. Kramer greift reflexartig zum Telefon und wählt die Nummer der Task Force, die sich um die geprellten Anleger kümmert. »Findet heraus, wie stark der Mann bei uns engagiert war und wie viel er verloren hat«, weist er an.

»Ich habe bei dieser Bank mein ganzes Vermögen verloren, zweihunderttausend Dollar in Fonds, überwiegend mit Holiris. Eigentlich nur etwas für Profis, hatte mir der Berater meiner Bank gesagt, die mit diesen Typen hier zusammenarbeiten.«

Der Typ, beobachten Don und Carl, hebt sein Plakat in die Höhe und streckt es wieder in Richtung Carolina Bank.

»Die Frage hätte ich mir schenken können«, kommt es von Don.

»Dieser Mann ist geflohen und kann nicht zur Rechenschaft gezogen werden«, setzt Mayer aus Montgomery fort und hält den Finger der linken Hand auf das Foto auf dem Holzständer in der rechten Hand. Er schimpft dabei, dass die Gier der Banker grenzenlos gewesen sei, dass alle Verbrecher seien und ins Gefängnis gehörten.

Als Carla erneut aufblickt, entdeckt sie den letzten Stapel Unterlagen auf dem Fernseher, springt auf, liest und zuckt unweigerlich zusammen, denn sie erkennt Mitchs Foto sofort. In der einen Hand den Stapel, stellt sie mit der anderen Hand den Ton lauter. Die Stimme kommt dennoch nur schwach rüber, weil der Wind vom Hudson gerade in diesem Moment heftig bläst. Und die rote Lampe vor Herrn Mayer blinkt, seine Zeit ist um, er hat noch dreißig Sekunden.

»Aber dieser Mann ist auch nur das Bauernopfer. Der wahre Verbrecher ist dieser Kerl, denn er hat die Vorgaben gemacht«, Mayer dreht das Plakat einmal um die eigene Achse, sodass man kurz eine andere Person sieht. »Dieser Mann«, und dabei zeigt er noch einmal auf das Mitch-Lehman-Konterfei, »hat nur seine Pflicht getan.« Langsam, mit dem Daumen schiebend, dreht er das Pappbild auf dem Holzständer wieder um, bis Donald F. Kramer in voller Kopfgröße zu sehen ist.

Carla hockt mit großen Augen und offenem Mund auf ihrem Stuhl, den Redaktionsschluss hat sie vergessen. Der Typ im Fernsehen nimmt seine Brille ab und schaut in die Kamera, als wolle er alle Zuschauer fixieren. »Execute him«, brüllt er, als sich mit einem lauten Knall ein Loch in der Stirn von Kramer auftut und Blut herausläuft. Fünf Sekunden hält er das Schild in die Kamera – CNN hat inzwischen voll daraufgezoomt. Dann lacht er noch einmal, lässt das Schild fallen und geht ruhig von der Bühne.

Die Zuschauer um ihn herum sind erstarrt, dann stieben sie in Panik davon. Auch Carla ist zu Tode erschrocken, sie schreit vor Angst laut auf, dann brüllt sie »Mitch«. Ihr Schrei hallt so laut durch die Redaktionsräume, dass Annabelle und Simon aus ihren Büros rennen, um nachzusehen.

»Siimonn, das ist Lehman. Schnell, schnell.« Carla schreit hysterisch, obwohl Simon bereits neben ihr steht und sie auffängt. Mitch Lehman blickt noch einmal zurück. Seit ein paar Sekunden rennen die Demonstranten konfus umher. Der General schreitet langsam weiter, niemand hält ihn auf; im Laufen wirft er die Mütze weg und zieht das Holzfällerhemd aus. Als sich die ersten Passanten von dem Schock erholt haben, erreicht Lehman bereits die Treppe zur U-Bahn und verschwindet im Untergrund. Die Polizei findet noch den angeklebten Bart und die Perücke. Der Mann, der hier in die U-Bahn springt, sagen Zeugen später, sah aus wie ein ganz gewöhnlicher Amerikaner.

Der mächtige Don Kramer zittert. Carl und ein Kellner haken den Wall-Street-Boss unter, der gerade seiner eigenen Exekution zugeschaut hat.

»Soweit zum Thema Realismus«, stottert Don mit entsetztem Gesichtsausdruck.

»Es ist nichts passiert«, versucht Carl ihn zu beruhigen; mit einem Auge beobachtet er den Bildschirm, mit dem anderen seinen Freund. In die Aufregung hinein klingeln zeitgleich Carls Handy und das Telefon am Casinoempfang.

»Es ist dringend, Mr Kramer.« Die Dame reicht den drahtlosen Hörer an den zitternden Kramer weiter, während Carl auf sein Display schaut. Carla Bell OFFICE. Sie hat das sicher auch gesehen, überlegt er und nimmt trotz aller Hektik im Casino ab.

»Ich habe Mitch gesehen, Carl«, kommt sie ohne Umschweife zur Sache.

»Wo?« Carl fällt aus allen Wolken.

»Im Fernsehen. CNN. Bei der Demo.« Carl reißt den Kopf herum, im TV entspannt sich die Lage langsam wieder.

»Dieser Typ, mit Kramer, das war Mitch.« Bensien hört die Angst in ihrer Stimme.

»Wie kommst du darauf, Carla?«

»Er hat ›Execute him‹ gesagt. Das macht nur Mitch, Carl. Ich kenne sonst niemanden, der diese Worte benutzt. Außerdem habe ich seine Augen gesehen.«

In diesem Moment tippt ihm Kramer auf den Rücken.

»Es gibt keinen Henry Emmanuel Mayer in Montgomery, Alabama, Carl.«

»Vielleicht hast du doch Recht, Carla«, spricht Carl ins Handy.

»Womit?« Don ist verwirrt.

»Carla Bell sagt, der Typ sei Mitch.«

»Das erklärt es.«

»Was?«, schaut Carl fragend.

»Was?«, ruft Carla am Handy dazwischen.

»Die Task Force hat Folgendes herausgefunden: Henry, Emmanuel und Mayer waren die Vornamen der drei Lehman Brüder, die die Bank 1850 in Montgomery, Alabama, gegründet haben«, sagt Kramer leise.

»Carla, ich rufe dich später wieder an und erkläre dir alles«, Carl hängt einfach auf und ruft Don bereits im Laufen zu: »Ich gehe da runter. Mich will ja keiner erschießen. Du rufst das FBI an, Don.«

Das Loch in Kramers-Pappkopf ist so täuschend echt, dass es Carl regelrecht schaudert; eine kleine Menge Nitrat und der dahinter befestigte Ketchupbeutel taten ein Übriges, wie ihm die Ermittlungsbeamtem ein paar Stunden später erklärten. Carl schüttelt ungläubig seinen Kopf, als er von dem Podium gegen die Sonne hinauf zur Bank blinzelt. Erst als das FBI alle Spuren gesichert hat, findet er die Zeit, Carla noch einmal zu Londoner Nachtzeit anzurufen.

»Sam ist auf dem Weg zu mir, solange bleibt Bella in der

Redaktion«, antwortet Carla, als Carl nach ihrem Zustand fragt.

»Alles kommt wieder hoch, Carl.«

»Du glaubst nicht, was auf dem Zettel stand, der zwischen den beiden Pappen der Fotos von Mitch und Don versteckt war.«

»Was denn?«

»Lehman lebt. Nebst Foto. Und einen Text. Ich kann dir das nicht vorenthalten.«

»Wieso?«

»Schöne Grüße auch an Carl und Carla.«

»Oh.«

»Du musst aufpassen, Carla.«

»Carl, ich habe Angst.« Carla erschrickt erneut; denn gerade in diesem Moment klingelt es an ihrer Türe.

»Ist das Sam?«, fragt Carl aus New York.

»Das hoffe ich; sonst sterbe ich.« Durch das Guckloch kann sie Samantha erkennen; sie öffnet die Türe und fällt ihr schluchzend in die Arme.

Nachdem er sich verabschiedet und aufgelegt hat, wählt Carl die Nummer des privaten Sicherheitsdienstes in London, der Carla schon seit Monaten auf seine Anweisung und auf seine Kosten hin beschützt. Nun befiehlt Carl »Rund-um-die-Uhr-Schutz«, allerdings ohne Carla davon auch nur ein Sterbenswörtchen zu sagen.

Von Gipfel zu Gipfel

Noch tagelang steht der Vorstandsvorsitzende nach dem »Schuss« auf ihn unter Schock. Selbst das Abendessen beim Präsidenten im Weißen Haus sagt Kramer ab, zu sehr ist ihm seine »Execution« durch Mitch Lehman in die Glieder gefahren. Wenn Kramer nicht so ein guter Spender der Demokraten im Wahlkampf gewesen wäre, hätte man ihm die Absage vielleicht übel genommen. Aber für »DFK«, wie man ihn gerade in Washington gern nennt, hat man im Weißen Haus immer ein offenes Ohr. Deshalb kommt Kramer eine Schlüsselrolle zu, wenn es um die Reformen für die Banken geht. Der Bitte, ihn nach Pittsburgh zu begleiten, kann Carl sich nicht entziehen, will er doch Don dazu bringen, die anderen Tycoons der Wall Street zu überzeugen, dass es strengere Regulierungen braucht. Zudem planen Don und Carl ein Abendessen mit Carla, die für den »CityView« vom Weltfinanzgipfel berichten wird. Neben einem weiteren Dinner mit einigen Präsidentenberatern am Vorabend des G20-Gipfels nimmt Don an verschiedenen Arbeitsgruppensitzungen teil. Und Carl fungiert als eine Art Sherpa, spricht die wesentlichen Dinge vorab mit Fachleuten der anderen Banken durch; sie gehen gemeinsam auf die US-Administration zu, sodass es an den eigentlichen Sitzungen zu keinen großen Überraschungen mehr kommt.

Bis Freitagabend sind die beiden Banker verpflichtet und in ein enges Termingerüst getaktet. Die Arbeit, stellt Carl dabei fest, bringt Don endlich wieder auf andere Gedanken. Carl hat das ganze Schauspiel abgehakt, außer dass er sich auch in Pittsburgh täglich berichten lässt, ob es im Umfeld von Carla auffällige Dinge gibt. Allerdings zieht er den Hut vor Lehmans Plan, den dieser offensichtlich von langer Hand eingefädelt hat. Nach dem bühnenreifen Abgang in den U-Bahn-Schacht ist Mitch, wie die Polizei inzwischen herausgefunden hatte, nach drei Stationen wieder aus- und in ein bereitstehendes Taxi eingestiegen, hat nach wenigen Kilometern das Taxi gewechselt, wobei er eine Straßenecke zu Fuß gegangen ist, und dann am Ende ein eigenes Fluchtfahrzeug genommen. Seither ist er wie vom Erdboden verschluckt.

FBI-Profiler stufen Mitch Lehman nach seinem Auftritt an Wall Street als äußerst gefährlich ein. Wer derart handelt, so die Beamten, ist völlig unberechenbar, wenn er in die Ecke gedrängt wird. Zuletzt hatte das FBI wegen des Zettels mit den Grüßen an Carl und Carla auch auf die Sorge um Carla Bell hingewiesen.

Lehman, so analysiert Carl die Lage für sich, hatte zwar seinen Auftritt, doch noch ist er keinem wirklich nahegekommen, den er hasst. Deshalb werden die Sicherheitsmaßnahmen für Don und für Carl verstärkt, und auch Carla soll nach Carls Willen vom Sicherheitsdienst der Bank bewacht werden.

»Das werden wir ihr beim Abendessen vorschlagen. Ich bin mir sicher, dass sie das als Journalistin rundheraus ablehnen wird«, schätzt Carl auf dem Weg zum gemeinsamen Dinner. »Vielleicht spielst du ein bisschen mit deiner Angst.«

»Wieso spielen, Carl? Ich habe Angst«, Don schaut entsetzt in Richtung seines Freundes.

Die drei treffen am Freitagabend zusammen, nachdem der so genannte Weltfinanzgipfel vorbei ist. Don hat in ein Séparée im Hotel geladen, wo sie ungestört reden können. Vor der Türe stehen zwei Sicherheitsleute, wie Carla belustigt feststellt, als sie zu den wartenden Herren stößt, die sich gerade einen Martini als Apéritif genehmigen. Sie wählt einen weißen Merlot aus dem Napa Valley, den ihr Don empfiehlt.

Carla, ganz Journalistin, will beim Essen wissen, wie die beiden Banker den Gipfel einschätzen, stellt Fragen über Fragen. Carl kommt sich vor wie bei einem Interview, doch Carlas Beiträge machen beiden deutlich, wie die Welt da draußen über Banker in diesen Tagen denkt. Erst nach zwei Stunden sind die Themen erschöpft, sodass sie auch auf den Anschlag zu sprechen kommen.

»Hier habe ich seit der Szene einen Phantomschmerz«, zeigt Don der Journalistin die Stelle auf seiner Stirn, an der Mitch auf dem Bild die Patrone hat explodieren und Ketchup auslaufen lassen.

»Vielleicht sind wir zu weit gegangen, auch du, Carla, mit deiner Kolumne. Lehman ist es nicht wert, dass wir, dass du dich dieser Gefahr aussetzt.«

»Sehen wir es einmal anders, Carl«, entgegnet Carla entschlossen. »Ohne diesen Versuch, ihn aus dem Loch zu locken, hätten wir uns immer einen Vorwurf gemacht. Natürlich habe ich Angst, doch ich will nicht kneifen.«

»Aber die Sache mit der ›Ermordung von Don‹ macht uns Sorge. Und die Grüße an uns beide nicht minder, Carla.«

»Willst du mir das in die Schuhe schieben, nur weil ›Lehmans Tod‹ weltweit gelesen wird?«

»Nein, das will er nicht«, unterbricht Don. »Er will nur sagen, dass Sie in Gefahr sein könnten. Wir wollen, dass Sie sich von uns sichern lassen, Mrs Bell.«

»Was soll das heißen? Da kann ich ja gleich zu Hause bleiben.«

»Wir empfehlen dir, dass du jetzt Schluss damit machst. Mit der Kolumne, Carla. Fürs Erste. Das FBI rät sogar dringend, dass du für eine Weile untertauchst, Carla.«

»Wie bitte? Wollt ihr mich einsperren? Ich habe Verantwortung, schließlich bin ich Teilhaberin des ›CityView‹. Wir kommen gerade wieder auf die Beine«, sie wirft ihre Serviette auf den Tisch und springt auf.

»Was ist denn schon los, wofür es sich lohnt, sein Leben zu riskieren?«

»Ich will den ›CityView‹ zu der Stimme machen, die Entscheidungen mit herbeiführt. Was ihr hier in Pittsburgh entschieden habt, reicht doch noch lange nicht.«

»Wir haben eine ganze Menge auf den Weg gebracht, meine ich«, giftet Don zurück.

»Was denn? Die Boninummer mit den aufzustellenden Regeln zur Begrenzung in jedem Land? Das ist doch Opium fürs Volk. Das umgeht doch jede Bank über höhere Festgehälter, Pensionszusagen oder sonst etwas.«

»Aber das interessiert die Menschen jetzt.« Kramer hebt zur Abwehr die Arme.

»Viel entscheidender sind doch Fragen zur Qualität des Eigenkapitals, das Schaffen von transparenten Plattformen für den außerbörslichen Derivatehandel oder auch die ›Testamente‹ von großen Banken, die ›too big to fail‹ sind, damit so etwas nie wieder passieren kann. Wenn man die Risikofreude begrenzt, sinken die Boni von ganz allein. Und darüber will ich schreiben, in jeder Ausgabe. Ich lasse mich nicht einsperren, meine Herren.«

»Carla, bitte setze dich wieder«, greift Carl in den Disput der beiden ein. »Ich hatte ihm fünf Punkte für sein Gespräch mit dem Präsidenten mitgegeben: neues Geschäftsmodell, mehr Eigenkapital, mehr Transparenz, bessere Leute. Weniger Boni, einer der fünf Punkte, ergibt sich dann von selbst. Genau das haben sie auch so umgesetzt, Carla. Dieser dritte Gipfel ist ein Erfolg, aber erst auf lange Sicht.«

»Also kann ich ja in Ruhe untertauchen. Ist es das, was du sagen willst?«

»Die Arbeit ist erst einmal getan.« Natürlich ist Carl anderer Meinung, aber er will Carla aus dem Schussfeld nehmen, sie nicht ständig frei in London oder New York herumlaufen lassen.

Kramer beugt sich über Carla: »Ich glaube es ist besser, ich lasse euch beiden jetzt alleine. Aber tun Sie mir bitte einen Gefallen, Carla: Das Leben ist ohnehin zu kurz, als es frühzeitig zu riskieren.« Er reicht ihr die Hand und verabschiedet sich: »Sie können noch Jahre über das Thema schreiben. Da kommt es auf ein paar Wochen in Sicherheit nicht an. Die nächste Krise kommt bestimmt. Staatspleiten, von Politikern verschuldet, von Hedgefunds ausgenutzt und von Banken finanziert. Schauen Sie doch nur auf Griechenland. Wie lange soll das alles noch gut gehen? Was auch immer es sein wird, kommen werden sie, die nächsten Krisen. Auf Wiedersehen, Mrs Bell. Salü Carl.«

»Was hat er damit gemeint?«, fragt sie, als Don Kramer die Türe hinter sich zugezogen hat.

»Ich glaube, Don meint, dass die wichtigen Themen länger bleiben und du auch nach ein paar Wochen noch darüber schreiben kannst.«

»Die Fragen stehen doch jetzt an, Carl. Welche Bank hat und braucht welche Qualität von Eigenkapital und wie viel davon? Wie soll so eine Handelsplattform für Derivate aussehen? Brauchen wir neue Bilanzierungsregeln? Was passiert mit den Steuerparadiesen? Oder wie sollen die Staaten wieder die Milliarden zurückholen, die sie zur Stabilisierung des Systems eingesetzt haben? Fast alle Beschlüsse sollen erst bis 2010 oder 2012 umgesetzt werden. Oder noch eine ganz andere Frage: Bekommen wir eine weltweite Finanztransaktionssteuer?«

»Der globale Weckruf ist jedenfalls da. Wer sich da durchsetzt, hat einen Nobelpreis verdient, meine Liebe.«

»Für Wirtschaft oder Frieden?«

»Wer das Monster zähmt, kann meinetwegen auch den Friedensnobelpreis bekommen.«

»Und was soll ich bitte in der Zwischenzeit machen? Und wo soll ich hingehen?« Carla schaut Carl verstört an.

»Don und ich sind in den Büros gut beschützt. Das Problem bleibst du, wenn du für den ›CityView‹ durch die Gegend fährst und keine Bewachung zulässt. Wer soll dich da beschützen?«

»Sam und mein Vater kümmern sich um mich. Außerdem kann ich auf mich selbst aufpassen.«

»Das kannst du nicht, Carla«, nimmt Carl fast einen Befehlston an.

»Dann mach du es doch, Carl, wenn dir so viel daran liegt. Setze dich neben mich und passe auf mich auf.«

»Das würde ich gerne tun, aber da ist nicht genügend Platz. Aber ich habe bereits mit Simon gesprochen.«

»Hast du? Mit meinem Vater etwa auch?«

»Ja!« Die klare Antwort verschlägt Carla beinahe die Sprache.

»Wer erlaubt dir, so über mein Leben zu bestimmen?«, fährt sie ihn entgeistert an.

»Niemand. Nur ich selbst habe es mir erlaubt. Carla, ich mache mir Sorgen um dich, weil ich dich mit in die Sache hineingetrieben habe.«

»Nein, ich habe ein Spiel mit Mitch Lehman begonnen und nun muss es auch zu Ende gespielt werden.«

»Schon richtig, aber das heißt ja nicht, dass du deine Züge überdenken kannst.«

»Und was schlägt der Herr vor?«

»Meine Familie hat eine Berghütte oberhalb von Zermatt. Die kennt in London und New York kein Mensch, sie ist bewirtschaftet und hat alles, was du brauchst. Eigentlich ist sie sogar ziemlich luxuriös. Schreib von dort aus. Warum gehst du da nicht bis Weihnachten hin? Bis dahin sehen wir doch weiter, ob wir Mitch finden.«

»Mit luxuriösen Behausungen von Bankern habe ich ja Erfahrung«, giftet sie zurück.

»Du weißt, dass das Unsinn ist. Oder willst du mich mit Mitch vergleichen?« Das sitzt.

»Und was soll ich da den ganzen Tag machen, wenn ich kaum tagesaktuell arbeiten kann?«, lenkt sie zu Carls Erstaunen etwas ein.

»Warum schreibst du nicht ein Buch?«

»Und worüber bitte?«

»Vielleicht über die Finanzkrise.«

»Guter Witz. Erst willst du mich wegen der Kolumne verstecken, dann soll ich im Versteck ein Buch über diese Wahnsinnigen schreiben.«

»Ich meine das ernst. So etwas muss doch aufgeschrieben werden, das ist keine Ausrede«, entgegnet Carl, der merkt, dass Carla nicht mehr ganz so aufgebracht ist.

»Jemand muss doch aufschreiben, wie das ganze marode ›System of Sex & Securities‹ ausgesehen hat. Selbst die anglikanische Kirche in England will wieder mitmachen und lobt die Hedgefunds, weil sie ihre Gewinne steigert, mit denen man wohltätige Zwecke unterstützen kann.«

»Ein Pakt mit dem Teufel nennt man das wohl. Auch da wäre ich ja die Spezialistin, oder?«

»So meine ich das wieder nicht. Du willst mich immer missverstehen, Carla.«

»Sonst noch irgendwelche Ideen? Außer diesem Gefängnis?«

»Nein. Und du sitzt nicht im Gefängnis und kannst ja jederzeit gehen. Ich würde mich nur freuen, wenn du mein Angebot annimmst. Zu deiner eigenen Sicherheit, Carla. Simon ist nicht nur einverstanden, er unterstützt meine Idee. Dein Vater auch, und Sam erst recht. Sie wissen, dass sie dich nicht alleine schützen können.«

»Zu meiner eigenen Sicherheit werde ich es mir überlegen«, entgegnet Carla und geht zur Türe. Von Carl hat sie für den heutigen Abend die Nase gestrichen voll.

»Ich fliege morgen früh über New York nach Genf. Ich habe zwei Tickets gebucht, Carla. Schaue es dir doch wenigstens für ein paar Tage an.«

»Ich sagte doch, ich überlege es mir. Gute Nacht, Carl.«

Doch von Carla ist am nächsten Morgen keine Spur zu finden, sie hat bereits ausgecheckt. Verzweifelt sucht Carl nach ihr, ruft sie an, doch da ist nur die Voicebox dran. Sofort setzt er die Sicherheitsleute der Bank in Bewegung. Nichts.

Als Carl um acht Uhr in die schon lange wartende Limousine zum Flughafen steigt, zuckt er erschreckt zurück. Carla sitzt bereits im Fond des Wagens.

»Ich schaue es mir nur an. Ein paar Tage über das Wochenende.« Eine Antwort erwartet sie nicht. Carl gibt der Sicherheit Entwarnung und murmelt »wie eine Prinzessin« vor sich hin.

In Genf werden sie von Veronique und Tim am späten Sonntagvormittag abgeholt; von nun an gilt strengste Geheimhaltung. Kein Fahrer, kein externer Service. Selbst auf seine Sicherheitsleute hat Carl verzichtet. Tim und Vero wissen nicht, wo es hingehen soll. Carl hat Tim lediglich gesagt, sie sollten Sachen für ein paar Tage mitnehmen und einen großen Wagen mit Allrad anmieten, hinter dessen Steuer sich Carl selbst setzt.

»Wir fahren nach Zermatt in die Hütte unserer Familie. Aber kein Sterbenswörtchen zu irgendjemand; wir wollen

Carla dort ein paar Wochen sicher unterbringen.«

»Ich habe gesagt, ich schaue es mir nur an, klar?«, schießt Carla dazwischen, freundlich zwar, aber sehr bestimmt.

Die Strecke hinauf nach Täsch kennt er im Schlaf. Die jungen Damen mögen sich offensichtlich auf Anhieb, was Carlas Laune sichtlich hebt, wie Carl im Rückspiegel erkennt. Tim sitzt neben ihm.

»Es bleibt also dabei?«

»Wobei, Carl? Beim Hochzeitstermin?« Seit Tim auf dem Wege in die Familie ist, hat Carl ihm einer alten Tradition folgend das Du angeboten.

»Nein, nein, daran werdet ihr ja wohl nichts mehr ändern. Das bringt Unglück. Ich meine, an deinem Wunsch, in die Industrie zu gehen, Tim.«

»Ja, ich will etwas schaffen. Nicht mehr nur Geld bewegen, Carl«, schaut er ihn von der Seite an, während die Damen hinten tuscheln und Veronique Carla erklärt, was rechts und links auf der Strecke zu sehen ist, seit sie die Autobahn verlassen haben.

»Ich kann dich gut verstehen, Tim. Auch bei mir sitzt der Ärger tief. Aber wir brauchen auch Banken. Ohne Wenn und Aber, mein Junge. Ich habe Kramer zugesagt, dass ich noch ein Quartal bleibe. So lange musst du auf jeden Fall auch noch bei Sanders bleiben.«

»Ich glaube nicht, dass sich das System wirklich ändern wird.«

»Das mag sein. Aber noch weniger, wenn die guten und nachdenklichen Leute die Banken verlassen und den weltfernen Endzwanzigern in den Handelssälen überlassen.«

»Stimmt auch, aber ich will raus. Ich habe meine Schuldigkeit getan.«

»Aber du gehörst doch bald zur Familie, Tim.«

»Veronique und ich können auf eigenen Beinen stehen.« Inzwischen hören auch die beiden Damen den Männern zu. Carla ist ziemlich überrascht, wie familienorientiert Carl agiert.

»Wir wollen nach Zürich gehen. Dort kann ich wieder an meine alte Schauspielschule gehen und Tim wird schon etwas finden. Französisch kann er jetzt ja schon.«

»Na, das hilft ja sehr in Zürich«, muss Carl lachen.

»Ich habe eine Idee für euch.«

»Welche?«

»In unserer Industrieholding hat vor ein paar Monaten der ehemalige Finanzvorstand als neuer CEO angefangen, den wir im Risikoausschuss der Bank haben. Den kennst du, Tim.«

»John Alsborn. Ja und?«

»Warum wirst du nicht sein Büroleiter? Ich weiß, dass er jemanden sucht.«

»Spricht da der Patron aus dir, der alles im Griff hält?«, mischt sich Veronique ein.

»Nein, aber Tim gehört nun einmal bald zur Familie, Vero.«

»Ich finde, das ist eine prima Idee«, küsst Veronique Tim von hinten, indem sie seinen Kopf zur Seite dreht.

Als sie in Täsch den Wagen abgeben, müssen Carl und Carla eine Ewigkeit auf das junge Glück warten, ehe auch die beiden aus dem Auto steigen und in Richtung Zug nach Zermatt laufen. Carla staunt nicht schlecht. Oben wartet Roger mit dem Elektromobil auf sie. Durch die Bahnhofstraße geht es am »Zermatterhof« vorbei zum Chalet. Dort steigen sie in eine Art Jeep um, mit dem es hoch zur Hütte der Familie Douvalier geht. Da Ende September noch kein Schnee liegt, geht alles ziemlich flott.

Am Maiensäß wartet bereits Henriette, Rogers Frau, auf sie. Die zwei sind ein Paar wie aus dem Heidi-Buch, denkt Carla, als sie beide nebeneinander stehen sieht und freundlich begrüßt wird. Er mit dickem Bart und Pfeife in fester Bergkleidung, sie mit Schürze und Tracht und nach hinten gebundenem Zopf. Hier lässt es sich aushalten und arbeiten, bemerkt Carla, zumal sie diesen fantastischen Blick auf eine fantastische Berglandschaft hat, den sie aus Hertfordshire nicht kennt.

Der Rest des Tages vergeht wie im Fluge, und die lange Reise hat Carla müde gemacht. Henriette hat ein kleines Abendessen vorbereitet, doch viel gegessen wird nicht mehr. Ein Glas Wein, und Carla wird richtig schläfrig. Carl geleitet sie bis zu ihrem Zimmer im ersten Stock, wo die größeren Schlafräume liegen: »Morgen machen wir eine Wanderung zur Fluhalp, Carla. Also gut ausschlafen.«

»Gute Nacht, Herr Gefängniswärter. Mal sehen, was die nächsten Tage bringen«, schließt sie die Türe. Carl steht noch eine Weile versunken im Gang vor der verschlossenen Türe, ehe er sich in der Bibliothek noch einen Schlaftrunk genehmigt.

Als er am nächsten Morgen ins Esszimmer kommt, sitzt Carla schon am Frühstückstisch und vertilgt eine große Portion Rührei mit Speck. »Wir gehen ja bergsteigen.«

»Wir gehen bergwandern, Carla«, antwortet Carl, der sich Tee und zwei Spiegeleier bestellt.

»Die beiden Turteltauben sind bereits draußen. Veronique will Tim eine bestimmte Stelle zeigen.«

»Sicher die Quelle der Verliebten.«

»Was bitte?«, lacht Carla.

»Es gibt eine Quelle ein paar Hundert Meter von hier mit einer schönen Bank und einem Blick über das ganze Tal. Da sitzen immer alle unsere Pärchen, die aus der Gemeinsamkeit des großen Esstischs entfliehen wollen.«

Kurz darauf kommen Veronique und Tim freudestrahlend zurück, beide sind schon in Wandersachen gekleidet, ebenso wie Carl.

»Carla, da müssen wir wohl oben in den Schrank schauen, damit wir dich zünftig einkleiden«, runzelt Veronique mit der Stirn, als sie Carlas Jeans erblickt.

»Gute Idee«, steht Carl auf. »Und dann los.«

Mit offenen Armen tritt Carla zehn Minuten später vor die Türe. Ein schöner Herbstmorgen mit Sonne grüßt die Vierergruppe.

»Voilà«, zeigt sie auf ihr Outfit.

»Wie eine Bergsteigerin. Mit Halstuch sogar«, betrachtet Carl die Untergetauchte.

»Ich denke, bergwanderin, oder?«

»Ich gebe mich geschlagen«, hebt er die Hände und nutzt die Bewegung, um die Truppe in Marsch zu setzen. Mit zügigem Schritt gehen Carl und Tim, der schließlich in den Rockys aufgewachsen ist, voran. Die beiden Frauen folgen langsamer, aber dafür umso intensiver miteinander diskutierend. Veronique hat natürlich von Tim eine Menge mitbekommen, was alles rund um Douvalier & Cie. passiert ist und dass die ganze Bankenwelt letztes Jahr vor dem Zusammenbruch stand. Aber so richtig verstanden hatte sie das nicht.

»Carla, du bist doch Journalistin und auf Banken spezialisiert, hat Tim mir gesagt. Kannst du mir das, was da passiert ist, nicht einmal so erklären, dass es auch ein normaler Mensch versteht? Ich habe einiges gelesen, aber das mit den Kreditversicherungen, diesen CDS, habe ich bis heute nicht kapiert«, schaut sie ihre Mitläuferin an.

»Will ich gerne tun, aber schön langsam; denn sonst komme ich außer Atem«, japst Carla hinter Veronique her, die ziemlich behände den Berg hinan läuft.

»Lass es mich am Beispiel von AIG erklären, die heute als eine der gefährlichsten Firmen der Welt gilt. Ein Arsenal an CDS-Massenvernichtungswaffen.«

»Wieso?«

»Es gibt einmal die eigentlichen Wertpapierbündel, die Collateralized Debt oder Loan Obligations, kurz CDOs. Diese Papiere sind oft über Immobilien besicherte Kredite, die man über eine Verbriefung zu Vermögenswerten umdeklariert. Damit man aber die Güte dieser Papiere …«, macht Carla eine Pause, weil sie an dieser steilen Stelle kaum mehr sprechen kann, »einschätzen kann, bekommen sie ein Rating, beispielsweise eine Single A.«

»Was ist das denn?«, fragt Vero.

»Merke dir nur, dass es künstliche Wertpapiere aus diesem CDOs gibt, die eine Güteklasse über ein Rating erhalten, welches die Ausfallwahrscheinlichkeit einschätzt, dass also der Kreditnehmer nicht mehr zahlen kann. Und genau gegen diesen Ausfall kann man sich über eine Kreditversicherung absichern. So etwas ist dann ein Credit Default Swap, kurz CDS. Einer der größten CDS-Versicherer ist eben die AIG, weil diese Versicherung selbst eine Riesenbilanz hat und ein erstklassiges Rating von Triple A«, holt Carla tief Luft und schnauft.

Inzwischen haben sie den ersten Anstieg hinter sich und befinden sich auf einem Plateau. Die Männer sind gut fünfzig Meter vor ihnen. Nach einer Weile hat Carla wieder Luft zum Reden.

»AIG hatte nun sehr viele solche Versicherungen abgeschlossen und damit viel Geld über die Prämien verdient, fast alle nach dem gleichen Muster, weshalb man AIG auch einen Monoliner nannte. Und nun wurde in dem Markt wild spekuliert mit den CDS selbst, sodass die Prämien schwankten und das Volumen künstlich aufgeblasen wurde. Niemand hatte mehr einen Überblick, auch die Truppe bei AIG selbst wohl nicht mehr; denn der Markt blähte sich zeitweise auf sechzig Billionen Dollar auf, weil die Kredite einfach weiter versichert wurden. Netto waren das natürlich weniger, aber immer noch Billionen Dollar …«

»Da oben ist bereits die Fluhalp«, zeigt Veronique auf die Hütte. Die Männer sind schon fast da.

»Gott sei Dank. Und ich bin auch gleich fertig mit meiner Erklärung.«

»AIG war deshalb so erfolgreich, weil die Käufer der CDS damit auch ihre CDOs besser raten konnten und damit weniger Eigenkapital einsetzen mussten.«

»Wie bitte?«, hakt Vero nach.

»Sorry. Durch die Versicherung bekam das ursprüngliche Wertpapier eine bessere Güteklasse. So gab es plötzlich viel mehr Triple-A-Wertpapiere als es Triple-A-Immobilien gab. AIG machte im Prinzip aus Wasser besten Wein«, schnappt Carla auf dem letzten Anstieg nach Luft.

»Und wieso wäre AIG dann pleitegegangen, wenn der amerikanische Staat sie nicht aufgefangen hätte?«, fragt Veronique, bevor Carla wieder ansetzt.

»AIG hatte selbst auch eine Menge CDOs in der Bilanz, weil sie so gute Renditen hatten. Aber als sie im Zuge der Subprime-Krise an Wert verloren, musste auch AIG diese Werte berichtigen. Plötzlich fehlte AIG selbst genügend Eigenkapital und in der Folge wurde das Rating der AIG auf Single A reduziert.«

Als sie vor der Terrasse anhalten, holt Carla noch einmal tief Luft: »Das war der Dammbruch, Veronique, denn damit wurden alle versicherten CDOs wieder zu Wasser und AIG musste aufgrund der Versicherung höhere Ausfälle bedienen. Plötzlich tat sich bei AIG ein Loch von neunzig Milliarden Dollar auf. Wäre der Staat nicht eingesprungen, wäre das System explodiert, weil im Falle einer Pleite auch viele andere Banken viel zu hohe Ausfälle gehabt hätten, da die Versicherung ja pleitegewesen wäre.«

»Jetzt habe ich es verstanden. AIG hat viel zu viel, zu einseitig und auch noch sich selbst versichert, oder?«

»Gut«, antwortet Carla.

»Ich habe eine Idee«, hält Carla ihre neue Bekanntschaft noch einmal zurück. »Du stellst gute Fragen, die man gar nicht stellt, wenn man im Thema ist. Wenn ich nun das Buch schreibe, dann brauche ich solche Fragen. Warum bleibst du nicht ein paar Tage bei mir im Maiensäß?«

»Mache ich«, antwortet Veronique spontan, »denn was die Banker gemacht haben, ist ja wohl der Gipfel.«

»Nein, das ist der Gipfel«, zeigt Carl hinter Carla, als die Damen zu den Männern stoßen. Als Carla sich umdreht, sieht sie das Matterhorn in voller Pracht.

»Wow. Ist das der Berg von der Toblerone?«, schaut sie Carl an.

»Genau. Aber wir nennen ihn Matterhorn. Und jetzt Schluss mit Krise. Jetzt wird gegessen. Mit dicken Jacken können wir noch draußen in der Sonne sitzen«, geht er auf einen der windgeschützten Tische zu. Als er Carla gerade den Vortritt am Tisch lässt, klingelt es in seiner Tasche.

Er greift nach seinem Handy, das Display zeigt Denise. Er stutzt, Denise weiß doch, dass er ein paar Tage Urlaub machen will.

»Hallo, Denise. Was gibt es an einem so schönen Montag zu berichten?«

Carla sieht sofort, dass etwas Schlimmes passiert sein muss, Carls Gesichtszüge entgleiten ihm in Sekundenschnelle. Noch mit dem Handy am Ohr, flüstert er: »Kramer ist tot … Ermordet, am Sonntag. In seinem Büro«, stammelt er.

Blut

Carl betrachtet das Foto nur widerwillig, aber der FBI-Beamte lässt nicht locker. Keine vierundzwanzig Stunden nach dem Anruf sitzt Carl in der Zentrale in New York, nur drei Büros neben Kramers Chefbüro. Der junge italienischstämmige Beamte mit dem für Carls Geschmack zu langem Haar, der sich ihm als Tino Corleone vorgestellt hat, leitet die Untersuchungen. Wäre der Anlass nicht so traurig, hätte Carl über den Nachnamen Corleone lachen müssen, denn hier geschieht ein Mord, wie in die Mafia nicht besser hätte initiieren können.

Das Foto zeigt Kramer, der zusammengesackt auf seinem Schreibtischstuhl sitzt, mit einem Loch mitten auf der Stirn, den Kopf von der Wucht nach hinten geschleudert. Die Augen sind angstvoll aufgerissen, so, als hätte Don ein Monster gesehen. Das Schild von der Demonstration schießt Carl ständig durch den Kopf. Zwar hatte Don dort keine aufgerissenen Augen, aber das Loch im Schädel klaffte exakt an derselben Stelle. Nur dass es dieses Mal echtes Blut und kein Ketchup ist. Carl macht sich große Vorwürfe, denn er hatte Kramer in Pittsburgh angetrieben, Reformen einzufordern.

Ausgerechnet am Sonntag wollte der Vorstandsvorsitzende seine Ideen dazu aufschreiben.

»Wir gehen davon aus, dass Sie der Nächste auf seiner Liste sind, Mr Bensien«, hält der FBI-Mann, Anfang dreißig, durchtrainiert und mittelgroß, ohne diplomatische Floskeln fest. Carl dreht sich in seinem Schreibtischstuhl, bis er aus dem Fenster auf den Hudson blicken kann, er muss seine Gedanken ordnen.

»Auch wenn es danach riecht: Kann es jemand anderes als Lehman gewesen sein?«, zeigt Carl noch einmal auf das Foto mit dem toten Freund. Rund dreißig Jahre Freundschaft, in diesem Business so selten, von einem Moment auf den anderen von einer Kugel ausgelöscht. So sehr wünscht sich Carl, sie hätten in den letzten Monaten weniger gestritten.

»Nein. Wir haben seine Fingerabdrücke.«

»Scheint so, als wollte er es gar nicht vertuschen, oder?« Mit einem leichten Schwung kurvt der Drehstuhl zurück, sodass Carl den Agenten wieder vor sich hat.

»Er gibt sich alle Mühe, um an eine Person heranzukommen, aber er macht keine Anstalten, seine Tat zu vertuschen. Der Mann hat wohl nichts mehr zu verlieren.«

»Das ist auch so; er ist und bleibt ein Kapitalmarktjunkie, dem nun der Stoff genommen wurde.«

»Genau das macht ihn so gefährlich, Mr Bensien. Wo ist eigentlich diese Carla Bell, der andere Name auf seinem Zettel?«

»An einem sicheren Ort, in Europa.«

»Das dachte Kramer auch; dass Lehman sich in die Bank und in das Büro einschleichen könnte, hätte niemand vorherzusagen gewagt.«

»Wie ist er überhaupt reingekommen?«, hakt Bensien nach, ohne auf Carlas Aufenthaltsort einzugehen.

»Kramer ist am Sonntag ins Büro gekommen, leider ohne spezielle Sicherheitsmaßnahmen. Lehman muss ihm wohl aufgelauert haben, als er von zu Hause losgefahren ist.«

»Stimmt, wenn Don am Wochenende ins Büro kam, fuhr

er immer selbst. Aber das erklärt noch nicht, wie er mit ihm bis ins Gebäude und in sein Büro gekommen ist«, hält Carl fragend krampfhaft das Foto fest.

»Nun, er trug eine Maske.«

»Eine Maske?«

»Ähm, es tut mir leid, Mr Bensien«, druckst der Agent.

»Was ist?«

»Es war eine Maske mit Ihrem Gesicht, Mr Bensien.«

Carl starrt den FBI-Beamten, der ganz ruhig mit beiden Händen in den Taschen vor ihm steht, entsetzt an und bringt keinen Ton heraus.

»Ich kann Ihnen die Aufzeichnungen der Überwachungsvideos zeigen. Es sieht täuschend echt aus.«

»Das kann doch gar nicht sein«, findet Carl seine Worte wieder.«

»Das haben die Sicherheitsleute am Wochenende aber nicht gemerkt. Er musste weder beim Rein- noch beim Rausgehen seinen Ausweis zeigen. Vorständen, haben sie uns erklärt, macht man immer auch so die Sicherheitsschleuse auf. Er ist nach dem Mord an Kramer ganz normal aus der Bank durch den Eingang herausgelaufen und hat als Carl Bensien sogar die Wachleute gegrüßt.«

»Kaum zu glauben«, schüttelt Carl mit dem Kopf.

»Mitch Lehman hat als Carl Bensien getarnt Don Kramer erschossen, Sir«, reicht der junge Beamte Carl einen Zettel: Mit besten Grüßen an Carl. Und natürlich wieder auch an Carla, steht da zu lesen.

»Warum glauben Sie, dass ich der Nächste auf seiner Liste bin?«

»Zum einen scheint er hierarchisch vorzugehen. Zum anderen hält er die Frau wohl für das leichteste Opfer.«

»Klingt einleuchtend. Was machen wir jetzt?«

»Wenn Sie Mrs Bell schützen wollen, müssen Sie den Lockvogel spielen.«

»Wie soll das gehen?«, verzieht Carl das Gesicht. Ganz so angenehm ist ihm der Gedanke nicht.

»Sie werden doch morgen, am 30. September, die Leitung der Bank übernehmen. Richtig?«

»Stimmt, aber woher wissen Sie das?«

»Wir sind beim FBI, Mr Bensien. Der stellvertretende Verwaltungsratsvorsitzende hat mit Ihnen telefoniert und Sie in die Pflicht genommen. Sogar Mrs Kramer hat Sie darum gebeten. Morgen werden Sie Chef der Carolina Bank.«

»Abgehört?«

»Ja. Deshalb sagen Sie mir besser jetzt genau, wo Carla Bell ist; dass sie in Zermatt ist, wissen wir durch die Ortung Ihres Handys.«

»In unserer Berghütte oberhalb des Dorfes«, gibt sich Carl geschlagen.

»Gutes Versteck, aber wir sollten es weiter absichern.«

»Reden wir mit der Kantonspolizei?«

»Ist schon eingeleitet, Mr Bensien«, lächelt Corleone den sichtlich erschütterten Carl aufmunternd an. »Die USA und die Schweiz arbeiten bei der Verbrechensbekämpfung eng zusammen.«

»Was meinen Sie, wann er zuschlägt?«

»Er wird schnell handeln. Wie bei Kramer. Vielleicht zu den Quartalszahlen Mitte Oktober.«

»Warum das denn?«

»Weil er ein Junkie ist, wie Sie sagen, und die Ergebnisse wohl wieder hochgehen, oder?«

»Kann gut sein. Ist Insiderwissen, junger Mann.«

»Wenn Sie als Lockvogel überleben wollen, sollten wir alle Informationen austauschen, Sir«, spielt der Agent auf Carls »junger Mann« an, der fast so groß wie er ist.

»Was schlagen Sie vor?« Die beiden stehen sich direkt gegenüber. »Eine Pressekonferenz zu den Quartalszahlen am Montag, dem 19. Oktober. Mit der Begründung, dass die Zahlen der allgemeinen Öffentlichkeit erklärt werden müssen. Sie sind einfach zu gut nach ein, zwei Jahren Drama an den Märkten. Das müssten Sie vermutlich sowieso erklären. Ich verstehe das im Übrigen auch nicht, Mr Bensien.«

»Mit mir auf dem Präsentierteller?«

»Genau.«

»Erstklassige Idee«, lächelt Carl gequält.

»Wie wollen Sie mich sichern?« Carl fasst Vertrauen zu dem jungen Agenten.

»Wir haben noch zwei Wochen Zeit für die Vorbereitungen. Hauptsache, wir geben die Pressekonferenz schnell bekannt. Lehman muss planen können.«

»Sie glauben nicht, dass er an der Beerdigung bereits zuschlagen könnte? Da werden schließlich alle da sein.«

»Nein, das glaube ich nicht. Das ist zu risikoreich. Und außerdem will er Sie. Aber natürlich wird dort alles abgesichert sein. Selbst den Sarg werden wir kontrollieren.«

»Mein Gott, aber meinetwegen. Jetzt muss ich mit Carla sprechen.«

»Aber nur noch über eine abhörsichere Leitung und mit uns als Zuhörern«, reicht er Carl ein Handy. »Ich lasse Sie einen Moment allein.« Der Agent verlässt das Büro.

»Wenn Sie so oder so mithören«, entgegnet Carl, während er die Nummer des Maiensäßes anwählt. Kurz darauf wird er mit Carla verbunden.

»Wie geht es dir, Carla?«, erkundigt sich Carl zunächst, berichtet aber kaum etwas über die Geschehnisse in New York.

»Geht so, aber es ist gut, dass Veronique geblieben ist. Morgen kommen Sam und mein Vater. Zwei Polizisten stehen hier ja schon zur Sicherheit. Und Roger hat sein Sturmgewehr zur Sicherheit rausgeholt«, will sie Carl beruhigen.

»Das FBI verlangt, dass wir dich rund um die Uhr bewachen lassen. Sie glauben zwar, dass ich der Nächste auf der Liste bin. Zudem lasse ich den privaten Sicherheitsdienst der Bank für dich verstärken.«

»Carl, ich bin gut versorgt hier, insbesondere wenn Sam und Dad hier sein werden. Das Haus ist abgelegen. Bald wird es sicher auch schneien. Wer soll da hochkommen?«

»Es ist besser so, Carla. Lieber ein bisschen zu viel als zu wenig.«

»Was ist mit dir, Carl? Ich mache mir Sorgen um dich.« Carl muss lächeln, auch wenn ihm eigentlich zum Heulen zumute ist.

»Ich werde rund um die Uhr bewacht. Carla, noch etwas: Ich werde morgen zum neuen Chef der Bank bestellt. Sie haben mich in die Pflicht genommen und ich muss Dons Erbe antreten, wohl oder übel.«

»Wow. Herzlichen Glückwunsch! Und ich kann noch nicht einmal darüber schreiben«, klagt Carla. Carl kann sich ihren Frust gut vorstellen, doch das nützt im Moment nichts.

»Ich muss in die Sitzungen, dort wird alles für morgen vorbereitet. Und ich muss noch zu Maud Kramer rausfahren, Dons Witwe. Die kann ich ja nicht erst an der Beerdigung treffen«, beendet Carl das Telefonat. »Ich melde mich morgen wieder bei dir. Grüße an Sam und deinen Vater.«

»Pass auf dich auf, Carl.«

Am kommenden Morgen bestätigt die Bank in einer Pressemitteilung, dass Dr. Carl Emil Etienne Bensien vom Board zum Chief Executive Officer bestellt worden ist. Die Bank wolle mit dieser Entscheidung eine geordnete Nachfolge für den ermordeten Donald F. Kramer ermöglichen.

Ohne groß überrascht zu sein, liest Mitch Lehman diese Nachricht auf seinem Blackberry. Als er die Meldung weiter scrolled, stutzt er allerdings; Bensien wird weiter mit den Worten zitiert, dass er sich am 19. Oktober anlässlich der Veröffentlichung der Zahlen zum dritten Quartal der Presse stellen will. »Ich will die Arbeit von Don Kramer in seinem Sinne fortsetzen, und dazu will ich Stellung nehmen.«

»Bingo«, lacht Mitch und wählt eine Nummer in London, während er auf die Freiheitsstatue blickt. Lehman hatte sich einen Unterschlupf gleich in der Nähe des World Financial Centers angemietet, in einem der anonymen Wohnblocks an der Südspitze von Manhattan am Rande des Battery Parks.

»Pearson«, antwortet die Stimme am anderen Ende.

»Mein lieber PR-Berater. Wie geht es dir?«

»Mitch!«, stockt Robert der Atem; mit dem Anruf hat er nun auf gar keinen Fall gerechnet. Und »mein lieber PR-Berater« lässt sogleich seine Alarmglocken läuten.

»Überrascht?«

»Das letzte Mal hat mich dein Anruf für ein paar Wochen über Weihnachten und Neujahr in Untersuchungshaft gebracht.«

»Habe ich dir doch gut bezahlt, oder?«

»Das schon, doch ich bin nur knapp einer Anklage entgangen, weil man mir nicht nachweisen konnte, dass ich dich gewarnt habe. Telefonieren allein reichte als Begründung nicht aus.«

»Dann ist doch alles gut?«

»Nein, denn wirtschaftlich bin ich am Ende. Ich habe keine Aufträge mehr, Mitch.«

»Da kann ich helfen, Robert.«

»Oh nein, nicht schon wieder.« Pearson steht am Schreibtisch seines kleinen Ein-Mann-Büros, von dem aus er versucht, wieder Fuß zu fassen; er nutzt nervös den Radius seiner Hörerschnur, um umherzulaufen. »Was willst du von mir?«

»Ich brauche deine Hilfe. Ich muss noch ein paar Deals abschließen, Robert.« Lehman legt die Füße auf das Fensterbrett in seinem Apartment und schaut auf Liberty Island hinaus.

»Hast du Kramer erschossen?«

»Falsche Frage, mein Lieber.«

»Was ist denn die richtige Frage?«, entgegnet Robert für Mitch eine deutliche Spur zu aufmüpfig, aber was soll er machen? Er braucht Robert. »Wie viel?«

»Wie?«

»Na, wie viel bringt mir das, wäre doch die richtige Frage, oder? Also, was willst du, Mitch?«

»Ich brauche einen All-Area-Pass für die Pressekonferenz der Carolina in zwei Wochen, Robert. Die vom 19. Oktober.« In Lehmans Stimme hört Robert ein Lachen.

»Ich arbeite doch nicht mehr für die Bank. Erinnerst du dich nicht, dass du mich gefeuert hast? Und wieso sollte ich dir den besorgen, du wirst weltweit gesucht, Mitch Lehman. Außerdem komme ich doch gar nicht an so einen Pass.«

»Oh, Robert, du enttäuschst mich. Du wirst doch wohl gegen ein paar Dollar einen solchen Pass besorgen können.«

»Woher soll ich das Geld nehmen?«

»Übermorgen bringt dir ein Kurier einen Koffer und einen Umschlag. Im Umschlag sind ein Bild von mir, das du für den Ausweis brauchst, sowie eine Adresse, an die du den Ausweis schickst. Und fünfhunderttausend Dollar für deine Auslagen.«

»Und im Koffer?«

»Sind fünf Millionen Dollar in kleinen gebrauchten Scheinen für dich. Den Code zum Öffnen bekommst du von mir, sobald die Pressekonferenz vorbei ist. Per SMS auf dein Handy. Versuchst du den Koffer ohne Code zu öffnen, zündet eine Brandbombe und alles ist weg. Also überlege es dir, Robert.«

»Warum sollte ich das tun, Mitch?«

»Weil du gierig bist, Robert.« Danach hört er nur noch das Klacken. Mitch hat aufgelegt, ohne seine Antwort abzuwarten.

Die Beerdigung zwei Tage später schaut sich Lehman mit Blick auf die Freiheitsstatue aus seinem Apartment an, mit Chips und Bier wie zu einem guten Film, auch wenn es mitten am Tag ist. Doch er lebt seinen eigenen Rhythmus, geht nachts vor die Türe und läuft durch die Straßen des Financial Districts, wie ein Junkie auf Suche nach Stoff. CNN worldwide überträgt live vom St. Lawrence Cemetery in New Haven, Connecticut. Selbst die coolsten Trader der Wall Street starren gebannt auf die Bildschirme.

Die schwarze Wagenkolonne kommt nur im Schritttempo auf der Forrest Road voran. Am großen Kreisel in der Friedhofsmitte überprüfen Männer in schwarzen Anzügen jeden einzelnen Wagen. An dieser Stelle wird aus Sicherheitsgründen nur noch der Leichenwagen durchgewunken, die Trauergäste müssen ihre Limousinen verlassen und zu Fuß folgen. Eigentlich fehle nur ich, kratzt sich Lehman für einen Moment in Gedanken versunken am Kopf.

Über zweihundert Personen sind gekommen, darunter alle mächtigen Bosse der Wall Street, ebenso der gesamte Vorstand der Carolina Bank, mit Carl Bensien an der Spitze, Vertreter der Notenbank Federal Reserve Bank, des Finanzministeriums Treasury, der Börse New York Stock Exchange und der allmächtigen Aufsichtsbehörde Securities and Exchange Commission. Selbst das White House hat einen hohen Beamten aus dem Stab des Präsidenten geschickt, bemerkt die gedämpfte Stimme des Reporters vor Ort.

Maud Kramer hat sich bei Carl Bensien untergehakt. »Das kleine süße Luxusweib«, kommentiert Mitch, als die Witwe groß auf dem Fernsehschirm gezeigt wird.

Meter um Meter schiebt sich die schwarz gekleidete Menschenschlange voran. Mit ruhiger Stimme berichtet der Reporter aus dem Off von den hohen Sicherheitsvorkehrungen, denn, so sagt der CNN-Mann: »Wenn es der mutmaßliche Mörder Mitch Lehman geschafft hat, am helllichten Tag in die Carolina Bank einzudringen und den CEO zu erschießen, so muss man an jedem Ort mit ihm rechnen.«

»Wenn du wüsstest, wo ich bin«, lacht Mitch verächtlich.

Als der Sarg ins Grab hinabgelassen wird, stoppt für eine Minute der Handel. Viele Banker und Händler in New York an der Wall Street falten die Hände, manche beten gar. CNN zeigt beide Orte in einem geteilten Bildschirm: den Sarg und die Banker, »St. Lawrence Cemetery« und »Wall Street« heißt es auf den Einblendern darunter.

»Ihr faulen Säcke sollt handeln!«, ruft Mitch, springt aus seinem Sessel, als er Carl Bensien im Bild sieht, wie der Maud Kramer als Erster zu kondolieren scheint und sich dann wieder neben sie stellt, ehe alle anderen an beiden vorbeiziehen. »Ich kriege euch beide«, bläst Mitch seine Fernbedienung aus, so als hätte er gerade damit geschossen.

Monster hinter Gittern

Seit Tagen geistert eine Zahl durch die Wall Street: hundertvierzig Milliarden Dollar Gewinne; aufgemacht wurde diese Berechnung im »Wall Street Journal«. Die Banken sind wieder da. Noch vor der Carolina Bank haben Goldman Sachs und JP Morgan Chase Quartalsgewinne in Milliardenhöhe veröffentlicht, die zu ungläubigem Staunen geführt haben, auch wenn die Bank of America und Citigroup weiter Verluste machen. Auch in Europa kehrt bei den Spitzenadressen der Geldsegen zurück. Credit Suisse und Deutsche Bank legen jedenfalls Spitzenergebnisse hin.

Carl weiß, dass der 19. Oktober kein leichter Tag für ihn wird, als ihn am Morgen um sieben Uhr zwei Sicherheitsbeamten aus dem Hotel abholen. Per Ad-hoc-Mitteilung veröffentlicht die Bank genau zu dieser Zeit in New York, dass man im dritten Quartal einen operativen Gewinn von zwei Milliarden Dollar ausweist, vor Risikozuführung und ohne Einrechnung der Wertberichtigungen auf die Holiris. Alles eingerechnet macht die Bank noch einen dicken Verlust, den man aber erst am Jahresende genau benennen will, da noch niemand weiß, wie viel genau abgeschrieben werden muss.

Auf der Fahrt zum Büro telefoniert Carl mit Carla in Zermatt, die sich in den letzten zwei Wochen wieder gesammelt und gefangen hat, nachdem für alle überraschend Camilla in Zermatt aufgetaucht war. Direkt von der Beerdigung war Carl für das Wochenende in die Schweiz geflogen, zum einen, um Carla zu beruhigen, zum anderen, um alles mit der Polizei und den Sicherheitsleuten zu besprechen. Nur der Aufmerksamkeit eines Kantonspolizisten war es überhaupt zu verdanken, dass Camilla bemerkt worden war, der Polizist hatte die Prostituierte auf einem Foto erkannt und mit den Aufnahmen von Mitch Lehman abgeglichen. Man kennt die großen Luxusprostituierten der Welt bei der Polizei, schließlich verkehren die mit verschiedenen Männern gern in Schweizer

Luxusorten. Und da Camilla bereits einige Male in früheren Jahren in der Schweiz gewesen war, und zwar nicht immer nur mit Mitch, kannte man die Dame, wie der Dienststellenleiter dem erstaunten Carl Bensien erklärte.

Hatte sie noch Kontakt zu Mitch? Man wusste nur, dass Camilla schon seit rund einem Jahr in Moskau mit einem Russen zusammenlebte. Zwar war auch Zermatt inzwischen von reichen Russen bevölkert, doch das plötzliche Erscheinen von Camilla wurde am Ende als Zufall eingestuft. Niemand hatte gesehen, dass sie auch nur in die Nähe von Carla gekommen sein könnte. Nach ein paar Tagen verschwand sie wieder aus dem idyllischen Bergdorf.

Veronique kommt immer wieder für ein paar Tage oder auch nur für den Abend aus Genf in die Berge, und Sam, die seit zwei Wochen im Maiensäß residiert, scheint Carla Halt zu geben. Die hat sich für ein paar Monate unbezahlt beurlauben lassen, um bei ihrer »Tochter« zu sein. Steven will einmal pro Monat kommen, denn einer muss ja arbeiten und zudem ist die Anreise mit dem mehrfachen Wechsel der Flugzeuge und Fahrzeuge mühselig, damit keine Spuren auf den Aufenthaltsort schließen lassen.

»Letzte Nacht hat es fast einen Meter geschneit, Carl. Ich war heute Morgen draußen und habe mit Sam eine Schneeballschlacht mit den beiden Kantonspolizisten gemacht, bis wir fast blau gefroren waren. Es ist bitterkalt.«

»Ich wäre auch lieber dort, als mich heute Morgen hier von deinen Kollegen grillen zu lassen, Carla«, antwortet Carl und schaut auf den Hudson, der immer wieder auf der Zwölften Straße durchscheint, wenn man an den Piers entlangfährt.

»Habe gerade eure Zahlen gesehen. Ist eigentlich unfassbar. Fast so, als hätte es 2008 nicht gegeben, wenn man die Sondereinflüsse weglässt. Ich kann die Leute verstehen, zumal kaum jemand glaubhaft Einsicht zeigt. Die Beteuerungen und der Dank an die Regierungen sind doch alle nur halbherzig.«

»Das sehe ich auch so, Carla.«

»Was willst du machen?«

»Ich werde den Journalisten das Vermächtnis von Don Kramer verlesen.«

»Was heißt das?« Carla nippt an ihrem heißen Tee und schaut auf den erneut eingesetzten Schneefall. »Hier schneit es übrigens schon wieder.«

»Keine Sorge, es kann da oben gut und gerne zwei Meter Neuschnee in vierundzwanzig Stunden geben.«

»Ich darf ja sowieso nicht weg vom Haus. Also was heißt Vermächtnis?«

»Don hatte ein Strategiepapier in Arbeit, das er dem Board zukommen lassen wollte. Ich werde daraus ein paar Passagen vorlesen; Kramer wollte zurück zum guten Investmentbanking, ohne all diese Raketen. Solide Finanzierungen, sicher auch strukturierte Produkte, aber kein ›Originate to distribute‹ oder so mehr. Er hatte bereits daran gearbeitet, ohne dass er mir davon erzählt hatte.«

»Klingt gut.«

»Wir sind jetzt an der Bank. Wünsch mir Glück. Vielleicht schaust du es dir an? Wird zumindest im Internet live übertragen. Und Grüße an Sam.«

»Mache ich. Viel Glück, mein Lieb … er.« Fast wäre ihr ein »Liebster« herausgerutscht.

Als Carl das inzwischen wieder hergerichtete Büro von Don Kramer betritt, das nun sein Arbeitsplatz ist, wartet bereits Denise auf ihn, die als seine Büroleiterin arbeitet.

»Passt aber nicht zu Ihrer Krawatte, Chef«, übergibt sie Carl den roten All-Area-Pass, der über seiner rosa Krawatte baumelt, die sehr gut zum hellgrauen Anzug und dem leicht cremefarbenen Hemd passt.

»Stimmt«, blickt Carl auf die Karte, die nun am Halsband über seinem flachen Bauch hing. Nach Kramers Ermordung hat er angeordnet, dass niemand mehr ohne Passkontrolle ins Haus hineinkommt, auch Vorstände nicht. So braucht selbst er für die heutige Pressekonferenz diesen speziellen All-Area-Pass, auch wenn dieser für jede Veranstaltung gleich aussieht.

»Aber zur Pressekonferenz abnehmen«, mahnt Denise, die ihren Chef nicht mit einer rosa-roten Mischung im Fernsehen sehen will.

»Alles vorbereitet?«

»Yes, Sir«, hört Carl die Stimme von Tino Corleone, dem FBI-Agent, dessen Idee das Ganze mit dem Lockvogel war.

»Ah, mein persönlicher Aufpasser. Guten Morgen, Agent Corleone. Ich hoffe, Sie sind fit heute.«

»Sicher, ich warte vor der Türe. Ohne mich machen Sie heute keinen Schritt aus diesem Büro. Noch nicht einmal zum Klo.«

»Beruhigend, da kann ich ja noch ein bisschen arbeiten, ehe es losgeht.«

Denise zeigt Carl die ersten Reaktionen auf die Ad-hoc-Mitteilung. Fassungsloses Staunen, so die Berichte der Nachrichtenagenturen, über die sehr guten operativen Zahlen in den Medien. Danach geht Carl noch einmal seine Präsentation und Rede durch, ehe die FBI-Agenten hineingebeten werden, um den Ablauf der Pressekonferenz genau festzulegen.

»Wenn er kommt, dann müssen wir ihn greifen, bevor die Pressekonferenz losgeht«, schließt Tinos Chef, der oberste FBI-Beamte im Raum, das Briefing, ein kleiner hagerer Mann, den Carl nur einige wenige Male gesehen hat. Da ist ihm Don Corleone, wie er Tino scherzhaft hin und wieder anspricht, doch viel lieber.

»Wir haben zehn Leute als Journalisten im Saal. Alle Ein- und Ausgänge sind doppelt besetzt. Die Teleprompterscheiben sind alle aus schusssicherem Glas. Wie beim Präsidenten.«

»Davon hat es aber auch schon ein paar erwischt.«

»Wir sind extra ganz oben in der Bank. Das wird schwierig für ihn, Mr Bensien.«

»Okay, lassen Sie mich noch einen Moment alleine. Ich will mich vorbereiten und konzentrieren. In einer halben Stunde können Sie mich abholen, Agent Corleone«, zeigt Carl den Herren den Weg. Als sie an der Türe stehen, hakt

Carl aber noch einmal nach: »Glauben Sie, dass es funktioniert?«

»Wir warten auf ihn. Wenn er kommt, kriegen wir ihn, bevor er auf Sie anlegen kann, Dr. Bensien.« Danach schließt sich die Türe.

»Wie beruhigend«, sagt Carl und setzt sich an Kramers Schreibtisch mit dem Rücken zum großen Panoramafenster. Carl hat alles so belassen, nur einen neuen Stuhl hat er erbeten. Er wollte nicht auf Dons Todesstuhl sitzen.

Der Raum ist lichtdurchflutet. Die Sonne scheint noch kräftig an diesem Herbstmorgen und gibt dem Mahagoniholz einen ganz besonderen Glanz. Langsam blättert Carl durch die vor ihm liegenden Präsentationsfolien, zu denen er frei sprechen will. Natürlich gibt es eine schriftliche Version für die Presse, aber er will das Vermächtnis mit Überzeugung frei vortragen. Nach der einleitenden Folie »Alles auf einen Blick«, auf denen die Zahlen des Quartals aufgelistet sind, kommt zunächst eine Folie, auf der »In Memoriam Donald F. Kramer« mit einem Bild des Ermordeten steht. Carl will die Anwesenden bei dieser Folie zu einer Schweigeminute auffordern. Danach kommen zwei Folien mit Kramers Vermächtnis, die Carl selbst aus dem langen Strategietext zusammengeschrieben hat:

Die Carolina Bank wird in Zukunft wieder eine Investmentbank sein, die sich am Nutzen ihrer Kunden orientiert. Eigenhandel und Transaktionen ohne realen Hintergrund werden deutlich zurückgeführt. Stattdessen orientiert sich der Erfolg am Erfolg unserer Kunden. Nur wenn unsere Kunden erfolgreich sind, können wir es auch als Investmentbank sein.

Daran wird in Zukunft auch die Erfolgsbeteiligung unserer Mitarbeiter ausgerichtet werden. Wir werden Boni nur noch langfristig nach drei bis fünf Jahren ausschütten. Wir werden auch Mali einziehen, wenn der Erfolg innerhalb dieser Frist ausbleibt. Wir werden unsere Kunden nach ihrer Zufriedenheit befragen und dies in die Berechnungen einfließen lassen. Und wir werden unsere Kunden am Erfolg beteiligen.

Über die zweite Folie hat Carl eine Abwandlung des Leitspruchs »Certified by Customers Success geschrieben«: Certified by Reputation only!

Weiter heißt es:

Die Carolina Bank will ein Viereck aus Aktionären, Kunden, Mitarbeitern und der Gesellschaft gestalten, das die Ecken miteinander und nicht gegeneinander definiert.

Nur wenn alle zufrieden sind, hat unsere Bank das hohe Gut Vertrauen verdient. Kein Geschäft in der Zukunft darf so risikoreich sein, dass wir dieses Vertrauen verspielen!

Unsere Reputation steht über allem, auch über einer kurzfristig lohnenden Rendite, die sich langfristig ins Gegenteil kehren kann!

Carl ist zufrieden mit seiner Präsentation, macht sich an die ersten Folien noch ein paar handschriftliche Notizen, als sich plötzlich ein Schatten über die Folie senkt.

»Klack, klack«, macht es an der Scheibe.

Mit dem Fuß setzt Carl automatisch den Drehstuhl in Bewegung. Hundertachtzig Grad später schaut er direkt in die Mündung eines Schalldämpfers am Panoramafenster, der auf der Scheibe aufliegt. Dahinter ein Arm und ein Körper, von dessen Rumpf ihn Mitch Lehman anlächelt.

»Scheiße«, flüstert Carl.

Völlig schwarz gekleidet wie ein Einzelkämpfer, hängt Mitch an einem Seil und winkt ihm freundlich zu, ehe er abdrückt. Carl spürt keinen Schmerz, obwohl die Scheibe zerspringt und ein Luftzug in den Raum dringt. Splitter stieben durch das Büro, ritzen ihm das Gesicht auf, hinter ihm zerplatzt die Schreibtischlampe. Verzweifelt schließt er die Augen, erwartet, in der nächsten Sekunde getroffen zu werden. Als er die Augen wieder öffnet, schleudert Mitch nach links weg, sich am Seil um die eigene Achse drehend. Mitch schreit wütend auf, als er Carl in seinem Schreibtischstuhl entdeckt. Der General hat ihn verfehlt.

Tino Corleones Schuss hat einige Millisekunden vor Mitchs Kugel den Lauf verlassen, ihn an der Hand getroffen und die Waffe abgelenkt. So geht Mitchs Schuss an Carl vorbei in die Schreibtischlampe rechts hinter ihm. Die Waffe liegt auf dem Boden auf den Glassplittern, genau zwischen dem sich immer noch drehenden Mitch und Carl, der jetzt ganz langsam aufsteht. Er greift nach der Waffe und zielt auf Mitch, der ihn bei jeder Umdrehung ins Gesicht schaut: »Schieß doch! Execute me, Carl!«

»Nein, Mitch. Monster wie du müssen hinter Gitter«, antwortet Carl, als eine ganze Armada an Sicherheitsleuten in das verwüstete Büro stürmt. Für eine Sekunde starren alle auf Mitch. Der löst die Sicherung und dann ist er weg. Als Carl und die anderen ans Fenster stürmen, ist Mitch schon fast außer Sicht. Nahezu zweihundert Meter rast er im freien Fall nach unten, bevor die Bremse greift. Ehe irgendjemand reagiert und nach dem Seil greift, springt Mitch und landet auf dem Vordach des Eingangsportals, löst den Haken, springt vom Dach und verschwindet in der Menge.

»Wow«, findet Tino Corleone als Erster die Sprache wieder, nimmt Carl die Waffe aus der Hand und blickt ihm tief in die Augen.

»Warum haben Sie nicht geschossen?«

»Ich weiß es nicht, wirklich nicht.« Erst jetzt fällt Carl das Blut auf, das an ihm herunterläuft.

»Das hätte ich ihm nicht zugetraut«, staunt Carl. »So sportlich war er früher gar nicht.«

»Er hatte Monate Zeit, sich darauf vorzubereiten.«

Carls Schnittwunden werden von einem Arzt versorgt. Mit einem feuchten Lappen wischt er die Spritzer von seinem Anzug, schließt den Hemdknopf und zieht die Krawatte zu.

»Auch wenn ich eingepflastert und verschmiert bin, ich habe einen Termin. Den sollten wir einhalten. Mr Lehman wird heute wohl nicht mehr kommen?«, schaut er sich im Raum um.

»Nein, der hatte seinen Auftritt.«

»Das Bild wird morgen in allen Zeitungen sein, Chef«, macht ihn Denise auf sein Äußeres aufmerksam.

»Ich verstehe ja nicht viel davon, aber vielleicht symbolisiert es mehr als alles andere, wie die Banker momentan gesehen werden«, mischt sich Agent Corleone ein.

»Aber es zeigt auch, dass wir nicht tot sind.« Carl schnappt sich seine Unterlagen, schiebt die Splitter von der Präsentation.

»Eine Frage noch«, dreht sich Carl zu Tino um: »Wieso standen Sie an der Türe?«

»Intuition und eine kleine Kamera, die in meine Brille spiegelt.«

»Wo steht die?«

»Dort vorne auf dem Beistelltisch. Neben der Zigarettenschachtel. FBI-Technik. Ich habe die ganze Zeit gedacht, dass er auch Sie in Kramers Büro erschießen wollte.«

»Und warum haben Sie mir das nicht gesagt?« Nebeneinander verlassen sie das Büro in Richtung Aufzug, um die eine Etage nach oben in den Konferenzbereich zu fahren.

»Wollte Sie nicht zu nervös machen.«

»Danke. Wie ist er eigentlich reingekommen?«

»Er hat sich unter falschem Namen als Kameramann angemeldet, mit schwarzer Perücke. Oben hat er dann einen anderen All-Area-Pass herausgezogen. Die haben bei euch offensichtlich immer dieselbe Farbe. Würde ich auch mal ändern. Mit dem Pass und der Perücke ist er dann auf die Dachterrasse. Deshalb hatten wir ihn nicht sofort. Aber plötzlich fehlte ein Kameramann mit einer großen Tasche, weil wir ständig die Personen nachgezählt haben. Über die Terrasse hat er sich abgeseilt. Den Rest kennen Sie.«

»Danke«, reicht Carl ihm die Hand und bittet um ein abhörsicheres Telefon: »Ich muss Carla anrufen. Wenn die mich so im Fernsehen sieht …«

Tino und Denise sehen, wie Carl gestikuliert, aber immer wieder lächelt. Da die Zeit drängt, macht er es offensichtlich kurz und steht zwei Minuten später vor ihnen.

»War besser, dass ich angerufen habe«, reicht er das Handy zurück an seinen Schutzengel.

Als der Aufzug sich öffnet, warten die Fotografen bereits. Innerhalb von zwei Minuten ist CNN live auf Sendung. Carl Bensien mit Pflastern im Gesicht, der nur knapp einem Mordanschlag entgangen ist, auf dessen Anzug noch die Blutspritzer zu erkennen sind und der dennoch die Pressekonferenz abhalten will – das sind echte Breaking News.

Als er das Vermächtnis von Donald F. Kramer vorstellt, liest er seinen handgeschriebenen Text vor, der auch ein paar Blutspritzer abbekommen hat.

»Don Kramer war, wie wir alle, geblendet vom System. Aber gerade er hat alle Schritte eingeleitet, um diesen Fehler für seine Bank zu korrigieren. Auch Personen ausgewechselt, die hierfür verantwortlich sind. Das hat ihn am Ende sein Leben gekostet. Doch Don wollte umkehren, meine Damen und Herren.«

Carl schaut kurz über seine Lesebrille auf und fügt hinzu: »Anders als Don habe ich den Mordanschlag von Mitch Lehman überlebt. Es ist mir noch mehr eine Verpflichtung, solche Männer wie dich, Mitch, der du das sicher hören wirst, für die Zukunft zu verhindern.«

Den Journalisten stockt der Atem, keiner schreibt mit, alle starren auf den blutverschmierten Carl Bensien, der nach einer kurzen Pause noch einmal ansetzt: »Wir werden dich kriegen. Die Welt ist nicht groß genug, als dass du dich auf Dauer verstecken könntest.«

Als Carl dabei den Zeigefinger ausstreckt, als zeige er auf Mitch, klicken die Kameras der Fotografen. Dieses Bild ist am nächsten Tag in allen Wirtschaftszeitungen der Welt auf Seite eins. Eine kleine Meldung im hinteren Teil der Zeitungen berichtet außerdem vom Tod Robert Pearsons. Beim Öffnen eines Koffers explodierte eine Bombe und zerfetzte den ehemaligen Guru unter den PR-Beratern in der City.

Es weihnachtet

Driving home for Christmas

An der schweren Mahagonitüre wirft Carl noch einen letzten Blick zurück auf sein neues, weitläufiges Büro, das helle, moderne Möbel zieren. Der ausladende Glasschreibtisch, auf dem das mit einem Trauerflor versehene Foto von Don Kramer neben dem PC den prominentesten Platz einnimmt, verleiht dem Raum zusätzliche Transparenz. Am kleinen Konferenztisch und in der Sitzecke hat er sich ein Stück Heimat geschaffen: Stühle und Couch aus hellem Leder von Vitra und Le Corbusier. Die meisten Gäste beeindruckt jedoch das über der Couch hängende Bild des Matterhorns, kein gewöhnliches Gemälde, sondern eine stilisierte Kreidezeichnung des schweizerischsten aller Schweizer Berge. Dass dies keine Arbeit eines bedeutenden Künstlers ist, wie jeder Betrachter sofort vermutet, sondern eine Schularbeit seines älteren Sohns Emil, macht Carl besonders stolz.

Mir gefällt mein neues Büro, beschließt Carl das Jahr, auch wenn Denise ihm letzthin berichtet hat, dass die Putzfrauen nicht gerade begeistert über das helle Interieur seien. Notgedrungen musste der ganze Raum renoviert werden, nachdem Mitch Lehman vor zwei Monaten versucht hatte, ihn durch das Panoramafenster zu erschießen. Nur dass das Einschussloch in der Mahagoniwand verschwinden sollte, dagegen hatte sich Carl vehement gewehrt. Für ihn symbolisiert es eine bleibende Erinnerung daran, dass man neben Geschick auch viel Glück im Leben haben muss. Bei Glück kommt ihm Tino in den Sinn und dass er sich beeilen sollte. Carl löscht das Licht und zieht die Türe ins Schloss.

18. Dezember 2009, das Ende für dieses Jahr, zumindest hier in New York, schnauft Carl in sich hinein, als er sich auf den Weg ins Casino im zweiundvierzigsten Stock des World

Financial Centers macht: zur Weihnachtsfeier mit seinen engsten Mitarbeitern; Carl hat auch Tino Corleone eingeladen. Da der FBI-Agent, der ihm das Leben gerettet hat, als Verbindungsglied zwischen den Sicherheitsleuten der Bank und dem FBI operiert, gehört er nach Ansicht von Denise schon fast zur Truppe.

Morgen will Carl über London in die Schweiz nach Genf fliegen und dann weiter nach Zermatt fahren, wo sich die Familie zum Weihnachtsfest trifft. Dennoch wird in diesem Jahr alles anders sein, denn Carl hat Steven und Samantha eingeladen, schließlich hängt Carla seit Kramers Tod in Zermatt fest. Nur die Idee mit dem Buch »Lehmans Tod« hält sie einigermaßen bei Laune.

Nach knapp drei Monaten ist Schluss mit ihrer Isolationshaft. So jedenfalls hat sie es ihm beim letzten Telefonat gestern gesagt und sich dabei nicht den Hinweis verkniffen, dass er es wegen der vielen Arbeit seit Kramers Tod nur einmal nach Zermatt geschafft habe. Zwar berichtete Henriette ihm, dass Carla sehr umgänglich sei, Veronique häufiger mehrere Tage bleibe und dass Sam schon länger im Maiensäß sei, aber auch, dass Carla diese ständige Bewachung zu schaffen mache.

Auch wenn Mitch Lehman weiter auf freiem Fuß ist, kann selbst Carl verstehen, dass Carla zurück ins normale Leben will. Seit Mitch sich vom World Financial Center abgeseilt hat, ist er spurlos verschwunden.

Die Polizei fand kein einziges Indiz, nirgends tauchte er auf. Kein Krankenhaus weit und breit behandelte eine Person mit einer Schussverletzung an der rechten Hand. Keine Transaktion über irgendein Konto, das man mit Lehman in Verbindung brachte. Nichts, rein gar nichts, geht es Carl durch den Kopf, ehe er den für seinen Geschmack mit viel zu viel Lametta behangenen Diningroom betritt. Alle haben bereits ein Glas Bowle in der Hand und stehen in gelöster Stimmung beieinander. Völlig überrascht lachen Carl Tim und Veronique ins Gesicht, die Weihnachten nicht in Zermatt sein würden, sondern bei den zukünftigen Schwiegereltern von Veronique in Aspen.

»Was macht ihr denn hier?«, nimmt er seine Nichte in den Arm und schaut auf Tim, dem er einen Klaps auf die Schulter gibt.

»Denise hat uns als Überraschung eingeladen.«

»Was soll ich dazu sagen? Denise organisiert jetzt mein ganzes Leben«, schmunzelt er seiner Büroleiterin entgegen, die mit einem Glas Bowle für Carl auf ihn zukommt.

»Merry Christmas, Chef. Überraschung gelungen?«

»Sehr und danke. Auch für die letzten Monate, Denise.«

»Cheers«, hebt Carl sein Glas, prostet jedem zu, trinkt und wechselt mit allen Gästen, zu denen neben Tino Corleone auch die beiden Leibwächter aus der Bank zählen, ein paar freundliche Worte. Pete, sein Fahrer, steht neben Carls Sekretärin Pamela, eine warmherzige Texanerin, die zum Jahresende in Pension gehen würde. Nachfolgerin Amanda ist sozusagen zum Warmwerden mit dem engen Führungsteam auch eingeladen.

Wenig später sitzen zwölf Personen rund um die festlich gedeckte Weihnachtstafel. Keine Reden, so haben es sich die Mitarbeiter gewünscht, nur ein zwangloses Zusammensein. Alle unterhalten sich prächtig, stellt Carl fest, als er sich aufmacht, seine Präsente zu übergeben. Carl hat für alle kleine Geschenke parat, die Denise in seinem Auftrag besorgt hat. Selbst für Tim und Veronique hat Denise etwas ohne sein Wissen organisiert.

Tino erhält zuletzt sein Geschenk, ein längliches Etui, das Carl dem jungen Beamten sogar mit einer Umarmung überreicht.

»Sie haben mir das Leben gerettet. Eine kleine Aufmerksamkeit für Sie.«

»Danke, aber das ist mein Job. Das kann ich gar nicht annehmen.« Tino ist sichtlich gerührt.

»Bitte, Tino. Ein Dankeschön.« Als Tino die Schatulle öffnet, blinkt ihm eine Swiss Military Watch 20000FEET entgegen. »Danke, Mr Bensien. Das ist wirklich nicht nötig.« So eine Uhr hat Tino noch nicht gesehen, geschweige denn besessen.

Den Rest des Abends spürt Carl so langsam Weihnachtstimmung in sich aufsteigen, auch wenn ihn der Tod von »DFK« noch immer sehr bedrückt. Doch eigentlich kann er zufrieden mit dem zurückliegenden Jahr sein, so, wie sich die Dinge für die Carolina Bank entwickelt haben. Der Betrug ist überwunden, die Wertberichtigungen halten sich zu seiner eigenen Überraschung in Grenzen. Die Bank ist insgesamt wieder auf einem guten Weg. Das gilt lange nicht für alle Investmentbanken und Investmentbanker. Einige klagen in diesen Monaten Millionenabfindungen ein. Manche Bank legt wieder Milliarden für Boni zurück. So bleibt das Ansehen der Banker in diesen Monaten so schlecht wie seit Jahrzehnten nicht. Das kann auf Dauer nicht gut gehen.

Nach einem letzten Drink löst sich die Gesellschaft gegen Mitternacht auf. Ein Fahrer aus dem Pool der Bank und zwei andere Sicherheitskräfte begleiten Carl ins Hotel zurück, in dem er die letzten drei Monate gelebt hat. Seine alte Wohnung genügte nicht den Sicherheitsbestimmungen, erst im neuen Jahr kann er in ein neues Apartment einziehen. Morgen werden diese drei ihn zum Flughafen bringen, »Driving home for Christmas« dudelt auch in diesem Jahr seit Wochen wieder in ganz Manhattan aus allen Lautsprechern.

In London hat sich Carl gleich am Sonntag mit Simon Trent zum Mittagessen verabredet. Auch Sir Peter Cane ist dabei, den Carl in den letzten zwölf Monaten über Simon näher kennen gelernt hat. Carl bringt Stanley Ashton mit, der Weihnachten zum Skilaufen in Europa ist – allerdings nicht in Zermatt wie Carl, sondern im aus seiner Sicht viel schöneren Lech am Arlberg in Österreich.

Die vier treffen sich in der »Oyster«-Bar im »Bibendum«, in dem man an einfachen Tischen mit die besten Austern in London essen kann. Stundenlang sitzen die vier Männer bei Weißwein, Hummer, Krebsen und sonstigen feinen Sachen aus dem Meer am Tisch. Stanley, Simon und selbst Sir Peter verbindet gemeinsam mit Carl die Sorge um Carla. Und die unausgesprochene Angst vor Mitch Lehman, auch wenn nur Carl auf Mitchs Abschussliste steht. Am Nebentisch sitzen deshalb zwei Leibwächter für Carl; in London könnte Mitch jederzeit auf- und wieder untertauchen. Erst in Zermatt dürfte Carl einigermaßen sicher sein …

»Die Konjunktur zieht wieder an«, bemerkt Simon, als sie über die Auswirkungen der Krise sprechen.

»Wie macht sich der ›CityView‹ denn?«, fragt Carl.

»Wir kommen durch, aber ich traue dem ganzen Braten nicht. 2010 wird nicht leichter als 2009. Bis wir wieder auf das Niveau vor der Krise kommen, wird es noch Jahre dauern. Es wird ein Auf und Ab werden in den nächsten Jahren.«

»Wir wissen alle nicht, wann wir die geldpolitischen Zügel wieder anziehen und unsere finanziellen Rettungsmaßnahmen wieder zurückführen sollen.« Sir Peter spricht gerne im Majestätsplural, wenn er über die Arbeit der Notenbanker redet.

»Zweifelsohne sind die Notenbanker unsere Retter gewesen«, nippt Carl an seinem Weißwein. »Ohne euch würde es uns alle nicht mehr geben.«

»Und ohne die Politiker auch nicht«, fügt Simon hinzu.

»Die machen aber auch ihr Ding. Habt ihr beobachtet, wie dramatisch sich die Staatsverschuldungen in Europa verschlechtern?«

»Wie meinst du das, Sash?« Carl ist neugierig auf die Ansicht seines alten Schulkameraden.

»Wenn das so weitergeht, reißt das den Euroraum doch auseinander. Schaut euch nur Griechenland, Spanien, Italien oder Irland an. Ich fresse einen Besen, wenn das gut geht.«

»So etwas hat Don auch schon gesagt«, erinnert sich Carl, »aber ich habe momentan alle Hände voll mit der Bank zu tun.«

»Gut, dass wir draußen sind aus dem Euro«, schmunzelt

Sir Peter in die Runde. »Die Staaten sind durch falsche Politik hoch verschuldet, die Hedgefunds wetten auf die Zerreißprobe und die Banken sind auch wieder dabei, Jungs. Sie bleiben die Bad Boys.«

»Bad Banker wäre besser«, grummelt Simon dazwischen.

»Hoffentlich hast du Unrecht, Sash. Wir haben noch genug mit dieser Krise zu schaffen.«

»Stimmt auch wieder. Die Notenbanken brauchen ihre Zeit, um wieder zu normaler Geldpolitik zurückzukommen; wir können ja schlecht dauerhaft mit Zinsen am Nullpunkt leben. Und die Staaten müssen viel massiver sparen, denn so ist das alles nicht mehr finanzierbar. Zudem müssen die Banken unter Beweis stellen, dass sie eine neue Chance verdienen, auch wenn sie regulierter sein muss als bisher.« Simon hebt beim letzten Satz das Glas.

»Das ist eine prima Idee mit dem Glas, Simon. Jeder sollte einen Toast aussprechen. Simon, fang du an«, sagt Stanley und schenkt allen Wein nach. Inzwischen ist Nachmittag. Die Herren sind so gut wie alleine in der »Oyster«-Bar und auch nicht mehr ganz nüchtern.

Simon Trent steht auf und hebt sein Glas noch ein bisschen höher: »Ich trinke auf die Nutten mit den blauen Bändern, weil sie am Ende alles ins Rollen gebracht haben.« Überrascht schauen sich die anderen gegenseitig an. »Ohne die blauen Nutten hätte Carla nichts mit Mitch angefangen, ich sie nicht rausgeschmissen, sie nicht bei euch angefangen, ihr euch nicht kennen gelernt«, blickt Simon auf Carl, »und wir Mitch nicht entlarvt; und ich hätte heute keine Stellvertreterin und Partnerin.« Alle erheben sich zum Toast. »Nur kriegen müssen wir ihn noch, diesen Mitch«, zeigt Simon auf Sir Peter, während alle über die letzte Aussage nicken: »Jetzt du, Peter.«

Sir Peter steht auf: »Wir sollten natürlich nur auf Frauen anstoßen. Also ich trinke auf die Old Lady und alle ihre Freundinnen, die EZB und die FED. Auf dass sie alle möglichst keusch bleiben, geldpolitisch natürlich nur.« Alle stehen auf und trinken auf das Wohl der Notenbank von England. »Die Begründung hatten wir ja schon im Gespräch«, zeigt Simon nun auf Carl, als sich alle wieder setzen wollen.

Carl bleibt stehen, erhebt sein Glas und will gerade ansetzen, doch Stanley wirft dazwischen: »Du trinkst sicher auf Carla.«

»Nein, das tue ich nicht, obwohl sie es verdient hätte. Ich trinke auf Isabella Davis und ihre Familie.« Betreten schweigend stehen die Männer auf und stoßen miteinander an, ehe sie sich wieder setzen.

»Ich habe gestern mit Jim Davis in Perth telefoniert. Nach Isabellas Tod ist er mit den Kindern zurück nach Australien gegangen. Es geht ihnen inzwischen wieder recht gut. Jim arbeitet in Perth als normaler Anwalt. Die Kinder lieben die Freiheit ›down under‹.«

»Hört sich nicht schlecht an. Manches Mal denke ich, dass London ein Moloch ist, der seine Kinder frisst«, sagt Simon.

»Nun nicht theatralisch werden«, meldet sich Sir Peter zu Wort. »Wir wissen alle, dass wir London, die City, die Börse, die Banken und Leute, die hier arbeiten, brauchen. Für Jim Davis ist es gut und richtig, aber die Welt muss sich weiterdrehen, Leute.«

»Stimmt auch wieder. Aber ich bin froh, dass es Jim gut geht. Er hat noch ein Tagebuch von Isabella gefunden, in dem sie von ihren Ängsten berichtet. Jim meint, Isabella konnte niemand helfen, außer Mitch. Und der hat sie nur ausgenutzt«, erklärt Carl, der dann auf Stanley schaut. »Du fehlst noch, Sash.«

Stanley steht auf, hebt sein Glas und betrachtet die Runde: »Ich mache eine Ausnahme. Ich trinke auf Carla und auf dich, Carl. Dass ihr es überlebt.« Die anderen beiden stehen auf, während Carl noch sitzt. Langsam erhebt auch er sich, nimmt sein Glas, stößt mit jedem einzeln an: »Danke im Namen von uns beiden. Und ein Toast auf Carla«, führt er sein Glas in die Mitte, sodass alle noch einmal anstoßen.

Am Schluss sitzen nur noch Simon und Carl beieinander. Da Simons Frau mit den Kindern auf dem Weg zu ihren Internaten ist, hat Simon Zeit.

»Ist da mehr zwischen dir und Carla?«, fragt Simon.

»Wieso fragst du, Simon?«

»Weil das Mädchen meine Partnerin ist und ich mich auch so verantwortlich fühle«, gießt er dabei den beiden wieder nach.

»Das tue ich auch.«

»Aber da ist doch mehr?«

»Um ehrlich zu sein. Ich weiß nicht, vor allem nicht, was sie wohl denkt.«

»Das musst du schon selbst herausfinden, Carl.«

»Danke.«

»Wofür?«

»Für die Frage.«

»So sind wir Journalisten halt.«

Den Montag nutzt Carl zum Einkaufen, bei Harrods findet man alles, auch wenn man nicht weiß, was man sucht und kaufen soll. Recht schnell hat Carl seine Geschenke zusammen – bis auf eines für Carla. Seine Mutter äußerte sich zur Teilnahme der Bellschen Familie: »Du bist der Patron, mein Sohn.« Das war das erste Mal, dass Carl die Funktion als Familienoberhaupt genoss.

An Heiligabend sind in diesem Jahr neben Mutter und Mademoiselle Rey, seinen Söhnen nur noch Sam, Steve und Carla und wohl auch Sicherheitspersonal dabei. Martina, seit einiger Zeit wieder in festen Händen, hat abgesagt. Sein Bruder Claus fühlt sich nicht stark genug für ein Familienfest und bleibt lieber in Zürich. Und auch die Douvaliers leben seit der Schmach der teilweise verlorenen Bank lieber zurückgezogen.

Ein Geschenk für Carla hat er immer noch nicht. Also ruft er Sam direkt auf ihrem Handy an. Sams Antwort ist verblüffend einfach: »Schmuck gefällt Frauen immer, Carl.«

Die junge Verkäuferin bei Harrods ist sehr einfühlsam,

sodass Carl aus seiner Sicht mit etwas Passendem das Kaufhaus verlässt: eine Uhr von Cartier. Damit hat er ein edles Stück gekauft, ohne gleich Schmuck zu schenken.

Am 22. Dezember 2009 macht sich Carl auf das letzte Stück der Heimreise. Über Genf geht es mit dem Auto nach Täsch und von dort aus mit dem Zug nach Zermatt. Wie fast jedes Jahr – und doch ist alles anders. Alleine schon die beiden Sicherheitsbeamten, die ihn abholen, erinnern ihn daran. Carl lässt es sich jedoch nicht nehmen, das Fahrzeug selbst zu steuern. Die Fahrt hat immer etwas Beruhigendes für ihn. Gerade wenn es wie heute wieder einmal schneit und Vorsicht geboten ist.

In Täsch wartet Roger bereits auf ihn. Flink verlädt er das Gepäck, das Auto nehmen die beiden Sicherheitsleute wieder mit nach Genf. In Zermatt kümmern sich um ihn die beiden Sicherheitsbeamten, die sich seit Monaten um Carlas Sicherheit sorgen. »Das kleine Stück nach oben und zum Haus schaffe ich auch alleine«, dankt er den beiden Herren.

»Wenn Sie unbedingt wollen, Dr. Bensien?«

»Schon gut. Hier findet uns niemand. Außerdem habe ich Roger bei mir«, verabschieden sich Carl und Roger.

»Ich will alleine zum Haus laufen«, informiert er Roger.

»Ist das nicht zu gefährlich, Dr. Carl?«

»Jetzt hört doch alle auf. Hier wird uns nichts passieren.«

»Hoffentlich.«

»Keine Sorge, Roger. Was macht eigentlich unser Sorgenkind?«

»Eine sehr angenehme Person, diese Frau Carla. Auch ihre Mutter und ihr Vater. Man bemerkt sie kaum. Sehr freundliche Menschen.«

»Ihre Frau Mutter findet die Idee übrigens sehr gut, dass wir dieses Mal auch am Heiligen Abend im Maiensäß sind.«

»Hat sie mir gar nicht gesagt«, ruckt Carl leicht nach vorne, als der Zug in den Bahnhof einfährt.

»Also bis gleich, Roger«, verabschiedet sich Carl und geht in Richtung Ausgang am Kopfende des Bahnhofs.

»Hallo, Süßer«, quatscht den gedankenversunkenen Carl eine junge Frau mit rotem Pagenkopf und großer Sonnenbrille an, deren Gesicht noch halb hinter einem dicken Schal versteckt ist.

»Wie bitte?«, dreht Carl sich um.

»Schon etwas vor?«, insistiert sie mit einem englischen Akzent.

»Ich bitte Sie«, schaut Carl entrüstet.

»Gut, dass du so reagiert hast, sonst hätte ich dir etwas anderes erzählt«, kommt es aus dem Mund der Frau.

»Carla?«

»Scheint so, als funktioniere meine Verkleidung«, fällt sie ihm um den Hals.

»Kann man wohl sagen«, drückt Carl die getarnte Carla an sich, bis ein Mann aus dem Hintergrund direkt auf sie zukommt.

»Entschuldigung, Carla, wenn du noch lange so in der Öffentlichkeit in Carls Armen hängst, dann kannst du die Tarnung auch gleich aufgeben«, schlägt Steven dem Bankier auf die Schulter. »Hallo, Carl.«

»Stimmt«, sagt Carl und gibt Steven die Hand: »Schön, dich zu sehen, Steven. Wo ist Sam?«, sucht er mit den Augen den Bahnhof ab.

»Hier«, tönt es in seinem Rücken. »Ich habe vom anderen Ende den Bahnhof beobachtet, ob dir jemand folgt.«

»Und?«

»Niemand, soweit ich sehen konnte.«

»Hält die Tarnung für einen Drink an der Bar im ›Zermatterhof‹?«

»Glaube, das können wir riskieren«, antwortet Sam und schaut auf Steven, der ihr zunickt. Carla hakt Carl unter, mit etwas Abstand folgen Carlas Sicherheitsbeamte.

Roger hat inzwischen das Gepäck verladen und macht sich auf den Weg. Und genau dem folgt der Mann mit Hut, John-Lennon-Sonnenbrille und dickem gefütterten langen Ledermantel. Der hatte einen Zug früher nach Zermatt genommen und gegenüber vom Bahnhof in einem Lokal die ankommenden Personen beobachtet – das war Sam, Steve und den anderen entgangen …

»Dr. Bensien, schön, Sie zu sehen. Wie geht es Ihnen?«, grüßt Erwin die gut gelaunte Gruppe um Carl, als sie die Bar im »Zermatterhof« erreichen.

»Danke, Erwin, sehr gut, aber wenn Sie dieses ›Driving home for Christmas‹ abstellen könnten, noch viel besser«, hilft er Carla aus dem Mantel.

»Unterstehen Sie sich«, lächelt Carla Erwin an, »ich liebe dieses Lied«.

Familienanschluss

Am nächsten Tag wird es ernst, gegen Mittag reist die Familie an. Madame Antoinette Catherine Douvalier Bensien kommt gemeinsam mit Mademoiselle Rey, die wie jedes Jahr das Weihnachtsfest mit der Familie verbringt. Auch seine Jungs werden für die Mittagszeit erwartet.

Carla und Carl hatten bis dato kaum einen Moment alleine. Entweder waren Sam und Steven dabei, die sich jedoch diskret am Abend zurückgezogen hatten, oder Roger und Henriette mussten noch etwas für das bevorstehende Weihnachtsfest mit dem Patron klären und immer war ein Sicherheitsbeamter in ihrer Nähe.

»Kommst du mit, Carla, meine Mutter und die Jungs am Bahnhof abholen?«, fragt Carl nach dem Frühstück.

»Gute Idee«, antwortet Carla, die aufsteht und gleich nach ihrer Winterjacke sucht. Das gequälte Lächeln der Sicherheitsbeamten lässt darauf schließen, dass sie die Idee nicht so gut finden. Unten am Dorfrand angekommen, steigen sie aus dem Geländewagen und gehen zu Fuß weiter ins Dorf. Carla hakt sich inzwischen wie selbstverständlich bei Carl unter, als sie sich auf den Weg vom Rande des Dorfs in Richtung Bahnhof aufmachen. Beide wissen, dass sie reden müssen, aber keiner fängt an. Und so lang ist der Weg auch nicht, zumal nach wenigen Hundert Metern der Trubel der Bahnhofstraße von Zermatt beginnt. An einer Brücke, unter der sich das Bergwasser zwischen Eisbrocken seinen Weg bahnt, zieht Carla an seinem Arm. Beide stehen sich direkt gegenüber, der kalte Atem bläst ihnen gegenseitig sichtbar ins Gesicht.

»Carla«, will Carl beginnen, als sie ihm den ledernen Zeigefinger ihres Handschuhs auf die Lippen drückt.

»Carl, hier gibt es nichts zu reden. Lassen wir es auf uns zukommen.« Carla nimmt den Finger von den Lippen, zieht den langen Kerl zu sich hinunter und küsst ihn kurz und sehr vorsichtig.

»Ich denke, du magst keine Banker«, hält Carl sie nahe bei sich im Arm, die beiden Sicherheitsbeamten gehen unauffällig an ihnen vorbei.

»Und ich dachte, du hast Probleme mit Journalisten. Oder mit fordernden Frauen?«

Da Carl nur ungern darauf antworten will, küsst er sie lieber. Trotz bitterer Kälte wird ihr warm ums Herz.

»Ich habe genauso viele Probleme mit Frauen wie du mit Bankern«, schaut er ihr tief in die Augen.

»Ich habe nur noch Probleme mit einem Exbanker, Carl. Alles andere ist geklärt.«

»Und ich habe nur ein kleines Problem mit meiner Exfrau, Carla.«

»Na, dann. Lassen wir es auf uns zukommen, Carl«, küsst sie ihn noch einmal.

»Voilà, lassen wir es auf uns zukommen, Carla, aber nun wird bald der Zug kommen.«

»Präzise wie ein Schweizer Uhrwerk, der Herr Dr. Bensien«, dreht sie Carl wieder in Richtung Bahnhof.

»Und du? Frech wie deine scharfen Headlines«, lacht Carl. Ohne ein weiteres Wort zu wechseln, gehen sie zum Bahnhof und fahren hinunter nach Täsch.

Emil und Etienne kommen zusammen aus dem Internat nach Zermatt. Seit Emil achtzehn ist und Auto fahren darf, ist der Selbständigkeit keine Grenzen mehr gesetzt. Etienne, inzwischen auch schon sechzehn, hatte einen echten Wachstumsschub gemacht, wie Carl sofort sieht. Beide jungen Bensiens sehen nicht nur blendend aus, sondern sind auch genauso groß wie der Vater, stellt Carla fest, als sie mit einem mulmigen Gefühl Carls Arm los- und ihn vor sich auf die Jungs zugehen lässt. Carla steht etwas abseits und beobachtet die herzliche Begrüßung der drei Bensiens.

Emil löst sich als Erster von seinem Vater und geht auf Carla zu. »Hallo, ich bin Emil Bensien.«

»Hallo, und ich bin Carla Bell.«

»Schon viel von Ihnen gehört«, lächelt der junge Mann.

»Kannst Du zu mir sagen«, antwortet Carla, der erst jetzt auffällt, dass sie mit ihren achtundzwanzig Jahren ja nur zehn Jahre älter ist als der Sohn ihres fast doppelt so alten Beschützers.

»Ihr habt euch schon bekannt gemacht«, kommt Carl mit Etienne im Arm dazu.

»Das ist mein Jüngster«, zeigt er auf Etienne.

»Hallo, Etienne. Ich habe schon einiges von dir gehört.«

»Sie sind die Gefangene in unserem Haus, nicht wahr?«, kommt es schnippisch zurück.

»So kann man es auch sehen«, hält sie ihm die Hand hin: »Die Gefangene heißt jedenfalls Carla.«

Etienne zögert einzuschlagen, aber die gute Erziehung gebietet es ihm dann doch: »Hallo. Wer hat denn den Schlüssel? Vater?«

»Etienne, bitte!«, geht Carl dazwischen.

»Schon gut, Carl. Stimmt ja irgendwie auch.«

»Carla ist mit ihrer Familie unser Gast zu Weihnachten, meine Herren«, schaut er auf seine Söhne, als sie die sonore Hupe des Maybach hören.

»Mutter!« Carla erkennt, wie sich Carl verkrampft.

»Oma«, gehen die Jungs auf das Auto zu.

»Eins zu eins«, sagt Carla zu Carl, ehe der mit gequältem Lächeln auf das Auto zugeht und den Chauffeur begrüßt.

Emil und Etienne haben derweil die Türe geöffnet. Carla beobachtet die Szene aus sicherer Entfernung, als eine elegante ältere Dame mit Pelzmütze und -mantel aussteigt, in denen die zierliche Person kaum zu sehen ist.

Aber es muss »Mutter« dahinter sein; denn Carl beugt sich hinunter und küsst Madame Douvalier Bensien auf die Wange. Inzwischen hat sich auch Mademoiselle Rey dazugesellt, die auf der anderen Seite ausgestiegen ist. Etienne geht dem Chauffeur mit dem Gepäck zur Hand, während Emil wieder auf Carla zukommt, sie bei der Hand nimmt und mit ihr auf seine Großmutter zugeht.

»Oma, das ist Vaters Freundin Carla.« Die alte Dame mustert die junge Frau, Carla stockt der Atem. Carl will gerade seinen Mund öffnen, als seine Mutter ihr die Hand reicht.

»Ich habe sehr viel von Ihnen gehört, allerdings nicht über meinen Sohn«, schaut sie auf Carla, die beherzt die Hand der alten Dame ergreift.

»Ich freue mich schon seit Tagen darauf, Sie kennen zu lernen, Mademoiselle Bell.«

»Madame Douvalier Bensien. Ich freue mich auch sehr«, schluckt Carla und schaut verlegen in ihre und dann Carls Richtung, danach begrüßt sie auch Mademoiselle Rey.

»Meine Liebe, lassen Sie uns vorgehen. Carl hat ohnehin mit den Jungs zu tun. Und wir haben viel zu reden; mich interessiert, wen mein Sohn da zu Weihnachten mitgebracht hat.«

»Meine Eltern und ich sind Ihnen jedenfalls sehr dankbar, Madame«, antwortet Carla und spürt, wie Carls Mutter sie resolut untergehakt hat und abführt.

Beim Blick zurück auf den überraschten Carl sieht sie dennoch, wie er mit der linken Hand zwei und mit der rechten einen Finger zeigt. Es sieht ganz nach einem Zwei-zu-eins-Sieg für Carla in Täsch aus.

»Mein Sohn ist etwas verklemmt, was Frauen angeht«, spricht Madame offen, die Carla verwundert anschaut.

»Glauben Sie nicht, dass ich auch in meinem Alter noch sehe, ob sich zwei Menschen mögen? Darf ich Carla sagen?« Die beiden Damen laufen durch den knirschenden Schnee in Richtung Zug.

»Sicher. Bitte sagen Sie Carla. Es würde mich freuen, Madame Douvalier Bensien.«

»Sie müssen bei meinem Sohn die Initiative ergreifen, Carla.«

»Das habe ich bereits gemerkt«, antwortet Carla, die sich langsam wohl zu fühlen beginnt im Arm von Carls Mutter.

»Ich habe Angst vor dem ersten Treffen mit Ihnen gehabt«, sagt Carla.

»Glauben Sie, dass ich keine Angst gehabt habe«, schaut Madame die junge Freundin ihres Sohnes an und entschwindet in den Zug. Carla folgt ihr, und auch die anderen Bensiens und Mademoiselle Rey sind inzwischen fast am Zug angelangt.

»Auf nach Zermatt«, sagt Etienne.

»Auf in die Weihnachtsferien«, fügt Emil triumphierend hinzu.

»Driving home for Christmas«, lächelt Carla in Richtung Carl.

Stille Nacht, tödliche Nacht

Am nächsten Abend, dem Heiligen Abend 2009, stehen drei Pferdeschlitten im dicken Schnee vor der Kirche. Carl hatte am Mittag mit seinen Söhnen den Baum im Kaminzimmer geschmückt und die Geschenke drum herum arrangiert, danach wurde die Flügeltüre zum großen Esszimmer zugeschoben. Roger hatte Holz bereitgelegt, damit man nach dem gemeinsamen Kirchgang frisch einfeuern konnte.

Nach der Weihnachtsmesse stehen alle vor der Kirche und wünschen sich ein frohes Fest, Frieden, Gesundheit und

Glück. Seit sie sich gestern geküsst haben, hält sich Carl auffällig fern von Carla. Sie müssen die Initiative ergreifen, erinnert sich Carla an die Worte von Madame Douvalier Bensien, die sich auffallend gut mit Carlas Eltern versteht. Wie selbstverständlich geht Carla die Beschreibung »Eltern« über die Lippen. Und gerade Etienne, der seine Mühe mit Carla zu haben scheint, findet die Polizeipsychologin und den Constable cool. »Frohe Weihnachten, Carl«, ergreift Carla die Initiative, als sie endlich zum Schluss bei Carl an der Reihe ist und zieht den langen Kerl mutig herunter und gibt ihm vor versammelter Mannschaft einen innigen Kuss.

»Frohe Weihnachten, Carla«, kommt Carl erst jetzt dazu, ihr zu antworten. Kälte und schummriges Licht übertünchen sein errötetes Gesicht. Noch ehe irgendjemand etwas sagen kann, mahnt Madame zum Aufbruch. Ihr Lächeln in Richtung Carla spricht Bände.

Madame, Sam, Steven und Etienne nehmen den ersten Schlitten, in den vier Personen passen. Die beiden anderen sind Zweierschlitten, sodass sich Emil und Mademoiselle Rey den einen und Carl und Carla den dritten Schlitten teilen. Die beiden Sicherheitsbeamten hocken bei den Kutschern vorne auf dem ersten und dem letzten Schlitten.

Bei leichtem Schneefall und unter dem Geläut der Pferdegespanne traben die Schlitten in Richtung Dorfausgang, um dann auf einer mit Schnee bedeckten Serpentine langsam hoch zu gleiten. Rechts und links türmen sich Schneewände fast zu einem Tunnel. Die Petroleumleuchten der Schlitten weisen ihnen den Weg. Carl und Carla können gerade noch erkennen, dass sich Emil angeregt mit Mademoiselle Rey unterhält. Ihre Pferde scheinen die langsamsten zu sein, der Abstand zu den beiden vorderen Gespannen vergrößert sich merklich.

Carl, der den Weg in- und auswendig kennt, berechnet, dass sie bei diesem Unterschied um einiges später am Maiensäß eintreffen als die anderen. Ohne Carla Angst machen zu wollen, bittet er den Kutscher, mehr Fahrt aufzunehmen. Aber der murmelt nur: »Geht nicht schneller, ist etwas mit einem Gaul.«

Wenige Hundert Meter später gabelt sich der Weg, die Kutschen müssen die Serpentine verlassen und auf den engeren kleinen Waldweg zum Maiensäß abbiegen. Und dann stoppt der Kutscher plötzlich.

»Ich muss etwas nachschauen. Der eine Gaul läuft nicht richtig.« Der Kutscher klettert vom Bock und geht hinter den Schlitten, wo er etwas aus einer Kiste kramt. Carl, selbst beunruhigt, bemerkt, wie der Sicherheitsbeamte seinen Mantel öffnet, offensichtlich, um schneller an seine Waffe zu kommen.

»Was ist?«, auch Carla ist die Nervosität ihrer Begleiter nicht entgangen.

»Ich weiß es nicht«, entgegnet Carl, nach außen um Ruhe bemüht.

»Machen Sie schneller«, ordert der Beamte den Kutscher an und steigt ab. Mit einem großen Eisen kommt der Kutscher nach vorne, hebt einen Huf des rechten Pferdes hoch. »Da habe ich es«, zeigt er einen großen Stein, den sich das Pferd in den Huf getreten hatte. »Dieser verdammte Splitt auf den Straßen unten im Dorf. Jetzt sollte es schneller gehen«, schwingt er sich wieder auf den Bock, versteckt das große Eisen jedoch unter dem Sitzbock. Carls Atem beruhigt sich wieder, aber seine Anspannung bleibt.

»Alles okay?«, fragt Carla.

»Ich hatte gerade so ein mulmiges Gefühl.«

»Carl, wer sollte uns bei diesem Wetter bis hierher folgen?«

»Wahrscheinlich hast du Recht, Carla, aber du weißt, das Risiko besteht, solange Mitch Lehman lebt und nicht gefasst ist.«

»Schluss mit den Gedanken, heute ist Heiligabend. Da machen selbst Leute wie Mitch eine Pause.«

»Keine Scherze, Carla«, antwortet Carl, als er mit zunehmender Beruhigung die erleuchtete Berghütte vor sich sieht.

Noch vor dem Haus gibt es für alle einen heißen Glühwein, den Henriette bereits vor dem Kirchgang aufgesetzt und im Ofen warm gehalten hatte.

Stille Nacht, heilige Nacht, Silent Night, Holy Night und Douce Nuit, Sainte Nuit, stimmt die international zusammengesetzte Gruppe nacheinander das Weihnachtslied an. Kurz darauf machen sich die Kutscher, versehen mit einem dicken Trinkgeld von Carl, mit den Schlitten wieder auf den Weg nach unten ins Dorf.

Als sie sich drinnen von den dicken Wintermänteln befreit und die Schuhe gewechselt haben, läutet Carl zur Bescherung. Alle versammeln sich vor der verschlossenen Flügeltüre, hinter der der geschmückte Baum und die Geschenke warten. Carl dreht den Türknopf ganz langsam und stößt die beiden Flügel schnell nach innen auf.

»Keine Bewegung«, knarrt eine Stimme, aber dieser Aufforderung hätte es nicht bedurft. Wie angewurzelt starren die Gäste in die Mündung einer auf sie gerichteten Kalaschnikow.

»Stille Nacht, tödliche Nacht,
keiner schläft, einsam wacht,
nur der traute hochheilige Mitch,
holder Knabe mit gutem Gewehr,
schießt mit himmlischer Ruh,
schießt mit himmlischer Ruh«, krächzt eine blecherne Stimme aus einem Lautsprecher auf dem Boden.

»Die Kalaschnikow mäht euch alle um, wenn ihr euch auch nur einen Millimeter bewegt«, knarrt es weiter aus dem Lautsprecher. Oben auf dem Maschinengewehr ist etwas montiert, das aussieht wie ein Fernrohr, aber offensichtlich eine ferngesteuerte Kamera sein muss.

»Hallo, Carl«, meldet sich die Stimme wieder, »sei doch bitte so lieb und hole Carla an deine Seite.«

Carla macht von sich aus einen Schritt neben Carl, der sie zurückhalten will. Sie greift nach seiner Hand.

»Was für ein hübsches Paar.« Leicht dreht sich die Kalaschnikow auf der Flak, damit die Kamera die anderen Gesichter besser einfangen kann, so, als wolle die Stimme das Nicken der anderen auf den Hinweis über das »hübsche Paar« sehen.

»Und die Herren von der Sicherheit sollen doch ihre Waffen ins Feuer schmeißen.«

Als sich nichts rührt, schreit die Stimme: »Wirds bald!« Zur Unterstützung knallt ein Schuss direkt in das Holz oberhalb der Flügeltüre. Der Lauf der Kalaschnikow wurde blitzschnell nach oben gezogen, genauso schnell zielt das Gewehr wieder auf die Gruppe, hinter Carl wimmert jemand.

»Machen Sie, was er sagt«, befiehlt Carl den beiden Beamten. Als die Waffen in den Kamin fliegen, geht das Feuer hoch.

»Kleine Brandbeschleunigung«, sagt die Stimme.

»Du denkst auch an alles, Mitch«, mischt sich Carla ein.

»Hallo, Süße.«

»Für dich Mrs Carla Bell ... Die so schön die Beine breit machen kann«, lacht die Stimme dreckig.

»Ich verbitte mir diesen Ton in meinem Haus«, schiebt sich Madame Douvalier Bensien vor Carla und Carl.

»Guten Abend, Madame. Ich bitte um Entschuldigung, dass ich ohne Einladung in Ihr Haus eindringe«, klingt es aus dem Lautsprecher, während vor dem Haus das Geräusch eines Snowcat zu hören ist.

»Wir müssen leider zur Sache kommen, ich habe nicht ewig Zeit. Ein Freund wird in wenigen Augenblicken bei Ihnen sein, der mir beim Aufbau behilflich war.«

Die Türe öffnet sich und ein schwarz vermummter Mann stapft auf die vor Schreck gelähmten Gäste zu.

»Entschuldigung«, sagt er mit deutlich russischem Akzent. »Mr Lehman hat mich gebeten, Sie ordentlich zu platzieren.« Aus einer Kiste greift er sich ein Bündel Plastikstreifen und macht sich an die Arbeit, die Leute an Stühlen zu fesseln. Erst die beiden Sicherheitsbeamten, dann die Jungs, als Nächstes sind Steven und Sam an der Reihe, dann folgt die wimmernde Mademoiselle Rey.

Plötzlich bricht Geschrei aus. Carl muss die Jungs laut zur Ordnung rufen, nicht die Helden zu spielen. Steven bietet sich als Austausch an, Mademoiselle Rey schluchzt vor sich hin. Nur Sam bleibt ganz ruhig und blinzelt den Vermummten an, als er die Fesseln zuzieht.

»Sei etwas vorsichtig mit der Alten«, tönt es aus dem Lautsprecher. Madame Douvalier Bensien geht einen Schritt auf die Kamera und speit vor dem Maschinengewehr aus.

»Ô, là, là, Madame«, lacht Mitch. Als auch noch Mutter gefesselt ist, sieht es fast so aus, als hätte sich die Gesellschaft zum Weihnachtsschmaus niedergelassen, auch wenn niemand die Hände auf dem Tisch hat. An den Kopfenden des Tischs sind noch zwei Plätze frei für Carl und Carla, die immer noch vor dem Flakgeschütz stehen, das jede noch so kleine Bewegung mitmacht.

»Wie hast du uns gefunden, Mitch?«, fragt Carla in die Kamera. Der schwarze Mann drückt derweil Carl auf den Stuhl, der rückseitig zur Flügeltüre steht, sodass er als Einziger die Kalaschnikow nicht mehr sehen kann. Nur Carla steht noch ungefesselt vor dem Mündungslauf; auch sie wird gefesselt, muss aber stehen bleiben.

»Die Frage kannst du uns doch beantworten, Mitch«, meldet sich Carl, als er nichts von Mitch hört.

»Sie bleiben hier vor dem Mündungslauf stehen und niemand spricht auch nur ein Wort«, befiehlt der Vermummte und platziert Carla noch einmal genau vor dem Gestell.

»Sonst macht es Bumm«, hebt er die Hand zum Abschied. Danach verschwindet er mit dem Snowcat. Als sich Carla eine Minute später doch bewegen will, geht die schwere Eingangstüre auf und Mitch steht im großen Esszimmer.

»Habe ich dir nicht gesagt, du sollst dich nicht bewegen, Süße!«, stampft Mitch mit einem freundlichen Wink an Madame vorbei zum Kaminzimmer. Er ist ganz in Schwarz, das Haar grau gefärbt. »Ich wollte erst sicher gehen, dass nicht wieder jemand auf mich schießen kann«, macht er eine fast entschuldigende Geste und zeigt auf die Narbe an seiner rechten Hand in Richtung seines Gegenspielers. »Deshalb habe ich mir das Ganze aus dem Nebenhaus angeschaut und -gehört«, nimmt er den Knopf aus seinem Ohr, als er auf Carl zugeht.

»Vielleicht wäre es doch besser gewesen, mich im Oktober zu erschießen.«

»Du wirst uns nicht entgehen, Mitch.«

»Ziemlich gewagte Aussage in eurer Lage«, lacht Mitch. »Du hättest Sam nicht über eine ungeschützte Leitung anrufen und nach einem Weihnachtsgeschenk für Carla fragen sollen. Damit war klar, wohin mein Freund Wladimir und ich reisen mussten. Und ohne dass es eure ach so cleveren Beamten gemerkt haben, hat meine kleine Camilla das Maiensäß im Oktober ausgekundschaftet.«

»Wie das?«, fragt Sam.

»Ah, das rote Gift aus dem Krankenhaus. Nun, Camilla war bei den Special Forces, ehe sie die Fronten gewechselt hat. Während die dummen Bullen dachten, sie mache Urlaub hier, hat sie alles ausgekundschaftet. Da mein Plan A in New York leider, leider nicht aufgegangen ist, mussten wir zu Plan B greifen. Dafür habe ich jetzt gleich euch beide«, schaut Mitch zu Carla.

»Keine Sorge, Madame«, Mitch geht um den Tisch herum, »ich erschieße nur die kleine Nutte hier und Ihren Sohn.«

»Nehmen Sie lieber mich«, hört ein erstaunter Carl seine Mutter sagen.

»Hallo, Süße«, dreht Mitch sich wieder zu Carla und küsst sie auf den Mund, den sie verschlossen hält, und ignoriert Madames Angebot.

»Außerdem, Carl, passende Geschenke für Carla sind doch wohl eindeutig meine Spezialität.« Mitch zieht das reparierte blaue Armband aus seiner Tasche. »Das hast du in meinem Schlafzimmer vergessen. Musstest du das Blaue im Goldenen wirklich erkennen? Wir hätten unser schönes Spiel weiter spielen können.«

Carla versucht sich zu wehren, doch Mitch packt sie hart am Handgelenk und streift ihr das Armband über; dann streichelt er ihr zart über die Wange, als das Armband fest am rechten Handgelenk sitzt.

»Rechts, Carla. Du erinnerst dich hoffentlich, oder?« Mitch zieht Carla an sich heran, treibt ihr seine Zunge tief in den Mund und schiebt sie mehrfach schnell und wild vor und zurück. Carla bleibt ungerührt stehen, ist froh, dass Carl sie nicht sehen kann. Alle anderen müssen dem Schauspiel zusehen.

»Du hast keinen Hedge mehr, Süße. Du solltest etwas kooperativer sein.«

»Du stehst im eigenen Kugelhagel, wenn deine Konstruktion jetzt losgeht.« Carla zeigt mit dem Kopf in Richtung Kalaschnikow.

»Baby, hier ist der Drücker«, zieht er ein etwas größeres Handy aus der Jackentasche – mit Kamera und rotem Knopf. Links ist der Drehknopf zum Einstellen der Flak, rechts neben dem roten Knopf der Drehknopf für Einzel- und Mehrfachschuss. Oben drauf sitzt der ON-OFF-Knopf.

»Wo hast du denn das Spielzeug her?« Alle starren auf die beiden, Carl versucht sich zu drehen, aber es gelingt ihm nicht.

»Von den Russen, Genosse Godunow war so freundlich.«

»Dann erschieß uns doch!«

»Später. Unser Spiel ist noch nicht zu Ende, Carla.«

»Das ist doch kein Spiel. Wenn du willst, dass ich dich auch nur einen Funken ernst nehmen soll, dann musst du mir die Fesseln schon abnehmen. Bist du nicht der ›Master of the Universe‹?«

Vom Tisch her schreit der junge Etienne: »Vater, ich wusste, dass sie nichts für dich ist.«

Steven wird wild in seinem Stuhl: »Carla, nicht das, Carla, bitte. Nicht das, Tochter!«

Nur Sam bleibt ganz ruhig: »Sie hat Recht, Lehman ist eine Memme, kein Mann. Ein Lehmännchen, der nur noch mit gefesselten oder gekauften Weibern klarkommt«, lacht Sam dreckig.

Alle drehen sich entsetzt zu Sam um, die Mitch direkt in die Augen schaut.

»Du rote Hexe«, brüllt Mitch.

»Sei ruhig, Sam«, ruft Steven.

»Ist doch so, Steve, das ist doch kein Mann.«

»Das sehe ich auch so, meine Liebe«, gibt Madame trocken in die Runde.

Mitch, der schwer zu atmen beginnt, schleift Carla hinter sich her und geht auf Sam los. Mit einem langen Messer zerschneidet er Sams Fesseln und hält ihr das Messer an die Kehle.

»Los, fessel Carla!«, die er in den Stuhl drückt. Als sich dabei ihre Blicke streifen, sieht Carla wieder dieses Irre in seinen Augen.

»Nimm mich gleich hier«, spricht Sam laut genug, dass es alle hören. Steven schreit, Etienne schließt die Augen. Mitch hat Sam mit dem Messer am Hals inzwischen ans Kopfende gezerrt, Carl genau gegenüber, er drückt sie mit der Brust auf den gedeckten Esstisch. Sam schiebt das Geschirr mit der Hand vom Tisch: »Das schaffst du nie, Lehmännchen«, provoziert sie ihn verächtlich grinsend und windet sich einmal um ihre Achse, sodass er ihr nun ins Gesicht schauen muss. Das Messer drückt Mitch immer noch an Sams Hals.

»Das ist doch ein mieser Schlappschwanz«, unterbricht Madame zur Verwunderung aller die Szene. Mitch stutzt, schaut für einen Moment auf.

»Du altes Miststück«, schreit er und dreht Sam wieder zurück, den Blick nach wie vor auf Madame gerichtet.

Steven brüllt, Carl kann nicht hinsehen, die Jungs beten, Mademoiselle starrt mit offenem Mund. »Lass sie, Mitch, nimm mich«, schreit Carla.

»Euch verdammten Nutten werde ich es zeigen«, knurrt Mitch und will sich an Sam zu schaffen machen. Die hat die Arme an ihren Körper herangezogen und liegt mit dem Oberkörper auf der langen Tafel. Alle starren sie an, nur die beiden Sicherheitsleute sitzen unbeteiligt dabei. Madame sucht weiter Blickkontakt mit Mitch. Er schiebt Sams Rock hoch, zerreißt ihre Strumpfhose und den Slip, stets das Messer am Hals. Mit der freien Hand nestelt er an seiner Hose.

Als es knallt, erzittert die Hütte. Doch es ist nur ein Schuss. Mitch Lehman reißt noch die Augen auf, dann ist das Spiel für ihn zu Ende. Hinter ihm schlägt die Kugel ins Holz, die knapp zwei Zentimeter oberhalb des rechten Auges in seine Stirn eingedrungen war.

»Das wars«, sagt Sam, die immer noch mit den Armen vor der Brust beide Hände verkrampft am Handy hält und mit letzter Kraft auf den Off-Knopf drückt. Die Kalaschnikow senkt sich langsam nach unten, bis der Lauf auf den Boden zeigt. Totenstill starren alle auf Sam, aus deren Hals Blut quillt.

»Alles in Ordnung, Schatz?«, ruft Steven, »mache mich los, schnell, schnell.«

»Nur eine kleine Schnittwunde.«

Während die beiden Sicherheitsbeamten nach und nach alle von den Fesseln befreien, stehen Carla und Carl Arm in Arm vor dem toten Mitch Lehman. Das Loch im Schädel ist klein, seine Augen sind weit aufgerissen.

»Niemand entgeht seiner gerechten Strafe«, findet Carl die Worte wieder.

»Das war großartig, Samantha.« Madame und Sam liegen sich in den Armen.

»Ohne Sie, Madame, wäre ich nie an das Steuerungshandy herangekommen.«

»Woher hast du das gewusst, Sam?«, dreht sich Carla zu ihren beiden ›Müttern‹ um.

»Einer, den die reine Gier treibt, reagiert so.«

Epilog

»Hört das denn niemals auf, Carl?«

Als Simon Trent um null Uhr am Morgen des 21. Juni 2010 im Redaktionsgebäude des »CityView« auf den Knopf drückt, um die Sonderausgabe *The CityView's view on Toronto* für die Abonnenten der Onlineausgabe bereitzustellen, explodiert die Bombe. Sekunden später liegt der Redaktionsflur in Trümmern, es brennt und qualmt, und der Chefredakteur liegt mittendrin. Ohne jede Vorwarnung – Simon hat keine Chance. Am Tatort wird ein Bekennerschreiben sichergestellt, unterzeichnet mit »Kommando Mitch Lehman, gez. Diana Lehman«.

Zwei Stunden nach dem Anschlag klingelt Scotland Yard Carla Bell in Davos aus dem Bett; die Handynummer von Simons Stellvertreterin beim »CityView« haben die Beamten von Annabelle Duncan erfahren. Als sie vom Anschlag unterrichtet wird, schreit Carla so lange und laut, bis das halbe Luxushotel wach ist und irgendwann Carl vor ihr steht. Der brauchte eine halbe Stunde und einen Arzt, um Carla zu beruhigen; seitdem hat sie sich keinen Meter mehr von seiner Seite wegbewegt. Er bleibt bei ihr im Zimmer, bis zum nächsten Morgen, als sie beide überstürzt die Rückreise nach London antreten.

Eine knappe dreiviertel Stunde braucht man hinunter zur Autobahnauffahrt in Landquart, von wo aus es nach Zürich geht. Von Davos Platz geht es raus aus dem lang gezogenen Bergdorf, vorbei am See, zunächst nach Klosters, über Luzein und Schiers bis ins Tal. Die ganze Strecke fällt kein Wort zwischen Carla und Carl. Sie schweigen, seit sie das »Belvédère« verlassen haben. Zu allem Übel kommt noch hinzu, dass, wie die ganzen Tage zuvor, wieder Regenwetter herrscht.

Selbst das Hotelgebäude, das ihr strahlend weiß vom letzten Januar anlässlich des World Economic Forum in Erinnerung ist, kam Carla heute Morgen trist vor, als Carl ihr vor einer halben Stunde die Wagentüre aufhielt. Das macht er immer selbst, wenn ihm nicht ein flinker Doorman vor den guten Hotels zuvorkommt, wie sie in den letzten Monaten auf ihren gemeinsamen Reisen feststellen konnte. Sie mag seine etwas altmodische Art; fast klassischer englischer Stil, denkt sie des Öfteren leicht belustigt.

Was sollten sie heute Morgen auch sagen? Sie weiß, wie weh sie Carl gestern Abend lange vor dem Anruf aus London mit dem Lehman-Vergleich getan hat. Solange sie ihre beruflichen Aktivitäten aus ihrer Beziehung heraushalten, sind sie glücklich – und dies seit ziemlich genau sechs Monaten.

Noch in der Heiligen Nacht hatte sie Carl zu sich ins Zimmer gezogen, nachdem die Polizei wieder weg, der tote Lehman aus dem Maiensäß abtransportiert war, Madame Douvalier Bensien mit ihrem Spruch: »Die Kalaschnikow behalten wir für die Jagd oder sonst wofür, man weiß in diesen Zeiten ja nie!« und dann »trotz allem« zu Tisch gebeten hatte.

In dieser Heiligen Nacht 2009 war rein gar nichts passiert – und dennoch war diese erste Nacht für sie die Schönste mit Carl; auch wenn er sich später als guter Liebhaber entpuppte, was die Journalistin dem steifen Zürcher Industriellensohn und Bankier nicht zugetraut hatte. In der Weihnachtsnacht gab es keine Banken, keine Medien, keine Undsoweiter. Wann immer sie in den folgenden Wochen für sich waren, genossen sie harmonische Stunden, teilten ihre Vorliebe für Theater- und Kinobesuche, diskutierten über Literatur und was das Leben für sie bereithielt. Selbst zum Tanzen bekam sie Carl, wenn sie in die schicken In-Bars oder Clubs in London oder New York gingen, je nachdem, wo sie sich trafen, denn Carl war überwiegend in Manhattan und sie London.

Nur wenn die Rede auf diese verdammte Krise kam, wenn es um die unterschiedlichen Positionen zwischen einem Banken-CEO und einer City-Editorin ging, dann krachte es oft und recht heftig zwischen ihnen, und dies bei den kurzen Wochenenden. Diese Krise hörte und hörte nicht auf, George Soros sprach inzwischen »vom zweiten Akt des Dramas«. Der »CityView« und andere Medien gaben den Krisenphasen immer neue Namen: Immobilienkrise, Bankenkrise, Wirtschaftskrise, Staatenkrise. Was sollte denn danach noch kommen können? Eine Demokratiekrise? Ausgelöst von Banken? Ganz so abwegig erschien es Carla jedenfalls in diesen Tagen nicht.

Ganz schlimm war ihr berufsbedingter Beziehungsstreit Anfang Mai gewesen, als die Finanzwelt erneut fast am Abgrund stand, manche sagen, fast so nahe wie im Oktober 2008 im Umfeld der Lehman-Pleite. Carla war nach Lissabon geflogen, um von der Ratssitzung der Europäischen Zentralbank zu berichten, die einmal im Jahr außerhalb von Frankfurt stattfindet. In Lissabon hatte sie gespürt, dass an diesem Wochenende wieder Schlimmes passieren könnte, die Märkte in New York waren dramatisch eingebrochen. Plötzlich stand alles wieder auf Rot, und Carla holte zum großen Kommentarschlag gegen die Spekulanten aus, die gerade versuchten, über Griechenland den ganzen Euro zu knacken.

Für Carla waren zunächst die Investmentbanken schuld daran, dass die Europäische Zentralbank schlechte Staatsanleihen aufkaufen musste, ein riesiges Rettungspaket von siebenhundertfünfzig Milliarden Euro aufgelegt werden musste und der Ruf der Geldpolitik in Gefahr war. »Lehmans griechische Stiefbrüder« hatte Carla daraufhin alle großen Investmentbanken genannt, mithin auch die Carolina Bank. Das hatte Carl derart aufgeregt, dass sie eine Woche nicht miteinander geredet hatten. Auch wenn Carla das nie zugeben würde, so musste sie hinterher feststellen, dass Carl zumindest teilweise recht hatte, denn das Europroblem hatten die Staaten geschaffen, nicht die Investmentbanken. Mit einem »aber ihr habt alle wieder mitgemacht« hatte sie sich bei ihm so etwas wie entschuldigt. Und Carl war klug genug, nicht noch einmal nachzukarten.

Als sie über Pfingsten einen Kurzurlaub in der Karibik verbrachten, verabredeten sie, nicht mehr über das Business zu reden. Das war bis gestern auch gut gegangen, aber sie wollte Carl ja partout in Davos als einen Experten mit dabei haben, der über den Tellerrand hinaus denken konnte. Zudem war es eine gute Gelegenheit, ein paar Tage miteinander zu verbringen. Davos hätte so schön sein können, bis die Bombe explodierte.

Nachdem Carla am Morgen noch vor der Abfahrt mit Simons Frau Cecilia gesprochen hat, geht es ihr ein wenig besser. Sie betet, dass er es wirklich schaffen wird, nachdem Cecilia die letzten Prognosen der Ärzte übermittelte, wonach es Simon zwar schlimm, aber nicht lebensbedrohlich erwischt hat. Der bullige Simon hat eine kräftige Statur.

Carl konzentriert sich während der ganzen Fahrt auf die Strecke, steuert die elegante S-Klasse spielerisch durch die Kurven der Bündner Berglandschaft, aus der an diesem Montagmorgen noch überall das Wasser vom vielen Regen der letzten Tage schießt, auch wenn sich die Sonne weiter unten einen Weg durch die Wolkendecke bahnt. Das Fahren hilft ihm über seine Müdigkeit hinweg, er hat die letzte Nacht kaum ein Auge zugetan, telefoniert, organisiert und »Don« Corleone nach London bestellt. Mit Tränen in den Augen schaut Carla aus dem Fenster auf die inzwischen sattgrünen Wiesen und die mit Geranien dekorierten Fenster der Graubündner Bauernhäuser; sie muss immer wieder die Augen vor den Sonnenstrahlen zukneifen.

Um den Gedanken an Simon zu verdrängen, zwingt sie sich zurückzudenken. Zum ersten Mal war Carla zum berühmten WEF eingeladen worden, und zwar nicht als Journalistin, sondern als Teilnehmerin an einer Podiumsdiskussion über »The future of Banking 2010 and beyond«. Darauf ist sie noch heute stolz, obwohl aus der Debatte kaum etwas herausgekommen war, vor allem die Banker konnten nichts Wesentliches über notwendige Reformen beitragen. Sie waren längst wieder zum Tagesgeschäft zurückgekehrt. Schon damals hatte sie die Idee für dieses Juni-Wochenende entwickelt, um eine neue Diskussionsplattform zu schaffen.

Dass inzwischen selbst Notenbanker beginnen, die Banken öffentlich zu kritisieren, passt in ihr Bild, das sie mit »das

Schweigen der Banker« umschreibt. Manche Notenbanker erinnern öffentlich daran, dass alle Banken heute weg vom Fenster wären, hätten die Zentralbanken und Regierungen sie 2008 nicht gerettet.

Aber davon wollten die Banker im Januar beim WEF nichts mehr wissen; ein journalistischer Kollege hatte das Verhalten der Banken passend mit »Sprachlos in Davos« kommentiert. Sie erinnert sich noch wie heute an die langen Diskussionen der Journalisten bei den diversen Nightcup-Partys untereinander, wie baff, verblüfft, ja fassungslos man über die Chuzpe der Banken war. Passt auch auf die heutige Situation, kehren Carlas Gedanken zurück in die Realität; auch Carl und sie verlassen heute völlig sprachlos Davos, fassungslos würde ihren Zustand noch besser beschreiben.

Carla greift nach Carls rechter Hand, trocknet ihre Tränen mit der anderen. Anschauen mag sie ihn nicht, da hängt der Streit noch nach. Aber gerade jetzt braucht sie ihn mehr denn je, und dies nicht, weil sie um ihr Leben fürchtet. Es wird ihr alles einfach zu viel. Fest hält sie den Blick aus dem Fenster, ihr Kopf folgt den Kurven, die Carl schnittig nimmt. Lehman, Lehman, immer wieder Lehman, obwohl ihr die Heirat von Mitch mit Diana, von der Carl heute Morgen über Scotland Yard erfahren hatte, doch ein Lachen abgerungen hat. Der ewige Spieler hatte am Ende doch noch seine »Nutte« bekommen.

Dass die zweitägige Konferenz in Davos ein voller Erfolg gewesen ist, spielt heute Morgen keine Rolle mehr für Carla: Eine Woche vor dem vierten Weltwirtschaftsgipfel in Toronto hatte der »CityView« führende Banker und Vertreter der Aufsichtsbehörden, der EU und einzelner Länder zur »CityView PreGeDe20-Konferenz« eingeladen, zur Konferenz vor dem Treffen der zwanzig wichtigsten Industrienationen. Davos, Label für beste globale Diskussionen im Winter, schien Carla der geeignete Ort im Juni 2010, deshalb Pre G20 in Davos oder eben PreGeDe20.

So hat Carla eine neue Marke etabliert. Simon, der immer noch mehr Anteile als sie am Newsletter hielt, ließ sich von ihr überzeugen, mit der Konferenz landeten sie einen echten Kracher. Zukünftig wird der »CityView« vor jedem großen Gipfel der Politiker eine Zusammenkunft organisieren, um die Stimme von Moral & Markt zu formulieren.

An diesem Montag steht im »CityView« der Artikel »The CityView's view for Toronto«, den Simon um Mitternacht online gestellt hat. Carla hat noch nicht einmal einen Blick in die Ausgabe geworfen, die ihr unter der Zimmertüre durchgeschoben wurde.

Um vierzehn Uhr geht ihr Flug von Zürich zurück nach London, ungeplant einen Tag früher. Eigentlich wollten sie einen Erholungstag an das stressige PreGeDe20-Projekt anhängen und dann direkt nach Kanada fliegen, um den G8 und dann G20-Gipfel zu beobachten und darüber zu berichten. Dabei sagte Simon ihr gestern Abend noch nach der Fertigstellung, dass das Ding wie eine Bombe einschlagen werde. Wie eine Bombe, wie eine Bombe, wie eine Bombe, schallt es immer wieder durch Carlas Hirn, während das Tal sich öffnet und die Ebene mit der Autobahn sichtbar wird.

Wer wissen wollte, was die Big Boys vor Toronto zu sagen haben, was sie vorschlagen, was sie nicht wollen, der musste heute Morgen den »CityView« lesen, eine Sonderausgabe, die weltweit große Zeitungen als Supplement zusätzlich verkaufen. Seit Carlas Kolumne »Lehman lebt« weltweit syndiziert wird, interessieren sich die Medien für Kooperationen mit dem »CityView«. Carlas Kapitaleinsatz hat sich bereits mächtig rentiert: Monat um Monat geht es dem »CityView« finanziell besser und besser.

Eine ganze Ausgabe nur für den Gipfel, mit vielen Berichten, Kommentaren und Gastbeiträgen, alles Views, die aus den Diskussionen auf dem PreGeDe20 am Freitag und Samstag, dem 18. und 19. Juni, entstanden und am Sonntag von Davos aus redaktionell fertig gemacht wurden, mit Simon, der das Projekt von London aus managte.

Der ließ »seinem Mädchen« freie Hand bei der Konferenz. Der Schlüssel zum Erfolg des Projektes war Exklusivität. PreGeDe20 hatte Carla als Obergrenze vorgegeben: Nur zwanzig Topleute aus der »richtigen Wirtschaft«, wie sie Carl gegenüber erklärt hatte, »denn für die seit ihr ja da«; aus den Aufsichtsbehörden und Ministerien, von den Nichtregierungsorganisationen und ein paar handverlesene Einzelpersonen, zu denen Carl Bensien zählte, dessen Rat sie schätzte. Solange sie damit nicht aneinanderrasselten. Und genau das war am Sonntagmorgen passiert.

Der »CityView« stellt in seiner Sonderausgabe zwanzig Forderungen für den G20-Gipfel auf, alle unterlegt mit einem *View* in der Sonderausgabe.

Dass Carl ihr vor versammelter Mannschaft widersprochen hatte, als sie ihre Forderung nach einem »Hausarrest für Wall-Street- und City-Banker« vorstellte, hatte am Abendessen zu zweit, als alle anderen wieder abgereist waren, zu Streit geführt. Auf fatale Weise fühlte Carla sich an ihre Affäre mit Mitch erinnert und hatte ihm im Restaurant des feinen »Belvédère« genau das auch noch gesagt. Das hatte Carl – wie sie zugeben muss, zu Recht – auf die Palme gebracht: Er stand auf, verschwand und ließ sich ein anderes Zimmer geben.

Alle anderen Forderungen gingen ohne Streit durch. Die PreGeDe20-Gruppe war sich einig: Ein möglicher »Haircut« von Euroanleihen einzelner EU-Staaten, die in Schwierigkeiten sind, ohne den Währungsverbund aufzulösen; eine Moderation zwischen Politik und Wirtschaft über die Zukunft des Euros unter Leitung einiger Elder Statesmen; einen runden Tisch zwischen Politik, Wirtschaft und Banken über die Zukunft des Kreditgeschäfts und damit des gesamten Geschäftsmodells; eine Abtrennung des Eigenhandels vom Investmentbanking oder alternativ eine Begrenzung auf maximal zwanzig Prozent des Gewinns. Alles konnte Carl gut mittragen; denn das sieht er genauso.

Carla fallen gar nicht mehr alle zwanzig Forderungen ein, zu sehr ist sie mit ihren Gedanken bereits in London und immer wieder bei Simon, dessen Gesicht sie ständig vor Augen hat. Nur an die plakativen Forderungen nach einer hohen prozentualen Bonusabgabe auf das Bonusvolumen, wodurch der Erfolg flexibel besteuert würde, den »Bonus auf den Bonus«; an den »freiwilligen sozialen Monat« für Investmentbanker in gesellschaftlichen Projekten als eine Form der jährlichen Weiterbildung; und eben an die Forderung nach »Hausarrest« für Banker, die sich nicht an diese Forderungen halten wollen, daran kann sich Carla auch heute Morgen erinnern. Das waren die weichen Forderungen, die in ihrer Wirkung aber viel härter waren als die erstgenannten.

Auch hier war Carl mit allem mehr oder weniger einverstanden, aber in Sippenhaft wollte er sich nicht nehmen lassen. So wurde diese Forderung abgeschwächt: Statt »Hausarrest« bekamen die Banker an Wall Street und City eine »schlechte Kopfnote im Betragen und in Verhalten«, wie damals in der Schule. Carl musste sich an seine Auseinandersetzungen mit »DFK« erinnern, denn nun merkte der neue CEO, dass es Sachzwänge gibt, die er nicht von heute auf morgen umstoßen konnte. Er und Carla waren sich nur selten über das Ziel der Reformen uneinig, nur über den Weg dahin gab es für die beiden den einen oder anderen emotionalen »Stresstest«.

Vielleicht war das doch ein bisschen zu viel des Guten, so gestand sich Carla letzte Nacht ein, als sie um dreiundzwanzig Uhr dreißig allein im Bett der großen Suite lag; vielleicht wollte sie den Streit mit Carl auch provozieren, weil sie sich mal wieder nicht im Klaren über einen Mann ist. Kompromisse sind nicht unbedingt Carlas Ding. Das Szenario, auf ewig mit Carl zusammen zu sein und auf lange Zeit diese Krise als eine Art Beziehungskrise mitzuschleppen, bereitet jedenfalls auch ihr gehörig Stress. Sie war sich nicht sicher, ob sie diesen Test bestehen würde. Doch ohne Carl wollte sie auch nicht sein, nur den Banker wollte sie nicht andauernd neben sich liegen haben.

Die Journalistin hatte sich mächtig darüber geärgert, dass die großen Bankenlobbyisten offen mit dem Verlust von

Millionen an Arbeitsplätzen drohten, wenn man sie zu stark regulierе. Dass Carl bei der Sitzung dagegen zu argumentieren versucht hatte, aber am Ende in der Abstimmung unterlag und dann das Ergebnis mittragen musste, wollte Carla nicht einsehen. Dieses Lobbyistentum ging Carla enorm auf die Nerven, fast verabscheute sie die noch mehr als Ratingagenturen. Nur gut, dass sich die Politiker das nicht mehr gefallen ließen. Auch wenn man mit der Politik nicht immer zufrieden sein konnte, momentan bewiesen sie in der Sache noch Rückgrat.

Alles das ist seit Mitternacht Makulatur, kein Gedanke mehr an Toronto, nur noch an London. Kurz vor Zürich, nach eineinhalb Stunden Fahrt, dreht Carla ihr Gesicht das erste Mal in Richtung Carl, dessen Hand sie seit über einer Stunde festhält. Carl steuert den Benz mit Automatikgetriebe seit Klosters mit einer Hand. Carla drückt seine Hand fester:

»Hört das denn niemals auf, Carl?«

»Ich weiß es nicht.«

Dank

Bei einigen Personen möchte ich mich für ihre Unterstützung bedanken: Rolf-Ernst Breuer, Hendrik und Christina Groth, Siegfried Guterman, Wolfgang Gutt, Georg Kohler und Corinna Sander. David Geisser, Manuela Krajewski, Michael Pum und Christine Seidelmann haben mir ebenfalls sehr geholfen.

Mein ganz besonderer Dank gilt meinem »Coach« Anne Rüffer, ohne die der »Bad Banker« lange nicht so gut geworden wäre.

Kommissär-Ferrari-Krimis im Friedrich Reinhardt Verlag

Anne Gold

Tod auf der Fähre

Kommissär Francesco Ferrari liebt Basel, seine Stadt. Sie ist beschaulich und friedlich. Zumindest meistens. Ein Anruf reisst ihn am frühen Morgen aus seinen Gedanken und führt ihn an den Tatort eines Mordes. Ferrari wird den Eindruck nicht los, das Gesicht der Leiche schon einmal gesehen zu haben. Mit Recht, der Tote ist ein berühmter Künstler aus der Basler Schickeria. Und ehe sich der Kommissär versieht, steckt er mitten in einem undurchsichtigen Sumpf von Korruption, Macht und bedingungsloser Liebe, umgeben von einflussreichen Verdächtigen, die aus ihrer Abneigung zum Ermordeten keinen Hehl machen.

3. Auflage
209 Seiten
Hardcover mit Schutzumschlag
CHF 29.80, € 19.80
ISBN 978-3-7245-1433-6

Anne Gold

Spiel mit dem Tod

Kommissär Ferrari braucht seine Ruhe. Nach einer durchzechten Nacht will er die ältere Dame, die überzeugt ist, dass ihr Ehemann einen Selbstmord plant, so rasch wie möglich loswerden: Er verspricht ihr, mit ihrem Gatten zu reden. Wie erwartet, löst sich die Selbstmordtheorie während des Gesprächs unter den Männern in Luft auf. War wohl doch nichts. Doch kurze Zeit später springt der Mann vom Dach seines Arbeitsortes. Selbstmord! Ferrari ist entsetzt. Wie hatte er nur die Bedenken der Frau auf die leichte Schulter neh-

men können? Aber der Tote hatte absolut keinen verzweifelten Eindruck gemacht. Seltsam. Gegen den ausdrücklichen Befehl von Staatsanwalt Borer beginnen Ferrari und seine Assistentin Nadine Kupfer mit ersten Ermittlungen. Und schon bald weicht das schlechte Gewissen einem erschreckenden Verdacht…
2. Auflage
286 Seiten
Hardcover mit Schutzumschlag
CHF 29.80, € 19.80
ISBN 978-3-7245-1471-8

Anne Gold

Requiem für einen Rockstar

Der St. Jakob-Park ist das grösste Stadion der Schweiz. Gewöhnlich finden hier heisse Fussballspiele statt. Wenn aber in der Garderobe plötzlich ein berühmter Basler Rockstar ermordet aufgefunden wird, spielt Fussball selbst für einen angefressenen Fan wie Kommissär Ferrari keine Rolle mehr. Es gilt, einen grausamen Mord aufzuklären. Umgehend nehmen Kommissär Ferrari und seine Assistentin Nadine Kupfer die Ermittlungen auf. Dabei werden sie mit eiskaltem Egoismus, vernichtendem Hass, tiefen menschlichen Abgründen und den harten Bandagen konfrontiert, die in der Basler Rockszene herrschen.
279 Seiten
Hardcover mit Schutzumschlag
CHF 29.80, € 19.80
ISBN 978-3-7245-1538-8

Anne Gold

Und der Basilisk weinte

Drei Messermorde innerhalb kurzer Zeit. Das Ungewöhnliche an den Opfern ist, dass es nichts Auffälliges an ihnen gibt – zumindest nicht auf den ersten Blick. Eine Spur führt Kommissär Ferrari und seine Assistentin Nadine Kupfer in die dunkle Vergangenheit. Ein spannender Wettlauf mit der Zeit beginnt.
316 Seiten
Hardcover mit Schutzumschlag
CHF 29.80, € 19.80
ISBN 978-3-7245-1610-1

Anne Gold

Helvetias Traum vom Glück

«Gewählt ist mit einhundertundvierunddreissig Stimmen Herr Peter Weller.» Nadine kann es nicht glauben, die Bundesversammlung wählt tatsächlich einen rechtsradikalen Basler in den Bundesrat. Eine Katastrophe! Doch das Schicksal will es anders: Während des Empfangs in Basel wird der neue Bundesrat ermordet. Kommissär Francesco Ferrari und seine Assistentin Nadine Kupfer übernehmen den brisanten Fall und stellen schon bald fest, dass sich der Ermordete nicht nur bei seinen politischen Gegnern, sondern auch im Privatleben viele Feinde gemacht hat.
320 Seiten
Hardcover mit Schutzumschlag
CHF 29.80, € 19.80
ISBN 978-3-7245-1680-4

Weitere Krimis aus dem Friedrich Reinhardt Verlag

Ben Kayser

Das Geheimnis der toten Köchin

Die junge Köchin Louise Roth wird ermordet in der Küche des Luxushotels «Münsterhof» aufgefunden. Einen Tag später hätte die Nachwuchshoffnung der Schweizer Kochszene beim grossen Sommerfinal der TV-Sendung «Supermenü» auftreten sollen. Wurde Louise Roth aus Neid von einem Berufskollegen erschlagen? Hatte der cholerische Küchenchef Pierre Schönau wegen der Launen seiner kochenden Diva die Nerven verloren? Bei ihren Ermittlungen stellt Kommissärin Nora Linder aber auch fest, dass Louise Roth zahlreiche Männerbekanntschaften in der Basler Gesellschaft unterhielt und aus diesen Kreisen wiederholt hohe Geldbeträge auf ihr Konto flossen. Und welche Rolle spielt der sonderbare Exfreund Arno Wittmann? Nora Linder beschliesst, den Sommerfinal des «Supermenüs» nicht vor dem Fernseher, sondern im Studio zu verfolgen. Dort bricht Yves Perrin, der einstige Lehrmeister von Louise Roth, vor laufenden Kameras bewusstlos zusammen. Der Fall spitzt sich zu.

260 Seiten
Hardcover mit Schutzumschlag
CHF 29.80, € 19.80
ISBN 978-3-7245-1593-7

Ben Kayser

Ein Feind zu viel

Ein Banküberfall sorgt für Hektik bei der Basler Polizei. Doch es geschieht das Unerwartete: Der Täter stirbt beim Überfall, die Aufregung war zu gross für das Herz des zweiundachtzigjährigen Theodor Fischer. Kommissärin Nora

Linder geht der ungewöhnlichen Geschichte nach und stösst auf eine luxuriöse Villa vor den Toren der Stadt, die Fischer mit drei Freunden bewohnte. Die Villa selbst gehört Rosario Ostinelli, einem Bauunternehmer, der aus wirtschaftlichen Gründen ihren Verkauf plante. Doch als die Kommissärin Ostinelli aufsucht, findet sie ihn in seinem Garten liegend, schwer verletzt mit einer Kugel im Rücken. Danach überschlagen sich die Ereignisse.
329 Seiten
Hardcover mit Schutzumschlag
CHF 29.80, € 19.80
ISBN 978-3-7245-1658-3

Dani von Wattenwyl

Der Maulwurf

Denis Benz ist ein junger, mässig erfolgreicher Schauspieler von 30 Jahren. Der Umstand, dass er aus einer gutbetuchten Berner Familie stammt, lässt ihn grosszügig über seine berufliche Mittelmässigkeit hinwegsehen. Eines Morgens meldet sich der Schweizer Geheimdienst bei ihm. Denis Benz soll auf einer Kreuzfahrt Informationen über einen argentinischen Drogenschmuggler einholen. Auch ein Schweizer wird verdächtigt, in diesem kriminellen Kartell auf oberster Ebene kräftig mitzumischen. Dabei handelt es sich ausgerechnet um den Sohn eines Bundesrates. Denis Benz nimmt den Auftrag an. Doch schon bald entpuppt sich die harmlose Kreuzfahrt als sein persönlicher Albtraum.
440 Seiten
Hardcover mit Schutzumschlag
CHF 34.80, € 23.00
ISBN 978-3-7245-1681-1